HEYNE BÜCHER

W0343804

Das Buch

New Orleans 1832. Jeder kennt den alten, blinden Mulatten Luther, der an den Kais den Hafens und in den Kneipen herumhängt und bettelt, manchmal ein Lied von den Sklavenplantagen singt und immer wieder von einem Schiff aus Liverpool und einem Paradies im Dschungel erzählt, wo er seine Kindheit verbracht habe ... Dieses Schiff soll im Jahre 1752 den Liverpooler Kaufmann Kemp und seine Familie vor dem drohenden Hungertod bewahren, denn der Baumwollhändler steht im harten Konkurrenzkampf vor dem Bankrott. In letzter Not setzt Kemp alles auf einen Karte und macht sich daran, eine Idee zu verwirklichen, die so unfaßbar wie undurchführbar anmutet: Er organisiert ein Schiff, das in Afrika Skaven laden und sie in Westindien gegen Zucker eintauschen soll. Den Zucker würde Kemp in England teuer verkaufen. Doch es kommt anders: Der Arzt des Sklavenschiffs und einige andere aufrechte Weiße ergreifen Partei für die 200 eingekerkerten schwarzen Sklaven ...

Der Autor

Barry Unsworth wurde 1930 in England geboren und ist im englischsprachigen Raum ein hochrenommierter Autor. Endlich liegt nun auch *Das Sklavenschiff,* das die englische Presse mit den Werken Joseph Conrads verglich, als Taschenbuch vor.

BARRY UNSWORTH

DAS SKLAVEN-SCHIFF

Roman

Aus dem Englischen
von Monika Curths

WILHELM HEYNE VERLAG
MÜNCHEN

HEYNE ALLGEMEINE REIHE
Nr. 01/10919

Titel der Originalausgabe
SACRED HUNGER
erschien bei Hamish Hamilton, London

Umwelthinweis:
Dieses Buch wurde auf
chlor- und säurefreiem Papier gedruckt.

Copyright © 1992 by Barry Unsworth
Lizenzausgabeee mit Genehmigung des Scherz Verlags,
Bern und München
Wilhelm Heyne Verlag GmbH & Co. KG, München
Printed in Germany 1999
Umschlagillustration: Archiv für Kunst und Geschichte, Berlin
Umschlaggestaltung: Hauptmann & Kampa
Werbeagentur, CH - Zug
Druck und Bindung: Elsnerdruck, Berlin

ISBN: 3-453-14590-9

http://www.heyne.de

Mein Dank gilt dem British Council für ein Stipendium, das mir einen sechsmonatigen Aufenthalt in Schweden ermöglichte, wo ich das Hintergrundmaterial für diesen Roman gesammelt habe, sowie dem stets hilfsbereiten und freundlichen Personal des anglistischen Fachbereichs und der Bibliothek der Universität Lund in Schweden.

Für John, Madeleine und Felix Reiss
In Liebe

Im Schoß des Urwalds eine bessere Welt,
ein grünes Eiland in der Wasserwüste…

Alexander Pope

PROLOG

Nach Charles Townsend Mather war die Hautfarbe des Mulatten ein dunkles Gelbbraun, sein Haar war grau, und er war nahezu blind. Er war zierlich und feingliedrig, und wenn er sprach, pflegte er den Kopf in den Nacken zu legen, als versuchte er auf diese Weise mehr Licht in die trüben Kristalle seiner Augen dringen zu lassen. Er war ein alter Plantagensklave aus Carolina, befreit und vom Land vertrieben, nachdem er zur Arbeit nicht mehr taugte. Im Frühjahr und Sommer des Jahres 1832 bettelte er in den Straßen und im Hafen von New Orleans. An den Kais wartete er auf die Seeleute, die mit der frisch ausbezahlten Heuer in der Tasche einer Anwandlung von Mitleid oder Verachtung folgen mochten. Und er war ein Schwätzer; ob ihm jemand zuhörte oder nicht, er fand kein Ende, die Einzelheiten seines Lebens vor sich hin zu brabbeln oder plärrend kundzutun.

Als Sklave hieß er Luther; später kam Sawdust hinzu, nachdem ein Aufseher ihm mit Sägemehl das vorlaute Maul gestopft hatte. Luther Sawdust mußte schon früher ein Schwätzer gewesen sein. In den Hafenbars nannten sie ihn den Paradiesnigger. Er lebte von Abfällen, und sein Geld gab er in den Kneipen aus, wo er wegen seines Unterhaltungswerts gelitten wurde, bis er betrunken war. Die Leute spendierten ihm Rum. Er wurde zu einer Art Institution. Manchmal spielte er auf einer alten Mundharmonika, die er um den Hals trug, oder er sang ein Lied, das er auf der Plantage gelernt hatte. Aber die meiste Zeit redete er – von einem Schiff aus Liverpool, einem weißen Vater, der auf diesem Schiff Arzt gewesen und nie gestorben war, von einer Kindheit voller Wunder an einem Ort immerwährenden Sonnenscheins, von Hügeln im Dschungel, Scharen weißer Vögel, die von überfluteten Savannen aufstiegen, von einer Siedlung, wo Weiße und Schwarze in vollkommener Harmonie zusammenlebten. Er behauptete, er könne lesen, und zitierte

– Mather verbürgt sich dafür – aus Gedichten von Alexander Pope. In einem seiner Artikel für den *Mississippi Recorder* erklärt Mather, er habe mit eigenen Ohren gehört, wie der Mulatte Verse von Pope aufsagte. Mathers Arbeiten wurden später gesammelt und als Privatdruck unter dem Titel *Sketches of Old Louisiana* veröffentlicht. Der einzige Hinweis auf den Paradiesnigger in diesem wenig bekannten Buch findet sich im Kapitel »Colourful Characters of the Waterfront«. Hier schreibt Mather, er habe den Mulatten, als er nach ungefähr einjähriger Abwesenheit nach New Orleans zurückkehrte, nicht mehr angetroffen und niemand habe über seinen Verbleib Auskunft geben können.

Die fortgesetzte Beobachtung »farbiger Charaktere« führte Mather häufig in finstere Kellerkneipen, und im Lauf der Zeit wurde er selbst zu einem farbigen und phantasierenden Original. Er endete 1841 in einem Sanatorium in Jacksonville im Säuferwahn. Seine Witwe, die die Herausgabe seiner gesammelten Arbeiten vorbereitete, hielt es für ihre Pflicht, die Studien über Angehörige der unteren Schichten zu unterschlagen; dazu gehörten der bettelnde Mulatte, Big Suzanne, ein gitarrespielender Transvestit namens Angelo und noch etliche andere.

Der Mulatte fiel nicht ganz unter den Tisch. Er wurde nur an den Rand gerückt, in jenes Niemandsland der zweifelhaften Existenzen, wo er irgendwo zwischen den zwei Reisen Mathers nach New Orleans, in zwei verschiedenen Ausgaben seines Buches, noch immer bettelnd, prahlend und von seinem Paradies phantasierend umhergeistert. Kann Mather ihn erfunden haben? Mather war erst gegen Ende seines Lebens geistig umnachtet, und der Mulatte gehört in eine frühere Zeit. Außerdem sind da diese Pope-Zitate. Ich glaube nicht, daß Mather so etwas erfunden hätte. Der Mulatte erfand sich selbst – deshalb wurde er in den Bars geduldet. Meine eigene Erfahrung hat ihn zusätzlich mit einer gewissen Aura umgeben. Wenn man die Erinnerung knetet, bekommt man einen phantastischen Teig, der in alle Ewigkeit gären und aufgehen kann; und ich war auf die Erinnerung angewiesen, denn der *Mississippi Recorder* ist längst eingegangen, seine Unterlagen sind vernichtet worden oder einfach verschimmelt. Meine eigene Ausgabe der *Sketches* ist mir vor Jahren abhanden gekommen, und es ist mir nie gelungen, ein weiteres Exemplar aufzutreiben oder auch nur einen Hinweis darauf ausfindig zu machen.

Aber der Mulatte will mir nicht aus dem Kopf mit seinem Geschwätz von einem verlorenen Paradies und seinem blind zu mir aufschauenden Gesicht, als wollte er mich um etwas bitten. Niemand kann ihn in Mathers Text rekonstruieren, aber er sitzt am Eingang zum Labyrinth meines eigenen Textes …

BUCH I
1752 – 1753

Teil 1

1

Das Schiff, von dem der Mulatte sprach, war die *Liverpool Merchant,* unter dem Kommando von Kapitän Saul Thurso, und er hatte es nie gesehen, obwohl es die Saat für all seine Träume mit sich führte.

Für den Baumwollhändler, dem es gehörte, trug es den Tod; jedenfalls glaubte das sein Sohn. In den Augen von Erasmus Kemp sollte es immer so aussehen, als hätte das Schiff seinen Vater getötet, und der Gedanke vergiftete seine Erinnerung. Der Schmerz zeitigt seine eigenen Perversionen und Offenbarungen: Das Bild dessen, was wir verloren haben, ist der Verwesung ebenso ausgesetzt wie die sterbliche Hülle, und Erasmus konnte sich später nie des Eindrucks erwehren, daß sein Vater an jenem trüben Nachmittag seinen eigenen Tod gerochen hatte, als er sich auf dem Holzplatz am Ufer des Mersey vor dem Hintergrund der lehm- und safranfarbenen Hölzer umständlich bückte, um an den frischen Schnittstellen seiner Schiffsmasten zu riechen – keine balsamierenden Düfte, nichts Sakramentales, nur den Fäulnisgeruch seines Todes.

Es war ein widerwärtiger Gedanke, der durch andere Erinnerungsfetzen irgendwie bestätigt wurde, obwohl diese natürlich nur für Erasmus als den Wirt dieses Gedankens die Eigenschaft zulässiger Beweise annehmen konnten: der Geruch von feuchtem Sägemehl und zertretenem Schlamm – der Boden war mit Spänen gesprenkelt –, der kalte Brackwassergeruch des nur einige hundert Meter entfernten Flusses und noch ein anderer Geruch, der eigentlich nicht hierhergehörte, sondern aus einer anderen Zeit herübergetragen wurde durch die gleiche häßliche Wirkungsweise des Schmerzes – der Gestank der Mißachtung.

Die Mastabschnitte waren fahlgelb; sie lagen auf Böcken unter dem groben Bretterdach des nach allen Seiten hin offenen Schuppens. Es hatte kräftig geregnet, und die Arbeiter hatten auf dem aufgeweichten Hang zum Ufer hinunter einen Knüppeldamm angelegt. Erasmus fühlte sich peinlich berührt von der theatralischen Art, mit der sein Vater die Nase an das rohe Holz hielt und daran schnupperte. Er war mit seinen einundzwanzig Jahren ein zurückhaltender, für jede Art von Geste unbegabter junger Mann und befand sich gerade damals, in der frühen Phase seiner unerklärten Liebe zu Sarah Wolpert, in einem Zustand gesteigerter Empfindsamkeit.

»Beste Qualität.« Kemp richtete sich auf, um seine Feststellung auszusprechen. »Als dieser Baum gefällt wurde, hatte er weidlich zu trinken. Man riecht es an dem Saft. Willst du wissen, wie gesund ein Holz ist, riech am Splint. Stimmt's, Männer?« Kemp hatte sich auch zu einem Holzfachmann gemacht.

Es war importierte Tanne aus einem der Ostseeländer. »Tanne für den Mast«, sagte Kemp. »Tanne ist eines der Dinge, die anderswo besser gedeihen als in England. Und davon gibt's bei Gott nicht viele.«

Die Umstehenden lachten. Sie alle kannten ihn. Sie hatten ihn schon überall auf der Werft gesehen, mit seinen raschen Bewegungen, dem dunkel geröteten Gesicht, ein wenig nachlässig in der Kleidung, ohne schlampig zu sein, mit der kurzen, ungepuderten Perücke und dem langen, altmodisch geschnittenen Rock, den er gewöhnlich offen trug.

»Sieh mal, mein Junge«, sagte er zu dem sich kühl zurückhaltenden Erasmus. »Komm her und sieh dir das an. Die Maststückteile sind bereits zugeschnitten. Hier sind die zwei Teile der Spindel. Siehst du die Verjüngung? Hier, in der Mitte, werden sie verstemmt, dann verbolzt. Prachtstücke sind das, sage ich dir. Und schau nur her, wie dick sie sind!«

Er sprach noch immer mit dem Akzent der Landbevölkerung von Lancashire, der Grafschaft, aus der er als Kind fortgegangen war, aber lebhafter und flüssiger als dort allgemein üblich. Er erklärte seinem Sohn, wie man die Spindel zusammensetzen und die massiven Seitenbäume ringsherum einsetzen würde, wie der Mast quer- und längsschiffs mit Hielings aus Planken verstärkt und zusätzlich mit großen Eisenreifen gesichert werden würde. Und mit jedem Wort, das er sagte, mit jeder zustimmenden Äußerung der Umstehenden wurde der Mast in Kemps Vorstellung stärker verstrebt und das Schiff immer gefeiter gegen die Gewalttätigkeit von Menschen und Wetter, zur immer sichereren Gewähr für eine rasche Überfahrt und guten Gewinn – und nur Kemp allein wußte, wie verzweifelt nötig er diesen Gewinn brauchte.

Erasmus, der nichts davon wußte, langweilte sich und fühlte sich fehl am Platz – er besaß nicht die natürliche Freundlichkeit gegenüber Untergeordneten wie sein Vater. Aber Zerknirschung über sein Gelangweiltsein und sogar über sein Unverständnis stellten sich rechtzeitig genug ein; er konnte eben dieses Bestreben, das Schiff unverwüstlich zu machen, nicht nachvollziehen.

Die Zeichen waren da, und jeder konnte sie sehen. Kemp war ein vielbeschäftigter Mann, und doch fand er mehrmals in der Woche die Muße, von seinem Haus in der Stadt oder seinem Kontor am Old Pool Dock zum Fluß hinunterzureiten, um einige Zeit in Dicksons Werft, wo sein Schiff gebaut wurde, umherzugehen und mit den Schiffszimmerleuten zu reden. Der Wohlstand hatte sein Bedürfnis, gemocht zu werden, als gut unterrichtet zu gelten, nicht verringert; außerdem bedeutete es für einen Mann, der sich aus dem Nichts emporgearbeitet hatte, tiefe Befriedigung, Auftraggeber dieser Arbeiter zu sein und zu sehen, wie sein Schiff auf der Helling von Tag zu Tag rundere Flanken bekam, als blähte es der Atem eines geduldigen Gottes.

Nicht, daß an dem Schiff viel Ungewöhnliches gewesen wäre. Die Schiffe hatten sich seit langem nicht wesentlich verändert. Sie wurden wie vor zweitausend Jahren aus Holz gebaut und angetrieben vom Winddruck auf Leinwandsegel, die an Masten und Bäumen festgemacht und von Hanfseilen gehalten wurden. Kolumbus hätte auf keinem Schiff dieser Zeit viel Rätselhaftes gefunden. Eine Besonderheit hatten diese Liverpool-Schiffe jedoch: Man baute sie mit einem hohen Achterschiff, so daß die auf den Achterdecks montierten Drehbassen leichter oder, wie man damals zu sagen pflegte, kommoder auf das Mitteldeck gerichtet werden konnten, um Sklavenrevolten zu unterdrücken. Die Schiffe waren ziemlich breit, hatten einen tiefen Laderaum und ein verbreitertes Schanzkleid, um das Überbordspringen zu erschweren.

Es war also nichts Besonderes an der *Liverpool Merchant. Der* Zweck, dem sie dienen sollte, war beinahe von Baubeginn an erkennbar an der Form ihres Kiels, den nackten Rippen ihres Rumpfes; sie war eine Liverpool-Snow, ein vollgetakelter Zweimaster, bestimmt für den Handel mit den Kolonien. Aber Kemps angeborener Optimismus hatte sich unter der Last seines wachsenden Schuldenbergs ins Abergläubische verstiegen. Er erhoffte sich von diesem Schiff mehr als Profit.

Kemp war ein heiterer, gutaussehender Mann. Er hatte eine dunkle Gesichtsfarbe, gerade Brauen über intelligenten, weit offenen, dunklen Augen und pflegte all sein Tun mit lebhaften Gesten zu begleiten – eine Angewohnheit, die bei seinen im allgemeinen gleichmütigeren Bekannten Belustigung hervorrief, dies aber in Grenzen, denn Kemp war, zumindest nach damaligem Kenntnisstand, ein erfolgreicher Geschäftsmann und wohlhabend, und er scheute sich nicht, diesen Wohlstand zu zeigen: ein schönes Steinhaus in der Red Cross Street in unmittelbarer Nachbarschaft der ersten Kaufleute der Stadt, eigene Kutsche mit livriertem Diener, eine teuer ausstaffierte, wenn auch matt wirkende Gattin – der selbstbewußte, umtriebige Ehemann und der finstere Sohn schienen sie erschöpft zu haben.

Jetzt standen Vater und Sohn neben den ausblutenden Maststücken in dem großen, zugigen Schuppen und sahen sich mit sehr unterschiedlichen Gefühlen an, aber mit den gleichen hübschen Brauen und dunklen Augen, die, weit offen, glänzend und irgendwie geblendet wirkend, die gleiche Fähigkeit zur Übertreibung offenbarten. »Eintausend Eichen, um dieses Schiff – mein Schiff – zu bauen«, sagte Kemp mit Befriedigung. »Wüßtest du zu sagen, ob eine Eiche im Innersten gesund ist? Eine Maserung aus getrocknetem Mark, das ist ein gefährliches Zeichen. Dann ist das Holz schlecht. Darauf achte. Frag diese Männer. Sie wissen es. Schade, daß man es bei den Menschen nicht genauso machen kann, was, Jungs?«

Sogar in seiner Gönnerhaftigkeit wirkte er einnehmend. Er hatte etwas Magnetisches an sich. Aber nicht alle Feilspäne fliegen in dieselbe Richtung, und so war der Besuch beim Segelmacher weniger erfolgreich. Erasmus konnte sich nicht mehr erinnern, wann genau es war, oder ob es überhaupt nach der Inspektion auf dem Holzplatz war – seine Erinnerungen an jene Tage hatten keine geordnete Reihenfolge. Doch er erinnerte sich, daß er sich übermäßig ausgesetzt gefühlt hatte dort oben auf dem großflächigen, hellen Dachboden, in den das Licht durch hohe Fenster flutete – grelles, vom Wasser des grauen Flusses heraufgeworfenes Licht, das unterschiedslos auf Gesichter und Hände fiel, auf staubige Dielen, niedere Bänke, den geteerten Pfosten in der Mitte mit dem Tau und der Talje zum Aufhängen der Segel. Von hier aus ragte ein Balken quer in den Raum, über dem ein rechteckiges Stück dünnen Segeltuchs hing.

Drei Männer arbeiteten hier, auf Hockern sitzend und die Leinwand über die Knie gebreitet, zwei Gesellen und der Segelmacher, ein blasser Mann mit schütterem Haar. An ihn wandte sich Kemp mit der ihm eigenen herzlichen Art.

»Nun, mein Freund, wie geht die Arbeit voran?«

Die beiden Gesellen hatten beim Eintritt des Kaufmanns ihre Arbeit zusammengerafft und waren aufgestanden; der Segelmacher hob jedoch nur kurz den Blick und stichelte weiter. »Gut genug für die schlechten Zeiten«, sagte er.

Erasmus war nicht entgangen, daß der Mann sitzen geblieben war, daß er die respektvolle Namensnennung unterließ und daß er sich beklagte. Dieser Mensch war einer der radikalen Atheisten, von denen es auf den Werften wimmelte. »Am besten, Ihr kümmert Euch um Eure Segel«, sagte er. »Um die Zeiten kümmern sich Leute, die für diese Aufgabe befähigt sind.«

Der Mann gab keine Antwort. Er besetzte den Rand eines Segels mit einem verstärkenden Leinwandstreifen, wobei er einen kleinen Eisenhaken mit eingespleißter Schnur benutzte, um das Segel festzustecken, während er daran arbeitete.

»Überlassen wir den Mann seiner Näherei«, sagte Erasmus zu seinem Vater.

Doch Kemp war noch keineswegs abgeschreckt. »Ich verlasse mich darauf, daß Ihr mir kräftige Segel macht für mein Schiff.«

»Es ist der beste Hanfflachs«, sagte der Segelmacher, ohne in seiner Arbeit merklich innezuhalten.

Nach kurzem Zögern wandte sich Kemp leicht verwirrt an seinen Sohn. »Also, diese Segel«, sagte er betont lebhaft, »sie schneiden sie Stück für Stück zu, in Größe und Tuchstärke bis auf den Bruchteil genau, je nachdem, an welchem Mast oder welcher Stenge sie gefahren werden. Es gehört ein teuflisch gutes Auge dazu, das kann ich dir sagen. Schlecht gemachte Segel können ein Schiff zugrunde richten, da mag alles Übrige noch so stabil sein. Dieser Mann hier unterlegt den Saum rings um das Segel, damit –«

»Nicht ringsherum.« Der Mann hielt den Kopf hartnäckig gesenkt. »Nur an den Lieks wird unterlegt.«

»Genau das wollte ich sagen«, erwiderte Kemp mit einer gewissen Schärfe. Er hatte es nicht gern, wenn man ihm das Wort abschnitt.

Das Gesicht des Segelmachers blieb ungerührt, aber er unterbrach seine Arbeit. »Tatsächlich?« sagte er. »Aye, an den Lieks, und manche sagen, auch an den Buks. Es gibt welche, die verstärken alle Fußsäume in der Mitte der Rahsegel und das vorderste Liek der Stagsegel. Ich weiß nicht, ob Ihr auch dieser Meinung seid, Sir?«

»Nein.« Kemps Gesicht war noch dunkler geworden. Er konnte nie zugeben, daß er etwas nicht wußte – es wäre gleichbedeutend mit einer Niederlage gewesen. »Ich halte es, wie es allgemein üblich ist«, sagte er.

»Das ist verschieden, Sir. Was sollte Eurer Meinung nach in der Frage der Dreikantsegel getan werden, wenn Ihr mir die Frage erlaubt?«

Erasmus fühlte, wie ihm die Zornesröte ins Gesicht stieg. Dieser gerissene Pedant legte es darauf an, seinen Vater bloßzustellen. Doch er nahm auch seinem geliebten Vater übel, daß er so hartnäckig war. Mit einem Menschen wie diesem sollte man gar nicht erst reden; man ließ ihn stehen oder stieß ihn von seinem Schemel. Er trat an eines der Fenster und blickte, dem übrigen Raum den Rücken kehrend, über das schwach schimmernde schiefergraue Wasser des Mersey zu den Schiffen, die im Pool vor Anker lagen. Möwen kreisten über den Masten. Ihr Gefieder wirkte bleigrau vor dem trüben Himmel, und wie Bleigeschosse schienen sie durch die Luft zu sausen. Diese Übereinstimmung, die Richtigkeit seiner Beobachtung, beeindruckte Erasmus und nahm ihm seinen Zorn. Er beschloß, den Gedanken später aufzuschreiben. Seit er verliebt war, hatte er einen Hang zum Schreiben entwickelt, nicht eigentlich von Gedichten, aber zu einer Art schicksalsschwangerer Niederschriften. Sie ist jetzt dort, dachte er, keine fünf Meilen von der Stelle entfernt, an der ich jetzt stehe.

Seit er sich in Sarah Wolpert verliebt hatte, war er Gezeiten unterworfen. Er konnte jederzeit von ihr überflutet werden; die Kanäle waren bereits gezogen, waren Spuren, die seine Obsession sehr schnell gegraben hatte. Es bedurfte nur einer anklingenden Erinnerung, eines unbestimmten, schmerzlichen Gefühls, und die Flut ihrer Vollkommenheit überschwemmte ihn, die durchsichtige Blässe ihrer Haut, die leichten Handbewegungen, der Anblick ihrer Lider, wenn sie die Augen senkte, die Vorstellung ihres lebendigen Körpers unter dem Reifrock …

Er kannte sie fast sein ganzes Leben lang; ihre Väter waren alte Bekannte, die manchmal Geschäfte miteinander gemacht hatten. Aber wirklich kennengelernt hatte er sie erst vor zehn Tagen, als ihr älterer Bruder mündig geworden war – Charles war einige Monate jünger als er. Er war nur widerwillig zu dem Fest gegangen, denn mürrisch und ungesellig wie er war, fühlte er sich unter vielen Menschen nicht wohl. An jenem Abend jedoch senkte sich ein gewisses Wohlwollen auf seine Augen nieder. Er hatte Sarah Wolpert für kindisch und affektiert gehalten bis zu dieser überfallartigen Erkenntnis – die sie mit ihm geteilt haben mußte, denn sie hatte ihn einige Male angesehen. Aber sie hatte auch andere angesehen …

Er schob diese Erinnerung beiseite und begann mit einer Art verzweifelter Geduld, jenen Abend Stück für Stück zu rekonstruieren – das Lampenlicht, die bloßen Arme, die vielen verschiedenen Stimmen, das Rascheln von Seide. Filigran eines Wunders. Und wieder überflutete sie sein ganzes Sein.

Er blieb noch eine Weile mit dem Rücken zur Werkstatt stehen, wo immer noch geredet wurde. Weit draußen auf dem Wasser lag ein Klecks Sonnenschein, der aus einem unsichtbaren Riß in der Wolkendecke fiel. Unter ihm schwappte schlammig und träge die Tide. Hier, entlang des Ufers, lagen die Werften, wo Liverpools Schiffe gebaut wurden, unter anderen auch das der Kemps, von dem noch nicht viel mehr als der Kiel, das Rückgrat, zu sehen war. Aber für seinen eifrigen Vater war es bereits beladen und unterwegs nach Süden.

Er wandte sich wieder dem Raum zu, wo es inzwischen still geworden war. Irgendeine gütliche Einigung war zustande gekommen – das Gesicht seines Vaters war rosig und gelassen. Zu dem Segelmacher sah Erasmus nicht hin. Er sah, wie sich die Leinwand über der Stange bewegte und durch einen Luftzug ein wenig verrutschte. Wie immer geschieht es durch willkürliche Kombinationen, daß die Erfahrung die Erinnerung zu ihrer Sklavin macht. Neue Fesseln wurden geschmiedet, hier, in der lichtdurchfluteten Speicherwerkstatt, zwischen den Gerüchen von geölter Leinwand, Rohhanf und Teer, den verrutschenden Rändern des Segeltuchs, seinen Gefühlen für Sarah Wolpert und seinen Vater.

2

Dann war da das Abendessen mit Gästen – die seherisch funkelnden Augen seines Vaters im Schein des Kaminfeuers und der Kerzen, sein dunkelrotes, vom vielen Reden und vom Wein erhitztes Gesicht unter der aschgrauen Perücke. Einer der Gäste, die an jenem Abend in den Genuß der Redegewandtheit seines Vaters kamen, war sein Vetter Matthew Paris. Seine Ankunft war es, die den Abend für Erasmus so unvergeßlich machte, das Bedrohliche, das von seiner Anwesenheit ausging, von diesem erst kürzlich aus dem Gefängnis Entlassenen – ein Umstand, von dem die anderen Gäste natürlich nichts wußten. Erasmus haßte diesen Vetter seit seinem zehnten Lebensjahr wegen eines Vorfalls, der sich an einem Strand in Norfolk zugetragen hatte. Matthew Paris sollte als Schiffsarzt auf der *Liverpool Merchant* fahren.

Die Damen hatten den Tisch verlassen, angeführt von seiner Mutter, die stets darauf drängte – soweit dies bei ihrer gewohnten Mattigkeit zu erkennen war –, sich unverzüglich nach dem Essen zu erheben, um den lauten Stimmen der Männer und ihrem nach Alkohol riechenden Atem zu entfliehen.

Das Licht spielte auf dem langen, auf Löwenfüßen ruhenden Sideboard, huschte über die schweren Messingbeschläge, die Gläser und Karaffen, die dreiarmigen Silberleuchter, die von seiner Großmutter mütterlicherseits stammten. Dieses Sideboard sowie die vergoldete Mahagoniuhr über dem Kamin und die Bücherstützen, aus Ebenholz geschnitzte Raben, zwischen denen die große Bibel stand mit dem rotseidenen Lesezeichen, waren Dinge, mit denen Erasmus aufgewachsen war; auch die Stimme seines Vaters gehörte dazu, in der, soweit er sich erinnern konnte, nie der leiseste Ton eines Zweifels oder einer Unsicherheit angeklungen war.

Sie klang auch jetzt zuversichtlich, als er den Gästen mit seiner warmen, eindringlichen, dann und wann unvermutet ansteigenden Stimme seine Ansichten zu den derzeit im Afrikahandel zu machenden Profiten darlegte, daß dort gerade jetzt, in diesem Jahr des Heils 1752, die besten, ja die vielversprechendsten Möglichkeiten überhaupt zu finden seien: »Jetzt, nachdem die Kriege vorbei sind, die Royal African Company ihren Freibrief und das damit verbundene Monopol eingebüßt hat und wir Waren nach Afrika ausführen können ohne Abgaben an diese Schurken in London …«

Paris saß still dabei. Er sprach fast gar nicht, trotzdem wirkte er präsenter als jeder der übrigen Anwesenden, wie ein Festkörper zwischen Schatten, mit seinen grobknochigen Händen, seinem großen, linkischen Körper, dem langen, bleichen Gesicht und der Aura von Scham und Schande, die er mit sich herumtrug.

»Der Markt ist offen. Weit offen, sage ich euch, Gentlemen.

Die Bevölkerung in den Kolonien wächst mit jedem Jahr, mit jedem Monat. Je mehr Land bebaut wird, um so mehr Schwarze werden gebraucht. Und wer zuerst kommt, mahlt zuerst. Und wer hat die beste Ausgangsposition? London liegt weit ab auf der falschen Seite, mit dem Hintern zur Themse. In Bristol sind die Preise doppelt so hoch wie hier. Ich sage euch, wenn Gott jetzt diese Stadt nähme, sie auf seine Hand stellte und überlegte, wo in England er sie am besten für den Afrikahandel hinstellen sollte, er würde sie genau wieder dorthin stellen, wo er sie weggenommen hat, genau dort, wo sie jetzt steht.«

Er ließ seine Faust auf den Tisch fallen, daß die Gläser klirrten, und blickte, auf Einspruch wartend, in die Runde.

»Warum sollte Gott Liverpool eine Gunst erweisen?«

Wer diese leichtfertige Äußerung machte, war Erasmus entfallen, aber er erinnerte sich des mißbilligenden Stirnrunzelns seines Vaters.

»Es war eine Redensart«, sagte Kemp. »Ich bin nicht der Mann, der den Namen Gottes mißbraucht.« Obwohl er aus Gedankenlosigkeit und Gewohnheit fluchte, war er ein frommer Kirchgänger, besonders jetzt mit dem Schiff auf der Helling und den Gedanken bei dem risikoreichen Sklavengeschäft. Gott muß vielgestaltig sein, bedenkt man die Verschiedenartigkeit unserer Gebete; und Kemp betete um günstige Winde und gute Preise. »Ich sage euch«, fuhr er fort, »Liverpools Zukunft liegt im Afrikahandel, so wahr ich hier sitze. Das ist offenkundig und für den Dümmsten erkennbar. Die Handelswaren liegen praktisch in unserem Hinterhof, die Baumwollstoffe, der billige Tand, die Musketen, alles, was wir –«

»Ich für meinen Teil halte mich an das, was ich weiß«, unterbrach ihn die aufsässige Stimme eines alten Mannes mit schwerer Zunge. Es war der alte Rolfson, der nicht lange danach auf den Stufen der Börse einen Schlaganfall erlitt und über einhunderttausend Pfund hinterließ; den größten Teil davon hatte er in den letzten Kriegen durch die Verproviantierung der Armee verdient.

»Und was könnte das wohl sein?« fragte ihn jemand

scherzhaft, doch auch nicht sonderlich freundlich. »Wir haben jetzt Frieden, Isaac. Deine Verträge sind ausgelaufen. Zum Glück für unsere tapfere Armee. Ich bin sicher, deine Lebensmittel haben mehr von unseren Leuten umgebracht als die Franzosen.«

Das Gelächter, das diese Bemerkung hervorrief, ließ der alte Mann mit finsterer Gelassenheit über sich ergehen. Als er wieder zum Sprechen ansetzte, kam ihm ein anderer zu seiner Rechten zuvor. »Er meint den spanischen Handel. Nicht wahr, Rolfson?«

»Einen Schleichhandel?« warf Kemp verächtlich ein. »Ihr würdet also das Wohlergehen dieser Stadt auf geschmuggelten Tabak gründen? Ich für meinen Teil rede von einem Handel, der Millionen einbringen wird. Ein legaler Handel – von den Gesetzen unseres Landes geduldet. Kaufleute, die mit Afrika Geschäfte machen, können neben den besten bestehen.«

In späteren Zeiten, als Unternehmertum an sich schon eine Tugend geworden und eine gute Rendite des eingesetzten Kapitals Legitimation genug war, empfand man längst kein so starkes Bedürfnis mehr nach Rechtmäßigkeit wie die Männer in dieser Runde. Kemp hatte seine Behauptung triumphierend und nachdrücklich aufgestellt, und sie wurde widerspruchslos aufgenommen. Er wartete einen Moment und fuhr dann ruhiger fort: »Wer jetzt einsteigt, wird zu den Bestsituierten gehören. Es würde mich wundern, wenn zur Zeit mehr als zwanzig Liverpooler Schiffe Afrika anliefen. In den nächsten zehn Jahren wird sich ihre Zahl auf hundert erhöhen, ihr werdet sehen. Schon mein Schneider beteiligt sich. Er hat es mir erst neulich erzählt. Er hat ein Zehntelanteil an einer Dreißigtonnenschaluppe erworben, die fünfundsiebzig Schwarze nach Westindien bringen wird.«

»Nicht mehr als eine Schmack.« Soweit sich Erasmus erinnerte, war dies Paris' einziger Beitrag zu dem Gespräch. »Kaum länger als ein Wurfringfeld«, fügte er einen Augenblick später hinzu. Was er mit seinen Bemerkungen in Frage stellte – die Größe des Fahrzeugs oder die Zahl der Schwarzen –, war für Erasmus nicht erfindlich.

Sein Vater hatte anscheinend etwas ganz anderes gehört.

»Ave«, sagte er, »das ist das Schöne daran. Sie läuft mit zehn Mann. Ein einziger erstklassiger Sklave bringt auf dem Markt in Kingston glatt einen Gewinn von fünfundzwanzig Pfund – genug, um zehn Männern die Heuer für zwei Monate zu bezahlen.«

Lächelnd blickte Kemp in die Runde. »Und seht euch doch an, was mit dem Zucker geschieht«, sagte er. »Ich brauche euch Herren nicht zu sagen, was heutzutage auf dem heimischen Markt für Rohzucker bezahlt wird.« Mit einer raschen Handbewegung zeichnete er ein Dreieck in die Luft. »In jeder Ecke ein Gewinn«, sagte er. »Einer in Afrika, einer in Jamaika, einer hier. Und einer besser als der andere.«

Mit Ausnahme von Paris waren alle eingesessene Liverpooler, und so konnte kaum einer nicht gewußt haben, was das große Dreieck bedeutete: billige Waren nach Afrika für den Kauf von Schwarzen; Transport der Schwarzen zu den Sklavenmärkten in Amerika oder Westindien; Rum, Tabak und Zucker, gekauft mit den Einnahmen aus den Sklavenverkäufen und verkauft in England. Die meisten von ihnen waren auf irgendeine Weise an diesem Handel beteiligt, als Fabrikanten, Makler oder Zwischenhändler.

Kemp erzählte ihnen Dinge, die sie bereits wußten. Er war sich völlig klar darüber. Aber er hatte Angst, und um sie zu betäuben, brauchte er in diesen Tagen immer wieder beruhigende Zustimmung; er brauchte sie wie eine Droge und war bereit, sein Bestes zu geben, um sie zu bekommen. Einige erinnerten sich später der Geschwätzigkeit, die er gegen Ende seines Lebens an den Tag gelegt hatte, und scheuten sich nicht zu behaupten, sie hätten diese Schwäche schon immer gesehen und gewußt, daß er nicht ganz gesund war, allein an der Art, wie er versuchte, andere für sein Vorhaben zu begeistern, sie auf seine Seite zu ziehen, und wie er dafür arbeitete, mit Blicken um sich warf und mit den Händen fuchtelte. Kemp konnte seine Meinung nicht für sich behalten, und das, sagten sie, führte einen Mann früher oder später in den Ruin.

Die so redeten, waren Leute, die ihre Schadenfreude mit Weltklugheit glasierten. Erasmus bekam dies in der Zeit nach dem Tod seines Vaters manchmal in der Art zu spüren, wie Gespräche geführt wurden, durch Gesprächspausen oder plötzlichen Themenwechsel, aber nie so, daß er Grund zur Beschwerde gehabt hätte – er hätte sich mit jedem geschlagen, welchen Standes auch immer, der das Andenken seines Vaters nicht respektiert hätte.

An diesem Abend hatte er nichts Unangebrachtes bemerkt. Der Alkohol hatte seinen Vater beredt gemacht, aber daran war nichts auszusetzen. Er war stolz auf seinen Vater gewesen, wie er es fertiggebracht hatte, den alten Rolfson, diesen Grobian, verlegen zu machen, und wie er die Tischrunde beherrscht hatte. Er hatte ihm recht gegeben in allem. Gewiß war die Anwesenheit von Matthew Paris störend gewesen; es war abscheulich, einen ehemaligen Sträfling zum Vetter zu haben und mit ihm an einem Tisch sitzen zu müssen. Aber auch Erasmus hatte eine ganze Menge getrunken; und außerdem war früher an diesem Tag etwas geschehen, das seine Gedanken beschäftigte und seine Beobachtungsgabe möglicherweise beeinträchtigte. Am Nachmittag hatte er sein Herz in beide Hände genommen und war hinübergeritten zum Haus der Wolperts, angeblich um Charles zu besuchen. Und dort hatte er, ohne recht zu wissen wie oder warum – er, der die Schauspielerei immer gehaßt hatte – eine Rolle in einem Theaterstück übernommen.

3

Am Morgen desselben Tages, an dem er sich für diese Liebhaberaufführung zur Verfügung gestellt hatte, war sein Vetter aus Norfolk angekommen, ein Mann, über dem der Schatten von Schimpf und Schande hing, ein schrecklicher Makel, der einer körperlichen Mißbildung gleichkam. Erasmus hatte seine Eltern von Paris' zerstörter Laufbahn sprechen hören, vom Tod seiner Frau, aber selbst diese leidvollen Ereignisse erschienen ihm beschämend. Die Anwesenheit seines Vetters hatte ihn vom ersten Moment an bedrückt; ihm war, als wäre ein Schatten auf ihn gefallen, und er erinnerte sich später, daß er den Eindruck hatte, als fände diese Begegnung in einer unwirklichen Zeit statt, ähnlich wie gewisse mysteriöse Vorfälle während des Schiffsbaus.

»Das ist dein Vetter Matthew. Erinnerst du dich an ihn?«

Erasmus sah einen großen, linkischen Mann vor sich mit einem tief gefurchten Gesicht unter der Stutzperücke. Er trug einen Anzug aus schwarzem Tuch, und die Enden seiner Halsbinde hingen gerade herab wie bei einem Pfarrer.

»Nein, ich erinnere mich überhaupt nicht an ihn.« Er hielt die Augen auf seinen Vater gerichtet, als spräche er von jemand, der sich nicht mit ihnen im selben Raum befand.

»Ihr wart zu jung, als wir uns das letztemal sahen«, sagte Paris. »Ich denke, es sind zehn Jahre, die uns trennen.« Seine tiefe, weiche Stimme klang etwas rauh, was sie auf eigenartige Weise unverwechselbar machte.

Erasmus fühlte ein leichtes Prickeln im Nacken. Er war erstaunt über so viel Unbekümmertheit. Bei ihrer letzten Begegnung hatte Paris ihn, der hilflos war und sich wehrte, hochgehoben und weggetragen von einem Damm, den er gegen die See zu bauen versucht hatte – hatte ihn einfach gepackt und durch die Luft geschwungen und ein paar Schritte weiter abgesetzt. Was er damals als tödliche Beleidigung, als Gewaltanwendung gegen seinen Körper und seinen Willen empfunden hatte, war in seiner Erinnerung noch so lebendig wie an jenem Tag vor dreizehn Jahren. »Ich freue mich, Euch zu sehen, Vetter«, sagte er. »Ihr seid hier sehr willkommen.« Als er wieder zu seinem Vater blickte, sah er, daß dieser lächelte und wie immer, wenn er zufrieden war, nickte.

»Ich freue mich, daß ich Gelegenheit habe, die Bekanntschaft mit meinem Vetter zu erneuern«, sagte Paris mit einer leichten Neigung seines Kopfes. Danach stand er einige Augenblicke schweigend da und blickte von einem zum anderen, vom stillvergnügten Vater zum steifleinenen Sohn. »Nach so vielen Jahren«, fügte er mit schwerer Stimme hinzu. Er hatte die Feindseligkeit seines Vetters gespürt und fragte sich plötzlich erneut, ob er diesen Besuch durchstehen würde. Nur mühsam unterdrückte er den Impuls, das Zimmer zu verlassen.

»Was du noch nicht weißt« – Kemp wandte sich an seinen Sohn – »weil wir erst jetzt endgültig übereingekommen sind: Matthew wird auf der *Liverpool Merchant* als Schiffsarzt mitfahren.«

»Er wird mitfahren?« Erasmus hatte nicht gedacht, daß ein Verwandter an Bord des Schiffes sein würde. Die Vorstellung, daß es ausgerechnet dieser Mensch sein würde, den er stets gehaßt hatte, den er als um so anstößiger empfand, seit er wegen Aufwiegelung verurteilt worden war – er hatte Schande über sie alle gebracht –, war ihm äußerst zuwider. »Ihr habt mir nicht gesagt, daß Ihr dies im Sinn hattet«, sagte er zu seinem Vater.

»Für den Fall, daß nichts daraus würde. Aber Matthew ist überaus geeignet. Er hat drei Jahre in London in der Surgeons' Hall studiert. Dann war er am Westminster Hospital als – was war es gleich?«

»Ich habe bei Lithotomien assistiert«, antwortete Paris ernst. »Das war, bevor ich meine eigene Praxis in Norwich eröffnet habe.«

»Außerdem ist er, das heißt, war er Mitglied der Royal Company of Surgeon Apothecaries. Und er hat eine Abhandlung geschrieben mit dem Titel *Syllabus of Anatomy*, die von Blackie and Son in London veröffentlicht wurde. Habe ich die Details richtig?«

Schon zu Beginn dieser Aufzählung hatte Kemps Gesicht zu glühen begonnen. Nichts ging ihm über einen nachweislich befähigten Mann. Jeder Punkt war ein Niet, ein fester Schraubenbolzen für die Planken des Schiffs. »Beinah hätte ich doch etwas vergessen – vom Bischof von Norwich erhielt er die Erlaubnis, sich als Arzt niederzulassen mit eigener Praxis und eigenen Räumlichkeiten für Einzelhandelsgeschäfte. Ist es nicht so, Matthew?«

»Hm, ja.« Paris zögerte. Er hatte sich Demut zur Pflicht gemacht, oder, falls er darin versagte, zumindest Vorsicht. Doch seine guten Vorsätze schienen sich in Luft aufzulösen. Daß er das freundliche Angebot seines Onkels annahm, bedeutete nicht, daß er sich von ihm hochloben lassen mußte, auch wenn ihn diese Aufzählung seiner Aktivposten in gewisser

Weise amüsierte. Was ihn jedoch veranlaßte, das Versprechen, das er sich selbst gegeben hatte, zu brechen, war die unerwartete Erwähnung des Bischofs, der ihm so schweren Schaden zugefügt hatte. »Aye«, sagte er, »man braucht sein Stück Papier mit dem Schnörkel des Bischofs darauf. Ohne das geht es nicht. Doch warum das so sein muß, kann ich beim besten Willen nicht begreifen, weil der Mann von Medizin noch weniger versteht als von Theologie. Sein Gekritzel verunzierte auch das Papier, das mich ins Gefängnis schickte – von Gefängnissen zumindest versteht er etwas. Das Norwich-Gefängnis gehört zur Zeit ihm; nicht das Gebäude – das gehört dem guten King George –, aber das, was es einbringt, und das ist beträchtlich. Die Leute, die Geld haben, zahlen für ihre Bequemlichkeit im Gefängnis genauso wie draußen.«

Daraufhin herrschte einige Augenblicke Schweigen. Erasmus konnte nicht recht glauben, was er gehört hatte. Daß Paris so ungeniert von seiner Gefängniserfahrung sprach, erschien ihm so geschmacklos, daß es schon beinahe Mitleid verdiente. Es war, als hätte sein Vetter einen schrecklichen Fauxpas begangen, als wäre er irgendwo hineingetappt, wo man ihm einfach heraushelfen mußte. Um die Situation zu retten und das Anstößige zuzudecken, suchte er das Thema zu wechseln. »Was ist eine Lithotomie?«

»Bei einer Lithotomie werden operativ Steine aus der Blase entfernt«, antwortete Paris in seiner bedächtigen Sprechweise. Sein Gesicht verzog sich zu einem wehmütigen, ein wenig schiefen Lächeln, bei dem ein Auge schmäler wurde als das andere. »Was die Räumlichkeiten betrifft, von denen Euer Vater sprach«, sagte er, »so waren sie nichts anderes als ein Laden.« Er hob abwehrend seine große Hand. »Meine Frau und ich hatten ein Apothekergeschäft mit einer darüberliegenden Wohnung.«

Paris' Worte waren völlig bescheiden gemeint; trotzdem lieferten sie Erasmus den Grund, den er brauchte, um seine Abneigung zu rechtfertigen. Antipathie gegen einen Mitmenschen gleicht, wie die Liebe, einer Geschichte; sie unterscheidet sich zwar in den Erzählelementen, aber eine wie die andere braucht eine förmliche Eröffnung, damit sie, im Fall der Antipathie, nicht im Anfangsstadium als vage Abneigung, Verstimmung oder als Vorurteil steckenbleibt. Diesen Auftakt fand Erasmus in Paris' schiefem Lächeln, das in seinen Augen den Enthusiasmus seines Vaters auf hämische Weise herabsetzte. Und sobald der Einstieg gefunden war, nahmen die Dinge rasch ihren Lauf: Welches Recht hatte dieser Habenichts, dieser Almosenempfänger, seinen Wohltäter zurechtzuweisen, zu beanspruchen, daß er anders gesehen werden wollte?

Etwas später, im Salon, wo sie mit seiner Mutter den Tee einnahmen, fand er plötzlich, daß auch die altmodischen Schuhe seines Vetters gegen ihn sprachen. Es waren große schwarze Schuhe mit breiten Kappen und eckigen Schnallen – zu einer Zeit, als Schnallen jeder Art passé waren –, und außerdem knarrten sie. Mit der akkurat geknoteten Halsbinde und dem schwarzen, flachen Hut, den Erasmus am Garderobehaken gesehen hatte, vervollständigten sie das Bild eines Dorfpfarrers, der sich stadtfein gemacht hatte. Und dies gab den Anschein von Heuchelei, denn sein Vetter war ins Gefängnis gewandert, weil er die Heilige Schrift als irrig abgelehnt hatte …

In dem kleinen Salon war es jedoch unmöglich, sich einer gewissen Kraft, die von Paris ausging, zu entziehen. Während er dort saß in seinem dicken schwarzen Anzug, unglaublich gelassen, nachdem jene Grimasse eines Lächelns verschwunden war, das längliche, zerfurchte Gesicht aufmerksam seiner Gastgeberin zugewandt, wirkte dieser Fremdling, als reichte der Raum nicht für ihn aus, als könnte er jeden Moment aufspringen und etwas Verheerendes tun.

Es war die größte Furcht von Mrs. Kemp, wie sie später gestand, daß ihr Neffe etwas zerbrechen könnte. »Ich saß wie auf Kohlen, solange Matthew im Zimmer war«, sagte sie. »Einen so in Unruhe zu versetzen!« Ihre Stimme drohte wie immer schon vor den letzten Silben zu versagen.

Sie hatte sich zum Tee zu ihnen gesellt in diesem Zimmer, das ihr im ganzen Haus das liebste war. Die Stühle waren mit zartgrünem Brokat bezogen, es gab kleine ovale Tische, die Batistgardinen erlaubten einen diskreten Ausblick auf die Straße und die gegenüberliegenden Häuserfronten. Die Vitrine enthielt Erbstücke, die ihr teuer waren, Teeservice, Meißner Porzellanfiguren, eine geschätzte Sammlung von Porzellandöschen für Pillen und Ambrakugeln – und all dies innerhalb der Reichweite des Arms ihres Neffen.

Sie mochte Matthew. Er war der Sohn ihrer Schwester. Obwohl sie ihn nur selten sah, hatte sie seinen Werdegang stets mit Interesse verfolgt. Sie sprach häufig von ihm, und jedesmal ärgerte sich Erasmus darüber; doch stolz, wie er war, ließ er sich nichts anmerken. Ihr Bedauern und ihren Kummer über das Unglück ihres Neffen versteckte sie hinter ihrer gewohnten Mattigkeit und dieser übertriebenen Furcht, er könnte etwas zerbrechen. Im Zusammenleben mit einem Ehemann und einem Sohn, die nie müde wurden, ihre Gefühle herabzumindern, hatte sie schon vor langem gelernt, sich zu tarnen.

»Ja«, sagte sie mit ersterbender Stimme, »ich war auf das Schlimmste gefaßt.«

Dabei waren seine Bewegungen hinlänglich korrekt; an der Art, wie er die flache Untertasse, die Tasse mit dem zierlichen Henkel und den Teelöffel handhabte, ließ sich nichts aussetzen. Es war die angestrengte Körperbeherrschung, nicht augenscheinliche Unbeholfenheit, die anderen das Gefühl einer möglichen Katastrophe vermittelte. Und er war ganz offensichtlich ein kräftiger Mann.

»Er hat mich gänzlich erschöpft«, sagte Mrs. Kemp. »Und dann zu wissen, daß er noch nicht lange aus dem Gefängnis ist …«

»Meinst du, die Gefahr, daß er etwas zertrümmern könnte, sei dadurch größer geworden?« fragte Kemp ironisch.

»Nun, immerhin sperrt man sie dort ein, nicht wahr?« sagte sie in vernünftigem Ton. »Mein Neffe hat hinter Gefängnismauern gelebt. Es wäre nicht verwunderlich, wenn er jetzt, nachdem er in die Gesellschaft zurückkehren konnte, das Bedürfnis hätte, sich stärker auszuleben.«

Es erstaunte Erasmus – der seine Mutter nie verstanden hatte –, daß sie nicht zu begreifen schien, welche Schande der Sohn ihrer Schwester über die Familie gebracht hatte. So wie sie über Paris sprach, hätte er gerade von irgendeiner Krankheit genesen sein können.

»Du kannst sagen, was du willst«, sagte sie. »Ich fand ihn reizend und seine Manieren um einiges besser als die gewisser anderer Leute.« Der Tadel, den sie mit mehr Energie vorbrachte, als ihr normalerweise zur Verfügung stand, galt ihrem Sohn, denn sein schroffes Benehmen war ihr nicht entgangen.

Die Aufmerksamkeit, die sie ihrem Neffen schenkte, entsprang auch nicht ausschließlich ihrer Sorge um die Kostbarkeiten in der Vitrine. Gatte und Sohn merkten sehr bald, daß Matthew Paris, in seinen knarrenden Schuhen, seinem tristen Anzug und seiner Stutzperücke ihr einen ausgesprochen guten Eindruck zu machen schien. »Ihr werdet also mit dem Schiff reisen.«

»Als Schiffsarzt. Ja.«

»Das ist für uns eine große Beruhigung.«

»Es freut mich, daß Ihr es so seht, Tante. Obwohl ich nicht ganz verstehe, wie Ihr es meint.«

»Wieso nicht, Sir?« sagte sie leicht verwundert über seine Begriffsstutzigkeit. »Natürlich werden wir alle ein viel besseres Gefühl haben mit einem Familienmitglied an Bord.«

»O ja, natürlich. Ihr könnt Euch darauf verlassen«, sagte er mit freundlichem Lächeln, »daß ich mir meiner Verantwortung bewußt sein werde.«

»Du lieber Himmel, Frau«, sagte Kemp gereizt, »er wird nicht als Familienmitglied an Bord gehen, zumindest nicht in erster Linie, sondern als ausgebildeter Mediziner um den bestmöglichen Gesundheitszustand der Neger zu garantieren.«

»Und der Besatzung«, ergänzte Paris.

»Wie? Der Besatzung, natürlich. Matthew hat an der Surgeons' Hall studiert«, teilte er seiner Frau mit. »Er hat in einem unserer besten Krankenhäuser gearbeitet und Bücher geschrieben …«

»Ja, mein Lieber, das hast du uns alles schon erzählt. Und außerdem habe ich es schon vorher gewußt.« Mrs. Kemp wandte sich wieder an Paris. »Ich fühle manchmal hier, unter dem Herzen, eine Art Flattern«, sagte sie und legte eine weiße Hand zwischen die Spitzenrüschen oberhalb ihres Mieders. »Immer wenn ich mich heftig bewege oder außer mir gerate. Wißt Ihr vielleicht etwas dagegen?«

»Bei starkem Herzklopfen«, sagte Paris ernst, »ist Nieswurz ein probates Mittel. Ich kann Euch eine Tinktur zurechtmachen, wenn ihr wollt. Und ein Schluck warmes Zimtwasser morgens und abends wirkt allgemein beruhigend auf die Nerven.«

Als Erasmus sah, daß seine also ermutigte Mutter zu einer ausführlichen Schilderung ihrer Krankheitssymptome ansetzte, sagte er an Paris gewandt: »Seid Ihr schon einmal auf See gewesen?«

»Nicht in dem Sinn, daß ich zur See gefahren wäre. Als Junge bin ich manchmal mit den Fischern hinausgefahren. Von Brancaster aus, an der Küste von Norfolk.« Paris zögerte, und Erasmus fiel auf, daß seine Augen hellgrün waren, nicht blau, wie er anfangs gedacht hatte. Sie standen leicht schräg und gaben seinem Gesicht einen halb eigensinnigen, halb melancholischen Ausdruck. Nach einigen weiteren Augenblicken des Zögerns fuhr Paris fort: »Es war dort, wo wir uns das letztemal trafen, wir alle – beide Familien, meine ich. Ihr wart auf Besuch gekommen, und wir gingen eines Tages hinunter ans Meer. Eine recht zahlreiche Gesellschaft, wie ich mich erinnere – auch einige Leute aus unserer Nachbarschaft waren dabei. Ich war in jenem Sommer achtzehn, also müßt Ihr ungefähr acht oder vielleicht neun gewesen sein. Noch ziemlich klein.«

»Ich kann mich nicht daran erinnern.«

Die Worte klangen zu kalt und zu entschieden, um glaubhaft zu sein; aber die beabsichtigte Abfuhr, die Zurückweisung einer gemeinsamen Vergangenheit, die sein Vetter so schüchtern heraufbeschworen hatte, war unmißverständlich.

»Ich erinnere mich genau daran.« Paris suchte erneut Zuflucht bei seiner Tante – er kam immer wieder auf sie zurück. »Ich glaube, wegen eines Damms, den wir an einem Tag zu bauen versuchten. Mein Vetter bewies eine außerordentliche Ausdauer. Er tat wirklich sein Bestes, um die Flut aufzuhalten.«

In seinem weichen Bariton erzählte er ihr von einem Kanal und einem Staubecken, das sie an jenem fernen Tag am Rand der einlaufenden Flut gebaut hatten; wie sie ihre Dämme mit Steinen, Treibholz und dickem schwarzen Schlamm befestigt hatten und die See ihre Bemühungen immer wieder zunichte machte, indem sie die Fundamente unterspülte, so daß die Dammwände zerbröckelten und leckten und schließlich alle genug davon hatten und sich nach einer anderen Zerstreuung umsahen – alle bis auf Erasmus.

»Er gab nicht auf. Wir gingen zu ihm und baten ihn mitzukommen, aber er wollte nicht. Er würdigte keinen von uns auch nur eines Wortes, war von oben bis unten voll Schlamm, aber er fuhr fort, den Damm mit Steinen und Holzstücken zu bepflastern und die See fuhr fort, sein Werk zu zerstören. Ich dachte damals: Wenn sich mein Vetter etwas in den Kopf setzt, bekommt er es, auch wenn er alles daransetzen muß.«

Paris schwieg, um die aufkommende Selbstverachtung zu unterdrücken. Wollte er sich bei der Mutter lieb Kind machen, indem er ihr diese Geschichte von der heroischen Ausdauer ihres Sohnes erzählte? Seine wahre Erinnerung war ganz anders …

»Es war, als wärt Ihr besessen«, sagte er und sah Erasmus fest und ziemlich finster an. »Ihr wart ganz weiß im Gesicht und hattet einen stieren Blick. Ich weiß noch, daß Eure Hände schwarz waren vom Schlamm, und doch war Blut an Euren Fingern zu sehen. Ihr hattet Euch beim Scharren und Wühlen nach Steinen verletzt. Es war … wirklich ein Anblick.« Ein freudloser Anblick, dachte er und betrachtete seinen Vetter mit einer gewissen Neugier. Sogar die Erwartung von Freude hatte gefehlt – ein Erfolg wäre ihm keine Freude gewesen. Jene einsame Leidenschaft zehrte von der unvermeidlichen Niederlage.

»Ich weiß davon überhaupt nichts mehr.« Erasmus hatte innerlich gezittert vor der zudringlichen Neugier seines Vetters, obwohl er äußerlich gleichmütig mit der gleichen beharrlichen Lüge gekontert hatte. Dieser hatte jene Episode so lebhaft heraufbeschworen, daß Erasmus zwar leugnen konnte, sich zu erinnern, sich der Erinnerung selbst aber nicht erwehren konnte. Er wußte wieder ganz genau, wie es gewesen war – die Einsamkeit, der fahle Himmel, das schimmernde, trügerische Wasser, die köstliche Wut. Und er sah sich, wie die anderen ihn gesehen haben mußten: verbissen und lächerlich. Und all das hatte er jetzt erneut zu erdulden wegen eines Vetters, der – und das war wirklich der Gipfel – sich des Unrechts, das er begangen hatte, nicht bewußt zu sein schien, es mit keinem einzigen Wort erwähnte …

4

Mrs. Kemp zog sich bald nach dem Mittagessen, bei dem sie nur wenig gegessen hatte, zurück, um ihren Nachmittagsschlaf zu halten. Zuvor jedoch überreichte sie Paris noch ein Geschenk, eine hübsche Lackschatulle, die innen mit grünem Fries ausgeschlagen und außen mit goldenen Pfauen auf blauem Grund dekoriert war. »Es ist eine chinesische Arbeit«, sagte sie. »Ich habe Rezepte darin aufbewahrt, aber sie wird Euch genausogut zur Aufbewahrung Eures Logbuchs und derlei Dingen dienen.«

»Der Kapitän führt das Logbuch, nicht der Doktor«, sagte Kemp. »Ich sprach von einem medizinischen Schiffstagebuch, nicht von einem nautischen«, erwiderte seine Frau würdevoll. »Matthew wird sich Notizen machen wollen von den Krankheiten, denen er auf dem Schiff begegnet. Ich würde sie sehr gern lesen, wenn er zurück ist.« Sie war stets an allen Arten von Krankheit interessiert.

»Ich finde bestimmt Verwendung dafür«, sagte Paris, während er die Schatulle verlegen in seinen großen Händen hielt. »Es ist wirklich sehr freundlich von Euch, Tante.«

Auch Erasmus entschuldigte sich bald. Es war Sonntag, und er hatte beschlossen, zum Haus der Wolperts hinüberzureiten unter dem Vorwand, Charles Wolpert zu besuchen, mit dem er nie auf besonders freundschaftlichem Fuß gestanden hatte. Erst nach einem schweren Kampf mit seinem Stolz, seiner Angst, sich lächerlich zu machen, der Scham über das, was er mit dem Besuch zu offenbaren glaubte – obwohl dies weitaus weniger war, als er in seiner gesteigerten Befangenheit annahm –, war dieser Entschluß zustande gekommen. Doch nun war sein Plan fest und unabänderlich gefaßt. Nur in der Wahl der Kleidung, die er bei dem Besuch tragen würde, hatte er sich noch eine gewisse Freiheit gelassen; und um diese so gut wie möglich zu nutzen, zog sich Erasmus zum frühestmöglichen Zeitpunkt von der mittäglichen Tafel zurück.

Danach waren die zwei Männer allein, Paris ohne das Refugium eines dritten Gesprächsteilnehmers, Kemp von einer gewissen Ungeduld erfüllt. Er hätte seinen Neffen am liebsten innerhalb dieses einen Nachmittags durch alle Stadien seines eigenen Enthusiasmus für das Sklavengeschäft gejagt – und sein Ehrgeiz wurde womöglich noch angefeuert durch den Malaga, den er zum Essen getrunken hatte. Aber die Sprache läßt uns häufig im Stich, und so fand der Kaufmann keinen anderen Anfang, als noch einmal seine guten Absichten zu beteuern. »Ihr könnt gern bei uns bleiben, Matthew, bis Ihr an Bord geht«, sagte er und auch das nicht zum erstenmal.

Sie befanden sich in dem Zimmer im ersten Stock des Hauses, das Kemp als sein Allerheiligstes betrachtete und manchmal sein Studierzimmer nannte, obwohl hier nicht viel anderes als Kontenbücher studiert wurden. Mit der Pfeife im Mund blickte er durch die Rauchringe auf den jungen Mann, der ihm, vornübergebeugt, die großen Hände lose zwischen den Knien gefaltet, im Sessel gegenübersaß. »Betrachtet mein Haus als das Eure, so lange es Euch beliebt«, sagte er.

»Das ist wirklich sehr freundlich von Euch. Aber, wie ich bereits sagte, habe ich zu Hause noch einiges zu erledigen und muß deshalb spätestens übermorgen die Postkutsche nach Norwich nehmen.«

»Wie Ihr beliebt. Ich will damit nur sagen, daß die Vergangenheit der Vergangenheit angehört und daß Ihr sie hinter Euch lassen müßt. Nichts, was geschehen ist, könnte etwas daran ändern, daß Ihr hier herzlich willkommen seid.«

Der Klang seiner Worte erfüllte Kemp erneut mit Begeisterung für die Exzellenz seiner Motive. Seine Stimmung stieg. Fing er nicht zwei Fliegen auf einen Streich? Er zeigte sich großzügig gegenüber seinem Neffen und gewann gleichzeitig die Dienste eines studierten Mediziners. Ein weniger gut ausgebildeter Arzt hätte es auch getan; das wußte er. Die meisten Sklavenschiffe, die von Liverpool ausliefen, hatten, wenn überhaupt, höchstens den Lehrling eines Bauchaufschneiders oder einen versoffenen Quacksalber an Bord. Aber das war nicht gut genug für die *Liverpool Merchant*. Und wenn er es recht bedachte, fing er mit Paris sogar vier Fliegen auf einen Streich, denn mit seiner Freundlichkeit gegen einen so heruntergekommenen Menschen versah er sein Schiff auch noch mit der Flagge der Nächstenliebe und des Erbarmens.

Kemp hatte eine moralische Auffassung vom Universum. Gott führte das Hauptbuch. Alles wurde anerkannt. Eine gute Tat war ein Eintrag auf der Habenseite, ein auf das Schicksal gezogener Wechsel, der eines Tages honoriert wurde. Er sah sein Schiff wieder daheim im Hafen, sah es im Pool vor Anker liegen, beladen mit gefragter Ware, sah seine Gläubiger zumindest vorübergehend zufriedengestellt mit den Zinsen für ihre Kredite, bis sich der Baumwollhandel wieder erholen würde, was bald zu erwarten war. Die Vision spiegelte sich in seinen Augen, als er sich vorbeugte und sagte: »Afrika! Denkt nur! Ihr werdet nach Afrika fahren, Matthew.«

»Ich habe viel darüber nachgedacht.« Paris richtete sich ein wenig auf und reckte, höflich Aufmerksamkeit signalisierend, die Schultern. Er wußte nicht, was er zu seinem Onkel sagen sollte, der ihm an diesem Nachmittag ziemlich hektisch, viel zu erhitzt, ja beinahe fieberhaft vorkam. Er hätte gern seinen Puls gemessen.

Da er spürte, daß er diesen Vorschlag unmöglich machen konnte, wandte er den Blick zum Fenster. Nach dem leicht nebligen Vormittag schien jetzt die Sonne, und ein leichter Wind spielte im frischen Laub der Ulmen, die den kleinen Platz umstanden. Tauben flogen auf, als er hinaussah. Das bewegte Laub und die auffliegenden Tauben warfen Schattenschwärme über Decke und Wände. Er schaute ihnen einige Augenblicke zu, ohne zu sprechen. Neblige Vormittage bringen schönes Wetter in dieser Jahreszeit, dachte er vage, beinahe schläfrig. Die ersten Triller der Grasmücken durch den Frühnebel, Platanen im zarten Laub. Ruth und ich gingen am Fluß Hand in Hand. Rieselndes Licht auf Knospe und Blatt, fließende Schatten auf dem Wasser, auf ihrem Gesicht das Licht der Liebe. Wir setzten uns ans Ufer. Damals ging sie bereits mit unserem Kind. Es war ein denkwürdiger Tag, weil wir wußten – und es einander sagten –, daß wir nichts anderes zu tun brauchten, als zu warten. Alles war friedlich und in bester Ordnung. Das Haus war nicht sehr groß, aber groß genug, und ebenso groß genug das Einkommen aus Laden und Praxis. Wir brauchten nur zu warten, in Liebe zu warten, daß das Kind kam. Nun gibt es Ruth nicht mehr, und ich gehe nach Afrika. »Ja«, sagte er, »es ist sehr weit. Es ist ein Land, von dem ich nie geglaubt hätte, daß ich es eines Tages sehen würde. Aber es könnte genauso anderswo sein.« Damit es nicht undankbar klang, fügte er rasch hinzu: »Ich danke Euch noch einmal für Euren Brief, Onkel, und daß Ihr mir einen Gefallen erweisen wollt.«

»Blut ist dicker als Wasser«, sagte Kemp noch munterer als zuvor. »Ihr habt natürlich die Vorteile bedacht«, fuhr er fort. »Ich habe sie ja in meinem Brief angedeutet. Ihr werdet Orte aufsuchen, wo es vieles zu bestaunen gibt.«

»Ja, in der Tat.« Paris nickte ernst. »Schon Plinius hat gesagt, daß aus Afrika stets Neues kommt.«

»Oh, hat er das? Nun, damit hatte er recht. Kommt dazu, daß Ihr als gebildeter Mann vieles bemerkenswert finden werdet.«

»Ganz bestimmt.«

»Von Geld will ich nicht erst reden«, sagte der Kaufmann. »ihr hattet Auslagen, und sie wurden beglichen. Das ist erledigt. Aber es gibt etwas anderes, das Euch vielleicht interessieren wird.« Kemp beugte sich vielsagend vor. »Ich habe es für mich behalten, bis die Schiffsartikel unterschrieben waren, aber jetzt kann ich es Euch ja verraten. Ich habe vor, Euch drei Vorzugsneger aus der Ladung zum Selbstkostenpreis zu überlassen. Die Schwarzen, die Ihr Euch aussucht, werden, sobald Ihr sie kauft, gekennzeichnet. Also, was haltet Ihr davon?«

Er war enttäuscht, als er keine Veränderung im Gesicht seines Neffen erkennen konnte. »Das ist zusätzlich zum Gehalt«, fügte er in vorwurfsvollem Ton hinzu.

Nach einem Augenblick, der sehr lange zu dauern schien, lächelte Paris ein wenig und sagte: »Das ist eine ganz unvorhergesehene Großzügigkeit Eurerseits.«

»Und außerdem eine Pause, eine Zeitlang weg von allem, neue Betätigungsfelder, um diese unglücklichen Gedanken zu zerstreuen, die Euch vermutlich ... bis zu einem gewissen Ausmaß zumindest ... Ich hatte gehofft, Eure endgültige Zusage zu haben.«

»Oh, ich werde mit dem Schiff fahren«, erwiderte der andere rasch und, wie es schien, nahezu bedenkenlos, jedenfalls keineswegs so, als kapitulierte er vor Kemps Beweisführung.

Tatsächlich hatte er von Anfang an gewußt, schon nach dem ersten Brief seines Onkels, daß er fahren würde. Das Exil einer langen Reise, eine Anstellung bei einem Unternehmen, das er nach allem, was er wußte, für menschenunwürdig hielt und das gerade deshalb für einen wie ihn geeignet war – dieser Kombination konnte er in seinem Elend nicht widerstehen. Er hatte seinen Entschluß seit damals kein einziges Mal angezweifelt und war auch jetzt so weit davon entfernt, daß er über die Erleichterung auf dem Gesicht seines Onkels staunte. »Sicher, ich werde fahren«, wiederholte er.

»Das ist die richtige Einstellung! Darauf trinken wir«, sagte Kemp. Brandy, fand er, war zur Besiegelung eines Vertrages fast so gut wie eine geleistete Unterschrift. Während er Flasche und Gläser hervorholte, fühlte er sich jedoch plötzlich so erschöpft, als hätte er eben eine schwere Prüfung überstanden. Diese Augenblicke der Ungewißheit, als doch schon alles geregelt schien, hatten dem Kaufmann vor Augen geführt, warum dieser Neffe eine solche Faszination auf ihn ausübte, warum er so darauf versessen war, ihn als Schiffsarzt zu haben. Paris war das Schlimmste widerfahren, das, wovor Kemp sich am meisten fürchtete. Er hatte das Haus an der Red Cross Street als das leibhaftige Gespenst von Bankrott und Ruin betreten, seines Ruins, Kemps, jedermanns. Er war ein unruhiger Geist, der weniger zur Ruhe gebracht als rehabilitiert, entdämonisiert, in die Welt des gemeinschaftlichen Unternehmertums zurückgebracht werden mußte. Dann würde vielleicht auch die Angst verschwinden, die Kemp so oft in der Stunde des Morgengrauens quälte.

»Also dann, Neffe«, sagte er und hob sein Glas. »Auf den Erfolg!«

5

Erasmus benötigte eine Stunde, bis er für seinen Besuch bei den Wolperts gekleidet war. Er probierte verschiedene Anzüge an, aber irgend etwas fehlte an jedem. Schließlich entschied er sich für den weinroten aus Satin mit der dazu passenden weißen Weste aus gerippter Seide, ein luxuriöses Kleidungsstück, das über und über mit kleinen, in etwas dunklerem Ton gehaltenen Blumen bestickt war. Er trug sein dunkles und von Natur aus glänzendes Haar seit kurzem zu einem Pony geschnitten und im Nacken zusammengebunden. So wirkte sein Gesicht weicher und weniger fanatisch. Auffallend in dem glatten Gesicht waren die länglichen, schmalen, sehr dunklen Augen mit ihrem eigentümlich intensiven Blick. Dieser Blick und die hohen Wangenknochen gaben ihm, wie übrigens auch seinem Vater, den Anschein, als nähme er sein Gegenüber ins Visier.

Der Tag war schön, die Luft noch leicht verhangen vom morgendlichen Nebel. Erasmus kam zunächst nur langsam voran auf den schmutzigen, übelriechenden Straßen oberhalb des Flusses, und seine Stute war bald bis zu den Knien hinauf mit Schlamm bespritzt. Nirgends in der Stadt gab es gepflasterte Gehwege. Nur mit Mühe konnte er Fußgängern ausweichen, und er mußte wiederholt anhalten wegen der Straßenverkäufer mit Handkarren oder der kleinen, breitrückigen Ponys, die sich, beladen bis unter den Bauch mit Waren für den Markt am nächsten Tag, vom Hafen heraufschleppten.

Seine größte Sorge war es, jede Beschmutzung seiner Person oberhalb der Reitstiefel zu verhindern; für bedeutendere Gedanken war während des Ritts kein Platz in seinem Kopf. Der Besuch lastete auf ihm wie eine Strafe, vor der es kein Entrinnen gab – die er bereits angetreten hatte, als er auf seinem ungeduldig schnaubenden Pferd durch den verwirrenden Sonnenschein ritt, umgeben vom Gestank der Gosse, den klappernden Pantinen auf den Holzstegen, dem zornigen Geschrei der um ihr Vorfahrtsrecht Streitenden.

Als er aus der Castel Street kam, hörte er die kehligen Rufe und das Geschepper der Eimer eines Wasserverkäufers; der Wagen mit dem großen Faß darauf und dem mageren Pferd davor verstellte ihm den Weg. Er zwängte sich an Wagen und Hauswand vorbei und verfluchte den Wasserverkäufer mitsamt seinen Eimern und seinem Faß. Der Mann grinste und schwenkte den Hut – vielleicht scheute die Stute ja – und eine der Frauen, die um Wasser anstanden, schrie Erasmus etwas zu; ob es ein Scherz war oder ein Schimpfwort, konnte er nicht sagen.

Endlich, am nördlichen Stadtrand angelangt, fühlten sich Roß und Reiter wohler. Das Wolperthaus befand sich auf dem offenen Land. Es stand auf einer bewaldeten Anhöhe, und seine gemauerten Giebel waren schon von weitem zu sehen, Gipfel der Sehnsucht für Erasmus, als er sie jetzt von der Sonne beschienen zwischen den Bäumen hervorleuchten sah. Sein ganzes Streben war auf das Mädchen gerichtet. Und was ihn gefühlsmäßig schmerzte und ihm als Schwäche erschien, nämlich zuzugeben, daß er ein Bedürfnis hatte, spornte ihn gleichzeitig an. Und so ritt Erasmus an diesem milden, windstillen Maitag unter dem frischen Grün der Buchenallee, hörte das Gezwitscher unsichtbarer Vögel im Laub und knirschte verbissen mit den Zähnen.

Auf sein Läuten hin öffnete der alte Diener Andrew. Er war unordentlich gekleidet, wie immer ohne Perücke, und die spärlichen Haarbüschel standen ihm zerzaust über den blutleeren Ohren vom Kopf. Erasmus fragte mit vor Nervosität sich überschlagender Stimme nach Charles.

»Sie sind bei ihr'n Prob'n«, mümmelte der alte Mann und blinzelte, als hätte ihn das Tageslicht erschreckt.

»Ich wünschte, du lerntest endlich, laut und deutlich zu sprechen«, sagte Erasmus. Er hatte es immer für eine unerklärliche Nachsicht seitens des alten Wolpert gehalten, einen so einfältigen Kerl als Dienstboten zu halten. »Hast du gesagt, sie sind oben? Sie sind nicht zu sprechen?« Er wußte nicht, ob er enttäuscht oder erleichtert sein sollte.

»Sie sind bei ihr'n Sprüchen. Beim Üb'n. Sie *prob'n*!« Mit seinem arthritischen Finger wies der Diener über den Rasen auf eine ungefähr dreihundert Meter entfernte Baumgruppe, die etwas tiefer lag als das Haus. Zwischen den Bäumen sah Erasmus blinkendes Wasser. Er erinnerte sich, daß es dort unten einen kleinen See gab.

»Willst du damit sagen, daß sie dort ein Theaterstück proben? Wer? Auch Miss Sarah?«

»Miss Sarah, eine junge Dame aus Stanton, Master Charles, Master Robert, Hochwürden Mister Parker und der Schulmeister aus –«

»Schon gut, du brauchst sie nicht alle aufzuzählen.« Er blickte verblüfft zu dem Wäldchen, wo sich im diffusen Licht der Nachmittagssonne das junge gelbe Laub der Eichen und das hellgrüne der Ulmen wie hingetupft mischten, rötlich am Rand und eine scharfe Trennlinie bildend, wo Laub und Himmel sich berührten. Wohnung der Seligen. Irgendwo in diesem reinen Empyreum probte Sarah Wolpert ein Theaterstück. »Ich werde zu ihnen hinuntergehen«, sagte er, und nichts hätte seine Verwirrung deutlicher machen können als diese vertrauliche Mitteilung seiner Absicht an einen Diener.

»Der Pfarrer spielt den Wilden.« Andrew verzog verächtlich den farblosen Mund. »Manche finden, es schickt sich nicht.«

»Ich weiß nicht, wovon du redest«, antwortete Erasmus schroff. Er hatte sich wieder gefangen. »Kümmre dich um mein Pferd oder hol jemand, der es tut.«

Er machte sich auf den Weg zu dem Wäldchen, und während er ging, fühlte er sich in zunehmendem Maße gekränkt und ausgeschlossen. Er glaubte, mit seiner Liebe auch Rechte erworben zu haben, obwohl er sie bisher in keiner Weise zu erkennen gegeben hatte.

Als er bei den Bäumen anlangte, wußte er nicht, wohin er sich wenden sollte. Der See war nicht mehr zu sehen. Nach kurzem Zögern beschloß er, einfach geradeaus weiterzugehen. Er scheuchte eine Amsel auf, die vorwurfsvoll keckernd flüchtete. Der Hain war größer als vom Haus oben erkennbar und in den letzten Jahren offensichtlich vernachlässigt worden. Die Eichen hatten am Boden ausgetrieben, und aus Schößlingen, Ranken und dem sich unregelmäßig ausbreitenden Rhododendron war ein dichtes Unterholz entstanden. Erasmus mußte Umwege machen. Er hätte nicht durch das Gehölz, sondern außen herum gehen sollen. Er hörte keine menschlichen Laute, hatte keine Ahnung, in welcher Richtung der See lag. Er schwitzte in seinem Satinanzug, und es kam ihm der Gedanke, daß er sich, selbstverständlich nicht ernsthaft, aber im Augenblick fraglos und auf ganz absurde Weise verlaufen hatte.

Er ging weiter. Nach einer kleinen Weile glaubte er Stimmen zu hören und ging ihnen nach. Das Wäldchen lichtete sich. Er sah Wasser aufblitzen. Rechter Hand vor ihm ertönte eine laute, sonore Männerstimme.

»Wenn du Prospero bist, so erzähle uns die Umstände deiner Errettung. Wie trafst du uns hier, die wir vor drei Stunden an dieser Küste Schiffbruch erlitten; hier, wo ich – wie scharf ist doch die Schneide der Erinnerung! – meinen teuren Sohn Ferdinand verlor!«

Erasmus war unwillkürlich stehengeblieben. Es entstand eine kleine Pause, dann sprach eine andere Stimme, die er als die von Charles Wolpert zu erkennen glaubte. »Nehmt es mir nicht übel, aber die zweite Hälfte dieser Rede sollte beiseite gesprochen werden. Die anderen sollen sie nicht hören, versteht Ihr? Die Stelle ist auch in Eurem Text mit ›beiseite‹ gekennzeichnet, dort, wo es heißt: ›Wie scharf ist doch die Schneide der Erinnerung …‹«

Es folgten einige leise gesprochene Worte, die Erasmus nicht verstehen konnte. Dann ertönte wieder die erste Stimme: »Aber sie können doch gar nicht umhin, zu hören, was ich sage, wenn das Publikum mich hören soll.«

»Es gibt ein paar Grundregeln im Theater, Rivers«, mischte sich eine andere, höhere und leicht näselnde Stimme ein. »Was Wolpert zu sagen versucht, ist, daß Ihr den ganzen Absatz im gleichen Tonfall und im gleichen Tempo sprecht. Ihr könntet eine Pause einlegen, indem Ihr nach vorne kommt und Euch direkt ans Publikum wendet.«

»Danke, Parker, vielen Dank.«

Doch es klang wenig Dankbarkeit aus diesen Worten. Erasmus stand wie angewurzelt. Es würde lächerlich erscheinen, wenn er jetzt, vor aller Augen, aus dem Wald ins Freie stolperte. Nun waren neue Stimmen zu hören, leiser und vermischt, so daß er nichts verstehen konnte. Sie verstummten, und einen Augenblick später begann eine Mädchenstimme, klagend und süß zu singen:

»Kommt an diesen gelben Strand
Und reichet euch die Hand:
Sollt euch küssen und verneigen,
Daß die wilden Wogen schweigen.«

Erasmus warf einen verwirrten Blick nach oben zu den rot schimmernden Ulmenknospen, dann nach unten, als wollte er sehen, wohin ihn seine Füße geführt hatten. Auch der noch eingerollte Farn war rot, fiel ihm in diesem Augenblick lebhaftester Wahrnehmung auf: Rostrot waren die geschlossenen Farnwedel. Er fühlte sich, als stünde er dicht vor einer bedeutenden Entdeckung. Dann setzte ein Chor von Stimmen ein, männliche und weibliche: »Bau! Wau! Kikeriki!« Es klang wie eine wilde Zauberformel, und wie davon gerufen, ließ Erasmus die letzten Bäume des Wäldchens hinter sich und trat hinaus ins Freie, wo er erneut stehenblieb unter dem plötzlichen Eindruck des freien Himmels, des glänzenden Ovals des Sees und des weiten Ausblicks, der sich dem Auge bot.

Der See war an den Rändern verschilft und von hellen,

künstlich aufgeschütteten Sandstränden umrahmt. Am gegenüberliegenden Ufer lag ein Kahn. Am Ufer rechts, zwischen dem Wasser und den Bäumen, befand sich ein aus Ästen und Segeltuch errichtetes Gebilde, das eine Höhle darstellen sollte. Auf dem Sand davor standen mehrere Personen in einer Gruppe beisammen. Eine davon war Sarah. Sie trug ein blaues Kleid und einen breitrandigen Sonnenhut, den sie unter dem Kinn festgebunden hatte. Sie sagte mit heller, aufgeregter Stimme: »Ich werde den Ferdinand lesen, wenn Ihr wollt.« Sie trat einen Schritt vor und hob ihr Buch: »Wo mag diese Musik spielen? In der Luft oder in der Erde? Sie tönt nicht mehr …«

Als sie sich umsah, um dem Echo nachzulauschen, fiel ihr Blick auf Erasmus,der immer noch bewegungslos am Waldrand stand. »Du liebe Zeit«, sagte sie. »Das ist Erasmus Kemp. Wo kommt Ihr denn her?«

»Ich wollte Charles besuchen«, rief er über das Wasser. Sein Herz pochte laut. Er machte eine Handbewegung zu den Bäumen hin.

»Er kommt wie gerufen, genau aufs Stichwort«, sagte ein Wohlbeleibter mit lauter Stimme, der einzige, der den Versuch gemacht hatte, sich seiner Rolle entsprechend zu verkleiden: Er trug einen roten, baumwollenen Morgenrock und einen ebenso roten Turban in der Art eines Zauberers. Der Schulmeister, dachte Erasmus und suchte, sofort eifersüchtig, alle rings um sie zu identifizieren. Der Hilfsgeistliche Parker war ohne weiteres zu erkennen – er hatte seinen Priesterkragen anbehalten.

Sarah verließ die Gruppe und ging auf dem sandigen Ufer, wo sie die Röcke ihres Kleides raffen mußte, auf ihn zu. Während er dort stand und sie kommen sah, wurde ihm bewußt, wie merkwürdig diese Szene war: Die Schauspieler waren Zuschauer geworden; alle beobachteten Sarah und ihn. Dann verengte sich sein Blick auf die näher kommende junge Frau, und als er sah, wie sie das lange Kleid und der weiche Sand hemmten, empfand er einen köstlich-schmerzhaften Stich angesichts der Schönheit dieser momentanen leichten Behinderung.

»O Erasmus«, rief sie, noch etliche Schritte von ihm entfernt. »Ich bin ja so froh über Euren Besuch.« Ihre Erregung hatte sie jegliche Befangenheit vergessen lassen; sie sah ihn offen an. »Gerade als wir jemanden brauchten«, sagte sie mit verwundertem Lächeln, »erschient Ihr wie ein Geist.«

Erasmus räusperte sich. »Nun, ich bin ein Mensch«, sagte er, und vielleicht hatte sie etwas in seinen Augen gesehen, das dies bestätigte, denn ihr Blick wurde kühler.

»Jonathan Rigby ist vom Pferd gestürzt und hat sich ein Bein gebrochen«, sagte sie.

»Das tut mir leid.« Er war verwirrt. Dieser Jonathan Rigby war jemand, den er nur flüchtig kannte. »Hoffentlich ist es kein schlimmer Bruch.«

»Nein, ist es nicht. Aber wir spielen ein Theaterstück, *Die bezauberte Insel,* und er war unser Ferdinand. Und jetzt kann er nicht mehr spielen. Ihr könntet für ihn einspringen, wenn Ihr wollt.« Sie sah ihm in die Augen und sagte etwas leiser: »Das heißt, wenn Ihr mir eine Freude machen wollt.«

6

»So seid Ihr also damit zufrieden und einverstanden? Wir bewilligen Euch fünf Pfund pro Monat Lohn, dazu vier von hundert aus den umgeschlagenen Waren und vier von hundert aus dem Reinerlös von Negern, Gold, Elfenbein etc. Außerdem gewähren wir Euch eine Beteiligung an der Ladung in Höhe von zweihundertfünfundzwanzig Pfund. Euer Erster Maat soll drei Vorzugsneger bekommen, Euer Zweiter Maat zwei. Der Arzt, der auf dem Schiff mitfahren wird, bekommt drei.«

»Ein Arzt?« Es gehörte nicht zu Saul Thursos Angewohnheiten, besonders deutlich zu sprechen. Jahrelanges Brüllen gegen den Wind hatte seine Stimme auf ein heiseres Krächzen reduziert. »Wir sind nicht verpflichtet, einen Arzt mitzunehmen.«

»Nun, das weiß ich natürlich«, sagte Kemp. »Ich schicke

ihn auch nicht deshalb mit, sondern aus Gründen der Menschlichkeit.«

Thurso dachte ein paar Augenblicke darüber nach, während er unter wulstigen Brauen auf diesen rotgesichtigen Burschen blickte, für den er fahren sollte. Sein Blick wanderte weiter durch das enge Kontor, in dem sie saßen, zu dem dahinterliegenden Teil des Lagerschuppens, wo sich die Baumwollballen bis an die Decke stapelten. Er fühlte, wie sich die Wut, seine stets willige Verbündete, in ihm zusammenballte. »Ich untersuche die Schwarzen selbst«, sagte er, »denn ich weiß, worauf ich zu achten habe, und kenne ihre Tricks. Ich bin ein alter Guineamann, Sir. Ich habe nie einen schlechten Neger gekauft.«

»Das weiß ich. Ihr seid mir empfohlen worden, Captain Thurso, von Leuten, deren Meinung ich schätze. Ich weiß, daß Ihr hervorragend geeignet seid. Aber das ist der Mann auch, den ich mit Euch schicke. Er ist ein vollständig ausgebildeter Arzt.« Kemp hielt einen Augenblick inne und erklärte dann, als wäre es die wichtigste Qualifikation überhaupt: »Tatsache ist, daß er mein Neffe ist.« Weil er wußte, daß dies für den Kapitän keine willkommene Neuigkeit sein würde, fuhr er eilig fort: »Er wird jeden Moment hier sein. Ich bat ihn vorbeizukommen, um ihn Euch vorzustellen. Er fährt morgen zurück nach Norfolk, wo er bleiben wird, bis wir fertig zum Auslaufen sind.« Er schwieg kurz und sagte dann in bittenden Ton: »Ich möchte nichts unversucht lassen, was unserem Unternehmen dienlich sein könnte.«

Thurso blickte wortlos vor sich hin. Wenn Kemps Worte tatsächlich eine Bitte enthalten hatten, so zeigte er sich davon ungerührt. Ein Verwandter des Eigners an Bord! Wieder spürte er die Wut in sich rumoren, und es fiel ihm zunehmend schwer, höflich zu bleiben. Er ballte die Fäuste unter der Schreibtischplatte. Thursos Stoizismus lag im Ertragen dieser dunklen Wut, die ihn befiel – in jüngster Zeit immer häufiger –, seine Geduld im Warten auf den richtigen Moment, auf das ausgemachte Opfer, auf Gottes Signal, um loszulegen. Aus langer Erfahrung klug geworden, suchte er nun, sich nicht zu verraten und sich hinter Nebensächlichkeiten zu verstecken. »Ihr dachtet vielleicht ans Brandmarken«, sagte er. »Aber dafür brauchen wir keinen Doktor, nur einen erfahrenen Mann, der weiß, wie man dabei vorgehen muß. Mein Erster Maat, James Barton, der schon früher unter mir gefahren ist, hat das immer gemacht. Man braucht eine leichte Hand dafür, besonders bei den Frauen. Barton ist ein Künstler beim Brandmarken. Ich schwöre auf ihn.«

»Nein, nein, Ihr mißversteht mich«, sagte Kemp. »Ich spreche nicht von diesem oder jenem im besonderen, es ist das allgemeine Wohlbefinden, das ich fördern möchte.«

Captain Thursos Mienenspiel war nie lebhaft gewesen und mit den Jahren so gut wie erstarrt; aber nun trat so etwas wie Bestürzung in sein Gesicht. »Wohlbefinden«, wiederholte er mit seiner heiseren, tonlosen Stimme, »das allgemeine Wohlbefinden«, und es hörte sich an wie eine verwunderte Frage.

»Da ist er ja«, rief Kemp lebhaft und erleichtert. Seine Stimme war, anders als die des Kapitäns, ein unmittelbarer Anzeiger seiner Gefühle.

Die zwei Männer sahen die große Gestalt durch den langen Lagerraum zwischen den gestapelten Ballen näher kommen. Sie hörten ihn zwei Männern in Schürzen, die einen Handwagen beluden, einen guten Tag wünschen. Er bückte sich unter dem Türrahmen und nahm seinen flachen Hut ab.

»Ich treffe Euch im Herzen Eures Reiches an«, sagte er zu Kemp.

»Schwerlich ein Reich, nein, nein. Erlaubt mir vorzustellen … Captain Thurso, Dr. Paris.«

Thurso war aufgestanden. Die beiden Männer verbeugten sich …

»Euer Diener.«

Ihre Stimmen überschnitten sich, die eine tief und klangvoll, die andere kaum mehr als ein schroffes, heiseres Gebrumm.

»Eine Ergänzung werde ich wohl sein.« Paris sah Thurso lächelnd an, konnte jedoch keine Reaktion bei ihm feststellen. »Ob willkommen, ist eine andere Frage«, fügte er im gleichen Ton hinzu. Er meinte, ein gewisses Bemühen um Liebenswürdigkeit auf dem Gesicht des anderen zu erkennen – einem breiten ziegelroten Gesicht mit vorspringenden

Schläfenknochen und breiten schweren Kiefern, eine Festung von einem Gesicht, das es dennoch nicht schaffte, den kurzbewimperten blauen Augen ausreichend Obdach zu gewähren. Thursos Augen blickten wütend, fand Paris.

»Ihr werdet an Bord willkommen sein«, sagte Thurso endlich. »Ganz je nachdem.«

»Je nachdem, wie wir miteinander auskommen?« Darauf verzog Thurso das Gesicht, als versuchte er zu lächeln. »Es gibt nur eine Meinung an Bord eines Schiffs, Mr. Paris, und ich denke, Ihr wißt, welche das ist.»

Thursos Bemerkung war nicht sehr spaßig, aber sie schien das Äußerste, was er in dieser Hinsicht zu bieten hatte. Kemp griff sie dankbar auf. – Nun, meine Herren«, sagte er, »darauf trinken wir. Ich habe hier einen Brandy, von dem ich zu behaupten wage, daß er nach Eurem Geschmack ist. Und vermutlich habt Ihr auch nichts gegen eine gute Havanna? Zollfrei eingeführt von den Spaniern natürlich, aber deshalb keineswegs schlechter – manche würden sagen, um so besser. Hier. Probiert einmal. Auf gute Gesundheit! Captain Thurso, müßt Ihr wissen, ist ein alter Fahrensmann im Afrikageschäft. Er hat Gott weiß wie viele Reisen hinter sich. Zum Wohl, Sir! Zum Wohl!«

Kemp trank und schwieg, als wartete er auf Bestätigung. Aber Thurso saß nur da, hielt das Schnapsglas in der sonnenverbrannten Faust und stierte vor sich ihn. Niemand wußte genau, wie oft er das Dreieck gefahren war. Manche behaupteten, über zwanzigmal. Er selbst nannte keine Zahl. Es gehörte zu dem Pakt, den er vor langem mit sich geschlossen hatte, niemals die ihm von Gott erwiesenen Wohltaten an die große Glocke zu hängen. Er war mit zwölf Jahren, ziemlich früh in diesem Jahrhundert, zur See gegangen, als Kabinensteward auf einem Bristol-Slaver. Sein erstes Schiff hatte er mit fünfunddreißig bekommen. Jetzt war er dreiundfünfzig. Er hatte jedes Risiko dieser Fahrten kennengelernt und überlebt: Sturm, Fieber, Sklavenaufstände, französische Freibeuter. Immer wieder war er in seinem Heimathafen zurückgekehrt mit voller Ladung, die seinen Eignern gute Gewinne brachte; die Besatzung geschrumpft durch

Desertion oder Krankheit, doch er selbst von Mal zu Mal stämmiger und vierschrötiger.

Paris, der die ungleichen Chancen für ein solches Überleben nicht ganz zu würdigen wußte, fand ihn trotzdem erstaunlich. Der Kapitän hatte anscheinend noch alle Zähne im Mund, war vielleicht ein wenig steif in den Beinen, doch bei der Vorstellung hatte er sich scheinbar mühelos erhoben. Auch der Magen war zweifellos in Ordnung. Nur die Luftröhre schien angegriffen; und die seltsam nackten blauen Augen, die Wind und Wetter mehr ausgesetzt gewesen zu sein schienen als der Rest ... »Nun, Captain«, sagte er und hob sein Glas, »auf unseren guten Erfolg.«

Aus gewohnheitsmäßiger Vorsicht mied Thurso die hellen, zudringlichen Augen des Arztes. Der Mann versuchte schon jetzt, ihn auszuspionieren. Eine Landratte, wie sie im Buche steht, und tolpatschig obendrein – er hatte sofort Paris' etwas linkischen Gang bemerkt und auch, daß er ein gebildeter Mann war. Was hatte ein Mann wie dieser auf einem Sklavenschiff zu suchen? Wer steckte dahinter? Thurso witterte gegen ihn gerichtete Kräfte. Da half nur mit ihm sprechen, seinen Blick entwaffnen, ihn herabsetzen. »So, Mr. Paris«, sagte er, »Ihr seid, glaube ich, noch nie zur See gefahren, oder?«

»Nein.«

»Es ist eine lange Reise. Ihr werdet Zeit genug haben, um herauszufinden, ob Ihr für dieses Leben geschaffen seid oder nicht. Es gibt Naturen, die finden Geschmack daran.«

»Ich gehe nicht aus diesem Grund«, sagte Paris und war sofort gewarnt durch ein plötzlich aufspringendes Interesse in den Augen des anderen. »Die Mannschaft«, fuhr er in verändertem Ton fort, »ist sie schon angeheuert?«

»Die Mannschaft? Wir laufen erst in einigen Wochen aus. Kein vernünftiger Mensch würde so weit im voraus eine Crew anheuern. Nicht für ein Guineaschiff.«

»Ich stelle Euer Urteil nicht in Frage«, sagte Paris freundlich. »Aber besteht dann nicht die Gefahr, daß wir an Personalmangel leiden?«

Thursos Gesicht verzog sich zu einer grinsenden Grimasse, und er warf dem Kaufmann einen Blick zu. »Im allgemeinen kümmern wir uns erst in der Nacht, bevor wir den Pool verlassen, darum«, sagte er. »Keine Sorge. Wir werden ein paar geeignete Burschen auftreiben.«

»Ich glaube, Ihr benötigt auf einem Sklavenschiff mehr Männer als für die übliche Besatzung – für den Umgang mit den Negern.«

»Für den Umgang mit ihnen? ja, Sir ... Ich sehe, Ihr habt Euch mit der Sache befaßt. So sagt mir denn, was sollten wir Eurer Meinung nach tun, damit uns die so weit im voraus angeheuerten Männer nicht weglaufen?«

»Laßt mich nachdenken.« Paris tat, als überlegte er. Er hatte den Sarkasmus gehört und den verstohlenen Blick zu seinem Onkel bemerkt. Stolz und Bescheidenheit gegeneinander abzuwägen, war ihm immer schwergefallen, aber nie schwerer als in diesen Tagen seiner Selbstverachtung; und nichts anderes verdiente er, wenn er impulsiv Gleiches mit Gleichem zu vergelten wünschte, sobald ihm Feindschaft entgegenschlug. »Gebt ihnen eine Vorauszahlung«, sagte er betont unbekümmert.

»Eine Vorauszahlung?« Thurso wandte sich mit einer steifen Geste an Kemp, als müßte dieser jetzt einsehen, wie schlecht beraten er war, in einen solchen Mann sein Vertrauen zu setzen. »Meint Ihr, wir sollten ihnen Geld ohne Sicherheiten geben? Das wäre die größte Dummheit, Mr. Paris. Ihr würdet weder sie noch Euer Geld wiedersehen. Die Männer, die bei den Afrikafahrern anheuern, sind das Primitivste, was es an Seeleuten gibt. Sie sind der Abschaum, Sir.« Er sah Paris scharf an. Er hatte gesehen oder gespürt, daß sich in dessen Haltung etwas verändert hatte. Prädestinierte Feinde durchschauen sich, auch wenn sie die Schwächen des anderen anfangs nur undeutlich wahrnehmen. Als Thurso fortfuhr, war er instinktiv auf der Hut. »Abschaum«, wiederholte er. »Der Abschaum der Menschheit. Ein paar Landratten und Einfaltspinsel gibt es natürlich auch darunter, die sich von einer Veränderung ihrer Lebensumstände etwas erhoffen, aber das sind meistens Gewohnheitsverbrecher oder Leute, die vor etwas davonlaufen.«

»Aye, vor der Armut«, sagte Paris hastig. »Sonst würden

sie vielleicht etwas Besseres wählen.« Er sah, wie sich Thursos Brauen sträubten, und fühlte sich erneut von dem jähen Interesse in den kleinen Augen gewarnt.

»Mein Neffe geht, um Kenntnisse und Erfahrungen zu sammeln«, sagte Kemp.

»Das ist ein ehrenwertes Ziel«, erwiderte Thurso in leichterem Ton »Ich habe natürlich von den gewöhnlichen Seeleuten gesprochen.«

»Das habe ich auch. Ich bezweifle nicht, daß es schlechte Menschen unter ihnen gibt. Trotzdem ist es nicht ausgeschlossen, daß sie den Abschaum in den Gefängnissen übertreffen. Die ungestraft bleiben, sind mitunter noch schlechter.« Er schwieg etwas verwirrt. Thurso hatte nichts von Gefängnis gesagt. Er fühlte, wie ihm das Blut ins Gesicht stieg. Ohne zu wissen warum, sagte er leise: »Etwas in uns stirbt, damit der Rest weiterleben kann, aber es darf nicht das Herz sein.«

»Das Herz«, krächzte Thurso verächtlich und reckte den Hals in Kemps Richtung, als suchte er einen rettenden Vermittler.

»Mr. Paris denkt immer an das Herz«, sagte der Kaufmann und lachte etwas zu laut über seinen Scherz. »Er hat mir gerade neulich abends erzählt, daß er ein lateinisches Buch über die Blutzirkulation übersetzt. Noch ein Glas, wenn's beliebt? Wir werden uns erst kurz vor Auslaufen des Schiffs wiedersehen. Laßt mich einen Trinkspruch ausbringen, meine Herren. Nieder mit den Feinden des Königs! Erfolg unserem Unternehmen!«

Thurso und Paris stießen an und tranken. Der Brandy floß durch ihre Kehlen, aber es war der Geist der Feindschaft, den sie an jenem Nachmittag zu sich nahmen, und sie wußten es beide.

7

Bulstrode war apoplektisch. Er hatte einen kurzen Hals, vorstehende Augen und schien ständig außer Atem. Er spielte den Prospero und bekam dabei in seinem Eifer einen so roten Kopf, daß sich einige Mitspieler ernstlich Sorgen um ihn machten. In seinem Morgenrock und einem mit gelben Sternen besetzten Zaubererhut, den er sich, wie jedermann hier vermutete, von seinen Schülern hatte machen lassen, war er auch jetzt gerade dabei, sich ordentlich hineinzusteigern.

Caliban wollte nicht aufhören, sich vor Lachen auszuschütten über die verrückte Idee, er und Miranda könnten die Insel mit kleinen Calibans bevölkern. Wie gewöhnlich konnte Prospero das Ende dieses, wie er meinte, übertriebenen Lachanfalls kaum abwarten. Seine Ungeduld hatte bereits zu Auseinandersetzungen zwischen den beiden geführt, weil sich der Hilfsgeistliche über zu wenig Zeit beklagt hatte für sein Gelächter, das, wie er meinte, ein sehr wichtiges und bedeutsames Dialogelement darstelle, auch wenn es nicht mit Worten ausgedrückt werde. »Und eben deshalb ist es auch ein ganz besonderes«, pflegte er zu argumentieren, wobei ihm das helle, statisch aufgeladene Haar wie eine Aureole vom Kopf abstand.

Doch Prospero plusterte sich auf und tat genau das gleiche wieder. »Widerlicher Sklave!« rief er, noch bevor Parkers Hoho recht gediehen war, und fuhr in raschem Tempo fort:

»In welchem keine Spur des Guten haftet,
Zu allem Bösen fähig! Ich erbarmte
Mich deiner, gab mir Mühe, zum Sprechen dich
Zu bringen, lehrte jede Stunde dir
Dies oder jenes. Da du, Wilder, selbst
Nicht wußtest, was du wolltest, sondern nur
Höchst viehisch kollertest, versah ich dich
Mit Worten, deine Meinung kundzutun.
Doch deiner niedern Art ...«

Hier mußte Prospero eine Pause einlegen, und Parker säumte nicht, sie zu nutzen. »Einen Augenblick, bitte«, sagte er, bleich vor Ärger. »Bei meiner Seel', Ihr habt es wieder getan, Bulstrode. Ihr scheint es nicht lassen zu können. Ich brauche etwas Zeit für dieses Lachen. Caliban hat keine Worte, begreift das doch. Sie haben ihn Sprache gelehrt, aber er hat keine Worte. Das ist doch das Paradoxe daran.« »Caliban ist ein hinterlistiger Wilder«, sagte Bulstrode laut. »›Vom Teufel selbst gezeugt.‹ So steht's verdammt noch mal in meinem Text, Mann! Hier, vor meinen Augen!«

»Trotzdem ist es kein Grund zum Fluchen«, sagte der Hilfsgeistliche. »Meine Profession erlaubt mir nicht zu glauben, daß es eine Seele geben könnte, in welcher keine Spur des Guten haftet. Ergo –«

»Keine Worte, Mr. Parker? Sagtet Ihr ›keine Worte‹?« Die scharfe Frage kam von einem Mädchen. Sie hieß Elisabeth Jane Edwards und spielte den Ariel. Sie hatte eine wundervolle Stimme – sie war es, die Erasmus am vergangenen Sonntag gehört hatte, als er aus dem Wäldchen gestolpert und umgarnt worden war. »Er hat einige der besten Dialoge im ganzen Stück.«

»Ganz recht«, antwortete der Hilfsgeistliche. »Aber darf ich fragen, wann diese Dialoge gesprochen werden? Erlaubt mir zu antworten. Sie werden gesprochen, wenn Caliban berauscht ist, wenn er sich fürchtet oder Schmerzen leidet, stimmt's? Doch wenn er sich behaupten soll, hat er keine Worte. Dann weiß er nicht, was er tun soll. Er hat keine Sprüche, um zu debattieren.«

»Caliban ist nicht mehr als ein Possenreißer«, sagte einer der schiffbrüchigen Matrosen. Parker wurde den Leuten allmählich lästig.

Der Hilfsgeistliche lächelte überlegen. »Wenn er nicht mehr wäre, warum sollte Prospero dann so über ihn geifern?«

»Prospero geifert nicht«, sagte Bulstrode. »Ich weise diese Verunglimpfung zurück. Ich spreche diesen Dialog mit –«

»Eigentlich«, unterbrach Sarah Wolpert, »sollte ich diese Stelle haben.«

Geistlicher und Lehrer wandten sich ihr gleichzeitig zu, beide nahezu gleichermaßen erstaunt und indigniert.

»Welche?«

»Die, die Ihr gerade begonnen hattet mit ›Widerlicher Sklave‹. Ich finde, Miranda sollte sie haben, nicht Prospero.«

»Aber es ist meine Rede«, sagte Bulstrode verwirrt. »So steht es im Text.«

»Sie paßt auch besser zu Prospero«, sagte der Geistliche. »Auf mein Gelächter muß ein großer Wutausbruch folgen, sonst ist die Pointe weg.«

»Ich denke, Miss Wolpert sollte ihre Meinung vertreten dürfen.«

Erasmus sprach lauter und nachdrücklicher, als er beabsichtigt hatte. Er hatte bis jetzt so gut wie nichts gesagt, sich am Rand der Gruppe gehalten, seinen Text wiederholt und in seiner heimlichen Angst zu den Feldern hinübergeblickt, die jenseits des schmalen Sees in der Sonne lagen. Der gefürchtete Augenblick, wenn er nach dem ersten Teil von Ariels Lied um das Seeufer herumkommen mußte, erhobenen Hauptes und suchenden Blicks nach der unsichtbaren Quelle der Musik, rückte näher und näher. Er fand diesen Auftritt entsetzlich schwer und probierte ständig die Worte, die er dabei zu sprechen hatte: *Wo mag diese Musik spielen? In der Luft oder in der Erde? Sie spielt nicht mehr …* Er konnte den Text auswendig, aber sein Auftritt wurde deswegen um keinen Deut besser. Diese wenigen Tage hatten genügt, um ihm zu zeigen, daß er als Schauspieler unmöglich war. Abgesehen davon kam er sich idiotisch vor als jemand, der mit der Luft redete. Die Aussicht auf einen noch so kleinen Aufschub empfand er wie eine Erlösung. »Sie würde die Stelle kaum ohne gute Gründe für sich beanspruchen.«

»Danke, Erasmus.«

Er sah sie an und war wie immer hingerissen von ihrer Schönheit, ihrem ruhigen Gesicht und dem zarten Teint unter dem Schatten ihres breitrandigen Hutes. Er hatte bemerkt, daß die Farbe ihres Gesichts mit ihren Gefühlen wechselte, die porzellanhafte Glätte jedoch unverändert blieb. Ihre Wimpern waren wie helle Seide und weit aufgeschlagen, als sie sich jetzt mit entschlossenem Blick an Prospero wandte.

»Schließlich«, sagte sie, »geht es um Miranda, nicht wahr?«

»Ich kann beim besten Willen nicht erkennen, was Ihr meint.« Bulstrode hatte sich auf furchterregende Weise aufgeblasen.«Ich weiß nicht, wovon Ihr sprecht, Miss Wolpert. Die Rede ist von Caliban, nicht von Miranda.«

»Miss Wolpert bezieht sich nicht auf die Rede«, sagte Erasmus, der rascher begriff, weil er Sarahs Gunst erringen wollte, »sondern auf das Gelächter.«

Diesmal wurde er mit einem Lächeln belohnt, bevor sie sich erneut dem entrüsteten Zauberer zuwandte. Ihre nächsten Worte zeigten jedoch, daß sie in Wirklichkeit kaum Hilfe brauchte. »Selbstverständlich«, sagte sie. »Das Ganze hat doch nichts mit Prospero zu tun. Also warum sollte er sich so aufregen? Ich meine, Caliban hat nicht versucht ...« Sie hielt errötend inne und fuhr dann mit noch größerer Entschlossenheit fort: »Jedenfalls war es nicht Prospero, der vergewaltigt werden sollte.« Mit überraschender Offenheit blickte sie von einem Mitspieler zum anderen. »Er lacht über seinen Angriff gegen *mich*«, sagte sie. »Oder habe ich die Geschichte nicht richtig verstanden?«

Es entstand eine kurze Pause in der Truppe, vielleicht wegen des Wortes »Vergewaltigung« aus ihrem Mund oder wegen ihrer Freimütigkeit, obwohl inzwischen alle wußten, wessen sie fähig war. War sie nicht auch auf Erasmus Kemp zugegangen und hatte ihn auf der Stelle engagiert? Außerdem kannte man ihre etwas ungewöhnliche Art, sich zu betragen, und dem, was sie sagte, Nachdruck zu verleihen: Kurz vor dem Höhepunkt ihrer Rede begann sie, schneller zu sprechen; sie hob den Kopf, senkte die Wimpern, und ein leichter, kaum wahrnehmbarer Schauer lief über sie hinweg wie eine abklingende Erregung. Und darauf warteten die Männer, wie Erasmus eifersüchtig bemerkt hatte. Sie standen auch jetzt da, sahen sie an und warteten darauf – Caliban, Hippolito, Alonzo, die drei Matrosen. Nur der ausschließlich mit sich beschäftigte Prospero war dagegen gefeit. »Der Vater sollte für sein Kind sprechen«, sagte er. »Miranda ist gehorsam, wie sich das für junge Mädchen ziemt. Abgesehen davon ist sie viel zu wohlerzogen, um sich auf diese Weise einzumischen.«

»Ich glaube wahrhaftig«, sagte Erasmus frostig, »wenn Ihr es einrichten könntet, wäre die Rolle Prosperos die einzige Sprechrolle in dem ganzen Stück.«

Bulstrode lief noch röter an. »Diese Bemerkung ist vollkommen ungerechtfertigt. Von mir aus kann Miranda die Stelle haben. Sie kann auch alle anderen haben. Soll der Vater ruhig stumm dabeisitzen, während das Kind erklärt, wie es den Schiffbruch bewerkstelligt hat.« Daraufhin drehte er sich beleidigt um und entfernte sich einige Schritte.

Doch Sarah, die sich im Recht fühlte, gab nicht auf. »Was ihren Gehorsam betrifft«, sagte sie mit ihrer hohen, klaren Stimme, »So streitet sie mit ihrem Vater, damit er Ferdinand nicht schlecht behandle.«

»Ja«, sagte Erasmus mit einem hervorragenden Gespür für Improvisation, »und zu Beginn des dritten Aufzugs besucht sie den geknechteten Ferdinand gegen den Willen ihres Vaters.« Er kannte das Stück in allen Einzelheiten, denn er hatte es halbe Nächte lang studiert in der Hoffnung, seine schauspielerische Leistung zu verbessern.

»Richtig.« Auf Sarahs Gesicht erschien der leuchtende, leicht nach innen gerichtete Blick derjenigen, die sich behauptet hat. Und tatsächlich folgten keine weiteren Einwände. Prospero ließ sich beschwichtigen, die Probe ging weiter, und wenig später fand sich Erasmus von Angesicht zu Angesicht mit Miranda wieder. Er hatte sein Stichwort gehört, »Wirst in zwei Tagen frei«, war viel zu forsch und stramm wie ein Soldat vorgetreten und in die klaren Tiefen ihrer Augen gestürzt.

»Ganz gewiß die Göttin, der all diese Musik zugedacht!« sagte er, und alle merkten, daß er seine Stimme nicht unter Kontrolle hatte. »Gönnet meinem Wunsch, zu wissen, ob Ihr wohnt auf dieser Insel ...« Er blickte ein paar verzweifelte Sekunden lang an ihr vorbei über den See und die ihm inzwischen vertraute Parklandschaft, die niedrige Feldsteinmauer mit dem Tor und die dahinter ansteigenden Wiesen, wo Ginster und Weißdorn in zarter Blüte standen. Alle Träume von Fliehen und Entrinnen, die er je geträumt hatte, lagen auf diesen sonnenbeschienenen Wiesen hinter dem Tor; ein Fluchtweg für sie beide – gemeinsam könnten sie dort den Hang hinaufsteigen, und er könnte in seinen eigenen Worten zu ihr sprechen statt in diesen albernen Versen, die er ständig wiederholen mußte. Seit er sich einverstanden erklärt hatte, den Ferdinand zu spielen, war es ihm nicht gelungen, auch nur einen einzigen Augenblick mit ihr allein zu sein. Er sah sie wieder an, schien Besorgnis in ihrem Blick zu entdecken, wenn auch eine andere als die seine. »Wollt Anleitung mir geben, wie ich hier mich muß betragen«, fuhr er heiser und viel zu schnell fort. »... schönes Wunder, seid Ihr ein Mädchen oder nicht?«

Dies alles mußte mehrmals wiederholt werden, während sich Ferdinand über die Bemerkungen seiner Mitspieler ärgerte und Mühe hatte, ruhig zu bleiben und langsam zu sprechen. Am späten Nachmittag machte er sich auf den Heimweg. Die Sonne schien noch warm, die Getreidefelder neben der Straße leuchteten im Frühlingsgrün, und die Luft war erfüllt vom Gesang der Lerchen. Er war erschöpft von der ständigen Selbstbeherrschung, die ihm abverlangt worden war, und uneins mit sich selbst, was seine Gefühle betraf – einerseits war er froh, entlassen zu sein, andererseits war er nur ungern gegangen. Der einzige Trost lag in der Rückschau. Er durchkämmte die Szenen des vergangenen Nachmittags nach Lächeln, Worten, ermunternden Blicken. Es hatte nicht daran gefehlt, aber Sarah war so von dem Stück beansprucht, daß er nicht hätte sagen können, ob ihre Ermunterung Ferdinand oder Erasmus zugedacht war.

Er hatte die Stadt erreicht und ritt langsam durch ein Viertel mit kleinen Gärtnereien und Ziegeleien am Eingang zur Sweeting Street, als ihm die Zuschauer eines Boxkampfes den Weg versperrten. Zwei Männer mit nacktem Oberkörper und bereits blutig geschlagen kämpften miteinander, ob wegen eines Streits oder um Geld – Erasmus machte sich nicht die Mühe, danach zu fragen, sondern wich in eine Seitenstraße aus. Wenige Minuten später befand er sich in einem Labyrinth übelriechender Gassen und Höfe in unmittelbarer Nachbarschaft der Docks.

In diesen engen, stickigen Gassen schien es bereits Abend zu sein. Sie waren gerade breit genug für ein Pferd. Eine Frau schrie ihm von einem Hauseingang etwas zu, und zwei zerlumpte Betteljungen liefen neben ihm her und zerrten an seinen Stiefeln. Er wußte, der Fluß lag linker Hand, doch es gelang ihm nicht, in diesem Straßengewirr eine bestimmte Richtung einzuhalten.

Erasmus war weniger ängstlich als ungeduldig – er war nicht leicht einzuschüchtern und verstand es, mit dem Degen an seiner Seite umzugehen; aber es würde bald dunkel werden, und allein seine Stiefel aus Kalbsleder wären für die Armen dieser Gegend Beute genug, um Kopf und Kragen zu riskieren. Er beschloß, jemanden nach dem Weg zu fragen, solange es noch einigermaßen hell war. Da hörte er ein scharfes Geräusch, ein jähes, qualvolles Atemholen, und als er sein Pferd zügelte, sah er, nur wenige Schritte in einem schmalen Gang, einen dunklen Haufen vor einer Mauer.

Er zögerte. Er hatte von solchen Tricks gehört. Aber dieses Geräusch dünkte ihn ein so erbarmungswürdiger Schmerzenslaut, daß er nicht weiterreiten konnte. Der heisere Laut kam wieder und noch einmal, während er abstieg; doch nachdem er ein paar Schritte gegangen war, blieb alles still. Plötzlich warf sich die undeutliche Gestalt mit einer fast ungestümen Bewegung gegen die Mauer, wo sie reglos und still verharrte, während Erasmus näher trat.

Wirres, verfilztes Haar hing über das Gesicht, aber Erasmus sah das noch feucht glänzende Blut darauf, und als er sich bückte, auch die Bißwunden, die von kleinen Zähnen stammten. Ratten hatten die eine Gesichtshälfte des Mannes angenagt. Was Erasmus jedoch hier festhielt, war weniger dieser Anblick als eine gewisse Verwunderung, warum der Mann beim ersten Geräusch von Schritten plötzlich so still und stumm geworden war.

Er beugte sich noch tiefer über den Mann und schaute ihm in die Augen. Sie waren weit geöffnet, starrten zu ihm empor oder durch ihn hindurch in die Nacht, die das erwartete Ende brachte. Und im selben Moment erkannte Erasmus, daß er ein Eindringling war, daß der Mann allein sein wollte, daß er sich mit seiner letzten Kraft so still verhielt, um nicht berührt oder bewegt zu werden. Dieses Zurückwerfen gegen die Mauer war ein Versuch gewesen, sich zu verstecken. Er war in diesen Winkel gekrochen, als sei Sterben eine Sünde, bei der er nicht erwischt werden wollte.

Von seinen Lumpen ging der Gestank jahrelanger Verwahrlosung aus, ein ekelerregender Geruch von kaltem Schweiß, Exkrementen und Fieber. Erasmus drehte sich der Magen um. Er ging zu seinem Pferd zurück. Während er weiterritt und schließlich in breitere, besser beleuchtete Straßen mit Läden, Gasthäusern und Menschen gelangte, war er sich noch nicht bewußt, daß auch er in einem Winkel, in den er sich verkrochen hatte, gestört worden war. Es gibt keine stärkeren Fesseln als die, die wir uns selbst schmieden. Er sprach mit niemandem über diese Begegnung. Die Erinnerung daran wucherte wie ein Geschwür, sie zersetzte den, der sie trug, und verband sich mit jener an den Tod seines Vaters und an den Geruch der Hölzer für das Schiff.

8

Die Arbeit am Schiff machte Fortschritte. Es wuchs von Tag zu Tag auf der Helling und entwickelte sich auf dem Weg durch die einzelnen Entwicklungsphasen von einer Idee zur realen Gestalt. Wie jedes Werk, das nach einem Plan entsteht, mußte es sich gegen Zweifel behaupten, durfte sein Zweck nicht aus dem Auge verloren werden während der Metamorphosen, die es durchlief und die es zeitweise beinahe unkenntlich machten – tatsächlich hatte das Schiff in den Anfangsstadien seiner Entstehung mehr wie ein Schiff ausgesehen, als die Kielbalken gelegt und hintereinander verlascht wurden und die kielverlängernden, nach oben führenden Formstücke für Vor- und Achtersteven dazukamen. Darin lag bereits die ganze Dynamik seiner Form und die Manifestation seines Zwecks. Aber als die vertikalen Spanten eingesetzt wurden, die den Rumpf des Schiffes bilden, und überall Latten und Bretter abstanden, sah es eine Welle aus, als könnte aus diesem Wirrwarr nie etwas Rechtes werden. Dann wurden die rechtwinklig zur Schiffsmittellinie laufenden Decksbalken angebracht und die Krummhölzer, die es längsschiffs umfaßten. Die Hölzer wurden mit Eichendübeln und Eisenbolzen befestigt und vernietet. Und allmählich sah das Schiff wieder wie ein Schiff aus.

William Kemp war in jeder Bauphase anwesend und wurde immer redseliger. Den Dreispitz in den Nacken geschoben, den schlichten, teuren Mantel lässig geöffnet, stapfte er mit rotem Gesicht unter der Stutzperücke umher und redete mit den Werftarbeitern, den Schiffsbaumeistern und ihren Gesellen, den Schlossern, den Reepern – er ließ sich bei jedem aus, der irgendwie mit dem Schiff zu tun hatte, bis hinunter zu dem Jungen, der den Teer für das Kalfatern kochte.

Mit Geschäftsfreunden unterhielt er sich wortreich über die Möglichkeiten, die sich ihnen boten. Es fehlte nicht an Beispielen unter ihren gemeinsamen Bekannten. Der alte Jonathan Horstmann, der, wie alle wußten, in einem Hinterhof als Kerzenmacher angefangen hatte und sich ein Dreißigstel an einem der ersten Sklavenschiffe, die von Liverpool ausliefen, gekauft hatte, war gerade gestorben und hatte fast eine Viertelmillion hinterlassen. Knapp drei Jahre zuvor hatte die Familie Wyatt vier Schiffe ausgerüstet für den Transport von zwölfhundert Negern in die Karibik. Sie hatten inzwischen nicht weniger als sechs Fahrten gemacht, immer die gleiche Route. »Ich habe erst letzte Woche mit Ned Wyatt gesprochen«, sagte Kemp. »Die sechs Fahrten haben den Wyatts so viel eingebracht, daß sie in Westindien ein weiteres Dutzend Schiffe mit Zucker und Rum beladen konnten.« Er breitete beide Arme aus. »Nun frage ich euch, wo sonst lassen sich solche Gewinne erzielen?«

Es war zum Teil Aberglaube. Viel von dem Gerede glich dem Gebrabbel von Zaubersprüchen gegen böse Geister. Dabei war Kemp keineswegs verzweifelt in diesen Tagen, nur aufgeregt und geschwätzig. Sein Leben erschien ihm wie ein Wunder. Als Zwölfjähriger war er barfuß und ohne einen Penny nach Liverpool gekommen, hatte sich irgendwo auf den Docks durchgeschlagen, bis er groß genug war, um richtige Arbeit zu bekommen. Er hatte pennyweise gespart. Mit seinen ersten fünf Pfund hatte er einen Anteil an einer Sendung Heugabeln und Sensen für die Kolonien in Virginia gekauft. Mit dem Erlös wurde in Jamaika Zucker gekauft, der dann an der Liverpooler Börse verkauft wurde. Damals hatte er sein Kapital verdreifacht. Er versuchte sein Glück erneut mit höherem Einsatz und wiederholt, bis er wohlhabend genug war, um in Baumwolle zu investieren. Märkte für englische bedruckte Baumwolle eröffneten sich überall. Mit Glück und Tüchtigkeit war er reicher geworden, als er sich je hätte träumen lassen. Vielleicht war es das Wunder, das er in sein Leben hineingeheimnißte, das ihn letztlich zugrunde richtete. Wunder haben die Eigenschaft, daß sie sich nicht rückgängig machen lassen. Krücken kann man wegwerfen, doch aus Wein wird nie wieder Wasser. Kemp konnte nach seinem wunderbaren Aufstieg nicht glauben, daß er wieder zurückfallen könnte – fürchten vielleicht, aber nicht glauben. Und ebensowenig glaubte er an seine Verluste, die er hatte hinnehmen müssen durch die Blockaden während der Kriegsjahre, die fallenden Preise und seine Fehlinvestitionen in die erfolglose Entwicklung eines waschechten roten Farbstoffs, der mit den indischen Baumwollstoffen hätte konkurrieren können.

Die *Liverpool Merchant* war ein Teil des Wunders. Ihre Entstehung von Tag zu Tag zu beobachten, zuzusehen, wie sich das kahle Gerippe des Rumpfes zu etwas Schönem und Sinnvollem formte, faszinierte und tröstete ihn. Er war noch an verschiedenen anderen Geschäften beteiligt wie damals die meisten Kaufleute aus Liverpool. In Wales förderten Bergleute für ihn den dunklen Schiefer zutage; Kohlensegler, die er gemietet hatte, transportierten Kohle von Carlisle zu den Schmelzöfen von Birmingham; Siedler in fernen Ländern kochten ihr Wasser in Kesseln, die er exportiert hatte. Aber das Schiff war etwas, das ihm allein gehörte.

Auch für Erasmus war diese Zeit etwas Besonderes. Die Veränderungen, die er bei seinem Vater bemerkte, schienen seinen eigenen Zustand widerzuspiegeln, Symptome seines – und Ferdinands – inneren Aufruhrs. Er lebte in diesen Tagen auf völlig unterschiedlichen Intensitätsebenen. Da war das Geschäft, an dem er vorerst noch einen ziemlich geringen Anteil hatte; er war hauptsächlich für den Transport von Fertigwaren verantwortlich, die auf Maultieren von Warrington zu den Docks am Mersey gebracht wurden, sowie für den Kauf kleinerer Grundstücke entlang der Route für den seiner Meinung nach nicht mehr fernen Tag, an dem der jetzige Pfad zu einer befahrbaren Straße ausgebaut würde. Dann war da sein Zuhause, die Klagen seiner Mutter und die Überzeugungen seines Vaters, die Fechtübungen in der Akademie, die Abende in der Stadt mit Freunden, die Trinkgelage, die er nicht sonderlich mochte, da er das Gefühl haßte, nicht ganz er selbst zu sein – und das ihn zu einem so schlechten Schauspieler machte. Trotzdem war es die Schauspielerei, genauer gesagt, der Schauplatz der Proben, wo sich in jener Zeit sein eigentliches Leben abspielte. Das Seeufer, der helle Sand, Calibans Höhle, Prosperos Zelle bildeten ein Territorium, wo Erasmus um der Liebe willen litt, was härter war als Schwerarbeit: die zweimal wöchentliche Zurschaustellung seiner Talentlosigkeit und die Qual, nicht zu wissen, für wen Miranda lächelte.

Ein- oder zweimal hatte es geregnet, und die Proben mußten im Haus abgehalten werden; doch dann war das Wetter beständiger geworden, und es folgte eine lange Reihe warmer, sonniger Tage, an denen sich auch der Frühling weiter vorwagte, der Weißdorn an den Hängen über dem See voll erblühte und auf den Kastanien im Park die ersten weichen Blütenkerzen sichtbar wurden. Inmitten dieses langsamen Frühlingserwachens gewannen die Ereignisse für Erasmus eine Bedeutung, die mehr den Assoziationen, die er herstellte, zuzurechnen war als den Ereignissen selbst, und es entstanden seltsame Verschmelzungen in seinen Gedanken. Die kleine Faulstelle, die seine Erinnerungen zersetzen würde, war bereits vorhanden. Sie beeinflußte bereits die Eindrücke aus dieser Zeit: ein Mann, der am Holz schnüffelte, ein anderer wehrlos den Ratten in einer finsteren Gasse ausgeliefert, ein Ohrwurm von tiefen Meeren und toten Vätern, der ihn heimsuchte, während er auf sein Stichwort wartete.

Manchmal ging er mit seinem Vater auf die Werft, um zu sehen, wie die Arbeit auf dem Schiff voranging. Einer dieser Besuche fand Ende Mai statt, und er blieb lange in seinem Gedächtnis haften wegen eines Unfalls, der sich dabei ereignete.

Das Schiff stand bereits in Spanten, alle Querbalken waren an Ort und Stelle, ebenso die Eichenhölzer, die das Bugspriet tragen würden. Die biegsamen Senten aus Tannenholz waren von vorne bis hinten an die Spanten genagelt und hielten sie in ihrer Stellung. An diesem Tag brachten sie die erste der längsschiffs durchlaufenden Planken an. Erasmus stand neben seinem Vater auf der Uferseite. Seine Augen folgten der geschwungenen Linie des Schiffsrumpfs, der sich von ihm aus gesehen nach hinten wölbte – das Schiff würde beim Stapellauf mit dem Heck zuerst ins Wasser tauchen.

Die Stangen des Baugerüsts strebten steil in die Höhe. Erasmus blickte hinauf, konnte aber kaum über die Geschützpforten hinaussehen, weil ihn die Sonne blendete und die Luft voller Rauch war. Weiter oben am Ufer hatten drei Männer einen Schleppkahn umgedreht und brannten die Dreckkruste ab, die sich an der Uferseite festgesetzt hatte. Dabei entstand ein beißender Gestank, und der Rauch, der herüberzog, war blau vom verfeuerten Reisig und schwarz und schmierig vom geschmolzenen Pech des Kahnbodens.

»Heute legen sie den ersten Plankengang«, sagte Kemp. »Sie haben schon markiert, wo der nächste Gang ansetzt. Man sieht genau die Linie der Latte.«

Erasmus kniff die Augen zusammen, um durch den flimmernden Dunst die helle Linie zu erkennen, die sich der Länge nach über ein gutes Drittel des Schiffs zog. In der Nähe stand der Kiln, ein langer Ofen zum Dämpfen der Planken – das Eichenholz mußte weich und biegsam gemacht werden, damit es sich der Form des Schiffsrumpfs anpassen ließ. Aus dem Ofeninnern drang das Zischen des kupfernen Dampfkessels, und der austretende Dampf machte die diesige Luft noch weißer und flirrender.

»Da ist Thurso«, sagte Kemp. »Er sagte, daß er vorbeikommen würde. Sieh mal, er ist in Begleitung.«

Sie kamen von der anderen Seite des Schiffes, tauchten in den Schatten unter dem Bug und traten wieder hervor ins Sonnenlicht; der vierschrötige, bedächtige Kapitän, den er bereits kennengelernt hatte, und ein dünner, ziemlich stutzerhafter Mann mit kurzem Zopf, dem Gang nach ein Seemann. Als sie den sonnenhellen Platz zwischen Schiffsrumpf und Holzschuppen betraten, kräuselte eine plötzliche Brise das Wasser, und der Mann neben Thurso hob das scharfe Gesicht und schnupperte wie ein Hund.

Thurso tippte mit seinem kurzen schwarzen Stock an seinen Dreispitz. »Ich dachte, ich bringe Mr. Barton mal mit«, sagte er. »Wir haben ja schon von ihm gesprochen. Er wird mein Erster Maat.«

»Ergebener Diener, Sir.« Barton bedachte Vater und Sohn mit einem Blick und je einer Verbeugung, dann trat er ehrerbietig zwei Schritte zurück. Er hatte unruhige schwarze Augen und einen schmalen, allzu bereitwillig lächelnden Mund.

»Nun«, sagte Thurso mit seiner heiseren Stimme, »sie liegt tadellos im Schlipp, steht gut in den Spanten, Mr. Kemp.«

»Freut mich, daß Ihr das sagt.« Das zufriedene Gesicht des Kaufmanns bestätigte seine Worte. »Es stimmt, sie steht gut. Schön breit um die Hüften.«

»Ich trau keinem Schiff mit einem schmalen Hintern«, sagte Thurso. »Was, Mr. Barton?«

»Richtig, Käpt'n, hundert Prozent.«

»Und vermutlich auch keiner Bohnenstange«, sagte Kemp. »Trotzdem, Captain Thurso, unter uns gesagt, ich habe es manchmal bedauert, daß ich sie nicht größer gebaut habe. Es gibt Bristol-Schiffe, die fassen sechshundert Schwarze – hab ich mir sagen lassen.«

»Aye, aber wie lange müssen sie vor der Guineaküste liegen, bis sie ihre Ladung haben? Bevor die Segel setzen können, ist ihnen die Hälfte an Durchfall und Fieber eingegangen. Nein, Sir, auf mein Wort, ein Schiff wie dieses von rund hundertundzwanzig Tonnen ist genau das, was Ihr braucht. Die zweihundert Schwarzen, die zwischen die Decks der *Liverpool Merchant* passen, bekommen wir im Handumdrehen, und nach drei Monaten sind wir schon wieder unterwegs. Ihr werdet sehen, daß ich recht habe, Sir.«

»Man kann 'ne ganze Menge sehen nur beim Hinschaun«, bemerkte Barton unvermutet, »vorausgesetzt man versteht was davon.« Er redete schnell und ohne Zögern.

»Die Planken, die sie jetzt einsetzen, müssen sorgfältig zusammengelascht werden«, sagte Thurso. »Eine anständige Beplankung längsschiffs ist ziemlich wichtig.«

»Die Plankengänge, die bereits gelegt sind, liegen dicht an. Kommt näher, Thurso, und seht selbst. Ihr werdet die Laschung kaum sehen.« Kemp mit seinem leuchtendroten Gesicht zog den Kapitän zu einer Leiter, die zu der Arbeitsplattform am oberen Schiffsrumpf hinaufführte. Die Arbeiter, die am Fuß der Leiter standen und auf das nächste Stück aus dem Kiln warteten, machten ihnen respektvoll Platz.

Erasmus folgte ihnen nicht sofort, sondern warf noch einmal einen Blick auf das schimmerndcn leicht gekräuselte Wasser des Flusses. Auf dem Kai vor ihm wurde ein Leichter mit Fässern beladen. Draußen in der Flußmitte strebte ein Ruderboot mit zwei Holzflößen im Schlepptau dem Pier Head zu. Als er sich wieder umdrehte, sah er, daß Barton neben ihm stehengeblieben war. Er fühlte sich verpflichtet, etwas zu sagen. »Es wird vermutlich eine heikle Angelegenheit«, sagte er, »diese schweren Planken einer Rundung anzupassen.«

Barton hob den Kopf auf dieselbe wachsame, hundeartige Weise, die Erasmus bereits aufgefallen war, als wollte er mit der Nase herausfinden, wie er dem Sohn des Eigners gegenüber auftreten sollte. Dabei schob sich sein Hals etwas über den engen, rotseidenen Kragen und entblößte den oberen Teil einer hellen, runzligen Narbe, die, gewiß vier Zoll lang, seitlich am Hals verlief und abstoßend wirklichkeitsgetreu die Kurve des Schnitts beschrieb, von dem sie stammte. »Der Rumpf wölbt sich zweimal, Sir«, sagte er, »bitte um Vergebung, aber das ist es, was diese Arbeit kitzlig macht, wie Ihr ganz recht sagt.«

»Wie meint Ihr das?«

»Nun ja. Also ein Schiffsrumpf ...«, sagte Barton und legte plötzlich eine freudige Beschwingtheit in seine Stimme. Er hob seine gebräunte Hand, drehte den Handteller nach oben und krümmte die Finger. »Stellt Euch ein Orangenviertel vor, von dem Ihr die Schale in einem Stück gepellt habt. Wenn Ihr nun dieses Stück Orangenschale vor Euch habt, Sir, dann wölben sich die Ränder oben und unten nach innen und gleichzeitig wölbt sich die Schale der Länge nach, in Kiellinie. Genauso ist es bei einem Schiffsrumpf. Jede verflixte einzelne Planke muß dicht an der nächsten anliegen, der Länge nach und nach der Breite.« Barton verstand es, mit Worten umzugehen, und er genoß es. »Das macht die Sache so kitzlig«, wiederholte er und lächelte über seinen gelungenen Vergleich.

Kemp und Thurso waren zu ihnen zurückgekehrt. Vier Arbeiter kletterten zu der Plattform hinauf, die nur ungefähr doppelt so breit war wie eine der Schiffsplanken und an Tauen vom oberen Teil des Schiffskörpers herabhing. Die Männer neben dem Kiln umwickelten ihre Hände mit Lappen.

»Jetzt holen sie die nächsten Stücke heraus«, sagte Kemp zu seinem Sohn. »Sie waren nun lang genug im Dampf – fast acht Stunden. Wir wollen bleiben und zusehen, wie sie angelegt werden.«

Erasmus sah, wie die große, dampfende Eichenplanke aus dem Kiln geholt wurde. Sie mußte ungefähr zehn Meter lang gewesen sein. Sechs Männer trugen sie, die Hände umwickelt und tief in die Knie gehend, die wenigen Schritte bis zum Schiff. Von hier wurde sie zu den Männern hinaufgezogen, die oben auf den Querstücken des unfertigen Decks warteten, durch den blendenden Dunstschleier jedoch nur schwer zu erkennen waren. Erasmus beobachtete, wie die Planke die Höhe der Plattform erreichte, wie sie von den Männern an die markierte Stelle bugsiert und mit schweren Hämmern gegen den Rumpf getrieben wurde. Er hörte das wilde Stakkato der Hammerschläge, als die Männer das wuchtige Holz zwangen, sich der gerundeten Form des Schiffsrumpfs anzupassen. Sobald dies erreicht war, mußte die Planke gegen den Zug ihrer abkühlenden Fasern mit dikken, hölzernen Spannkeilen befestigt werden, die bündig eingepaßt, verbolzt und auf der Innenseite des Schiffes verschraubt wurden.

»Bei Gott, die zwei Burschen dort legen sich ins Zeug«, sagte Kemp anerkennend.

Erasmus bemerkte, daß die Spannkeile mittschiffs, wo die Konvexkrümmung am stärksten war, nicht ganz bündig waren; sie schienen nicht lang genug zu sein und mußten an den

Bolzenköpfen festgezurrt werden. Die zwei Männer, auf die sein Vater hingewiesen hatte, zogen mit aller Kraft an den kurzen Seilen und lehnten sich auf ihrer schmalen Plattform weit zurück, um eine bessere Hebelwirkung zu erzielen.

Kemp holte seine Uhr hervor und warf einen kurzen Blick darauf. »Eine knappe Viertelstunde für eine Planke.«

Thurso begann, in seiner schwerfälligen Art etwas darauf zu erwidern, als vom Schiff her ein reißendes Geräusch zu hören war, danach ein seltsam melodisches Schwirren wie ein lautes Flügelrauschen. Erasmus sah einen Augenblick lang etwas Weißes durch die Luft fliegen, ein in der Sonne aufblitzendes Flügelpaar, er sah die Lücke, wo das Holz gesprungen war, das die zwei Männer von der Plattform gefegt hatte. Der eine war zwischen Schiffsrumpf und Schlipp gerutscht und lag stöhnend irgendwo dort unten; der andere, den Erasmus gesehen hatte, als er durch die Luft flog, war auf den Kai gestürzt und regungslos liegengeblieben.

Nach einer Schrecksekunde eilten die Männer den Verunglückten sofort zu Hilfe. Aber für Erasmus schien es sich, wenn er später daran dachte, grenzenlos hinzuziehen in den leeren Nachmittag, mit dem flimmernden Dunstschleier und jenem scharfen Ton des Todes. Hilflos suchte er in den Gesichtern der anderen nach einer Reaktion, die er nachahmen könnte. Doch das einzige Gesicht, auf dem er nicht nur Leere entdecken konnte, war das von Thurso, dessen vorstehende Augen zufrieden blickten wie über ein erfülltes Versprechen.

9

Ein Verkrüppelter, ein Toter, ein Blick in die Augen von Thurso – danach fand Erasmus in seinen Erinnerungen an das Schiff erst in der Woche vor dem Stapellauf wieder einen Fixpunkt. Es gab Schwierigkeiten mit der Galionsfigur, die sich fast bis zur letzten Minute hinzogen wegen der Änderungswünsche seines Vaters und der sich daraus ergebenden Auseinandersetzungen mit dem Schnitzer Samuel Oates.

Oates war ein hervorragender Handwerker und berühmt für seine Galionsfiguren, Achterschiffverzierungen und alle Arten von Schnecken und Schnörkeln an überstehenden Hölzern. Er war Schiffszimmermann gewesen, bis er nach einem Sturz vom Gerüst lahmte und zur Holzschnitzerei, der Lieblingsbeschäftigung seiner Knabenjahre, zurückkehrte. Vom Aufschwung im Schiffsbau hatte auch er profitiert, so daß er jetzt zwei Gesellen und mehrere Lehrlinge beschäftigen konnte. Für Kunden, die ihn mit Einzelheiten belästigten, hatte er in diesen Tagen wenig übrig.

Kemp jedoch war eisern. Er wußte um die Bedeutung von Emblemen; und er wußte, was er wollte: für das Ruder die Büste eines Mannes mit Federhut und Allongeperücke als Verkörperung der neugegründeten Afrikahandelskompanie, deren Mitglied er war, und als Galionsfigur die Herzogin von Devonshire, die, flankiert von zwei kleinen Löwen, den Geist des Handels, seine Kraft und seinen Elan verkörpern sollte. Er hatte die Herzogin einmal gesehen und war beeindruckt. Ihretwegen gab es jetzt Probleme. Entweder hatte Oates seine Anweisungen nicht richtig verstanden, oder – und das hielt Erasmus für wahrscheinlicher – sein Vater hatte seine Meinung, wie so oft in letzter Zeit, wieder einmal geändert. Jedenfalls hatte der Holzbildhauer die Herzogin barhäuptig dargestellt, wogegen Kemp sich für einen fürstlichen Schmuck entschieden hatte, etwas in der Art eines Diadems oder eines Krönchens. »Keine Krone«, sagte er. »Eine Krone wäre unpassend. Aber wenn sie unseren Unternehmergeist, auf dem der Wohlstand der Nation beruht, darstellen soll, braucht sie wenigstens ein Krönchen.«

Hier, in Oates' Werkstatt, kam Erasmus einer gewissen Verwunderung über das, was sie in Gang setzten, am nächsten; inmitten der starrenden Bildnisse in dieser langen Galerie von einer Werkstatt, wo es nach Farbe roch, frischen Spänen, Firnissen, Harz und Öl und wo Oates sein Terpentin destillierte – hier plötzlich spürte er etwas von der treibenden Kraft, die von seinem Vater ausging. Eine nackte wachsweiße Nymphe, deren untere Hälfte hinter grünem Laubwerk verborgen war, ein Türke mit Turban, zwei vergoldete

Engel und ein sich bäumendes Einhorn blickten durch die trübe Luft auf sie herab, und Oates stampfte humpelnd und gereizt zwischen seinen Schöpfungen umher. »Ihr müßt das verstehen, Mr. Kemp«, sagte er. »Ich habe auch noch anderes zu tun. Ich kann sie nicht noch einmal ganz von vorn beginnen und dann rechtzeitig für Euch fertig sein.«

Die riesenhafte, farbenprächtig bemalte Herzogin starrte mit ihren blauen Augen über sie hinweg ins Weite. Sie war versiegelt, gewachst, poliert, gegen jedes Wetter gefeit. Langes gelbes Haar wallte über ihren Rücken. Ihr königsblaues, üppiges Gewand ließ ihre weißen Schultern frei und die großen runden Brüste mit den blutroten Brustwarzen. Ihre Arme waren nach hinten gezogen und verschwanden in den Falten des Kleides, und dadurch wirkte sie irgendwie ergreifend wie eine gefesselte, zur Schau gestellte Riesin.

Kemp war begeistert. »Bei Gott«, sagte er zu Erasmus, »sie macht eine gute Figur. Aber ich muß ein Krönchen für sie haben.«

»Ich kann Euch eine vergoldete Adelskrone in bester Rüster machen«, sagte Oates, ärgerlich und resigniert zugleich. »Als Einzelstück, ich kann sie ihr auf die Stirn setzen und in Viertelzollbrettchen rings um den Kopf leimen – wir machen einen Kleister, Mr. Kemp, der hält Euch bis zum Jüngsten Tag.«

Auf diese Lösung einigte man sich schließlich; doch wegen der Verzögerung konnte die Herzogin praktisch erst in letzter Minute installiert werden. Die Schiffszimmerleute hievten sie an ihren Platz und befestigten sie am Bug, während gleichzeitig Luken verschalkt, die Drehbassen auf die Rampen des Achterdecks montiert werden mußten und der Schiffsboden zum Schutz gegen den Schiffswurm mit einer Mixtur aus Teer, Pech und Schwefel gestrichen wurde.

Der Stapellauf schließlich war eine ganz stille Angelegenheit. Kemp war eingefallen, er könnte durch die Erregung besonderer Aufmerksamkeit das Schicksal herausfordern. Als es soweit war, fanden sich nur Vater und Sohn, ein paar zufällige Zuschauer und die Leute von der Werft ein, um zuzusehen, wie das Schiff zu Wasser gelassen wurde. Kemp servierte Champagner auf dem Kai und sprach in einer kurzen Rede allen, die an dem Schiff mitgearbeitet hatten, seinen Dank aus. Sie ließen ihn hochleben und klatschten Beifall; er war bei ihnen immer beliebt gewesen, und man wußte, daß er sich gegenüber der Witwe des tödlich Verunglückten und der Familie des anderen, der überlebt hatte, großzügig verhalten hatte.

Wie üblich schwiegen alle, als das letzte Gerüst entfernt und die Stapelhölzer weggeschlagen wurden. Das Schiff schien anfangs zu zögern, doch dann setzte es sich mit Wucht auf der schrägen Helling in Bewegung und rutschte mit den Hölzern, auf denen der Kiel geruht hatte, über den gefetteten Schlipp. Nur für wenige Augenblicke glitt es so prächtig dahin, weiß gestrichen unterhalb der Wasserlinie, darüber die sauberen, von Firnis glänzenden Planken, die großen Krummhölzer und die in elegantem Schwarz gemalten Buchstaben des Namens. Sobald es das Element berührte, für das es gemacht war, mit dem Heck in das dunkle Wasser tauchte und dort rollte und schlingerte, während die Stapelhölzer neben ihm an die Wasseroberfläche stiegen, hatte es diese gleitende Anmut verloren.

Das letzte, was Kemp von seinem Schiff sah, war die von ihm fortstrebende Herzogin, als die *Liverpool Merchant* mit dem Heck voraus in die Strommitte geschleppt wurde, wo die Masten aufgestellt werden sollten. Wohl würde er am Vorabend ihres Auslaufens am Kai stehen; er würde durch den Dunst über das Wasser blicken und die Masten und Spieren seines draußen im Pool ankernden Schiffes sehen oder zumindest die Illusion haben, sie zu sehen; aber jetzt war es irgendein Schiff, ein Schiff wie andere auch. Das letzte, was er von seinem Schiff wirklich sah, war jenes schwanengleiche Gleiten, das kurze, unbeholfene Schlingern und die sich entfernende Galionsfigur.

Teil 2

10

Matthew Paris verbrachte seine letzte Nacht an Land in einem Gasthaus in der Water Street, nicht weit von den Docks entfernt. Seinen Abschiedsbesuch in der Red Cross Street hatte er bereits gemacht, die Aufforderung zu bleiben jedoch ausgeschlagen. Er wollte keine Umstände machen wegen nur einer Nacht. Vor allem aber fühlte er sich außerstande, noch mehr von den leidenschaftlichen Prophezeiungen seines Onkels zu ertragen, und befürchtete, es zu zeigen.

Er war reisefertig, was die äußeren Vorbereitungen betraf. Sein Gepäck enthielt das Nötigste an Garderobe, seinen Medizinkoffer, Instrumente, Verbandszeug und einen großen Vorrat an Medikamenten. Nachdem er nicht wußte, was ihn erwartete, hatte er von jedem etwas eingepackt, vom Senf bis zum Eukalyptusöl. In der Lackschatulle, die er von seiner Tante bekommen hatte, bewahrte er seine Schreibutensilien auf und in einer mit Holz gefütterten Blechkiste seine Bücher – aus Platzgründen nur einige wenige, aber dafür waren sie sorgfältig ausgewählt: Pope, Maupertuis, Hume, Voltaire. Diese vier Bände hatte er vor den Sheriffsgehilfen retten können, die ihm fast alles andere genommen hatten. Für das fünfte Buch, Astleys *New Collection of Voyages & Travels* hatte er etwas vom Geld seines Onkels ausgegeben, nachdem man ihm versichert hatte, daß es eine Fundgrube für jeden sei, der sich über Afrika informieren wolle. Daneben befand sich in derselben massiven Kiste die halbfertige Übersetzung von Harveys* *Treatilse on the Movement of the Heart & Blood,* mit der er im Gefängnis begonnen hatte, nachdem er sich mit Hilfe seines Onkels einen eigenen Raum hatte leisten können.

---

* William Harvey (1578–1657), engl. Anatom und Chirurg, entdeckte den großen Blutkreislauf und veröffentlichte die neue Lehre 1628 in der Schrift *De motu cordis et sanguinis.*

Bücher waren ein Teil seines Lebens und deshalb eine Notwendigkeit. Aber er hatte lange überlegt, ob er den Harvey mitnehmen sollte. Er stand hier vor einem Widerspruch, den er nicht lösen konnte. Als Schiffsarzt auf einem Sklavenschiff zu fahren – eindeutiger konnte die Absage an sein früheres Leben nicht sein, und nichts anderes wünschte er sich. Er wollte die Nerven, die ihn mit der Vergangenheit verbanden, verätzen. Und trotzdem brachte er es nicht über sich, den Harvey zurückzulassen. War es Ehrgeiz, der Wunsch, daß etwas von dem Glanz dieses großen und revolutionären Werks auf ihn falle? Doch wie vertrug sich dies mit dem Wunsch, das andere Ich zu töten, es in tiefster Erde zu begraben? Und warum lauerte ihm die Vergangenheit hinter dem kontrollierten Gedanken auf? Sein Elend starrte von solchen Fragen.

Aber es gab auch näherliegende Gründe. Die Reise würde mindestens acht Monate dauern, und vermutlich war er nicht die ganze Zeit mit ärztlichen Aufgaben beschäftigt. Es würde Stunden geben, die ausgefüllt werden mußten. Acht Monate, dachte er, während er am Fenster seines Zimmers im Obergeschoß saß, in den feinen Regen hinausblickte und auf das Pflaster, das allmählich immer dunkler und nasser wurde – vielleicht auch länger, ein Jahr, ganz je nachdem, wie Thurso sagen würde. Vielleicht würde er sich mit der Zeit und den neuen Umgebungen ändern; aber wahrscheinlich schien ihm das heute nicht. Er fühlte sich in seinem jetzigen Zustand erstarrt. Er war taub für Veränderungen, egal, was vor ihm lag. Ihm schien, als hätte er diese endgültige Form schnell erreicht: ein paar Schicksalsschläge hatten genügt. All die Jahre zuvor, während seines Studiums, der praktischen Arbeit, der kurzen, glücklichen Zeit seiner Ehe, war er offen für Eindrücke gewesen. Er hatte sich selbst als jemand gesehen, der ein Ziel ansteuerte; und plötzlich war die Situation umgekehrt, und er war das verfolgte Ziel. War der starre Zustand, in dem er sich jetzt befand, die Rettung? Verfolger wurden nicht zu Stein, nur die Verfolgten. Sie wurden in unveränderliche Formen gepreßt …

Am späten Nachmittag ließ er sich Schreibzeug bringen

und setzte sich an den Tisch, um einen Brief an einen Freund und Kollegen in Norwich zu schreiben, dem er seine Fossiliensammlung anvertraut hatte – das einzige, was einen gewissen Wert für ihn besaß und was er hinterlassen konnte. Er zögerte eine Weile und blickte in den schräg fallenden Nieselregen. Doch dann stieß er mit plötzlicher Ungeduld die Feder ins Tintenfaß und begann:

Lieber Freund,
ich schreibe Dir am Vorabend meiner Abreise, um noch einmal Lebewohl zu sagen und noch einmal für alles zu danken, was Du für Ruth und mich getan hast.

Die Seite verschwamm vor seinen Augen, und er mußte bereits an dieser Stelle unterbrechen. Die Dankbarkeit, die er seinem Freund gegenüber empfand, löste Tränen bei ihm aus, was Gedanken an seine Frau nicht vermochten – ihr Name fiel in eine Wüste. Nach kurzer Pause schrieb er weiter:

Ich habe nicht die geringste Ahnung, was mich auf dieser Reise erwartet, und – obwohl ich nicht möchte, daß Du Dich deswegen sorgst und ich mich auch nicht damit brüsten will – es ist mir völlig gleichgültig, was aus mir wird – wenigstens im Augenblick. Aber vermutlich werde ich, wenn Gefahr im Verzug ist, wie alle anderen auch um mein Leben kämpfen.
Sollte ich nicht zurückkommen, dann behalte bitte die Sammlungen, die Du liebenswürdigerweise für mich aufbewahrst. Sie sind das einzige meiner Besitztümer, das einen gewissen Wert darstellt. Ich will damit sagen, daß Du sie behalten und als Dein Eigentum betrachten sollst, was auch geschieht, selbst für den unwahrscheinlichen Fall, daß ich nach Norwich zurückkehren sollte. Ich werde sie nicht mehr sehen wollen – sie würden mich zu schmerzhaft an die Vergangenheit erinnern. Ich hoffe, sie werden Dir bei Deinen Forschungen nützlich sein, besonders jene Fossilien, die auf Lageveränderungen der Gewässer hinweisen, auf die man sonst gar nicht gekommen wäre.

Ich gebe diese Arbeit auf, weil sie zu einem Teil meines Lebens gehört, der jetzt für immer vorbei ist, doch meine Überzeugungen haben sich nicht geändert. Ich kann in der ganzen belebten Natur nur ein einziges grundlegendes Prinzip erkennen: Eine natürliche Stufenleiter der Arten führte auf eine ursprüngliche Art zurück, und das gleiche muß für den Menschen gelten. Obwohl Leben bei einem komplizierten Tier wie dem Menschen vielleicht als etwas sehr Vielschichtiges erscheint, ist es nach meiner Meinung bei ihm genauso simpel wie bei dem niedrigsten Tier. Ich glaube, wir haben Grund zu der Annahme, daß es einmal eine Zeit gegeben hat, in der alle natürlichen Arten gleich waren, und das könnte mit dem Schöpfungsbericht des Alten Testaments übereinstimmen. Aber im Lauf riesiger Zeiträume und mit den veränderten geographischen Lagen von Festland und Meer hat es vielerlei Umbildungen gegeben. Es stimmt nicht, wie man behauptet hat, daß ich Gottes Schöpfung leugne und atheistisches Gedankengut verbreiten wollte. Aber ich kann unmöglich Leuten zustimmen – ganz einfach, weil sich meine Vernunft dagegen wehrt –, die uns glauben machen wollen, es gäbe fertige, unveränderliche Arten oder ständig neue Schöpfungsakte …

Er verachtete sich mehr und mehr. Abrupt schloß er mit guten Wünschen und nochmaligem Dank. Während er das Blatt mit Kreide trocknete, schämte er sich in Grund und Boden. Er war ein unverbesserlicher eitler Narr. Selbst jetzt, auf dem Trümmerhaufen seines Lebens, mußte er wie ein Hahn auf dem Mist seine Standhaftigkeit und seine Grundsätze in die Welt hinauskrähen. Er hatte eine abstrakte Wahrheit verfochten und im Ausland veröffentlicht auf Kosten all dessen, was ihm lieb und teuer war, und versuchte noch immer, stolz darauf zu sein. Alte Knochen und tote Käfer waren sein einziges Vermächtnis, er hatte es nicht anders verdient. Der von der Kirchenpartei aufgewiegelte Mob hatte seine Presse zerstört und seine Möbel auf die Straße geworfen; die Kästen mit den Fossilien in seinem Arbeitszimmer waren unangetastet geblieben als wertloses Gerümpel …

Wenn ich noch einmal die Wahl hätte, dachte er, wenn ich meine Ruth und das Kind in ihr behalten könnte – ich würde alles widerrufen, auf den Knien würde ich mich schuldig bekennen eines jeden Irrtums bis zum Anbeginn. Ach, er krähte schon wieder. Konnte er nicht die ganze Wahrheit für sich in Anspruch nehmen, dann mußten es eben alle Irrtümer sein. Alles, bloß nicht das bescheidene Mittelmaß des gewöhnlichen Sterblichen ...

Er schämte sich so sehr, daß er den Brief am liebsten zerrissen hätte. Doch dann nahm er sich zusammen. Es war richtig, seinen Freund wissen zu lassen, daß ihm die Sammlungen uneingeschränkt zur Verfügung standen. Er würde seinem Naturell entsprechend vorsichtiger davon Gebrauch machen; er würde mehr Beweise zusammentragen, seine Beobachtungen notieren, und nichts davon würde veröffentlicht werden, bevor er nicht sicher unter der Erde lag. Eines Tages würden sich diese heimlichen Forschungen, die überall in Europa gemacht wurden, in einem Gehirn zusammenfügen; dann würde man mutig das Alter der Erde bestimmen und beweisen, wie sich die Lebewesen veränderten ...

Ein wenig später, als es allmählich dunkel wurde, verließ er den Gasthof und unternahm einen Spaziergang zum Pier Head. Es regnete immer noch. Er sah eine Frau völlig durchnäßt neben einer Mauer liegen und roch den Gin, mit dem sie sich betrunken hatte. Ein oder zwei Schenken hatten noch Licht, ein Hufschmied stand über seine Arbeit gebeugt in seiner Werkstatt. Aber sonst wirkten die Straßen zum Hafen hin nahezu ausgestorben.

Paris stand im Regen und blickte auf die offene See hinaus. Die Laternen der Schiffe auf der Reede blinkten durch die feuchte Luft. Auch die *Liverpool Merchant* lag draußen auf dem dunklen Wasser vor Anker. Während er dort stand, wurde der Abend für ein paar Augenblicke ganz still; es gab nur die blinkenden Lichter auf dem Wasser und den leisen Regen. Er hörte das Wasser fließen, den Schrei eines Seevogels, Stimmen aus einer Kneipe weiter unten am Kai, die bald wieder verstummten.

Er versuchte, sich Afrika vorzustellen, das Leben, das die

Afrikaner führten, und wie sehr es sich ändern würde, mehr als das seine, durch dieses Schiff. Aber Afrika war weit.

Die Tür der Kneipe öffnete sich und zwei Männer kamen heraus. Sie blieben stehen und redeten miteinander. In dem gelben Licht, das aus der offenen Tür fiel, wurde der Regen sichtbar. Paris sah das Glitzern und Strömen und fühlte sich plötzlich in die Sommer seiner Kindheit versetzt – Insekten schwirrten um die Lampen im nächtlichen Garten oder über dem Fluß, wo sich in der letzten Wärme des Tages die Mückenschwärme wie regelmäßig atmend hoben und senkten.

Die Tür schloß sich, das helle Schwärmen war ausgelöscht. Doch das Bild jener vergangenen Sommer blieb stehen wie die Summe aller Verluste. Während Paris zu den Lichtern der Schiffe hinüberschaute, von denen ihn eines in eine ungewisse Zukunft tragen sollte, konnte er nur denken, was früher war.

11

Captain Thurso saß in seiner Kajüte und horchte zufrieden auf das Ächzen und Knarren des Schiffs, das die Bewegung der Tide unter sich spürte. Es war ein gutes Schiff, das wußte er. Das Zeichen war gegeben worden. Das Schiff trug das Siegel des Blutes. Wortlos blickte er in die Gesichter der drei Männer, die er zu sich gebeten hatte. Barton kannte er schon von früher. Sein Zweiter Maat, Simmonds, saß ihm direkt unter der Lampe gegenüber. Er war jünger, mit hellem Haar, ruhigen blauen Augen und einer Nase, die gebrochen und schlecht verheilt war. Haines, der Bootsmann, war muskulös und dunkel; er hatte eine Menge geölter Locken auf dem Kopf und glitzernde, eng beisammenstehende Augen.

»Also, hört zu«, sagte Thurso schließlich. »Es ist nicht viel, was ich euch zu sagen habe, aber ich möchte, daß ihr es nicht vergeßt. Wir sind fast fertig zum Auslaufen. Was wir noch brauchen, ist etwas mehr Salzfleisch. Es sind auch noch nicht alle Fußeisen an Bord; aber das wird in Kürze erledigt. Dann brauchen wir nur noch auf den Wind zu warten. Ich will, daß in der Zwischenzeit kein Mann von der Crew mißhandelt wird. Die Männer dürfen das Schiff nicht verlassen, aber sie können sich satt essen, und solange wir im Hafen liegen, kann pro Tag und Mann ein Viertel Rum ausgegeben werden – nicht mehr, sonst fangen sie an zu raufen. Beschäftigt sie so viel wie möglich, aber die Peitsche bleibt im Sack, bis wir unterwegs sind und Black Rock hinter uns liegt.«

Das heisere Flüstern verstummte eine Weile, während Thurso überlegte. Als er fortfuhr, hörte es sich an, als bemühte er sich um einen jovialeren Ton. »Ich will nicht, daß einer der armen Teufel über Bord springt und an Land zu schwimmen versucht, wie ich das schon auf anderen Schiffen erlebt habe. Ob sie untergehen oder schwimmen, für uns bleibt der Schaden gleich.« Er schwieg wieder, beugte sich vor und blickte der Reihe nach jedem ins Gesicht – eine verwirrende alte Angewohnheit. Dann hob er seinen dicken Zeigefinger und sagte: »Ihr seid mir dafür verantwortlich. Das ist alles, was ich zu sagen habe, Gentlemen. Mr. Barton, noch auf ein Wort.«

Als die anderen gegangen waren, lockerten beide Männer ihre Haltung. Barton rutschte auf seinem Stuhl nach hinten und hob sein schmales Hundegesicht. »Alle Achtung, Captain«, sagte er. »An der Kajüte wurde nicht gespart. Eichenpaneele, Mahagonitisch.«

»Kümmert euch nicht um meine Kajüte, Mr. Barton. Ich kann selbst sehen, wie sie ausgestattet ist. Meine Kajüte fällt nicht unter Eure Zuständigkeit.«

»Nein, Sir. Alles klar. War nur so 'ne Bemerkung«, sagte Barton eifrig mit einem humorvollen Unterton, den er nur wagte, wenn er seinen Kapitän bei bester Laune vermutete. Doch seine Augen hatten sich bei der Zurückweisung verengt, und in ihnen war nichts Humorvolles zu erkennen.

»Ihr haltet Euch an die Spielregeln, und Ihr werdet nicht schlecht dabei fahren«, sagte Thurso. »Ihr werdet nicht mehr zur See fahren müssen. Aber Ihr wißt, auf welcher Seite Ihr zu stehen habt, verstanden? Wenn wir auf See sind, werdet Ihr meine Befehle für mich brüllen. Wenn wir an der Sklavenküste sind, werdet Ihr mit mir flußaufwärts fahren, und Ihr werdet zusammen mit mir das Goldstaubgeschäft machen zu den Bedingungen, die wir vereinbart haben. Und Ihr werdet über diesen privaten Handel Stillschweigen bewahren, an Bord und an Land. Ihr haltet Euch daran, und es soll Euer Schaden nicht sein.«

»Ihr kennt mich. Ihr kennt Barton. Wir haben schon früher Geschäfte gemacht.«

»Aye«, sagte Thurso grimmig. »Ich kenne Euch. Da, gießt Euch einen Brandy ein. Aber Ihr kennt mich auch, nicht wahr? Und Ihr kennt die Guineaküste. Wenn Ihr Euch nicht getreu an die Abmachung haltet, werdet Ihr weder Pool Lane noch die Ladys der Castle Street wiedersehen. Ihr werdet Euren Docht hier nirgends mehr eintauchen, das garantiere ich Euch.«

Barton antwortete darauf nicht. Er nahm einen Schluck aus seinem Glas und bewegte anerkennend die hageren Kinnbacken. »Das ist ein erstklassiger Brandy«, sagte er schließlich. »Wirklich prima.«

»Zum Teufel mit dem Brandy. Ihr werdet gar zu vertraulich. Das ist meine letzte Reise, wie Ihr wißt. Ich werde ein straffes Kommando auf meinem Schiff führen, wie immer. Vielleicht straffer denn je, gerade weil es die letzte ist. Ihr werdet rasch feststellen, daß Thurso auf See keine Günstlinge kennt.«

»Aye, Sir.«

Thurso hob den Kopf. »Sie zerrt an den Trossen«, sagte er. »Ich werde, ebenfalls wie immer, die Interessen meines Eigners wahren und die besten Bedingungen für ihn herausschlagen.« Er hielt den Kopf, als lauschte er in die Nacht hinaus. Das Licht der Lampe fiel auf seine wuchtigen Brauen, aber seine Augen lagen im Schatten. »Er setzt auf mich«, sagte er. »Und ich werde mein Bestes für ihn tun. Wie es in meinem Vertrag steht.«

Barton, der den geistesabwesenden Kapitän mit heimlichem Mißfallen betrachtete, sagte: »In welchem Vertrag, Captain Thurso?«

»Das braucht Euch nicht zu kümmern. Ich habe immer alle zufriedengestellt. Ich bin immer noch da.«

»Er ist schon so ein Eigner«, sagte Barton nach einer kleinen Pause. »Überall auf dem Plan. Aber man kann nichts sagen. Wir haben ein nettes Warenangebot geladen, genau das Richtige für den Afrikahandel.«

Kemp hatte sich auch hier als äußerst gewissenhaft erwiesen, und er hatte sich beraten lassen. In den letzten Tagen waren zusätzlich zu den Lebensmitteln auch Musketen, Feuersteine, Schießpulver, Glasperlen, Eisenbarren, ballenweise bunte Baumwoll-, Taft- und Seidenstoffe, goldbetreßte Dreispitze, verschiedenartige Messer, kupferne Kochtöpfe und Schüsseln, Fässer mit Brandy und Rum und fünfhundert Spiegel an Bord genommen worden; außerdem Artikel, die nicht für den Verkauf bestimmt waren: Peitschen, Daumenschrauben, Brandeisen, Handschellen, Fußeisen, Ketten und Schlösser, alles aus gutem Material und solide gearbeitet.

»Trotzdem«, sagte Barton. »Zwei Vorzugsneger für einen Zweiten Maat. Das hat's noch nie gegeben. Das nenn ich die Phalintroppi« – er meinte gewiß die Philanthropie – »zu weit treiben.«

Thurso trank, senkte den Kopf und grübelte vor sich hin. Er hatte eine Art, plötzlich nicht mehr zuzuhören, als wäre außer ihm niemand mehr anwesend. Die Tide lief ab; er hatte den Wechsel gespürt an der Art, wie das Schiff auf dem Strom lag. Die Lampe drehte sich leicht, so daß das Licht über die Eichenpaneele glitt, die noch nach Firnis rochen, und weiter über Thursos gesenkten Kopf und das plötzlich verärgerte Gesicht seines Ersten Maats.

»Es ist einfach ungerecht«, sagte Barton. »Er hätte dem Zimmermann oder dem Kanonier etwas geben können. Das sind die wichtigen Leute an Bord. Wir wissen doch, was ein Zweiter Maat auf der Guinearoute in Wirklichkeit ist.«

Thurso hob den Kopf und fixierte sein Gegenüber mit finsterem Blick. »Kümmert Euch nicht um Sachen, die Euch nichts angehen«, sagte er. »Wer weiß denn, wo der Zweite Maat sein wird oder der Kanonier oder der Zimmermann, bis wir in Jamaika sind? Wann wart Ihr zuletzt auf einem Schiff, das seine gesamte Crew aus Afrika wieder nach Hause gebracht hat?«

»Und dann noch dieser Doktor«, sagte Barton mit der gleichen Entrüstung. »Verwandter vom Eigner, nie zur See gefahren. Was zum Teufel hat der bei uns an Bord verloren?«

»Aye, irgendwas gibt es da«, sagte Thurso. »Irgendwas setzt ihm zu, über das er mit dem richtigen Mann vielleicht redet. Versucht es aus ihm herauszubringen, Barton. Schön freundlich, Ihr werdet schon wissen, wie.«

»Ich will mein Bestes tun.« Barton blickte ernst auf die Flasche. »Mein möglichstes, Captain Thurso.«

»Nehmt Euch noch einen Brandy. Danach werde ich Euch bitten, an Land zu gehen.«

»Heute abend?«

»Aye, heute abend«, sagte Thurso gereizt. »Habt Ihr Angst, im Regen aufzuweichen? Wir sollen in drei Wochen auslaufen, aber es haben erst einundzwanzig angeheuert. Heimwärts, wenn wir die Schwarzen gelöscht haben, können wir ruhig ein paar Mann zu wenig haben. Aber wir können nicht mit weniger als fünfundzwanzig von hier auslaufen. Nehmt Haines mit. Er scheint ein ganz tüchtiger Kerl zu sein. Seht Euch mal um, was sich im Hafen so rumtreibt.«

»Kann ich noch einen dritten Mann mitnehmen für den Fall, daß die Dinge außer Kontrolle geraten? Sagen wir Libby, den mit der Augenklappe? Er verträgt sich mit Haines. Ich habe sie miteinander reden sehen.«

»Mr. Barton, ich muß mich über Euch wundern. Wollt Ihr einen gewöhnlichen Seemann von einem Sklavenschiff losschicken, um Leute auf dasselbe Schiff zu pressen? Wir hätten Mord und Totschlag an Deck, noch bevor wir aus dem Formby Channel heraus wären. Nein, wenn Ihr und Haines Hilfe braucht, müßt Ihr Euch dort irgendeinen Halunken kaufen. Ihr könnt an Land auch getrennt gehen, wenn Ihr wollt. Seid gegen neun Uhr zurück. Dann übernimmt Simmonds, und wir werden zusammen hinübergehen und nachsehen, was uns die Plakatanschläge gebracht haben. Ihr setzt euch am besten schon mal in Bewegung. Und bleibt nüchtern, oder Ihr als der ältere seid dran. Wir brauchen Leute für die Crew, Mr. Barton, und es ist mir gleichgültig, wie wir sie bekommen.«

12

Eine halbe Meile entfernt betrat eine halbe Stunde später der Seemann William Blair mehr oder minder betrunken eine finstere Kneipe in einer der Gassen des Hafenviertels. Zwei Stunden zuvor war er nach acht Monaten auf See ausbezahlt worden. In diesen zwei Stunden hatte er vielleicht dreihundert Schritt auf dem Festland zurückgelegt. Er trug seine besten Sachen für den Landgang, hatte den größten Teil seines Geldes noch in der Tasche und bewegte sich unsicher an der Grenze zwischen fröhlich-beschwipst und aufsässig.

Als er an den Tischen vorbeistolzierte, stolperte er über Füße, die vorher nicht dagewesen waren. »Zieh deine Flossen ein, *bonny lad*«, sagte er, mehr um seine Würde bedacht als um alles andere. Blair achtete sehr auf seine Würde, was manchmal zu Streitigkeiten führte. Er war klein, aber flink. Und unerschrocken.

Der *bonny lad* antwortete nicht, aber er ließ seine Füße, wo sie waren. Blair schaute zu ihm hinunter und sah eng beisammenstehende Augen und einen verkniffenen Mund. Der größte Teil vom Gesicht dieses Mannes war von seinem hohen Hut verdeckt, der nach Seemannsart mit einer glänzenden Lackschicht überzogen war.

»Na schön«, sagte Blair. Während er auf den Tresen zusteuerte, klopfte er sich den Regen von der Vorderseite seiner lederfarbenen Nankingjacke. »Es schifft und schifft. Ich wünscht' bei Gott, es würd' einmal anständig regnen und dann aufhören.«

Der Wirt war kahl und fett. Er trug eine schmuddelige Schürze, und aus seinem teilnahmslosen Gesicht blickten glanzlose braune Augen. »Ja«, sagte er, »das ist die eine Seite. Aber Regen ist gut fürs Geschäft. Dann kommen die Leute in die Bars. Das ist die andere.«

»Alles ist gut fürs Kneipengeschäft. Gib mir 'ne Viertelpinte besten Jamaika. Aber ich will sehen, was du einschenkst, Mann.«

»He, Schotte!«

Die unverschämt herrische Stimme kam aus dem Gastraum hinter ihm, als er seine Geldbörse herausnahm, um zu zahlen. Er wußte, auch ohne sich umzusehen, daß sie dem Mann gehörte, über dessen Füße er gestolpert war. Er sah einen anderen Mann in einem langen, zerfetzten Umhang durch die Tür hinter dem Tresen verschwinden, dachte sich jedoch nichts dabei, weil er schon wieder mit seiner Würde beschäftigt war, die es ihm nicht erlaubte, sich umzusehen. Sie erlaubte ihm auch nicht, seinen Geldbeutel anders als nur sehr langsam einzustecken. »Iggerant«, sagte er mitleidig und an den Wirt gewandt, aber laut genug, daß es der andere Mann hören konnte. »Die meisten Leute begreifen irgendwann den Unterschied zwischen ihrem Hintern und ihren Ellbogen. Aber es gibt welche, die versuchen immer wieder, durch die Ellbogen zu scheißen.«

Er horchte auf das Scharren eines Stuhls, auf das Geräusch einer Bewegung in seinem Rücken, aber er hörte nichts. Er trank einen großen Schluck, spürte die Wärme in Kehle und Brust und wußte, daß er auf dem besten Weg war, sich mächtig zu besaufen. »Ich bin aus Sunderland«, sagte er laut. »Noch mal dasselbe, Wirt, wenn's recht ist.«

Der Wirt nickte. Er hatte den Geldbeutel gesehen und auch, in welche Tasche ihn Blair gesteckt hatte. »Gerade abgemustert, was?«

»Heut nachmittag haben wir angelegt, nach fünfundsiebzig Tagen ab Caracas. Brigg Albion, Captain Josiah Rigby. Ich bin vielleicht froh. Der Erste Maat auf dem Schiff war ein Kannibal in Menschengestalt.« Blair starrte den Wirt kampflustig an. »Wenn mir der noch mal über den Weg läuft, mach ich ihn kalt.«

Der Mann in dem zerfetzten Umhang erschien wieder, und wenig, später kamen zwei junge Frauen herein. Ihre Haare waren naß vom Regen, und sie lachten und kamen schnurstracks zum Tresen.

»Spendierst 'n Drink, Kleiner?«

»Ich spendier euch 'n Drink«, sagte Blair, nobel wie er war. »Billy Blair ist nicht der Mann, der Damen was abschlägt. Aber glaubt ja nicht, daß das den ganzen Abend so weitergeht.«

»Klingt süß, wie der schnackt«, sagte dieselbe Frau. Sie sprach mit irischem Akzent, hatte karottenrotes Haar und ein hübsches, blutarmes Gesicht mit einem großen blauen Fleck über dem rechten Wangenknochen. »Ich mag Männer, die anständig reden«, sagte sie. »Die, wo immer so unflätig sind, will ich nicht geschenkt. Gin, bitte, Captain. Wie isses mit dir, Bessie? Das hier ist Bessie, und ich bin Eve.«

»Gin«, sagte Bessie.

»Gin für die Ladys, Rum für mich«, sagte Blair. »Bei Gott«, fügte er, an niemand besonderen gerichtet, hinzu und strich sich mit der Hand über das Gesicht.

»Ich schreib's an«, sagte der Wirt. »Du brauchst nicht jede Runde einzeln zu zahlen. In meinem Beruf lernt man die Menschen kennen. Da weiß man, wem man trauen kann und wem nicht.«

»Genau. Außerdem findest du in dieser Gegend nicht oft einen, der die Spendierhosen anhat«, sagte Eve.

»Und was ist mit *dieser* Gegend?« Blair grinste anzüglich und deutete auf seinen Hosenschlitz.

Eve kicherte schrill und freudlos. »Also, woher soll ich das wissen?« fragte sie. »Woher kommst du überhaupt, Billyboy?«

»Er ist ein kleines Großmaul aus Schottland.«

Blair drehte sich um und blickte in die dunklen, eng beisammenstehenden Augen und das dünne Lächeln. Der Mann saß noch immer da und streckte die Beine von sich. Er hatte seinen Hut abgenommen und einen Kopf voll schwarzer, ölig glänzender Locken enthüllt. Er sah ziemlich kräftig aus mit seinen breiten Schultern und dicken Beinen. »Ihr schon wieder«, sagte Blair. Seine Hand gelangte unauffällig in die Nähe seiner rechten Hüfte. »Hast dir wohl Locken gedreht, was?« sagte er. »Alberner Krauskopp.«

»Hör gar nicht hin, Darling«, sagte Eve und preßte sich an ihn. »Ich mach Hackfleisch aus ihm«, sagte Blair wütend. »Ich hab ihm gesagt, daß ich kein Schotte bin.«

»Hier, noch ein Glas«, sagte der Wirt. »Auf Kosten des Hauses. Passiert nicht oft, daß mir einer von euch gefällt. Wir haben noch Fleischpastete in der Küche. Bestes Rindfleisch. Und Ihr«, sagte er zu dem Mann mit den Locken, »Ihr haltet das Maul oder Ihr fliegt raus.« Inzwischen war es voller geworden. Die Frau namens Bessie hatte sich an einen der Tische gesetzt. Billy ließ sich beschwichtigen. Er trank noch mehr Rum und aß einen Teller voll Pastete. Es fiel ihm schwer, bis zum anderen Ende der Kneipe zu sehen. Sein Blick reichte immer weniger weit. Eve, die dicht neben ihm stand, drückte sanft seine Hoden.

»Knallvoll wie 'n Hagelgeschoß, was?« prahlte Billy mit vollem Mund. »Englands bestes.« Eve gefiel ihm mit ihren blauen Augen und der zarten Blässe der Unterernährung. »Hat dich so ein Bastard verprügelt?« fragte er und wies auf den häßlichen blauen Fleck auf ihrer Wange.

Sie lachte schrill. »Ich bin im Kreis gelaufen und in mich selbst hineingerannt«, entgegnete sie gleichgültig.

»Hast du einen Platz, wo wir hingehen können, nur wir zwei?«, »Ich hab ein Liebesnest ganz für mich allein, Darling. Aber erst woll'n wir ein bißchen tanzen und Spaß haben. Verdammt, wir können morgen schon alle tot sein. Stimmt's, Jemmy?«

Letzteres war an den Wirt gerichtet, der begeistert zustimmte. »Wo zum Teufel ist der Fiedler?« fragte er. »Wo ist Sullivan?«

Der Ruf nach Sullivan wurde weitergetragen. Wie es schien, wollten noch mehr Leute tanzen. Der Fiedler, der in einer dunklen Ecke mit dem Kopf auf dem Tisch schlief, wurde wachgerüttelt. Verschlafen schlurfte er, Geige und Bogen an sich gedrückt, in die Mitte des Raums – eine große, ziemlich verwahrloste Gestalt mit Bartstoppeln auf den Wangen, einem dunklen Haarschopf und verwirrten grünen Augen, die aussahen, als wäre eben etwas Wunderbares vorbeigegangen.

»Spiel einen Reel!« rief jemand.

»Ich spiel kein' Ton ohne etwas zu trinken«, sagte Sullivan.

»Gebt ihm was zu trinken.«

»Dich hab ich doch schon mal gesehn«, sagte Billy. Er hielt sich am Tresen fest, trat vorsichtig einen Schritt vor und betrachtete das lange Gesicht und die schönen, verträumten Augen des Fiedlers aus der Nähe. »Wir waren irgendwo zusammen auf einem Schiff«, sagte er. »Michael Sullivan. Ständig am Streiten.« Er schwankte leicht, während er einen Moment nachdachte. Dann fiel es ihm wieder ein. »Die *Sarah*, Captain McTavish, vor ungefähr fünf oder sechs Jahren. Häute aus Montevideo. Stimmt's?«

Sullivan sagte zunächst gar nichts. Er mußte sich erst einmal besinnen. »Ich war auf dem Schiff«, erwiderte er schließlich. »Ich will nicht behaupten, daß ich's nicht war. Aber du warst es, der die ganze Zeit gestritten hat, nicht ich. McTavish hat ständig gottslästerlich geflucht.«

»Inzwischen ist er tot. Zu Tode gesoffen.« Billy stand breitbeinig, da, um das Gleichgewicht zu halten, und blickte stolz umher. »Bei Gott«, sagte er. »Es kann nicht viele geben, die so ein Gedächtnis haben wie Billy Blair. Blau oder nüchtern, Blair denkt messerscharf. Erinnerst du dich an mich? Komm schon, du kannst Billy Blair nicht vergessen haben.«

»Ich erinnere mich und auch wieder nicht«, sagte der Fiedler mit leicht verändertem Gesichtsausdruck. »Hör zu, Billy«, sagte er, »du willst doch nicht wirklich tanzen. Das ist eine sinnlose Beschäftigung, und der Papst hat sich schon dagegen ausgesprochen, weil Tanzen zu allen möglichen Sünden führt.«

»Was ist los mit dir?« Billy riß die Augen auf, um das Gesicht des Fiedlers besser zu sehen. »Was regst du dich so auf?«

»Jetzt mach schon, Sullivan. Spiel endlich!« sagte der Wirt.

»Er braucht noch was zu trinken«, sagte Billy. »Einmal ein Schiffskamerad, immer ein Schiffskamerad, jedenfalls mit Billy Blair. Gib uns die Hand, Mann. Bist du seitdem wieder zur See gefahren?«

»Den Teufel bin ich gefahren. Hör mir zu –«

Doch dann stand Eve dicht neben ihm, und zwei Männer schoben sich zwischen Billy und Sullivan; der eine war der mit dem zerrissenen Umhang. »Hör auf zu quatschen, Fiedler«, sagte er grob.

»Los, Sullivan, sei ein Schatz und spiel 'nen Reel«, schmeichelte Eve.

Danach ging in Billys Erinnerung alles drunter und drüber. Sullivan versuchte nicht mehr, mit ihm ins Gespräch zu kommen. Er spielte *I'll Away No More* und anschließend *Sweet William.* Es wurde getanzt. Der kleine Raum war völlig überfüllt mit Menschen, die sich schoben und rempelten. Eve lachte viel und laut und faßte ihm an die Hose. Ihr Gesicht hatte vom Alkohol und vom Tanzen Farbe bekommen. Nach einer Weile entschuldigte sie sich mit zärtlichem Lächeln. »Ich geh nur mal pinkeln, Darling«, sagte sie. »Bin gleich wieder da, noch bevor du mit dem Schwanz wackeln kannst.«

Aber sie kam nicht wieder, und das änderte plötzlich alles. Die Fiedel verstummte. Es waren weniger Menschen im Lokal, nur noch Männer. Die Blicke des Wirts wurden mürrisch und immer verächtlicher. Billy schwitzte und verlangte ein Bier. Es dauerte lang, bis es kam, und dann schmeckte es sauer und schal.

Seine gute Laune war dahin. Selbst sanftmütigeren Charakteren als Billy wäre es schwergefallen, eine so plötzliche Verdüsterung der Stimmung gleichmütig hinzunehmen. Es ist eine Sache zu wissen, daß das Vergnügen etwas Flüchtiges ist, die Jugend vergänglich und das Grab gleich um die Ecke; aber dies alles innerhalb von fünf Minuten beigebracht zu bekommen, ist eine andere. »Was ist das für eine Pißplörre?« höhnte er.

»Spülwasser aus den Fässern?« Er schüttete den Rest seines Biers auf den Fußboden.

»Du bist doch ein Schwein«, sagte der Wirt. »Ich seh schon, ich hab mich in dir getäuscht. Zahl deine Rechnung und zieh Leine. Drei Shilling vier Pence.«

»Das ist Diebstahl, du Fettsack«, erwiderte Billy. »Wenn ich um diesen verdammten Tresen rumkomme, wird es dir leid tun. Wo ist Sullivan? Kamerad, laß uns hier abhaun. Ich hab Geld, ich kann die Zeche bezahlen.«

Aber genau in diesem stolzen Augenblick mußte Billy feststellen, daß er kein Geld mehr besaß. Der Geldbeutel war aus seiner Tasche verschwunden. Und als er im ersten Schreck seiner Entdeckung in das Gesicht des Wirts blickte und die widerliche Selbstgefälligkeit darin sah, wußte er mit der Klarheit, die dem Betrogenen jäh und überwältigend zuteil wird, daß er sich, seit er die Kneipe betreten hatte, unter Gaunern befand. »Mein Geldbeutel«, stotterte er. »Dieses irische Flittchen hat meinen Geldbeutel gestohlen. Vielleicht erwischen wir sie noch ...« Er stieß sich vom Tresen ab, um zu gehen.

»O nein. Du bleibst hier«, sagte der Wirt. »Von welchem Geldbeutel redest du? Ich hab keinen gesehen. Hat hier jemand einen Geldbeutel gesehen? Haltet ihn fest, Jungs!«

Er kam hinter dem Tresen hervor. Zwei Männer gingen auf Billy zu, einer von rechts, der andere von links. Er griff nach dem Messer in seiner Gesäßtasche, aber auch das Messer war fort. Alkohol und Schock ließen ihn langsamer reagieren als sonst, aber soviel Zeit hatte er noch, um dem einen seinen Humpen ins Gesicht zu schlagen und dem Wirt einen Tritt gegen das Knie zu versetzen. Ein Schlag auf den Kopf ließ ihn taumeln, einem anderen wich er instinktiv aus. Er schlug zurück, traf nur die Luft, rutschte auf dem nassen Steinboden aus und fing sich wieder. Einer der Männer stürzte sich auf ihn, Billy schlug zu. Er bekam einen weiteren schweren Schlag ins Gesicht. Dann riß ihm jemand die Arme nach hinten.

»So, du Zwerg jetzt sag was.«

Billy schmeckte Blut im Mund. Irgendwo hinter ihm lag einer auf dem Boden und stöhnte. Wie durch einen Nebel sah er das lächelnde Gesicht des Mannes, der ihn gereizt hatte. Er trug einen Goldreif im Ohr und roch nach Kokosöl. »Krauskopf«, sagte Billy. Mit aller Kraft versuchte er, seinen rechten Arm zu befreien, um in dieses Gesicht zu schlagen. Ohne sein Lächeln aufzugeben, stieß ihm der Mann die Faust in den Magen, daß ihm die Luft wegblieb.

»Also gut«, sagte er, als er wieder sprechen konnte. »Ich bin erledigt. Laßt mich los.«

»Krauskopf, mh?« sagte der andere. Seine Augen glitzerten. Er versetzte Billy mit der Handkante einen leichten, beinahe lässigen Schlag auf die Nasenwurzel. Billy strömten die Tränen über das Gesicht. Als er wieder sehen konnte, entdeckte er Sullivan. Er lag auf dem Boden. Sein Haar war blutig. »Gebt dem Fiedler 'nen Gruß«, sagte jemand.

Billy wurde in einen kleinen Nebenraum gestoßen und auf einen Hocker gesetzt. Die zwei Männer von vorhin standen neben ihm. Befriedigt stellte er fest, daß er dem einen die Lippe gespalten hatte. »Der Schuft hier hat seinen Shilling verdient«, sagte er. Sein rechtes Auge war bereits zugeschwollen.

»Nun, Billyboy«, sagte der Mann mit dem dunklen Teint. »Damit ist unsere kleine Meinungsverschiedenheit beendet. Was ich dir jetzt erkläre, ist die einfachste Sache der Welt. Ich heiße Haines, bin Bootsmann auf einem schönen neuen Schiff, und wir brauchen noch ein paar tüchtige Burschen. Also, du tüchtiges Großmaul: Du schuldest dem Wirt hier Geld, aber du hast keins. Wo willst du drei Shilling, vier Pence hernehmen, Darling Billy? Du heuerst jetzt bei uns an, oder der Wirt holt die Konstabler. Ein Haufen Leute werden schwören, daß du keinen Geldbeutel gehabt hast, als du hier reinstolziert bist. Er wird dich wegen Zechprellerei und Körperverletzung verklagen, und er wird es mit Genuß tun, denn du hast ihn fast zum Krüppel geschlagen.«

Billy spuckte das ekelhaft schmeckende Blut aus. »Tut mir richtig leid, das zu hören«, sagte er. Er saß in der Falle, und er wußte es. Was Haines ihm erzählte, war eine alte Geschichte. »Ich bin durch die falsche Tür gegangen, stimmt's?« sagte er. »Das Diebsgesindel teilt sich mein Geld, du zahlst meine Zeche und ziehst sie mir von der Heuer ab. Was für ein Schiff ist es? Wohin geht es? Du bist kein Bootsmann von einem Navy-Schiff.«

»Wo ist da der Unterschied?«

»Wenn es kein Navy-Schiff ist«, sagte Billy langsam, »muß es ein Guineafahrer sein. Ihr würdet so was hier nicht veranstalten für einen normalen Kauffahrer.«

»Also, mein kleiner Kampfhahn, was soll nun werden? Du wirst verurteilt und kommst ins Gefängnis, bis deine Schulden bezahlt sind. Und wie lang wird das dauern, du Zwerghuhn? Es sind schon Männer im Gefängnis gestorben wegen nur einem einzigen Shilling. Schon mal im Gefängnis gewesen, Billy?«

Billy sah in das Gesicht des Bootsmanns, in die stechenden Augen, die ihn gespannt beobachteten, und weil er von Natur aus nicht grausam war und vielleicht auch ein wenig naiv, staunte er, als er sah, daß Haines die Situation genoß. Blutverschmiert wie er war und noch halb benommen, fiel ihm seine Würde ein, auf die es zu achten galt. Er saß sehr gerade auf seinem Hocker und hielt sich an den Seiten der Sitzfläche fest, um das Gleichgewicht nicht zu verlieren. »Ich heiße Blair«, sagte er. »Nur meine Kameraden nennen mich Billy.«

Nicht weit von diesem Schauplatz entfernt, in der Mount Street, lief Daniel Calley durch den Regen. Seit dem ersten Morgengrauen hatte er Schafkadaver und Kisten mit Fisch von den Kais zum oberen Markt in der Stone Street getragen. Er hatte neun Pence in der Tasche, war naß bis auf die Haut und hungrig. Außerdem erfüllte ihn eine dunkle Verzweiflung. Wie gewöhnlich hatten ihn der Kranführer und die Budenbesitzer betrogen, und wie gewöhnlich kam er nicht dahinter, wie sie es angestellt hatten. Er konnte einfach nicht ausrechnen, was ihm zustand. Er zerbrach sich den Kopf, während er seine Traglasten schleppte, zum Markt hinauf, zum Hafen hinunter, aber er konnte die Zahlen nicht behalten. Manchmal war er gezwungen zu fragen, aber die flinken Erklärungen verstand er nicht. Hilflos ballte er die großen Fäuste. Dabei ging es ihm weniger um das Geld; er haßte es nur, höhnisch und unfreundlich behandelt zu werden. Ein schlichter Scherz, und jeder kam mit ihm aus, was die Männer, die ihn um sein Geld betrogen, natürlich wußten. Sie konnten ihn wie ein Kind in Verwirrung stürzen und mit einem Späßchen besänftigen. Aber ein falsches Wort zu Calley, wenn er aufgeregt oder verängstigt war, und er wurde gefährlich.

Er betrat die Garküche, wo er gewöhnlich aß, wenn er Geld hatte, und häufig auch schlief. Sie ließen ihn im Hof in einem kleinen überdachten Winkel hinter dem Hühnerstall schlafen. Er nahm das lederne Traggeschirr ab, die Rückenpolster und die vom Fischschleim klebrige Schürze und schüttelte sich den Regen aus dem Haar. Er war untersetzt gebaut und sehr muskulös, der Nacken breiter als der Schädel, so daß sein Kopf einen stumpfen Kegel bildete wie bei einem Seehund – eine Ähnlichkeit, die durch das regennasse, glatt anliegende braune Haar noch deutlicher wurde. In dem geschlossenen Raum mit den niedrigen Deckenbalken dünsteten seine nassen, nach Schafblut und Fisch stinkenden Kleider einen Geruch aus, der die bereits vorhandenen Gerüche von gekochtem Hammel und schalem Bier auf atemberaubende Weise verdichtete.

Er bat die Serviererin, ein vierzehnjähriges Mädchen namens Kate, bei der ein Fuß kürzer war als der andere, ihm Hammelbrühe zu bringen – das einzige, was es hier gab. Während er darauf wartete, dachte er über seine Abendunterhaltung nach. Er wußte, was gewisse grundlegende Dinge kosteten, und mit Hilfe seiner Finger konnte er ausrechnen, was er sich leisten konnte. Heute konnte er Hammelbrühe essen und danach ein paar Sirupkuchen vom Pastetenbäcker an der Ecke. Er mochte süße Sachen. Für zwei Pence würde Kate zu ihm in den Hof hinauskommen – blieb noch genug für einen Pfannkuchen am nächsten Morgen …

Während ihm diese angenehmen Gedanken vermehrten Speichelfluß und eine Erektion bescherten, setzte sich ein Mann an seinen Tisch, ein ziemlich großer, drahtiger, mit einem scharf geschnittenen Gesicht. Er trug eine dunkelblaue Jacke aus dickem Wollstoff mit Messingknöpfen, weite Hosen, und sein Haar war zu einem Zopf zusammengebunden.

»Ungemütlicher Abend«, sagte der neue Gast. »Regnet in einer Tour.«

Calley lächelte, aber er sagte nichts. Er war Fremden gegenüber schüchtern. Seine Augen strahlten wie über eine ferne Freude, deren Ursprung längst vergessen war. Er hatte eine Haut, um die ihn jede Frau beneidet hätte, hell und rein, ohne den kleinsten Makel. »Ich bin naß geworden«, sagte er.

»Aye, tatsächlich.« Der Fremde warf rasch einen Blick auf das Traggeschirr und die dicken Lederpolster, die an der Wand lehnten. »Du bist wohl Lastenträger.«

Die Brühe kam, und Calley machte sich geräuschvoll darüber her. »Ich hab auf dem Markt gearbeitet«, sagte er, während er die Suppe löffelte.

»Macht ganz schönen Appetit, deine Arbeit. Kriegst bestimmt zwei Shilling an einem so schweren Tag wie heute.«

Calley blickte auf. Etwas von seinem Ärger und der Verzweiflung war zurückgekehrt. Er fühlte sich in die Verteidigung gedrängt, aber es kam ihm nicht in den Sinn zu lügen. »Neun Pence hab ich gekriegt«, sagte er.

»Was? Du hast den lieben langen Tag geschuftet wie ein Pferd mit einem Sattel auf dem Rücken und kriegst neun Pence dafür? Ich glaub, ich hör nicht recht.«

»Ich bin kein Pferd«, sagte Calley.

»Das ist ein ganz und gar perniziöser Zustand. Ein Skandal ist das.« Der Fremde schüttelte den Kopf und sah sich um, als wollte er das Lokal ausschnüffeln. »Schlecht werden könnte einem«, sagte er.

Calley ließ den Löffel in seiner Brühe stehen. »Sagst du, ich bin ein Pferd?«

»Du bist ein Mann und stark und gutaussehend obendrein – ich wette, die Mädchen sind hinter dir her, was? Stehen bestimmt Schlange, damit du's ihnen besorgst?«

»Kate mag mich.«

»Das glaub ich gern. Wer wird dich nicht mögen? Du hast mir gleich gefallen. Hier, probier mal.« Der Fremde zog eine Flasche aus der geräumigen Seitentasche seines Kolani. »Nimm einen Schluck und dann sag mir, ob du schon mal besseren Brandy getrunken hast.«

Calley trank, und der wärmende Schnaps sagte ihm, daß es der Mann gut mit ihm meinte. »Guter Brandy«, sagte er.

Dann trank der Fremde und leckte sich die Lippen.

»Götternektar«, sagte er. »Hier, nimm noch einen Schluck. So ist's recht. Wie heißt du?«

»Daniel«, sagte Calley scheu.

»Sag mal, Daniel, warum trägt ein Mann wie du Lasten bergauf und bergab für ein paar lächerliche Pennys? Du bist kein Pferd, aber sie satteln dich wie ein Pferd, sie lassen dich arbeiten wie ein Pferd. Verstehst du, was ich meine?«

»Kate geht mit mir auf den Hof«, sagte Calley. Sein neuer

Freund sollte nicht glauben, daß Lasten tragen das einzige war, was er konnte.

»Bringst 'ne ordentliche Latte mit, was?«

Das brachte Calley auf eine Idee. »Wie ein Pferd«, sagte er. Als er sah, daß der andere lachte, lachte er begeistert mit.

»Das ist gut. Hör zu, du bist ein netter Kerl, und ich möchte dir gern einen Gefallen tun. Ich bin Maat auf einem schönen neuen Schiff nach Afrika. Ich hätt' vielleicht 'ne Koje für dich, wenn ich mit dem Käpt'n rede. Ich würd's nicht für jeden tun, aber wir sind Kameraden. Sind wir doch, oder?«

Calley lächelte breit. Sein Mund glänzte vom Hammelfett. »Stimmt«, sagte er.

Der Maat schob ihm die Flasche zu. »Hier, trink noch mal«, sagte er. »Afrika, das ist der rechte Ort für dich. Da gibt's Sonne, gold'ne Strände, Palmwein, soviel du willst, und die Bäume sind überladen mit Früchten. Du brauchst nur die Hand auszustrecken, um sie zu pflücken. Ich sag dir, es ist das Paradies auf Erden. Und die Frauen! Bei Gott, sie sind das Schärfste!« Er küßte seine Fingerspitzen, schnalzte mit den Lippen – ein Geräusch, das Calley faszinierte – und machte eine übertriebene Kußhandbewegung. »Ich sag nur: Schwarze Venus«, fuhr der Maat fort. »Sie machen alles, was du willst. Scharf, sag ich dir – sie sind in einer Tour scharf. Wegen dem, was sie essen, alles gewürzt und gepfeffert, dazu das Klima. Außerdem liegt's in ihrer Natur.«

»Schwarze Venus«, wiederholte Calley leise. Er konnte sich nichts darunter vorstellen, aber die Worte enthielten einen erregenden Zischlaut, der wie Musik in seinen Ohren klang. Er nahm noch einen Schluck aus der Flasche. »Was machen sie?« fragte er.

»Was ich dir jetzt sage, weiß ich aus persönlicher Erfahrung. Sie haben diese hochentwickelten Muskeln, du weißt schon, wo. Die brauchen nur ein bißchen zu drücken, um dich zu ficken. Das lernen sie schon in frühester Kindheit.« Er schwieg einen Moment, um die Wirkung des Brandys abzuschätzen. Dann sagte er: »Du kannst sie ausprobieren, wenn du willst, Daniel. Warum kommst du nicht mit? Du kriegst fünfundzwanzig Shilling pro Monat, dazu Kost und

Logis. Du läßt dein Traggeschirr hier an der Wand stehen und kommst einfach mit. Du wirst wieder aufrecht gehn wie ein Mann und nicht herumkriechen mit einem Sattel auf dem Buckel.«

»Nicht wie ein Pferd.« Calley wartete gespannt, daß sein Freund über seinen Witz lachte. »Ich hab zwei Beine, nicht vier«, sagte er.

Der Maat stand auf. »Dann laß uns gehen. Du wirst dich nicht mehr für diese Bastarde schinden.«

Calley stand ebenfalls auf. Er war ganz begeistert. »Diese Bastarde« sagte er, »können ihre Rübensäcke selber tragen.«

»Sollen sie sich einen anderen für ihre Drecksarbeit suchen«, ergänzte der Maat.

»Einen anderen«, sagte Calley. Er lachte noch immer, obwohl er sich inzwischen etwas verunsichert fühlte.

»Du kommst mit mir, und alles wird gut.«

Die Fröhlichkeit war aus Calleys Gesicht gewichen und hatte einem ängstlichen Ausdruck Platz gemacht. »Nein«, sagte er, »ich kann jetzt nicht mitkommen.« Es machte ihn unglücklich, daß er seinen Freund enttäuschte, aber er hatte plötzlich an Kate und die Sirupkuchen gedacht.

Barton war auf seine Art ein sensibler Mensch. Er hatte Calleys veränderte Stimmung sofort bemerkt.«Ich sag dir was«, sagte er und legte ihm den Arm um die Schultern. »Wir liegen gleich da draußen im Fluß. Jetzt kommst du mal mit und siehst dir das Schiff an. Und wenn dir nicht gefällt, was du siehst, kannst du in einer Stunde wieder zurück sein.«

Daß Deakin Geld wert war, hatte Jane Britto schon seit einiger Zeit gewußt. Aber auf die Idee, ihn zu verkaufen, kam sie erst, als er davon sprach, auszuziehen.

Sie hatte im Keller, wo sie wohnten, auf ihren Mann und Deakin gewartet, halb betäubt vom Dampf der kochenden Wäsche und vom Geschrei des nach Atem ringenden Babys. Kein Tropfen Alkohol war im Haus und auch kein Geld, um welchen zu kaufen.

Zuerst hörte sie nur das Scharren der Stiefel oben auf der

Straße, dann das Gepolter auf der Kellertreppe. Sie kamen durch die Tür und füllten den Raum mit ihren Stimmen und ihren Körpern. Vielleicht war es dieses Hereindrängen, das ihren aufgestauten Zorn auslöste, obwohl es hier kaum etwas gab, das sie hätte verteidigen wollen – in diesem feuchten Loch mit der Mangel und dem Waschzuber an der Wand, dem Geruch von ranzigem Speck und Talg, dem kranken Säugling und den zwei Kindern, die sich auf einer Matratze in der Ecke zankten. Jane fühlte, wie sie förmlich erstarrte beim Anblick der beiden Männer. Sie waren naß und rochen nach Schnaps, Britto war vergnügt und Deakin ernst wie gewöhnlich – soviel nahm sie gerade noch wahr.

»Was hast du zu essen für uns?« fragte Britto, kaum daß er die Tür hinter sich gelassen hatte. »Ich und Jim sind am Verhungern.« Er war ein untersetzter, mürrischer Mensch mit schlechten Zähnen und eigensinnigen Augen in einem zu stark geröteten Gesicht. Daß er kurzangebunden war, bedeutete, daß sie keine Arbeit auf den Docks gefunden hatten.

»Ich und Jim sind am Verhungern!« äffte sie ihn mit so schneidender Stimme nach, daß beide Männer überrascht aufblickten. »Ich und Jim sind zwei Pißpötte.« Wäre sie nicht so wütend gewesen, hätte sie gern in diesem höhnischen Ton weitergemacht. Statt dessen schrie sie: »Seid auch noch stolz auf euch, was? Haltet euch für Männer? Wo ist der Rest?«

Das Lächeln verschwand von Brittos Gesicht. Einen Augenblick wirkte er unsicher; dann wurde er zornig. »Wo ist was?« schrie er zurück. »Wovon redest du?«

»Das Geld, das du für deine Familie gespart hast. Der Wachholderschnaps, den du für einen Penny für deine Frau gekauft hast!«

»Wir haben nichts gefunden«, sagte Britto dumpf. Er warf einen Blick auf den Mann neben ihm, fand jedoch keine Unterstützung in dem braungebrannten Gesicht mit den ernsten, verwegenen Augen.

»Was siehst du ihn an? Schau dir lieber deine Bälger an!« Mit einer heftigen Bewegung wies sie zu der Matratze in der

Ecke, und sofort begannen der blasse kleine Junge und das Mädchen ängstlich zu weinen.

»Hör auf zu lärmen, du Schlampe. Ich hab nichts für dich«, knurrte er, wütend, weil sie ihn zwang, es zuzugeben. Er ging zwei Schritte auf sie zu. »Du blödes Frauenzimmer«, sagte er. »Du hältst jetzt die Klappe.«

»Einen Dreck werd ich«, schrie sie wütend und ängstlich zugleich. Er war imstand und schlug sie auch in Gegenwart des anderen. »Wo habt ihr dann den Schnaps her? Glaubst du, ich riech ihn nicht?«

»Wir waren in der Stadt«, sagte Deakin mit seiner hellen, ruhigen Stimme. »Wir haben für ein paar Herrschaften die Pferde gehalten. Sie haben uns drei Pence gegeben, und die haben wir versoffen.« Er machte eine kurze Pause, dann sagte er im selben leidenschaftslosen Ton: »Ich gehe morgen – morgen früh.«

Er war selbst überrascht von dieser Ankündigung. Eigentlich wollte er nur einen schlimmeren Streit verhindern. Aber die wichtigsten Entscheidungen seines Lebens waren immer auf diese Weise gefallen: Er hatte etwas als richtig und selbstverständlich erkannt und gehandelt. »Ich gehe nach Devon«, sagte er.

»Das ist ja ganz was Neues«, entgegnete Jane. »Seit vierzehn Tagen drückst du dich hier rum und nimmst uns den Platz.« Einmal, als Deakin nachmittags heimgekommen war, hatte sie sich halb betrunken zu ihm auf seinen Strohsack gelegt. Sie hatte sich an seinen harten Körper geklammert und die vernarbten Striemen auf seinem schmalen Rücken gefühlt. »Du haust einfach ab. Wir brauchen dich nicht mal rauszuschmeißen.« Ihr ganzer Zorn richtete sich nun auf Deakin und das freie Leben, das er führte. Er konnte einfach so fortgehen, verschwinden – und das Geld mit ihm, dachte sie plötzlich: Er ging, und eine halbe Minute später wäre die Belohnung, die auf seinen Kopf ausgesetzt war, unwiederbringlich verloren ...

»Laß ihn zufrieden«, sagte Britto. »Er hat das Recht zu gehen, wann er will.«

Aber sie sah, daß auch Britto überrascht war. »Red du mir

nicht von Recht«, sagte sie. »Was geht's mich an, daß ihr Schiffskameraden wart? Eine feine Kameradschaft. Er türmt von einem Navy-Schiff, und du läßt ihn hier wohnen. Er hat den Nutzen und ich die Arbeit.« Während sie redete, gewann der Gedanke immer mehr Raum in ihrem Kopf. Deakin könnte an die drei Pfund wert sein. Für zwei Pence pro Tag, dazu Unterkunft und Verpflegung, könnte sie sich ein Mädchen nehmen, das auf die Kinder aufpaßte. Sie könnte einen Fleischwolf kaufen, aus Fleischbällchen von der Metzgerei Würste machen und sie auf der Straße verkaufen. Mit Würsten war gutes Geld zu verdienen. Vielleicht konnten sie das Baby retten ...

»Ein kleiner Ort namens Sheepwash«, sagte Deakin. »Da werd ich hingehen.«

»Niemand fragt dich, wo du hingehst.«

»Du fragst nicht, aber ich sag's dir trotzdem«, sagte er freundlich. »Ich bin da geboren und war nicht mehr dort, seit ich mit zwölf weggelaufen bin.«

»Scheinst ganz schön viel gelaufen zu sein in deinem Leben«, sagte sie verbittert. Sie blickte in Deakins gelassenes Gesicht mit den hellen Brauen, den blauen Augen, die immer über die Leute hinauszuschauen schienen. Die Idee, ihn zu verkaufen, war ein Hoffnungsschimmer, der mit ihrer Wut aufgeflackert war. Wenn ihre Wut nachließ, könnte auch diese Hoffnung verlöschen. »Bringt nie einen Penny nach Haus!« schrie sie. »Fängt ein paar mickrige Fische im Fluß, und ich bring mich um an dieser Mangel. Im Hof oben nennen sie mich eine Hure, weil ich mit zwei Kerlen hier unten lebe. Und du gibst das ganze Geld für dich allein aus, oder etwa nicht? Und so was nennt sich Mann!«

Britto ging auf sie zu. Das kleine Mädchen auf dem Bett wußte, was drohte, und kreischte schrill. Die Frau wich zum Herd zurück. Sie tastete nach dem Griff der Bratpfanne. »Bleib mir vom Leib«, sagte sie. »Das Baby ist krank. Es kann kaum noch schrein.« Plötzlich brach sie in Tränen aus. Trotzdem suchte sie weiter nach einer Waffe, um sich zu wehren. »Ich weiß nicht«, stammelte sie. »Ich weiß auch nicht. Du hätt'st wenigstens ein bißchen Gin mitbringen können.«

Britto ging zu dem Babykorb in der Ecke und blickte auf das blutleere, zerknitterte Gesicht mit den entzündeten Augenlidern und dem mit Erbrochenem verklebten Kinn. Das Baby blickte zu ihm auf. Seine nach innen gedrehten Händchen lagen wie kleine, schalenlose Krebse auf seiner Brust. Britto hob die eigenen Hände mit einer plumpen Geste der Hilflosigkeit und wandte sich ab. Er war wieder der Mann, den sie kannte, niedergeschlagen und beschämt.

Sie empfand fast so etwas wie Mitleid mit ihm. Er hatte den ganzen Tag versucht, Arbeit zu bekommen, und dann erwartete ihn das hier. »Irgendwas stimmt nicht mit seinem Magen«, sagte sie. »Es behält nichts bei sich.« Sie konnte ihm nicht sagen, was sie vorhatte – nicht jetzt, denn sie wußte, er würde sie daran hindern, und vielleicht auch später nicht –, und das nicht nur, weil ihr Prügel drohten, sondern auch, weil ihn sein verletzter Stolz unberechenbar machen würde und weil sie fürchtete, daß er sie verließ. Sie könnte das Geld verstecken, sie könnte sagen, es käme woanders her, sie würde sich etwas ausdenken. »Geht ihr noch mal weg?«, fragte sie und sah die beiden an.

»Ich nicht«, erwiderte Deakin. »Ich packe, denn ich will morgen früh los. Nicht, daß ich viel zu packen hätte«, fügte er lächelnd hinzu.

»Drüben, hinter dem *Hecht,* veranstalten sie Hahnenkämpfe«, sagte Britto. »Ich hab beim Training mitgeholfen. Vielleicht setzt der Besitzer was für mich.«

Sie wußte, daß diese indirekte Antwort bedeutete, daß er gehen wollte und daß er bleiben würde, wenn sie es wünschte. Der Anblick des Babys hatte ihn weicher gestimmt. »Wann soll'n das sein?«

»Um zehn. Unsere Vögel kommen als erste dran.«

»Geh nur«, sagte sie. »Vielleicht gewinnst du ja was.«

Britto grinste erleichtert bei ihrem veränderten Ton. »Das wär mal was zur Abwechslung.«

»Ich geh los und seh zu, daß ich etwas zu waschen bekomme. Im Ofen ist noch ein bißchen Speck mit Kartoffeln. Ihr könnt es euch wärmen.«

Sie setzte sich ihren Hut auf, band den Schal um und ging

rasch nach oben, ohne Deakin noch einmal anzusehen. Das Gasthaus, das auf dem Plakat angegeben war, hieß *Die Glokke.* Es war gut eine Meile bis dorthin, aber der Regen hatte aufgehört und der Mond schien hell am klaren Himmel. In der Glocke wurde sie nach oben geführt zu einem Tisch, an dem zwei Männer saßen.

»Seid ihr die Leute, die Männer für ein Sklavenschiff anheuern?«

»Ganz genau, meine Dame. Hundert Prozent.« Der Mann, der ihr antwortete, hatte ein scharf geschnittenes Gesicht und flinke Augen. »Für die *Liverpool Merchant*«, sagte er lächelnd. »Ein funkelnagelneues Schiff. Jeder wär stolz, auf so einem Schiff zu fahren. Es ist nur so, daß wir keine Damen nehmen – nicht auf dieser Fahrt.«

»Nicht so vorschnell, Mr. Barton«, flüsterte der andere heiser. Er trug eine graue Perücke und eine steife blaue Jacke mit Messingknöpfen. Sein Dreispitz lag vor ihm auf dem Tisch.

»Seid Ihr der Skipper?« fragte sie. »Ich weiß einen Mann für Euch. Er war bei der Navy und ist getürmt.«

»Tatsächlich? Hat dich wohl schlecht behandelt? Sag uns, wo der Kerl steckt, und wir erlösen dich von ihm.«

»Ich kann Euch hinführen«, sagte sie. »Wenn wir gleich gehen, ist keiner bei ihm. Wieviel gebt Ihr mir für ihn?«

»Vollmatrose? Zur See gefahren? Gesund und unversehrt? Wie alt?«

Die heiser hervorgestoßenen Fragen trafen sie unvorbereitet. Sie blickte in widerlich nackte Augen in einem dunkelroten, viereckigen Gesicht, das keinerlei Freundlichkeit erkennen ließ. »Ungefähr fünfundzwanzig«, sagte sie. »Ich weiß nicht genau. Er war fast die meiste Zeit seines Lebens auf irgendeinem Schiff. Ich will drei Pfund.«

»Wenn wir ihn kriegen und er noch alle Arme und Beine hat, geb ich dir zwei. Das ist der übliche Preis.«

»Ha, das ist gut. Alle Arme und Beine«, sagte der andere Mann. »Ich will drei Pfund.«

Der Mann mit der Perücke lehnte sich zurück und seufzte. »Erklärt es der Frau, Mr. Barton», sagte er.

»Meine Schöne, ich fürchte, du weißt nicht, was uns die

Sache kostet. Um einen gelernten Seemann zu ergreifen, an dem Arme und Beine vollzählig vorhanden sind und der mit dem Kurs, dem er folgen soll, nicht ganz einverstanden sein wird und anfängt zu streiten, dafür brauchen wir drei starke Männer. Die muß man finden und bezahlen, und das Geld dafür ist im Preisgeld inbegriffen. Das heißt, dir bleiben zwei Pfund, oder dort ist die Tür.«

Sie hatte sich vorgenommen, nicht an Deakin zu denken, aber nun erinnerte sie sich plötzlich an den entmutigten Ausdruck in seinem Gesicht und an die Narben auf seinem Rücken. Ihr Entschluß änderte sich dadurch nicht, aber die ruhige Haltung, die sie bislang bewahrt hatte, brach plötzlich zusammen. Sie spürte, wie ihr die Tränen kamen. Ihr Körper verlangte so dringend nach einem Schluck Gin, daß sie kaum die Beine stillhalten konnte. »Der Teufel soll Euch holen«, sagte sie schluchzend. »Ihr seid nicht mal wert, ihn anzupissen. Gebt mir wenigstens zwei Guineas für ihn, verdammt noch mal. Wenigstens zwei Guineas.«

Nachdem Deakin seine wenigen Habseligkeiten zu einem Bündel geschnürt hatte, legte er sich auf den Strohsack in seinem Winkel des Kellers. Auf dem Gesicht spürte er die Feuchtigkeit, die von der Mauer ausging. Er hörte das erschöpfte Baby stockend Atem holen. Die Kinder auf dem Bett schienen zu schlafen. Allmählich begann er, an den nächsten Tag zu denken. Er hatte kein Geld und keine Pläne, nicht einmal eine ungefähre Vorstellung, wie sich die Dinge für ihn entwickeln könnten. Sein Programm bestand nur aus Bildern und Gefühlen: die stille Straße, auf die er hinaustreten würde, der langsam über den Halden und Brennöfen und den schmutzigen Tümpeln am Stadtrand heraufdämmernde Morgen, die offenen Felder und er selbst im lichten Raum – die Sonne geht auf und Helligkeit überflutet die Felder, und er wandert dahin, ungehindert und frei und doch erwartet. Er kannte die unerfüllbare Sehnsucht des Flüchtenden, anzukommen und willkommen zu sein.

Seit vierzehn Jahren war er nicht mehr zu Hause gewesen. Er wußte nicht, ob seine Mutter noch lebte. Er wollte es jetzt herausfinden. Sie hatte ihn immer verteidigt, soweit es ihre Furcht vor dem Zorn des Vaters zuließ. Ob sein Vater tot war oder noch lebte, bekümmerte ihn nicht. In seiner Erinnerung sah er den Ort vor sich, von dem er in die Welt hinausgezogen war, schlicht und bunt wie ein Bild in einem Kinderbuch. Da waren sanfte grüne Hügel, sattgrünes Gras, rote Erde und scheckige Kühe, die knietief zwischen Butterblumen weideten. Eingezwängt in die Talmulde lag das gemauerte Farmhaus mit dem dunklen kleinen Schuppen, in den ihn sein Vater einzusperren pflegte, wenn er ihn geschlagen hatte. Er war nie dahintergekommen, warum er bestraft wurde, was er vergessen oder verkehrt gemacht hatte. Er bekam seine Prügel regelmäßig und verziehen wurde ihm nichts. Was er auch tat und sagte, er mußte in den finsteren Schuppen – manchmal eine Stunde oder zwei, manchmal ganze Nächte lang, in denen die schmerzenden Striemen auf seinem Rücken viel weniger schlimm waren als die Angst im Dunkeln.

Der Schuppen selbst hatte keinen Platz in dem Bild. Er hatte weder Umrisse noch Gestalt; es gab nur die darin herrschende Dunkelheit und die Fülle des Lichts, in die er am Tag seiner Flucht hinausgetreten war, nachdem er im Morgengrauen ein Stück Eisen gefunden und damit die Schuppentür aufgebrochen hatte. Er hatte diese gewaltsame Überwindung der Dunkelheit nie vergessen, das Gefühl des Metalls in seiner Hand, die Freude und den Schreck, als das Holz splitterte, die Offenbarung des Lichts an jenem kalten Morgen, die hustenden Schafe auf dem oberen Feld, das Bellen eines Hundes in der Ferne. Eine halbe Stunde später stand er neben der Landstraße und bat vorüberkommende Fuhrleute, ihn nach Bristol mitzunehmen.

Seitdem war er noch oft davongelaufen, aber jede Flucht war von dem strahlenden Glanz jenes Morgens begleitet gewesen, an den er eben jetzt dachte, als er Schritte die Treppe herunterkommen hörte.

13

Billy Blair erwachte aus seiner Betäubung im stinkenden Bauch eines ausrangierten plattbodigen Schiffs – vermutlich ein alter Leichter. Es lag im tiefen Wasser vor Anker. Billy spürte es an der Art, wie es sich bewegte. Sein Gesicht war blutverkrustet, sein rechtes Auge schmerzte. Irgendwo ganz nah weinte jemand Rotz und Wasser. »Hör auf zu plärren«, sagte er. Durch die undichten Decksplanken fiel etwas Licht, und dann hörte er, daß sich über ihm etwas regte. »Hast du 'n Schluck Grog da oben, Kamerad?« rief er. »Ich hab Durst.«

Ein Gesicht näherte sich den Decksplanken, und jemand sagte durch die Ritzen: »Du kannst Wasser haben.«

»Wasser nutzt gar nichts, Mann. Mein Hals brennt wie Feuer.« Er sah sich nach weiteren Argumenten um. »Die Schweine haben uns hier unten eingesperrt«, sagte er, Mitleid heischend.

Kurz darauf öffnete sich die Luke, und er sah den zerzausten Kopf eines Mannes. »Du läßt deine Birne schön da unten. Und keine Tricks. Ich muß auf euch aufpassen, bis wir an Bord gehen, und das werd ich auch. Ich riskier euretwegen nicht, daß sie mich in Eisen legen. Also versucht lieber gar nicht erst abzuhauen.«

»Du gute Seele«, sagte Billy. »Alles, worum ich dich bitte – von einem Christenmenschen zum anderen –, ist ein Schluck Grog.«

Eine Weile war nichts zu hören. Dann schwebte zu Billys Entzücken an einem Stück Seil eine Flasche zu ihm herunter. »Gott segne dich«, sagte er, als er danach griff. »Über frühere Drohungen wird hinweggesehen. Wie heißt du?«

»Cavana«, sagte der Mann. »Der andere bei mir hier oben heißt Hughes.«

»Ich bin Billy Blair.« Er trank aus der Flasche und fühlte den Alkohol heiß durch seine Kehle rinnen. »Ah, bei Gott«, seufzte er. »Das tut gut.«

Die Luke klappte zu, und er lag wieder im Dunkeln. Von irgendwo neben ihm ließ sich eine melancholische Stimme vernehmen. »Gib mir 'nen Schluck ab, Billy, um der Liebe Gottes willen.«

»Wer bist du denn?«

»Ich bin's. Michael Sullivan.«

»Sullivan! Wie zum Teufel bist du hier reingekommen?«

»Genau wie du. Sie haben mir eins übergezogen und mich in diesen schwimmenden Abort geschmissen.« Nach einer Pause fuhr er mit noch traurigerer Stimme fort: »Dabei hab ich ihnen überhaupt nichts getan.«

»Hast du vorhin geflennt?«

»Nein. Ich hab nur dagelegen und über das Pech nachgedacht, das ich immer hab.«

»Geschieht dir ganz recht», sagte Billy. »Ich laß dich aus der Flasche trinken, aus rein christlicher Nächstenliebe. Aber ich weiß nicht, ob ich unter anderen Umständen mit dir trinken würde – mit einem Hurenhausfiedler, der hilft, arme Seeleute reinzulegen.« Er sah undeutlich, wie sich eine Gestalt in dem dunklen Laderaum aufrichtete, und erkannte das fahle Gesicht. Er streckte die Arme mit der Flasche aus, spürte, wie sie entgegengenommen wurde, und hörte Sullivan einen großen Schluck nehmen. »Das ist keine Arbeit, auf die du stolz sein kannst, Michael«, sagte er. »Und tu langsam mit der Flasche, hörst du? Gib her!«

»Mir ging's bestens, bis du aufgetaucht bist«, sagte Sullivan jetzt mit kräftigerer Stimme.

»Ja, ja, alles meine Schuld. Das kenn ich.«

»Du mußtest doch unbedingt in diese Kneipe kommen, oder vielleicht nicht? Und genau dann, wo ich auch drin war. Nur der Teufel kann dich geritten haben. Ich hab nicht nur in dieser Spelunke gespielt und auch nicht nur in Hurenhäusern und üblen Kneipen. Wenn man in schlechte Gesellschaft gerät, hält man das Maul. Das ist oberstes Gesetz, und ich Idiot hab es in den Wind geschlagen. Ich kriegte was zu essen und hin und wieder 'nen Schluck zu trinken und einen Platz, wo ich meinen Kopf zum Schlafen hinlegen konnte. Und ich konnte auf meiner Fiedel spielen. Dann kommst du rein, besoffen und großkotzig, und ich erinner mich sofort an dich, weil du schon immer besoffen und großkotzig warst, und ich tu mein Bestes, um dich zu warnen, aber du bist besoffen und kapierst überhaupt nichts. Ich misch mich wegen dir in die Rauferei ein, krieg eins über den Bregen, und jetzt sitz ich hier.«

»Also gut«, sagte Billy, nachdem er eine Weile nachgedacht hatte. »Ich seh schon, wie's war. Du hast den Freund von Billy Blair gespielt, und Billy Blair vergißt seine Freunde nicht. Hier, ich verzeih dir. Trink noch mal.«

»Du verzeihst mir? Heilige Mutter Gottes, das ist stark.«

»Hier ist noch einer, der Durst hat«, ließ sich eine Stimme aus dem vorderen Teil des Laderaums vernehmen.

Billy stützte sich auf den Ellbogen und spähte in das Dunkel. Wo sich das Schiff zum Bug hin verengte, sah er einen Mann.

»Wer bist du?«

»Deakin. Sie haben mich gepreßt, genau wie euch.«

»Gib ihm die Flasche«, sagte Billy resignierend. »Warst du das, der so geflennt hat?«

»Nein. Hier neben mir ist noch einer.«

Wie auf Kommando setzte das Wimmern wieder ein. Deakin zögerte einen Moment, dann streckte er die Hand aus und berührte die Schulter des Mannes, der sich neben ihm an die Bootswand drückte. »Hör auf damit«, sagte er. »Wie heißt du?«

»Daniel Calley«, kam es halb erstickt zwischen Schnodder und Tränen. »Ich will nicht hierbleiben.«

»Mach Sachen!« sagte Sullivan überrascht. »He du da oben!« rief er. »Hier ist einer, der sagt, er will nicht bleiben. Vielleicht sollte er den Käpt'n sprechen!«

Diesmal antwortete eine schroffere Stimme als vorhin. »Ruhe da unten! Es gibt keinen Rum mehr. Höchstens einen Eimer Bilgenwasser!«

Deakin ließ seine Hand auf der Schulter des schluchzenden Mannes liegen. Die tränenerstickte Stimme hatte ihn gerührt. Er hatte schon früher Männer weinen hören. Und er selbst hatte auf Decks, die übersät waren mit Leichen und glitschig von Blut, neben den Kanonen gestanden und vor Erschöpfung geweint. Aber noch nie hatte er einen erwachsenen Menschen so erbärmlich wimmern hören wie diesen. Es war, als hörte er seine eigene Stimme aus jenen dunklen, längst vergangenen Nächten, als sei er es, dem jemand tröstend die Hand auf die Schulter legte.

»Gib den Mut nicht auf, Daniel«, sagte er. »Sei ein Mann. Wir können nichts tun als auf den nächsten Morgen warten.«

»Aye«, sagte Billy, »ein Mann muß immer an die guten Seiten des Lebens denken. Ich jedenfalls habe ein paar Glas Rum und einen Teller Fleischpastete verdrückt, bevor sich die Nutte mit meinem Geld davongemacht hat. Dabei hätt' ich gern noch ein bißchen Zeit für sie gehabt«, fügte er versonnen hinzu.

»Du wirst schon noch dafür berappen müssen«, sagte Sullivan. »Was beim Wirt für uns bezahlt wurde, wird von unserer Heuer abgezogen, leicht zwei Guineas von jedem.«

»Gott wird dieses Schwein von einem Wirt finden und strafen. Und wenn nicht, dann find ich ihn, wenn ich zurückkomme. Und ich schlitz ihn auf bis zur Nase. He, Jungs, gebt die Flasche rüber!«

»Verschon mich bloß mit Gott! Ich glaub schon seit Jahren nicht mehr an ihn, aber jetzt kann er mir ganz gestohlen bleiben. Schickt mich auf einen Slaver, nur weil ich versucht habe, für einen Schiffskameraden was Gutes zu tun.«

»Aye.« Billy brütete finster vor sich hin. »Gekascht für einen Afrikafahrer«, sagte er verbittert. »Und hier, sieh dir das an. In der Flasche ist auch nichts mehr drin. Die Burschen da hinten haben sie ausgesoffen.«

Nach längerem Schweigen – Billy dachte schon, Sullivan sei eingeschlafen – ertönte die traurige Stimme wieder aus der Dunkelheit. »Ich hoffe, meine Fiedel hat nichts abgekriegt. Wenn sie die zerbrochen haben, verklag ich sie, so wahr ich Michael Sullivan heiße.«

»Verklagen willst du sie? Sie haben dich hier eingesperrt, sie werden dich die pockenverseuchten Flüsse an der Guineaküste rauf und runter jagen, um Schwarze zu fangen, und du willst sie wegen deiner dämlichen Fiedel verklagen.«

»Ich seh schon, du hast keine Ahnung vom Gesetz«, sagte Sullivan. »Meine Fiedel ist kein Mensch, sondern ein Besitztum, und deshalb gilt für sie ein anderes Recht, nämlich das Sachenrecht.«

Oben an Deck kauerte sich Hughes in der behelfsmäßig zusammengenagelten Hütte hinter der Luke hin und hüllte sich enger in seinen Mantel. Die Nähe von Cavana, der schwer atmend neben ihm schlief, war ihm unangenehm. Aber auf dem alten Kahn gab es keinen anderen Unterstand. Manchmal empfand er die allzu große Nähe von Menschen wie eine Gewaltanwendung gegen sich. An Bord schlief er nur bei schlechtestem Wetter unter Deck. Er mochte auch den Job nicht, den er hier verrichten mußte: gepreßte Männer bewachen. Das gab böses Blut auf See. Aber er war dazu eingeteilt worden und hatte nicht die Absicht, sich ihretwegen auspeitschen zu lassen. Deshalb widerstand er seinem Schlafbedürfnis und blieb wach. Ein paar leidlich entschlossene Männer könnten die Luke oder die morschen Planken an den Seiten aufbrechen und versuchen an Land zu schwimmen.

Er konnte es kaum erwarten, wieder auf See zu sein. Hughes war mit seinen dreiundvierzig Jahren ein Fremder an Land. Kurze, wilde Ausschweifungen in den schmutzigen Randbezirken waren alles, was er in fünfundzwanzig Jahren vom Festland kennengelernt hatte. War alles Geld verpraßt, gab es keinen Grund mehr, an Land zu bleiben. Mit blanken Taschen, schwindlig im Kopf von Suff und Fleischeslust, heuerte Hughes auf dem erstbesten Schiff an, das auf die hohe See hinausfuhr. Daß es diesmal ein Sklavenschiff war, machte kaum einen Unterschied – er war schon früher auf Sklavenschiffen gefahren.

Er blickte zur *Liverpool Merchant,* die draußen auf dem Strom lag. Er konnte ihre Deckslaternen ausmachen. Weich und verschwommen schimmerte ihr Licht durch den Dunst, der das Schiff umhüllte. Das Schiff lag in der Hauchwolke seines eigenen Atems. Es war ein neues Schiff, und neue Hölzer, das wußte Hughes, dampften in einer kühlen Nacht wie dieser. Es gibt viele Erklärungen für ein solches Phänomen, und Hughes zweifelte keinen Moment daran, daß die *Liverpool Merchant* genau wie er danach lechzte, auf die offene See zu kommen.

14

Spät am folgenden Tag drehte der Wind leicht nach Südwest. Thurso, der mit seinem Kanonier, einem langen, schlaksigen Mann namens Johnson, Vorräte zwischen den Decks im Achterschiff überprüfte, merkte die Veränderung sofort an der Art, wie sich das Schiff zwischen Wind und Tidenstrom ausrichtete. Er spürte es mit seinem Gleichgewichtssinn, vielleicht wie man einen Rhythmuswechsel in der Musik wahrnimmt, doch weder sein Gesicht noch seine Stimme ließen etwas davon erkennen.

»Der Wind dreht voraus, Captain«, erlaubte sich der Kanonier zu bemerken und erntete einen zürnenden Blick aus den vorquellenden Augen.

»Wenn ich deine Meinung über das Wetter oder sonst etwas hören will, werde ich dich darum bitten.«

»Aye-aye, Sir.«

Später, im Vorschiff, als Johnson mit den passenden Ausschmückungen von diesem kurzen Wortwechsel berichtete, wirkte er den ersten Faden für das Gespenst aus Klatsch, Prahlerei, Verleumdung und Beschimpfung, das Stunde um Stunde und mit jedem Atemzug zwischen den Männern einer Schiffsbesatzung gewoben wird und ein ungeschriebenes Schiffstagebuch darstellen könnte, bändefüllend, unzuverlässig und sich verflüchtigend wie ein Traum, sobald das Schiff den Hafen erreicht und die Mannschaft abgemustert hat. »Faucht mich an wie ein Tiger, nur weil ich als erster den Mund aufgemacht habe. Ich sage euch, der hat mich nicht bloß wissen lassen, wer hier der Skipper ist. Er war wild, als wolle er mich auf der Stelle auspeitschen lassen.«

Kurz nach Mitternacht legten sie vom Pier Head ab. Unter Topsegeln gegen die Flut laufend und gehorsam den Schlepptauen folgend, strebte die *Liverpool Merchant* langsam der Flußmündung zu. Während der Ebbe ging sie bei Black Rock vor Anker und wartete zusammen mit zwei kleinen Briggs und einem dänischen Logger, der nach Dublin unterwegs war, auf günstigen Wind.

Sie lagen zwei Tage vor Black Rock. Das Lotsenboot aus

Liverpool brachte Schießpulver, Brot und zwei Rinderhälften. Von Thurso persönlich überwacht, nahm Simmonds die Vorräte an Bord. Das Schiff war jetzt voll beladen, und das Ladegut mußte sorgfältig verstaut werden, damit die Manövrierfähigkeit des Schiffs nicht durch eine ungleichmäßige Gewichtsverteilung beeinträchtigt wurde.

Abgesehen davon gab es genug andere Arbeit für die Crew. Barton, stets mit einem Ohr auf die heisere Stimme auf dem Achterdeck lauschend, ließ den Klüverbaum ausbringen und am Beiboot Segel anschlagen. Die Männer mußten Seile für das Tauwerk flechten und Deckschwabber aus alten Seilen anfertigen. Calley kam damit nicht gleich zurecht und mußte mit etwas Einfacherem beginnen. Die erste Hürde, die er auf dem Weg zu den versprochenen paradiesischen Freuden nehmen mußte, bestand darin, in Gesellschaft eines vierzehnjährigen Jungen, eines zerlumpten, schmächtigen Ausreißers namens Charlie, altes Tauwerk aufzutrennen und zu Werk zu zupfen, das zum Kalfatern und zum Stopfen von Lecks gebraucht wurde. Libby, dem großen, einäugigen Londoner und Veteranen etlicher Slaverfahrten, war eine besondere Aufgabe übertragen worden – eine, für die er als früherer Bootsmannsmaat auf einer Fregatte besonders geeignet war. Er saß auf dem Hauptdeck, für jedermann sichtbar, und flocht eine neunschwänzige Katze. Es war ein Ritual, das zur langjährigen Praxis von Thurso gehörte, denn er glaubte, daß es den Männern guttat zu sehen, wie der Stiel der Katze geflochten wurde, wie nacheinander die neun Logleinenenden herausgezogen und in jedes Ende vier Knoten geknüpft wurden. Das sollte sie von vornherein überzeugen, daß er es ernst meinte.

Paris, der sich bis jetzt eines klaren Kopfes und friedlichen Magens erfreute, verbrachte die Zeit mit Lesen und der Niederschrift der ersten Seiten seines neu begonnenen Tagebuchs; und er ging an Deck spazieren, wo er Libbys Fortschritte bei der Herstellung der gefürchteten Peitsche aus größerer Nähe verfolgen konnte, als ihm lieb war. Er hatte entdeckt, daß der kleine, übelriechende Raum unterhalb der Wasserlinie, den man ihm als Krankenrevier zugeteilt hatte, vollgestopft war mit Tauen, Takelzeug und Segelleinwand. Zweimal hatte er bereits versucht, mit Thurso darüber zu sprechen, aber der Kapitän hatte ihn jedesmal abblitzen lassen. Trotzdem war er entschlossen, die Angelegenheit bei der erstbesten Gelegenheit wieder zur Sprache zu bringen.

Am dritten Tag, ein paar Minuten nach vier Uhr morgens, spürte Simmonds, der Wache hatte, daß der Wind gedreht hatte. Wie befohlen weckte er Thurso sofort. Der Kapitän wartete, bis das Hochwasser aufgelaufen war, dann befahl er, Anker aufzugehen.

Paris erwachte von den heulenden Rufen des Bootsmanns Haines. Er zog sich rasch an und ging nach oben, wo er im ersten Morgenschein nichts als Tumult und scheinbare Verwirrung vorfand. Er hörte Befehle, die er nicht verstand, sah hektische Bewegung und wußte nicht, wozu sie diente. Thurson, der über ihm auf dem Achterdeck stand, war das einzige ruhende Element in diesem Pandämonium. Ganz allmählich, während die Männer in der Takelage arbeiteten, um die großen Rahsegel zu setzen, erkannte Paris die Aufteilung der Crew für die verschiedenen Aufgaben. Er hörte die merkwürdigen, langgezogenen Klagerufe der Männer an der Ankerwinde, und ein paar Minuten später wußte er, daß das Schiff unterwegs war. Er erkannte es am Geräusch des Wassers, das der Bug aufwarf, und an der Art, wie sich das Schiff in der feuchten frühmorgendlichen Brise überlegte und in der schweren Grunddünung stampfte.

Im weiteren Verlauf dieses Morgens erreichte die *Liverpool Merchant* die Irische See. Sie lief unter Großsegeln mit einem günstigen Wind aus Südost. Befreit von Schleppseilen und Ankertrossen – und abgesehen von den Spannungen innerhalb ihres Körpers, die sie knarren und ächzen ließen – bewegte sie sich zum erstenmal in ihrem Dasein ungehindert und frei zwischen Strömung und Wind.

Teil 3

15

Erasmus Kemp stand am Seeufer und wartete auf die Szene, die er am meisten fürchtete. In jüngster Zeit hatte sich zwischen seinen öffentlichen und privaten Auftritten als Ferdinand eine tiefe Kluft aufgetan. Er konnte seinen Text auswendig hersagen, wenn er allein war; doch sobald er Sarah gegenüberstand, mußte er sich räuspern, und seine Zunge strauchelte bei den einfachsten Worten. Er war nicht schüchtern, nicht von Natur aus, und hätte liebend gern jede Gelegenheit ergriffen, seine Liebe mit eigenen Worten auszudrücken. Was ihn jedoch so sehr aus der Fassung brachte, war, daß er sich verstellen mußte, um mit ihr zusammenzusein – daß sie beide in Wirklichkeit ganz andere Menschen waren.

Trotzdem versuchte er es weiter. Er übte zu Hause vor dem Spiegel in seinem Schlafzimmer und brachte tatsächlich graziöse, fließende Bewegungen zustande; es gelang ihm sogar ein hingerissenes Lächeln, wie man es beim Anblick einer blendenden Schönheit erwartete. Doch bei den Proben bewegte er sich wie ein Apparat. Er hoffte – und dies mit der leidenschaftlichen Beharrlichkeit seines Wesens –, seine Ausdauer könnte die Kluft schließen und seine in der Einsamkeit vollendeten Künste würden eines Tages den Sieg davontragen.

Doch noch sah es kaum danach aus. Im Gegenteil: Er wirkte, ohne es selbst zu merken, entmutigend auf die übrigen Mitspieler. Mirandas Spiel hatte an Elan verloren, teils weil seine Unbeholfenheit ansteckend war, teils aus Angst vor der Intensität seines Blicks; dieses Unbehagen zwischen den Liebenden verschärfte die bereits bestehenden Spannungen und Meinungsverschiedenheiten innerhalb der Gruppe. Prosperos stürmischer, dominierender Stil war eine Quelle ständigen Ärgers. Miss Edwards sang wunderschön, aber man fand sie als Ariel zu sarkastisch, besonders wenn sie sich an Prospero zu wenden hatte, den sie nicht mochte. Und nahezu jeder hatte seine Zweifel an der Rolle des Caliban, so wie sie von dem Hilfsgeistlichen interpretiert wurde.

Sie probten den dritten Akt. Die ersten Zeilen fielen Erasmus weniger schwer, weil er sie allein vor der Klause des Prospero sprechen mußte; er erreichte bei ihrem Vortrag sogar eine gewisse Eindringlichkeit. Ferdinands Gefangenschaft deckte sich an diesem Punkt mit seiner eigenen. Er war ein Gefangener des Stückes. Diese Proben, die seiner hochmütigen Seele so wider den Strich gingen, die Herablassung von Parker und Bulstrode – all dieses Ungemach ertrug er um seiner eifersüchtigen Liebe willen. Niemand durfte ihn ersetzen, kein einziger eine Chance bekommen, Mirandas Geliebten zu spielen.

Nun trat Miranda auf. Sie trug an diesem Nachmittag ein pfirsichfarbenes Kleid aus feinem Wollstoff, das sich über einen gestärkten Unterrock von gleicher Farbe öffnete. Unter dem Schultertuch aus feiner Spitze schimmerte ihre bloße Haut. Ihr Haar lag weich über den Ohren und war am Hinterkopf zu einem eleganten Knoten geschlungen. Und Ferdinand fuhr holpernd fort: »O sie ist zehnfach so freundlich als ihr Vater rauh …«

Nach dieser Szene fühlte er sich jedesmal merkwürdig schwach. Er war sich nicht sicher, welche Wirkung sie bei Sarah auslöste, doch in den letzten Tagen glaubte er einen besorgten Ausdruck in ihren Augen zu lesen. Die Tragweite dieser Worte, die sie stets vor Zuschauern sprachen, überstieg seine Erfahrung bei weitem und ebenso die seltsame Spannung zwischen offen Bekennen und Simulieren, wobei die echten Gefühle die vorgetäuschten prägten und die einstudierten Bewegungen auf der Bühne alles in Zweifel zogen, bis endlich der unverstellte Blickwinkel wieder eine Art Sicherheit schuf. Während sich ihre Augen fanden, ihre Hände umschlossen, ihre Atemzüge vermischten, spielten Ferdinand und Miranda ihre Rollen, und gleichzeitig dachten Erasmus Kemp und Sarah Wolpert Gedanken, für die sie noch keinen Dialog entwickelt hatten.

Schuld daran war hauptsächlich der Mangel an Gelegenheit. Es war ihm bis jetzt nicht gelungen, länger als ein paar Minuten mit ihr allein zu sein. Von Charles Wolpert dagegen hatte er in diesen wenigen Wochen mehr gesehen als in den vorangegangenen zehn Jahren. Er fühlte sich Charles nicht besonders zugetan, aber er war schließlich ihr Bruder, gezeugt von denselben Eltern, das gleiche Blut floß in ihren Adern – etwas von Sarah fand sich vielleicht auch bei ihrem Bruder, obwohl er mit seinen dunklen Augen und der kräftigen Nase mehr dem Vater nachschlug. Doch Charles war das einzige Mittel, um an Sarah heranzukommen. Also ritt er mit Charles aus, ließ sich von Charles eine Spanielhündin aufschwatzen und dinierte mit ihm und anderen jungen Männern aus dessen Bekanntenkreis.

Die seltenen Gelegenheiten, wenn er durch Zufall oder unter Zuhilfenahme einer List mit Sarah allein sein konnte, waren eher quälend als erfreulich gewesen. Die Zeit war immer zu kurz, um die Worte zu finden, die seinen Gefühlen gerecht geworden wären, ohne das Mädchen zu erschrecken.

Aber sie war ihm ihrerseits kaum entgegengekommen. Er hegte nicht den geringsten Zweifel, daß sie um seine Gefühle wußte; nur, welcher Art die ihren waren, das wußte er nicht genau. Hinter der Bühne, im wirklichen Leben, ließ sie ihren Gefühlen weitaus weniger freien Lauf. Also sammelte er Brosamen – ein Lächeln oder ein paar Worte, die allein ihm galten, Blicke, die sie eines Abends getauscht hatten, als er zum Dinner eingeladen war und Sarah auf dem Klavichord gespielt und gesungen hatte, während der alte Wolpert mit schweren Lidern dabeisaß und die Mutter an irgendeiner ewig unvollendeten Borte stickte. Mehr war bis jetzt nicht gewesen.

Heute wurden nach der ersten Hälfte der Probe Erfrischungen gereicht – eine Prozedur, die den Einsatz des alten Dieners Andrew, zweier mit Tabletts beladener Küchenmädchen und des Stallburschen erforderte, der einen Kartentisch an den See herunterbrachte. Es gab Tee, Wein und Kuchen. Erasmus steuerte auf Sarah zu, die im Begriff war, sich ihrem Bruder und Miss Edwards anzuschließen, die ein paar

Schritte weiter oben am Seeufer standen. Er richtete es so ein, daß er Sarah an der Schmalstelle zwischen Wasser und Wäldchen begegnete.

Beide blieben stehen. Von den anderen befand sich keiner im näheren Umkreis. Erasmus schwieg ein paar Augenblicke verlegen – er hatte nicht bedacht, was er sagen würde. Absurderweise fühlte er sich versucht, Ferdinands Worte zu wiederholen: »O teuerste Gebieterin, die Sonne wird untergehn, eh ich vollbringen kann, was ich doch muß«, aber er tat es nicht und sagte statt dessen: »Wie war unsere Szene? Was meint Ihr? War sie besser?«

»Ja. Ich denke, sie war diesmal besser.«

Erasmus zögerte. Sie blickte an ihm vorbei. Eine gewisse Redlichkeit zwang ihn zur Wahrheit. »Sie war nicht besser«, sagte er. »Und es ist alles meine Schuld. Ich kann nicht Theater spielen – ich bringe es nicht fertig, dabei nicht an Erasmus Kemp zu denken.«

Sie lächelte. »Und Mr. Bulstrode? Denkt er nicht an sich?«

»Aye, aber er hält sich und seine Rolle für identisch. Ich kann mir einfach nicht vorstellen, ich könnte das Glück haben, Ferdinand zu sein.«

»Das Glück?«

»Ja. Seine Miranda liebt ihn ... Sie erwidert seine Liebe. Er kann mit ihr sprechen, wenn niemand anderer in der Nähe ist.« Er stockte, verwirrt von den Gefühlen, die, von seinen eigenen Worten hervorgerufen, auf ihn einstürmten. Jäh und beinahe heftig sagte er: »Dann ließe auch ich mich gern zum Knecht machen.« Er sah ihre blasse Hand eine kleine Locke an ihrem Hals berühren, eine Geste, als suchte sie sich zu schützen oder als sei sie erschrocken. Doch ihre Augen ruhten fest auf ihm. »Darf ich Euch zu Hause besuchen?« fragte er und fühlte, wie das Blut aus seinem Gesicht wich.

Während er erbleichte, errötete sie. »Meine Brüder«, sagte sie, »Sie werden sich immer –«

»Nein, ich möchte Euch besuchen.«

Jetzt überraschte sie ihn mit einem Lächeln, das echte Belustigung ausdrückte. »Um unsere Szenen zu proben?«

»Wenn Ihr wollt.« Er konnte an der gegenwärtigen Situation nichts komisch finden. Daß sie es konnte, daß sie anders empfand als er, trübte seine Vorstellung von ihrer Vollkommenheit. Andere Mädchen, die er gekannt hatte, paßten sich der Stimmung des Mannes an. Auch noch in späteren Jahren erinnerte er sich daran, daß selbst in einem solchen Augenblick das Theaterstück bei ihr an oberster Stelle gestanden hatte. Wie selbstbeherrscht und sicher sie war, bekam er hier zum erstenmal in vollem Ausmaß zu spüren. Sie hatte eine helle Haut, und die durchscheinende Röte verriet ihre wie auch immer geartete Erregung, doch sie hatte sich gut in der Hand. Als sie ihn jetzt ansah, trug ihr Gesicht bereits wieder den Ausdruck tadelloser und vornehmer Gelassenheit, und ihre blauen Augen waren mit einer Offenheit auf ihn gerichtet, die er selbst nicht aufzubringen vermochte. Er hatte plötzlich das Gefühl, daß sie in ihn hineinsah, und etwas in ihm bebte unter diesem Blick. »Erlaubt Ihr mir Euch zu besuchen?« wiederholte er.

»Ich werde mit meinen Eltern sprechen müssen.« Es klang fast kindlich, als ginge es um die Gewährung eines Extravergnügens.

»Ja«, sagte er, »natürlich. Sprecht mit ihnen.« Er stellte fest, daß er viel zu heftig atmete. Er wußte nicht, was sie empfand, und in seiner Erregung verstand er die Zeichen nicht, die sie ihm gegeben hatte. »Aber *Ihr*?« fragte er und zögerte, und alles ringsum wartete mit ihm, der Himmel, der hellglänzende See, die blütenkerzenbesteckten Kastanien, das duftende Mädesüß am Waldrand, halb erstickt im hohen blühenden Gras – all die Moschussekrete des Mai umhüllten seine Frage, machten aus ihrem anhaltenden Schweigen einen versprochenen Sommer, und er las daraus, wenn nicht Zustimmung, so doch wenigstens Entgegenkommen. Vielleicht hätte er mehr von ihr fordern können, aber plötzlich stand Charles Wolpert da und begann mit einer Ansprache.

Es dauerte eine Weile, bis sich Erasmus so weit gesammelt hatte, daß er verstand, was Charles sagte und daß es sich um etwas Ernstes handeln mußte, wenn dieser sich damit befaßte.

Es herrsche allgemein Unzufriedenheit, sagte er, weil die Proben nicht weiterführten. Es fehle, und er selbst habe auch das Gefühl, die richtige Leitung. Abgesehen davon gebe es zu viele gegensätzliche Auffassungen – das Wort Streithammel lag ihm schon fast auf der Zunge. Er befürchte, fuhr er fort, und nicht nur er allein, daß sie auf diese Weise nie zu einer Aufführung gelangen würden. Er fühle sich jedoch für die Sache verantwortlich, weil es vor allem seine und Sarahs Idee gewesen sei, das Stück zum sechzigsten Geburtstag des Vaters aufzuführen, und weil die übrigen Mitspieler ihre Gäste seien. In Anbetracht dessen habe er den Bekannten eines Londoner Vetters gebeten, einige Tage bei ihnen zu verbringen und die hier anwesende kleine Laienspielgruppe zu beraten. Er hoffe auf ihrer aller Einverständnis. Er versuche nur, das Unternehmen zu retten, das sonst entweder zu scheitern oder einfach im Sand zu verlaufen drohe.

»Es ist ein Mann aus London«, sagte Charles tiefernst. »Er kommt mit den besten Empfehlungen. Von meinem Vetter weiß ich, daß er bis in die Fingerspitzen ein Mann des Theaters ist, ein Bühnenschriftsteller und Kritiker. Natürlich stellt ein Mann seines Kalibers Ansprüche, aber er hat sich immerhin Zeit für uns genommen. Ich erwarte ihn binnen einer Woche.«

Kurz gesagt, sie sollten einen Regisseur bekommen.

16

Als die *Liverpool Merchant* nach drei Tagen auf See die Insel Anglesey umrundete, trübte sich der Himmel ein, und von Südosten zogen Gewitter herauf. Während der Nacht nahm der Wind zu. Am nächsten Vormittag blies er so kräftig, daß Gaffel- und Toppsegel und später auch das Focksegel aufgeholt und die Boote an den Speigatten vertäut werden mußten. Das Schiff stampfte, nur unter dem Großsegel fahrend, durch hohe Wellen und kurze Wellentäler.

Es waren schlimme Stunden für Paris. Als sich die beunruhigenden Vorboten der Seekrankheit einstellten, nahm er als Vorbeugungsmittel etwas pulverisierten Ingwer und ging anschließend an Deck, um frische Luft zu schnappen. Aber das schrille Pfeifen des Winds im Takelwerk, das schwankende Deck, das ungewohnt schwierige Haltfinden und die hastigen Bewegungen der Männer, die an den Reffjollen arbeiteten, verwirrten ihn. Trotz des Ingwers gewann der Jammer erschreckend schnell die Übermacht. Er klammerte sich an das Schanzkleid und erbrach sich im Dunklen heftig nach Lee. Als der Anfall vorüber war, ging er nach unten. In seiner schmalen Koje rollte er stöhnend hin und her, immer wieder von Wogen der Übelkeit erfaßt, wie er sie noch nie erlebt hatte und die alle Empfindungen ausschloß bis auf eine leichte Verwunderung darüber, was der Mensch alles aushalten konnte. Obwohl sein Magen längst leer war, krümmte sich sein armer Körper und würgte das bittere Zeug heraus, das so aussah und schmeckte, als wäre es das flockige Gerinnsel seiner faulenden Innereien. Über sich hörte er die Schiffsglocke, die in scheinbar ebenso willkürlichen Abständen schlug, wie ihn die Übelkeit oder seine kurzen Träume heimsuchten. Es gab Augenblicke, in seinen Träumen oder im Wachen, Pausen der Ruhe, ja beinahe Stille, in denen er den Regen auf das Deck prasseln hörte, das Quietschen der Blöcke, die lauten Kommandos und den heiseren, eigentümlichen Singsang der Männer an den Lauftauen. Dann ging wieder alles im Getöse der schweren Gegensee und dem Geknatter der schlagenden Segel unter. Dazu kam der aus den Tiefen des Schiffsbauchs heraufdringende widerliche Gestank des aufgerührten Bilgenwassers, der seine Übelkeit bis ins Unsägliche steigerte. Für ein jungfräuliches Schiff hatte die *Liverpool Merchant* einen entsetzlichen Atem.

Dieses Fegefeuer dauerte fast die ganze Nacht. Am nächsten Morgen ging Paris an Deck. Er fühlte sich leicht, wie geläutert – und völlig ausgehungert. Das Wetter hatte aufgeklart. Das Licht erschien ihm seltsam rein, wie das erste Licht der Schöpfung. Er sah zwei Männer hoch oben auf einem Dwarsbalken des Großmasts. Andere zogen an einem Tau unmittelbar darunter, um die Rahen aufzuheißen. Thurso stand auf dem Achterdeck, der Steuermann dicht hinter ihm.

Paris wünschte dem Kapitän einen guten Morgen, bekam keine Antwort und ging, ohne sich aufzuhalten, in die Kombüse, wo Morgan, der Koch, mit einer langen Kelle in einem hohen, sich nach oben verjüngenden eisernen Kessel rührte.

»Was ist das?« fragte er.

Morgan nahm seine kurze, ekelhaft aussehende Pfeife aus dem Mund. »Labskaus, Sir. So jedenfalls nennen sie es.« Morgans Gesicht glänzte vor Schweiß, den er permanent zu produzieren schien. Er trug eine naturweiße Baumwollschürze, an der er sich die fettigen Hände abgewischt hatte. Eine zerschlissene Mütze aus dunkelroter Wolle saß ihm steil auf dem Kopf. Diese Mütze war sein Rangabzeichen an Bord. Niemand hatte ihn je ohne sie gesehen.

»Was ist Labskaus?«

»Das hängt davon ab, was reinkommt.«

Es klang mürrisch. Einen Moment später erkannte Paris, daß ihm der Mann mißtraute und vielleicht glaubte, seine Frage sei irgendein Trick. »Nein«, sagte er, »ich weiß es wirklich nicht. Was ist in diesem Labskaus?«

»Salzfleisch, Kartoffeln und Zwiebeln.«

»Bitte, raucht ruhig weiter. Ich nehme an, es ist noch nicht fertig.«

»Nein, Sir. Hab eben erst Feuer gemacht, nach diesem Dreckswetter. Essenszeit ist acht Glasen.« Morgan hielt inne. Er hatte Paris noch immer nicht direkt angesehen. »Vom Frühstück ist noch Burgoo über.«

»Burgoo?«

»Gekochtes Hafermehl mit ein bißchen Zucker drin.«

»Davon nehme ich eine ordentliche Portion«, sagte Paris.

»Sehr wohl, Sir. Der Junge bringt es Euch runter.«

»Nein«, sagte Paris. »So lange will ich nicht warten. Ich will es gleich hier essen.«

»Hier, Sir? In der Kombüse?« Morgan war so schockiert, daß er Paris unversehens ins Gesicht sah, auf dem ein Lächeln heraufzog, so daß es plötzlich wie verwandelt wirkte.

»Ja«, sagte Paris. »Und so schnell es geht.«

Von seinem Platz aus, neben dem Ruder, hatte Thurso das Auftauchen des Arztes mißmutig zur Kenntnis genommen;

er war jedoch zu müde, um seiner schlechten Laune freien Lauf zu lassen. Seit das stürmische Wetter eingesetzt hatte, war er so gut wie nicht zum Schlafen gekommen. Er hatte die Marter der Sturmtaufe des Schiffs hinter sich, eine Höllenqual, durchaus vergleichbar mit der, die Paris durchgemacht hatte, wenn auch mehr seelischer als körperlicher Art. Er hatte die Topplastigkeit des Schiffs gespürt – zu hart am Wind gefahren würden sich die Verbände verziehen und reißen; aber abzudrehen bedeutete Umwege und Verzögerungen und vertrug sich schlecht mit seinem Wunsch, eine gute Zeit herauszufahren. Er stand in der brüllenden Finsternis, die Hände fest auf der Reling des Achterdecks, gab seine Befehle, hörte Barton, der sie weitergab, und hörte, wie sich die menschlichen Stimmen mit denen des Windes vermischten. Aus einem kurzen Halbschlaf aufschreckend, sah er die flüchtigen Spuren eines Polarlichts rot und golden über den nördlichen Himmel huschen – kaum wahrgenommen und schon wieder vorbei. Soweit Thurso wußte, hatte in diesen Breiten noch niemand so früh im Jahr Nordlichter gesehen. Es war ein Zeichen für ihn. Er ließ die Taue um den Großmast festmachen und die Bramstengen niederholen.

Tatsächlich hatte der Wind am Morgen nachgelassen und nach Westen gedreht. Die See hatte sich beruhigt. Die Stengen und unteren Rahen wurden wieder aufgeheißt, und gegen Mittag machten sie gute Fahrt mit einem leichten westlichen Wind. Aber das Wetter foppte sie weiterhin. Sie waren gerade zwei Meilen um das Vorgebirge herum, knapp aus der Einfahrt heraus, und es wehte nur noch eine flüsternde Brise. Das Schiff bummelte dahin und trocknete seine Segel im Sonnenschein. Dann kam plötzlich wieder Wind auf, aber aus der falschen Richtung, aus Südwest. Es wurde bereits dunkel, und sie krochen im Schneckentempo nach Süden über eine See, die bis zum Horizont von Felsenriffen durchbrochen war.

Am nächsten Morgen – Thurso haderte fürchterlich mit der Abartigkeit dieses Windes – trat der Bootsmann mit einer Beschwerde an ihn heran. Einer der Männer habe die Hand gegen ihn erhoben.

»James Wilson heißt er«, sagte Haines. »Andere haben es auch gesehen. Es ist nicht nur, daß ich es sage.«

»Spielt keine Rolle, selbst wenn's so wäre.« Thurso betrachtete die intelligenten, eng beisammenstehenden Augen und den verkniffenen Mund des Bootsmanns. »Ich traue Euch, bis ich es anders weiß«, sagte er, aber das stimmte nicht – er traute keinem und am wenigsten einem Mann, der Zeugen anführte, bevor er danach gefragt wurde. Dem Bootsmann stand die Grausamkeit ins Gesicht geschrieben. Thurso hatte diese Züge schon zu oft und bei den verschiedenartigsten Menschen gesehen, um sich jetzt zu täuschen. Es war nicht notwendigerweise ein Nachteil; wenn die Leute den Bootsmann fürchteten, arbeiteten sie meistens besser. Außerdem befanden sie sich am Anfang einer langen Reise, und die Autorität der Schiffsoffiziere mußte gewahrt bleiben. Thurso verachtete Grausamkeit ebenso wie Mitleid und alle anderen überflüssigen Auswüchse des menschlichen Geistes. Er wußte, daß er selbst nicht grausam war. Er dachte nur praktisch und folgte dem Rat der Notwendigkeit, der jetzt lautete: Erniedrige den Mann. Behandle seine Beschwerde geringschätzig. Vor allem erwecke nicht den Anschein, seinen Ärger zu teilen ...

Er trat zwei Schritte vor an die Achterdecksreling, wo er mit dem Rücken zu Haines stehenblieb. Schweigend blickte er eine Weile auf das Deck unter ihm. Die halbblöde Landratte, die Barton eingefangen hatte, saß mittschiffs, umgeben von Bergen alter Seile, zupfte einzelne Garne heraus, knotete sie zusammen und bekam vor lauter Konzentration den Mund nicht zu. Der Junge war völlig unbrauchbar in der Takelung, hatte Simmonds gesagt, aber an den Lauftauen zog er für zwei. Etwas weiter hinter ihm wurden die Fockstage gespannt. Ein Teil des stehenden Guts hatte sich während des Sturms gelockert. Er sah den ungeschlachten Libby mit seiner schwarzen Außenklappe, den kümmerlichen Schiffsjungen und den kleinen Stämmigen aus der Tyne-Gegend – ein guter Mann, wie er mit finsterer Genugtuung bemerkte, der sich geschickt anstellte. Auf der Vorderseite seiner Nankingjacke war Blut. »Wie heißt der Kleine dort?« fragte er mit dem Rücken zum Bootsmann.

»Der dort das lose Tau richtet? Ein Angeber.«

»Ich habe nach dem Namen gefragt, nicht nach dem Charakter.«

»Er heißt William Blair, Sir.«

»Und der käsige Lange neben ihm, der immer in die Luft glotzt, als gäb's dort was zu sehen?«

»Das ist Michael Sullivan, der Fiedler.«

»Aye. Für seine Fiedel werden wir Verwendung haben, wenn die Neger an Bord sind. Aber ihm fallen die Kleider vom Leib. Ich will nicht, daß die Leute auf meinem Schiff in Lumpen gehen. Verlaust ist er wahrscheinlich auch. Wir werden bis zum Ende der Reise Ungeziefer genug bekommen, da können wir wenigstens sauber anfangen.«

»Ja, Sir.«

»Er ist nicht der einzige, der so verwahrlost herumläuft. Der dreckige kleine Schotte dort –«

»McGann, Sir.«

»Ich will, daß diese Männer, sobald es die Zeit erlaubt, ausgezogen und ordentlich abgespritzt werden. Ihre Lumpen werden verbrannt. Sie erhalten Seemannskleidung aus dem Magazin. Die Kosten werden von der Heuer abgezogen.«

»Aye-aye, Sir.«

»Tretet näher«, sagte Thurso mit einer leichten Drehung seines Körpers. »Was diesen Wilson betrifft. Er ist ein guter Seemann, wenn ich nicht irre, voll befahren.«

»Ja, Sir.«

»Was war los?«

»Es war heute früh. Der Wind hat sich gerade erholt und wir haben die Bramsegel aufgeheißt. Wir mußten fix machen, um den Wind auszunützen – das war Euer Befehl, Sir. Mir kam es vor, als strengten sich die Männer nicht genug an, deshalb hab ich ein bißchen nachgeholfen auf die normale Art, und er fährt mich plötzlich an.«

»Ihr meint, Ihr habt ihnen mit dem Rohrstock eins übergezogen, damit sie sich mehr anstrengen?«

»Ja, Sir. Das ist richtig, Sir.«

»Einmal oder öfter?«

»Einmal hier, einmal da.«

Thurso beobachtete mit wachsendem Zorn, daß sich der Bursche zu lächeln erlaubte. »Und das bei jedem einzelnen Mann?«

»So genau erinnere ich mich nicht, Sir.«

Thurso schob sein Gesicht dicht vor das des Bootsmanns und sah ihn an. Die dunklen Augen, die eine eigenartige Energie ausstrahlten, blickten unerschrocken zurück.

»Ihr erinnert Euch nicht?« sagte Thurso. »Könnt Ihr nicht zählen? Ihr solltet es lernen. Er hat gesehen, daß Ihr es wart, und hat die Hand gegen Euch erhoben?«

»Aye«, sagte der Bootsmann mit einer Art bitterem Stolz. »Er hat genau gewußt, daß ich es war.«

Thurso überlegte. Der Seemann Wilson mußte bestraft werden, soviel stand fest. Einen Tag in Eisen und damit hatte es sich. Aber würde es genügen? Er dachte an das Zeichen, das er in der Nacht mitten im schlimmsten Sturm erhalten hatte, das flimmernde Rot zwischen den dahinjagenden Wolken. Und jetzt diese widrigen Winde und Flauten. Nach acht Tagen auf See waren sie nicht einmal am Dunganan-Hochland vorbei. Ein rahgetakeltes Schiff in der Irischen See ... Bei ungünstigem Wetter konnten sie in diesem Gewässer noch eine Woche und länger festsitzen.

»Laßt den Mann an Deck bringen und in Eisen legen«, sagte er. »Ich will ein Exempel statuieren.«

»Aye-aye, Sir. Danke, Sir.«

»Verdammt, ich wünsche keinen Dank von Euch.« Thurso richtete die Augen auf den Bootsmann und sah, wie der Mann zurückzuckte.

»Hört zu, Haines«, sagte er. »Versucht nicht, mir zu nahe zu kommen, oder Ihr verbrennt Euch. Außerdem empfehle ich Euch, zählen zu lernen. Die Männer antreiben ist in Ordnung, aber ich will kein böses Blut auf dem Schiff, nicht mehr als nötig. Und jetzt runter von meinem Deck und an die Arbeit.«

Billy Blair, der an der Backbordtalje arbeitete, um die Stage zu spannen, sah, wie Wilson, der hagere Mann aus Yorkshire, an Deck gebracht und in schwere Fußeisen gelegt wurde.

»Gott schütze uns«, sagte er. »Wir sind noch nicht mal aus Georgy's Channel raus und schon geht es los. Was hat der arme Kerl verbrochen?«

Sullivan sah ihn mit seinen schönen, verträumten Augen durch das Netz der Webleinen an. »Was er verbrochen hat? Er hat den Fehler gemacht, auf diesem Schiff zu sein.«

»Wie hätte er das denn vorher wissen sollen?« entgegnete Billy gereizt.

»Jeder, der irgendwas vom Gesetz versteht, weiß, daß Dummheit nicht vor Strafe schützt. Wir haben einen Schläger als Bootsmann, einen Hund als Maat, einen Teufel als Skipper und ein Jahr Hölle vor uns, und du fragst mich, was der Junge verbrochen hat?«

Libby kam mit einem Armvoll kratziger Seemannskleidung vorbei. »Du kriest 'nen neuen Anzug verpaßt«, sagte er zu Sullivan und entblößte seine gelben Zähne für ein Lächeln, das zu lange dauerte, um freundlich zu sein.

»Ich weiß nicht, wovon du redest«, erwiderte Sullivan.

»Schieb ab, Einauge«, sagte Billy streitlustig. Sie trauten Libby nicht, der angeblich mit Haines auf vertrautem Fuß stand.

»Arsch mit Ohren.« Libby suchte nach weiteren Beleidigungen, als der Zweite Maat auf sie zukam.

»Was soll das Gequatsche?« sagte Simmonds. »Bring das Zeug nach hinten, Libby. Ein Mann ist schon in Eisen. Willst du ihm Gesellschaft leisten?«

»Vielen Dank, daß Ihr den Mann an seine Arbeit geschickt habt, Mister Maat. Hängt hier rum und stört uns bei der Arbeit.« Sullivan zeigte grinsend seine Zahnlücken.

»Das reicht. Und jetzt macht weiter.«

Kurz danach war acht Glasen, aber noch bevor einer unter Deck gehen konnte, schrillte die Pfeife des Bootsmanns und ein langgezogener Ruf befahl alle Mann an Deck. Die Männer von Bartons Wache kamen taumelnd nach oben. Barton selbst bezog auf dem Achterdeck Stellung, einen oder zwei Schritte hinter Thurso. Simmonds blieb mit den Männern auf dem Deck darunter. Haines legte den Kopf in den Nakken, um aus vollem Hals zu brüllen: »Alle Mann antreten, zum Strafvollzug!« Die Männer stellten sich steuerbord oder backbord, je nach Wache, vor den Relings auf.

Thurso wandte sich an Barton. »Sind alle anwesend?«

»Der Doktor fehlt noch, Sir.«

Die kantigen Kiefer des Kapitäns traten noch stärker hervor. Er schwieg einen Moment, dann sagte er zu Haines: »Ich möchte, daß Mr. Paris heraufkommt, und zwar so schnell wie möglich.«

Während alle auf Paris warteten, fiel kein einziges Wort. Kein Laut kam aus den Reihen der Männer an den Relings oder von dem Mann, der gefesselt und mit gesenktem Kopf zwischen ihnen saß. Der Wind hatte wieder nachgelassen und wehte nur schwach aus westlicher Richtung. Die See war so ruhig, daß nicht einmal die Bugwelle zu hören war. Das Schiff schlich dahin, alle Segel waren gesetzt bis hinauf zu den Bramsegeln. Der Wind reichte kaum für die Steuerfahrt.

In diese Stille hinein erschien Paris. Er kam über die Kajütstreppe auf das Achterdeck und stellte sich neben Barton. Er wußte, ohne daß es ihm eigens gesagt wurde, was geschehen würde. Erfahrung und Instinkt sagten ihm, daß diese stille Versammlung stattfand, um einem Mitmenschen Schmerz zuzufügen oder Zeuge davon zu werden.

»Schön, daß Ihr in der Lage wart, ebenfalls zu kommen, Mr. Paris«, sagte Thurso bissig, und an Barton gewandt: »Laßt dem Mann die Eisen abnehmen und die Gräting aufstellen.«

Haines und Libby schlugen die Fesseln auf, und Wilson stand steifbeinig auf. Hughes und Davies, der Böttcher, brachten einen der Holzroste, mit denen die Luken abgedeckt wurden, stellten ihn hochkant und befestigten ihn am Schanzkleid neben dem Fallreep in Lee, der dem Wind abgekehrten Seite des Schiffs.

»Gräting aufgestellt, Sir«, sagte Davies.

»Mr. Barton, fragt den Mann, ob er etwas zu sagen hat.«

Aber Wilson hatte Thursos Worte gehört. Noch bevor sich der Maat an ihn wandte, hob er den Kopf und blickte zu den Gestalten auf dem Achterdeck. Er war ein großer, kräftiger

Mann mit hagerem Gesicht und hellen Augen. »Nichts, was helfen kann«, sagte er.

»Aye«, erwiderte Thurso grimmig, »dir wird geholfen, wenn ich meine Hand sinken lasse. Anbinden.«

Haines und Libby hielten ihn fest. Als sie ihm das Hemd ausziehen wollten, zuckte er zurück. Er zog sich das Hemd selbst über den Kopf und warf es zur Seite. Dann trat er allein an das Fallreep und hob die Arme, damit seine Handgelenke an die Gräting gebunden werden konnten. Er war tief gebräunt an Hals und Armen, aber die Haut auf seinem Rücken war bleich, und die Narben von früheren Auspeitschungen waren deutlich zu sehen.

»Angebunden, Sir«, meldete Haines.

Deakin, der mit den anderen aus seiner Wache steuerbord stand, spürte bei diesen Vorbereitungen eine ihm bekannte Übelkeit in sich aufsteigen, in der sich alte Ängste und Qualen zurückmeldeten. Er verstand den Stolz des Mannes, der sich nicht zur Gräting zerren lassen wollte – ein völlig überflüssiger Stolz, weil das Auspeitschen jeden in die Knie zwang. Deakin war geschlagen worden und hatte gesehen, wie andere geschlagen wurden, und er wußte, daß der Mann dort zusätzliche Schläge bekommen würde, weil er den Kopf gehoben und furchtlos aufgeblickt hatte – nicht aus Bosheit, sondern weil er gedemütigt werden mußte. Auf einem Sklavenschiff würde nicht der Bootsmann oder einer der Maate das Auspeitschen besorgen. Offiziere und Mannschaft mußten häufig Seite an Seite arbeiten. Dabei konnte leicht etwas passieren, das wie ein Unfall aussah; oder jemand bekam ein Messer zwischen die Rippen, ging über Bord und keiner hatte etwas gesehen ... Nein, es würde der Skipper sein. Thurso sprach jetzt mit seiner heiseren, eintönigen Stimme. Deakin verstand, was er sagte, ohne besonders auf die einzelnen Worte zu achten. Er hatte ähnliche Reden auf einem Dutzend Schiffen gehört. Er, Thurso, sei nicht der Mann, der so etwas dulde. Sie würden ihn kennenlernen, bei Gott. Er könne der Leibhaftige sein, wenn sie sich mit ihm anlegten, und süß wie Honig, wenn sie parierten. Jeder solle jetzt sehen, was dem blühte, der seine Pflicht vergaß oder die Disziplin ...

Thurso legte Rock und Weste ab und reichte sie Barton, der sie ihm wie ein Kammerdiener abnahm. Haines öffnete den roten Flanellbeutel, in dem die Katze aufbewahrt wurde. Für Paris, der sich bereits für das Kommende gewappnet hatte, fand diese rituelle Entkleidung mit empörender Eleganz statt – trotz der wenig eleganten vierschrötigen Figur des Kapitäns und seines klobigen, wettergegerbten Gesichts. Thurso hätte eine Audienz geben können als Monarch in seinem Ankleidezimmer, umgeben von seinem Gefolge, die Bittsteller einige Stufen tiefer.

Er nahm die Peitsche von Haines entgegen und stieg die Kajütstreppe hinunter. Er nahm Maß, machte zwei kurze Schritte und schlug mit voller Wucht zu. Sie hörten die Peitsche durch die Luft sausen und den klatschenden Aufschlag. Wilson stieß einen tiefen, keuchenden Ton aus, als ihm der Schlag die Luft aus dem Körper preßte. Paris sah, wie sich die Sehnen am Hals des Mannes spannten, wie er seine ganze Kraft zusammennahm, um keinen Laut von sich zu geben. Der erste Schlag hatte die Haut auf seinem Rücken aufgerissen, eine blutige punktierte Linie. Thurso machte weiter mit nicht nachlassender Heftigkeit und erstaunlicher Energie. Seine Augen starrten, sein Gesicht war dunkelrot und wie geschwollen. Wilson gab noch immer keinen Ton von sich, aber er krümmte sich auf der Gräting. Inzwischen war sein Rücken vom Nacken bis zur Hüfte ein roter Brei. Bei jedem Schlag spritzte das Blut über das Deck. Beim vierzehnten Schlag endlich brach Wilson zusammen. Seine Knie gaben nach und er hing an den Handgelenken. »O Gott«, schrie er heiser. »Hilf mir!«

»Aye«, sagte Thurso, während er das Blut aus der Peitsche schüttelte. Ärmel und Schulter seines Hemds waren rotbespritzt. Der Schweiß stand ihm auf der Stirn, und seine Brust hob und senkte sich heftig. »Jetzt kannst du singen. Du solltest lieber Thurso anrufen statt Gott. Der ist näher.«

Wilson war ein harter Bursche, aber er hatte gewußt, er würde nachgeben. Trotzdem machte er weiter, bis er bei achtzehn Schlägen angelangt war. Dann warf er die Peitsche dem Bootsmann zu. »Macht sie ordentlich sauber für den nächsten, der sich vergißt«, sagte er und stampfte die Treppe zum Achterdeck hinauf. »Schneidet den Mann ab, Mr. Barton, und schickt die Crew an die Arbeit. Morgan soll heißes Wasser in meine Kabine bringen.«

Als die Stricke gelöst waren, klappte Wilson auf dem Deck zusammen. Sein Blick war starr und sein Gesicht dunkel. Paris verfolgte vom Achterdeck aus, wie er von zwei Männern mehr weggetragen als weggeführt wurde. Er blieb einen Moment stehen, um seinen Abscheu und seinen Zorn zu bändigen. Dabei fiel ihm ein, daß er jetzt eine Möglichkeit hatte, seinen Willen gegen diesen Rohling durchzusetzen – im Gegensatz zu dem bedauernswerten Wilson, der über keine privilegierte Sonderstellung verfügte – und daß er Wilsons geschundenem Rücken zu etwas Würde verhelfen konnte. Er ging auf den Kapitän zu. »Verzeiht, Captain Thurso«, sagte er, »ich hätte gern etwas mit Euch besprochen.«

Er traf auf einen völlig leeren Blick, eine Leere, wie sie sich manchmal nach einer starken Anstrengung oder Emotion einstellt. »im Augenblick paßt es nicht«, sagte Thurso.

»Sir, es ist jetzt das dritte Mal, daß ich darum bitte, und ich habe ein Recht, gehört zu werden.«

»Ein Recht?« fauchte Thurso. »Redet Ihr von Rechten, hier, auf meinem Deck?«

Paris empfand eine so schreckliche Verachtung für diesen Mann, der ihn mit neu entfachter Wut anstierte, daß er sich körperlich zurückhalten mußte. Er verschränkte die Hände hinter dem Rücken. »Ja, Sir, das tue ich«, sagte er. Er sah Thurso unbeirrt an, und in Thursos Gesichtsausdruck änderte sich etwas, als er merkte, daß er auf Widerstand stieß. »Es geht um das Krankenrevier. Es wurde, obwohl ich bereits darum ersucht habe, nicht ausgeräumt. Nun besteht jedoch eindeutig Bedarf.«

»Für ein Krankenrevier?« Thurso blickte nach oben zu seinen schlaffen Toppsegeln. »Seid Ihr noch ganz bei Trost, Mr. Paris? Wozu brauchen wir ein Krankenrevier, wenn wir keine Krankheit an Bord haben?«

»Ich habe vor, den Rücken dieses Mannes zu behandeln«, sagte Paris. »Seine Wunden könnten brandig werden.«

»Wilson? Gott verdamm' mich«, stieß Thurso hervor. »Ich weiß nicht, ob ich über Euch lachen oder weinen soll. Ich habe Hunderte wie ihn gesehen, die mit einer Handvoll Salz bestens behandelt werden.«

Paris zögerte. Er hatte nicht beabsichtigt, den Namen seines Onkels zu benutzen, aber er war entschlossen, seinen Willen durchzusetzen. »Ihr zwingt mich dazu, Euch zu erinnern, daß Mr. Kemp mir die Benutzung dieses Raumes zugesagt hat – in Eurem Beisein.«

Als er sah, daß Thurso die rechte Faust ballte, bis die Knöchel weiß hervortraten, schob er, genauso mit Gewalt drohend, den Kopf nach vorn und stemmte die Hände in die Hüften – eine Reaktion, die er bisher nicht an sich gekannt hatte und später für eine Art Wahnsinnsanfall hielt. »Ich will, daß dieses Krankenrevier geräumt wird, Sir.«

»Daß wir über kurz oder lang von Eurem Onkel hören würden, habe ich mir schon gedacht.« Thurso schien noch mehr sagen zu wollen, aber plötzlich hob er den Kopf. »Da! Hört Ihr?« fragte er.

»Was?«

»Den Wind!«

Als Paris schärfer hinhörte, vernahm auch er Töne im Takelwerk, die, wie er glaubte, vorher nicht zu hören gewesen waren; und einen Augenblick später fühlte er die Brise auf dem Gesicht. Es surrte und knarrte einige Male, während sich langsam die Segel füllten.

»Ihr könnt Euer kostbares Krankenrevier haben, wenn es Euch denn so wichtig ist«, sagte Thurso verächtlich. Er spürte, wie der Wind zunahm und das Schiff darauf ansprach. Der Wind sang in den Tauen, übertrug seinen hohen Ton auf die Wanten und schickte ihn durch alle Hölzer und Planken. Und er wehte von Westen. »Seht Ihr, es hat geholfen«, sagte er, als er sich abwandte. »Wir haben den Wind befreit.«

»Was meint Ihr?«

Paris erhielt keine Antwort. Das Gesicht des Kapitäns sah müde aus, aber entspannt, als er zum Fuß des Fallreeps hinunterblickte, auf Wilsons verspritztes Blut.

17

Erasmus wartete auf eine günstige Stunde, in der er seinen Vater in gelöster Stimmung antreffen würde – eine Gelegenheit, die sich in letzter Zeit immer seltener ergab. Er wählte einen Abend, als sich sein Vater nach dem Abendessen in Käppchen und Hausrock in das kleine eichengetäfelte Privatgemach, das er sein Studierzimmer nannte, zurückgezogen hatte, um seine Pfeife zu rauchen.

»Habt Ihr ein paar Minuten Zeit für mich, Sir?«

Kemp sah sich eine Weile schweigend die militärische Haltung an, mit der sich sein Sohn vor ihm aufbaute, Kopf hoch, Schultern zurück, und mußte an frühere Anlässe denken, weit zurück in Erasmus' Kindheit, als der Junge ebenso vor ihm gestanden hatte. Trotz seiner anderen Sorgen fühlte er sich plötzlich von Mitleid ergriffen für diesen eigenwilligen Sohn, für den das Leben stets eine Folge selbstauferlegter Prüfungen und Zerreißproben gewesen war. Genauso, dachte er, wird sich Erasmus hinstellen, wenn er erfährt, daß ich ruiniert bin – wenn es dazu kommen sollte.

»Ja, natürlich, mein Junge«, sagte er. »Worum geht es?«

»Ich möchte Sarah Wolpert bitten, mich zu heiraten«, erwiderte Erasmus und blickte geradeaus vor sich hin. »Das heißt, ich will ihren Vater fragen ...« Er verhaspelte sich und begann von vorn. »Ich will um ihre Hand anhalten. Ich wollte wissen, ob Ihr etwas dagegen habt, Sir.«

»Wolperts Tochter?« Kemp war verblüfft. Ihm war aufgefallen, daß sich sein Sohn mit besonderer Sorgfalt kleidete und in letzter Zeit noch länger brauchte als sonst, um sich zu frisieren und sein Halstuch zu binden. Aber Erasmus war in Sachen Kleidung immer anspruchsvoll gewesen und hatte jetzt eben ein etwas geckenhaftes Alter erreicht. Er wußte, daß sich sein Sohn häufig bei den Wolperts aufhielt, aber das war wegen des Theaterstücks, das sie einstudierten; außerdem hatte Wolpert einen Sohn, der nur um weniges jünger war als Erasmus.

»Ich habe nichts dergleichen vermutet«, sagte er. »Ich war sehr beschäftigt in letzter Zeit. Abgesehen davon bist du ein

Heimlichtuer – bist es immer gewesen. Du kommst nicht mit deinen Gefühlen zu mir, nur mit deinen Entschlüssen.« Wenn hier ein Vorwurf mitschwang, dann galt er vor allem sich selbst, weil er nicht bemerkt hatte, was in seinem Sohn vorging. »Nun, es ist deine Wesensart«, sagte er.

»Seid Ihr unzufrieden mit mir, Sir?«

»Nein, ich bin nicht unzufrieden. Unsere Naturen sind in dieser Hinsicht verschieden. Ich an deiner Stelle würde kurz anhalten und mir die Sache genauer ansehen. Sie ausloten, bevor ich meinen Kurs festsetzte. Nun sehe ich aber, daß deine Erwartungen schon so hochgespannt sind, daß ich nichts dagegen unternehmen könnte, ohne zu schaden.« Er sah kein Anzeichen von Dankbarkeit im Gesicht seines Sohnes. Der Junge stand stocksteif da. »Komm, setz dich«, sagte er. »Hier, neben mich. Du hältst dich an das, was du dir vorgenommen hast. Das ist gar nicht so schlecht. Aber du bist für eine Heirat noch sehr jung. Und das Mädchen kann höchstens achtzehn sein.«

»Sie ist noch nicht achtzehn, Sir.«

»Das ist sehr jung«, sagte Kemp langsam. In seinem Ton hatte sich etwas verändert, nachdem sich die Überraschung gelegt und er begonnen hatte, über die Bedeutung von Erasmus' Anliegen nachzudenken. Es beinhaltete mehr und mehr, je länger er das ernste Gesicht mit den geraden Brauen aus der Nähe betrachtete. »Andererseits«, sagte er, »war deine Mutter gerade erst siebzehn, als wir geheiratet haben. Aber ich kann dich im Geschäft nicht entbehren«, führte er einen Moment später hinzu.

»Das wäre nicht nötig«, sagte Erasmus. Das Gespräch verlief anders, als er es sich vorgestellt hatte. Er war überrascht, wie zugänglich sich sein Vater erwies; doch diesen letzten Einwand hatte er erwartet. »Die Heirat wäre vorteilhaft für uns. Beide Familien zusammen wären sehr einflußreich, jetzt, wo die Stadt so schnell wächst.«

Kemp nickte, als sei ihm dieser Gedanke eben erst gekommen. »Das ist richtig«, sagte er. »Die Verbindung wäre zum Wohle beider.« Mit scheinbarer Anstrengung sah er seinem Sohn in die Augen, die den seinen so ähnlich waren. »Ist es das, was du willst?« fragte er. »Ich habe mich für sie entschieden.«

Kemp blickte eine Weile schweigend vor sich hin. Dann hob er das Gesicht, das plötzlich abgespannt wirkte. »Du hast mein Einverständnis«, sagte er.

Es dauerte eine weitere Woche, bis Erasmus die richtigen Umstände, die nötige innere Einstellung und die äußere Aufmachung für ein Gespräch mit Sarahs Vater gefunden hatte. Es fehlte ihm beileibe nicht an Mut, wohl aber an der nötigen Demut, der Bereitschaft, sich zu erniedrigen, was er in seinen Augen tat, wenn er seine Wünsche äußerte und um ihre Legitimität betteln mußte.

Die Liebe hatte ihn bis jetzt nicht glücklich gemacht. Seine Heiratsabsicht, seine Entscheidung für dieses Mädchen, empfand er wie eine Krankheit. Sein ganzes Wesen schien zart, empfindlich für die geringste Berührung – manchmal schmerzte ihn sogar die Berührung der Luft. Alle Sinneseindrücke trafen ihn mit der Wucht von Schicksalsschlägen. In diesem wunden Zustand erlebte er den aufblühenden Frühling wie einer, der sich ständig an allen Ecken und Enden stößt. Nie zuvor hatte er die Anzeichen des Sommers so bewußt beobachtet. Wenn er das Entladen der Tragtierkolonnen am Hafen beaufsichtigte oder im Hof hinter den familieneigenen Lagerhäusern Baumwollballen wog und registrierte, hörte er von drüben jenseits des Wassers, aus den Gärtnereien von Wallasey, traurig und vielversprechend zugleich, die Kuckucke rufen. Im Wäldchen neben dem See blühten Schwaden blauer Sternhyazinthen, und die Eschen ließen scheinbar über Nacht den Winter hinter sich und zeigten sich behangen mit rötlichen, federigen Blüten.

Am Abend seines Besuchs kleidete er sich mit besonderer Sorgfalt: ein makelloses Äußeres verringerte den Anschein, etwas erbitten zu wollen. Er wählte einen Anzug aus dunklem Satin, unter dessen knappen Ärmeln die gefältelten Manschetten seines feinen Leinenhemdes hervorschauten, eine weiße Weste und schwarze, spitze Schuhe, alles nach der neuesten Mode gearbeitet. Das Haar hatte er leicht gepudert und mit einem schwarzen Band zusammengebunden.

Und statt des üblichen kurzen Säbels trug er seine beste Waffe, einen Degen mit silbergetriebenem Stichblatt.

»Ich liebe Eure Tochter, Sir«, hörte er sich, bolzengerade auf seinem Sessel sitzend, sagen. »Ich will sie heiraten.« Es klang fast zornig. Bis jetzt hatte er keinerlei Reaktion bei seinem Gegenüber feststellen können, weder auf dem breiten Gesicht noch in den klugen braunen Augen, mit denen ihn Wolpert schweigend betrachtete.

»Tatsächlich?« sagte der Kaufmann schließlich. Er war eben erst nach Hause gekommen und trug noch Ausgehkleidung, einen baumwollenen Sommerrock, braune Weste und eine altmodische Perücke mit einer Haarrolle über den Ohren. »Und sie? Was sagt sie dazu?«

»Ich denke, sie ist mir nicht abgeneigt.«

»Heißt das, es besteht bereits ein Einverständnis zwischen euch?« Er formulierte die Frage absichtlich hinterhältig, denn er wußte bereits von dem Interesse des jungen Mannes. Sarah selbst hatte es ihm gegenüber erwähnt. Und er wußte auch, inwieweit das Mädchen dieses Interesse erwiderte. Aber er suchte Zeit zu gewinnen, teils weil ihm Erasmus' Vorgehen zu übereilt erschien, teils aus der alten Gewohnheit, um alles zu feilschen, und auch, weil ihn etwas an der Sache in Harnisch gebracht hatte. »Ich frage, ob ihr miteinander darüber gesprochen habt«, sagte er ziemlich scharf.

»Es gibt kein Einverständnis, Sir«, sagte Erasmus. »Aber sie hat mir Grund zur Hoffnung gegeben.«

Wolpert dachte kurz nach. Obwohl er sich phlegmatisch gab, war er ein aufmerksamer und sensibler Mann, besonders dann, wenn ihm etwas am Herzen lag. Seine Tochter war ihm ein Quell der Freude und er liebte sie sehr. Die Haltung des jungen Mannes, der dort vor ihm saß, ließ keine Schüchternheit erkennen und keine Nachgiebigkeit gegenüber sich selbst. Dieser erste Bewerber um seine Tochter litt zweifellos; aber er litt offensichtlich ebenso an Arroganz wie an Liebe. Er kannte Erasmus seit vielen Jahren und hatte ihn als Jungen immer wieder einmal gesehen. Als er nun dem Blick aus den dunklen Augen begegnete, stellte er überrascht fest, daß der Junge groß geworden war. »Wie alt seid Ihr jetzt, Erasmus?« fragte er.

»Ich werde im Dezember zweiundzwanzig, Sir.«

»Ihr habt natürlich mit Eurem Vater über dies hier gesprochen.«

»Ja, Sir.«

Wolpert gestattete sich ein Lächeln. Erasmus war der einzige Sohn, und natürlich hegte der alte Kemp ehrgeizige Pläne für ihn. »Und wie hat er es aufgenommen? Mit einer Prise Salz vermutlich, hm?«

»Er hat seine Zustimmung gegeben.«

»Aye, das glaub ich wohl.« Wolpert lächelte noch immer. »Warum auch nicht? Aber doch sicher mit Blick auf eine fernere Zukunft. Er wird Euch noch eine Weile behalten wollen.«

»Nein, Sir. Er hat hinsichtlich der Zeit keine Bedingungen gestellt.« Erasmus besaß großen Familienstolz, und soweit er über die Antwort seines Vaters nachgedacht hatte, erschien sie ihm, abgesehen von der Erleichterung, die er darüber empfand, wie eine Gunst gegenüber den Wolperts, wie etwas, worüber sie froh sein sollten. Doch nun sah er plötzlich das nachsichtige Lächeln auf dem breiten Gesicht verschwinden, und für etliche Augenblicke fühlte er die Augen des älteren Mannes auf sich gerichtet wie vielleicht auf einen nicht ganz vertrauenswürdigen Geschäftspartner – nicht direkt unfreundlich, aber abschätzend und ziemlich kalt.

»Verstehe ich recht?« fragte Wolpert in ruhigerem Ton. »Euer Vater hat sein sofortiges Einverständnis zu dieser Heirat gegeben?«

»Das habe ich gesagt«, erwiderte Erasmus brüsk.

Wolpert schien eine Weile nachzudenken, dann sagte er: »Nun hört gut zu, junger Herr. Meine Tochter ist noch nicht achtzehn Jahre alt. Sie ist zu jung, um sich mit Versprechungen zu belasten. Ihr könnt zu ihr sagen, was Ihr wollt, und sie kann Euch nach Belieben antworten – ich kann nicht immer dabeisein und deshalb auch nichts dazu sagen. Aber ich werde keine besonderen Verabredungen gutheißen, zumindest nicht in nächster Zeit. Ihr könnt meine Tochter sehen wie bisher, als Freund unter Freunden. In ein paar Monaten wird sie achtzehn, dann sehen wir weiter.«

Als er sich erhob, um die Unterredung zu beenden, fing er einen sengenden Blick aus den Augen des jungen Mannes auf, der einem Rivalen hätte gelten können. »Ich erwarte, daß Ihr Euch unserem Gespräch gemäß verhaltet und meinen Wunsch respektiert«, sagte er mit ungewollter Schärfe. »Meine Tochter werde ich von beidem unterrichten.«

Er tat dies auf gütige Weise und gewann den Eindruck, daß das Mädchen erleichtert war. Am selben Abend sprach er mit seiner Frau darüber, die, wie er jetzt entdeckte, die Situation schon seit einiger Zeit beobachtet und die Tochter auf eine Weise ausgehorcht hatte, die ihm nie in den Sinn gekommen wäre. Über die Stärke der Gefühle des jungen Mannes konnte kein Zweifel bestehen. »Er kann die Augen nicht von ihr lassen«, sagte Mrs. Wolpert selbstgefällig. »Er folgt jeder ihrer Bewegungen.« Die Stickerei auf dem Schoß, die Augen sanft, das Haar unter der Spitzenhaube versteckt, schien sie solchen verschlingenden Blicken weit entrückt; trotzdem gelang es ihr, dem Gatten eine Ahnung davon zu vermitteln. Was der junge Kemp empfand, stünde ihm doch ins Gesicht geschrieben. Und seine Augen! So glutvoll und feurig! Es ließ sich nicht leugnen: Er war ein gutaussehender junger Mann. Alles andere als gewandt, das mußte man sagen, doch Sarah war sich dessen bewußt, des Aussehens und des Benehmens. Wildheit war die aufkommende Mode …

»Wenn es denn eine Mode ist, kann sie nicht gar so wild sein«, sagte Wolpert trocken. »Und Sarah, wie sieht sie ihn?«

»Natürlich ist ein junges Mädchen von soviel Aufmerksamkeit beeindruckt.« Mrs. Wolpert schwieg eine Weile, jedoch ohne ihren Mann anzusehen. »Ich denke, sie fürchtet sich etwas vor dem jungen Mann«, sagte sie schließlich, »obwohl sie bei dieser Vorstellung, lachen würde.«

»Sie fürchtet sich? Sie ist doch sonst nicht leicht einzuschüchtern.« Wolpert dachte einen Moment nach, dann sagte er: »Wenn sie sich vor ihm fürchtet, kann sie nicht viel Zärtlichkeit für ihn empfinden.« Darauf bedachte ihn seine Frau mit einem mitleidigen Blick, und wie gewöhnlich reagierte er gekränkt darauf. »Warum erfahre ich nichts von diesen Dingen?« verlangte er zu wissen. »Warum bin ich immer der letzte, der so etwas erfährt? Ich wette, der alte Andrew weiß mehr davon als ich. Ihr seid mir eine feine Ehefrau. Sich mit der Tochter zu verschwören und mich im dunkeln tappen lassen.«

Aber er selbst ließ Frau und Tochter und jeden anderen im dunkeln über den Schritt, den er als nächstes in dieser Sache unternahm. Vielleicht, sagte er sich, war er in bezug auf Herzensangelegenheiten etwas beschränkt – konnte ja sein; aber er war es bestimmt nicht, wo es um materielle Angelegenheiten ging. Kemps bereitwilliges Einverständnis hatte seinen Verdacht erregt. Am folgenden Nachmittag suchte er einen Mann namens Partridge auf, dessen Dienste er schon früher einmal für eine taktvolle Überprüfung der Kreditwürdigkeit eines Kunden in Anspruch genommen hatte; seine Gründlichkeit und Diskretion hatte er nicht vergessen.

Partridge bezeichnete sich als Anwalt. Er hatte ein enges, unordentliches Büro im oberen Stock eines Hauses in der Limekiln Lane, in das die schlechten Gerüche einer Gerberei hinaufdrangen. Den größten Teil seiner Arbeit erledigte er jedoch in Registraturen, Kontoren, Schreibstuben, in Gasthäusern und Schenken, die von Schreibern, Lagerverwaltern und den untergeordneten Mitarbeitern der Geschäftshäuser besucht wurden. Er trug schäbige schwarze Anzüge, war mager und hohlwangig, und unter seiner alten, zerzausten Ziegenhaarperücke blickte ein Paar recht scharfer Augen hervor.

»Denkt daran«, sagte Wolpert, »höchste Diskretion ist nötig. Bei den Leuten heißt es gleich: Wo Rauch ist, muß auch Feuer sein. Mr. Kemp ist ein langjähriger Bekannter von mir, den ich sehr schätze. Alles, was ich will, ist Klarheit über seine geschäftliche Situation.«

»Die werdet Ihr bekommen. Keine Sorge, werter Herr. Joshua Partrigde ist die Diskretion in Person. Er ist berühmt dafür.«

»Berühmt für Diskretion?«

»Das ist nicht unbedingt ein Widerspruch, Sir. Ich meine

natürlich unter denen, die mich mit Aufträgen beehrt haben. Ohne diese Reputation wäre ich morgen arbeitslos. Kurz gesagt«, ergänzte Partridge mit einem seiner plötzlichen Ausbrüche von Offenherzigkeit, die seine Sprechweise kennzeichneten, »ich befände mich im Handumdrehen auf dem Müll.« Er legte eine Pause ein, um sich am Ohr zu kratzen. Dann sagte er: »Ich werde zusätzlich zu der bereits vereinbarten fünfzigprozentigen Vorauszahlung eine weitere Summe von zehn Shilling pro Tag verlangen für die gesamte Dauer der Nachforschungen, um meine Spesen zu decken. Kurz gesagt, Sir –«

Wolpert war durchaus bereit zu zahlen, aber er zahlte nie, ohne vorher über den Preis zu reden. »Soviel ich mich erinnerte, ist das erheblich mehr als das letzte Mal, da ich die Ehre hatte, Euch zu beschäftigen, Mr. Partridge.«

»Sir«, entgegnete Partridge, »wir leben in einem expandierenden Zeitalter, die Nation erlebt eine Blütezeit, unsere Stimme hat sich in Europa Gehör verschafft. Die Kehrseite sind die täglich steigenden Kosten; und davon betroffen sind auch Geschenke, Belohnungen und jede Art von pekuniärem Anreiz. Viele Leute werden reicher, und sehr viel mehr werden ärmer. Leider Gottes haben beide Klassen heutzutage höhere Erwartungen.« Der Anwalt verzog seine hageren Wangen zu einem Lächeln. »Kurz gesagt, Sir«, platzte er freimütig heraus, »die Höhe der Bestechungsgelder ist enorm gestiegen.«

18

Tag für Tag drang die *Liverpool Merchant* weiter nach Süden vor. Unter vollen Segeln und bei günstigem Wind stampfte sie, Bug und Heck in gleichmäßigem Rhythmus hebend und senkend, durch die wogende See. Manchmal erschien am Horizont für kurze Zeit ein anderes Schiff wie ein hingehauchter Fleck auf einem Spiegel; doch die meiste Zeit konnte sich die *Liverpool Merchant* allein auf dem Ozean fühlen, als wäre sie das einzige Handelsschiff der Welt und nicht, wie in Wirklichkeit, Teil einer riesigen Flotte, die, aus ganz Europa kommend, von Männern mit Initiative und Vision ausgeschickt worden war, um sich am größten wirtschaftlichen Unternehmen zu beteiligen, das die Welt je gesehen hatte, das den Lauf der Geschichte veränderte und in ungeahntem Ausmaß Tod, Entwürdigung und Profit mit sich brachte.

Daß das Schiff nur ein winziges Teilchen in dieser Lebensader darstellte, hätten sich die Männer an Bord nur schwer vorstellen können. Für sie war es ein Universum aus Routinegeräuschen – das halbstündige Glasen, die Kommandorufe, die anschlagenden Wellen, das Ächzen und Knarren der Hölzer unter dem Druck von Wind und See. Kräfte, die weniger greifbar, aber mindestens ebenso einflußreich waren, wirkten auf die Beziehungen der Männer untereinander; es entstanden Sympathien und Antipathien wie in allen Gemeinschaften.

Nach vierzehn Tagen auf See spürten sie allmählich eine Veränderung im Klima. Hughes merkte es als erster, während er sich am Großtopp bereithielt, um das Segel loszumachen. Hier oben, allein am obersten Ende des höchsten Mastes, fühlte er sich am wohlsten; hier war der einzige Ort, wo er der Enge des nächtlichen Decks entfliehen, wo er sicher sein konnte, daß niemand in seine Nähe kam. Er kletterte Hand über Hand, den Blick zum Himmel gerichtet, wo die Einsamkeit wohnte, trittsicher in den Webleinen trotz der nackten Füße, der Körper eins mit den Bewegungen des schwankenden Schiffs. Die meisten Männer der Crew konnten in der Takelung arbeiten, und Männer wie Blair, Wilson, Libby und Deakin waren tüchtige Seeleute; aber keiner konnte es in den Toppen mit Hughes aufnehmen, keiner kletterte so schnell und mit so traumwandlerischer Sicherheit wie er. Er war schneller auf den Salingen als Männer, die nur halb so alt waren wie er; und wenn in stockfinsterer Nacht der Sturm an ihm zerrte und das Schiff wie ein wildes Pferd bockte, um ihn abzuwerfen, bewahrte er Ruhe und sicheren Stand und machte das Segel fest.

An diesem sonnigen Morgen, gerade als er sich zurücklehnte, um für einen raumen Wind aufzubrassen, kam der Wohlgeruch des Südens zu ihm über das Wasser, ein linder, balsamischer Hauch. Das Schiff neigte sich nach Steuerbord, und Hughes sah direkt unter sich, dicht an der Wasseroberfläche, Delphine neben dem Schiff. Die Sonne prallte auf sie nieder, und die dahineilenden Tiere formten und lösten sich auf, abwechselnd dunkelgrau, silber und blau, dann schillernd und fließend im Sonnenlicht. Hughes, der sich von Jugend an verunsichert gefühlt hatte, wenn ihm Menschen zu nahe kamen, und einmal in seiner Hysterie einen Mann schrecklich verwundet hatte, war glücklich, in diesem klaren Wetter über den Wolken der Segel und den in schillernden Regenbogen springenden Delphinen zu schweben.

Paris, der auf dem hinteren Teil des Decks auf und ab spazierte, erkannte die südliche Breite am weicheren Himmelsblau und dem gelegentlichen Perlenschimmer über der See. Er sah zum erstenmal in seinem Leben fliegende Fische und notierte dies in seinem Tagebuch. Er hatte in diesen täglichen Aufzeichnungen seiner Beobachtungen und Eindrücke unverhofften Trost gefunden, denn sie boten ihm die Möglichkeit, auch jetzt noch mit Ruth zu sprechen, ihr Dinge zu erzählen, die sie vielleicht nicht kannte, seine Gedanken vor ihr auszubreiten und sie zumindest ähnlich wie früher mit ihr zu teilen.

Er arbeitete auch an der Harvey-Übersetzung weiter, um der Monotonie dieser Fahrt nach Süden etwas entgegenzusetzen. Außerdem gab ihm diese Arbeit das Gefühl, ein unabhängiges Wesen zu sein; und sie hielt, wenigstens vorübergehend, die Bedrücktheit fern, die ihn, wenn er untätig war, Tag und Nacht beschlich. Er fühlte sich den äußeren Kräften ebenso ausgeliefert wie das Schiff oder auch das Meer, dessen kleinste Regung bedingt war, das sich, ob tobend oder ruhend, fügen mußte. Gefügig waren aber auch die gewaltigen Kräfte, die es regierten, gefügig die Ufer, an denen es fraß. Paris stellte sich das Ganze als ein Gewirr aus konzentrischen Kreisen auf einer einzigen Ebene vor, eine plattgedrückte Spirale, und er selbst war irgendwo darin ein

Stäubchen. Jenseits und darüber wölbte sich das Prinzip Harmonie, das Alexander Pope in seinem *Essay in Man* so beredt vertrat.

Vertreter ebendieser Harmonie hatten in einem Ausbruch unseliger Parteilichkeit all seine Hoffnungen zunichte gemacht und sein Leben zerstört. Und nun, an einer anderen Stelle der Spirale, gab es fliegende Fische, die Ruth nie gesehen hatte:

> Sie sind, soweit ich es beurteilen kann, an die achtzehn Zoll lang und haben gegabelte Schwanzflossen wie Schwalbenschwänze, nur ist eine Seite kürzer als die andere. Sie haben zwei Flügel, die genau gesagt keine Flügel sind, sondern, wie ich vermute, die vergrößerten und zum Zweck des Fliegens besonders geformten Brustflossen. (Wie diese Form zustande kam, ist eine ungeheuer weitreichende Frage.) Ich habe nicht gesehen, daß die Fische ihre Flügel bewegen. Sie gleiten eher. Sie scheinen unter Wasser zu beschleunigen und, sobald sie an die Oberfläche kommen, mit dem noch untergetauchten Schwanz schnelle Schläge auszuführen; das gibt ihnen den letzten Schwung, den sie brauchen, um sich in die Luft zu erheben. Einmal in der Luft, können sie wiederholt über das Wasser »fliegen«, indem sie sich jedesmal, wenn sie unter die Wasseroberfläche sinken, wieder mit dem Schwanz emporschnellen. Diese Tiere haben genau die richtige Gestalt für das, was sie tun; das läßt sich durch Beobachtung leicht feststellen. Aber warum sie es tun, bleibt im dunkeln. Warum sind ausgerechnet diese Fische unter den vielen Meeresbewohnern so gebaut, daß sie fliegen können? Gibt es unter den Fischen Lungenatmer? Ich könnte unseren guten Kapitän fragen, vielleicht nur, um ihn mit seiner furiosen Verachtung kämpfen zu sehen, die eine solche Frage in ihm wecken würde. Wenn die Atmung die Entwicklung bestimmt, wäre der Adler höher einzuordnen als der Zaunkönig …
> Durchaus berechtigt erscheint mir die Frage, ob bei diesen fliegenden Fischen beschädigte Flossen ersetzt werden

können. Wir wissen, daß bei der Eidechse der Schwanz nachwächst; und Réaumur hat zweifelsfrei bewiesen, daß beim Flußkrebs eine neue Schere nachwachsen kann. Dies alles spricht überzeugend gegen eine einmalige Schöpfung und eine immer gleichbleibende Ordnung. Wenn einem Krebs eine neue Schere wachsen kann, warum dann nicht einem Vogel ein neuer Flügel? Wenn einer Eidechse im Augenblick der Schöpfung diese besondere Gabe zuteil wurde, warum erhielten sie andere Lebewesen nicht?

Paris hielt inne. Die Tür seiner Kabine stand offen. McGann, der kleine spitzgesichtige Schotte, stand im Rahmen. Er war einer der Männer, die kurz nach dem Auslaufen entlaust und neu eingekleidet worden waren. Der Leinwandkittel hing schlotternd an ihn herab; die sackartigen Hosen hatte er bis zu den Knien hochgerollt.

»Bitt um Vergebung, Doktor«, sagte er und nahm die Wollmütze von seinem geschorenen Kopf, »es brennt schon wieder so beim Pinkeln.«

»Ich habe dir doch erklärt, warum das so ist«, sagte Paris. Trotzdem war er irgendwie froh, den Mann hier zu sehen. Als Arzt hatte er bis jetzt nicht viel zu tun gehabt. Er hatte sich um Wilsons Rücken gekümmert, einem Mann namens Bryce einen faulen Zahn gezogen, Morgan, dem Koch, eine Brandwunde verbunden und McGanns Gonorrhöe mit Quecksilber behandelt. »Das Schlimmste hast du schon überstanden«, sagte er. »Du hast keinen Schanker. Dein allgemeiner Gesundheitszustand wird durch diese Sache nicht beeinträchtigt.«

McGann warf ihm aus seinen wäßriggrauen Augen unter den hellen Brauen einen listigen Blick zu. Sein Tripper störte ihn offensichtlich wenig; das war nur ein weiterer Posten in der Summe der Mühen und kleinen Tricks, aus denen sein Leben bestand. »Es tut aber arg weh«, sagte er.

»Zweifellos«, erwiderte Paris. »Liebesfreud, Liebesleid, so heißt es doch, nicht wahr? Aber es geht vorüber.«

McGann machte keine Anstalten, sich zurückzuziehen, sondern blieb, wo er war, die Mütze in der Hand, die Augen gesenkt, als wartete er auf ein Wort, das er wie ein Geschenk mitnehmen könnte, oder vielleicht auch auf etwas Handfesteres, dachte Paris. Er hatte gelernt, in Gesichtern zu lesen, und in McGanns Gesicht erkannte er eine Art Reduzierung auf das Notwendigste, was ein Mensch zum Überleben brauchte. Dieser Mann mit dem kleinen, unbedeutenden Sommersprossengesicht, dem geschrumpften Mund und der aufgesetzten Munterkeit hatte jedes Mißgeschick, jede mögliche Mißhandlung erduldet. McGanns Leben war nur noch Improvisation; er versuchte, aus jeder Situation einen Vorteil herauszuschinden, und sei er noch so klein.

»Ich weiß nicht, was du von mir willst«, sagte Paris. »Du bist arbeitstauglich. Alles, woran du jetzt leidest, ist eine leicht entzündliche Schleimabsonderung an der Membran der Harnröhre.«

McGann hielt die Augen respektvoll gesenkt, aber er schien beeindruckt. »Herrjemine«, sagte er. »So was hab ich auch? Wo ist das denn?«

Auch Billy Blair, der mit Sullivan und dem schweigsamen Wilson die Strömung prüfte, nahm die Veränderung wahr – einen durch die Weite ganz fein verteilten Duft. Er hob seine stumpfe Nase und schnupperte nach unsichtbaren Ufern. »Bald sind wir bei den Kanaren«, sagte er. »Blair mit der scharfen Nase riecht Pinien und Gewürze. Und die Afrikanerinnen.«

Er sagte dies vor allem, um Sullivan von seinem nicht enden wollenden Kummer über die erzwungene Waschung abzulenken. Nach vierzehn Tagen auf See war jede obszöne Anspielung ein willkommener Anlaß zur Zerstreuung, doch bei Sullivan versagte der Trick. »Nein«, entgegnete der Fiedler. »Du kannst es drehen und wenden, wie du willst. Einem Mann die Kleider vom Leib reißen und Wasser über ihn schütten und seine Klamotten verbrennen und ihm welche geben, die er gar nicht haben will und in denen er nicht mal als Toter gehen würde, ihn scheren, daß das Blut spritzt, und alles gegen sein' Willen – ich sag dir, es ist ein Schlag gegen die Freiheit des einzelnen, und er trifft jeden an Bord.«

»Er trifft nicht jeden an Bord«, erwiderte Billy, »weil nicht jeder an Bord ein zweibeiniger Flohbeutel ist. Ich zum Beispiel nicht. Und wie ist's mit dir, Kamerad?«

Damit wandte er sich an Wilson, der nach ein paar Augenblicken finsteren Grübelns meinte, es gäbe Schlimmeres als Flöhe.

»Kann ja sein«, sagte Billy ungeduldig. »Es gibt Filzläuse, Ratten, Maulsperre, aber das ist nicht der Punkt. Seine Jacke war hin. Sie bestand nur noch aus Fetzen.«

»Die Jacke hätte man flicken können«, sagte Sullivan. »Die hätte nur in die liebevollen Hände einer Frau gehört. Und außerdem waren an der Jacke sechs Messingknöpfe. Die waren so gut wie neu. Und wo sind sie geblieben? Ich warte bloß den richtigen Moment ab, dann frag ich Haines. Und nicht genug damit, ziehen sie mir drei Shilling für dieses grobe Zeug von meiner Heuer ab, obwohl ich es gar nicht haben wollte.«

»Dir haben sie weniger abgezogen als mir«, sagte Billy.

»Sie ziehen uns beiden zwei Monatslöhne ab für das, was sie ausgegeben haben, um uns zu kriegen.«

»Aye, aber ich habe als Vollmatrose angeheuert und du nur als Leichtmatrose, und der Unterschied zwischen uns ist vier Shilling pro Monat. Also nehmen mir die Mistkerle acht Shilling mehr ab.«

»Das ist noch so was, was einen im Innersten kränkt«, sagte Sullivan. »Warum sollst du vier Shilling im Monat mehr wert sein als ich? Wir sind beides Männer, oder? Und ich bin begabt für die Musik.«

»Verdammich, Sullivan! Ich hab schon manchen Esel erlebt, aber noch keinen, der alles so verdreht auffaßt wie du. Du solltest froh sein, daß sie dir acht Shilling weniger abziehen als mir.«

»Wir verlieren beide dasselbe«, sagte Sullivan. »Sie nehmen uns haargenau gleich viel ab.«

»Also, Moment mal«, sagte Billy gereizt. Aber auf seinem Gesicht breitete sich langsam Verwirrung aus. »Wenn sie mir acht Schilling mehr abziehen als dir, wie zum Teufel können sie uns dann das gleiche abziehen?«

»Diese acht Shilling«, erklärte Sullivan geduldig, »sind nur eine Idee in deinem Kopf, Billy. Das ist nur der Unterschied, den sich diese Halsabschneider für uns ausgedacht haben. Aber wir müssen beide zwei Monate umsonst arbeiten und unser Leben riskieren zwischen all den ungetauften Schwarzen ...«

Sullivan schien ein bißchen den Faden zu verlieren. Seine Augen blickten auf die drei oder vier Männer, darunter auch Libby, die, gegen die Winsch gelehnt, Taue bekleideten – auf Anordnung von Thurso, der mit einer langen Liegezeit vor der westafrikanischen Küste rechnete und die Ankertrosse verstärkt haben wollte, damit sie in der Klüse nicht durchscheuerte.

»Nun red schon zu Ende, Mann«, sagte Billy ärgerlich. »Hör auf zu träumen.«

»Ich hab alles gesagt«, antwortete Sullivan. »Nach zwei Monaten haben wir nichts, also haben sie von uns beiden das gleiche genommen. Woher, meinst du, hat er es gewußt?«

»Wer?«

»Die Mißgeburt da unten. Libby. Mir ist gerade eingefallen, daß er etwas gesagt hat von einem neuen Anzug. Er hat gewußt, daß sie mir meine Sachen wegnehmen würden.«

»Wundert mich nicht«, erwiderte Billy nach einem Blick in Libbys Richtung. »Er ist doch der Furzfänger von Haines.«

»Die kennen sich von früher«, sagte Wilson. »Sie waren zusammen auf einem Guineafahrer.« Sein mürrisches Gesicht wurde plötzlich lebhaft. »Haines«, stieß er heftig hervor, »dieser Hurensohn. Aber diesmal ist er an den Falschen geraten. Nach dieser Reise wird der nie wieder aufrecht gehen. Das hab ich mir geschworen.«

Libby amüsierte sich unterdessen mit einem seiner Scherze, die immer auf Kosten anderer gingen. Er sowie ein Mann namens Tapley und der Schiffsjunge Charlie waren zum Bekleiden der Ankertrosse geschickt worden. Jeder hatte sich einen Abschnitt vorgenommen und umwickelte sein Trossenstück mit alten Tauen. Calley, der ebenfalls dazu abkommandiert wurde, nahm ein Stück, das bereits darauf wartete, gespleißt, also mit einem anderen Tauende verbunden zu werden. In seinem Eifer, seine Arbeit gut und richtig zu machen, hatte er auf die zwei Zoll mehr Umfang, die sein Tau hatte, nicht geachtet und sofort begonnen, mit gesenktem Kopf und äußerster Konzentration zu arbeiten.

Charlie wollte ihn auf seinen Fehler aufmerksam machen, aber Libby hielt ihn zurück. Tapley zwinkerte er nur zu. Er wartete, bis Calley ein gutes Stück umwickelt hatte, dann sagte er: »Kommst gut voran, Daniel, was?«, und dabei grinste er Tapley und den Schiffsjungen an, von denen er mit dem untrüglichen Instinkt des Tyrannen wußte, daß sie ihn fürchteten. »Aus dir wird noch ein richtiger Seemann, Daniel.«

Calley lächelte, ohne aufzusehen. Seine Lippen waren geöffnet, und da er alle Aufmerksamkeit seiner Arbeit widmete, trat seine stumpfe rosige Zunge ein wenig hervor. Aus der weichen Falte seines Mundwinkels hatte sich ein Speichelfaden gelöst und eine silbrige Schneckenspur über sein Kinn gezogen. Auf der kurzen Schrägung seiner Oberlippe lag hellglänzender Schnodder. Alles, was Calley absonderte, war irgendwie rein und von zauberischem Glanz; seine Schweißtropfen schimmerten wie kleine Perlen. Er schwieg, aber innerlich war er stolz auf seine Leistung. Er wickelte und wickelte mit seinen großen schwieligen Händen, wie er es bei den anderen gesehen hatte, schob die geteerten Seilstränge fest zusammen, achtete darauf, daß sie nicht über Kreuz lagen, während das dicke Hanfseil warm und schwer auf seinen Schenkeln lag.

»Bald bist du nicht nur der beste Wichser an Bord«, sagte Libby, »sondern auch der beste Wickler. Hast du ihn schon mal gesehen?« sagte er an Charlie gewandt. »Jede Nacht geht er vor zur Latrine und holt sich einen runter. Du kannst die Uhr danach stellen. Bist du auch schon so beschäftigt damit, es dir zu besorgen, daß du nichts mehr hörst? He, du, ich rede mit dir!«

Der Schiffsjunge wandte Libby sein unterernährtes, sommersprossiges Gesicht zu. »Ja«, sagte er. »Stimmt genau.«

»Daß du wichst?«
»Genau.«
Libby starrte ihn eine Weile an. Die gefühllosen Ränder seines blinden Auges hatten sich einen Spaltbreit geöffnet. »Schade. Ist glatt 'ne Verschwendung.«
»Verschwendung von was?« Deakin war barfuß dazugekommen, so daß sie ihn nicht gehört hatten. »Gebt mir ein Stück von dem Tau«, sagte er, während er sich zwischen Calley und Tapley niederließ. »Haines hat gesagt, ich soll euch ein bißchen helfen. Was zum Henker machst du da?« fragte er Calley.
»Daniel bekleidet ein Kabeltau, und wir sind ganz stolz auf ihn, weil er es so gut macht.« Libby zwinkerte spaßhaft. »Nun stör ihn nicht bei der Arbeit.«
Deakin sagte ruhig: »Daniel, hör einen Moment auf und sieh her. Merkst du nicht, daß du an einem losen Kabelende arbeitest und nicht an der Ankertrosse? Du vergeudest deine Zeit, und wenn jemand kommt und dich dabei erwischt, kriegst du Ärger. Wer hat dir gesagt, daß du dieses Stück bekleiden sollst?«
»Einer von ihnen.« Calley deutete auf die anderen. »Sie haben gesagt, ich soll's damit machen.«
»Der Teufel soll mich holen, wenn wir dem Schwachkopf was gesagt haben«, sagte Libby. »Was mischst du dich ein?«
»Du mußt das alles wieder aufdröseln«, sagte Deakin. »Danach zeig ich dir, wie man das Kabel erst windet und dann umwickelt.«
»Ich will nicht alles wieder aufdröseln«, erwiderte Calley. »Ich hab's doch richtig gemacht.«
»Du hast es richtig gemacht, aber am falschen Tau. Das Stück hier braucht nicht bekleidet zu werden.«
Calley blickte auf das Tau in seinem Schoß und dann in Libbys grinsendes Gesicht. Er schien einen ganz bestimmten Verdacht zu schöpfen.
»Ihr hättet es ihm sagen sollen«, sagte Deakin zu Tapley und Charlie. Libby sah er nicht an. »Die Männer auf einem Schiff sollten zusammenhalten. Egal, auf welchem.«
»Wir haben einen Prediger unter uns«, höhnte Libby. Sei-

ne gute Laune war dahin. Der Scherz war nach hinten losgegangen, und er fühlte seine Autorität untergraben. »Du hältst doch zu nix«, sagte er. »Du ziehst doch nur den Schwanz ein und haust in' Sack.«

Deakin sah ihn ausdruckslos an. Da hatte also jemand gequatscht. »Glaubst du, ich würde vor dir weglaufen?« sagte er. »Du bist groß und stark, aber wenn man dir in die Eier tritt, gehst du in die Knie wie jeder andere.«

»Du Scheißkerl«, sagte Libby. »Ich mach dich kalt.«

In Calleys Blick erschien etwas Irres, als Libby Deakin drohte, dem Mann, der sich seiner angenommen hatte. »Nein, nicht«, rief er. Und noch bevor Libby begriff, hatte sich Calley erstaunlich behend aus seiner sitzenden Stellung in die Hocke gestemmt. Mit der linken Hand stützte er sich auf das Deck, die rechte hatte er zur Faust geballt, den Arm zum Schlag bereit angewinkelt.

Deakin bekam Calley gerade noch rechtzeitig an der Schulter zu fassen, um ihn zurückzuhalten. »Sie peitschen dich aus, wenn du eine Keilerei anfängst«, warnte er. Er hielt ihn fest, und nach ein paar Sekunden fühlte er, daß sich die Muskeln in Calleys Arm lockerten. »Er ist es nicht wert«, sagte er beruhigend.

Calley spürte in dem roten Nebel aus Wut die Hand auf seiner Schulter und erkannte die Berührung. Es war Deakin, der tröstliche Worte zu ihm gesprochen hatte und ihn in der Dunkelheit des Schiffsbauchs berührt hatte. »Deakin ist kein Scheißkerl«, sagte er.

Einsamkeit und Verzweiflung begleiteten Calley seit seinem ersten Tag auf See. Barton hatte sich als falscher Freund erwiesen; seit er an Bord war, hatte er ihn nur gescholten und herumgestoßen. Der Traum von Afrika und den heißen Mädchen hatte sich in nichts aufgelöst. Wenn er nachts in eine einsame Ecke kroch und sich rieb, um in der Dunkelheit hechelnd Trost und kurzen Genuß zu finden, dann dachte er meistens an die lahme Kate. Doch jetzt blickte er lächelnd auf, und die Spuren seines Zorns lagen rosig und unschuldig auf seinen glatten Wangen. »Deakin ist mein Freund«, sagte er.

19

»Hexenbrut, nun aber fort!
Hol uns Brennholz, und beeil dich, rate ich dir,
da du noch für andere Arbeit gebraucht wirst.
Du zuckst die Achseln, Niedertracht?
Wenn du versäumst oder zögernd tust, was ich dir befehle, foltere ich dich …«

»Nein, nein, Prospero, o Gott, bitte, ich muß hier wirklich unterbrechen.« Der Regisseur sprach auf seine übliche schleppende Weise, doch seine Worte ließen den stürmischen Zauberer innehalten, wenn auch mit leicht schäumendem Mund und dem Platzen nahe unter dem Druck seiner angestauten Worte. Sie probten in der Bibliothek, weil es draußen regnete. »Nein, nein«, wiederholte der Direktor. »Ihr seid viel zu schnell. Caliban muß Zeit haben für ein richtiges Achselzucken. Wozu ihn fragen, ob er die Achseln zuckt, und ihm mit Gicht und Rheumatismus drohen, wenn Ihr ihm nicht die Zeit laßt, es zu tun?«

Er hieß Henry Adams und war, wie Charles Wolpert versichert hatte, an den Londoner Bühnen wohlbekannt. Er war ein blasser, stelzbeiniger Mensch mit schönen Augen, schlechten Zähnen und modisch-gelangweilten Manieren.

»Genau das sage ich Euch immer wieder, Bulstrode«, sagte der Hilfsgeistliche. »Ich brauche Zeit.« Wie immer bei diesen Proben war er blaß vor innerer Anspannung, und sein feines Haar sträubte sich wie gewöhnlich.

»Also, was das betrifft«, erwiderte Adams, »erlaubt mir, Euch zu sagen, daß Ihr Euch bei Eurem Achselzucken viel zu sehr aufrichtet. Ihr macht mir das Monster Caliban verwerflich stolz.«

»Aber Sir, verzeiht mir, genau das ist meine Absicht«, entgegnete der Hilfsgeistliche erregt. »Ich sehe Caliban als einen stolzen und rebellischen Charakter.«

»Caliban ist nur auf eine Weise zu sehen, Reverend, Sir«, sagte Adams gleichgültig, »und das ist die meine, solange ich das Stück leite. Ich möchte ein mehr kriecherisches Achselzucken. So.« Er bückte sich leicht, drehte den Oberkörper zur Seite und führte eine lange, schlangenartige Bewegung aus, die bei seinen dürren Knien zu beginnen schien. »Eine Spur krummer, geduckter, guter Herr.« Er seufzte. »Versucht es noch einmal.«

Erasmus stand allein in einer Ecke des großen Erkerfensters und beobachtete diese Demonstration mit Staunen und Abscheu. Daß ein Mensch innerhalb kürzester Zeit bald mit seiner eigenen, bald mit einer fremden Stimme sprechen konnte, daß er so übergangslos in Mimik und Gestus eines anderen schlüpfen konnte, fand er beinahe obszön. Und es gab noch andere Dinge, die ihm an dem neuen Regisseur mißfielen, sogar eine ganze Reihe davon: der ausgefallene Schnitt seines Rocks, die knapp sitzenden Hosen, das Wangenrouge, der zu einem schwarzen Schönheitsfleck umgestaltete Pickel, das gelangweilte, vornehme Getue eines von Provinzlern umgebenen Städters, die schmuddeligen Spitzenmanschetten. Unter normalen Umständen hätte Erasmus an alldem nicht mehr Anstoß genommen, als nötig war, um sich in seinen Vorurteilen bestätigt zu sehen. Was seinen Zorn erregte, waren die Freiheiten, die sich Adams mit seinen Händen herausnahm. Ein Theatermann bis in die Fingerspitzen, hatte Charles Wolpert ihn genannt. Diese Fingerspitzen mit den dazugehörenden Händen lagen Erasmus allzuoft auf den weiblichen Personen des Stücks und ganz besonders oft – so jedenfalls erschien es ihm – auf Miranda. Das beunruhigendste aber war, daß Miranda dies nicht im geringsten übelzunehmen schien. Da stand sie, wunderschön in ihrem hellblauen Taftkleid, aber sie hatte keine Augen für ihn – sie wartete nur auf ihren Auftritt.

»Prospero und Caliban ab, husch, husch, und Mr. Parker, bei dem Zähnefletschen über die Schulter bitte etwas weniger dick auftragen. Caliban ist eingeschüchtert, er muß sich noch tiefer ducken. So, und jetzt kommt die Szene mit Ferdinand.«

Adams wandte sich an Miranda. »Das Stück ist voller Doppelbödigkeit. Alles ist hervorragend paradox. Es ist ein Stück, das exakt in die Zeit paßt, voll spöttischer Anspielungen, Zartgefühl und Kultiviertheit.«

Er hatte Miranda tief in die Augen gesehen, als er von der Vieldeutigkeit des Stücks sprach; zumindest bildete sich Erasmus das ein. Und wenig später erging sich Adams in Bemerkungen über Ferdinand, die alles noch schlimmer machten. »Du lieber Gott«, sagte er, »Ihr sollt bezaubert sein von schwebender Musik, gedankenverloren, vielleicht etwas verwirrt, aber nicht, mein junger Freund, aufs Haupt geschlagen.«

Da dies nicht an ihn persönlich, sondern an den Mann in der Rolle des Ferdinand gerichtet war, gab es nichts, was Erasmus hätte erwidern können, und wenn er sich noch so gekränkt fühlte; dazu kam, daß einige Mitspieler über Adams' boshafte Worte lachten. Besonders laut gebärdete sich dabei der speichelleckerische Lehrer. Miranda lachte nicht, aber sie wirkte verdrossen, was Erasmus beinahe noch schrecklicher fand. Und dann, ein wenig später, legte Adams aus keinem für Erasmus ersichtlichen Grund seine Hand auf Mirandas Rücken, auf jene kleine, elegant nach innen gewölbte Stelle unmittelbar über ihrer Turnüre, und ließ sie dort mindestens fünfzehn Sekunden ruhen, während er, den Mund dicht an ihrem Ohr, mit ihr sprach.

Zutiefst verletzt und rasend vor Eifersucht beschloß Erasmus, diesen Adams zu beseitigen und die Fortsetzung der Proben zu vereiteln. Obwohl er die Tragweite seines Entschlusses zunächst kaum überblickte, erkannte er bald genug, daß die Sache keinen Aufschub duldete. Er wußte, daß seine Tage im Ensemble gezählt waren. Der Spielleiter hatte ihn von Anfang an in der Rolle des Ferdinand für eine Katastrophe gehalten; jetzt kam dazu, daß Adams Absichten auf Miranda hatte. Das jedenfalls vermutete Erasmus. Beide Faktoren zusammengenommen, war es nur noch eine Frage der Zeit, bis er von dem Stück ausgeschlossen war und ein anderer einsprang, um in ihre Augen zu blicken und ihr seine Liebe zu gestehen. Vielleicht sogar Adams selbst …

Die Vorstellung war unerträglich. Allein bei dem Gedanken stieg ihm die Röte ins Gesicht, und er ballte die Fäuste. Er dachte daran, die übrigen Mitspieler um Unterstützung anzugehen, vielleicht eine Meuterei unter ihnen anzuzetteln.

Aber er war sich nicht sicher, ob er bei ihnen sofort Hilfe finden würde, und um sie zu überreden, hatte er, selbst wenn ihm dies sein Stolz erlaubt hätte, nicht genug Zeit. Nein, er würde schon allein handeln müssen.

Verschärft wurde das Problem »Adams« durch seinen Kummer über Mirandas gleichbleibend freundliche Haltung. Als der Juni in den Juli überging und das freie Land um die Stadt durch die Farben der Getreidefelder tiefer und lebhafter wirkte, quälte er sich mit der Frage, warum sie keine Abneigung zeigte, warum sich ihr Gesicht nicht im geringsten verdüsterte, wenn dieser posierende Affe seinen weinsauren Atem neben ihr ausstieß, seine Anspielungen machte, seine schmutzigen Hände auf sie legte …

Schließlich formulierte er seine Absicht zu einem feierlichen Schwur, um sich zu binden und den Erfolg zu garantieren. Seit seiner Kindheit glaubte er, daß alles zu bewerkstelligen war, wenn man es sich nur fest vornahm. Zu Hause, in der Stille seines Zimmers, umgeben von Gegenständen, die durch ihre Vertrautheit sakralen Charakter angenommen hatten – ein Paar silberne Hahnensporen, die achte Seligpreisung, von seiner Mutter gestickt in Weiß und Blau, die silberbeschlagenen Duellpistolen, die ihm sein Vater geschenkt hatte, seine mit Maßliebchen verzierte Waschschüssel und der dazu passende Krug –, vor diesen stummen Zeugen sprach er seinen Eid, mit dem Regisseur kurzen Prozeß zu machen, selbst wenn daran die Aufführung des Theaterstücks scheitern würde.

Was danach kam, war nur eine Frage der Taktik, meinte er.

20

Anfang Juli gelangte das Schiff in eine Zone mit trübem Wetter und einer schwachen nördlichen Dünung. Am Morgen des 2. Juli nahm Thurso bei Sonnenaufgang Besteck. Überrascht stellte er eine beträchtliche Kompaßabweichung fest –

normalerweise rechnete man in diesen Gewässern mit einer Mißweisung von höchstens einem Strich. Ihm kam der Verdacht, daß er sich auf einem Kurs östlich der Kanarischen Inseln befand; doch es fiel ihm schwer zu glauben, daß er sich auf einer relativ kurzen Fahrt und bei beständigem guten Wetter so sehr verrechnet haben sollte.

Einen gewissen Grad an Ungenauigkeit war er seit langem gewohnt, denn die Navigation war eine unsichere Sache. Die Breite ließ sich mit einiger Genauigkeit bestimmen durch die Messung der Sonnenhöhe am Mittag; aber für die Längenbestimmung war Thurso auf die Richtungsangabe seines Kompasses angewiesen und, was die Entfernung betraf, auf das Handlog – ein kleines Maßscheit, das an einer mit Knoten gemarkten Leine nach achtern ausgeworfen wurde und zur Berechnung der Fahrt des Schiffes durch das Wasser diente. Dieses Handlog war kein genaues Meßinstrument; es gab immer Abweichungen durch die Abdrift, so daß die Berechnung häufig nicht stimmte. Nur ganz selten wußte der Kapitän eines Schiffes auf See genau, wo er sich befand. Doch heute war der Fehler größer als sonst. Es schien Thurso, als seien sie zwischen Madeira und Porto Santo geraten, ohne das eine noch das andere zu sehen. Wäre dies der Fall, befänden sie sich rund hundertfünfzig Seemeilen östlicher, als er gerechnet hatte. Dieser Verdacht beunruhigte Thurso und verdüsterte sein Stimmung. Er saß mit einer Flasche Brandy allein in seiner Kajüte und brütete vor sich hin, über die Bösartigkeit der Strömung, die sie so weit abgetrieben hatte, woher sie kam und welches Delikt an Bord sie in Bewegung versetzt haben könnte.

Ein paar Stunden später schrieb Paris in sein Tagebuch:

> Heute wieder ein Mann ausgepeitscht. Diesmal, weil er sein Bett beschmutzt hat, obwohl er schon mehrmals von Haines, dem Bootsmann, der, wie ich glaube, allgemein verhaßt ist, ermahnt worden war. Thomas True, so heißt der Mann, erhielt ein Dutzend Hiebe von der Hand unseres bewährten Kapitäns, und im Gegensatz zu Wilson

schrie er von Anfang an. Als es vorbei war, konnte er nicht ohne Hilfe stehen. Daß eine so grausame Bestrafung langgewohnte Unsauberkeit oder vielleicht Symptome einer tieferreichenden seelischen Störung beseitigen kann, glaube ich nicht. Über eine solch unmenschliche Frage will ich gar nicht nachdenken; außerdem könnte ich mich, wollte ich ihr nachgehen, an niemanden an Bord wenden, da meine Stellung als Schiffsoffizier ein offenes Wort unter uns unmöglich macht.

Ich habe für Trues Wunden getan, was ich konnte. Vor kurzem habe ich auch die entzündeten Augenlider eines Crewmitglieds namens Cavana behandelt, eine Entzündung, die, wie ich fürchte, venerisch ist. True erzählte mir, er sei als junger Mann nach Liverpool gekommen, um seine Lage zu verbessern, nachdem er seit seinem zehnten Lebensjahr in einem Steinbruch in Nordwales gearbeitet hatte. Als er kein Geld mehr hatte, gewährte ihm ein Gastwirt Kredit und drohte ihm hinterher mit den Behörden, wenn er sich weigerte, auf einem Sklavenschiff anzuheuern. Obendrein mußte er, im Fall seines Todes, dem Gastwirt seinen gesamten Lohn für die Fahrt vermachen.

Inzwischen ist er auf mehreren Sklavenschiffen gefahren. Er sagt, freiwillig ginge er auf kein Guineaschiff, auch wenn hier mehr bezahlt würde – anscheinend bekommen die Männer als Anreiz zwei Shilling pro Monat zusätzlich zur normalen Heuer. Angesichts der schlechten Bedingungen auf diesen Schiffen und der Gefahren für die Gesundheit an der Guineaküste erscheint mir das herzlich wenig. Tatsache ist jedoch, daß sie keine Wahl haben. Alle diese Männer sind Opfer bitterster Armut. Ich glaube, es ist keiner unter ihnen, der nicht schon morgen der See den Rükken kehren würde, wenn er könnte, ausgenommen vielleicht Hughes, der zutiefst menschenscheu ist und am glücklichsten allein hoch oben in der Takelung zu sein scheint. Ich glaube, auch er ist schon auf Sklavenschiffen gefahren. Ich habe das Gefühl, daß ein Unterschied besteht in der Aura, die sie verbreiten – zwischen den Männern, die schon auf Guineaschiffen gefahren sind, und denen, die es zum erstenmal tun, und mögen sie noch so erfahrene Seeleute sein. Es fällt mir schwer, diesen Unterschied zu beschreiben – es sind fast alles rauhe und verwegene Männer –, und doch fühle ich, daß er da ist, und er ist in der Tat eines der Elemente, die die Zusammensetzung dieses schwimmenden Gemeinwesens bestimmen. Manche sind immer allein, wie Hughes und Evans, der nie spricht; aber die meisten haben sich auf die eine oder andere Art jemand angeschlossen. Die Starken haben ihre Satelliten, die wiederum ihre eigenen kleineren haben, ähnlich wie die Schöpfungsordnung, die im Universum herrschen soll. Haines hat Libby als Gefolgsmann, und Libby einen Mann namens Tapley, allem Anschein nach ein unangenehmer, bösartiger Bursche, der seinerseits den armen Schiffsjungen Charlie herumkommandiert. Ganz oben steht Captain Thurso mit Barton, der sein Bote und seine Stimme ist; und irgendwie befördert Thurso noch einen Passagier, den außer ihm niemand zu sehen bekommt, eine Art göttlichen Superkargo, der Botschaften von einer anderen abstrakten Gottheit, einem obskuren Machthaber über Strömung und Wind, übermittelt. Ich komme immer mehr zu der Überzeugung, daß unser Kapitän das Universum als ein System von allein an ihn gerichteten Signalen versteht – was viele tun, die im Tollhaus enden; aber er hat dieses Schiff zu führen, er hat Menschen zu richten und zu strafen, und er hat die Macht, die Dinge so zu drehen, daß sein krankes Hirn zufrieden ist. Vielleicht ist es ja auch ganz natürlich, die Welt so zu unterdrücken, wenn man die Macht dazu besitzt. Wir wissen jedenfalls sehr wenig – viel zuwenig, um Ursachen erkennen zu können. Was wir sehen, ist nur die Erscheinung. Wenn wir uns denn in einem Traumzustand befinden, warum sollten wir nicht genau wie Thurso auch unsere Träume deuten und uns den Wahnsinn zunutze machen?

Paris legte die Feder aus der Hand. Vielleicht war es falsch, sich Systeme auszudenken und in einer zusammengewürfelten Gemeinschaft wie auf diesem Schiff nach einem einheitlichen Prinzip zu suchen. Was blieb aber dann anderes als Einzelphänomene – der Blick in die Augen eines Mannes, das aus der hellen Haut quellende Blut, das Muster der Blutstropfen auf dem Deck? Weshalb lasse ich mich zu Spekulationen hinreißen, wenn Beobachten genügen würde? Warum rege ich mich völlig unsinnigerweise über die Leiden anderer Menschen auf? Habe ich an meinen eigenen nicht genug? Unabwendbar wie in einem Traum drangen die Bilder auf ihn ein: Thomas True, der sein Bett beschmutzte und dafür ausgepeitscht wurde, Wilson, Cavana mit seiner Treuherzigkeit und dem eitrigen Augenausfluß, und sie alle verlangten unüberhörbar miteinbezogen zu werden.

Er stand auf und verließ die enge Kabine, als wollte er vor etwas fliehen. Er ging nur so weit nach oben, bis er die Reling des Achterdecks sehen konnte, die dunkle Gestalt des Steuermanns dahinter und das Geglitzer der Sterne. Und wieder einmal wurde er sich der Winzigkeit des Schiffes bewußt, der endlosen Klage der Hölzer, und das vertraute Gefühl der Unwirklichkeit senkte sich über ihn. Er war Wind und Wellen preisgegeben, ohne ein eigenes Ziel, umgeben von Fremden. Und doch waren es keine Fremden. Es waren Gefangene wie er, und Mitgefangene können nie Fremde sein, so wenig man sonst von ihnen weiß – auch das hatte er im Gefängnis gelernt.

Die Schiffsglocke schlug acht Glasen, das Zeichen für die Wachablösung. Als Paris das Deck betrat, sah er eine Gestalt, die er für Barton hielt, die Leiter herunterkommen und unten verschwinden. Zwei oder drei Männer, die eben ihre Wache beendet hatten, standen leise miteinander redend auf der Back. Für Paris wurde es Zeit, sich in dem kleinen Gesellschaftsraum neben der Kapitänskajüte einzufinden, wo er – sofern es die Arbeit auf dem Schiff zuließ – in der Gesellschaft von Barton und Thurso das Abendessen einzunehmen pflegte.

Als er eintrat, saßen die Herren bereits am Tisch. Ihre Haltung und Miene hatten im Verlauf dieser Wochen auf See in Paris' Augen heraldischen Charakter angenommen – der eine schwergewichtig und furchteinflößend starr, mit einem Gesicht wie roter Backstein und Augen, die unentwegt wütend dreinblickten, der andere servil, unbekümmert und mit der Angewohnheit, sein schmales Gesicht zu heben und zu schnuppern wie ein Hund.

»Nun, Sir«, sagte Thurso, »ich glaube, heute hattet Ihr einen arbeitsreichen Tag.«

Paris sah, daß sich Bartons Mund zu einem schwachen Grinsen verzog, gerade so viel, daß die Ränder seiner scharfen Schneidezähne sichtbar wurden. Wie gewöhnlich amüsierten sich Kapitän und Maat über den Mangel an Arbeit für ihren Schiffsarzt. Mit seiner heutigen Bemerkung schien Thurso auf die Behandlung des ausgepeitschten Matrosen anzuspielen. »Ich tue, was immer es für mich zu tun gibt«, sagte er.

»Aye«, sieh an. Da werdet Ihr noch einiges zu tun bekommen.«

Charlie, der mit dem Tablett aus der Kombüse kam, enthob Paris der Antwort. Morgan hatte eines der Hühner geschlachtet, die sie an Bord genommen hatten, und es auf seine übliche Zubereitungsart für alles, was Flügel hatte, mit Zwiebeln und schwarzem Pfeffer gekocht. Nun lag es glänzend auf dem Servierteller, flankiert von einem Brei aus Steckrüben und Kartoffeln und einem Kännchen öliger Sauce à la Morgan. Charlie, der für das Servieren etwas von der Hühnerbrühe bekommen sollte, trug mit einer gewissen Feierlichkeit auf, bis ihn Thurso anknurrte, er solle die Faxen lassen; das erschreckte ihn so, daß er beim Aufsetzen des Tabletts Sauce verschüttete und von Barton Stockschläge angedroht bekam.

»Aye, aye, der Junge ist ein Tölpel. Laßt gut sein«, sagte Thurso mit überraschender Milde. »Mr. Barton, seid so gut und zerlegt den Vogel.«

»Warum dieses Festessen?« fragte Paris leichtfertig. Doch er kannte inzwischen die Stimmungen des Kapitäns und spürte, daß dieser heute beinahe zum Scherzen aufgelegt war, auch wenn die kleinen Augen über den Tisch schweiften, als suchten sie nach einem Grund für weniger Zufriedenheit. »Gibt es etwas zu feiern?«

Der Maat, der das Huhn bemerkenswert sauber zerteilt und ihnen vorgelegt hatte, mampfte mit dicken Backen; eine weitere mit Fleisch und Kartoffelbrei beladene Gabel war bereits zu seinem Mund unterwegs. Er war ein reinlicher, aber gefräßiger Esser.

»Erklärt die Lage, Mr. Barton«, krächzte Thurso.

Barton senkte widerstrebend seine Gabel. »Heute abend essen wir zum letztenmal hier drin, bis wir auf Jamaikakurs gehen. Ab morgen liegen hier unsere Warenmuster aus.«

»Warenmuster?«

»Was wir auf Lager haben«, sagte Barton und aß weiter, während Paris rätselte.

»Wir nähern uns Afrika, Mr. Paris«, erklärte Thurso. »Ich schätze, daß wir in ungefähr zehn Tagen Sierra Leone sichten werden. Dieser Raum hier wird unser Ausstellungsraum, unser Laden sein. Die schwarzen Herrschaften, die an Bord kommen, um Sklaven zu verkaufen, können hier unser Warenangebot besichtigen. Ein gefälliger Eindruck für das Auge ist wichtig, damit lockt man den Neger, Mr. Paris. Ich kenne diese Leute. Ich habe schon mit Sklaven gehandelt, da wart Ihr noch nicht einmal geboren.«

»Sie fliegen auf alles, was glänzt und farbig ist«, sagte Barton, der einen Moment zu essen aufhörte, um sich mit dem Handrücken den Mund abzuwischen. »Bunte Sachen, das mögen sie, und Glitzerzeug. Ihnen was zu erklären oder zu beschreiben ist zwecklos – sie haben keine Geduld zum Zuhören und können sich nichts merken.«

»Vielleicht glauben sie uns nur nicht«, sagte Paris und sah überrascht so etwas wie Humor im Gesicht des Maats aufleuchten.

»Uns nicht glauben?«, sagte Thurso. Der Gedanke schien ihm völlig neu zu sein. »Mich kennt man dort an der Küste«, fügte er einen Moment später hinzu.

»Bei Gott, Sir, das möchte ich meinen«, sagte Barton. »Und deshalb meinte der Käpt'n«, fuhr er an Paris gewandt fort, »da dies heute unsere letzte Gelegenheit ist für einen ordentlichen Happen, daß wir eines der Hühner schlachten sollten. Eine sehr gute Idee, wenn Ihr mich fragt.«

Thurso drehte den Kopf langsam in Bartons Richtung. »Meine Gedanken zählen nicht zu Euren Obliegenheiten, Mr. Barton.«

»Aye-aye, Sir.« Der Maat wandte sich mit seinem üblichen wachsamen Gesichtsausdruck ab. Doch besonders beeindruckt schien er von der Rüge nicht, auch wenn er zunächst verstummte.

»Dann kommen sie also zum Schiff heraus?« erkundigte sich Paris. »Diejenigen, die die Sklaven verkaufen, meine ich. Wir laufen keinen Hafen an?«

»Hafen?« höhnte Thurso. »Vor der Küste von Sierra Leone? Wo habt Ihr Eure Geographie gelassen?«

»Ha, das ist gut«, sagte Barton, der sich als untertäniges Echo wieder hervorwagte. »Den Hafen dort würde ich gerne sehen.«

»Wir können mit dem Kutter durch die Brandung fahren und am unteren Flußlauf Handel treiben«, sagte Thurso, »aber wir können nicht in unmittelbarer Nähe der Küste vor Anker gehen, nicht in diesen Gewässern, Mr. Paris. Wir sprechen von der dem Wind zugekehrten Küste von Afrika.«

»Ich verstehe«, sagte Paris. »Meine Vorstellungen von der Küste sind, zugegeben, recht vage.« Er blickte von dem einen zum anderen. Sie saßen da, vereint in ihrem seemännischen Wissen, aber er spürte, daß sie noch etwas anderes verband, ein Einverständnis, das weiter zurückreichte. Sein Onkel hatte gesagt, die beiden hätten sich schon vor dieser Reise gekannt. Thurso wollte Barton als Maat haben. Etwas war zwischen ihnen, doch Freundschaft konnte man es schlecht nennen. Es schien eher eine Art gemeinsames Geheimnis …

»Ihr, Sir, und Mr. Barton seid, wie ich glaube, schon früher miteinander zur See gefahren, nicht wahr?«

Plötzlich verschwand der zufriedene Ausdruck auf Thursos Gesicht, und seine Brauen rückten finster zusammen.

»Miteinander gefahren?«, Thurso betrachtete den Mann, der ihn gegenübersaß, diese große, etwas ungelenke Gestalt, das von tiefen Spuren gezeichnete Gesicht, das jetzt, von der Sonne gebräunt, einen schroffen Gegensatz zu den hellen

Augen bildete. Diese Augen sahen ihn ruhig an und hielten seinem grimmigen Stirnrunzeln stand. Thurso wurde auf seinem eigenen Schiff angestarrt und obendrein von Augen mit der impertinenten, hassenswerten Fähigkeit, zu erkennen und zu verstehen. Aus dem Augenwinkel sah er, daß Barton nickte, und sein ganzer Zorn wandte sich gegen ihn. »Verdammt, sitzt Ihr da, um mir zu widersprechen? Ich fahre mit niemandem.« Er richtete seine Augen wieder auf Paris und sagte etwas weniger heftig: »Der Kapitän fährt mit niemandem zusammen zur See. Mr. Barton war auf einer früheren Reise mein Erster Maat, das ist richtig. Ihr habt viel zu lernen, Mr. Paris.«

»Das weiß ich, Sir, und ich tue mein Bestes«, antwortete Paris.

»Ich glaube, Ihr werdet die Dinge um einiges besser verstehen, sobald wir Sklaven an Bord haben. Noch fühlt Ihr Euch über dieses Geschäft erhaben. Ihr gehört zu denen, die das Geld, das damit verdient wird, verachten. Aber denkt an meine Worte: Ihr werdet eine Peitsche in der Hand und das Pistol am Gürtel tragen wie jeder Mann an Bord. Verlaßt Euch drauf, der Wärter weiß sehr schnell, auf welcher Seite des Käfigs er steht.«

»Da bin ich mir nicht so sicher«, sagte Paris, ohne lange zu überlegen. »Ihr habt eine bewundernswert klare Vorstellung von denen, die eingesperrt, und denen, die frei sind. Ich weiß, wovon ich rede, denn ich habe beide Seiten kennengelernt und kann trotzdem nicht immer den Unterschied erkennen.«

»Beide Seiten?« Thursos Stimme verfügte über kein Gefühlsregister; sie hörte sich so heiser und ungerührt an wie stets. Aber seine Augen hefteten sich an das Gesicht des Arztes. »Was meint Ihr mit dieser Bemerkung?«

Nicht Vorsicht, sondern Feindseligkeit hielt Paris zurück. Er schwieg einige Augenblicke und sagte dann ruhiger: »Es gibt viele, die der Meinung sind, daß sich auch der Wärter hinter Gittern befindet, Sir, trotz seines Pistols und seiner Peitsche.«

Thurso kniff die Lippen zusammen und wandte sich ab.

Es war völlig klar, daß er auf einen solchen Unsinn nicht antwortete. Er schwieg bis zum Ende der Mahlzeit, und Barton folgte seinem Beispiel, sei's aus Klugheit oder um ungestört essen zu können. Trotzdem fühlte Paris die Augen des Maats von Zeit zu Zeit auf sich gerichtet.

Paris war froh, als er sich vom Tisch erheben und den Herren eine gute Nacht wünschen konnte. Etwas überraschend stand auch Barton auf und verließ mit ihm zusammen den Speiseraum. Sie gingen an Deck und blieben eine Weile auf dem Achterschiff stehen. Der Mond stand zwischen feinen Wolkengirlanden am östlichen Himmel.

Barton schien ein Weilchen bleiben zu wollen. Er nahm eine kurzstielige Tonpfeife aus seiner Jackentasche. »Schönes Wetter«, sagte er und deutete mit einem Kopfnicken auf die schwache Spur des Mondlichts auf der dunklen See. »Wenn der Mond tief steht und die Wolken ringsherum so angesengt aussehen, gibt's meistens gutes Wetter. Ich weiß nicht, warum, aber ich hab's immer wieder erlebt.«

»Nun, dann hoffen wir, daß es auch diesmal eintrifft«, sagte Paris.

Sie standen ein paar Augenblicke still nebeneinander, dann sagte Barton mit einem Anflug von Mitgefühl: »Bei Gott, er ist ein Tartar, unser Käpt'n. Wie er Euch heute abend angenommen hat! Dabei habt Ihr ihm keinerlei Anlaß gegeben. Mit mir hat er es schon oft genauso gemacht, aber Ihr – ein Mann von Bildung und Wissen –, Euch trifft es bestimmt härter.«

»Es hat mir nicht sehr viel ausgemacht.« Paris reagierte vorsichtig auf Bartons schmeichlerischen Ton. Er hielt den Maat für einen gerissenen und ziemlich eiskalten Burschen. Er sagte: »Anfangs schien er recht guter Laune zu sein. Etwas an meiner Frage hat ihn verstimmt.«

Barton paffte seine Pfeife und blickte auf den fließenden Mondlichtstreifen, der breiter und heller geworden war. »Es war nicht Eure Frage«, sagte er, »sondern die Art, wie Ihr ihn angesehen habt. Captain Thurso mag es nicht, wenn man ihn ansieht. Er stellt sich darüber, wenn Ihr versteht, was ich meine. Im Grunde hängt alles mit dem Schiff zusammen. Er war gereizt, weil wir uns so weit östlich von unserem berechneten Kurs befinden; und schuld daran kann nur eine unnatürlich starke Ostströmung sein. Das hat ihn etwas aus der Fassung gebracht, Mr. Paris. Männer wie Ihr und ich, wir sehen die Dinge nicht so tragisch. Ob's regnet oder die Sonne scheint, was soll's? Aber er nimmt alles persönlich.« Barton hob das Gesicht und lächelte. Der Mond hatte die weißlichen Wolkenschleier abgestreift: rein und hell schien er auf das Gesicht des Maats. »Inzwischen haben wir aber Teneriffa im Westen gesichtet und wissen wieder, wo wir sind.«

»Es ist schon merkwürdig«, sinnierte Paris. »Wir können die Bewegungen der Himmelskörper beobachten. Wir können den Lauf der Planeten berechnen, aber nicht den unseres eigenen Schiffs über eine so kurze Wegstrecke auf dem Wasser.«

»Bei Gott, das ist wahr.« Barton spuckte über die Reling und lachte. »So hab ich das noch nie gesehen«, rief er. »Das nenn ich Witz. Genau das macht den Mann von Bildung aus. Aber Ihr seid auch durch die Schule des Lebens gegangen, nicht wahr, Mr. Paris? Ihr habt beide Seiten des Käfigs kennengelernt.«

Paris blickte eine Weile still auf die See hinaus. Irgendwo im Osten, in Richtung des Mondes, lag die afrikanische Küste. Es schien ihm jetzt, als folgte das Schiff seiner breiten Spur auf dem Wasser. Die Segel leuchteten fahl. Er entdeckte eine dunkle Gestalt ganz allein auf den Salinen des Großmasts – wahrscheinlich Hughes, der oft nachts dort oben saß. Barton wartete gespannt auf ein Zeichen, wie seine Frage angekommen war. Er hatte eine Nase für Schwächen, für die eiternden Wunden der Seele; und er war schlau genug, zu wissen, daß Antipathie kein Hindernis für Vertraulichkeiten war, daß sich Männer einer bestimmten Gesinnungsart selbst jenen anvertrauten, denen sie mißtrauten, weil sie meinten, andernfalls Furcht oder Scham zu zeigen.

»Das waren Eure Worte, glaube ich«, sagte der Maat leise.

»Ja«, antwortete Paris, »ein Arzt sieht eine ganze Menge vom Leben.«

Bartons Haltung lockerte sich. Er schwieg einen Moment und sagte dann in verändertem Ton: »Trotzdem. Der Käpt'n hatte recht.«

»In welcher Hinsicht?«

»Nichts läßt Menschen so zusammenhalten wie Angst. Nichts anderes, nicht auf einem Sklavenschiff. Der größte Haken bei dem Geschäft liegt darin, daß die Ware dazu neigt, sich gegen einen zu erheben. Wartet, bis wir so an die zweihundert Neger zwischen den Decks haben, jeder einzelne bereit, Euch bei der erstbesten Gelegenheit den Schädel einzuschlagen, und nur zwanzig Mann, um sie zu bewachen, zu füttern, abzuspritzen und an Deck zu bewegen. Bei Gott, Mr. Paris, dann werdet Ihr sehen, was die Angst mit einem Mann von Bildung und Wissen anstellen kann. Sie macht ihn unterschiedslos gleich mit dem niedrigsten Gesindel an Bord, das nicht mal den eigenen Namen schreiben kann.«

Bartons Pfeife war ausgegangen. Wie ein Großstadtdandy griff er in seine Westentasche, brachte einen silbernen Fingerhut zum Vorschein, den er sich an den kleinen Finger steckte, um anschließend auch den letzten Funken im Pfeifenkopf auszudrücken. Seine letzten Worte hatten feindselig geklungen – vielleicht, weil es ihm nicht gelungen war, Paris auszuhorchen. Doch jetzt hob er das Gesicht wieder auf seine für ihn typische witternde Weise, und es schien beinahe so etwas wie Wohlwollen von ihm auszugehen. »Ja«, sagte er, »Ihr werdet wissen, auf welcher Seite Ihr seid, egal, was Ihr vorhin beim Essen gemeint habt. Ihr werdet in Angst leben wie wir auch.« Er nickte und wandte sich ab, um nach unten zu gehen. »Sie riecht nach Exkrementen«, sagte er. »Ihr werdet den Geruch kennenlernen, wenn die zweihundert oder so Schwarzen in ihrer eigenen Scheiße sitzen.«

Paris blieb noch ein paar Minuten allein an Deck, bevor er in seine Kabine zurückkehrte. Er war innerlich so aufgewühlt, daß an Schlaf nicht zu denken war. Es schien, als sei er in diesen letzten Wochen für alle Eindrücke empfänglicher geworden. Er beobachtete genauer und sah mehr – nicht mit Absicht, sondern irgendwie hilflos. Er fühlte, daß er in letzter Zeit immer mehr in einen Konflikt mit Thurso hineinschlitterte, in einen tödlichen Kampf, der in keinem Verhältnis zu ihrer kurzen Bekanntschaft stand. Es war, als hätten sie sich gegenseitig als die Erben einer uralten Fehde erkannt. Gerade eben hatten ihn Bartons Redensarten und die moralische Leere, die er dahinter spürte, in tiefe Niedergeschlagenheit versetzt. Der Maat war auf eine verkommene Art scharfsinnig; er hatte einen Aasfresserinstinkt für den Geruch der Schwäche. Und Paris hielt seine Anfälligkeit für Eindrücke, dieses zu starke Empfinden für andere Menschen bei sich für eine Schwäche, ja beinahe für ein unmännliches Versagen. Er führte sie auf seine Isoliertheit zurück. Es schien, als hätte er mit seinem früheren Leben auch seine Haut abgestreift.

Seine wunde Seele fand Trost in *De motu cordis.* In diesen Tagen las er den lateinischen Text wie eine Beschwörung. Es kostete ihn einige Mühe, Harveys Loblied auf die vorrangige Stellung des Herzens am Ende des achten Kapitels in der Übersetzung gerecht zu werden: »Wie es die Sonne verdient, das Herz der Welt genannt zu werden, so ist das Herz die Sonne des Mikrokosmos und die wichtigste Lebensquelle, deren Kraft das Blut bewegt und es feit gegen heimliche Fäulnis ...«

Nicht daß der Vergleich ganz neu war, dachte er; das Herz als die Sonne menschlichen Seins war ein alter Begriff, der von Aristoteles stammte. Doch wenn jemand versucht, zum erstenmal den Unterschied zwischen Venen und Arterien anschaulich zu machen und zu erklären, auf welche Weise das Blut aus der *vena cava* in alle Teile des Körpers gelangt, dann, fand er, durfte er sich seine Vergleiche füglich borgen. Allerdings gab es andere große Männer, die das nicht taten. Paris dachte an Newton, während er seine Koje für die Nacht herrichtete, und an dessen Eingeständnis seiner Unwissenheit, indem er sich mit einem kleinen Jungen verglich, der am Strand eines großen unbekannten Meeres mit Kieselsteinen spielt.

Seine Gedanken machten einen Sprung zu seinem Vetter Erasmus und dem einsamen Ringen eines achtjährigen Jungen um die Herrschaft über die Elemente. Die Erinnerung schlug einen weiten Bogen; sie kam über die leere Bucht, die graue See, die kleine, emsige Gestalt, und dann rückte das Bild plötzlich ganz nah, die blutigen Finger ... Nichts erinnerte hier an Newtons Bild von der Beschränktheit des Menschen. Erasmus wollte die Welt niederzwingen. Was hatte Barton vorhin über Thurso gesagt? *Er nimmt alles persönlich.* Aber jenes eigensinnige Kind hatte keine Welt zu befehligen, kein Schiff, keine Mannschaft, um sie seiner zwanghaften Vorstellung zu unterwerfen.

Er lag auf dem Rücken und starrte in die Dunkelheit, die so tief war, daß sie jedes Gefühl der Enge aufhob. Das Deck war ihm nicht näher als die Himmelsräume darüber und die Planeten in ihren vorgeschriebenen Bahnen – gefügig auch sie, dachte er, dem Naturgesetz unterworfen wie die Bewegungen meines Herzens, wie das Kommen und Gehen des Bluts. Selbst in ihren Gewaltausbrüchen war die Natur immer gefangen und so auch der Mensch, der schon mit Fesseln geboren wurde. Nach William Harveys Definition ist der Tod ein Zugrundegehen an fehlender Wärme. Zwischen Wärme und Kälte erregt sich der Körper soundso viele Male. Ruths Körper ging vorzeitig an fehlender Wärme zugrunde. Der Gedanke, daß es das ungeborene Kind war, das die Mutter aufgezehrt hatte, peinigte ihn nach wie vor.

Im Gefängnis, dachte er, habe auch ich den Mangel an Wärme kennengelernt, den Steinfußboden, die kahlen Mauern. Das Gefängnis von Norwich hatte in seiner Erinnerung die Gestalt einer Grube mit verschiedenen in die Tiefe führenden Ebenen der Verdammnis. Auf der untersten Ebene befanden sich die, die überhaupt kein Geld hatten und so gut wie keine Möglichkeit, welches zu bekommen. Er hatte auf Anordnung des empörten Klerikers, dem das Gefängnis gehörte, eine Woche dort zugebracht, weil er angeblich aufwieglerische Ansichten über Gottes Schöpfung verbreitet hatte. Männer und Frauen stritten sich mit den Ratten in den feuchten Kellern um das bißchen Essen, das durch eine Falltür zu ihnen hinuntergeworfen wurde, und dann drängten sie sich auf einem Haufen schmutziger Lumpen oder einem fauligen Strohbündel zusammen, um sich aneinander zu wärmen. Geisteskranke irrten umher, Frauen gebaren Kinder, andere starben an Fieber oder Unterernährung.

Von diesen Menschen war nichts zu holen, wohl aber von denen, die eine Etage höher hausten und für Essen und einen eigenen Raum bezahlen konnten. Hier hatte Paris Logis gefunden, bis er von seinem Onkel erlöst worden war. Für zwei Shilling die Woche hatte er sogar Schreibutensilien bekommen und die Erlaubnis, den Gemeinschaftsraum der Gefangenen aufzusuchen, wo es Zeitungen gab und bei kältestem Wetter ein Feuer; aber es war nicht genug, um ihn vor dem Gestank des Ortes und den Brutalitäten seiner Mitgefangenen – Diebe, Zuhälter und Schuldner – zu bewahren. Noch eine Etage höher und alldem enthoben führten die reichen Gefangenen als Gäste des Bischofs ein fröhliches Leben.

Das Gefängnis von Norwich hatte Paris eine Vorstellung von der Hölle gegeben. Die Zustände dort richteten sich nach einer ebenso absoluten Gesetzmäßigkeit, wie sie Harvey für die Bewegungen des Bluts voraussetzte. Geld regelte die kleinste Kleinigkeit, für die Ärmsten im Keller wie für die ausschweifenden Genießer darüber. Alle Einnahmen gingen an den Bischof, der eintausend Pfund für den Erwerb des Gefängnisses bezahlt hatte mit dem lobenswerten Vorsatz, seine Investition so gewinnbringend wie möglich zu gestalten; lobenswert deshalb, weil individuelles Streben nach Wohlstand als tugendhaft galt, vermehrte es doch den Wohlstand und das Wohlsein der Gemeinschaft. Die Theoretiker jener Tage sprachen tatsächlich von »Wohlstandsverbreitung«. Im Gefängnis selbst war von Wohlstandsverbreitung wegen der besonderen Umstände und der sehr hohen Sterblichkeitsrate jedoch nichts zu merken.

Die Wärter auf der unteren Ebene versuchten, dem Gefängnisleiter nachzueifern, und mehrten ihren Wohlstand, indem sie Schnaps verkauften, Huren besorgten und den Besuchern überhöhte Eintrittsgebühren abnötigten. Für Ruth waren die Besuche eine Qual gewesen. Sie litt unter Übelkeit während der ersten Zeit ihrer Schwangerschaft. Um den widerlichen Gefängnisgestank einigermaßen zu ertragen, hielt sie sich ein mit Essig getränktes Taschentuch vor die Nase. Er erinnerte sich an ihr zorniges und verzweifeltes Gesicht, als sie ihn das letzte Mal besucht hatte. Sie war von den Weibern im Pförtnerhaus visitiert und auf unwürdige Weise behandelt worden unter dem Vorwand, sie sei ein Hure; und dann hatten sie ihr auch noch den Schal gestohlen. Er hatte ihr zugeredet, sie solle nicht den Mut verlieren und daß er bald frei sein würde.

Mit offenen Augen starrte er in die Finsternis und sah oder befürchtete zu sehen, daß sich der verzweifelte Ausdruck auf Ruths Gesicht in einen Vorwurf verwandelte.

Schlaflos lag er in seiner Koje und suchte nach erträglicheren Versionen seiner Erinnerung, während das Deck über ihm im Mondlicht schlief, alle Segel gesetzt waren und das Schiff gleichmäßig Fahrt machte durch eine ruhige See. Bei dem wärmeren Wetter hatten sich einige Männer der Besatzung einen Schlafplatz an Deck eingerichtet. Calley, der mittschiffs in seine Decke gewickelt lag, stöhnte im Schlaf. Schließlich schreckte er hoch und starrte, schweißnaß im Gesicht, über das helle Deck. Er hatte Deakin geweckt, der ihn zischend zur Ruhe mahnte, aber Calley war noch in seinem Alptraum gefangen und hörte ihn nicht.

»Was ist los mit dir?« fragte Deakin. »Gib endlich Ruhe. Hier, kriech wieder unter deine Decke.«

»Es ist aus meinem Mund gekommen«, sagte Calley. Er fröstelte.

»Wovon redest du?«

»Von dem weißen Wurm aus meinem Mund.«

»Was für ein Wurm?«

»Der Afrikawurm. Ein langer weißer. Er ist ganz klein im Wasser. Du schluckst ihn runter, und dann wächst er im Bauch und kriegt Eier, und dann will er raus und seine Eier ins Wasser legen. Er kann überall rauskommen, aus der Nase, aus dem Nabel.«

»Wer hat das gesagt?«

»Sie haben's gesagt.«

»Du solltest wirklich mehr Verstand haben, Daniel«, sagte

Deakin. »Sie wollen dir nur angst machen mit solchen Geschichten. Da, wo wir hingehen, trinkt man kein stehendes Wasser. Halt dich an mich, dann kriegst du auch keine Würmer.« Er blickte eine Weile still über das Deck. Dann sagte er: »Wir hauen ab, Daniel. Du und ich. Bei der erstbesten Gelegenheit hauen wir von diesem Schiff ab.« Noch nie hatte er jemanden in seine Pläne einbezogen. Seit seinem Streit mit Libby wußte er, daß er fliehen mußte. Kein Schiff ist je mit einer Crew ausgelaufen, der man voll und ganz trauen konnte. Haines oder Libby würden ihn ausliefern und die Belohnung kassieren, die auf Deserteure ausgesetzt war, sobald sie in die Nähe eines Navy-Schiffs kämen. Oder der Kapitän würde ihn in Westindien ausliefern, um auf der Heimreise Lohngeld zu sparen. Wenn die Neger gelöscht waren, brauchte er nicht mehr so viele Männer für das Schiff. Im Hafen von Kingston lag womöglich eine Fregatte. Wegen Desertierens konnte er mit zweihundert Peitschenhieben rechnen, und daß er die überleben würde, bezweifelte er. »Wenn wir in Afrika sind, hauen wir ab. Aber du mußt den Mund halten.«

»Er kann aus deinem Hintern kommen«, sagte Calley. Seine Furcht hatte sich etwas gelegt, aber die Horrorvorstellung von dem Wurm wollte er noch nicht aufgeben. »Oder aus einem Ohr«, flüsterte er und starrte mit geweiteten Augen ins Mondlicht.

»Hör auf mit dem Blödsinn, hörst du? Du und ich, wir werden türmen, sobald es geht. Und daß du zu niemandem darüber sprichst!«

»Kriegen wir ein paar von den schwarzen Muschis?«

»Du kriegst gar nichts, wenn du quatschst. Höchstens die Peitsche. Hast du verstanden, Daniel?«

»Ich sag nichts.« Calley kämpfte eine Weile mit dem neuen Gedanken. »Was werden wir tun?« fragte er schließlich.

»Was wir tun? Wir machen uns selbständig, ziehen ein Geschäft auf.« Flüsternd sprach er zu dem glotzenden Calley. Es gab den Elfenbeinhandel und den Handel mit Kamholz und Goldstaub. Und wenn sie etwas Geld hatten, würden sie sich eine Schiffspassage kaufen von Sierra Leone nach Georgia oder Carolina …

Deakins Geflüster lullte Calley ein, wurde für kurze Zeit ein Teil des fahrenden Schiffs, der über das Deck huschenden Schatten, der knarrenden Spiere, der leisen Sprache von Segelleinwand und Tauwerk.

Der Mond war jetzt ganz klar, und die Segel davor hatten die Farbe von gebleichtem Gebein. Die See dehnte sich ruhig und glänzend bis an den Horizont, während die *Liverpool Merchant* in ihr mondhelles Spiegelbild eintauchte, sich hob und wieder senkte, als könnte sie nie genug von ihrem Anblick bekommen, ihrem schön geschwungenen Vorsteven, dem gerundeten Bug, der vollbusigen Herzogin von Devonshire, als verlangte sie sehnsüchtig nach einer Berührung, und fiel doch immer wieder zurück.

Teil 4

21

Von dem Platz, den sich Erasmus ausgesucht hatte, reichte der Blick über den Wolpertschen Besitz hinaus bis zu den dahinter ansteigenden Äckern und Wiesen. Der Tag war leicht diesig. Die weiche, feuchte Luft vertiefte die Farben, dämpfte das Jadegrün der fernen Getreidefelder und das Smaragdgrün der Buchenhecken, die den Weg säumten, auf dem der Theaterregisseur in Kürze erscheinen würde. Ein Buchfink sang im Gebüsch. Obwohl Erasmus eigentlich auf der Lauer lag, fühlte er sich ein wenig schläfrig.

Es gibt im Leben eines jeden von uns Augenblicke, in denen sich Umgebung, Situation und individuelles Gepräge zusammenfügen und ein merkwürdig charakteristisches Bild von uns geben, so daß das, was wir sind, besonders deutlich wird – im Auge des Betrachters, versteht sich. Der Betrachtete erscheint dann wie aus der Zeit genommen, oder er tritt vielmehr in eine viel ältere Geschichte ein – so der blinde Mulatte, der im Schatten sitzt und vom Paradies schwärmt; oder Barton, der Erste Maat, wenn er auf dem mondhellen Deck stehend seinen niedlichen Fingerhut aus der Westentasche nimmt und Matthew Paris das Wesen der Angst erklärt; oder Erasmus, der hier in der Nähe des Eingangs zu dem von hohen Hecken gesäumten Parkweg auf einen Rivalen wartet. Er steht da, als unvergängliches Bild, verrückt vor Eifersucht und des friedlichen Tages nur verschwommen gewahr. Er wird immer, immer so anzutreffen sein.

Er hatte Adams zum Haus hinaufgehen sehen, wo er um diese Zeit in einem Nebenzimmer der Bibliothek bei Madeira und Keksen sein »Repöschen« zu halten pflegte. Er würde auf demselben Weg zurückkommen, mit noch anstößiger gelockerten Manieren oder was Erasmus dafür hielt. Er wußte, daß diese Konfrontation die einzige Möglichkeit war. Für listige Schachzüge blieb ihm keine Zeit. Er war überzeugt, daß Adams einen anderen Ferdinand in das Stück bringen und sich seiner Liebe bemächtigen wollte. Eher lasse ich es auf einen Kampf ankommen, dachte er. Eher bring ich ihn um. Bei dieser Steigerung seines Vorsatzes wurde er wieder richtig wach. Neu war die Bereitschaft, das Blut des Regisseurs zu vergießen, indessen nicht, denn es gab sie bereits als die notwendige Folge seines Schwurs.

Er sah Adams in seinem hellblauen Rock die Stufen der Terrasse herunterkommen, das kurze Rasenstück darunter überqueren und zwischen den Hecken verschwinden. Er wartete eine oder auch zwei Minuten, dann ging er die wenigen Schritte, die ihn in den Heckengang hineinführten. Der andere kam näher. Seine silbernen Knöpfe blitzten in der Sonne. Er war höchstens noch vierzig Schritte entfernt. Ein Zusammentreffen war unvermeidlich, es sei denn, einer von ihnen machte kehrt und zog sich in entgegengesetzter Richtung zurück.

Die Aussicht auf eine Begegnung mit Erasmus war für Adams ganz offensichtlich kein Anlaß zur Freude. Erasmus, der den herannahenden Theatermann beobachtete und die letzten Momente abwartete, bis er zu sprechen beginnen würde, empfand die Reinlichkeit des weißen Kieswegs und die Akkuratesse der gestutzten Heckenwände fast als unwirklich.

»Auf ein Wort, Sir, wenn Ihr die Güte haben wollt.« Er stieß auf einen beleidigend gequälten Blick.

»Euer Diener, Sir«, sagte Adams. »Ich werde erwartet, wie Ihr wißt.«

»Es wird nicht lange dauern.« Trotzdem sprach Erasmus nicht gleich weiter, weil er zunächst seinen Atem beruhigen mußte. Der Anblick von Adams Gesicht aus unmittelbarer Nähe und in der Intimität dieses engen Gangs hatte mit einem Schlag die Verachtung zurückgebracht, die er für diesen Menschen empfand und die bei den Vorbereitungen für diese Begegnung eine Weile in den Hintergrund gerückt war. Die plötzliche erneute Wahrnehmung des anderen, die dunklen Augen, der als Schönheitsfleck getarnte Pickel, der

Geruch von Rosenöl und weinsaurem Atem bestätigten Punkt für Punkt Lüsternheit, Verlogenheit und alle übrigen Sünden, die es für Erasmus geben mochte.

»Nun, worum geht es?« fragte Adams ungeduldig. Es war heiß zwischen den dichten Hecken. »Ihr solltet vielleicht lieber Euren Text lernen, bis zu dessen Beherrschung, Sir, noch ein weiter Weg vor Euch liegt.«

»Ich habe meinen Text gelernt«, sagte Erasmus und lächelte sogar ein wenig. »Ich beherrsche ihn perfekt.«

Was es mit der Betonung dieser Worte auf sich hatte und daß sie mit einem leichten Zittern in der Stimme gesprochen wurden, entging Adams. Er achtete nicht sonderlich auf andere, es sei denn, sie standen auf einer Bühne.

»Nun, das freut mich», sagte er. »Habt Ihr deshalb hier auf mich gewartet, um mir das zu sagen? Aber es gehört mehr dazu, als nur den Text aufsagen zu können. Vor allem die Körpersprache. Ihr seid ein wohlgestalter Bursche, junger Herr, und habt ein brauchbares Gesicht, aber Ihr könntet ebensogut ein Holzklotz sein. Ihr könnt nicht richtig gehen, Ihr wißt nicht wohin mit den Händen, geschweige denn, wohin Ihr sehen sollt. Sagt mir, habt Ihr nicht selbst schon daran gedacht, auszusteigen?«

»Als Ferdinand weiß ich vielleicht nicht, wohin mit den Händen, aber als Erasmus Kemp weiß ich das genau, vor allem, wenn Ihr nicht lernt, die Euren im Zaum zu halten.«

Nachdem dies endlich gesagt war, fand er es sogar gut gesagt, was seinen Zorn über die erniedrigende Kritik ein wenig dämpfte.

»Wie bitte?« Einen Moment lang war Adams perplex. Dann reckte er sich und sagte: »Rauhe Sitten, in der Tat. Haben wir den ungehobelten Daphnis in uns geweckt?«

»Ihr werdet erfahren, wen Ihr geweckt habt, Sir, wenn Ihr Eure plumpen Vertraulichkeiten gegenüber den Damen nicht unterlaßt.« Erasmus hatte die Anspielung auf Daphnis nicht verstanden. »Ich werde dafür sorgen«, fügte er heftig hinzu.

Nun blickte Adams dem jungen Mann zum erstenmal voll ins Gesicht. Er war blaß geworden, aber seine Stimme klang fest. »Es sind nicht die Damen, um die es Euch geht«, sagte er langsam. »Es ist die Hübsche – Wolperts Schwester. Hat sie Euch gebeten, in ihrem Namen zu sprechen? Nein, vermutlich nicht. Seid Ihr mit ihr verlobt? Auch nicht. Nun, Sir, in diesem Fall ist es Sache der Dame, ihre Wünsche kundzutun. Sie hat sich mir gegenüber nichts verbeten.« Adams beging den Fehler, sich hier ein gewisses Lächeln zu gestatten. »Im Gegenteil«, setzte er hinzu.

Erasmus trat einen Schritt vor und seine Hand fuhr an den Griff seines Degens. »Ihr seid ein ekelhafter Fatzke, ein Waschlappen!« stieß er hervor. »Rührt sie noch einmal an und ich bring Euch um.« Sein Hals war trocken. Er hörte seine Stimme wie aus weiter Ferne.

Adams wich erschrocken zurück. Das Rouge auf seinen bleichen Wangen bildete krasse, ungleiche Flecke. »Ihr wollt mich ermorden?« sagte er. »Wegen ein paar Berührungen auf einer Probe, wo solche Dinge ohnehin nichts bedeuten? Wegen einer Sache, die ich praktisch nicht bemerkt habe, an die ich mich kaum erinnern kann und das Mädchen zweifellos noch weniger? Ihr seid verrückt. Bleibt mir vom Leibe. Ich trage keine Waffe.«

»Im Haus werdet Ihr schon eine haben. Ich warte hier auf Euch.«

»Sich schlagen ohne Zeugen und ein Schwerverbrechen riskieren? Ihr habt den Verstand verloren. Aus dem Weg! Laßt mich vorbei!«

»Ich erwarte, von Euch zu hören«, sagte Erasmus und trat zurück, um den anderen passieren zu lassen.

Er schaute der spindelbeinigen, davoneilenden Gestalt des Spielleiters nach, bis sie um die Ecke verschwand. Allmählich beruhigte sich sein aufgeregtes Herz, aber Frieden fand es noch lange nicht. Adams hatte sich nicht so benommen, wie er erwartet hatte. Es lag weniger daran, daß er nicht das geringste Anzeichen von Schuld oder dem Bedürfnis, sich zu verteidigen, gezeigt hatte. Sondern er war sprachlos gewesen, er hatte ebenso überrascht wie empört reagiert. Aber natürlich war der Bursche ein Schauspieler …

Zur selben Zeit, als Kemp junior einem Mitmenschen aus reichlich fadenscheinigen Gründen nach dem Leben trachtete, saß der alte Wolpert in seinem Hafenkontor vor einem Bericht des nimmermüden Partridge über die Finanzlage von Kemp senior.

»Zeit und Geld, Sir«, hatte der kleine Anwalt mit dem durchdringenden Blick gesagt, als er sein restliches Honorar kassierte. »Darauf läuft es im großen und ganzen hinaus. Hier das richtige Verhältnis zu finden ist für den Geschäftsmann so wichtig wie das von Wind und Strömung für den Seemann. Und auf die Zeit kommt es am meisten an. Ein Mann ist reich, solange seine Gläubiger geduldig sind.«

Es war erstaunlich, was Partridge durch zahllose kleine und vielleicht nicht ganz einwandfreie Nachforschungen herausgefunden hatte. Vieles war nicht überraschend. Kemp hatte wie andere im Baumwollgeschäft Tätige, bedingt durch die Kriege mit Frankreich, schwere Verluste hinnehmen müssen. Als die Kampfhandlungen endeten, hatte er, wieder wie viele andere, große Mengen ungesponnener Baumwolle auf Kredit eingeführt, weil er mit einen kometenhaften Anstieg der Preise rechnete, der bis jetzt ausgeblieben war. Einen Teil davon hatte er mit Verlust verkauft, um fällige Rechnungen zu begleichen, doch der Großteil lag noch in seinen Speichern. Dann war Kemp bei der Textilfirma Barfield Brothers eingestiegen, die bedruckte Baumwollstoffe herstellte. Eine Weile schien alles gut zu gehen, doch dann überschwemmten die bedruckten Baumwollen indischer Herstellung den Markt, die mit den riesigen Ostindienfahrern in großen Mengen importiert werden konnten.

»Unlauterer ausländischer Wettbewerb, Sir. Das muß jeder aufrechte Patriot zugeben«, sagte Partridge. »Diese verwünschten indischen Baumwollstoffe haben nicht nur eine bessere Farbqualität, sie sind auch noch billiger.«

Wie es schien, hatte Kemp auch Geld in eine Färberei in Warrington gesteckt, wo man versuchte, waschfestere Farben zu entwickeln. Generell, so schrieb Partridge mit seiner zierlichen Handschrift und wie üblich diskret formuliert, habe er den Eindruck, daß Kemp seine Mittel überschritten habe, vielleicht gefährlich überschritten, daß er jedoch noch über private Quellen verfügen könnte (außerhalb des Bereichs der gegenwärtigen Ermittlung, was er, sofern gewünscht, gegen eine neu zu erhebende Gebühr feststellen könnte), die ihn möglicherweise bis zu dem allseits erwarteten Aufschwung im Baumwollgeschäft durchhalten ließen.

Wolpert dachte eine Weile über das Gelesene nach. Er sah darin keinen besonderen Grund zur Aufregung und gewiß nicht für Mißtrauen. Wenn Kemp abwarten konnte, müßte alles gutgehen. Ein Gesetz, indische Baumwollstoffe zum Schutz der heimischen Industrie mit Zoll zu belegen, war bereits in Vorbereitung. Alles, was die Opposition erreichen konnte, war eine Verzögerung; aber das Gesetz würde durchkommen, und dann konnten die britischen Händler mit beträchtlichen Gewinnen rechnen. Kemp war möglicherweise knapp an verfügbaren Geldern. Die *Liverpool Merchant* hatte er durch Inhaberwechsel mit einer Laufzeit von achtzehn Monaten über Handelshäuser in Warrington und Preston finanziert – die Gesamtsumme betrug nach Partridges Berechnung an die zwölftausend Pfund. Aber das war allgemeine Praxis, zumal im Sklavengeschäft; sogar die Banken gaben dafür wegen der hohen Gewinne bereitwillig Kredite.

Den vorsichtigen Wolpert lockte diese Art Geldanlage nicht. Gelegentlich nutzte er eines der aus Westindien zurückkehrenden Sklavenschiffe für seine Frachten, aber der Handel mit Sklaven war ihm zu riskant. Natürlich war der Gewinn hoch nach einer glücklichen Reise; Kemp würde mit Sicherheit seine zwölftausend Pfund zurückzahlen können und gut und gern die gleiche Summe Gewinn machen – und das innerhalb eines Jahres.

Erst jetzt fiel ihm ein, daß er eigentlich nur wenig über Kemp wußte, obwohl sie sich schon seit über zwanzig Jahren kannten. Er war ein geselliger Mensch, trank gern ein Glas, war allem Anschein nach ziemlich gerissen; einigen war er zu extravagant und zu vorschnell, mit seinem auffallend guten Aussehen und den lebhaften Gesten. Es war etwas Extremes an ihm, ein gewisser Hang zum Übermaß.

Beim Sohn war dieser Zug noch ausgeprägter, wirkte beinahe fanatisch. Der Kaufmann hatte die Erklärung des jungen Mannes nicht vergessen und auch nicht den wütenden Blick, als er abgeblitzt war. Zuviel Stolz, zuwenig Sinn für andere Menschen. Aber den würde er im Geschäftsleben schon noch lernen, der besten Schule zum Studium der menschlichen Natur, dachte Wolpert. Erasmus würde, wenn es denn dazu käme, keinen so schlechten Schwiegersohn abgeben. Er hatte Durchsetzungsvermögen und Entschlußkraft, von beidem mehr als sein eigener Sohn. Charles verfügte über gute Manieren und Taktgefühl, aber er traf ungern Entscheidungen. Dabei war er eigensinnig; doch das stand auf einem anderen Blatt. Wolpert seufzte. Der Junge war nicht von diesem Theaterburschen abzubringen, der die Dienerschaft schikanierte, sich durch seinen Weinkeller trank und seinen Gastgeber allabendlich mit Theatergeschwätz strapazierte. Was gäbe ich drum, diesen Kerl los zu sein, dachte Wolpert. Doch er konnte nicht viel gegen ihn unternehmen, seit er herausgefunden hatte, daß die ganze Sache für seinen sechzigsten Geburtstag im kommenden Monat veranstaltet wurde …

22

Die *Liverpool Merchant* hatte die Breite von Kap Blanco überquert und hielt Kurs auf die Kapverdischen Inseln. Je lauer die Luft, um so energischer wurden die Vorbereitungen für die Unterbringung der Neger an Bord vorangetrieben. Taue mußten gespleißt und bekleidet werden für eine lange Ankertrosse und das große Beiboot; der Laderaum wurde aufgeräumt, um zwischen den Decks Platz zu schaffen; die Lukensülle mußten erhöht und die Gitterleisten der Grätings versetzt werden, damit die Lukenabdeckungen licht- und luftdurchlässiger wurden. Barber, der Schiffszimmermann, hatte sich Blair und Sullivan als Gehilfen geholt.

Sullivan ließ sich in die Hocke nieder, um die Gräting auf der Steuerbordseite anzuheben. »Wie meine selige Mutter immer gesagt hat: Eine gute Tat zündet eine Kerze an«, sagte er. »Und Gott wird sie leuchten sehen.«

»Ich hab gedacht, du hast Gott seine letzte Chance gegeben an dem Tag, wo sie dich auf das Schiff hier gepreßt haben?« erwiderte Billy Blair. »Faß mal ein bißchen mit an, ja? Ich hab noch keinen erlebt, der so sparsam mit seiner Kraft umgegangen ist, wie du. Von was für 'ner guten Tat redest du überhaupt?«

»Wenn wir das Soll höher machen, schenken wir den Heiden da unten Licht und Luft und versüßen ihnen die Überfahrt. Ein paar von den schwarzen Burschen werden genau wegen dem, was wir hier tun, überleben und Zuckerrohr schneiden. Stimmt doch, Mr. Barber?«

Der Schiffszimmermann, ein vierschrötiger Mann mit langen Armen, knurrte mürrisch: »Wenn sie dich fürs Reden einstufen würden, wärst du schon ein Großadmiral. Wir müssen das Ding ganz abnehmen, damit ich die Latten zurichten kann.«

»Was du sagst, stimmt sowieso nicht«, sagte Billy. »Wir tun doch nur, was man uns gesagt hat. Wenn sie gesagt hätten, setzt die Grätings tiefer und laßt die armen Teufel schmoren, hätten wir's auch getan.«

Sullivan blickte zum blauen Himmel, als betete er um Geduld. Sein Haar war ihm nach der drastischen Schur wie zu einer samtschwarzen Kappe nachgewachsen, und in dem tiefgebräunten Gesicht wirkten seine Augen verträumter und gedankenverlorener denn je. »In diesem Fall«, sagte er, »weil es eine vorsätzliche Tat und gegen das, was üblich ist, und ohne vernünftigen oder gesetzlichen Grund gewesen wäre – in diesem Fall wäre es eine Hundsgemeinheit.«

Soviel Unlogik auf einmal machte Billy immer rasend. »Ich weiß nicht, wie es kommt«, sagte er und tat sein Bestes, um sich zu beherrschen und seine Seite der Gräting hochzuhalten, »aber jeder Versuch, sich mit dir zu unterhalten, führt in 'ne Sackgasse.«

»Das liegt an dir, Billy«, sagte Sullivan nachsichtig. »Mit andern land ich nie in Sackgassen.«

»Dann hör mir zu, um Christi willen.« Billy stemmte sich

aus seiner Hockstellung hoch und spuckte über das Schanzkleid. »Wenn es eine gute Tat ist, die Gräting über den Luken höher zu setzen«, sagte er bemüht langsam, »was tun wir dann, wenn wir die Schwarzen danach da unten einsperren? Im Urwald hätten sie Licht und Luft genug.«

»Jetzt redest du vom Geschäft«, sagte Sullivan. »Das ist ganz was anderes.«

Billy fühlte, wie ihm die Hitze in den Kopf stieg. »Verdammt, Sullivan –«

»Ihr seid alle beide Idioten«, sagte der Zimmermann. »Von euch ist doch noch keiner auf einem Slaver gefahren.«

Sullivan grinste. »Nein, Mr. Barber, wir sind noch nie auf einem Slaver gefahren. Aber wir würden für unser Leben gern hören, wie das so ist. Du doch auch, Billy?«

Der Zimmermann sah ihn ein paar Sekunden finster an, dann sagte er: »Ihr beide redet so, als würden da unten die Männer liegen. Aber die Gräting hier ist die über den Frauen. Wir legen die Männer immer in den vorderen Laderaum, die Jungen in die Mitte und die Frauen in den achteren.«

»Also das ist was, darauf wär'n wir nie gekommen«, sagte Sullivan.

Billy Blair ließ sich auf die Fersen nieder und schob sich sein rotes Kopftuch über die heiße Stirn. Während er an die Frauen dachte, legte sich seine Wut über den Streit. »Die Frauen sind also hier unten?«

»Aye. An die hundert gehen da rein, wenn man sie wie die Löffel packt, Hintern an Titten.«

»Mann o Mann, hundert schwarze Weiber«, sagte Billy.

Tapley mit dem Wieselgesicht, der im selben Moment mit einem Eimer heißen Pechs vorbeikam, blieb grinsend stehen. »Er denkt, er kann sich da runter stehlen, wenn keiner hinsieht, und sich blöd rammeln«, bemerkte er.

»Verzieh dich mit deinem Eimer«, sagte Barber streng. Er mochte die ganze Bande nicht, aber diesen unangenehmen Tapley am wenigsten. »Nein«, sagte er zu Billy, »du mußt sie allein zu fassen kriegen, wenn du was von ihnen willst. Vielleicht irgendwo an Deck oder unten, während die anderen hier oben spazierengehen. Zu ihnen runtergehen kannst du nur mit der Peitsche. Die drehen durch. Manchmal schreien sie wie wild, besonders bei schlechtem Wetter. Da unten würden sie dir die Eier abreißen.«

»Überredung ist in jedem Fall das beste«, meinte Sullivan. »Ich kenn die Frauen. Sie sind heikel. Mit ein bißchen Freundlichkeit kommst du bei ihnen am weitesten ...«

Captain Thurso wußte immer noch nicht genau, wo sich sein Schiff befand. Seit Teneriffa hatte er kein Land mehr gesichtet. Im Sommer 1752 kannte man noch keine Methode, um die geographische Länge zu bestimmen. Das Wasser behielt weiterhin Tiefseefarbe, so daß Thurso hoffen konnte, mit seinen Berechnungen nicht allzuweit daneben zu liegen – also mindestens einhundertfünfzig Seemeilen nordwestlich von Kap Santo Antão. Trotzdem war er besorgt. Die Bänke vor dem Kap waren der Schrecken aller Guineafahrer. Thurso hatte dort auf früheren Reisen starke Einwärtsströmungen angetroffen, und er wußte von Schiffen, die in die Untiefen hineingezogen und Tage und Wochen lang von launischen Winden genarrt worden oder auf Grund gelaufen waren. Er lotete dreißig Faden; das Blei zeigte Spuren von grobem roten Sand und Muschelscherben, was darauf hinwies, daß er sich östlicher befand und damit näher der Küste, als er erwartet hatte. Zu allem Übel trübte sich das Wetter im Westen ein. Er befahl sofort eine Kursänderung.

Hughes, der Kletterer, hörte im Krähennest die ausgerufenen Befehle und fühlte das Erschauern des Schiffs, als es näher an den Wind gebracht wurde. Im Westen bildeten sich Schäfchenwolken, und dunkle Wolkenbänke ballten sich über dem Horizont. Aber noch schien die Sonne, obwohl sie bereits flach auf dem Wasser lag. Er beobachtete die Möwen, die dem Schiff schon seit dem Morgen auf der Steuerbordseite folgten. Der Schwarm schien sich gelichtet zu haben, aber sie waren noch so zahlreich, daß wahrscheinlich nicht mehr als ein paar Gewitterböen drohten. Er versuchte die Vögel zu zählen, doch ihr ständiges Auf und Ab und Hin und Her verwirrte ihn; dreißig waren es mindestens. Ihr übliches Geschrei war völlig verstummt. Seevögel schwiegen, wenn schlechtes Wetter heraufzog – das wußte er über sie und noch so einiges mehr, was man durch genaues Beobachten lernen konnte. Es hatte ihm schon immer Freude gemacht, Lebewesen zu beobachten, solange es keine Menschen waren. Er schaute den Vögeln zu, wie sie sich vom Wind tragen ließen, wie ihre weißen Brüste in der sinkenden Sonne aufblitzten. Wind kam auf. Er trennte sich vom Anblick der Vögel und wandte sich nach Osten, wo der Horizont noch klar war, und sah, schwach und undeutlich, aber unverkennbar Land. Er legte die Hände trichterförmig an den Mund und rief in den dunkelnden Himmel: »Land in Sicht!«

Thurso, der vor dem Steuer stand, hörte den Schrei aus dem Krähennest und die langgezogene, klagende Frage des Bootsmanns: »Wo ab?« Ohne die Antwort des Ausgucks abzuwarten, hob er sein Glas, und als diese mit einer ungefähren Richtungsangabe kam, hatte Thurso die sich verschiebende und immer wieder auflösende Linie unregelmäßiger Zacken bereits gefunden. Eine geriffelte Welle lüpfte das Schiff, ließ es ins Wellental sacken, und das Land entschwand. Aber Thurso wußte, daß er das Gebirge hinter dem Sherbro-Fluß gesehen hatte, und in dieser kleinen Pause, in der kühlen Brise vor dem Einsetzen des Gewitters, zollte er seinem Ratgeber die ihm gebührende Anerkennung dafür, daß er sie in tiefem Wasser und außerhalb der Sogwirkung der Untiefen so weit nach Osten geführt hatte.

23

Den ganzen Tag über hatte der Wind aufgefrischt, und nun roch er nach Regen. Er schickte Kräuselwellen über den See und wirbelte die abgefallene Malblüte zu Miniaturschneestürmen auf. Das Ensemble von *Die bezauberte Insel* hatte sich in der Bibliothek versammelt, wo im Kamin ein Feuer brannte.

»Wir sind alle hier, denke ich«, sagte Charles Wolpert, doch sein gewohnt gravitätisches Auftreten wollte ihm heute nicht recht gelingen. »Das heißt, bis auf Parker. Er hat Verpflichtungen in der Pfarrei – anscheinend ist der Vikar zurückgekommen. Und natürlich Mr. Adams.« Er räusperte sich verlegen, bevor er fortfuhr. »Ich will nicht lange um die Sache herumreden. Mr. Adams droht, uns zu verlassen. Das heißt, er will sofort abreisen. Er sagt, man sei mit seiner Art, das Stück zu leiten, nicht einverstanden. Er nannte keine Einzelheiten, wohl aber den Namen der Person, und ich sehe keinen Grund, warum nicht alle wissen sollten, wer der Unzufriedene ist. Es ist Erasmus Kemp.«

Mehrere Augenpaare richteten sich auf Erasmus, der mit leicht gerunzelter Stirn, aber im übrigen ungerührt, vor sich hin blickte.

»Gütiger Himmel.« Prospero schwoll augenblicklich zur personifizierten Entrüstung an. »Das ist barbarisch«, stieß er hervor. »Hat er sich erdreistet, für uns alle zu sprechen?«

»Es scheint, daß Mr. Adams abgefangen wurde«, sagte Charles. »Habt Ihr mit irgend jemand der hier Anwesenden vorher darüber gesprochen, Kemp?«

»Nein«, sagte Erasmus nach kurzem Zögern. Es kostete ihn einige Überwindung angesichts dieser öffentlichen Befragung überhaupt zu antworten. »Die Sache ging niemand anderen etwas an. Ich habe mit Mr. Adams nicht über die Leitung des Stücks gesprochen. Das ist gelogen. Es war eine persönliche Angelegenheit. Er hatte kein Recht, sich bei Euch zu beklagen.«

»Kein Recht, sich bei mir zu beklagen?« Charles schien nicht recht zu wissen, was er jetzt tun sollte. Dann sagte er lauter als zuvor: »Er ist Gast im Haus meines Vaters, auf meine Einladung, hin. Er ist unhöflich behandelt worden. An wen sonst sollte er sich wenden? Ich muß sagen, Kemp, Ihr habt Euch sehr merkwürdig benommen, und Ihr könnt davon halten, was Ihr wollt.«

Zum erstenmal wandte sich Erasmus seinem Gesprächspartner zu. Seine geröteten Wangen und der starre Blick zeigten, daß er diesen öffentlich geäußerten Vorwurf übelnahm. Vor ihm stand ihr Bruder. Ein Streit mit ihm kam nicht in Frage. Trotzdem fand er jetzt, daß ihn die Wolperts,

Vater und Sohn, oft genug in Verlegenheit gebracht hatten. Wenn wir verheiratet sind, dachte er, werde ich sie von ihnen fernhalten; der Gedanke gab ihm eine gewisse Genugtuung. Er gestattete, daß sein Blick für einen Moment auf Sarah fiel. Sie stand mit dem Rücken zum Licht im Erker und sah ihn an, doch er konnte nichts erkennen als gewohnte Gelassenheit.

»Ich bin die ganze Sache leid«, sagte Charles, »und bedaure, daß wir je auf die Idee verfallen sind. Ich schwöre, ich mache nie wieder bei einem Theaterstück mit.«

»Ich auch nicht«, bestätigte ein junger Mann, der einen der Edelleute spielte. »Ehrlich gesagt, weine ich Adams keine Träne nach. Er hält uns für Dummköpfe, und das Stück ist durch ihn nicht besser geworden. Von mir aus kann er ruhig abreisen.«

»Das finde ich auch«, sagte Elizabeth Edwards unverhofft und warf den Kopf in den Nacken. Vielleicht erinnerte auch sie sich einer Kränkung oder einer Herabsetzung ihres Könnens.

»Nun«, sagte Charles unglücklich, »damit sind wir beim springenden Punkt. Adams sagt: entweder er oder Erasmus. Entweder Erasmus steigt aus und nimmt nicht mehr an den Proben teil, oder Adams sitzt morgen früh in der Postkutsche von Warrington.«

Eine Weile schwiegen alle, dann sagte Erasmus: »Ich lasse mich nicht von Adams hinausdrängen. Ich trete von dem Stück zurück, wenn alle dies wünschen.«

Es war der einzige Trumpf, den er hatte – aber es war ein guter. Sarah würde nicht gegen ihn stimmen, nicht einmal, um das Stück zu retten, und es bestand durchaus die Chance, daß noch einige andere Adams nicht mochten.

Er verneigte sich kurz vor der versammelten Gesellschaft und verließ die Bibliothek. Er ging durch das Haus auf die Terrasse. Als er die Stufen hinunterstieß und die Richtung zum See einschlug, hörte er den Wind in den Bäumen und sah die am Himmel dahinjagenden Wolken. Er blieb am Wäldchen stehen und atmete tief durch, als wäre er schnell gelaufen. Das erniedrigende Verhör und die Zurückhaltung, die er sich auferlegt hatte, forderten jetzt ihren Tribut. Um ihretwillen hatte er das alles ertragen. Wenn wir verheiratet sind … dachte er grimmig. Der Wind rauschte so laut in den Bäumen, daß er den Kopf in den Nacken legte und nach oben sah. Er sah das schwankende Geäst und Krähen, die über den Himmel stürzten.

Steht etwas auf Messers Schneide, entscheidet häufig der Zufall. Der Sieg für Erasmus wurde, nicht einmal weit von ihm entfernt, auf einem anderen Schauplatz errungen.

Im Salon des Pfarrhauses saß der Hilfsgeistliche Parker dem Vikar gegenüber und sah durch das Flügelfenster, wie der Wind die Eiben im Garten zauste, bis sie jede Ähnlichkeit mit Bäumen verloren und dunklem, flatterndem Gefieder glichen. Ähnliches schien seiner Rolle als Caliban in dem Stück *Die bezauberte Insel* zu widerfahren von einem Sturmwind aufgestöbert, durchgeschüttelt und auf Nimmerwiedersehen verweht.

»Wir leben in gefährlichen Zeiten, lieber Kollege«, sagte Ehrwürden Edward Mansell, »gefährlich und problematisch für die Kirche.« Er war ein kräftiger, beleibter Mann mit eindringlichem Blick, einer hohen, bleichen Stirn und einer Fülle kastanienbraunen Haars, auf das er stolz war. Sein schwarzer Tuchanzug war von bester Qualität und sein Kragen von einem schneeweißen Weiß, das Parker nicht genug bestaunen konnte. »In Sachen Reputation ist dem Klerus besondere Sorgfalt aufgetragen. Ich verreise also in wichtigen Amtsgeschäften, überlasse Euch die Verantwortung für die Gemeinde, und was finde ich bei meiner Rückkehr? Daß Ihr Euch darauf vorbereitet, auf einer öffentlichen Bühne einen Wilden darzustellen, der ein Wüstling ist, ein Trunkenbold und ich weiß nicht was sonst noch alles.«

Der Hilfsgeistliche rutschte ungeduldig auf seinem Stuhl nach vorn und hob die geröteten Hände. Sein helles, flaumiges Haar sträubte sich wie von einer geheimnisvollen Energiequelle gespeist. »Laßt es mich Euch erklären, Sir«, sagte er. »Meine Motive sind die allerbesten. Ich versuche, Caliban als einen verderbten Menschen darzustellen, der nicht von sich aus schlecht ist, sondern von anderen verdorben wurde. Erst wird er von Prospero unterjocht, dann vom schlechten Vorbild der Matrosen verleitet. Auch der übermäßige Alkoholgenuß als Ursache liegt mir sehr am Herzen, Sir. Ein großes Übel, und in allen Teilen Englands leider allzu verbreitet.«

Der Vikar seufzte, schürzte die Lippen und schmunzelte über die Verrenkungen seines Hilfsgeistlichen auf dem zierlichen Sessel. »Der Wilde ist also edel«, sagte er, »und führt ein moralisches Leben, erhellt von der reinen Vernunft, ohne je in den Genuß der Heiligen Schrift gekommen zu sein, bis wir Christen kommen mit unserer Bosheit. Das ist keine gute Theologie, Mr. Parker. Ich bedaure, daß Ihr von diesen radikalen Ideen angesteckt seid. Ihr würdet doch sagen, daß Caliban eine Seele hat, die ihn befähigen würde, die Botschaft der Erlösung zu empfangen?«

»Aber ganz gewiß, Sir.«

»Seht Ihr, darin geht Ihr über die Beschlüsse der Kirche hinaus. Noch dürfen Wilde nicht getauft werden. Die dahingehende Verhandlungen sind noch nicht abgeschlossen.«

»Der lauteste Wortführer in der gegenwärtigen Debatte, Sir«, erwiderte Parker aufgeregt, »ist der Vertreter der Sklavenlobby, die zu leugnen versucht –« Zu spät erinnerte er sich, daß Mansells Familie Besitzungen in Westindien hatte. In seiner Erregung stieß er die Hände zwischen die Knie und hielt sie dort fest, wie um sich selbst zu fesseln. »Wir alle sind Kinder des himmlischen Vaters, Sir«, sagte er.

»Zweifellos, zweifellos.« Der Vikar schwieg für ein paar Augenblicke, während er überlegte, wie er am besten vorgehen sollte. Er wollte sich den Hilfsgeistlichen nicht unnötig vergrämen. Parker war der ideale Hilfsgeistliche; er besaß weder Geld noch Verbindungen, die seine Abhängigkeit geschmälert hätten, war fleißig und enthusiastisch und tat alles, was man ihm auftrug. »Nun«, sagte er schließlich, »ich kann es nicht erlauben, und ich bedaure in der Tat, daß Ihr Euch so verstiegen habt. Es gibt nur eine Offenbarung, Mr. Parker. Allen, die meinen, sie könnten die ewige Wahrheit mit ihrer eigenen Urteilskraft aufwiegen, droht das Schicksal von Luzifer.«

Der in die Unterwelt gestürzte, flammende Engel war Parker in diesem Augenblick mehr als fern. Er sah nur die traurig nickenden Zweige der Eibe vor dem Fenster, die seiner Bühnenkarriere zum Abschied winkten. Doch während er dort saß, die Hände zwischen die Knie gepreßt, regte sich in ihm der Keim ernsthafter Empörung. Irgendwo unter diesem Himmel mußte es einen Ort geben, an dem ein Mann der Kirche den Caliban spielen konnte. Er versuchte es noch einmal, mit letzter Hoffnung. »Ich will Caliban ja nicht die Erbsünde absprechen –«

Aber Mansell hob bereits seine wohlgeformte Hand. »Laßt gut sein, lieber Parker«, sagte er. »Diese Debatte hat bereits lange genug gedauert.« Tatsächlich zeigte ihm ein Blick auf die Uhr, daß die Teezeit bereits angebrochen war. »Ich sehe schon, ich werde offen mit Euch reden müssen. Ich kann diese Theatervorstellung nicht billigen und ersuche Euch, heute, sofort, davon Abstand zu nehmen.«

»Aber ohne Caliban bricht das ganze Stück zusammen, Sir, nach all der Arbeit, die wir hineingesteckt haben …«

Als Mansell die Enttäuschung sah, die sich auf dem hellhäutigen, ein wenig pferdeähnlichen Gesicht seines Hilfsgeistlichen ausbreitete, und seine verkrampfte Haltung mit den zwischen den Beinen eingezwängten Händen, fragte er sich, ob der Mann nicht vielleicht ein Hysteriker war. Zuviel unkontrollierte Empfindsamkeit. Parker würde es in der Kirche nicht weit bringen. Er dachte an seinen Tee, nach dem er läuten würde, sobald sein Hilfspfarrer gegangen war, und an das Kaminfeuer in seinem Arbeitszimmer. »Laßt es zusammenbrechen«, sagte er. »*Ruat coelum,* Parker. Der Himmel mag einstürzen. Aber das Recht hat Vorrang.«

Am See blieb Erasmus eine Weile stehen. Der Wind strich über die Wasserfläche und beutelte die Weiden am gegenüberliegenden Ufer. Er war noch nie allein hier gewesen und hatte das Gefühl, diesen See und sein sandiges Gestade nie wirklich gesehen zu haben – sie waren immer nur der Hintergrund für sein Martyrium als liebeskranker Ferdinand gewesen. Nun überraschte ihn die plötzliche Leere, als stünde er vor einem verlassenen Lagerplatz. Die Plane vor Calibans Höhle hob sich im Wind, und der flatternde Stoff an den Seiten von Prosperos Zelle verursachte ein Geräusch wie auffliegende Tauben.

Er begann, um den See herumzugehen, zu dem Tor in der Mauer, zu dem er so oft sehnsüchtig hinübergeblickt hatte, als er noch an das Stück gekettet war, auf seinen Auftritt wartete und sich verwundert stellen mußte über Ariels Lied. *Ich saß am Strand,* deklamierte er in Gedanken eine Stelle aus seinem Text, *und beweinte den Untergang des Königs, meines Vaters …*

Als er über das Wasser zurückblickte, sah er Sarah und ihre Freundin, Miss Edwards, zum See herunterkommen. Sie bedeutete ihm, zu warten. Die beiden Mädchen kamen zusammen näher, bis sie vielleicht noch fünfzig Schritte entfernt waren; dann blieb Miss Edwards zurück, und Sarah kam allein auf ihn zu. Sie trug einen dunklen Umhang über ihrem Kleid und einen Filzhut mit einem Schal darüber, der unter dem Kinn zu einer Schleife gebunden war. Als sie auf ihn zuging, sah er den zornigen Ausdruck in ihren Augen; die vollen Lippen ihres kleinen Mundes waren fest geschlossen.

»Ich möchte mit Euch sprechen, Erasmus Kemp«, sagte sie.

Er nickte. »Wir können durch das Tor dort gehen«, sagte er, als gehorchte er einem Zwang, »und ein kleines Stück den Hügel hinauf, wenn Ihr wollt.«

»Wo Ihr wollt, es kommt nicht darauf an.« Ihre Stimme zitterte. Er wußte, daß sie vor Zorn bebte, aber sie wirkte so zart, daß bei ihr Zorn nicht von Schmerz zu unterscheiden war.

Sie gingen eine Weile schweigend nebeneinander her. Hinter dem Tor lag Weideland mit Mulden und Hügeln, das zu einer Reihe alter, knorriger Buchen am Horizont anstieg. Sie folgten dem Weg; Miss Edwards hielt sich in angemessener Entfernung. Je höher sie kamen, um so heftiger blies ihnen der Wind entgegen. Sausend zerrte er an ihrer Kleidung und trieb ihnen das Wasser in die Augen. Um sich verständlich zu machen, mußte sich Sarah mehr zu Erasmus hinwenden, als ihr im Augenblick lieb war.

»Ich möchte, daß Ihr mir die Wahrheit sagt«, begann sie. »Ihr habt über mich gesprochen, nicht wahr? Charles hat so etwas angedeutet.«

Erasmus war von Natur aus ohne jeden Humor und deshalb außerstande, den schrecklichen Ernst etwas aufzulockern, mit der er jetzt seine schlichte Erklärung in den Wind sprach. »Ich habe Euch verteidigt.«

»Mich verteidigt?« Sie blieb stehen und wandte ihm das Gesicht zu. Hutrand und Schal umrahmten das schmale Oval ihres Gesichts. Ihre Wangen waren gerötet, in ihren Augen schimmerten Tränen der Empörung. »Was für ein Glück«, sagte sie sarkastisch, »wenn man bedenkt, daß ich nicht einmal gemerkt habe, daß ich angegriffen wurde. Wovor, bitte schön, habt Ihr mich verteidigt? Wer hat mir etwas getan? Und außerdem ...« Sie verstummte kurz, als wüßte sie nicht, was sie sagen sollte, und blickte hinunter zu ihrer Freundin, die ebenfalls stehengeblieben war. »Niemand hat Euch darum gebeten«, sagte sie. Er sah die Bewegung ihrer Kehle. Sie war so zart, dachte er, viel zu zerbrechlich für ein so heftiges Mißfallen. Er würde sie vor solchen Gefühlen bewahren, er würde vorsichtig mit ihr sein. Daß sie berechtigten Grund für ihr Mißfallen hatte, kam ihm nicht in den Sinn. Wenn wir verheiratet sind ... dachte er wieder – es war wie ein Refrain.

»Wie könnt Ihr es wagen?« fragte Sarah mit erneuter Energie. »Ihr habt das Stück ruiniert. Wir werden es jetzt aufgeben müssen. Ich glaube, das habt Ihr von Anfang an gewollt, weil Ihr Euch nicht hervortun konntet.« Sie hielt inne, um nach weiteren verletzenden Worten zu suchen. »Ihr seid ein mehr als schlechter Schauspieler«, sagte sie. »Es tut mir rundlich leid, daß ich Euch gebeten habe, den Ferdinand zu spielen.«

»Das Stück ist mir gleichgültig. Ich habe nur Euretwegen mitgemacht.«

Sie stieß ein paar unverständliche Laute aus, wandte sich ab und ging weiter. Erasmus blieb an ihrer Seite. Nun machte der Weg, dem sie folgten, eine scharfe Biegung, und sie gerieten in eine Senke zwischen niederen Hügeln, wo plötzlich kein Wind wehte. Überrascht blieben beide stehen.

»Ihr hattet kein Recht dazu«, sagte sie. »Ich habe schon einen Bruder, der dauernd auf mich aufpaßt. Selbst wenn wir verlobt gewesen wären, hättet Ihr kein Recht dazu gehabt. Nicht ohne vorher mit mir zu sprechen.« Sie hatte etwas von ihrer Heftigkeit verloren. Der windgeschützte Ort milderte ihren Zorn. »Und Ihr habt deshalb nicht mit mir gesprochen«, fuhr sie leiser fort, »weil Ihr wußtet, daß ich Euch sagen würde, daß nichts dahintersteckt. Ihr wolltet unsere Proben vereiteln.« Sie sah ihn an, und ihre Augen weiteten sich; sie nahmen einen beinahe ehrfürchtigen Ausdruck an. »Ihr habt es gewollt«, sagte sie.

»Er hat sich zu dreist an Euch herangemacht und sich Freiheiten herausgenommen.« Für alle anderen Fragen war er taub. Er wollte ihr verständlich machen, daß er älter und klüger war, daß er besser beurteilen konnte, was sie erlauben durfte. Gleichzeitig wünschte er sich, daß sie ihren Fehler eingestehen und ihm recht geben würde; es wäre schließlich das mindeste gewesen, was sie hätte tun können, um gutzumachen, was er ihretwillen erduldet hatte.

»Freiheiten?« Sarahs Stimme klang schärfer. »Wer sagt das? Wollt Ihr behaupten, ich sei leichtfertig gewesen?«

Daraufhin zögerte er. Das Mädchen reckte das Kinn und kniff die Augen zusammen. Sie war eigenwilliger und trotziger, als er für möglich gehalten hätte. »Nein, nein«, erwiderte er endlich. »Aber Ihr seid gutgläubig. Ein Mann wie dieser –«

»Ich fand nichts an ihm auszusetzen«, sagte sie schlicht.

Diese kühne, sichere Feststellung machte ihn sprachlos. Erasmus konnte nur dastehen und sie ansehen, in dieser stillen Enklave, die sie gefunden hatten.

»Er war die Höflichkeit in Person«, sagte sie. »Er machte mir oft Komplimente, weil ihm gefiel, wie ich die Miranda spielte.« Ihr Ton hatte sich verändert. Eine gewisse Herausforderung schwang in ihren Worten mit.

»Könnt Ihr nicht einmal von dieser Schauspielerei absehen?« fragte Erasmus ungeduldig.

Sie hob – in echter oder gespielter Überraschung – die Brauen. »Aber alles, worüber Ihr Euch beschwert, hat sich bei den Proben zu einem Theaterstück abgespielt.«

Erasmus hatte das Gefühl, sich zu verstricken. »Es gibt eine breitere Sicht der Dinge«, sagte er; mehr fiel ihm im Augenblick nicht dazu ein.

Er hatte den Blick zur Seite gewandt, und noch während er überlegte, wie er nun vorgehen sollte, hörte er sie sagen: »Nein, ich fand ihn recht sympathisch. Er ist ein gutaussehender Mann, finde ich. Er ist berühmt in der Londoner Theaterwelt.«

»Berühmt als Parasit und Poseur – zweifellos.« Die sofort einsetzenden Einflüsterungen der Eifersucht ließen Erasmus alles andere vergessen. »Für solche Eigenschaften wäre er überall berühmt.« Er hielt einen Moment inne. Er wußte, sie hatte Adams nur gelobt, um ihn zu verletzen. Mit bitterem Vorwurf in der Stimme fuhr er fort: »Er hat Euch berührt.«

Die Abgeschiedenheit des Ortes verstärkte noch den Gefühlsüberschwang, der plötzlich beide beherrschte. Auf dem Weg hierher war der Wind mit seinem ausgelassenen Treiben ein schützender Begleiter gewesen. Jetzt fehlte er, und diese magische Ruhe, dieses verhängnisvolle Schweigen schuf eine größere Nähe als die Intimität eines geschlossenen Raums. In einem Zimmer konnte man hin und her gehen, verschiedene Gegenstände betrachten und durch das Fenster in eine andere Welt hinaussehen. Hier jedoch gab es nur die eine Welt, geräumig und eng zugleich; sie waren darin eingeschlossen, jede Bewegung und jedes fernere Geräusch – die windbewegten Bäume am Horizont, die aufgeregten Schreie der Kiebitze – vertieften die Stille, die sie beide gleich empfanden.

»Wir müssen umkehren«, sagte Sarah. In ihrer Empörung hatte sie nicht darauf geachtet, daß sie sich schon so weit entfernt hatten. Jetzt war ihr ganzer Zorn – kurzlebig wie immer bei ihr – verflogen. Sie fühlte nur noch Besorgnis und ein gewisses Mitleid, als sie die Leidenschaft in seinen Augen sah. Er stand vor ihr, wie er leibte und lebte – er zuckte nie zurück, schwankte nie, machte keine Einschränkungen. Plötzlich fühlte sie sich überwältigt von seiner Präsenz und von der Hartnäckigkeit, mit der er sie begehrte. Und dieses Gefühl, obwohl nicht ganz eine Anerkennung seiner Person, durchdrang sie um so stärker, als sie ihm eben noch Vorwürfe gemacht hatte. Instinktiv suchte sie nach einer Ausflucht, und verleitet von dem Wunsch, den Gefühlspegel etwas zu senken, sagte sie beinahe bedauernd: »Ich weiß natürlich, daß er keine sehr hohe Meinung von Euch als Schauspieler hatte, aber Elisabeth hat des öfteren gesagt, er sei in seinem Urteil streng, und Mr. Parker war derselben Meinung.«

»Großer Gott«, sagte Erasmus heftig. »Soll er von meiner Schauspielkunst doch denken, was er will. Glaubt Ihr, ich hätte ihn dafür töten wollen?« Er schwieg kurz; seine heftig aufwallende Liebe schnürte ihm die Kehle zu. Mit dem Scharfsinn des Überlegenen erkannte er, daß sie im Augenblick improvisierte, daß sie sich verausgabt hatte und zurückwich. »Er hat Euch berührt«, wiederholte er gepreßt, »und ich durfte es nicht. Deshalb.« Die Ungerechtigkeit, die darin lag, enthemmte ihn. Mit bebender Stimme sagte er: »Und dabei habe ich ein größeres Recht darauf. Ich liebe Euch. Ich kann nicht aufhören, an Euch zu denken.« Verlegen und unbeholfen bewegte er sich auf sie zu. »Du bist mein Leben«, sagte er, nahezu blind durch die Gewalt seines Gefühlsausbruchs und vor Scham, weil er sich mit seiner Erklärung so schrecklich entblößte.

Sie scheute ein wenig zurück. Die Röte, die ihr seine Worte ins Gesicht getrieben hatten, wich kalkweißer Blässe. Sie atmete rascher, aber sie sah ihn offen an. »Elisabeth«, sagte sie. »Sie wird uns sehen.«

»Es ist mir egal, wer uns sieht«, erwiderte Erasmus.

Nicht um ihn von sich abzuhalten, sondern nur, um irgend etwas zu sagen, begann sie, wieder von Elisabeth zu sprechen, als sie sich kraftvoll umarmt und auf den Mund geküßt fühlte. Kurz, aber mit unverkennbarer Wärme, erwiderte sie den Kuß. Sie spürte eine merkwürdig hüpfende Bewegung in sich, als sie gegen seinen Körper gedrückt wurde, und meinte, sie müßte fallen, wenn er sie jetzt losließe. Dann stemmte sie die Hände fest gegen ihn und schob ihn weg.

Zunächst sagte keiner etwas. Erasmus atmete hörbar. Er wandte sich von ihr ab und blickte in die Richtung, aus der sie gekommen waren. Der See, Schauplatz seiner Leiden, war von hier aus nicht zu sehen, aber er sah einen Teil des Parks und den oberen Teil der langen Vorderfront des Hauses. Es wirkte unglaublich fern. Er fühlte die Wärme von Sarahs Kuß noch auf den Lippen. »Wir sollten zurückgehen«, sagte er und sah sie an, ohne zu lächeln.

Nun war sie es, die gern noch geblieben wäre. »Seht die Schafe dort«, sagte sie. »Sie haben einen windgeschützten Platz gefunden.«

Etwas weiter oben in dem Hügeleinschnitt und von derselben Stille umgeben wie sie, grasten sandfarbene Schafe; ihr Fell war unberührt vom Wind, der nur eine Handbreit höher über das Gras hinwegfegte.

»Sie haben weit und breit den einzigen geschützten Platz gefunden«, sagte sie. Sie wußte, daß sie sich an diesen Augenblick ihr Leben lang erinnern würde. »Genau wie wir.« In ihrer Verwunderung darüber wandte sie sich ihm zu, um ihn – und diesmal mit einem längeren Blick – anzusehen.

»Sag, daß du mich heiraten wirst«, sagte Erasmus. »Sag es.« Es klang rauh, mehr wie eine Forderung als eine Bitte. »Du tötest mich, wenn du es nicht tust.«

»Wir müssen uns an das halten, was mein Vater gesagt hat.« Sarah war immer noch sehr blaß, aber sie lächelte, und auf ihrem Gesicht lag ein Ausdruck, den er noch nie bei ihr gesehen hatte. Ob es ein Versprechen bedeutete oder vielleicht nur eine neue Kühnheit, konnte er nicht entscheiden. »Wir müssen warten, bis ich achtzehn bin«, sagte sie.

24

Heftige Regenfälle gingen über der *Liverpool Merchant* nieder, während sie sich an die Küste heranschlich wie ein hartnäckiger Freier an eine widerspenstige Geliebte. Von Zeit zu Zeit kam der ferne Bogen der Berge von Sierra Leone in Sicht, nur um gleich wieder in den tiefhängenden Wolken zu verschwinden, die sich immer wieder im Osten aufbauten.

Nach drei Tagen klarte das Wetter auf, doch nun hatten sie, nach all den Unbilden des Wetters, mit denen sie bereits zu kämpfen hatten, nicht genug Wind, um gegen die Ebbe anzulaufen. Unter vollen Segeln stehend blickten sie sehnsüchtig zur Küste hinüber, bis ein wutschnaubender Thurso befahl, den Kutter auszusetzen, um gegen die Tide zu schleppen. Am Spätnachmittag brachte sie dann eine auflandige Brise ein Stück voran, so daß sie am Abend in neun Faden Tiefe ankern konnten, nah genug der Küste, um das Krachen der Brecher zu hören. Näher hätte sich damals kein Kauffahrer an diese Küste herangewagt.

Früh am nächsten Morgen bot sich Paris zum erstenmal ein ruhiger, ungetrübter Blick auf Afrika. Jenseits der tosenden Brandung erstreckte sich als hellgrüne Linie ein niedriger, bewaldeter Horizont von täuschender Einförmigkeit. Wie der Widerschein eines fernen Brandes lag noch ein rosiger Schleier der Morgensonne über dem Himmel. Das Land selbst, wo die Wesen lebten, deretwegen sie gekommen waren, lag verborgen hinter der grünen Wand.

Seevögel schwebten als weiße Punkte über der Küstenlinie.

Zwischen dem hellen Streifen der Brandung und dem grünen Waldsaum sah er Rauchsäulen aufsteigen, die sich in dem milchigblauen Dunst langsam entfalteten.

»Das sind ihre Feuer, nicht wahr?« sagte er mehr zu sich selbst als zu Sullivan und Cavana, die hinter ihm an dem zwischen Groß- und Fockmast hochgezogenen Kutter arbeiteten. Mit diesem, so hatte Paris von Barton erfahren, konnte man die Brandung überwinden und Vorräte an Bord bringen; vor allem aber sollte er dazu dienen, die Küste und die kleinen Handelsstationen am Fluß nach Sklaven abzuklappern. Die Männer stopften geteertes Werg in die Fugen, das Wilson mit dem Kalfateisen und einem Holzhammer festklopfte. Neben dem Kutter unterhielt McGann in einem Kohlenbecken ein Feuer, über dem ein Kessel mit flüssigem Pech brodelte. Die Luft über dem Rost flimmerte vor Hitze, und die dumpfen Schläge des Kalfathammers hallten über das Schiff.

Haines, der ihre Arbeit schweigend beaufsichtigte, wurde wenig später in die Kapitänskajüte gerufen. Aufgrund der zahlreichen Rauchzeichen und da, zumindest im Augenblick, kein konkurrierendes Schiff vor diesem Teil der Küste lag, hatte sich Thurso entschlossen, festzumachen und für eine Weile zu bleiben.

»Schickt jemand zu Hughes auf den Großmast«, befahl er mit seiner heiseren Stimme. »Er soll die Augen offenhalten. Ich will benachrichtigt werden, sobald sie vom Ufer ablegen. Sie könnten erstklassige Sklaven in ihren Pferchen haben, und noch ist kein anderes Schiff hier außer uns. Wir werden so schnell wie möglich kaufen.«

An den Wänden der großen Kajüte hingen Ketten aus gelben Glasperlen und Kupferband. Auf dem Boden stapelten sich Tabakrollen, Kisten mit Musketen, Kupferkessel und Messingschalen, Eisenbarren, Taschentücher aus Leinen, Zinnkrüge, Seidenschals, roter, blauer und karierter Kattun, verschiedenerlei Messer und gold- und silberbetreßte Hüte.

Paris, der sich von der Luke her näherte, warf einen Blick durch die offenstehende Tür. Thurso hob den Kopf, sah ihn und sagte mit dem üblichen Sarkasmus: »Da ist ja unser Doktor.«

Noch bevor Paris etwas erwidern konnte, ertönte von oben aus dem Krähennest ein langgezogener Ruf.

»Das sind sie«, sagte Thurso. »Mr. Barton, laßt den Brandy unter das Sonnensegel auf dem Achterdeck bringen. Johnson soll die Drehbassen scharfmachen. Die Handfeuerwaffen bleiben unter Verschluß. Aber Ihr, Simmonds und Haines werdet Pistolen tragen, wenn ich darum bitten darf.«

»Aye-aye, Sir.« Barton war bereits unterwegs.

»Euch, Sir«, sagte Thurso an Paris gewandt, »möchte ich hier an Deck haben. Und setzt Euren Hut auf. Ein barhäuptiger Mann steht bei den Gästen, die wir erwarten, nicht hoch im Kurs.« Er selbst hatte sich einen Dreispitz aufgesetzt. Um seine Mundwinkel zuckte so etwas wie ein Lächeln. »Jetzt werdet Ihr endlich etwas zu tun bekommen, Mr. Paris«, sagte er.

Paris ging in seine Kabine, um seinen Hut zu holen. Er besaß nur den einen schwarzen Hut mit dem flachen Kopf, den er bei seinem Besuch bei den Kemps getragen und der, ohne daß er es wußte, seinem Vetter Erasmus so mißfallen hatte. Er setzte ihn auf und kehrte eilig an Deck zurück.

Hier schien alles noch so zu sein wie kurz zuvor – die heiße Sonne, der willkommene Lufthauch des Nordpassats, der ferne Donner der Brandung. Wilson klopfte mit dem Kalfathammer, es roch nach kochendem Teer, und schwarzer Qualm hing in der Luft. Als Paris auf dem Achterdeck stand, nur einige Schritte von Thurso entfernt, hörte er, wie McGann befohlen wurde, den Teerkessel vom Feuer zu nehmen, die Glut jedoch weiter zu unterhalten.

Schließlich entdeckte er in der blendenden Helligkeit der Brandung die dunkle Form eines Kanus, das einige kostbare Augenblicke lang quer zum Schiff auf einem Wellenkamm ritt. Er hörte ein Schmettern wie von einer Trompete und schnelle Trommelschläge. Dann stürzte das Kanu in einen Wellentrog und war dem Blick so vollständig entzogen, als wäre es nur eine Illusion gewesen, ein Streich, den das Licht dem angestrengten Auge spielte.

In diesen wenigen Augenblicken, in denen er das Kanu aus den Augen verloren hatte, wünschte sich Paris nichts sehnlicher, als zu fliehen – nicht nur vor der gegenwärtigen Zerreißprobe auf diesem Schiff und vor dem Martyrium, das er auf sich zukommen fühlte. Er wollte fliehen vor dem, was mit Ruth geschehen war, vor seinem Anteil an ihrem Schicksal, vor der Trostlosigkeit seines Lebens. Zwischen diesen Geschehnissen und dem, was er jetzt, an dieser Stelle stehend, erwartete, schien eine Verbindung zu bestehen, die er nicht verstand. Unwillkürlich formten sich in seinem Innern Tropfen für Tropfen wie bei einem Destillationsvorgang Worte zu einem Gebet: Laß diesen Kelch an mir vorübergehen, laß mich zurückgehen in eine Zeit, bevor so etwas getan wurde, bevor so etwas möglich war … Aber er wußte, daß es eine solche Zeit nicht gab.

Das Kanu tauchte wieder auf, mit der Breitseite zum Schiff; es war bereits näher und deutlicher auszumachen. Bevor es wieder wegsackte, sah Paris die friesähnlichen Silhouetten der Insassen. Ein Mann mit einem hohen Hut saß aufrecht am Bug. Ein anderer in dem Fries hob ein rohrähnliches Ding, wie um daraus zu trinken. Dann dran erneut das Tuten des Signalhorns über das Wasser.

Alle sahen zu und staunten, wie geschickt das lange Kanu die Brandung überwand. Sobald es ruhigeres Wasser erreicht hatte, näherte es sich schneller und direkter und ging wenig später längsseits.

Die Gestalt mit dem Hut war aufgestanden und griff nach dem Fallreep. Es war ein großer, fettleibiger Mann von lehmbrauner Hautfarbe. Zu seinem goldbetreßten Dreispitz trug er Leinenhosen, ein Entermesser und eine Kette aus Federn. Er war umgeben von mehreren mit Musketen bewaffneten Männern. Einer von ihnen hielt eine Trommel zwischen den Knien, ein anderer trug ein kleines Signalhorn um den Hals. Alle, Häuptling und Eskorte, grinsten über das ganze Gesicht.

Paris' Blick fiel auf die gefesselten Gestalten in der Mitte des Kanus – fünf Männer, zwei Jungen, zwei Frauen und ein Mädchen, alle nackt. Man hatte ihnen die Arme auf den Rücken gebunden und die Köpfe in ein gemeinsames Joch gezwungen. Die Gefesselten waren von hellerer Hautfarbe als die Bootsleute, die kohlschwarz waren, mit stark vorspringenden Brauen und einer Muskelausbildung an Brust und Armen, wie sie Paris noch nie gesehen hatte. Er sah, wie sie tief ein- und ausatmeten, während sie auf ihre langen Paddel gestützt ausruhten. Barber, der Zimmermann, stand in seiner Nähe, und Paris fiel ein, daß er schon früher auf Sklavenschiffen gefahren war. »Die Bootsleute scheinen einem anderen Stamm anzugehören als die Gefangenen«, sagte er.

Barber hatte sich eine Pfeife angezündet, während sie auf das Kanu warteten. »Aye«, erwiderte er, »es sind Kru von der Küste. Niemand anderer kommt mit diesen Skiffen durch die Brandung. Die Sklaven stammen aus dem Inland.«

»Werden sie nicht gefangen?«

»Die Kru?« Barber grinste mit der Pfeife im Mund über eine so seltsame Frage. »Wer würde denn dann paddeln?«

fragte er. »Doch nicht die armen Teufel dort – die haben wahrscheinlich noch nie im Leben das Meer gesehen.«

Paris blickte nach unten. »Aber dann –«

Der Dicke, der im Kanu aufgestanden war, hielt sich noch immer an dem schmalen Fallreep fest. Er könnte ein Mischling sein, dachte Paris. Der Mann hob die freie Hand zu einem militärischen Gruß und wandte sein breit lächelndes Gesicht nach oben. »Willkomm Libberpool!« rief er. »Käpt'n Thurso! Hallo! Du weißt noch? King Henry Cook?«

»Der vollgefressene Halunke da unten ist Yellow Henry«, sagte Thurso zu Barton. »Ich kenn dich gut«, rief er hinunter. »Komm rauf und willkommen an Bord.«

Yellow Henry grinste, aber er nahm die Einladung nicht sofort an. »Zehn top Sklaven«, rief er. Daraufhin schlug der Trommler einen kräftigen Wirbel, und der Bläser schmetterte mehrere ohrenbetäubende Töne. Yellow Henry strahlte und hielt den Hut in der Hand, machte jedoch keine Anstalten, die Leiter zu erklimmen.

Thurso nickte in Würdigung der Musik. »Bring deine Sklaven rauf«, sagte er. »Du kennst mich doch. Kein *panyar* mit Thurso.«

»Was ist *panyar?*« erkundigte sich Paris bei Barber.

»Kidnapping. Menschen stehlen.«

»Aber das tun wir doch, oder?«

»Nein«, sagte Barber. »Wir kaufen Sklaven. Aber es gibt Skipper, die gehen hin und holen sich ihre Sklaven selbst, ohne daß ein Händler was verdient. Und manchmal nehmen sie auch die Händler als Sklaven mit. Deshalb grinsen diese Burschen so viel. Weil sie Angst haben, daß auch sie gekascht werden.«

Paris sah zu, wie Yellow Henrys Begleiter den Sklaven die Fesseln und das Joch abnahmen und sie nacheinander das Fallreep hinauftrieben, wobei sie mit Entermessern nachhalfen. Das Mädchen war noch sehr jung, kaum aus der Pubertät, mit hohen kleinen Brüsten und einem dünnen Flaum über der Scham. Er sah Tränen auf ihrem Gesicht, obwohl sie keinen Laut von sich gab. Die Gesichter der anderen wirkten starr und ausdruckslos – anscheinend vor Erschöpfung. Aber ihre Augen zeigten zu viel Weiß, als sie an Deck kamen.

Der letzte, der an Bord kam, war der King persönlich. Das Horn signalisierte seine Ankunft mit dem bisher längsten Tusch. Er schüttelte Thurso die Hand, grinsend und heftig atmend von der anstrengenden Kletterei. Seine Begleiter stellten sich, die Musketen locker im Arm, rechts und links neben ihn. Sie waren ein bunter Haufen: Patronengürtel quer über dem Körper, Dreispitz – natürlich kein so prächtiger wie der des Häuptlings – auf dem Kopf; einer trug eine zerzauste graue Perücke, ein anderer einen Spitzenschal. Alle blickten nervös um sich.

»Ah, Barton«, sagte der King. »Immer stark?«

»Kann nicht klagen.« Barton hob sein schmales Gesicht und grinste. »Du hast ein gutes Gedächtnis für Namen, was? Das hier ist Mr. Paris, unser Doktor.«

»Ah, Paris! Guter Hut.«

Yellow Henry roch stark nach Rum, aber er stand sicher auf den Beinen. Auf seinem goldbetreßten Hut lagen Gischtspritzer, ebenso auf der mit grauen Haaren spärlich besetzten Brust und dem dicken Bauch. Die Sklaven, von denen er tat, als sähe er sie nicht, duckten sich hinter ihm an der Reling. Mit Peitschen bewaffnete Seeleute bewachten sie. »Aus Libberpool?« fragte er Paris.

»Norfolk.«

»*No fuck.* Ha-ha!« Yellow Henry wandte sich an seine Gefolgsmänner. »*No fuck* jetzt. Jetzt Bisness.« Er erntete schallendes Gelächter, an dem auch ein paar Männer der Besatzung teilnahmen. »*Fuck* später.«

»Die Kleine schnapp ich mir«, hörte Paris jemand hinter sich sagen. Er drehte sich um und sah Tapley und McGann beisammenstehen. Sie hatten beide den gleichen hämischen Ausdruck im Gesicht und schienen sich an dem Anblick des Sklavenmädchens zu weiden, das mit gesenktem Kopf, die Hände über dem Unterleib gekreuzt wie erstarrt dastand. Paris stellte mit einer gewissen Überraschung fest, daß offensichtlich all diese Menschen gewohnt waren, unterhalb der Taille bekleidet zu sein.

»Hier, setz dich in den Schatten«, sagte Thurso in beinahe herzlichem Ton zu Yellow Henry. »Möchtest du ein Gläschen, während die Sklaven untersucht werden?«

»Brandy«, sagte Yellow Henry. Er ließ sich mit seinem umfangreichen Körper würdevoll auf einen Sessel nieder und warf gleichzeitig Blicke nach rechts und links. »Häuptlinge mögen auch Brandy«, sagte er und wies auf seine Begleiter.

»Mr. Paris«, sagte Thurso so höflich, daß es wie eine wohl überlegte Bosheit klang, »seid so gut und seht Euch an, was man gebracht hat. Ihr geht lieber mit«, fügte er an Barton gewandt hinzu.

»Aye-aye, Sir.« Bartons Blick hing an dem Brandyfläschchen. Sichtlich widerstrebend ging er mit Paris hinüber zu den Sklaven. In seinem Gürtel steckte eine Pistole. In der Hand hielt er eine Peitsche aus geflochtenem Leder. »Zähne und Augen zuerst«, sagte er übellaunig. »Diese Nichtsnutze beherrschen allerlei Tricks.«

Er muß die Händler meinen, dachte Paris, denn die Gefangenen sahen aus, als beherrschten sie nur einen Trick – den, zu ertragen. Er nahm sich zusammen. Er hatte hier eine medizinische Untersuchung durchzuführen, weiter nichts. Trotzdem wurde er das Gefühl nicht los, unter Zwang zu handeln oder ein vorher festgelegtes Ritual auszuführen, als er jetzt auf einen großen Schwarzen am äußeren Rand der Gruppe zuging, ihn am Handgelenk nahm und versuchte, ihn etwas nach vorn zu ziehen. Warum er mit diesem Mann begann, hätte er nicht sagen können. Er hatte, im Gegensatz zu den anderen, aufgeblickt, als sie näher kamen; und Paris hatte gesehen, wie er auf dem Fallreep an der Schiffsseite gezögert hatte – er wurde mehrmals mit dem flachen Entermesser geschlagen. Er sträubte sich auch jetzt. Als Libby sah, daß Paris kräftig ziehen mußte, trat er mit einem Fluch vor und ließ seine Peitsche auf den Schenkel des Negers niedersausen. Der Mann keuchte, er zuckte unter dem Schlag zusammen und sein Kopf zitterte. Libby wollte noch einmal zuschlagen, aber Paris hob den Arm wie eine Schranke.

Darauthin trat der Mann widerstandslos vor. Über Brust und Schulter zogen sich die blutunterlaufenen Striemen früherer Schläge. Der Arm, den Paris festhielt, zitterte bis hinauf zum Schultergelenk, wie ein Blatt in einem schwachen Luftstrom. Paris fand Zuflucht bei einer Erinnerung, einer erschöpften Schwalbe am Strand. Er hatte sie zwischen den Händen erwärmt, hatte mit der zunehmenden Wärme den immer rascheren Pulsschlag gefühlt, bis der ganze Körper eine einzige Vibration des in Angst versetzten Herzens zu sein schien. Aber es war nicht nur Angst gewesen, dachte er – in dem Vogel hatte auch ein unbezähmbarer Lebenswille gewohnt.

Mit derselben Zwanghaftigkeit, die einen im Traum etwas suchen oder ausführen läßt, stellte er sich dem dunklen und irgendwie unpersönlichen Blick des Schwarzen. Die Augen waren auf gleicher Höhe mit den seinen, unergründlich und trotzdem flach in den tiefen Höhlen. Er stockte einen Moment, weil ihn diese Augen nicht sahen, weil sie nicht wußten, was sie sahen – der Mann war wie vor den Kopf geschlagen von dem nach allen Seiten hin freien Raum, er war blind vor Ausgesetztheit und Blöße. Paris fühlte den Schweiß unter seinem Hut zusammenlaufen. Der glutheiße Mittagshimmel war überall. Wütend knirschte er mit den Zähnen, simulierte Grobheit, ohne die er kaum hätte weitermachen können, packte den Unterkiefer des Negers und zwang ihn, den Mund zu öffnen. Er sah keine Spur von Speichel, aber Zunge und Gaumen waren in Ordnung, die Zähne makellos.

»Gutes Maul«, sagte Barton neben ihm. »Sie kauen immer auf einem Stück Rinde.«

Während ihm Barton wie ein persönlicher Assistent Hinweise gab und Beispiele nannte, besah er sich die Augäpfel des Gefangenen und die rosigen Windungen seiner Ohren. Er tastete seine Brust ab, prüfte den Herzschlag und befühlte die Halsdrüsen. Er untersuchte die Körperoberfläche nach augenscheinlichen Krankheiten, fand jedoch nur die Peitschenstriemen und starke Quetschungen an den Oberarmen; er war sehr stramm gefesselt gewesen und offensichtlich wesentlich länger als für die Dauer der Kanufahrt.

»Vergeßt seinen Liebling nicht, Mr. Paris«, sagte Barton. »Libby, halt ihn fest. Manchmal schlagen sie dabei aus.«

Der Mann war beschnitten. Paris ließ ihn die Beine spreizen; die Leistengegend wies keine Anzeichen für eine Geschlechtskrankheit auf. Als er sich aufrichtete, sah er am Halsansatz das Flattern der Angst oder des Schocks. Plötzlich holte der Mann tief und keuchend Luft. Seine Augen waren blicklos. »Er ist in gutem Zustand«, sagte Paris. Ihm schwindelte plötzlich. Vermutlich zu schnell aufgerichtet, dachte er. Er hatte einen moschusartigen Schweißgeruch in der Nase.

»Jetzt sein Hinterteil«, sagte Barton. »Er soll sich hinknien, Kopf nach unten. Mach schon, Libby. Und du Cailey, hältst ihn am Genick fest. Nicht so, du Narr. Ich will, daß er mit dem Kopf das Deck berührt und den Hintern in die Luft streckt. So ist's richtig. Man muß ihre Tricks kennen, Mr. Paris. Ich habe Händler erlebt, die stöpseln ihren Sklaven den After zu, damit der blutige Durchfall darinbleibt, bis sie verkauft sind. Ihr würdet nicht glauben, wozu die sich erniedrigen.«

»Ich denke schon«, sagte Paris. Die Untersuchung schien ihm aus den Händen zu gleiten. Er wandte sich von der gebückten Gestalt des schwarzen Mannes ab, der reglos wie ein Stein auf dem Deck kauerte, und blickte über das Meer und die tobende Brandung zu der Mauer des Waldes. Von irgendwo dort hinter diesem grünen Gürtel waren sie gekommen, vielleicht aus dem tiefen Inneren. Es waren Menschen aus dem Wald. Wie so oft in diesen Tagen traf ihn auch diese Erkenntnis wie ein Schlag; und er war nicht imstande, die ihn überflutenden Bilder zurückzudrängen: gebrochener Sonnenschein, Flußufer, Lichtungen mit Dörfern, überall erreichbare Deckung, überall Umfriedungen und nun diese entsetzliche Offenheit von Meer und Himmel ...

»Wir müssen ihn springen lassen«, sagte Barton vergnügt. Er hatte seine Enttäuschung, wegen des Brandys verwunden und gab sich wortreich wie stets. »Wir müssen sehen, ob er im Vollbesitz seiner Kräfte ist«, sagte er. »Tretet zurück, Mr. Paris.« Er hüpfte vor dem Neger auf und ab und schlenkerte mit den Beinen. »Los, du Faultier! Libby, mach ihm ein bißchen Beine!«

Der Neger keuchte unter dem Peitschenhieb; Sekunden später stieß er einen gellenden Schrei aus, der viel mehr nach Verzweiflung klang als nach Schmerz.

»Er singt auch noch beim Tanzen«, sagte Libby grinsend und sah seinen Gefolgsmann Tapley mit seinem einen Auge an.

»So ist's recht. Und hopp! Und hopp!« Barton klatschte in die Hände.

Der Neger hatte begonnen, sich schwerfällig zu bewegen; er trat mit den Beinen und wedelte mit den Armen. Paris, der wieder das Gefühl hatte, von seinen Wahrnehmungen gepfählt zu werden, sah die dicken Tränen in den Augen des schwarzen Mannes.

»Den ersten haben wir, Käpt'n«, sagte Barton, während er auf Thurso zuging, der mit dem King unter dem Sonnensegel saß. »Erstklassiger Mann, zirka dreißig, keine Pocken, kein Durchfall, blitzsauberer Bursche.«

»Dann fangen wir mit ihm an«, sagte Thurso. »Sagt Mr. Paris, er soll seine Zeit nicht mit der älteren Frau vergeuden. Sie hat Hängebrüste. Ich werde sie nicht kaufen. Du weißt verdammt genau«, sagte er an Yellow Henry gewandt, »daß ich so was nicht kaufe.«

Yellow Henrys Lächeln verschwand. »Sie fein-fein Sklave«, sagte er mürrisch. »Wert fünfzig Bar. Ist Mutter von Mädchen.«

»Sie ist den Transport nicht wert«, entgegnete Thurso. »Ich nehme das Mädchen, wenn es gesund ist. Wir gehen jetzt nach unten, die Ware ansehen. Du kannst deine Männer mitnehmen, aber sie müssen vor der Tür warten. Der Platz reicht nicht für alle. Simmonds, Ihr kommt mit, Barton bleibt beim Doktor. Haines auf Station neben dem Brandy.«

Sie blieben ziemlich lang unter Deck. Inzwischen fuhr Paris, seinen Mentor stets neben sich, mit der Untersuchung der Sklaven fort. Der letzte der fünf Männer hatte eine harte Kruste an den Ohrmuscheln und in der Leiste eine tumorähnliche Schwellung, die aufgebrochen war und ein gummiartiges Sekret absonderte. »Seht Ihr, wie hart es außen ist?« sagte er zu Barton. »Es hat sich eine Art Rand um das Geschwür gebildet.« Für einen Moment ließ ihn sein Beruf vergessen, wo er war und was er tat. »Die Wunde ist wie ein Krater«, sagte er. »Ich habe schon irgendwo darüber gelesen.« Sorgfältig tastete er Arme und Beine des untersetzt gebauten Schwarzen ab. Dicht unter der Haut fand er, ganz deutlich zu ertasten, mehrere kleine tumorartige Schwellungen und konnte auch trotz der dunklen Haut die rötliche Verfärbung ringsherum erkennen.

»Sie essen Dreck«, sagte Barton gelangweilt.

Paris nahm endlich seinen Hut ab und fühlte eine belebende Brise über seinen Kopf streichen. »Das hat nichts mit der Kost zu tun«, sagte er streng. »Dieser Mann hat Frambösie. Ich habe noch keinen solchen Fall gesehen, aber ich habe bei Jacobus Bonitus über die Krankheiten der Neger gelesen. Er beschreibt genau diese Himbeerfarbe des Ausschlags und die fast knöchernen Ränder der Geschwüre.« Paris schwieg abrupt. Seine Stimme war ihm plötzlich sehr merkwürdig vorgekommen, fern und eindringlich zugleich, als hielte er einen Vortrag in einem hallenden Saal. Er blickte auf den Hut in seiner Hand. In einer plötzlichen Anwandlung, die ihm zu dem Zeitpunkt unerklärlich war und den vor ihm stehenden Kranken furchtbar erschreckte, faßte er den Hut an der Krempe und schleuderte ihn mit aller Kraft wie einen Wurfring über Bord, worauf er in einer langen und anmutigen Flugbahn auf das Meer segelte. »Leider«, fuhr er äußerlich ungerührt fort, »gibt es in Bonitus' Abhandlung eine gewisse Unklarheit, weil er das gleiche Wort benützt für die Beschreibung der Frambösie- und der Syphilisknötchen; inzwischen weiß man, daß Frambösie nicht unbedingt durch Geschlechtsverkehr, sondern durch den direkten Kontakt mit dem infektiösen –« Aufblickend stellte er fest, daß er zum Gegenstand des allgemeinen Interesses geworden war. Sogar die Augen der Sklaven hatten den Flug seines Hutes verfolgt. Barton betrachtete ihn mit einem Ausdruck besonderer Aufmerksamkeit. »Ich müßte diesen Mann beobachten«, sagte Paris.

»Beobachten?« wiederholte der Maat. »Das ist gut. Warum habt Ihr Euren Deckel über Bord geworfen?«

»Ehrlich gesagt, ich weiß es auch nicht«, antwortete Paris. Er blickte in die Augen des kranken Schwarzen. Sie waren trüb und irgendein ferner Terror stand darin. »Ich kann mit meinem Hut machen, was ich will«, sagte er langsam. Die Hitze drückte erbarmungslos.

Barton reckte das Kinn und schnüffelte. »Nun«, sagte er, »egal, was ihm fehlt. Wir können ihn nicht nehmen. Die ganze Ladung wäre hin, noch bevor wir Kingston zu sehen bekämen. Und einer von den Jungen ist höchstens neun oder zehn. Den wird der Käpt'n auch nicht nehmen, weil Kinder Extrapflege brauchen und doch meistens sterben. Bleiben die zwei Frauen.«

Für die Frauen galt die gleiche Prozedur wie für die Männer, nur daß sie sich für die Untersuchung der Genitalien auf den Rücken legen und die Beine spreizen mußten, ein Schauspiel, das von der Mannschaft mit zotigen Bemerkungen begleitet wurde, obwohl einige darunter waren, die schweigend zuschauten oder es aus einem unbehaglichen Gefühl heraus, das sie vielleicht nicht einmal als Mitleid erkannten, fertigbrachten, unauffällig nicht hinzusehen.

Die Frau hatte volle Brüste, hohe, muskulöse Gesäßbacken und schlanke Beine. Nachdem man sie auf das Deck gestoßen hatte, fügte sie sich in die entwürdigende Untersuchung; sie drehte nur den Kopf zur Seite und legte einen Arm über die Augen.

Das Mädchen stieß ein paar Laute aus, die den Männern ringsum nicht mehr bedeuteten als die Schreie der Seevögel. Sie mußten ihr die Arme festhalten, weil sie sich sonst bedeckt hätte. Aber dieser verzweifelte Widerstand währte nur kurz. Als das Mädchen aufgab, sank sein Körper ohnmächtig auf das Deck, obwohl die Augen offenblieben und geradeaus nach oben blickten.

»Nettes Stück Fleisch«, sagte Barton. Mit lässiger Brutalität schnappte er mit den Fingern gegen die Brustspitzen des Mädchens. »Aber ich mag sie reif lieber. Die älteren kennen mehr Tricks. Nur daß es bei Thurso heißt: Hände weg von den Sklavenweibern oder es setzt was. Unser Skipper vertritt den moralischen Standpunkt …«

Bevor Paris noch eingehender aufgeklärt werden konnte, kam der Kapitän mit King Henry zurück. Man nahm wieder unter dem Sonnensegel Platz, der King umgeben von seinem abenteuerlichen Gefolge.

»Mehr Brandy für unsere Gäste«, sagte Thurso munter. Paris hatte ihn noch nie in so aufgekratzter Stimmung erlebt. »Morgan«, schrie er, »verdammt, schenk endlich ein! Mr. Barton, bitte zu mir. Haines! Kümmert Euch um das Feuer. Ich will, daß sie sofort nach dem Kauf gebrannt werden.«

»Drei sind dabei, die wir nicht nehmen, Sir«, sagte Barton. »Die Frau, der Junge und einer der Männer, über den Euch der Doktor bei passender Gelegenheit einen ausführlichen Bericht geben wird. Aber für mich sieht es aus, als hätt' er die spanische Krankheit.«

»Runter vom Schiff mit ihnen«, sagte Thurso. »Tut-tut, Sir«, fuhr er an Yellow Henry gewandt fort. »Du glaubst wohl, Thurso kauft einen Mann mit Syph?«

Der King wirkte jetzt ernster, obwohl er, vermutlich weil er betrunken war, ständig zwinkerte. »Du hast keinen grünen Stoff«, sagte er. »Sehr schade. Du hast blauen, du hast roten, du hast keinen grünen.« Er schüttelte traurig den Kopf. »Grüner Stoff, gutes Geschäft. Auch keinen Seidenstoff. Sehr schlecht, Käpt'n Thurso. Gutes Geschäft mit Seidenstoff.«

Thurso nickte. Sie wollten immer das, was man gerade nicht hatte. Aber der betont flüchtige Blick war ihm nicht entgangen, den Yellow Henry auf die Töpfe und Pfannen und die Spiegel mit den vergoldeten Rahmen geworfen hatte. Das war es, was er haben wollte – und nicht Chintz und Kattun –, und vermutlich auch Waffen. Ohne Musketen konnten sie keine Sklavenraubzüge machen. »Für den großen Burschen dort«, sagte er, »mache ich dir einen Sonderpreis. Fünfundfünfzig Bar.«

Yellow Henrys harzgelbes und schweißnasses Gesicht erschlaffte. Er hielt sich die buttergelbe Handfläche vor die Nase und drückte sie noch platter, als sie ohnehin schon war. »Er ist Mandingo«, sagte er, als er sich von seiner Überraschung erholt hatte, »ein Erstklassmann. Kostet überall zweiundsechzig Bar.«

»Unsinn«, sagte Thurso. »Höher als siebenundfünfzig kann ich nicht gehen.«

»Wie bezahlst du ein Bar? Was gibst du?«

»Zwei Pfund Schießpulver, ein Bar; ein Pfund Fransenbesatz, ein Bar; eine Unze Silber, ein Bar.«

»Und wieviel *dashee?*«

»Als Aufschlag sechs Zinnbecher für jeden Sklaven.«

»Keine Zinnbecher«, sagte Yellow Henry verdrossen. »Deine Zinnbecher haben keine Henkel.« Seine Laune schien sich immer mehr zu verdüstern. »Als *dashee* zwei Kupferkessel«, forderte er. Plötzlich schreckte er hoch, rollte ängstlich mit den Augen und griff nach seinem Entermesser. »Halt den Mann«, rief er.

Calley, der entweder besser sehen wollte, was vor sich ging, oder versuchte, näher an die Frauen heranzukommen, hatte sich zu weit vorgedrängt.

»Zurück, du Trottel«, fauchte Haines und schlug, ihm mit dem Handrücken ins Gesicht. »Willst du, daß sie anfangen zu schießen?«

Paris, der am Schanzkleid lehnte und in tiefen Zügen Luft holte, bemerkte den verwirrten und verängstigten Ausdruck auf Calleys Gesicht wie aus weiter Ferne. Er fühlte sich von dem, was hier vorging, völlig losgelöst; er war ein Passant, der zufällig vorbeikam, und merkwürdig offen für den Raum der Welt jenseits des Schiffs. Gleichzeitig war er sich seiner körperlichen Existenz sehr bewußt; er war durstig, seine Lungen atmeten, seine Hände spürten noch die Wärme und die Form der weiblichen Knie. Und obwohl er es im Herzen nicht zugab – in seinen Händen hatte er auch das Pochen der Lust und des Triumphs gefühlt, als sie sich auslieferte …

Nach einer Weile verzichtete er darauf, dem komplizierten Feilschen zwischen Thurso und Yellow Henry folgen zu wollen. Das, was in Paris' Augen der Zweck der Übung zu sein schien, nämlich den Wert eines Sklaven in Bars auszuhandeln, war nur der Anfang. Dieser Bar schien nur eine bestimmte Menge von Waren zu symbolsieren – eine halbe Gallone Brandy oder ein Sack Schrot, zwei Dutzend Feuersteine, eine Bahn bedruckten Kattuns. Um ein kleines Zugeständnis hier, einen kleinen Ausgleich da zu erwirken, saßen sich Thurso und Yellow Henry gegenüber, jeder mit seinem speziellen Hut auf dem Kopf, und schmeichelten und drohten, reimten Heiterkeit oder Erstaunen, Ekel oder Verdruß.

Der große Schwarze, den Paris als ersten untersucht hatte, ging schließlich für sechs Kupferkessel, zwei Beutel Kaurimuscheln, vier silberbetreßte Dreispitze, fünfundzwanzig Spiegel und einen Anker* Brandy an Thurso; außerdem erhielt Yellow Henry einen *dashee,* einen Bonus, von sechs Klappmessern und einem Federhut. Sobald das Geschäft perfekt und die ausgehandelte Ware an Deck gebracht war, wurde der Mann nach mittschiffs gezerrt, wo die Brandeisen bereits im Kohlenbecken glühten.

Wie unter Zwang schaute ihnen Paris nach. Er konnte den Sklaven nicht sehen, weil ihn die Männer, die ihn festhielten, verdeckten. Aber er sah Simmonds, den Zweiten Maat, das Eisen herausnehmen, sah, wie er es in die Höhe hielt und auf das glühende Teil an der Spitze spuckte, und erkannte vor dem weißen Hintergrund des Kutters ein leuchtendrotes K. Der konzentrierte Ausdruck auf Simmonds' Gesicht, sein Bemühen um die nötige Sorgfalt erinnerten Paris plötzlich, wie er als junger Student sezieren gelernt hatte. Selbst in diesem Augenblick schien er sich in die Erinnerung an jene Zeit zurückziehen zu können; da war der Kreis der Studenten, die sich im Lampenlicht um den Tisch drängten, die präzise und irgendwie verstohlene Annäherung des Messers an den Leichnam. Wie bei den Neulingen in der Anatomie gab es auch in diesem Kreis hier gequälte Gesichter. Sie stützten Paris' Illusion, bis ein Schrei in sein Bewußtsein drang, der aus der Kehle eines lebendigen Menschen kam. Er sah die kurze Anspannung der Männer, die den Neger hielten. Barber brachte die Fußeisen. Der Geruch von verbranntem Fleisch hing in der Luft. Mein Onkel hat seinen ersten Sklaven, dachte Paris. Der Schrei des Negers schien noch nicht verhallt, da hörte er Yellow Henrys laut klagende Stimme:

* Früheres Maß für Wein und Spirituosen; zwischen 34 und 39 Liter.

»Warum hast du keinen grünen Stoff? Warum haben deine Becher keine Henkel?« Das Feilschen um den zweiten Sklaven hatte begonnen.

»Wir haben Musketen, Marke Brummagen.«

»Musketen! Haha!« Yellow Henry lachte gekünstelt. »Wir kennen deine Musketen.« Seine Männer lachten begeistert mit.

Es war natürlich der Tod, der den Unterschied ausmachte, dachte Paris, als hielte er sich selbst einen Vortrag. Einen toten Körper kann man beliebig bearbeiten. Die Leichen in der Anatomie waren Menschen gewesen, die verarmt gestorben waren, die man aus Armengräbern gestohlen hatte, oder Verbrecher, die am Galgen geendet hatten, alles Menschen, die kein wie immer geartetes Recht besaßen, um zu bestimmen, was nach ihrem Tod mit ihnen geschehen sollte. Und im Leben? Während er dort stand, verschwamm für ihn der Unterschied, der vielleicht ohnehin nicht sehr groß war.

Als er nach oben blickte, sah er Hughes auf den Quersalingen des Fockmastes. Über ihm kreisten weiße Seevögel. Wie mußte diese Szene von so hoch oben aussehen? Welchen Sinn könnte jemand, der mit dem Handel nicht vertraut war, darin erkennen – jemand, der weit genug entfernt war, um das verbrannte Fleisch nicht zu riechen? Ein momentan verzerrtes Gesicht konnte auch Lachen bedeuten oder Verblüffung. Ein Schrei dünnte aus zu einer Stimme im Wind. Und die ganze Zeit über stapelten sich auf dem Achterdeck Waren, glänzende Kessel und Pfannen, geschliffene Glasperlen, bunte Stoffe. Bereits aus der Höhe der Salinge war unerklärlich, was sich hier tat, es sei denn, man wußte es. Im Kontor, in dem sein Onkel saß, war sogar das Unerklärliche verschwunden, reduziert auf einen Eintrag im Hauptbuch.

Weiße Wolkenbänke zogen im Westen auf. Die Sonne durchbohrte sie mit silbernen Pfeilen. Paris lehnte mit dem Rücken zur Wetterseite am Schanzkleid, wo er die Brise am besten genießen konnte. Der Negerjunge – der letzte der männlichen Sklaven – ging für fünfunddreißig Bars an Thurso. Er begann zu weinen, als sie ihn ergriffen, und schrie mehrere Male, als er gebrannt wurde. In seinem anhaltenden, stoßweisen Schluchzen lag das ganze Elend eines verlassenen, mißhandelten Kindes. Was Paris jedoch endgültig vom Deck vertrieb, war eine Art Jux über die Musketen.

Im Verlauf der Verhandlungen über die weiblichen Sklaven hatte Thurso zwei Kisten Musketen heraufbringen lassen. Eine war geöffnet worden, um Yellow Henry die geölten Läufe zu zeigen. Die Herrschaft des Mulatten hing davon ab, ob er seine Anhänger zufriedenstellend belohnen konnte, und das konnte er nur, wenn er über einen Vorrat an Sklaven für die hier aufkreuzenden Schiffe verfügte. Thurso wußte, daß er zu diesem Zweck kleine Kriege im Landesinneren anzettelte und dann seine Kommandos losschickte, um in der allgemeinen Verwirrung Gefangene zu machen. Es war ein einträglicher Handel, und natürlich hatte der Mulatte Rivalen – Thurso kannte einige von ihnen. Je mehr Männer sich Yellow Henry leisten konnte, um so sicherer war er. Aber für Rekruten brauchte er Musketen … »Siehst du«, sagte Thurso und wies auf die Kisten. »Erstklaßmusketen. Brummagen. Hier steht es auf der Kiste.« Er wies auf den schwarzen Aufdruck auf dem Deckel.

Yellow Henry seufzte und verdrehte geringschätzig die Augen. Er ließ sich kaum dazu herab, in die Richtung zu blicken, in die Thursos Finger wies. Außerdem konnte er sowieso nicht lesen. »Wir kaufen Dutchman-Musketen«, sagte er trotzig.

»Holländische Musketen?« Thurso war unverkennbar entsetzt. »Englische Fabrikate sind die besten der Welt«, sagte er zornesrot, aber immerhin beherrscht.

Yellow Henry schien ein Weilchen zu überlegen, wobei sich Mund und Nasenflügel weiteten und ihm einen halb wilden, halb humorvollen Ausdruck verliehen. Sein Gesicht glänzte. Die Männer neben ihm wirkten merkwürdig still. »Brumgem-Muskete reißt Finger ab«, sagte er schließlich. Er blies die Backen auf und machte: »Puff!« Dann blinzelte er heftig und folgte mit der Hand seinem ausgestoßenen Atem. »*G'bye* Finger«, sagte er. Seine Männer brüllten vor Lachen, und er reckte seinen fetten Oberkörper, um sie nacheinander anzusehen. »Zeigt eure Finger«, forderte er sie auf.

Zwei seiner Männer hoben strahlend lächelnd ihre rechte Hand. An jeder fehlte der Zeigefinger. Einer hatte auch das erste Daumenglied verloren. Die übrigen Männer des King jauchzten vor Begeisterung.

Yellow Henry selbst schien sich halbtot zu lachen. Als er wieder aufblickte, hatte er Tränen in den Augen. »Warum lachen sie?« fragte er. »Warum sind sie so froh? Sie haben ja noch Hände.«

Paris blickte von den grinsenden Gesichtern auf die verstümmelten Hände. Die Brise schien sich plötzlich gelegt zu haben, als wäre sie unter den Wolken erstickt. Ihm war so heiß und übel, als käme eine Krankheit in ihm plötzlich zum Ausbruch. Er nützte die allgemeine Entspannung, die der Scherz des King ausgelöst hatte, um zum Hauptdeck hinunterzugehen, wo die bereits gebrannten und in Fußeisen gelegten Sklaven beisammenstanden, und von dort aus in seine Kabine.

Er wusch sich Gesicht, Hals und Hände mit dem Wasser, das ihm Charlie, der Schiffsjunge, jeden Tag brachte. Er versuchte es nicht zu riechen, denn nach der langen Zeit stank das Wasser in den Fässern; aber es war wohltuend kühl. Die Übelkeit verging. Um zumindest einen gewissen rettenden Abstand zu gewinnen, nahm er wie üblich Zuflucht bei Harvey, blätterte rasch durch die Seiten bis zu jenem berühmten Beweis aus der Quantität, dem ersten seiner Art in der Geschichte der Physiologie: »Das Herz macht in einer halben Stunde über eintausend Pulsschläge; bei manchen Menschen und zu bestimmten Zeiten sogar zwei-, drei- oder viertausend. Wenn man nun die Drachmen* multipliziert, wird man feststellen, daß in einer halben Stunde eine größere Menge Blut durch das Herz in die Arterien fließt, als im ganzen Körper vorhanden ...«

Aber zum erstenmal spendete Harvey nicht den richtigen Trost. Die strenge, lückenlose Beweisführung ähnelte zu sehr dem, was im Moment über ihm an Deck geschah. Auch Thurso und Yellow Henry argumentierten aufgrund der Menge und dies um keinen Deut weniger rigoros.

---

* Früheres Apothekergewicht – 3,888 g

Er legte den Band beiseite und griff nach Astleys Sammlung von Berichten verschiedener Afrikareisender:

»Sie führen ständige Kriege regen Drachen, die nach ihrem Blut verlangen, weil es (das Blut der Drachen) sehr kalt ist; und deshalb lauert der Drache dem vorüberkommenden Elefanten auf, windet seinen Schwanz, der überaus lang ist, um die Hinterbeine des Elefanten, und nachdem er ihn auf diese Weise gefesselt hat, stößt er seinen Kopf in den Rüssel und nimmt ihm den Atem. Wenn der Elefant schwach wird, fällt er auf die große Schlange, die jetzt voller Blut ist, und zerquetscht sie mit dem Gewicht seines Körpers ...«

Er las aufmerksam weiter, unablässig, trotz der Schreie der Frauen, die zu ihm herunterdrangen, als sie gebrannt wurden, Schreie, die selbst die Mißtöne des Horns übertönten, das anläßlich der Abfahrt von Yellow Henry unentwegt tutete. Dann folgte eine Stunde, in der nur das leise Anschlagen der Wellen zu hören war. Er las von den Bewohnern von Guinea, »ein Volk mit tierähnlichem Lebenswandel, ohne Gott, Gesetz, Religion oder Gemeinwohl, und so toll und wirr im Kopf von der Hitze, daß sie es für ein Unglück halten, wenn es regnet ...« Er las von der Königin von Saba, die nach Jerusalem reiste, um Salomons Weisheit zu hören, und den Völkern im Inneren Afrikas, den Saturn, die nur der Gestalt nach Menschen sind, den Troglodyten, die in Höhlen wohnen und sich von Drachenfleisch ernähren, und von den kopflosen Bleminen, denen Augen und Mund in der Brust sitzen ... Beim Wachewechsel klopfte Charlie an seine Tür und überbrachte die Bitte des Kapitäns, Paris möge an Deck kommen.

Vor dem Hintergrund eines feurigen Sonnenuntergangs hinter aschgrauen Wolken stand Thurso an der Reling des Achterdecks, ein wenig hinter ihm Barton und Simmonds. Die Crew hatte sich auf dem darunter liegenden Deck versammelt. Paris stieg die Kajütstreppe hinauf und stellte sich einige Schritte entfernt neben den Ersten Maat. Die Sklaven kauerten mittschiffs, die Männer in Ketten, die Frau und das Mädchen ungefesselt.

Thurso begann mit seiner heiseren, monotonen Stimme:

Die Ferien seien jetzt vorbei. Sie hätten die ersten Sklaven an Bord, und jede Sorgfalt sei geboten, damit sie in erstklassigem Zustand in Kingston auf den Markt gebracht werden konnten. An Deck müßten sie ständig bewacht werden, um zu verhindern, daß sie über Bord sprangen oder sich sonst etwas antaten. Jeder Mann, der auf Wache schlief, müsse beim erstenmal mit einem Dutzend Hiebe rechnen, beim zweitenmal mit dem Doppelten.

»Allen Männern der Crew ist der Einsatz der kurzen Peitsche erlaubt, um die Neger anzutreiben oder zurückzuhalten. Aber es untersteh' sich keiner, sie zu schneiden oder ins Gesicht zu schlagen ...« Er umklammerte die Reling so heftig, daß seine Handknöchel weiß wurden. »... oder er wird sich wünschen, nie geboren zu sein, das schwör ich euch.«

»Und noch eines«, sagte Thurso. »Es wird keine Unzucht mit den Frauen geben. Nicht auf meinem Schiff. Jeder, der sich zu einer der Sklavinnen legt, wird ausgepeitscht und dann ausgestreckt auf die Planken geschnallt. Und ich werde es wissen, keine Sorge, denn morgen kommt ein Linguister an Bord, der die Sprache dieser Leute versteht. In den nächsten Tagen werden wir mit dem Kutter hinüberfahren, um an Land Handel zu treiben. Was ihr an Land treibt, ist eure Sache. Aber ich sage euch, ich lasse mir meine Ladung nicht versauen, und mein Schiff wird nicht zu einem Sündenpfuhl gemacht. Ein unberührtes Mädchen ist in Jamaika gut zehn Guineas mehr wert. Wer von euch tritt vor und drückt mir zehn Guineas in die Hand?« Die Männer unten schwiegen. Thurso hob das Gesicht zu dem dunkler werdenden Himmel. »Ich habe mein Versprechen schon vor langer Zeit geleistet«, sagte er. »Bevor die meisten von euch geboren wurden. Und deshalb stehe ich heute noch hier und rede mit euch. Mein Schiff wird sauber bleiben, solange ich lebe.«

Teil 5

25

Die Abreise von Adams und die daraufhin endgültige Einstellung der Proben bescherten Erasmus glücklichere Tage. Er wurde ein gern gesehener Gast im Hause Wolpert. Seine beeindruckende, finstere Schweigsamkeit hatte ein Ende, nachdem sie ihm als augenscheinlicher Beweis für die Stärke seiner Zuneigung das Wohlwollen von Mrs. Wolpert eingetragen und bis zu einem gewissen Grad auch das Herz des Vaters erweicht, oder besser, seine Strenge etwas gemildert hatte. Der junge Mann war Wolpert um keinen Deut lieber, nur weil er sich in seine Tochter verliebt hatte – eher das Gegenteil. Er war selbst willensstark und besitzergreifend, so daß es ihm schwerfiel, diese Eigenschaften bei anderen zu ertragen. Darüber hinaus beobachtete Wolpert, hellsichtig wie er war für alles, was seine Tochter betraf, daß die Besuche des jungen Mannes auch jetzt noch eine bedrückende Wirkung auf Sarah ausübten. Es war, als fiele in Erasmus' Gegenwart ein Schatten auf sie, als versuchte er, die Munterkeit des Mädchens zu ersticken. Trotzdem schien sie gerne mit ihm zusammenzusein und lief ihm entgegen, wenn er kam. Wolpert sah, daß seine Tochter Erasmus Kemp wollte, und er konnte ihr diesen Wunsch ebensowenig abschlagen wie jeden anderen, dessen Erfüllung in seiner Macht gestanden hatte.

Erasmus durfte also ohne eine offizielle Änderung seines Status Sarah besuchen, mit ihr spazierengehen und mit ihr sprechen, manchmal für kurze Zeit allein, öfter in diskreter Begleitung – eine Aufgabe, die im allgemeinen von einer unverheirateten Verwandten von Sarahs Mutter wahrgenommen wurde, einer Miss Purdy, die bei den Wolperts lebte.

In dem Bewußtsein, eine privilegierte Stellung einzunehmen, ging Erasmus mehr aus sich heraus. Er sprach viel und zuversichtlich über die Zukunft, ihre gemeinsame Zukunft, wenn sie eines Tages verheiratet sein würden, und über die der Stadt, denn er sah beides eng miteinander verknüpft. »Transport und Verkehr« – er sprach die Worte stets mit leidenschaftlich glühenden Augen, denn es waren Worte der Liebe und des Versprechens, die alles beinhalteten, wofür er zu arbeiten und was er ihr zu bieten gedachte. »Darin liegt die Zukunft. Jeden Tag fließt mehr Geld nach Liverpool – Geld, das nicht sinnvoller verwendet werden könnte als zum Ausbau der Docks, für neue Kanäle und Straßen, damit die Zufahrtswege aus dem Inland zu uns noch besser werden.«

Seine Inbrunst entsprach einer nicht ganz selbstlosen Quelle. Auf Anweisung seines Vaters hatte er ziemlich viel Land gekauft, das an den Zufahrtsstraßen nach Liverpool lag und dessen Wert bei einer Entwicklung, wie er sie sich erhoffte, beträchtlich steigen würde. Doch war dies nicht der einzige Grund für seine Begeisterung. Es war vor allem der materielle Fortschritt, der seinen Idealismus weckte. In seinen Gedanken sah er Liverpool als eine schöne, in Wohlstand blühende Stadt. Liverpool würde der größte Hafen des Landes sein, als Hafenstadt bedeutender als London, führend im Handel mit Übersee. Der ganze Reichtum der Industrie von Lancashire würde durch Liverpool fließen. Wolpert, das wußte er, machte in Kohle und war an den Cheshire-Salzbergwerken beteiligt. Zusammen mit der Reederei und Transportfirma Kemp ergäbe dies eine phantastische Kombination.

Die Zukunft, die er sich vorstellte, war ein Marmorpalast, und Sarah war darin die Königin, sicher verwahrt und allein sein eigen. In der Gegenwart fühlte er sich längst nicht so sicher; sie war merkwürdig porös – ihm war, als würde um ihn herum alles versickern und verlaufen. Sarah verteilte ihre Zuneigung viel zu großzügig; sie liebte nicht nur ihre Familie, sondern auch noch Freunde, Bekannte, Dienstboten, Haustiere – es nahm kein Ende. In Gegenwart anderer, die Sarah aus Kreisen kannte, in denen er nicht verkehrt hatte, fühlte er sich gehemmt. Er kleidete sich noch sorgfältiger als früher und galt allgemein als schöner Mann, aber auch als wenig freundlich und viel zu stolz.

Eine Angewohnheit von ihr, die er zum erstenmal bei den Theaterproben bemerkt hatte, störte ihn ganz besonders, und er war entschlossen, sie auszumerzen, sobald ihm die Autorität eines Ehemanns gegeben war. Wenn sie etwas erzählte oder anderen anvertraute – er wußte gar nicht, wie er es nennen sollte –, tat sie es auf eine so brillante Weise, daß sie die Aufmerksamkeit aller Anwesenden auf sich zog. Sie wählte ihre Worte bedächtig, streute nur hin und wieder eine kleine Pointe ein, und dabei hob sie das lächelnde Gesicht und schloß für eine Sekunde die Augen, während sie ein kleiner, wohliger Schauer zu überrieseln schien. Alle sahen ihr dabei zu, besonders die Männer, so schien es Erasmus, die zunächst nur auf diese Höhepunkte warteten, um anschließend hingerissen beizustimmen.

Es war reizend, zweifellos, aber es hatte nach Erasmus Auffassung auch etwas Ungehöriges an sich. Bei einem unverheirateten Mädchen konnte man es vielleicht durchgehen lassen, zumal bei einem, das so verwöhnt war – viel zu verwöhnt, wie er in diesen Tagen manchmal dachte –, aber es schickte sich nicht für eine Ehefrau, die schließlich die Würde ihres Mannes zu wahren hatte. Er hätte gern sofort mit ihr darüber gesprochen, fürchtete jedoch, sie könnte seine Motive mißverstehen. Sie war eigensinnig und nahm Zurechtweisung übel. Aber er war entschlossen, ihr seinen Standpunkt klarzumachen, sobald sie verheiratet waren. Solche kleinen Entschlüsse verbanden sich unentwirrbar mit seinen größeren Zukunftsplänen.

Nachdem Erasmus feststellen mußte, daß er die Gegenwart nicht auf gleiche Weise beherrschen konnte wie die Zukunft, nämlich indem er alles Unangenehme einfach ausklammerte, versuchte er es mit Sarahs Vergangenheit. Er befragte sie gründlich, aber die Antworten auf seine Fragen enthielten nie das, wonach er suchte; und mit den Informationen, die sie freiwillig beisteuerte, war ihm nicht gedient: ihr Konfirmationskleid, ein Lieblingsmops, Besuche in Chester mit ihrer Mutter – sein Verstand reagierte nicht auf diese Dinge. Sich eine Vergangenheit für sie vorzustellen, eine Zeit, in der er keine Rolle in ihrem Leben spielte, bereitete ihm fast ebenso große Schwierigkeiten und Qualen wie der Versuch, ein Ferdinand für ihre Miranda zu sein, und war dem in der Tat nicht unähnlich.

Am glücklichsten war er, wenn er ihre Erfahrungen für sie auslegen konnte. An einem Vormittag Anfang August – sie hatten sich zu einem Ausritt verabredet, und er wartete auf sie in einem kleinen Zimmer neben dem Salon – fiel sein Blick auf ein Gemälde, das dort in einem kunstvoll verschnörkelten Goldrahmen hing. Es war das Bild einer Landschaft mit modisch gekleideten Herren und Damen aus einer früheren Epoche. Die Herren waren schön und stolz, die Damen schlank und exquisit. Begleitet von Dienern und langbeinigen Hunden schlenderten sie durch einen Obstgarten, wo im dunklen Laub die Früchte leuchteten und der Rasen zu ihren Füßen übersät war mit weißen Blumen. Erasmus betrachtete das Bild einige Zeit, fasziniert von seiner fröhlichen Atmosphäre. Es war offensichtlich ein altes Bild; die Farben waren vergilbt und an manchen Stellen war der Malgrund sichtbar. Und trotzdem lag eine solche Heiterkeit über diesen eleganten Spaziergängern; sie sahen aus wie verzaubert und unverwundbar, als regneten durch die merkwürdig kugeligen Baumkronen unsichtbare Segnungen auf sie herab.

Als Sarah eintrat, gekleidet in ein dunkelgrünes Reitkostüm, fragte er sie, woher das Bild stamme.

»Ich glaube, es gehörte der Familie meiner Mutter.«

»Ihr wißt es nicht genau?« Er lächelte und fand es seltsam. Bei sich zu Hause kannte er die genaue Herkunft eines jeden Gegenstands.

»Es hängt hier, solang ich denken kann«, sagte sie, ein wenig so, als müßte sie sich verteidigen.

»Wißt Ihr nicht, wer es gemalt hat?«

»Ich habe keine Ahnung. Ist das schlimm?«

»Wenn man weiß, wer ein Bild gemalt hat, ist sein Wert unter Umständen höher.« Erasmus sagte dies ziemlich laut und sonnte sich in seiner größeren Kenntnis der Dinge.

»Sein Wert?« Sarah zog die Augenbrauen in die Höhe, als staune sie über ihn. Und dann sagte sie: »Vielleicht habe ich den Namen des Malers sogar einmal gewußt – ich habe ihn vergessen. Ich weiß auch nicht, wie das Bild heißt, ich meine, wie es der Maler genannt hat. Aber ich weiß, was es darstellt.«

Erasmus bemerkte die Entschiedenheit in ihren Worten und das strahlende Lächeln. »Es ist ein Bild von Menschen im Paradies«, erklärte sie, und für den Bruchteil einer Sekunde flatterten ihre Lider und der Schauer, der sie durchrieselte, war eigentlich nur ein gedachter.

Erasmus wandte sich wieder dem Bild zu. »Paradies?« sagte er nach einigen Augenblicken kritischer Betrachtung. »Seit wann gibt es Diener im Paradies? Das sind doch Diener, nicht wahr?«

»Nein, nein«, sagte sie schnell, als könnte rechtzeitiger Einspruch ein ernstes Mißverständnis verhindern. »Es ist das Paradies aus der Sicht dieser Menschen – wie sie gelebt haben. Wenn man im Leben Diener hat, nimmt man natürlich an, daß man sie auch im Paradies hat. Ich kenne dieses Bild seit meiner Kindheit. Der Ausdruck auf den Gesichtern hat mich schon immer fasziniert. Sie sind im Paradies.

Man sieht, wie glücklich sie sind. Nichts kann sie treffen, alles steht ihnen zur Verfügung.« Sie hatte flüssig und eindringlich gesprochen, mit einem beinahe flehenden Unterton, kindlich und beharrlich.

Auf Erasmus Gesicht zeigte sich ein Ausdruck, den sie noch nie bei ihm gesehen hatte: Herablassung und etwas wie Verachtung. »Und Hunde«, sagte er. »Und feine Kleider. Und das hier sind Jagdhunde, wißt Ihr das? Geht man im Paradies auf die Jagd?«

Sie sah ihn verwirrt an. »Aber ich habe es Euch doch eben erklärt«, erwiderte sie. »Diese Menschen sehen die Dinge auf ihre Weise. Wenn es das Glück auf Erden bedeutet, schöne Kleider zu tragen und müßig zu sein, dann denken sie, es müßte im Himmel genauso sein.«

»Ihr habt es mir erklärt?« Noch lächelte Erasmus, aber seine Augen hatten sich verengt. »Ich glaube«, sagte er, »Ihr seht Euch selbst als eine dieser eleganten Damen, nicht wahr, Sarah? Deshalb gefällt Euch das Bild so gut. Ihr meint, das Paradies ist ein Ort, wo man sich fein herausputzt und eine Rolle spielt wie auf einer Bühne. Ist es nicht so? Wie in der *Bezauberten Insel?*«

»Das meine ich nicht, sondern eigentlich das Gegenteil«, sagte sie, während sie ihn genauer ansah. »Ich hatte immer das Gefühl, daß sie sich nicht in meiner, sondern in einer ganz anderen Welt befinden, deshalb –«

»Nein«, unterbrach er. »Ihr glaubt vielleicht, Ihr hättet das Gefühl gehabt, aber das stimmt nicht. Kinder erfinden Geschichten. Ihr müßt immer gewußt haben, daß es in Wirklichkeit nur ein Bild ist von Menschen, die in einem Garten umhergehen, aber Ihr habt eine Geschichte dazu erfunden. Ich sage Euch, Sarah, ich kenne Euch besser, als Ihr Euch selbst kennt.«

Diese blitzartige Erkenntnis hatte seine gute Laune wiederhergestellt. Er deutete auf das Bild. »Das da sind Leute in einem Garten«, sagte er. »Ihr braucht nur richtig hinzusehen, dann wißt Ihr, daß ich recht habe.«

Als er sich ihr wieder zuwandte und in ihre blauen Augen blickte, sah er überrascht, daß er auf Widerstand gestoßen war.

»Ihr kennt mich überhaupt nicht«, sagte sie mit zitternder Stimme. »Ihr seht mich nicht, wie ich bin. So wie Ihr mich hinstellt, erkenne ich mich nicht wieder. Ihr wollt nicht, daß ich irgend etwas für mich habe. Nicht einmal, um es Euch zu geben. Ihr seid nicht im geringsten an dem Bild interessiert.«

Der gemeinsame Ausritt versprach nicht sehr vergnüglich zu werden, und sie hätten sich vielleicht dagegen entschieden, wäre da nicht Miss Purdy erschienen, im Reitdreß und bereit zum Aufbruch.

Es war ein heller, sonniger Tag. Schweigend ritten sie durch Wiesen voll von Wicken, Hahnenfuß und Klee – Sarah voraus, dann Erasmus, dessen gekränkte Würde es nicht zuließ, daß er neben ihr ritt, und, in gebührendem Abstand, Miss Purdy auf ihrer kurzbeinigen Stute.

Nach ungefähr einer halben Stunde, als sie sich einer Stelle näherten, wo der Reitweg um einen Hügel herumführte, wandte sich Sarah im Sattel um und warf Erasmus einen

Blick über die Schulter zu. Dann ließ sie ihr Pferd antraben. Er folgte ihr, denn sie hatte ihn eindeutig dazu aufgefordert, und holte sie hinter dem Hügel ein, wo sie quer zum Weg stehend angehalten hatte. Sie sah ihm mit dem übermütigen, verschwörerischen Ausdruck entgegen, den er inzwischen an ihr kannte und liebte – die kleine List hatte sie für eine oder zwei Minuten Miss Purdys Blicken entzogen.

Fairerweise erkannte er sofort, daß sie diese Gelegenheit großzügig, für sie beide herbeigeführt hatte. Und wenn auch ein Lächeln vielleicht Versöhnung genug gewesen wäre, begriff er doch beinahe ebenso schnell, daß ein Kuß viel besser sein würde. Er drängte sein Pferd neben das ihre. Beide Reiter beugten sich im Sattel vor und küßten sich um so leidenschaftlicher, als sie sich nur mit den Lippen berühren konnten.

Sie hatten sich in den vorangegangenen Wochen schon öfter geküßt; aber in der Isoliertheit dieses Augenblicks, überwältigt von dem Gefühl wiederhergestellter Liebe und verziehener Fehler, schien für Erasmus der Traum von der Geschlossenheit, den er ständig verfolgte, für kurze Zeit Wirklichkeit geworden zu sein. Himmel und Land bildeten eine Sphäre aus feinem, lichtdurchschossenen Glas, und er und Sarah waren darin gefangen und sicher vor jeder Veränderung. Als er sich von ihr löste und die Wände der hellen Kapsel zersprangen, empfand er es wie einen Schock, wieder der Berührung, der Luft ausgesetzt zu sein, den möglicherweise vorwurfsvollen Blicken der herannahenden Anstandsdame. »Es tut mir leid, daß ich deine Gefühle verletzt habe«, sagte Sarah leise. »Das wollte ich nicht.«

Die Liebe steht nie still, wie jeder weiß; sie verändert ständig ihre Form, ob sie nun größer wird oder vergeht. Wunden kann sie sich einverleiben als Elemente ihrer Geschichte; aber sie werden immer bleiben und ihre Bedeutung haben. Sarah war ein temperamentvolles Mädchen, das sich schnell über ein Unrecht oder eine Kränkung ärgerte, die ihr oder jemandem, den sie liebte, zugefügt wurden; aber ihr Ärger währte nie lange. Sie konnte niemandem über längere Zeit böse sein. Doch sie war Freundlichkeit gewöhnt, besonders in ihrem Elternhaus; und deshalb würde sie nie den Ausdruck auf Erasmus' Gesicht vergessen, als sie ihm ihre Deutung des Bildes anvertraut hatte. Sie würde immer wissen, daß sie an einem Vormittag grausam behandelt worden war.

Was Erasmus betraf, so verzeichnete er noch während der wenigen Augenblicke, bevor Miss Purdy aufgeholt hatte und in denen er Sarah versicherte, daß er sie mehr liebe als alles auf der Welt, ein heimliches Mißfallen über die Art ihrer Entschuldigung. Es war richtig, daß sie ihn um Verzeihung bat, aber nicht, weil sie ihn verletzt hatte. Es ging nicht um unbedeutende Gefühlsverletzungen, sondern um ein Prinzip. Ihre Entschuldigung ließ die wichtige Frage offen, wessen Schuld es gewesen war. Sie hätte zugeben müssen, daß sie das Bild falsch verstanden hatte. Vielleicht, dachte er, würde es sich eines Tages ergeben, daß er auf diese Frage zurückkommen konnte; der jetzige Augenblick eignete sich jedenfalls nicht dafür.

Mit Charles Wolpert geriet er in diesen Tagen häufig in Streit. Seit dem abrupten Ende der Proben war ihr Verhältnis recht kühl. Charles gab weitgehend Erasmus die Schuld an dem Fiasko und lastete ihm insgeheim auch den Abfall Calibans an, obwohl ihm der unglückliche Hilfsgeistliche längst den wahren Grund mitgeteilt hatte.

Über kurz oder lang hätten die unterschiedlichen Temperamente der jungen Herren ohnehin zu Meinungsverschiedenheiten geführt. Charles, in Stattlichkeit und gemessenem Auftreten das Ebenbild seines Vaters, besaß wenig von dessen Geschäftstüchtigkeit. Er war fleißig und gewissenhaft und versuchte seine chronische Unentschlossenheit hinter einem Benehmen zu verbergen, das von Tag zu Tag herrischer wurde. Erasmus dagegen, erfüllt von den doppelt glühenden Leidenschaften Liebe und Ehrgeiz, verlor zunehmend die Geduld mit dem vorsichtigen und umständlichen Paragraphenreiter Charles.

Eines Nachmittags, als Erasmus mit Sarah und ihrer Mutter den Tee einnahm, kehrte Charles schlechtgelaunt von einer Gerichtsverhandlung zurück und beklärte sich des langen und breiten über die Hinauszögerung eines Rechtsstreits, in den seine Familie verwickelt war und mit dessen Wahrnehmung ihn sein Vater betraut hatte. Wie Erasmus wußte, gab es seit kurzem ein Gesetz zum Erhalt der Fahrstraßen, das nur eine bestimmte Anzahl von Zugpferden zuließ und auch die Breite der Wagenräder vorschrieb. Die Wolperts strebten eine gerichtliche Entscheidung über die pro Wagen zugelassene Ladung an, und laut Charles ließen sich die Richter unglaublich viel Zeit.

»Sie reden über Pferde, sie reden über Räder, aber sie kommen und kommen nicht auf die Frage der Ladung«, sagte er. »Es ist zum Verzweifeln.« In letzter Zeit trug er eine Lockenperücke, die ihn seinem Vater äußerlich noch ähnlicher machte. Um möglichst schnell in den Genuß seines Tees und der mitfühlenden Anteilnahme von Mutter und Schwester zu kommen, hatte er nicht einmal die Reitstiefel ausgezogen und mußte nun zu seinem Mißfallen feststellen, daß es sich Erasmus bei den Damen bereits bequem gemacht hatte. Stirnrunzelnd, die Daumen in die Westentaschen gehakt, lehnte er sich in seinem Sessel zurück und streckte die Beine von sich – eine Pose, von der Erasmus bereits wußte, daß sie der Auftakt zu einer langen Suade war.

»Wenn wir endlich eine gesetzliche Norm bekämen«, sagte Charles, »könnten wir den Spieß umdrehen, weil wir ihnen entgegenhalten könnten, daß es unsinnig ist, bei Ladungen einer gewissen Größenordnung zusätzliche Pferde zu verbieten. Die Tiere würden uns doch zwischen den Deichseln zusammenbrechen. Sobald wir das erreicht hätten, könnten wir auf eine Änderung der Vorschriften für die Wagenräder drängen. Aber diese Anwälte reden unentwegt und es geschieht nichts, außer daß sie immer mehr Geld verlangen.«

Allein schon, wie Charles dort auf seinem Stuhl lümmelte, war Erasmus ein Dorn im Auge. Und dann dieses ermüdende und sinnlose jammern über Wagenladungen ... »Vor Gericht zu gehen ist reine Zeitverschwendung«, sagte er. »Ihr vertut ein halbes Jahr und bekommt einen oder zwei Zoll breitere Räder genehmigt. Ich kann beim besten Willen nicht begreifen, wozu das gut sein soll. Eure Kosten werden dadurch nicht geringer, die Mengen, die Ihr transportieren könnt, nicht viel größer, und die Straßen bleiben, wie sie immer waren – ausgefahrene Furchen, wenn es trocken ist, und nichts als Schlamm bei Regen. Statt um Wagenräder sollte man sich lieber um die Straßen kümmern.«

Diese Bemerkung und die Art und Weise, wie sie vorgetragen wurde, ärgerte Charles, der seit einiger Zeit mit dieser Sache befaßt war und für sich in Anspruch nahm, etwas davon zu verstehen und insbesondere auf heimischem Territorium Gehör zu finden. »Man kann den zweiten Schritt nicht vor dem ersten tun«, sagte er. »Diesen Fehler begeht Ihr immer wieder, Erasmus, wenn ich das einmal sagen darf. Die Kohle liegt in den Kohlerevieren, aber wir brauchen sie hier und heute. Wir müssen sie transportieren auf den Straßen, wie sie nun einmal sind. Was, glaubt ihr, wird aus unseren Salinen, wenn wir die Kohle dreißig Meilen entfernt auf Halde liegen lassen, während wir auf dieses Utopia von Euch warten?«

»Ich spreche nicht von Utopia.« Erasmus' Augen funkelten. »Ich spreche von bekannten Tatsachen. Die Straße zwischen Liverpool und Prescot wurde beschottert und für die Instandhaltung eine Maut erhoben; und das führte zu einer wesentlich besseren Kohleversorgung aus dem Südwesten. Jetzt hat man die Straße bis St. Helens ausgebaut und mit der Zeit ...«

»Davon hat mein Sohn gesprochen. Von Zeit.«

Für ein paar Augenblicke konnte der erregte Erasmus nicht recht begreifen, woher diese sanfte Frauenstimme gekommen war. Dann begriff er, daß es Sarahs Mutter war, die gesprochen hatte. Mrs. Wolpert in ihrer Haube und ihrem Spitzenschal hatte sich vorgebeugt und ihn tatsächlich unterbrochen.

»Diese Straße wurde vor über fünfundzwanzig Jahren gebührenpflichtig«, fuhr sie seelenruhig fort. »Das war, bevor Ihr geboren wurdet, Erasmus. Ich weiß es noch sehr gut, denn es war in dem Jahr, als wir geheiratet haben. Und trotz der großen Vorteile, von denen Ihr sprecht, hat es all diese Jahre gedauert, um sie nur bis St. Helens weiterzubauen. Ich hoffe doch nicht, daß Ihr sagen wolltet, mein Gatte sollte zwanzig Jahre herumsitzen und auf bessere Straßen warten, während man in London Gesetze gegen ihn macht?«

Erasmus konnte darauf nicht sofort eine Antwort finden. Er war so erstaunt, daß er fühlte, wie die Muskeln seines Unterkiefers erlahmten. Noch nie in seinem Leben hatte er gehört, daß sich eine Frau in ein Männergespräch über geschäftliche Dinge einmischte. Es war undenkbar, daß seine Mutter so etwas tun würde. Nun, Wolpert hatte offenbar nichts dagegen, dachte er, hin und her gerissen zwischen Verwunderung und Verachtung. Vielleicht holte er sogar ihren Rat ein – ihr Ton hatte Vertrautheit mit den Angelegenheiten ihres Gatten angedeutet. Kein Wunder, daß Sarah so eilfertig mit ihrer Meinung war bei diesem Vorbild. »Nein, Madam«, sagte er schließlich, während er vor sich hin starrte, »das wollte ich damit nicht sagen. Wie Euer Gatte seine Kohle nach Liverpool bringt, ist ausschließlich seine Sache.«

Die kleine Rüge nagte noch lange an ihm; sie war besonders schmerzlich angesichts des selbstgefälligen Ausdrucks in Charles' Gesicht. Doch die Kohle war der Schlüssel, insofern hatten die Wolperts recht. Die Stadt hatte inzwischen über zwanzigtausend Einwohner, und der heimische Bedarf an Kohle stieg mit der rasch wachsenden Bevölkerung. Die Salzsiedereien und Steinsalzraffinierien in Cheshire benötigten ständig mehr Kohle, ebenso die überall entstehenden neuen Industrien, ob sie nun Metall verarbeiteten, Glas herstellten oder Zucker raffinierten – alle waren hungrig nach Kohle, und alle brauchten den Hafen von Liverpool, um ihre Waren zu verschiffen.

Für Erasmus stand fest, daß diese Mengen mit Fuhrwerken nicht herangeschafft werden konnten, nicht einmal, wenn die Straßen besser ausgebaut würden. Die Kohle mußte auf dem Wasserweg transportiert werden. Für kleinere Fahrzeuge war der Mersey bereits bis Manchester schiffbar, und von Stockport aus pendelten Schleppkähne. Man hatte die Fahrrinne ausgebaggert und begradigt und den Fluß all den ungläubigen Spöttern zum Trotz praktisch neu angelegt. Es war eine großartige technische Leistung, und die Erfahrungen, die man dabei gemacht hatte, mußten unausweichlich zu weiteren künstlich angelegten Wasserstraßen führen, auf denen wesentlich größere Tonnagen zu einem Bruchteil der Kosten befördert werden könnten. Bei diesem Gedanken fühlte sich Erasmus von eine Woge der Begeisterung erfaßt.

Er war glücklich in diesen Sommerwochen. In seiner Erinnerung wurden sie zu einer goldenen Zeit, einer Zeit voller Verheißung und Hoffnung, was ihm in den verschiedensten Augenblicken des Tages zu Bewußtsein kam, zu Hause in seinem Zimmer oder auf den Straßen der Stadt oder auch während der Arbeitszeit, in der er sich neben seinen normalen Aufgaben – er war inzwischen für das gesamte Küstenfrachtgeschäft der Firma verantwortlich sowie für den Transport von Rohbaumwolle nach Warrington und Manchester – eifrig dem Studium von Rechnungswesen und Handelsrecht widmete.

Die Natur draußen erschien gleichermaßen von Verheißung erfüllt. Hochsommerliches Grün lag über den Hecken und dem Ödland außerhalb der Stadt, wo Reiher über die Marschen flogen, Kühe grasten und Landstreicher im hohen Gras zwischen den Ziegelöfen schliefen. Das Weidenröschen blühte, und an den Ebereschen röteten sich die Beeren. Das gemähte Gras lag in dunklen Reihen auf dem Hellgrün der Wiesen. Die Hügel und Feldraine hallten wider vom stotternden Gesang der Goldammer mit seinem langgezogenen, klagenden Schlußton.

Dann verstummten die Vögel, die Stoppelfelder knisterten in der Hitze und verströmten einen schal-süßen Duft. Der Sommer erreichte seinen Höhepunkt und begann unmerklich zu schwinden; niemand hätte sagen können, wann dieses Schwinden begann. Und genauso unmöglich wäre es gewesen, den Zeitpunkt zu nennen, an dem William Kemp die Verzweiflung als seine Lebensgefährtin erkannte und mit ihr die Verlockung des Todes.

26

In seiner Kabine über sein Tagebuch gebeugt kämpfte Paris gegen Schwüle und Mattigkeit. Auf gewisse Weise unterstützten ihn diese Unbehaglichkeiten in seinem Entschluß, seine Eintragungen zu vervollständigen, die, mochten sie noch so unbedeutend und alltäglich sein, immer wieder eine Verbindung zu Ruth herstellten. Er notierte auch, was ihn bedrückte, denn er hatte das Gefühl, ihr alles, was er auf diesem Schiff erlebte, irgendwie als Beweis seiner Liebe und Reue darbringen zu können.

Unsere privilegierte Stellung im Handel mit der Küste war nicht von langer Dauer. Nachdem wir hier zehn Tage allein auf der offenen Reede lagen, sind heute morgen zwei Schiffe erschienen, ein Franzose und die *Edgar,* ein Sklavenschiff aus Bristol, deren Kapitän, ein Mann namens Macdonald, ein Bekannter Thursos ist.
Die Anwesenheit des französischen Schiffs verdarb unserem Kapitän gründlich die Laune. Angeblich zahlen die Franzosen höhere Preise, weil sie die Neger in ihren französischen Kolonien teurer verkaufen können als wir unsere Sklaven bei uns. Sie verderben den Engländern das Geschäft. Thurso ballte die Fäuste, als er davon sprach. Er lief puterrot an, und seine merkwürdig nackten Augen, die ich bereits erwähnt habe, glitten suchend über das Deck, als hoffte er, einen Franzmann zu finden, um ihn auf der Gräting zu züchtigen. Es ist merkwürdig, daß ein Mann mehrere Minuten lang eine ganze Nation als Papisten, Feiglinge, hundsmiserable Seeleute und wer weiß was beschimpft, wenn der eigentliche Grund nur der ist, daß sie für ihre Neger fünf Pfund pro Kopf mehr bekommen können als er für seine.
Ihm scheint jede über den geschäftlichen Vorteil hinausgehende Perspektive zu fehlen sowie jegliche Vorstellungskraft, wie andere die Dinge sehen könnten. Obwohl ich Barton für einen bösartigeren Menschen halte, besitzt er mehr Verständnis für andere und sogar einen gewissen

Humor, was sich beispielsweise bei der Sache mit den Musketen herausstellte. Diese Musketen oder vielmehr die durch sie verursachten Verstümmelungen gingen mir nicht mehr aus dem Kopf, vermutlich wegen der grotesken Art, wie die Männer sie herzeigten, bis ich mich eines Tages entschloß, den Kapitän zu fragen – ein wenig ungewöhnlich in diesen Tagen, da wir uns kaum etwas zu sagen haben –, ob es denn wahr sei, daß wir defekte Schußwaffen an diese Leute verkaufen. Er stritt es ab, aber ich glaube, daß er tatsächlich unfähig ist, etwas zuzugeben, was seinen kommerziellen Erfolg schmälern könnte. Barton erzählte mir später, daß englische Slaver seit vielen Jahren minderwertige Ware, die sie den Herstellern billig abkauften, unter ihre Handelswaren mischten, und zwar nicht nur Waffen, sondern auch andere Metallwaren und Textilien. »Sie betrügen uns und wir betrügen sie – das ist der Lauf der Welt«, so faßte er es zusammen. Es wird wohl so sein, aber ich werde den Verdacht nicht los, daß wir es waren und nicht die Afrikaner, die dem Globus den ersten Stoß in diese Richtung gaben.

Seit wir hier sind, haben wir siebzehn weitere Sklaven erworben, so daß es jetzt insgesamt vierundzwanzig, sind, acht davon Frauen. Bei einigen haben sich die Brandwunden entzündet, und ich habe sie, so gut ich konnte, mit Umschlägen behandelt. Die Männer wurden auf der Brust gebrannt, die Frauen an den Gesäßbacken. Bis jetzt hat man sie überwiegend an Deck gehalten unter einem mittschiffs aufgezogenen Sonnensegel.

Tapley wurde heute morgen mit einem Dutzend Stockschlägen bestraft, weil er auf das Deck gespuckt hat; neulich war es Calley der den Stock zu spüren bekam. Anscheinend hatte er versucht, eine der Frauen zu verführen, die aber so laut zu schreien begann, daß Calley vor Schreck längelang hinschlug und fast ohnmächtig wurde. Er wurde nicht ausgepeitscht, weil er offensichtlich keinen Schaden angerichtet hat, aber Thurso hat ihn an Ort und Stelle verprügelt zur Warnung für die übrigen. Obwohl er aus einer Platzwunde am Kopf stark blutete und noch ganz benommen schien, wehrte er sich heftig. Vier Männer waren nötig, um ihn zu fesseln. Was die Neger denken, wenn sie sehen, wie ihre Häscher behandelt werden, weiß ich nicht. Der Dolmetscher, mit dem Thurso den Männern drohte, ist noch nicht aufgetaucht.

Captain Thurso befindet sich zur Zeit an Bord der *Edgar*. Es scheint, daß Macdonald die weiter östlich liegende Küste bereits abgefahren hat und die dortige Situation kennt. Thurso hat seinen Schiffsarzt nicht gebeten, ihn zu begleiten, wofür er dankbar ist. Kurz nachdem Thurso abgelegt hatte, fuhren Haines und etliche unserer Männer mit dem Kutter an Land. Sie nahmen Wasserfässer und verschiedene Schneidewerkzeuge mit. Wozu sie letztere brauchen, weiß ich nicht. Es gibt vieles, was man mir nicht erklärt – vermutlich, weil man voraussetzt, daß ich es weiß. Es wäre leicht, es dabei zu belassen und aufzuhören, diese Welt zu erkunden, in die es mich verschlagen hat und die mir mit jedem Tag leidvoller erscheint, so wie ich aufgehört habe, mir Gedanken und Sorgen zu machen, was eines Tages aus mir werden soll. Vielleicht bedürfte es gar nicht mehr, als willentlich seine Neugier aufzugeben; damit erübrigte sich auch die Notwendigkeit, sich Gott entziehen zu müssen, und man könnte einfach sagen: »Bleibe bei uns, denn es will Abend werden, und der Tag hat sich geneigt …«

Aber er wußte, das bedeutete, bereits zu Lebzeiten tot zu sein. Er klappte sein Tagebuch zu und ging an Deck. Von den fernen Vorgebirgen im Süden zog ein dunkler Wolkenstrang über den Himmel. Der Wind war abgeflaut, und ein ekelerregender Gestank drang von Macdonalds Schiff herüber, das mit seiner vollen Ladung Sklaven in Luv lag.

Er drehte sich um und blickte hinunter auf das Mitteldeck, wo die Schwarzen unter ihrem Sonnendach hockten. Schattenmuster huschten über sie hin. Die Frauen hatten ein Stück Kaliko bekommen, das sie sich um die Hüfte wickelten, um ihre Scham zu bedecken. In dem trüben Licht, das durch die Leinwand sickerte, leuchteten die hellen Flächen der Baumwolltücher wie reines Weiß. Johnson und Libby mit Pistolen und Peitschen bewaffnet, bewachten die Sklaven.

Weiter vorne sah er Hughes rittlings auf dem Bugmast sitzen und an der Talje für die Stagtaue arbeiten; Kopf und Schultern zeichneten sich deutlich gegen den Himmel ab. Darunter auf dem Deck saß Cavana mit überkreuzten Beinen vor einer Ansammlung verschiedener größerer und kleinerer Materialteile.

Paris ging weiter und blieb in der Nähe der Steuerbordreling stehen. Cavana hatte kurz aufgeblickt, als er näher kam, wandte sich jedoch sofort wieder seiner Arbeit zu und ließ durch nichts erkennen, daß er die Anwesenheit des Doktors wahrgenommen hatte. Sie hatten nicht viel miteinander gesprochen, seit er Cavanas Augenentzündung behandelt hatte.

»Woran arbeitest du da?« fragte der Arzt nach einer Weile.

»Ich setze neue Zapfen in diese Blöcke.« Cavanas Stimme klang überraschend weich und musikalisch. Nach einer Pause fügte er hinzu: »Sie sind ausgeleiert. Sie haben von Anfang an nicht richtig gepaßt.«

Es war die längste Rede, die Cavana seit langem gehalten hatte; aber er fühlte sich entspannt an diesem schwülwarmen Morgen unter der sich langsam zuziehenden Wolkendecke und ohne den gewohnten drohenden Ärger, zumindest im Augenblick, denn Thurso und Haines befanden sich nicht an Bord, und Barton war irgendwo unter Deck mit den Vorräten beschäftigt. Außerdem hatte er sich im Lauf der vergangenen Wochen ein günstiges Urteil über Paris gebildet – er wäre nie so weit gegangen zuzugeben, daß er ihn mochte –, und dies trotz Paris' Makels, ein Verwandter des Eigners zu sein. Cavana schätzte an Paris, und darin war er sich mit der gesamten Back einig, daß er anständig mit den Leuten sprach, nicht zu Thursos Preßgang gehörte und daß er sich gegen Thurso durchgesetzt hatte, als es darum ging, Wilsons zerschundenen Rücken zu behandeln. Es gab auch noch ein paar andere Dinge, die ihm gutgeschrieben wurden. Ein Schiff ist ein öffentlicher Ort, auch wenn die *Liverpool Merchant* von vorn bis achtern nur rund einhundert Fuß maß. Paris wäre erstaunt gewesen, hätte er gewußt, wieviel Beachtung seine Worte und Taten gefunden hatten.

»Dann verschleißen die Zapfen wohl schnell?« fragte er.

»Das Holz, das sie heutzutage nehmen, ist nicht hart genug«, erklärte Cavana beinahe eifrig. »Für die Zapfen braucht man Grünholz oder Eisenholz. Die Zapfen müssen so hart wie möglich sein, und sie müssen fest sitzen, weil sich die Scheibe im Gehäuse des Blocks darauf dreht. Seht Ihr? Das Loch in der Mitte muß der Blockmacher um ein Zehntel schmäler ausbohren als die Stärke des Zapfens.«

Paris nickte ernst, obwohl er nicht alles verstanden hatte. »Die Wahl des Holzes ist sehr wichtig, das verstehe ich«, sagte er.

»Ich kenne mich mit jeder Art von Taukloben aus«, sagte Cavana und fügte einen Moment später hinzu – und Paris hatte keine Ahnung, welche Gunstbezeigung er erfuhr: »Ich habe bei einem Blockmacher für die Navy gelernt. Drei Jahre habe ich auf der Navy-Werft in Plymouth gearbeitet.«

»Tatsächlich? Und dann bist du zur See gefahren?«

»Dann bin ich zur See gefahren, ja.« Cavana blickte wieder auf seine Arbeit. Seinen barscheren Ton führte Paris zunächst auf seine vielleicht zu persönliche Frage zurück; doch dann sah er, daß Barton aufgetaucht war. Paris wußte, daß Cavana jetzt nicht weiterreden würde, und er bedauerte es.

Er wandte sich ab und ging auf Barton zu. Der Maat begrüßte ihn und warf gleichzeitig einen scharfen Blick zu Hughes und dann zu Cavana, der den Kopf tief über seine Arbeit beugte. »Wird bald regnen«, sagte er. »Die Männer an Land werden ordentlich naß werden.«

»Weshalb sind sie an Land gegangen? Mit Wasserfässern und Werkzeug?«

»Aye, sie fällen Holz für eine Barrikade.« Als er sah, daß Paris damit nichts anzufangen wußte, lächelte er ihn auf seine wohlwollend scheinende Weise an. Nichts freute ihn mehr als eine Gelegenheit für ein paar trefflich gewählte Worte. »Die Barrikade«, sagte er, »ist ein Zaun, den wir aus Stangenholz zimmern quer über den ganzen vorderen Teil des Achterdecks. Nun fragt Ihr vielleicht, wozu? Aber Ihr dürft nicht vergessen, Mr. Paris, daß wir an die zweihundert oder mehr Sklaven an Bord haben werden, und bei schönem Wetter werden sie heraufgelassen, damit sie Luft schnappen und sich bewegen können – man muß sie herauflassen, will man sie gesund und munter haben. Captain Thurso läßt sie gewöhnlich morgens eine halbe Stunde tanzen; das erfüllt seinen Zweck ganz gut. Und nun stellt Euch vor, wie sie die Köpfe zusammenstecken und leise in ihrer Sprache miteinander reden – wir wissen nicht, was sie sagen, und wir können ihnen das Flüstern nicht verbieten. Wenn man sie jetzt so ansieht, melancholisch und niedergeschlagen, möchte man es nicht glauben, Mr. Paris. Aber sie sind teuflisch schlau. Öffnet einen von denen den Schädel, und Ihr findet einen genauen Plan des Schiffs. Sie wissen Dinge, auf die Ihr nicht kommen würdet – zum Beispiel, wo die Schlüssel aufbewahrt werden oder die Waffen. Am gefährlichsten ist es, solange Land in Sicht ist.« Barton wies mit einer theatralischen Handbewegung zum Ufer. »Dort liegt es«, sagte er, »vor ihren Augen. Sie warten den richtigen Augenblick ab, dann stürmen sie das Achterdeck, sie sind verzweifelt und nicht leicht aufzuhalten. Deshalb bauen wir den Zaun und stecken die Rohre von zwei Drehbassen durch. Stellt Euch die Wirkung vor, Mr. Paris. Das Ungeziefer heckt etwas gegen uns aus, und dann sehen sie diesen Zaun.« Der Maat zeichnete mit den Handflächen eine Wand quer über das Schiff, ein unüberwindliches Hindernis. Er rollte seine Frettchenaugen, um die Bestürzung der Neger anzudeuten. »Sie sehen die Geschützmündungen. Stellt Euch die Wirkung auf sie vor. Es passiert alles hier, Sir.« Barton tippte mit dem Finger gegen seine Stirn und zwinkerte Paris zu, dem der Gedanke kam, daß der Maat auf seine Weise geradezu ein Künstler war. Dann setzte der Regen ein, zunächst langsam und mit schweren Tropfen, die vereinzelt und deutlich hörbar auf das Deck und das über den Sklaven aufgespannte Leinwanddach klatschten.

Der Regen ging auf die Männer nieder, die im sumpfigen Dickicht der Flußmündung unter Haines' Aufsicht Bäume fällten, bisweilen knietief im salzigen Schlamm watend oder fluchend über die gekrümmten Stelzwurzeln der Mangroven stolpernd. Er nahm ihnen jegliche Sicht bis auf das, was unmittelbar vor ihnen war, und sein Prasseln erstickte jedes andere Geräusch.

Die Sintflut endete schlagartig wie auf ein Signal. Merkwürdig zaghaft flutete das Meer wieder zu ihnen herein, als würde ein Gefäß vorsichtig aufgefüllt. Irgendwo in der Nähe gurrten Tauben, und Vögel zwitscherten in den tropfnassen Bäumen. Es wurde rasch heißer. Die Sonne war verdeckt, aber ihre Strahlen sickerten unaufhaltsam durch die bleierne Haut des Himmels und breiteten sich aus wie ein Gift, bis alles von fahlem Licht durchdrungen war. Jeder der Männer, die nun schweiß- statt regenüberströmt in der dünstenden Hitze die nassen Äste herunterbogen und mit einen kräftigen Axthieb kappten, hatte auf irgendeine Weise das Gefühl, daß der Himmel verpestet war.

Der Boden, die Blätter und die durchnäßten Kleider dampften. Der Schweiß juckte, die Stechmücken waren wieder aufgestiegen und labten sich an Blut und Schweiß. Ein schwerer, süßlicher Blumenduft mischte sich unter den Modergeruch des schwammigen Bodens und des ekligen Schleims der abgefallenen Mangroveblätter.

Der Holzstapel auf der Kiesbank oberhalb der Stelle, wo sie den Kutter festgemacht hatten, wuchs höher und höher. Irgendwann am Nachmittag hatten sie genug. Während sie die Stämme verluden, tauchte plötzlich aus den Mangroven ein Pinselschwein auf. Haines feuerte seine Pistole ab, aber das Tier flüchtete anscheinend unverletzt. Der Schuß bescherte ihnen jedoch eine Beute anderer Art. Zwanzig Minuten später kam ein Kanu den Fluß herunter mit mehreren argwöhnisch um sich blickenden schwarzen Männern. Sie waren mit kurzen, dickschaftigen Speeren bewaffnet, die unterhalb der Spitze mit weißen Federn verziert waren, und hatten Kalebassen mit Palmwein in ihrem Kanu, den sie mit Handzeichen und gutturalen Lauten zum Kauf anboten.

Um jede Kalebasse wurde hartnäckig gefeilscht, wobei die Seeleute im Nachteil waren, weil sie die Gier in ihren Augen nicht verbergen konnten. Nachdem die Schwarzen verstanden hatten, daß der Goldreif in Haines' Ohr und die Äxte nicht verkäuflich waren, schienen sie nur an Billys Kopftuch und Deakins Kupferring interessiert. Wilson, Calley und Sullivan besaßen keinerlei Tauschobjekte. Haines holte schließlich einen Messingknopf aus seiner Westentasche hervor. »Hier, den leg ich noch drauf«, sagte er, und vielleicht lag es an seiner Stimme oder an der merkwürdigen Stille, die plötzlich unter den weißen Männern eintrat, daß die Schwarzen auf den Handel eingingen.

»Laß nach den Knopf sehen«, sagte Sullivan plötzlich, aber da war es schon zu spät. Der Knopf lag in der Hand des schwarzen Mannes, und jeder Versuch, ihn wiederzuerlangen, hätte zu gefährlichen Mißverständnissen führen können. »Das war ein Knopf von mir«, sagte er zum Bootsmann. »Der Knopf war von meiner Jacke.«

»Was redest du da?« entgegnete Haines gleichgültig. »Geh aus dem Weg. Und jetzt los, Jungs. Jeder bekommt gleich viel. Schafft den Schnaps auf den Strand.«

Haines tat, als hätte er allein für das Fest gesorgt, um wenigstens den Anschein von Autorität zu wahren. Eine echte Führernatur wäre damit vielleicht durchgekommen, aber Haines war zu wenig beliebt. Er wußte es, und trotzdem ließ er sich zu dieser Dummheit verleiten, nur um sich zu besaufen.

Die Schwarzen zogen sich würdevoll und in perfektem Rhythmus paddelnd flußaufwärts zurück, während sich die Seeleute im Kreis niederließen und die erste Kürbisflasche die Runde machte. Der erst halb vergorene, trübe Wein war süß und stark. Die Männer hatten seit dem Morgen nichts gegessen. Eine halbe Stunde lang herrschte eitel Harmonie. Es war etwas kühler geworden, die Kalebasse wurde herumgereicht, alle waren dankbar, nach der Plackerei des Tages endlich zu rasten und das Behagen zu genießen, das sich mit der allmählich einsetzenden Trunkenheit in ihnen breit machte.

Nur Sullivan brütete dumpf vor sich hin. Er war an sich ein geselliger Mensch, besonders wenn es etwas zu trinken gab, aber heute saß er still dabei. Er war nicht rachsüchtig wie Wilson, der mit der Welt auf Kriegsfuß stand und kein Unrecht hinnehmen konnte, ohne gewalttätig zu werden. Sullivan hatte sowohl für eigene Fehler als auch für erlittenes Unrecht ein kurzes Gedächtnis. Aber erst bestohlen und dann mit dem Erlös der Beute herablassend bewirtet zu werden, war schwer zu ertragen. Und mit ansehen zu müssen, wie sich Haines aufspielte mit einem der Knöpfe, die seiner festen Überzeugung nach ihm gehörten, kränkte ihn zutiefst.

Als die dritte Kalebasse herumging und der Alkohol bei den meisten seine Wirkung zeigte, kam das Gespräch auf Geld und was man sich damit kaufen könnte. Wilson meinte, mit Geld könne man alles kaufen – alles und jeden. Seine tiefliegenden Augen glitzerten unstet, während er in die Gesichter ringsum blickte. »Ich kenne die Welt«, sagte er, und es klang streitsüchtig.

»Niemand sagt, daß du sie nicht kennst«, entgegnete Blair, wie immer sofort aufgebracht, wenn er auch nur den Hauch von Aggressivität bei einem anderen witterte. Er reckte sein kleines, kampflustiges Gesicht nach vorn und blinzelte, um den ungeschlachten Wilson in den Blick zu bekommen. »Hat doch keinen Zweck, ständig rumzumeckern, Kamerad«, sagte er. »Billy Blair kennt die Welt besser als irgendwer hier, aber das beweist gar nichts. Was ist mit denen, die mehr Geld haben, als sie brauchen, mit dem Prince of Wales oder dem Erzbischof von Canterbury? Willst du behaupten, die wären an deinem Geld interessiert?«

»Hört auf mit dem Quatsch«, fuhr Haines dazwischen. »Worüber ihr streitet, steht alles in der Bibel.« Unter schweren Lidern blickte er auf seine Männer herab. »Wer schon was hat, muß immer noch was dazukriegen«, dozierte er. »Und je mehr einer hat, um so mehr wird ihm gegeben. So heißt's schon in der Bibel.« Er fuhr sich mit der Hand über die dunklen Bartstoppeln und blickte zwinkernd auf Wilson und Blair. »Das bedeutet, daß es jedermanns Pflicht und Schuldigkeit ist, alles zu versuchen, um mehr zu bekommen, als er schon hat. Wenn du zwei Shilling hast und du versuchst, daraus ...« Er schien ein wenig den Faden zu verlieren. »Es nimmt kein Ende«, sagte er. »Und je mehr du vorzuweisen hast, um so mehr wird der Bräutigam über dich erfreut sein, wenn er kommt in der Nacht. Ich bin mit der Bibel aufgewachsen«, erklärte er, und plötzlich lag ein bitterer Zug um seinen Mund.

Er hätte besser geschwiegen. Seine Disziplin war nie etwas anderes als Brutalität gewesen, und von keinem der Männer hier konnte er Unterstützung erwarten.

»Wer zum Teufel ist der Bräutigam?« fragte Billy zornig.

»Wir haben uns ganz freundschaftlich unterhalten, oder, Billy?« sagte Wilson. »Wieso muß er sich einmischen? Wegen ihm bin ich ausgepeitscht worden.« Er blickte Haines an, als sähe er ihn zum erstenmal. »Soll ich dir die Fresse polieren?«

Aber Sullivan war vor ihm auf den Beinen. Er schwankte leicht. »Hast du deshalb meine Knöpfe gestohlen?« rief er herausfordernd. »Dein Buch hast du gut gelesen – so gut, daß du noch besser bist als die Burschen in den Gleichnissen. Machst mit ein paar Scherenschnipsern aus keinem Knopf sechs Knöpfe. Da wird der Bräutigam aber stolz auf dich sein, Haines. Bei Gott, er wird dich mit Vergnügen zur Hölle fahren lassen.«

Der Bootsmann saß einen Moment ganz still da. Dann rappelte er sich auf und kam torkelnd auf die Beine. »Du blödes irisches Windei«, lallte er, »nennst du William Haines einen Dieb?«

Sullivan hob die Fäuste, doch schon stand Billy zwischen den Kampfhähnen. »Jetzt komm schon«, sagte er, halbnackt und hochrot im Gesicht. »Das letzte Mal waren mir die Hände gebunden. Weißt du's noch, lockiger Döskopp?«

Aber schließlich war es Wilson, der sich mit dem Bootsmann prügelte. Er stieß Billy, der längst nicht mehr klar sehen konnte, zur Seite und versetzte Haines im Schwung derselben Bewegung einen Schlag, der ihn beinahe umwarf.

Haines hatte sich dank seiner Behendigkeit sofort wieder gefangen und konterte mit einem linken Haken, der Wilson zu Boden gehen ließ.

Wilson war ein schwerer Mann, ohne Haines' Gewandtheit, aber sein unleidiges Temperament hatte ihm eine langjährige Erfahrung als Schläger eingetragen, so daß seine Gerissenheit auch jetzt noch zur Geltung kam, obwohl er vom Palmwein schon ziemlich benebelt war. Er erhob sich langsam und blieb mit gesenktem Kopf und locker herabhängenden Händen stehen.

Haines hatte nur ein Ziel: diesen scheinbar wehrlosen Gegner schlagen, erst rechts, dann links. Wilson wich der vollen Wucht seiner Schläge aus, stieß ihm die linke Faust ins Gesicht und ließ eine aus der Schulter geschlagene rechte Gerade folgen, die direkt auf dem Kinn des anderen landete. Haines schwankte, strauchelte auf dem lockeren Kies und fiel hin.

Er rappelte sich wieder hoch, aber eigentlich war der Kampf zu Ende. Die Schläge, die sie hatten einstecken müssen, die Stürze und der Alkohol, den sie beide reichlich konsumiert hatten, machten ihre Beine schwer wie Blei. Mit blutbesudelten Gesichtern torkelten sie noch eine Weile umher, fuchtelten wild mit den Armen, landeten auch gelegentlich einen Schlag oder klammerten sich haltsuchend aneinander. Der Bootsmann, der inzwischen auf dem linken Auge nichts mehr sah, lief direkt in einen von Wilsons Schwingern, der ihn am Jochbein traf; und Wilson, der sofort einen zweiten folgen lassen wollte, verpaßte sein Ziel, verlor das Gleichgewicht und landete auf der Erde. Er brauchte ziemlich lange, um aufzustehen, und als er es endlich geschafft hatte, ging keiner mehr auf den anderen los. Schwer atmend blieben sie einige Schritte voneinander entfernt stehen und sahen sich verwirrt an.

Damit war der Kampf zu Ende, aber nicht der Streit – keiner bot dem anderen versöhnlich die Hand. Die Zuschauer hatten das Interesse an ihnen verloren. McGann schlief bereits, und kurz darauf lagen auch die anderen schlafend und schnarchend auf der kiesigen Lichtung.

Erst als sie in der Abendkühle erwachten, entdeckten sie, daß Deakin und Calley verschwunden waren und mit ihnen zwei Äxte und Haines' Pistole.

27

Am späten Nachmittag war Thurso in wesentlich besserer Laune von seinem Besuch auf der *Edgar* zurückgekehrt, nachdem er von Captain Macdonald erfahren hatte, daß der Handel östlich entlang der Küste und besonders in der Umgebung des Cavally blühte. Thurso beabsichtigte, einige Geschäfte auf eigene Rechnung zu machen – Geschäfte, über die niemand Bescheid wußte außer Barton. Die Afrikahandelskompanie, der auch der Reeder William Kemp angehörte, hatte von der Royal Africa Company das alte baufällige Küstenfort übernommen und wieder instand gesetzt, neue Geschütze installiert, die Garnison verstärkt und die Sklavenverliese vergrößert. Laut Macdonald bestanden ausgezeichnete Beziehungen zu den Händlern am Fluß und den Häuptlingen im Landesinneren. Macdonald hatte innerhalb von zwei Monaten zweihundertdreiundzwanzig Sklaven gekauft. Nur sechzehn, so hatte er Thurso versichert, seien bis jetzt gestorben, davon hätten drei Selbstmord begangen. Er wollte hier nur noch Reis und Yams laden, bevor er Kurs auf Westindien nahm.

Ohne diese erfreulichen Neuigkeiten wäre es der Kuttermannschaft bei ihrer Rückkehr schlecht ergangen, besonders Haines, der sich etliche Stunden später als erwartet und in miserablem Zustand zurückmeldete – mit einem schwarzen, zugeschwollenen linken Auge, blutverschmiertem Hemd, ohne Pistole und Patronengürtel; außerdem fehlten ihm zwei Äxte und zwei Männer. Haines wußte, was für ein Narr er gewesen war, und rechnete damit, ausgepeitscht zu werden – er war schon wegen geringerer Vergehen ausgepeitscht worden. Er wurde schließlich von Thurso gründlich verflucht, ins Gesicht geschlagen und über Nacht in Handschellen und doppelte Fußeisen gelegt. Der Preis für die Pistole und die Munition wurde ihm von der Heuer abgezogen.

Vieles davon war nur Theater. Thurso setzte keine hohen Erwartungen in den Bootsmann oder irgendeinen seiner Crew. Er wußte, daß sie sich sinnlos betrinken und einige auch weglaufen würden, wann immer sich eine Gelegenheit für das eine oder andere bot. Der Verlust der zwei Männer war ärgerlich, aber aller Wahrscheinlichkeit nach würden sie wieder eingefangen, und wenn nicht, sparte er ihre Heuer. Eine komplette Mannschaft benötigte er erst, wenn das Schiff voll beladen war, und er war sich ziemlich sicher, daß er später in Cape Mount Ersatzleute bekommen konnte.

Am nächsten Morgen – der Kutter hatte Proviant für drei Tage an Bord – fuhr er mit Paris, Simmonds und sechs Männern der Crew zur Küste. Der größte Händler am Sherbro war ein Mulatte namens Tucker, und von ihm war Nachricht gekommen, daß er Sklaven zu verkaufen habe. Er hatte ihnen vier seiner Gefolgsleute entgegengeschickt, die sie flußaufwärts zu seinem Haus begleiten sollten.

Der Fluß war breit und die Strömung so stark, daß die Männer an den Riemen hart arbeiten mußten, um den Anschluß an ihre Führer nicht zu verlieren, die in ihrem leichten Kanu erstaunlich schnell gegen die Strömung fuhren. Rechts und links stand wie eine grünglänzende Mauer der Mangrovenwald. Paris versuchte, sich von der stickigen Hitze und den begierig anfliegenden Stechmücken abzulenken, indem er sich, für den späteren Eintrag in sein Tagebuch, die nackten Wurzeln dieser Bäume genauer ansah, die manchmal mehrere Fuß über dem Boden bogenförmig nach unten wuchsen, um merkwürdige Stelzen und Stützen zu bilden.

»Tucker ist ein hohes Tier in dieser Gegend«, sagte Thurso. »Alle Leute, die hier am Fluß leben, gehören ihm.« Die Aussicht auf ein gutes Geschäft und das Wiedersehen mit einem alten Bekannten versetzten ihn an diesem Morgen in einen nahezu gutgelaunten Zustand, obwohl er in seinen warmen Sachen schwitzte – er trug seinen mit Litze besetzten Dreispitz und einen blau-grauen Rock mit spitzenbesetzten Manschetten. »Jedes Geschäft an diesem Fluß läuft über Tucker«, sagte er. »Er ist ein Mann, der aus seinem Leben etwas gemacht hat, Mr. Paris. Er ist heute über siebzig, hat noch Haare und Zähne und ist reich wie Krösus. Und er hat dies alles aus dem Nichts aufgebaut – er hatte nicht das Glück, eine Berufsausbildung zu bekommen wie Ihr. Er hat für alles hart arbeiten müssen. Genau wie ich – das gebe ich gerne zu, vor Euch und jedem anderen.« Thurso beugte sich vor und sagte fast murmelnd: »Mir wurde nichts auf dem Silberteller gereicht. Meine Eltern waren schon nicht mehr am Leben, als ich vier Jahre alt war.«

»Tatsächlich, Sir?« Paris fühlte sich gerührt, obwohl er wußte, daß Thursos Vertrauen wahrscheinlich nur ein Ausdruck seiner Verachtung für ihn war. Es war jedoch das erste Mal, daß der Kapitän auf diese Weise aus sich herausging. »Seid Ihr bei Verwandten aufgewachsen, Sir?« erkundigte sich Paris etwas zaghaft.

»Ich wurde auf Gemeindekosten großgezogen.« Thursos Gesicht war abweisender geworden. »Die See war mir Vater und Mutter«, sagte er. »Aye, und mehr.« Hier schwieg er und starrte finster und völlig abwesend vor sich hin, wie es Paris schon des öfteren bei ihm bemerkt hatte.

Der Fluß war schmäler geworden. Während sie dichter am Ufer entlangfuhren, sah Paris oben zwischen den kleinen weißen Blüten der Mangroven das Schwirren und Blinken von Honigbienen, und er roch den brackigen Geruch der Mangrovenwurzeln. Von irgendwoher drangen Stimmen. Sie passierten einen schwimmenden Steg, auf dem Frauen hockten und Wäsche wuschen.

»Ja«, sagte Thurso, »Tucker ist Mulatte, aber ein Mann, mit dem man rechnen muß.« Er sprach einfach weiter, als hätte es keine Pause gegeben. Auf seiner Stirn hatten sich kleine Schweißperlen gebildet, die er sich mit einem Taschentuch, das er aus seinem Ärmel hervorholte, vorsichtig abtupfte. »Manchmal hat er bis zu fünfzig erstklassige Sklaven in seinen Verschlägen«, sagte er. »Natürlich hat er einige Gepflogenheiten, an denen wir uns als Angehörige einer zivilisierteren Gesellschaft stoßen könnten. Er hat zum Beispiel mehr als eine Frau – sieben oder acht, glaube ich. In unseren Augen ist das vielleicht Unzucht, aber hier ist es eben üblich. Er weiß, wie ich darüber denke, aber das hindert uns nicht, Geschäfte miteinander zu machen. Außerdem hat das alles einen gesunden praktischen Grund. Allein aus seinen Blutsverwandten und angeheirateten Verwandten kann er eine hundert Mann starke Truppe flußaufwärts schicken, und wenn Ihr dann noch seine eigenen Sklaven dazurechnet und die Leute, die ihm verpflichtet sind … Er gibt den Leuten Kredit, wenn die Zeiten schlecht sind. Alle hier schulden ihm Geld. Sie wissen, daß sie zur Begleichung ihrer Schulden als Sklaven verkauft werden können, und deshalb wissen sie auch, auf wessen Seite sie zu stehen haben. Nichts ist so gut wie Angst, um die Leute bei der Stange zu halten. Nein, ich muß sagen, Tucker hat hier alles sehr gut im Griff, wenn man bedenkt, daß er mit nichts hierherkam.«

Der Fluß machte jetzt eine weite Biegung zwischen Ufern, die nur mit niederem Buschwerk bestanden waren. Die Bäume waren auf beiden Seiten gefällt worden. Ihre Führer erwarteten sie oberhalb eines mit einem Geländer versehenen Anlegestegs. Tucker stand auf der obersten Stufe der Treppe, die vom Anlegesteg nach oben führte, – eine große, beleibte Patriarchengestalt von hellbrauner Hautfarbe und mit ehrwürdig ergrautem Haupt. Er begrüßte seine Besucher würdevoll und ungezwungen und führte sie über einen rechteckigen, von niedrigen Hütten umstandenen Hof, wo die Frauen im Schatten saßen und Essen zubereiteten und kleine Kinder mit den Hühnern im Sand scharrten.

Das Haus war schön und geräumig; es war aus Holz gebaut, mit zwei Stockwerken, Giebeln und einer breiten, offenen Veranda. Thurso warf Paris einen Blick zu, als wollte er ihn erinnern, daß dies der Besitz eines Mannes war, der aus dem Nichts emporgekommen war. Im Haus überreichte er dem Mulatten seine Gastgeschenke eine Kiste französischen Cognac und ein Paar silberbeschlagene Pistolen.

Thursos Männer wurden zur Rückseite des Hauses geführt, wo sie zu essen bekommen sollten, und Thurso, Paris und Simmonds sofort – obwohl es noch nicht einmal elf Uhr war – zu Tisch gebeten. Es gab grünen Salat aus Tuckers eigenem Garten, Pinselschwein mit Zimtäpfeln und Reis mit einer Soße aus Palmöl und Pfeffer, alles auf feinem Geschirr serviert, und dazu einen Wein aus Frankreich. Als Antwort auf Simmonds' vorsichtig geäußerte Komplimente zu der hervorragenden Qualität des Weins erklärte ihr Gastgeber in seinem weichen, eigenartigen Englisch, er habe davon vor vierzehn Tagen zwei Dutzend Kisten erhalten als Teil der Bezahlung für eine Lieferung Sklaven und Elfenbein. Nicht von einem französischen Schiff, sondern von einem Amerikaner, einer Zwanzigkanonensloop. Wie ein Freibeuter aus Nantucket zu so exquisiten französischen Weinen gekommen sei, diese Frage stelle man lieber nicht, sagte Tucker und lächelte auf verhaltene Weise. Abgesehen davon gebe es nicht viel Neues. Ein Raufbold namens Yellow Henry Cook habe versucht, sich unbefugt am Handel mit dem Landesinneren zu beteiligen, aber er glaube, die Sache sei inzwischen erledigt. Paris fiel auf, daß Thurso hier nicht nachfragte. Dann sprach Tucker von seinem Garten – er zog Markkürbisse, versuchte auch eine Art europäischer Kartoffel, und er hatte Zitronenbäume gepflanzt. Sie müßten sie nachher unbedingt ansehen.

Erst gegen Ende der Mahlzeit, als man beim Brandy angelangt war, wandte sich die Unterhaltung geschäftlichen Dingen zu. Wie sich herausstellte, hatte Tucker im Augenblick nur sechs Sklaven in seinem Pferch, allerdings alle männlich und garantiert beste Qualität. In den nächsten zwei oder drei Tagen erwartete er mehr. Er hatte unter der Führung seines ältesten Sohnes einen großen Trupp flußaufwärts geschickt. Es würde bald reichlich Sklaven geben.

Sollte Thurso verstimmt gewesen sein, so zeigte er es jedenfalls nicht. Tucker war nicht der Mann, mit dem man sich auf irgendeine Weise anlegte. Er würde die Nacht über bleiben, sagte er, wenn er das Angebot seines Gastgebers so weit in Anspruch nehmen dürfe, und am nächsten Morgen zu seinem Schiff zurückkehren. Vielleicht würde der Trupp mit den Sklaven ja bis dahin eintreffen. Auf jeden Fall hätten sein Arzt und der Zweite Maat Zeit, noch ein weiteres Stück flußaufwärts zu fahren, um nachzusehen, was der englische Kommissionär Owen zu bieten habe.

Paris hatte nicht gewußt, daß dies beabsichtigt war; und er war immer noch etwas überrascht und verärgert, als er eine halbe Stunde später mit Simmonds unter einem aus Palmblättern geflochtenen Baldachin in einem Kanu saß, zusammen mit zwei Männern, die paddelten, und zwei von Tukkers Haussklaven als Begleitung. Ein zweites, für den Transport der Sklaven bestimmtes Kanu fuhr ihnen voraus.

Feiner Nebel hing über dem Wasser und ließ alle ferneren Dinge verschwommen erscheinen – das Kanu vor ihnen war halb untergetaucht im Nebel. Paris konnte den Mann am Bug sehen, seine glänzenden nackten Schultern, wenn er sich nach vorn auf das Paddel warf, und das Eintauchen und helle Blinken des langen Paddels; aber die Form des Kanus selbst war unsichtbar. Es war, als hinge der Neger dort über dem Wasser und verbeugte sich in gleichmäßigen Abständen vor einer Gottheit. Der Himmel war einförmig messinggelb, und es war heiß. Sie sahen einen Reiher am Ufer stehen, der mit seinen hochgezogenen Schultern und zerzaust, wie er war, genau so aussah wie die Graureiher, die er in Norfolk am schilfbestandenen Ufer des Wash gesehen hatte. Aber in dem dunkelgelben Fluß hier trieben auch weniger vertraute Dinge. Im diesigen Licht tauchten da und dort die suchend umherfahrenden Kiefer von Krokodilen auf.

Als der Fluß eine scharfe Kehre machte, war die Seebrise plötzlich weg. Der Wald stand reglos zu beiden Seiten des Flusses, und Paris fühlte, wie ihm der Schweiß aus allen Poren brach. Das Wasser an den Rändern, wo es von dem vorüberfahrenden Kanu nicht gekräuselt wurde, glänzte dunkel wie Glas. Die Luft über dieser Flußstrecke stand so still, daß Bild und Spiegelbild nahtlos ineinander übergingen. Paris strengte seine Augen an, um die Verbindungslinie zu erkennen, und wartete auf kleine Strudel, die das Bild stören und ihm diejenige Hälfte verraten würden, die zitterndes Spiegelbild war.

Als das Zittern kam, war es wie ein Fieberschauer. Paris hatte das Gefühl, als läge etwas Krankes über dem Fluß, als führen sie durch den Atem der Pest. Fieber ließ die Strömung erschauern, delirierte zwischen den Mangroveblüten, stieg und fiel mit den Insekten über dem Wasser. Seine eigene Sicht schien fliebrig und gestört, im einen Moment teilnahmslos, im anderen merkwürdig scharf.

Er war froh, als sie nach einer weiteren Flußbiegung auf

einen kleinen Landungssteg zusteuerten, an dem das erste Kanu bereits festgemacht hatte. Owen, ein dünner Mann in einem zerknitterten Baumwollanzug und einem Strohhut über dem bleichen Gesicht, begann, noch bevor sie den Steg betreten hatten, mit übermäßigem Eifer auf sie einzureden.

»Ich freue mich, Euch zu sehen«, sagte er. »Meine Männer hier haben mich bereits benachrichtigt, daß Ihr kommen würdet. Verdammt schwüles Wetter, nicht wahr? Wie läuft das Geschäft? Was bringt Ihr? Das Übliche, ja?«

»Wir haben noch längst nicht die volle Ladung«, erwiderte Simmonds. »Ich weiß nicht, ob Ihr Euch an mich erinnert. Jack Simmonds. Ich war vor vier Jahren hier, auf der *Arabella.* Ihr hattet Euch gerade niedergelassen, Sir. Das hier ist unser Doktor, Mr. Matthew Paris.«

»Willkommen, Sir.« Die Hand des Kommissionärs war trocken und heiß. »Vier Jahre sind hier eine Ewigkeit«, fügte er mechanisch hinzu. Paris begegnete dem Blick der braunen, glanzlosen Augen, sah in dem bleichen Gesicht die vagen Versuche, ein Lächeln zustande zu bringen. »Ich wollte eigentlich in drei Jahren mein Glück gemacht haben und dann nichts wie weg«, sagte Owen. »Aber hier bin ich – und immer noch an diesem stinkenden Fluß.«

Sein Atem roch nach Rum, und seine Augenlider waren gerötet und entzündet, was bei seinem bleichen Gesicht besonders auffiel. Für ein paar Augenblicke standen die drei Männer ratlos und schwelgend am Wasser, als wäre ihrem Vorhaben etwas dazwischengekommen, etwas, das sie nichts anging, das sie aber auch nicht ganz begriffen.

»Captain Thurso läßt sich empfehlen«, sagte Paris schließlich. »Er kann nicht persönlich kommen, da er sich bei Mr. Tucker aufhält.« Daraufhin schien sich Owen zu besinnen. »Tucker, o ja«, sagte er. »Jemand sollte auf die Kanus aufpassen. Diese Leute sind alles Diebe, jeder einzelne von ihnen. So etwas wie Privateigentum kennen sie nicht. Sie berauben Euch nicht direkt, aber sie klauen, wo und wann es geht.«

»Tatsache ist«, fuhr er in seiner fieberhaften Hast fort, »daß ich heute morgen mein Lagerhaus aufgebrochen vorfand. Mir fehlen Waren im Wert von mindestens fünfzig

Bars, das ist beinahe der Wert für einen erstklassigen Sklaven in Rum und Tabak und anderen Waren, und herauszufinden, wer die Diebe waren, ist so gut wie unmöglich. Und zu allem Überfluß haben mir meine Männer heute noch drei Tote aus dem Busch angeschleppt. Es sind Bulum; der eine war so etwas wie ein Häuptling – übel zugerichtet. War hier in der Gegend ziemlich bekannt. Deshalb muß ich die Leichen hierbehalten, bis sie von den Bulum-Priestern abgeholt werden. Sie stinken schon, aber was soll ich machen? Diese Leute sind eigen in diesen Dingen.«

Owens Haus stand auf einer kleinen Bodenerhebung, ein niedriges, viereckiges Gebäude aus weißgekalkten Lehmziegeln auf einem Pfahlgerüst und mit einem schrägen Strohdach. Der Hof ringsherum war eingezäunt. Zwei Männer lagen, die Speere neben sich, im Schatten des Zauns und schliefen. Ein paar magere Hühner scharrten im Sand.

»Diese Männer sind Susu«, sagte Owen und wies mit einem Kopf nicken auf die Schläfer. »Sie kommen aus dem Inneren, zwanzig Tage Fußmarsch entfernt, und haben ein paar Sklaven gebracht, zwölf insgesamt. Eine Frau ist ihnen fast gestorben – sie konnte sich nicht mehr auf den Beinen halten. Ihr werdet es nicht glauben, aber sie haben von mir erwartet, daß ich sie trotzdem kaufe. Weil sie sie den ganzen Weg hergebracht hätten, müßte sie auch was wert sein. Sie haben keine Ahnung vom Geschäft. Dann wollten sie *dashees* weit über dem, was üblich ist, als Ausgleich. Sie sind immer optimistisch, wie die Kinder.«

In der Grube seines dürren Halses pochte ein kleiner, nervöser Puls. Paris erkannte in seinem Blick die flehende Bitte um Verständnis und Bestätigung. »Ich frage mich, warum wir Kinder für optimistisch halten«, bemerkte er. »Ich glaube nicht, daß ich als Kind sehr optimistisch war. Eher das Gegenteil. Vor dem meisten, was vor mir lag, hatte ich Angst.« So wie jetzt, dachte er. Ihm graute, als er daran dachte, daß er in Kürze Owens Schwarze untersuchen mußte.

»Was?« Owen schien für einige Augenblicke einer qualvollen Erinnerung nachzuhängen. »Ja, natürlich«, sagte er. »Vielleicht habt Ihr recht. Trotzdem. Seh ich so aus, als würde ich eine sterbende Negerin kaufen? Ich bin doch nicht von gestern, habe ich zu ihnen gesagt. Es braucht schon mehr als einen nackten Wilden, um Timothy Owen für dumm zu verkaufen. Ich habe ihnen schließlich neun abgekauft, sechs Männer und drei Frauen. Sie sind hinten in der Baracke. Wollt Ihr sie Euch gleich ansehen, oder sollen wir erst hineingehen und eine Flasche öffnen?«

»Wir sollten uns erst um das Geschäft kümmern«, sagte Paris. »Meint Ihr nicht auch, Simmonds?«

Der Maat war sichtlich unentschlossen, doch schließlich knurrte er: »Also gut, bringen wir's hinter uns.«

»Der Rum wird noch da sein«, sagte Owen. »Ich bin froh, daß Ihr bewaffnet seid«, fuhr er fort. »Ich gehe nie in die Nähe eines gefangenen Negers ohne eine geladene Pistole und ohne Begleitung. Wir nehmen auch jetzt lieber diese Burschen hier mit.« Er ging zu den schlafenden Susu und stieß sie leicht an, um sie zu wecken und ihnen zu bedeuten, daß sie ihm folgen sollten.

Sie gingen am Zaun entlang hinter das Haus, wo ungefähr ein halber Hektar Wald gerodet war. Die Gefangenenhütte stand vor den zerfransten Rändern der Lichtung. Auf dem Firstbalken saß ein Geier, der seinen lappigen Kopf hob, als sie näher kamen, und protestierend davonflog.

Im Innern der Hütte herrschte brütende Hitze. Die Feuer, über denen das Essen gekocht worden war, glühten noch; der beißende Geruch brannte Paris in den Augen. Alle neun Sklaven, Männer und Frauen, waren in einer Reihe an eine Eisenstange gekettet, die der Länge nach in der Mitte der Baracke angebracht war. Alle waren nackt. Einer oder zwei blickten auf, aber die meisten starrten vor sich hin. Der Exkrementengestank verband sich mit dem sauren Geruch von Metall und dem moschusartigen Körpergeruch der Afrikaner zu einer Mischung, die Paris inzwischen als den Geruch der Gefangenschaft erkannte. Er fürchtete, sich übergeben zu müssen. »Wir sehen sie uns lieber im Freien an«, sagte er.

Ein Schwarzer nach dem anderen wurde, bewacht von den beiden Susu, losgekettet und nach draußen in die blendende Helligkeit geführt. Paris nahm die ihm inzwischen geläufigen Untersuchungen vor, begann wie immer mit dem Gesicht, den Zähnen und dem Gaumen, den roten Stellen zwischen Lid und Augapfel und den Nasenöffnungen. Die Gewöhnung hatte seinen Widerwillen gegen diese Arbeit etwas verringert, hatte aber auch, vielleicht paradoxerweise, dazu beigetragen, daß er sich der Menschlichkeit der Gefangenen in zunehmendem Maß bewußt wurde. Mit einer eigenartigen Mischung aus Anteilnahme und Leidenschaftslosigkeit lernte er allmählich die Muster der Farben auf einem afrikanischen Körper kennen, die dunkleren und helleren Zonen.

Bei diesen Negern schlug der Puls der Angst nicht mehr. Sie waren bereits seit einer Woche eingesperrt, und ihre Angst war in ein stilleres Leiden übergegangen. Auch ohne Fesseln bewegten sie sich schwerfällig, und sie absolvierten die von ihnen verlangten Schritte und Sprünge folgsam und wie benommen. Drei der Männer waren Prachtmenschen mit langen Beinen, breiten Schultern und kräftigen Muskeln an Brust und Armen; aber auch sie waren wie in Trance und leisteten keinen Widerstand. Bei der zweiten Frau, die er untersuchte, stellte Paris geschwollene Halsdrüsen fest. Um ganz sicherzugehen, ließ er sich Zeit und tastete vorsichtig die Halsseiten der Frau ab.

»Stimmt etwas nicht?« fragte Simmonds.

»Sie hat stark vergrößerte Lymphdrüsen«, erwiderte Paris.

»Laßt mich mal sehen. Heb den Kopf, Darling.« Mit dem Handrücken klopfte Simmonds der Frau beinahe neckisch unter das Kinn. »O ja«, sagte er und wandte sich an Owen. »Die hier können wir nicht nehmen. Sie hat die Negerschlafsucht. Sie nennen es Schlafkrankheit. Ich hab solche Schwellungen schon gesehen. Die Frau hier ist so gut wie tot.«

»Mir ist nichts an ihr aufgefallen«, sagte Owen. »Ich habe gut für sie bezahlt.«

»Mag schon sein«, erwiderte Simmonds ungerührt. »Aber jetzt ist sie keinen Deut mehr wert. Sie sterben immer, wenn sie diese Beulen am Hals haben.«

Die Frau starrte mit stumpfen Augen vor sich hin. Ihre leicht geöffneten Lippen waren lavendelfarben und sahen aus wie geschwollen. Sie schien sich auch nicht zu wundern, warum man sich so lange mit ihr beschäftigte. Ihr Blick verriet nichts als Erschöpfung.

Owen trat vor und betastete den Hals der Frau. Dann wandte er sich mit seinem unsicheren Lächeln an seine Gäste. »Das ist nichts, auf mein Wort«, sagte er. »Höchstens eine fiebrige Entzündung, die bald vergeht.«

»Tut mir leid«, entgegnete Paris, »aber ich fürchte, Simmonds hat recht. Es sind ziemlich markante Drüsentumore. Ich kann mich nicht irren, denn ich habe sie ganz deutlich gefühlt. Ihr Blut ist bereits krank. Ich weiß nicht, woher diese Krankheit kommt, aber ich glaube, sie verläuft im allgemeinen tödlich. Hier, in der Nähe der Wirbelsäule, fühlt Ihr die Geschwulst.«

Er berührte den Hals der Frau noch einmal, um die Stelle zu zeigen, dann tastete er den ganzen Hals- und Schulterbereich ab. Die Haut war glatt und geschmeidig. »Hier ist es«, sagte er nachdrücklich, »auf der rückwärtigen Seite des Halses. Ich bedaure, aber wir können sie nicht nehmen.«

»Sieht so aus, als hätten Euch die Burschen doch übers Ohr gehauen, Mr. Owen«, sagte Simmonds, und sein normalerweise finsteres Gesicht hellte sich auf. »Nackig oder nicht.« Er zwinkerte Paris anzüglich zu, der die Heiterkeit des Maats in einem solchen Augenblick als den Gipfel der Gefühllosigkeit empfand.

Owen blickte von Paris' Gesicht zu dem der Frau. Während Paris die medizinischen Einzelheiten erklärte, hatte er nur genickt. Aber auf Simmonds' Bemerkung hin weiteten sich seine Augen, und er schluckte krampfhaft. »Gott verdammich«, sagte er. »Wie soll ein Mann hier seinen Lebensunterhalt verdienen? Diese Leute ...« Er wies auf die Eingeborenen, die auf ihre langen Speere gestützt gelangweilt dabeistanden. »Keinem kann man trauen. Alles, was man versucht und tut ... Man kauft guten Glaubens einen Sklaven, man übersieht vielleicht etwas ... Man kann nicht immer ... Es ist wahr, ich hatte etwas getrunken, als sie kamen. Aber ich hatte einen schlimmen Fieberanfall, da braucht man den Rum. Ich bin immer noch nicht wiederhergestellt. Ich bin ganz allein hier. Ich habe niemanden ...«

Plötzlich schlug seine Stimmung erneut um. Sein Selbstmitleid verwandelte sich in Zorn, der sich auf die kranke Sklavin entlud. Seine Unterlippe begann zu beben. Mit einer heftigen Bewegung riß er sich den Hut vom Kopf und warf ihn auf den Boden. Er ging einen Schritt auf die Frau zu und schrie sie an: »Zum Teufel mit dir! Ich werde dich nicht durchfüttern, hörst du? Glaubst du, ich bin ein Wohlfahrtsinstitut?«

Die Frau erschrak. Sie glotzte ihn an, gab ein paar leise, abgehackte Töne von sich – vielleicht waren es flehende Worte – und wich vor der unerklärlichen Wut auf Owens Gesicht zurück, wobei sie sich rasch umsah, als suchte sie einen Fluchtweg. Dann warf sie einen verzweifelten Blick zum farblosen Himmel über der Baracke.

»Hast du gehört?« Owen packte sie am Arm und schüttelte sie. »Keinen einzigen Bissen mehr«, schrie er. »Und mach, daß du wegkommst!« Er versetzte ihr einen Stoß, so daß sie mehrere Schritte zum Rand der Lichtung hin stolperte. Obwohl sie nun frei war, blieb sie ungläubig stehen. Ihre Knöchel waren von den Fußfesseln blutig, gescheuert. Paris sah plötzlich völlig überrascht, daß sie schön war. Er sah, wie sie schluckte, vor Angst oder aufkeimender Hoffnung. Dann lief sie davon, leichtfüßig und schnell und ohne einen Blick zurückzuwerfen, und verschwand im Dunkel des Waldes.

Für kurze Zeit schwiegen alle. Dann hob Owen seinen Hut auf und setzte ihn mit bemüht schwungvoller Geste wieder auf. »Ihr werdet mir zustimmen, daß ich die Sache mit der nötigen Entschlossenheit geregelt habe«, sagte er. Seine Hände zitterten. Als er es bemerkte, steckte er sie rasch in die Jackentaschen.

Paris fuhr mit den Untersuchungen fort, obwohl er in Gedanken noch bei der kranken jungen Frau weilte und wie leichtfüßig sie in den schützenden Wald gelaufen war. Bei den übrigen Sklaven fand er nichts zu beanstanden. Das Aushandeln der Preise überließ er Simmonds, der rasch zu einem Abschluß gelangte, da man sich nur über den Kaufpreis in Bars einigen mußte – Owen würde in den nächsten Tagen zum Schiff hinauskommen, um mit Thurso den Gegenwert in Waren auszuhandeln.

Nachdem das Geschäftliche erledigt war, wurden die Sklaven wieder in die Baracke gebracht, und die drei Männer kehrten zum Haus zurück. Sie tranken ihren Rum auf der Veranda. Owen bat seine Gäste, über Nacht zu bleiben, aber Simmonds bestand darauf, zurückzufahren; es sei seine Pflicht, die Sklaven noch heute abend flußabwärts zu bringen. Doch in Wirklichkeit fühlte er sich in der gegenwärtigen Gesellschaft nicht wohl. Seine Kameraden waren bei Tucker; dort würde es reichlich zu trinken geben und Frauen.

Owen wandte sich an Paris. Würde er ihm die Freude machen und bleiben? Er könne früh genug am nächsten Morgen aufbrechen. »Das Leben hier ist eintönig«, sagte der Kommissionär. »Ich habe nicht viel Umgang mit Menschen meines Schlags.«

Paris war sich nicht sicher, ob er dieser Kategorie angehören wollte, aber das Pathos der Untertreibung hatte ihn bereits halb überredet, und die dumpfen, verzweifelten Augen besorgten den Rest. Und so wurde entschieden, daß Simmonds die Sklaven noch an diesem Abend unter einer von Owen gestellten Bewachung abtransportieren, Paris jedoch bis zum nächsten Morgen bleiben würde.

Der Maat begann sofort mit den Vorbereitungen für seinen Aufbruch. Die Neger wurden in Owens Kutter getrieben und paarweise an den Füßen aneinandergefesselt; die Arme wurden ihnen straff auf den Rücken gebunden. Mit einem schwer bewaffneten Simmonds am Heck und begleitet von den beiden mit Speeren bewehrten Susu legten sie ab. Owen und Paris schauten dem Boot nach, bis es hinter der Flußbiegung verschwand, und gingen dann hinauf ins Haus.

Owen führte ihn in einen Raum, der anscheinend sein Wohnzimmer war. Auf dem Lehmfußboden lagen Binsenmatten. Es gab ein abgenütztes rotes Plüschsofa und ein paar Stühle um einen runden Bambustisch.

Sie hatten kaum Platz genommen, als eine ebenholzschwarze Frau mit Gläsern und einer Flasche Rum hereinkam und sie auf den niedrigen Tisch stellte. Sie war groß und üppig. Der knapp bis zu den Knien reichende Baumwollkittel spannte über ihren Hüften und ließ ihre kräftigen, wohlgeformten und von einem feinen schwarzen Flaum bedeckten Beine sehen. Nachdem sie Flasche und Gläser abgestellt hatte, sah sie Owen kurz und von oben herab an, sagte etwas mit leiser, hoher Stimme und trollte sich.

»Sie spielt sich ein bißchen auf«, sagte Owen mit schiefem Lächeln, das anscheinend als Entschuldigung gelten sollte. »Ich werde sie demnächst loswerden müssen. Sie hat ihre Familie mitgebracht, und ich soll sie alle durchfüttern, Vater, Mutter, Großmutter, zwei Schwestern und einen Mann, der angeblich ihr Cousin ist. Ich glaube, sie ist die Hure von allen, die wegen des Handels hier vorbeikommen. Und außerdem habe ich ihre Verwandten im Verdacht, daß sie in mein Lager eingebrochen sind. Es sind schwierige Zeiten, Mr. Paris. Von allen Seiten hört man nichts als Unglück. Da wurde Captain Potter bei Mano von Sklaven überfallen; sie ließen das Schiff stranden und brachten den Kapitän, den Zweiten Maat und den Doktor um, auf grausamste Weise – und dann wurden die Sklaven von den Eingeborenen wieder eingefangen und an ein anderes Schiff verkauft. Hier am Fluß wird es in letzter Zeit auch immer schwieriger, man kann sagen, gefährlich, seit Captain Engelduc den Fluß heraufgekommen ist und sich geweigert hat, dem King Zoll zu bezahlen. Es hat ein großes Palaver gegeben zwischen dem King und den Weißen, die hier am Fluß Handel treiben. Mr. Paris, Ihr trinkt ja gar nichts.«

»Keine Sorge, Mr. Owen«, sagte Paris. »Ich bediene mich selbst.« Er schaute dem Kommissionär zu, der sich großzügig nachschenkte. Das Licht verblaßte allmählich, die Schatten wurden länger. In der Stille glaubte Paris, ein trappelndes Geräusch zu hören wie ein schwaches anhaltendes Trommeln – vielleicht war es auch das Meer, das selbst hier noch zu hören war. Das also waren Owens Abende – Rum, verblassendes Licht, der Geruch von heißem Palmöl, der Blick über den ausgetrockneten Lehmboden des Hofs bis zu der Stelle, wo sich das Land zum Fluß senkte … »Es ist meine erste Reise«, sagte er. »Ich bin ein Neuling und weiß nicht genau, wie der Handel im einzelnen abläuft. Ich habe gesehen, daß Ihr Euch mit Simmonds auf einen Preis in Bars geeinigt habt. Dasselbe tun die Leute, die ihre Sklaven auf das Schiff bringen.«

»Ich nehme die gleichen Preise wie sie. Das ist nur recht und billig, denn ich halte sie hier auf meine Kosten abholbereit. Es gibt zwei Umrechnungskurse für Bars, einen Landkurs und einen, der an Bord der Schiffe gilt. Letzterer ist um zwanzig Prozent höher. Zur Zeit kann man landauf einen männlichen Sklaven in gutem Zustand für zwanzig Landbars kaufen – das tun zum Beispiel fahrende Händler wie die Vai und diese Susu, die gerade hier sind. Sie bringen ihn hierher, und wir kaufen ihn für fünfunddreißig oder vierzig. Derselbe Sklave wird an Bord eines Schiffes oder hier aus der Baracke für fünfundsechzig, Schiffsbars verkauft, was rund achtzig Landbars entspricht. Ich bekomme also achtzig für die vierzig, die ich ausgelegt habe.«

Langsam wurde es dunkel, und Owen erhob sich, um die Öllampe auf dem Tisch anzuzünden. Paris bemerkte, daß seine Hände nicht mehr zitterten – der Rum hatte ihn beruhigt. Die flackernde Lampe warf ein unstetes Licht auf die Wände und die groben Matten auf dem Boden. Owens Brauen und Augen blieben im Schatten, als er wieder auf seinem Stuhl Platz nahm.

»Ihr überlegt nun, wie man den Wert eines Bars bestimmt«, sagte der Kommissionär. »Man muß mit der Zeit Schritt halten. Der Wert eines Bar kann steigen oder fallen, Mr. Paris, je nach dem Angebot der Sklaven. Man kann Verluste erleiden. Ich habe gesehen, Sir, wie sich Männer an dieser Küste ruiniert haben, anständige Männer, Händler wie ich, weil sie übersehen haben, daß der Preis eines Sklaven schwanken kann.«

»Trotzdem«, sagte Paris, »wenn ich Euch recht verstehe, macht Ihr doch beträchtliche Gewinne.«

»O ja, Sir, das würde ich, wenn sie einen hier nicht derart unverschämt schröpfen würden. Meine Gewinne verringern sich durch unmäßig hohe Forderungen der Kings und meiner eigenen Leute. In Sherbro zum Beispiel gibt es drei Kings, die sich das Land untereinander aufteilen, dazu noch ein paar andere, die weniger bedeutend sind. Jeder von ihnen verlangt von einem weißen Händler Zoll. Ich sage Euch, ich trete auf der Stelle. Ich habe heute nicht mehr Kapital als vor einem Jahr.«

Owen machte eine Pause, um sein Glas zu füllen. Seine Bewegungen waren langsamer, aber sicherer geworden. »Ihr wart also noch vor kurzem in England«, fuhr er, nun ganz im Ton des Gastgebers, fort. »Ich beneide Euch. Sicher seid Ihr froh, bald wieder dorthin zurückkehren zu können.«

»Nein, das bin ich nicht. Ich glaube, ich wäre froh, wenn ich nie wieder einen Fuß auf englischen Boden setzen müßte.«

In Paris' tiefer, auch sonst ziemlich ausdrucksstarker Stimme lag eine Heftigkeit, die ihn selbst überraschte. Owens Vermutung, die ganz natürlich war, hatte ihn unvorbereitet getroffen.

»Ihr überrascht mich, Sir«, sagte der Kommissionär. »Wenn ich bedenke, was es heißt, in England zu leben: Gespräche führen, ein angenehmes Leben ohne die vielen Unbilden, die man in dieser Wildnis in Kauf nehmen muß, wo die Bewohner sich kaum von Tieren unterscheiden, geschweige denn jemals etwas von Kunst und Wissenschaft gehört haben, ohne den Trost der Religion ohne ordentliche Gesetze ...«

»Den Trost der Religion?« Paris' Ton war unwillkürlich scharf geworden. Er hatte wesentlich weniger getrunken als der Kommissionär, aber Alkohol machte ihn eher bitter als nachsichtig. »Glaubt Ihr, wir haben ordentliche Gesetze in England? Ich habe gehört, wie man meine englischen Landsleute genau auf diese Weise beschrieben hat, mit exakt den gleichen Worten, die Ihr eben benutzt habt. Unser vortrefflicher Kapitän redet nicht viel anders, wenn er von seiner Crew spricht.«

Owen schien darauf antworten zu wollen, doch dann änderte sich sein Ausdruck plötzlich. »Da ist sie ja«, sagte er. »Endlich bringt sie das Abendessen. Du hast dir Zeit gelassen, stimmt's?«

Die Frau war leise eingetreten. Sie stellte die Speisen auf

den Tisch, richtete sich auf, blieb einige Augenblicke, ohne Owen direkt anzusehen, stehen.

»Glaubst du, ich weiß nicht, wo du gewesen bist?« fragte Owen. »Sie tut, als verstünde sie nichts«, fügte er an Paris gewandt hinzu. »Ich werde den Mandingo-Priester rufen«, sagte er laut. »Er fängt die Diebe. Morgen – hast du gehört?«

Die Frau sah ihn gleichgültig an und verließ langsam das Zimmer. »Sie steckt mit ihrer Sippschaft unter einer Decke«, sagte Owen. »Aber jetzt habe ich ihr zu denken gegeben. Greift zu, Sir. Und bitte, ganz ungeniert.«

Paris nahm gekochtes Huhn und Reis und Pfeffersoße. Kleine schwarze Fliegen waren ins Zimmer gekommen, und Paris spürte gelegentlich einen Stich durch das Hemd. Als er aufblickte, sah er Owens unsteten Blick auf sich gerichtet.

»Die Mandingo haben eine besondere Art, Dinge herauszufinden«, erklärte der Kommissionär. »Ich mochte es anfangs nicht glauben, aber ich habe Dinge gesehen, mit eigenen Augen ... Sie sind Anhänger Mahomets und leben nach dem Gesetz des Koran, wie es im Berberland und anderswo gelehrt wird, und durch die umherziehenden Pilger kommt der Islam bis hier herunter. Ihr mögt sagen, als Christ könne man unmöglich glauben, daß sie Ungewöhnliches vollbringen. Aber ich habe gesehen, wie sie mit ein paar Federn und einer Handvoll Sand Dinge herausgefunden haben, die noch gar nicht passiert waren, auch Geheimnisse, die noch keiner verraten hatte. Ich glaube, sie haben die Macht eines bösen Geistes vom großen Widersacher bekommen, um diese ungebildeten Bulum für sich zu gewinnen.«

Der Rum, das flackernde Licht, die merkwürdig unzusammenhängenden Ausführungen seines Gastgebers – dies alles hatte Paris ein wenig verwirrt, so daß er für einen Moment den Eindruck gewann, der Kommssionär spreche von einem mächtigen und heimtückischen Sklavenhändler im Landesinneren. »Wer ist das?«, fragte er. »Er lebt weiter flußaufwärts, ist das richtig?«

»Ich spreche von Satan.« Owen blickte finster vor sich hin. Verdrossen schob er seinen Teller beiseite, nachdem er nur sehr wenig gegessen hatte, und griff wieder zur Flasche.

»Der Satan hilft ihnen, dieses beschränkte Volk zu täuschen«, sagte er.

»Die Bulum stellen die hiesige Bevölkerung, nicht wahr? Ist die Frau … Eure Haushälterin, eine Bulum?«

»Nein, sie gehört zu den Kru.«

»Sie sind dunkler, nicht wahr? Yellow Henry und seine Bande sind Bulum, nehme ich an. Gut, er ist Mulatte, aber –«

»Ihr habt Henry Cook gekannt?«

»Er brachte uns unsere ersten Sklaven.«

»Er wird keine mehr bringen.«

»Wieso? Was meint Ihr?«

Aber der Kommissionär war wieder in sein finsteres Starren zurückverfallen und antwortete nicht. Den Kopf tief auf die Brust gesenkt, saß er eine ganze Weile schweigend da. Paris dachte schon, er sei eingeschlafen, als er wieder zu sprechen begann, schlurrend und beharrlich wie jemand, der nicht mehr ganz Herr seiner Sinne ist und doch versucht, zum Kern der Wahrheit vorzudringen. »Nein«, sagte er, »als Religion haben diese Bulum nur den Porramann.«

»Und wer ist das?«

»Es gibt ein Geheimnis, das diese Leute seit vielen Jahrhunderten oder – jedenfalls soviel wir wissen – seit ihrer frühesten Zeit bewahren. Es nennt sich Porra oder Porramänner. Diese Männer werden von den Priestern schon als kleine Kinder mit drei oder vier Reihen kleiner Kerben auf Rücken und Schultern gekennzeichnet. Einer unter ihnen personifiziert den Teufel oder den Porra. Er versteckt sich an einem geeigneten Ort in Rufweite, und auf das Geschrei seiner Priester hin antwortet er aus dem Busch. Er kreischt so schrill und furchteinflößend, daß alle, die ihn hören – Frauen, weiße Männer oder was sonst noch herumläuft –, in die Häuser flüchten und Türen und Fenster schließen. Wer draußen erwischt wird, den reißen sie in Stücke.«

Owen hob den Kopf und starrte den Arzt düster an. »Ich habe sie gehört«, sagte er. »Ich habe die Schreie gehört. Die Stimme trägt weit in dieser Gegend. Bis hierher ist der Porra aber noch nicht gekommen.«Er versuchte, die Sache spöttisch herunterzuspielen, doch der Ausdruck in seinen Augen veränderte sich nicht. »Es ist nichts als Unsinn, den nur Wilde glauben können. Jeder, der ein bißchen neugierig wäre und es wagen würde, einen Blick nach draußen zu werfen, könnte sehen, daß dieser Porramann nur ein Mensch ist, der sich verkleidet hat.«

»Sie können unmöglich so wenig neugierig sein«, sagte Paris. »Entweder haben sie zu große Angst, um hinauszuschauen, oder und das halte ich für wahrscheinlicher – sie akzeptieren den Mummenschanz um der Ordnung willen, genau wie wir das tun. Ihr sagt, diese Leute sind Scharlatane. Nun, dann seht Euch England an. Es ist ein Paradies für Porramänner; diese Kirche, die akademischen Stände, das Parlament – da wimmelt es von Porramännern.«

Er stockte, weil er Gewissensbisse fühlte. Owens Augen waren traurig und feucht – er hatte ihm nur seine Einsamkeit anvertrauen wollen und seine Furcht vor dem Dunkel. Aber der Doktor war ein wenig betrunken, und die Erinnerung an seine Schande brannte wie Feuer. Stolz und Anmaßung, die alten Laster, hatten ihn wieder am Wickel. »Das System funktioniert hier besser«, sagte er. »Es hat große Bedeutung für den Frieden des Landes. Kurz bevor ich aus Liverpool abreiste, haben dort ein paar Seeleute versucht, ein Bordell kurz und klein zu schlagen, weil einer von ihnen beraubt worden war. Andere schlossen sich an, die Konstabler waren machtlos. Schließlich mußte man ein Regiment der Bürgerwehr rufen und sie wegen Aufruhrs festnehmen. Zwei Matrosen und ein Passant starben, und eines der Mädchen wurde zum Krüppel, bevor die Ordnung wiederhergestellt war. Wäre das hier passiert, hätte ein einziger Schrei aus dem Gebüsch die Sache bereinigt.«

»Vergleicht Ihr vielleicht die Situation zu Hause mit diesem rückständigen Ort? Ich sehe schon, Ihr seid einer von denen, die immer belehren wollen.« Owen hob den Kopf, um Paris fest anzusehen. Plötzlich konnte er wieder deutlicher sprechen. »Ihr wißt nichts besser, Sir. Ihr wißt nicht einmal zuwenig. Ihr wißt überhaupt nichts über das Leben an diesem verpesteten Fluß.«

Eine kleine Weile schwiegen sie beide. Paris knetete seine

knochigen Hände zwischen den Knien. »Ihr habt recht«, sagte er schließlich, »und es tut mir leid, was ich gesagt habe.« Sich vom Zorn hinreißen lassen, kompromißlos sein, das waren seine alten Schwächen. Neu jedoch war – seit Ruths Rod –, daß er es sofort bereute und unglücklich war, jemanden nur um eines Arguments willen verletzt zu haben. Die Art von Wahrheit, die sich mit schlüssigen Worten beweisen ließ, hatte jeden Reiz und jeden Glanz für ihn verloren, denn sie schien ihm plötzlich nichts anderes zu sein als ein weiterer Aspekt jenes alten Triebs, Aufmerksamkeit auf sich zu ziehen und Mitmenschen zu übertrumpfen. Der betrunkene, verwirrte Mann vor ihm war Wahrheit genug. Er hatte die Knechtschaft des Kommissionärs verharmlost. Owen mußte seine Umgebung verachten, um sie zu ertragen. Daß ein Mann, der sich am grausamen Sklavenhandel beteiligte, trotzdem nicht verdiente, grausam behandelt zu werden, war in Paris' Augen eher ein Mysterium als eine Wahrheit; aber eines, das eine für ihn zwingend notwendige Frage enthielt. »Warum steigt Ihr nicht aus?« sagte er. »Warum geht Ihr nicht weg von hier?«

»Weggehen?« Owen lachte beinahe schrill. »Wohin? Mein ganzes Kapital steckt hier drin. Ich kann nicht als Bettler heimkehren. Verlorene Söhne sind nicht willkommen. Nein, ich sitze hier fest, sieben Grad über dem Äquator und dreitausend Meilen von meinem Heimatort entfernt.« Er lachte noch einmal kurz auf und leckte sich die Lippen. »Ich hoffe auf einen Aufschwung im Handel«, sagte er leise. »Bevor mich der Porramann kriegt, was, Mr. Paris?«

Paris' persönliche Meinung war, daß ihn Fieber und Rum zuerst kriegen würden; aber er war froh, seinen Gastgeber etwas heiterer zu sehen. »Ich war in England selbst so etwas wie ein Porramann«, sagte er, ohne recht zu wissen, was er damit meinte, und eigentlich nur, um Owen bei Laune zu halten.

Was ihm gelang. Der Kommissionär war wie ausgewechselt und fand die Bemerkung dieses schlaksigen, knittergesichtigen Gastes, der ihm da ins Haus geschneit war, sehr lustig. Und in diesem heiterem Ton und in wiederhergestelltem Einvernehmen trennten sie sich für die Nacht – Owen auf unsicheren Beinen sein Schlafzimmer aufsuchend und Paris sein kleines Gästezimmer am Ende des Hauses, mit einem Bett unter einem Netzbaldachin und einer eigenen Tür auf die Veranda.

Trotz des Rums lag er noch lange wach und dachte an die kranke Sklavin, an die ungewöhnlichen Weiterungen, die dieser Menschenhandel mit sich brachte. Während er die komplexe Kette von Transaktionen zu verstehen suchte, die zwischen der Gefangennahme eines Negers und dem Erwerb eines neuen Halstuchs durch seinen Vetter Erasmus Kemp oder einer Abendgesellschaft seines Onkels stattfanden, meinte er, wieder das ferne Dröhnen der Brandung oder der Trommeln des Urwalds zu hören. Dann und wann schrie ein Nachtvogel. Schließlich sank er in einen unruhigen Schlaf, aus dem er bald nach dem Morgengrauen wieder erwachte, weil er seine Blase entleeren mußte.

Er zog sich an und verließ das Haus über die Veranda an der Seite, auf der sein Zimmer lag. Die Luft war kühl, aber es regte sich kein Hauch. Ein feiner Nebel hing über dem Hof und den Büschen. Um die Nähe der Baracke zu meiden, strebte er einer niedrigen Hütte am Rand der Lichtung zu und urinierte dort gegen die Rückwand. Erst bemerkte er nichts; doch während er seine Hose zuknöpfte und sich anschickte zurückzugehen, stieg ihm Verwesungsgeruch in die Nase, kalt, dumpfig und unverkennbar. Der Geruch kam aber nicht aus dem Wald, wie er zunächst gedacht hatte, sondern von unmittelbar vor ihm, aus dem Inneren der Hütte. Er zögerte kurz, dann spähte er durch die Bretterritzen. In den Sekunden, bevor er zurückschreckte, sah er drei nackte Körper, blutig und mit schrecklich starrenden Augen, einer davon größer als die anderen – ein Angebergesicht, das er kannte, trotz der blutigen Höhlen, in denen die Augen gewesen waren, mit einem gewölbten Bauch von der Farbe trockenen Lehms. Die Fliegen waren schon da, selbst zu dieser frühen Stunde; er sah das Flimmern ihrer feinhäutigen Flügel. An einer abstehenden Hand fehlte der Daumen. Er erinnerte sich an die Männer, die ihre verstümmelten Hände hochhoben und grinsten ... Es war, als hätte das Wiedererkennen den ekelerregenden Geruch verstärkt. Paris lief wie gehetzt über die Lichtung. Von der Baracke her drang ein leises Klirren. Als er den Blick hob, sah er auf dem Dachfirst zwei Geier sitzen; sie hatten die Köpfe auf die Hälse gebettet und schliefen.

Später, beim Frühstück, erwähnte er nichts von seiner Entdeckung. Owen sah schlecht aus und zeigte sich wenig gesprächig; trotzdem bewirtete er seinen Gast aus einem sorgsam gehüteten Vorrat mit Kaffee, für den Paris an diesem Morgen zutiefst dankbar war.

»Nun denn«, sagte Paris, als einer seiner Bootsleute das Kanu mit dem nackten Fuß vom Anlegesteg abließ, »ich hoffe, Euer Mandingo-Priester wird den Dingen auf den Grund gehen.« Es war die einzige Hoffnung, die er seinem Gefühl nach für Owen ausdrücken konnte. Vor der Flußbiegung drehte er sich noch einmal um. Der Kommissionär war noch da; klein und einsam stand er am Ufer auf verwitterten Palmblättern und schaute ihm nach. Im letzten Moment nahm er seinen Hut ab und schwenkte ihn einmal mit erhobenem Arm. Dann bog das Kanu um die Kurve, und Owen hatte sich von einem Moment zum anderen in Nichts aufgelöst. Die bewaldeten Ufer schlossen sich und deckten alle Spuren zu. Die armselige menschliche Niederlassung, dieser Brennpunkt der Erbärmlichkeit, das Haus, der Hof, Owen mit seinem Verlangen nach gesellschaftlichem Umgang, die gefesselten Sklaven in der stinkenden Baracke – nicht der kleinste Hinweis darauf blieb.

Der Fluß war die einzige Realität. Er war die Handelsverbindung. Die Sklaven kamen aus den vielleicht Hunderte von Meilen entfernten Gebieten des Oberlaufs. Der Fluß beförderte sie zu seiner brüllenden Mündung, er warf sie hinaus in die tosende Brandung unter dem offenen Himmel, und draußen warteten die Schiffe. Wo immer an dieser Küste Flüsse mündeten, würde es so sein. Die Flüsse Afrikas gewährten den Sklavenhändlern den Zugang bis ins Herz des Kontinents ...

28

Als Paris bei Tucker anlangte, war der Kutter bereits fertig zum Ablegen. Man wartete nur noch auf Thurso. Die Sklaven lagen mittschiffs gefesselt, Männer und Frauen wahllos nebeneinander. Etwas abseits stand ein schmal gebauter, lächelnder Afrikaner in einem ärmellosen Baumwollhemd und Unterhosen. Er war der Dolmetscher, wie Simmonds erklärte – ein Günstling von Tucker. Simmonds sah nicht gut aus. Seine Augenlider waren geschwollen, und er hielt sich den Kopf, als schmerzte ihn jede Bewegung.

Thurso kam in Begleitung Tuckers zur Landungsbrücke. Nach höflichen Abschiedsworten und der gegenseitigen Zusicherung, auch in Zukunft miteinander Geschäfte zu machen, legte der Kutter ab. Der Wind blies ihnen entgegen und trieb schwere Seen in die Flußmündung, so daß sie gezwungen waren, einen weiten Bogen nach Westen zu schlagen, um besser über die Barre zu kommen.

Zurück an Bord trafen sie den Zimmermann beim Bau der Barrikade an. Unterstützt von vier Männern errichtete er aus Pfosten und daumendicken Brettern einen hohen Zaun quer über den ganzen vorderen Teil des Achterdecks mit Gattertoren über den Niedergängen. Auf der Steuerbordseite waren sie bereits fertig. Johnson und Libby hatten eine Drehbasse ausgerannt, um das Rohr durch den Zaun auf das darunterliegende Sklavendeck zu richten.

Der Kapitän war kaum an Deck, als Haines mit einer Klage über einen der Neger zu ihm kam. Er legte seit der Eskapade am Strand einen mehr als übertriebenen Diensteifer an den Tag, um verlorenes Terrain zurückzugewinnen.

»Morgan hat es mir berichtet, Sir«, hörte Paris ihn sagen. »Ich habe es heute morgen nachgeprüft. Es stimmt.«

Thurso entfernte sich mit dem Bootsmann einige Schritte, so daß Paris nicht mehr hören konnte, was sie sagten. Haines hatte merkwürdige Augen, dachte Paris; Augen, die ständig glitzerten, unabhängig von seiner Stimmung oder seinen Gefühlen …

»Bringt den Mann nach achtern«, stieß Thurso plötzlich heftig hervor. »Und holt den Linguister.«

Gegen die Reling gelehnt beobachtete Paris, wie Cavana und Sullivan einen Sklaven von seinem Nebenmann abketteten und zum Achterdeck führten. Der Mann war stark abgemagert; Rippen und Brustbein zeichneten sich deutlich unter der Haut ab. Das eingebrannte, entzündete K befand sich auf seiner linken Brust über dem Herzen.

»Das scheint schon ein paar Tage so zu gehen, Sir«, sagte Haines, »aber Morgan, dieser Narr, hielt es nicht für nötig, etwas zu sagen, und ebensowenig Wilson und Blair, die die Aufgabe haben, ihnen Bohnen und Yams zu bringen.«

»Hat Morgan jetzt etwas fertig?«

»Er kocht gerade den Reis für die Sklaven, Sir.«

»Sagt ihm, er soll welchen bringen.« Thurso wandte sich an den Schwarzen, der mit hängendem Kopf dastand. »Also, du Hund«, sagte er. »Du gibst ein schlechtes Beispiel. Ich werde dich Mores lehren.« Er sah sich zornig um. »Wo zum Teufel ist der Linguister?«

»Zur Stelle, Käpt'n, Sir.« Er war die ganze Zeit neben Thurso gestanden, aber er war so zierlich, daß ihn der Kapitän übersehen hatte. »Jimmy ist hier«, sagte er. Sein Lächeln war umwerfend. Es nahm von seinem ganzen Gesicht Besitz, verwandelte seine Augen zu Schlitzen und entblößte einen Streifen helles Zahnfleisch.

»Sag ihm«, sagte Thurso, »daß er jetzt etwas Reis vorgesetzt bekommt, und wenn er ihn nicht ißt, werde ich ihn in den dunklen Schiffsbauch sperren lassen, mit Daumenschrauben.«

»Sch-rau-ben?« Jimmys Lächeln schwand bei dieser schwierigen Vokabel.

»Daumenschrauben, du Narr.« Thurso wurde immer gereizter. Er machte eine Handbewegung, als drehte er einen Schlüssel an seinem Daumen.

»Versteh.« Jimmy sprach einige Worte in einer weichen, singenden Sprache. Der Sklave ließ den Kopf hängen wie zuvor, gab keine Antwort und fühlte sich offensichtlich nicht angesprochen.

Morgan kam mit dem Reis aus der Kombüse, die Schürze über dem dicken Bauch, in Schweiß gebadet wie gewöhnlich und sehr nervös. Der Reis wurde dem Sklaven unter die Nase gehalten, der sich stumm abwandte. Thursos Selbstbeherrschung war dieser Herausforderung nicht gewachsen. Er versetzte dem Mann einen heftigen Schlag, der ihn seitlich am Kopf traf und auf das Deck warf, wo er bewegungslos, aber mit offenen Augen liegenblieb.

Thurso blickte auf ihn hinunter. Dann krächzte er. »Bringt ihn nach unten, Haines, und legt ihm Daumenschrauben an – an beiden Daumen. Wir werden es später noch einmal mit ihm versuchen.«

Paris wandte sich abrupt ab. Er wollte nicht zusehen, wie man den Mann auf die Beine zerrte und wegschleppte. Kurz bevor er die Kajütstreppe erreicht hatte, rief ihn Thurso zurück. Er drehte sich um und stand dem Kapitän im Abstand von nur wenigen Schritten gegenüber.

»Mr. Paris«, sagte Thurso. »Auf einem Schiff ist es üblich, daß sich die Mitglieder der Besatzung, einschließlich der Offiziere, nach dem Kapitän richten. Ihr zieht Euch nicht einfach wortlos zurück, sondern werdet bleiben, bis Ihr die Erlaubnis bekommt zu gehen, Sir.«

Paris fühlte, wie ihm die Röte ins Gesicht schoß. Er war sich bewußt, daß ihn alle ansahen, die Besatzung, der auf dem Deck liegende Neger und hinter ihm die Gruppe der mittschiffs kauernden Sklaven. Alle schienen zu warten – schienen etwas von ihm zu erwarten. Er versuchte, seinen aufgeregten Atem zu zügeln. Als er sprach, klang seine Stimme tiefer als gewöhnlich. »Sir, ich weiß, daß ich wie alle an Bord Euren Befehlen gehorchen muß. Aber ich bin Arzt, und ich nehme meinen Beruf ernst. Ich gehe davon aus, daß ich für alle auf diesem Schiff da bin. Es fällt mir schwer zu begreifen, warum das Zerquetschen von Daumen die beste Methode sein soll, um jemanden zum Essen zu bewegen. Man könnte auch versuchen, den Mann zu überreden.«

»Überreden?« Langsam und voller Verachtung entrang sich das Wort Thursos rauher Kehle. Der ein paar Schritte abseits stehende Barton unterdrückte einen Lachanfall, und bei der Mannschaft gab es grinsende Gesichter.

Thurso, der große Taktiker, verstand die Situation zu nutzen. »Überreden«, sagte er noch einmal und reckte sich steif und ablehnend.

Später kam Paris der Gedanke, daß er sich mit diesem Wort vor einer heftigeren Mißfallensäußerung des Kapitäns gerettet hatte. Thursos Gereiztheit hatte einen gefährlichen Grad erreicht, und das Gesetz war auf seiner Seite. Doch nun bestand keine Notwendigkeit mehr, dies beweisen zu müssen. In den Augen der Männer hatte der Arzt Schwäche gezeigt – nicht im Charakter, sondern weil er keinen Sinn für die Realität besaß. Thurso wußte, daß Herablassung in dieser Situation das geeignetere Mittel war, und sein Zorn mäßigte sich.

»Wir haben bereits sechsunddreißig Sklaven an Bord, Mr. Paris. Wenn wir dieser Küste den Rücken kehren, werden wir, so Gott will, mehr als zweihundert Sklaven haben – und eine Besatzung von vielleicht fünfundzwanzig Mann. Und da redet Ihr von ›Überreden‹. Ich hätte Euch mehr Verstand zugetraut.«

Paris wußte darauf nichts zu sagen. Es machte ihm nichts aus, in den Augen der Mannschaft weniger gut dazustehen; er wollte nicht ihr Sprecher sein oder irgendeine Art von Führer.

Er blieb eine Weile still stehen, während der eigensinnige Sklave nach unten gebracht wurde. Thurso wiederholte seinen Befehl bezüglich der Daumenschrauben, fügte jedoch als Warnung für den Bootsmann ein »nicht zu streng,« hinzu. Danach überraschte er den Arzt mit der Bitte, ihn in seine Kabine zu begleiten.

»Nehmt Platz, Sir«, sagte er. »Trinkt Ihr ein Glas Portwein mit mir?«

»Danke.« Argwöhnisch beobachtete Paris den Kapitän, der aus einem verschließbaren Fach über seinem Tisch Gläser und Karaffe nahm.

»Auf Euer Wohl, Sir.« Auch Thurso betrachtete sein Gegenüber mit heimlichem Unbehagen und registrierte zum wiederholten Mal die Details seiner Erscheinung, die linkischen Bewegungen, das gramzerfurchte Gesicht, die hellen Augen, die seinen Blick nicht scheuten. Ihm schien, als sei er dazu verdammt, diese Inventur in alle Ewigkeit vornehmen zu müssen, und fragte sich, womit er sich gegen seinen Dämon versündigt haben könnte, daß er auf seiner letzten Reise noch von einem solchen Quälgeist heimgesucht werden mußte. Gleichzeitig dachte er aber auch, daß es eigentlich keine Rolle mehr spielte, nachdem er und Barton kurz davor standen, ihre Schäfchen ins trockene zu bringen. Mit dem Goldstaub, den sie für die Musketen bekommen würden, konnten sie in Zukunft angenehm leben. Doch er hatte sich an den Gedanken gewöhnt, seine Laufbahn als ein Monument der Treue und satten Gewinne für seine Reeder zu sehen – und dieser Mensch vor ihm war der Neffe seines jetzigen Eigners und obendrein noch nicht trocken hinter den Ohren; er würde zu Hause wer weiß was erzählen und die Dinge verdrehen, so daß am Ende noch ein schlechtes Licht auf den Ruf eines anständigen Mannes fallen würde. Und es gab einen weiteren, tieferen Grund für sein Unbehagen, den er sich noch nicht vollständig eingestehen wollte. Der Arzt hatte etwas an sich, das er als gefährlich erkannt hatte. Thurso wußte Bescheid um das Wesen von Macht, er kannte es wie das der See aus Instinkt und Erfahrung. Mit seiner Einmischung hatte Paris ihn gezwungen, für die Galerie zu spielen, und das war etwas, das er nur selten tat …

»Ich werde für diesmal über Eure Worte und Euer Benehmen hinwegsehen«, sagte er, »weil Euch die Gepflogenheiten auf See noch nicht geläufig sind. Dieses Schiff und alle an Bord dieses Schiffes unterstehen meiner Gewalt. Niemand verläßt seinen Platz in Anwesenheit des Kapitäns, ohne förmlich um Erlaubnis gebeten zu haben, sei es der Doktor oder der Schiffsjunge. Ich ersuche Euch, in Zukunft daran zu denken. Und niemand kommentiert die Entscheidungen des Kapitäns. Auch das bitte ich nicht zu vergessen. Was nun diesen Sklaven angeht, der die Nahrung verweigert – er tut es aus dem perversen Verlangen, uns zu ärgern und sich zu schaden. In diesen Leuten steckt ein böser Widerspruchsgeist, Mr. Paris. Ich kenne sie gut. Würden sie einfach das Beste aus ihrer Lage machen, ein Sklavenschiff könnte ein glückliches Schiff sein. Statt dessen machen sie uns das Leben noch schwerer mit ihrem hinterlistigen und störrischen Wesen. Und glaubt mir, so etwas greift um sich, sobald die anderen merken, daß sie uns damit bis zu einem gewissen Grad das Geschäft verderben. Sie beobachten uns dauernd, selbst wenn es nicht so aussieht. Einer fängt an, das Essen zu verweigern, und bevor Ihr's Euch verseht, tun es alle. Die meisten finden nach einer Auspeitschung ziemlich schnell zu ihrem Appetit zurück, aber ein paar brauchen vielleicht länger, und in ihrem geschwächten Zustand könnten sie auf der Überfahrt nach Westindien sterben. Und nun überlegt einmal – mit jedem Sklaven, der an Bord stirbt, verlieren wir, was wir für ihn auf dem Markt von Kingston hätten einnehmen können. Zur Zeit bezahlt man dort für einen gesunden männlichen Sklaven fünfzig Pfund in bar.«

In der engen Kajüte war die Stimme des Kapitäns zu einem heiseren Flüstern herabgesunken. Er lehnte sich zurück, um von seinem Portwein zu trinken, dann stellte er vorsichtig das Glas ab. »Fünfzig Pfund, Mr. Paris. Davon kann ein Mann in England ein Jahr lang leben, ohne auf viel verzichten zu müssen. Und stirbt ein Sklave an einer Krankheit oder irgendeines natürlichen Todes, dann erleiden wir einen Totalverlust, denn die Versicherung bezahlt nur, wenn sie im Zug eines Aufstands oder einer Revolte sterben, und auch dann nur den halben Preis. Nein, Sir, wir müssen alles tun, um sie zu erhalten. Wer das nicht einsieht, ist ein Narr, und damit basta.«

Thurso hatte diese lange Rede mit so viel innerer Erregung vorgetragen, daß sein Gesicht dunkelrot geworden war; vielleicht, dachte Paris, war es auch Zornesröte, weil er sich zu diesen Erklärungen genötigt fühlte. Er rätselte noch über den tieferen Grund, obwohl er durchaus begriffen hatte, daß Thurso die Welt auf ein einziges Prinzip reduziert hatte, dem er seinen moralischen Rahmen auf Biegen oder Brechen anpaßte.

Unterdessen suchte er nach einer Antwort. Schweigen wäre sicherer, diplomatischer – er war sich bewußt, daß der Kapitän um Verständnis gebeten hatte, vielleicht sogar um seine Sympathie –, aber es gelang Paris nicht. Bei seinem Vorsatz, jeder Debatte zu entsagen, hatte er vergessen, wie bitter es sein kann einem Gegner das Feld zu überlassen. Während er noch zögerte, sah er, wie der Kapitän die Augen zusammenkniff und wie sich die Hand auf dem Tisch langsam zur Faust ballte.

«Ich nehme an, ich kann Euch gegenüber sagen, was ich denke«, begann er schließlich mit der Miene ernster Beharrlichkeit, die Thurso seit ihrer ersten Begegnung verhaßt war, »nachdem auch Ihr Eure Meinung gesagt habt und niemand außer uns hört, was hier gesprochen wird. Ich habe das Gesicht dieses schwarzen Mannes gesehen, Sir. Und besonders seinen Blick. Er will nicht essen, um uns zu trotzen oder zu ärgern, sondern weil er beschlossen hat zu sterben.«

»Seid Ihr so dumm, daß Ihr nicht seht, daß es dasselbe ist?«

»Dasselbe? Wieso dasselbe?« Er sah den Kapitän verwundert an, sah, wie dieser vor Wut die Zähne zusammenbiß. Offenbar hatte er mit seiner letzten Frage Thursos Geduldsfaden zu sehr strapaziert, denn der Kapitän beugte sich vor und sprach mit heftiger, unverhohlener Antipathie.

»Ich weiß jetzt, daß Ihr zu diesen Radikalen gehört, von denen man in letzter Zeit spricht, Leuten, die keine Autorität anerkennen. Aber jetzt hört mir gut zu. Der Schwarze bekommt morgen wieder sein Essen, und wenn er sich weigert, werde ich ihn vor aller Augen von Haines auspeitschen lassen, bis ihm die Haut in Fetzen abgeht. Und ich werde damit fortfahren, bis er ißt oder stirbt. So habe ich es früher gehalten und so wird es jetzt gemacht.« Als er innehielt, fand er die Augen des Arztes aufmerksam, furchtlos und hassenswert scharfsichtig auf sich gerichtet. Sein Gegner war stark; seine Anwesenheit zwang ihn ständig zur Zurückhaltung; er vergiftete seine Wut mit einem Gefühl von Ohnmacht, zwang ihn zu Erklärungen, Bekehrungsversuchen, zu Bitten um Verständnis. Er fühlte, wie das Blut in seinen Schläfen hämmerte. »Ihr seid ein moralisierender Narr! Pfaffe hättet Ihr werden sollen«, sagte er. »Ich kann ihm nicht erlauben, nach Belieben zu sterben. Sie dürfen nicht denken, sie könnten über sich selbst verfügen. Wenn Ihr das nicht versteht, versteht Ihr gar nichts. Wenn er sterben wird, dann muß er durch unsere Hände und unter Schmerzen sterben, damit er die anderen nicht ansteckt.«

Paris erhob sich. Er bebte vor Empörung, über Thursos

Worte. Er verschränkte die Hände hinter dem Rücken und sagte mit rauher Stimme: »Ich verstehe Eure Worte, Sir. Mit Eurer Erlaubnis werde ich jetzt –«

In diesem Moment, während sich die beiden Männer anstarrten, ertönte an Deck der Ruf, der ein näher kommendes Fahrzeug ankündigte. Thurso griff nach seinem Hut und verließ die Kajüte ohne ein weiteres Wort, sein Schiffsarzt folgte ihm. An Deck beobachteten sie einen von der Küste kommenden Einbaum, der Mitschiffs einen mit Palmblättern gedeckten Aufbau trug.

»Das ist ein Flußboot, Mr. Barton«, sagte Thurso in seinem üblichen Ton.

»Aye, Sir.«

Der Kapitän hob sein Fernrohr. »Für mich sehen sie wie Susu aus«, sagte er. »Sie haben jemand unter dem Strohzelt. Einen Weißen«, fügte er hinzu. Erst als der Einbaum näher gekommen war und breitseitig auf sie zuhielt, konnten sie erkennen, daß der Mann im Schatten des Strohdaches Daniel Calley war – nackt bis auf seine zerlumpte Unterhose und die Arme auf dem Rücken gefesselt.

»So«, sagte Thurso grimmig, »einer der ausgeflogenen Vögel ist wieder zurück. Diese Leute sind aus dem Oberland. Wir werden den Linguister brauchen.«

»Schon zur Stelle, Käpt'n, Sir.«

»Sag ihnen, sie sind willkommen an Bord«, sagte Thurso. »Sie können heraufkommen.«

Jimmy machte ein ernstes Gesicht, als die Männer antworteten.

»Sie sagen, sie kommen nicht herauf, Sir.«

»Zur Hölle mit ihnen. Warum nicht?«

»Sie sagen, sie kommen nicht gern auf Schiff. Sind höfliche Leute, mögen nicht sagen – meine Meinung, sie haben Angst. Wollen nicht Sklaven sein.«

»Sie können mir vertrauen. Ich bin überall an dieser Küste bekannt. Ich würde doch keine freien Afrikaner verschleppen. Ich gebe ihnen einen halben Eimer Brandy. Sag ihnen, daß ich ihnen dankbar bin, daß sie diesen Ausreißer gefangen haben.« Er warf einen drohenden Blick auf den unglücklichen

Calley, der, ein Bild des Jammers, mit hängendem Kopf im Schatten des Palmendachs saß. Seine Oberarme waren mit Raffiabast so fest zusammengebunden, daß die Sehnen am Hals und die kräftigen Muskeln an seinen Schultern bis aufs äußerste gepannt waren, um dem Zug standzuhalten.

Jimmy übersetzte, wobei er mit einer Hand kreisförmig seine Brust rieb und mit dem anderen, halb ausgestreckten Arm auf den Bootsführer wies zum Zeichen für Thursos tiefe und beständige Befriedigung über die Gefangennahme des geflüchteten Weißen.

»Sie sagen, sie trauen Euch und sie glauben Euch.«

»Gut. Sehr vernünftig.« Thurso blickte beifällig zu den Männern hinunter. »Warum kommen sie dann nicht?« fragte er einen Moment später ungeduldig.

»Sie kommen nicht herauf. Sie sagen, sie glauben jetzt, aber Ihr ändert vielleicht Meinung, wenn sie heraufkommen, und Ihr könnt nicht garantieren, daß Ihr nicht Meinung ändert, weil niemand Zukunft von Meinung garantieren kann.« Jimmy war so froh, diesen schwierigen Satz bewältigt zu haben, daß er sich wieder vergaß und von einem Ohr zum anderen grinste. »Sie kommen nicht herauf«, sagte er. »Das ist Kopf und Schwanz davon.«

»Bei Gott«, sagte Thurso wild. »Das wird mir der Kerl büßen. Wären wir auf der Heimfahrt ohne die Sklaven, würde ich ihn hier an Land verrotten lassen. Sagt ihnen, wir lassen ihnen den Brandy hinunter. Sie sollen ihm die Fesseln lösen, damit er das Fallreep heraufsteigen kann.«

Jimmy dolmetschte wieder, und der Mann im Bug antwortete mit einer langen Rede, die er mit würdevollen Gesten unterstrich.

»Bitte um Vergebung, Captain«, sagte Haines unterwürfig. »Warum schießen wir diesen Schwätzer nicht einfach über den Haufen? Dann würden die anderen schon wissen, was gut für sie ist.« Er sah Thurso an, sichtlich begeistert von der wundervollen Schlechtheit seiner Idee. »Wir könnten auch gleich alle erschießen.«

»Dummkopf!« Thurso drehte sich heftig zu ihm um. »Sollen wir die ganze Küste gegen uns aufbringen? Wer käme dann noch zum Schiff heraus, um mit uns Geschäfte zu machen?«

»Sie sind nicht zufrieden mit Angebot«, verkündete Jimmy.

»Also gut, ich kann ihnen Tabak geben, wenn ihnen das lieber ist.«

»Nein, Sir, bitte verzeihen.« Jimmy lächelte aus purer Nervosität. »Sie wollen Brandy *und* Tabak. Sie sagen, sie wollen auch zehn Bars Sklavenpreis.«

»Was?!« Thurso zog die Brauen zusammen. Für einen Moment sah er aus, als müßte er vor Wut platzen. Doch dann nahm sein Gesicht einen resignierten und beinahe belustigten Ausdruck an. Er blickte zur Seite und nickte, als hätte er etwas wiedererkannt. »Aye«, murmelte er, »das sind Händler, diese Leute. Sitzen da unter unseren Kanonen und erpressen uns. Sie fangen den Mann, sie verkaufen den Mann, und beides lassen sie sich bezahlen. Sag ihnen, daß ich einverstanden bin, aber um die Bars lasse ich nicht mit mir handeln. Sie können zehnmal fünfzig blaue Perlen für ihn haben oder ihn wieder mitnehmen. Und sag ihnen, daß er kein Sklave, sondern ein englischer Seemann ist.«

Die Männer unten, die, zumindest im Augenblick, mehr an Perlen und Brandy als an Definitionen interessiert waren, signalisierten ihr Einverständnis. Die Waren wurden über die Seite hinuntergelassen, Calley wurde losgebunden und zum Fallreep gezerrt, an dem er sich mit verkrampften Armen hochziehen mußte. Der Einbaum stieß ab, und die vier Männer warfen sich auf ihre Paddel, als paddelten sie um ihr Leben.

Johnson und Haines zerrten Calley über das Schanzkleid. Er leistete keinerlei Widerstand. Erschöpfung, Schuldbewußtsein und Angst vor der sicheren Strafe hatten seinen Kampfgeist gelähmt. Er war halb verdurstet und blutete aus unzähligen Kratzern und Wunden. Nachdem er aus dem Magazin ein Hemd und eine frische Hose erhalten hatte, wurde er in Fußeisen gelegt und unter der Aufsicht des Ersten Maats, der Wache hatte, auf den vorderen Teil des Hauptdecks geschleppt.

Das Ende der Nachmittagswache – die meiste Arbeit auf

dem Schiff war getan und fast die gesamte Besatzung befand sich an Deck – war die von Thurso bevorzugte Tageszeit für die Durchführung exemplarischer Züchtigungen. Calley bettelte nicht um Gnade, aber er wimmerte, als sie ihn auf die Gräting banden, und begann schon bei den ersten Hieben zu schreien. Als sie ihn abnahmen, war er noch bei Bewußtsein, doch er konnte nicht ohne Hilfe auf den Beinen stehen. Er stieß merkwürdige kleine Laute aus, als versuchte er, sich selbst zu trösten. Paris, der sich sein Recht, ärztliche Hilfe zu leisten, bei den früheren Fällen erstritten hatte, fand eine neuerliche Erlaubnis überflüssig. Zusammen mit einem besorgten und lästerlich fluchenden Blair brachte er Calley ins Krankenrevier. Sie hievten den schweren, schlaffen Körper bäuchlings auf die Koje, und Paris begann, den zerfleischten Rücken zu säubern und die Blutung zu stillen, so gut es eben ging.

Calley lag still und preßte das Gesicht fest auf die Decke. Nach einer Weile stieß er stockend einzelne halberstickte Laute hervor.

»Er versucht was zu sagen«, sagte Blair. Paris hatte ihn gebeten zu bleiben, und da stand er nun mit einer Schale in der Hand für die blutigen Tupfer, die Paris ihm reichte. »Er sollte lieber nicht sprechen, oder?« fragte er beunruhigt.

Paris sah ihn kurz an. Blair war so blaß geworden, daß man die Sommersprossen auf seiner Nase sehen konnte, und seine Augen schienen unnatürlich hervorzutreten. Genauso hatte er ausgesehen, als die ersten Sklaven gebrannt wurden. Blair, der Polterer und Prahler, war gar nicht hart und abgestumpft, dachte er, eher weichherzig – sobald er keinen Anlaß fand, sich in wütende Aufregung zu retten. »Er kann ruhig sprechen, wenn er will«, erwiderte er freundlich. »Kannst du verstehen, was er sagt?«

»Was sagst du, Kamerad?« Blair beugte sich zu ihm nieder und sprach laut wie mit einem Schwerhörigen. »Er ist nicht der Schlauste«, sagte er vertraulich zu Paris.

Das Gesicht auf die Decke gepreßt, murmelte Calley Worte, die sich in dem roten Nebel bildeten, auf den sich sein Bewußtsein reduziert hatte. »Deakin ist fort. Ich bin nicht mitgegangen.« Alle Ereignisse der vergangenen Tage, die ihm hoffnungslos durcheinandergeraten waren, kreisten um diese zentrale Verlassenheit. Er war in der endlosen Savanne umhergeirrt, in furchteinflößender Stille, von Durst gequält, bis er schließlich von Eingeborenen überwältigt worden war. Stammelnd brachen die Worte aus ihm hervor. »Ich bin zurückgekommen. Hab was gehört … Ich hab mich gefürchtet. Deakin ist jetzt allein gegangen. Er hat nach mir gerufen …«

Die zwei Männer, die ihm zuhörten, verstanden nicht alles, denn nicht nur die Wolldecke, in die Calley hineinmurmelte, sondern auch die Schmerzen erstickten seine Worte, und bald darauf kamen die Laute nur noch stoßweise und keuchend.

»Wein doch nicht, Junge«, sagte Blair.

Etwas in Blairs Stimme ließ Paris aufhorchen. Er sah ihn an – und sah schnell wieder weg. Blair hatte Tränen in den Augen. Auch Paris fühlte ein Prickeln in den seinen.

Calley hörte nicht, was Blair zu ihm sagte. Er ahnte nichts von den Gefühlen der beiden Männer neben ihm und war sogar gefühlstaub für das Wasser, das seinen Rücken kühlte; so sehr weinte er in die grobe Wolldecke, weil er seinen Freund verraten hatte.

Als Deakin bemerkte, wie still es geworden war, und sich umdrehte und Calleys Namen rief, ohne Antwort zu bekommen, wußte er sofort, daß der andere irgendwo zwischen den Büschen hockte und sich versteckte. Die Welt wurde für Deakin in diesem Augenblick sehr still, so still, daß er meinte, er könnte Calleys ängstliches Herzklopfen hören, wenn er nur scharf genug horchte. Aber er wollte Calley jetzt gar nicht finden.

»Geh zurück, Daniel«, rief er. »Geh zum Fluß und dann weiter flußabwärts.«

Irgendwo hoch über sich hörte er den Flügelschlag von Vögeln, die er mit seinen Rufen aufgeschreckt hatte. Eine andere Antwort erhielt er nicht. Er wartete noch eine Weile, dann ging er weiter, wohl hin und wieder horchend, obwohl er wußte, daß ihm Calley nicht folgen würde. Die Stille hielt an, umhüllte ihn, schluckte jedes Geräusch, als bewegte er sich lautlos.

Anfangs versuchte er, dem Fluß nach Norden zu folgen; aber der Boden war sumpfig und trügerisch, und er stolperte immer wieder über die verschlungenen Mangrovewurzeln. Er sehnte sich nach dem offenen Land. Er brauchte den freien Himmel als Komplizen.

Gegen Abend wandte er sich nach Westen in lichter bewaldetes Gelände, das vom Fluß aus langsam anstieg und von Buschzonen aufgelockert war. Hier kam er leichter voran und konnte vor Einbruch der Nacht noch einige Meilen zurücklegen. Er trank Wasser aus der Blechflasche, die er zusammen mit der Pistole an seinem Gürtel trug. Sie war nur noch knapp halb voll. Er aß von dem Schiffszwieback und dem Salzfleisch, die er den ganzen Tag eingewickelt unter seinem Hemd getragen hatte. Der Zwieback war durchweicht von seinem Schweiß.

Am Spätnachmittag des folgenden Tages trank er das letzte Wasser. Er befand sich jetzt in einer Gegend, wo Waldgebiete und Lichtungen mit hohem, dichten Gras abwechselten. Der Himmel über ihm war offen und frei. Über den Boden huschten Schatten von Greifvögeln, und es umfing ihn eine immer dichtere Stille, in der er manchmal laut mit sich selbst redete. Bald würde er zu einem Dorf gelangen, die Menschen würden aus ihren Häusern kommen. Er würde einen Handelsposten errichten … Palmwein, Zitronensaft, Kokosmilch … Nicht einschlafen, sie verkaufen dich sonst. Er könnte mit Goldstaub handeln, Papageienfedern, Teakholz …

Er glaubte nicht wirklich daran. Er konnte sich die Häuser und die Menschen in dem Dorf nicht vorstellen; und dies brachte ihn zu der Erkenntnis, daß alle seine Pläne, ein Geschäft aufzuziehen, nur als Vorwand gedient hatten, um hier, in diesem leeren Land, unterwegs zu sein.

Über dem immer quälenderen Durst vergaß er zu essen. Seine Selbstgespräche waren verstummt, aber nun fragte sein Vater ihn aus, mit dem Stock in der Hand. Wo willst du hin? Du weißt, was passiert, wenn du nach Jamaika kommst, nicht wahr? Weißt du, was sie mit dir machen, wenn sie dich auf ein Navy-Schiff zurückbringen?

Es gab keine Möglichkeit, so zu antworten, daß es nicht falsch war. Keine Antwort der Welt konnte den Zorn seines Vaters verhüten. Thurso bekommt die Belohnung, erwiderte er. Thurso bekommt fünf Guineas für mich. Aber die Antwort war falsch; das Gesicht seines Vaters wurde dunkel und größer. Es füllte den Himmel und barst, und Deakin trank all den Regen, den er mit Mund und Händen auffangen konnte.

Das war am vierten Tag seiner Freiheit. Nach dem Regen flüsterte das hohe gelbe Gras, die Sonne kam wieder und der Boden dampfte. Er ging langsam, taumelte hin und wieder, aber der Regen hatte ihm Kühlung gebracht, so daß er wieder klar denken konnte. Er hatte kein Ziel. Es fiel ihm ein, daß er nie eines gehabt hatte, außer sich zu befreien ... Aber eigentlich war das kein Ziel. Geduldig begann er, sich die Einzelheiten seiner ersten Flucht ins Gedächtnis zurückzurufen, wie ein Junggeselle seine zärtlich gehegten Erinnerungen an eine Liebe – das Gefühl des Brecheisens in seinen Händen, die Angst und Erregung, als das Holz splitterte. Kein tropisches Licht war je so blendend hell wie das jener trüben Morgendämmerung, in die er damals hinausgetreten war, kein Himmel über der See je so weit wie der Himmel damals. Jenes Licht, jene immense Weite waren Ziel genug gewesen.

Er schlief in seinen feuchten Sachen und wachte fiebernd auf. Beim ersten Licht war er wieder unterwegs, aber er kam kaum noch voran. Er verlor das Gefühl für rhythmisches Ausschreiten, trat fehl, hob die Füße nicht hoch genug, so daß er oft stolperte und manchmal fiel. Nach jedem Sturz brauchte er länger, um wieder aufzustehen.

Bald nach Sonnenaufgang, als er eine weite Savanne überquerte, sah Deakin Gestalten, die wie dunkle Flammen aus dem Gras aufsprangen und ihn umzingelten. Speere funkelten.

Sie wollten seine Pistole, seine Wasserflasche, seinen Ledergürtel. Sie würden ihn fesseln ... Deakins Sicht war verworren. Er tastete nach der Pistole, zog sie aus dem Gürtel und feuerte auf einen aufschießenden Strahl. Der Schuß krachte ohrenbetäubend. Es war unvorstellbar, daß diesem Knall je wieder ein anderer Ton folgen könnte. Und für Deakin folgte nie wieder ein Ton. Er sah einen weiteren Blitzstrahl ... Der Speer traf ihn unter dem Brustbein und bohrte sich in seinen Körper. Er fiel auf die Knie und verharrte für einen Moment, den Speerschaft wie eine Kostbarkeit in den Händen. Seine Augen wurden vom Licht aus dem morgenroten Himmel überflutet, der wie in Flammen stand – und sich schloß.

29

Niemand an Bord sollte je erfahren, was aus Deakin geworden war. Er gesellte sich zu jenen, die offiziell nie gestorben sind. Für die Admiralität blieb er für immer ein Deserteur. Auf Thursos Mannschaftsliste erhielt er den Eintrag »Ausgerissen« – das war sein ganzes Epitaph. Paris erwähnte Deakin in seinem Tagebuch, dem er sich in zunehmend längeren Abständen widmete, auch nur insofern, als er ihm alles Gute für die Zukunft wünschte. Deakins Verschwinden war für den Arzt durch einen offiziellen Todesfall in den Hintergrund gerückt.

> Jack Simmonds, unser Zweiter Maat, ist nicht mehr unter uns. Er schied gestern aus diesem Leben. Ich hatte bei ihm bereits während unserer Rückkehr von Tucker Anzeichen von Fieber bemerkt. Tags darauf wurde er wieder losgeschickt, und als der Kutter zurückkam, war er nicht mehr imstand, ohne Hilfe an Bord zu klettern, und er klagte über Kopfschmerzen und Schwäche in den Beinen. Nachdem das Fieber weiter stieg, ließ ich ihn noch am selben Abend ins Krankenrevier bringen und versuchte seine Temperatur zu senken, indem ich seine Beine wusch und ihm pulverisierte Chinarinde einflößte, mit der ich mich reichlich eingedeckt habe. Aber das Fieber wurde in der Nacht schlimmer – ich habe selten so heftige Fieberanfälle

erlebt. Sie waren fast krampfartig. Früh am nächsten Morgen blutete er leicht aus Nase, Gaumen und Augenwinkeln. Auch auf der Stirn und unter den Achseln entdeckte ich blutende Stellen. Zwei Stunden später sank das Fieber schlagartig, unmittelbar danach folgte kalter Schweiß. Dem armen Mann stand der Tod ins Gesicht geschrieben. Er bat mich, dafür zu sorgen, daß seine Frau den ihm zustehenden Lohn bekommen würde. Ich habe nicht gewußt, daß er verheiratet war. Um drei Uhr nachmittags begann er, Blut mit dunkler Gallenflüssigkeit zu erbrechen. Kurz darauf erstickte er und starb, während ich danebenstand, ohne ihm helfen oder seine Qualen lindern zu können. Sein Leichnam wurde am selben Abend der See übergeben. Thurso las die Gebete.

Ich bin überzeugt, daß es sich um einen Fall von Schwarzem Erbrechen handelt, das im toxischen Stadium des Gelbfiebers auftritt, eine Krankheit, die, wie ich gelesen habe, häufig unsere Soldaten während ihrer Dienstzeit im Ausland befällt. Möglicherweise – oder wahrscheinlich – hat sich Simmonds die Krankheit an jenem Abend geholt, als ich bei Owen blieb und er zu seinen Kameraden im Haus von Tucker zurückfuhr. Er wird dort getrunken und vielleicht irgendwo im Freien mit einer Eingeborenen geschlafen haben, in der ungesunden Luft dieses marschigen Bodens, der tagsüber in der Sonnenhitze brütet und nachts seine Gifte freisetzt.

Paris ließ die Feder für eine Weile ruhen. Er überdachte noch einmal, was er getan hatte von dem Moment an, als er die Heftigkeit von Simmonds' Fieber bemerkt hatte. Er war in seine Kabine gegangen und hatte ganz bewußt ein Stück in Essig getunkten Schiffszwieback gegessen – man sollte nie mit leerem Magen an ein Krankenbett treten, weil der Körper dann am aufnahmefähigsten ist. In dem kleinen Spiegel an seinem Spind hatte er sein Gesicht betrachtet, die gefurchte Stirn, die tiefen Linien, die sich von den Nasenflügeln zu den Mundwinkeln zogen, die hellen Augen unter den dichten Brauen, die etwas schräg in seinem Gesicht standen wie bei einem Hund, traurig, und wachsam zugleich. Es war kein unhübsches Gesicht, wenn auch kantig und grobknochig. Und es war das Gesicht eines Mannes, der nicht sterben wollte – das war ihm in diesem Augenblick klar geworden. Wer saure Brotbrocken hinunterwürgte aus Angst vor einer ansteckenden Krankheit, der hing am Leben trotz Schande, Verlust und Kummer.

Bevor er zu Simmonds zurückging, hatte er sich in Essig getränkte Leinenpfropfen in die Nase gestopft; und nachdem der Mann gestorben war, hatte er sich den Mund mit einer alkoholischen Kampferlösung ausgespült. Er hatte eine Aufgabe auf dem Schiff zu erfüllen, gewiß – aber das war nicht der primäre Grund. Er dachte an den Essiggeschmack in seinem Mund und die darin enthaltene Hoffnung auf Leben ... In der beichtstuhlartigen Intimität seiner Kabine fühlte er sich bei diesem Gedanken wie ein Verräter, aber wen oder was er verriet, wußte er nicht.

Die Anzahl der Sklaven steigt ständig. Tucker lieferte, wie versprochen, zweiundzwanzig Männer und acht Frauen, die alle bei den Kriegen gefangengenommen wurden, die er und seine Leute im Inland anzetteln. Einer seiner Söhne wurde beim letzten Überfall getötet, was zur Folge hatte, daß Tucker, als es ans Aushandeln der Preise ging, außerordentlich unnachgiebig auftrat. Er verlangte siebzig Bars für die erwachsenen Männer und trieb den in Handelswaren zu entrichtenden Gegenwert so hoch, daß Thurso vor Wut fast platzte. Den Forderungen des Mulatten mußte jedoch entsprochen werden, weil er einen großen Teil des Handels am Fluß beherrscht. Ich glaube, die Sklavenlieferungen sind in beträchtlichem Maß von seinem Wohlwollen gegenüber den Käufern abhängig.
Die Sklaven dürfen sich noch an Deck aufhalten, ausgenommen bei stürmischem Wetter. Aber inzwischen sind es über siebzig; während der Überfahrt werden sie unter Deck bleiben müssen. Barber zieht zwischen den Decks Wände und Böden ein, um getrennte Abteile für Männer, Frauen und Jungen zu schaffen. Dabei beträgt die ihm zur

Verfügung stehende Höhe höchstens fünf bis sechs Fuß, und sie wird durch die Unterteilungen noch halbiert, so daß die Neger kaum genug Platz haben werden, um aufrecht zu sitzen.

Anzeichen von Melancholie und Teilnahmslosigkeit unter den Gefangenen haben Thurso veranlaßt, einen freudlosen Brauch einzuführen – »dancing the slaves« – der, wie mir Barton sagte, auf Sklavenschiffen allgemeine Praxis ist. Nach dem Morgenessen muß Sullivan auf seiner Fiedel Kontertänze spielen, zu denen die Frauen, die nicht gefesselt sind, auf dem Deck umhertanzen und die Männer in ihren Fußeisen auf und ab hüpfen, so gut sie können, obwohl es für die Männer mit geschwollenen Beinen eine Tortur ist. Thurso ist viel zu kategorisch, um Ausnahmen zuzulassen, und so sind sie gezwungen mitzumachen, bis ihre Knöchel aufgescheuert und blutig sind, und die Seeleute sorgen mit Peitschen dafür, daß sie ordentlich springen. Einige Männer der Crew haben sichtlich Vergnügen daran. Ich habe gesehen, wie Libby Tapley und Wilson grinsten und über die traurig-grotesken Sprünge lachten, die sie die Neger machen ließen. Sie müssen außerdem dazu singen; manchmal beginnen sie von selbst mit zitternden Stimmen. Jimmy, unser Dolmetscher, erklärte mir, ihre Lieder seien traurig, was kaum anders zu erwarten ist.

Ich habe mich ziemlich lang mit Jimmy unterhalten, der sehr freundlich und offen ist und auch sensibel, wie ich glaube – er verbirgt vieles unter seinem Lächeln, das mehr durch eine nervöse Angewohnheit hervorgerufen wird als durch echte Belustigung. Sein Traum ist es, Lehrer zu werden mit einer Schule für die Kinder hier an der Küste, bei Kap Palmas, unter dem Schutz der englischen Garnison. Er hofft, mit uns nach England fahren zu können und dort eine Anstellung zu finden, um seine Englischkenntnisse zu verbessern.

Sollte Jimmy das Gefühl haben, seine versklavten Brüder zu verraten, indem er ihren Häschern als Vermittler dient, so läßt er sich das nicht anmerken. Vielleicht empfindet er sie jedoch gar nicht als seine Brüder. Weil sie alle schwarze

Gesichter haben, nehmen wir an, sie gehörten alle zusammen; aber wann haben wir uns Menschen gegenüber brüderlich verhalten, nur weil sie weiß sind wie wir? Ich habe bei uns nicht viel Liebe oder Mitgefühl gegenüber Holländern oder Franzosen feststellen können. Jimmy weiß nicht, wie alt er ist – ich würde sagen, ungefähr dreißig. Er hat mir erzählt, er gehöre zum Volk der Haussa und sei als Kind an die Küste gekommen mit seinen Eltern, die von den Aschanti versklavt wurden.

Die Gefangenen untereinander sind auch nicht das, was man ein Herz und eine Seele nennen könnte. Sie zanken und streiten sich ziemlich viel. Gestern, kurz nach Simmonds' Tod, sah ich, wie einer dem anderen seinen Reis ins Gesicht warf. Sie sind von unterschiedlichen Stämmen, sprechen verschiedene Sprachen und gelangten über verschiedene Wege auf das Schiff – auch das habe ich von unserem Dolmetscher erfahren. Einige sind Kriegsgefangene, andere waren bereits Haussklaven und wurden jetzt von ihren Herren verkauft, um Schulden zu bezahlen oder das Geld für eine Mitgift aufzutreiben; wieder andere wurden von einheimischen Sklavenhändlern wie unserem verstorbenen Yellow Henry gefangen. Aber trotz der unterschiedlichen Wege dieser unglücklichen Menschen, die sie auf das Deck der *Liverpool Merchant* geführt haben, werden sie hier mit einer wirklich bemerkenswerten –

Charlie klopfte, um ihm mitzuteilen, daß einer der Neger anscheinend im Sterben lag. »Der, wo nicht essen will, Sir«, sagte Charlie mit dem Ausdruck völligen Unverständnisses in seinem ausgezehrten Gesicht.

An Deck fand Paris keine Möglichkeit, den Mann allein zu untersuchen. Der Kapitän war informiert und stand mit Haines auf dem Achterdeck, am oberen Ende der Kajütstreppe. Als Paris näherkam, sah er den wütenden Blick und den verzerrten Mund, und er fühlte sich merkwürdig schwach, als schleppte man ihn unvorbereitet und wider seinen Willen zu einem Duell.

»Ich will dafür sorgen, daß er ißt«, sagte Thurso. »Er wird

essen, bevor er stirbt. Holt den Rollgabelschlüssel und den Trichter, Haines.«

»Ave-aye, Sir.«

»Den Rollgabelschlüssel?« Paris wußte nicht, was das bedeutete, doch er war vorgewarnt, als er eine Art von Befriedigung in Haines' Gesicht bemerkte.

»Der Mann soll vor das Achterdeck gebracht werden, hier, direkt unter mir.« Thurso wandte sich an den Arzt. »Jawohl, Sir«, sagte er, »Ihr werdet diesen Drückeberger noch essen sehen.«

Zwei Männer brachten den Schwarzen, der den Kopf hängen ließ und beim Gehen gestützt werden mußte. Paris blickte vom Achterdeck aus hinunter und sah die Peitschenstriemen auf seinen Schultern, die blutigen Daumen und gleichzeitig, was Haines anbrachte einen großen Stechzirkel, doch dann erkannte er die eingekerbten Zinken und die breite Flügelschraube. »Aber das ist das *speculum oris*«, sagte er und sah den leicht höhnischen, wissenden Blick in Haines' Gesicht.

»Aye, Doktor, tatsächlich? Bei uns heißt das Maulschlüssel.«

»Aber ihr werdet seinen Mund verletzen«, sagte Paris und beobachtete, wie sich das Hohnlächeln auf dem Gesicht des Bootsmanns vertiefte. Er hatte gesehen, wie dieses Instrument bei Patienten mit Kiefersperre angewendet wurde, um ihnen den Mund zu öffnen, und kannte die Schäden, die bei einer ungeschickten Handhabung entstanden – abgebrochene Zähne und eingerissene Gaumen. »Ihr werdet seinen Marktwert verringern«, sagte er, um Thurso mit einem finanziellen Argument zu beeindrucken, einem lächerlich ungeeigneten, wie er wohl wußte, denn der Mann würde in jedem Fall bald sterben. »Laßt es mich noch einmal mit ihm versuchen«, bat er. »Mit Eurer Erlaubnis, Sir.«

»Ihr wollt ihn immer noch überreden, wie ich sehe.« Thurso schien nachzudenken. »Also gut», sagte er schließlich. »Ich gebe Euch ein paar Minuten. Es ist mir einerlei, wie er zum Essen gebracht wird, solange er es tut und es jedermann sieht. Aber Ihr verschwendet Eure Zeit.«

Paris kletterte die Leiter zum Hauptdeck hinunter. Tapley und McGann hatten den Sklaven am Fuß der Leiter abgesetzt. Der Arzt bückte sich, um dem Mann ins Gesicht zu sehen.

»Womit sollen wir es versuchen, Sir?«

Paris fuhr herum. Ihn überraschte sowohl das Angebot als auch die Stimme. Als er aufblickte, sah er Hughes, den eigenbrötlerischen Kletterer, der noch nie eine einzige Silbe an ihn gerichtet hatte. Hughes betrachtete ihn mit düsterer Miene, aber aufmerksam und nicht unfreundlich.

»Gekochter Reis, denke ich«, erwiderte der Arzt. »Kann jemand welchen holen?«

»In der Kombüse ist noch ein Rest Brei«, sagte Cavana. »Ich weiß das, weil ich ihn gesehen habe.«

»In einem Tuch gekochte Erbsen essen sie gern«, sagte Sullivan. »Alle Schwarzen essen das für ihr Leben gern.«

»Gottverdammich«, sagte Blair wütend, »daß du deinen Senf dazu geben mußt, hätten wir uns fast denken können. Willst du uns etwa sagen –«

»Es würde zu lange dauern«, sagte Paris. »Und der Brei ist aus Hafermehl, das er vermutlich nicht gewöhnt ist.« Er blickte in ihre Gesichter. Irgendwie war dies alles ein Rätsel. Dieser Mann war gewaltsam entführt, gefoltert und an den Rand des Todes gebracht worden – viel zu weit, um noch gerettet zu werden. Und nun überlegten diese Männer, die dabei mitgeholfen hatten, womit man seinen Appetit anregen könnte. Er war sich bewußt, daß Thurso, der scheinbar in sich gekehrt oben auf dem Achterdeck stand, jedes Wort mithörte, das hier gesprochen wurde. Liegt ihnen etwas an dem Neger, oder wollen sie mich unterstützen? Diese Frage tauchte ganz plötzlich auf und überrumpelte ihn mit einem Gefühl, in dem sich Erheiterung und Widerstreben mischten. Und ich? Woran liegt mir mehr? Am Leben dieses Mannes oder recht behalten zu haben? Er hatte nicht gedacht, daß sich ihm diese Frage noch einmal stellen würde. Er hatte geglaubt, für ihn sei dieses Thema ein für allemal erledigt, abgehandelt, gestorben. Er blickte auf den Neger, als würde er bei ihm eine Antwort finden. Die Daumen des Mannes waren blutig; durch den Druck der Daumenschrauben war das Blut durch die Nägel ausgetreten … »Nein, wir versuchen es mit Reis«, wiederholte er mit seiner tiefen, klangvollen Stimme. »Da ist er ja schon. Danke, Charlie«, sagte er zu dem Jungen, der mit einem Teller Reis und einem Holzlöffel gelaufen kam. »Wo ist der Linguister?«

Jimmy schob sich nach vorn. »Ich weiß nicht, ob er mich versteht«, sagte er. »V'leicht versteht er Malinke.«

Paris ging neben dem Mann, der halb sitzend, halb liegend an der Leiter lehnte, in die Hocke. »Sag ihm, ich möchte, daß er den Reis ißt«, sagte er. Er kam sich plötzlich hilflos und lächerlich vor. Wie sollte er den Mann überreden, zu essen? »Sag ihm, ich will, daß er lebt«, drängte er Jimmy.

Jimmy kauerte sich nieder und sprach dicht neben dem Ohr des Mannes.

»Machen wir 'ne kleine Wette?« sagte McGann. »Fünf Shilling gegen Sixpence, daß der Doktor keinen Krümel in ihn reinkriegt.«

»Einen Penny gegen einen Shilling, daß er was reinkriegt«, sagte Wilson.

»Aye, in seinen Mund«, sagte Libby. »Das ist kein Kunststück, Mann. Das ist es nicht, worum McGann wettet. Der Mund ist ja schon offen. Er muß den Reis schlucken, damit er gewinnt.«

Der Todkranke schien nichts von alldem zu hören. Seine Augen waren blicklos, und sein Kopf hing vornüber. »Ich denke, dieser Mann ist am Ende«, sagte Jimmy. Er ging mit dem Mund wieder dicht an das Ohr des Mannes.

Paris tat etwas Reis auf den Löffel, legte ihn jedoch auf den Teller zurück, als er sah, daß der Löffel viel zu groß war. Er nahm etwas von dem feuchten, klebrigen Reis zwischen Daumen, Zeige- und Mittelfinger und hielt ihn dem Mann hin. Er war sich der Stille unter den Zuschauern bewußt; auch einige der weiblichen Sklaven standen in dem dichten Kreis, der sich um ihn gebildet hatte.

»Iß«, sagte er. »Ich möchte, daß du ißt.« Er konnte in dem breiten, flachen Gesicht keinen anderen Ausdruck erkennen als den herannahenden Tod. Die Augen waren starr nach unten gerichtet, der Mund hing offen. Als Paris vor ihm hockte und ihm mit den Fingern den Reiskloß hinhielt, wußte er, daß er ganz allein mit diesem Mann war. Er wußte nur nicht, wessen Anmaßung größer war, seine oder die des sterbenden Mannes.

»Iß!« sagte er rauh. Er beugte sich vor und schob den Reis zwischen die Lippen des Mannes, fühlte die widerstandslose Weichheit des Mundes und drang weiter vor zwischen die Barriere der Zähne. Er tauchte die Finger erneut in den Reis auf dem Teller und formte einen zweiten Kloß. Der Mund des Mannes bewegte sich nicht, seine Lippen waren schlaff und geöffnet, aber als sich Paris über ihn beugte, sahen ihn die Augen zum erstenmal an und nahmen seine Gegenwart unmittelbar wahr. Die Todessehnsucht in diesem Blick erkannte Paris als etwas Eigenes, Vertrautes wieder – und er sah noch etwas, dasselbe, das ihm sein Spiegelbild gezeigt hatte, als sich das saure Brot in seinem Mund auflöste: die tief verwurzelte, unauslöschliche Hoffnung auf Leben, die flehende Bitte um Rettung. In diesem Moment begriff Paris, daß er sich versündigt hatte, als er aus reiner Verzweiflung den Entschluß faßte, mit diesem Schiff zu fahren.

»Iß«, sagte er zum wiederholten Mal. Und endlich blitzte in den Augen des Mannes etwas auf. Der Mund arbeitete, um Reis und Speichel zu sammeln. Dann richtete sich der Schwarze ein wenig auf und schob mit einer merkwürdig geduldigen Anstrengung das Gesicht nach vorn. Sein Mund öffnete sich zu einem tiefen, fast keuchenden Atemzug und spie seinen Inhalt aus. Paris fühlte den warmen Reis und den Speichel im Gesicht, sah den Kopf des Negers nach hinten gegen die Leiter fallen und die nach oben gerichteten Augen.

Haines trat einen Schritt vor, die wippende Peitsche in der Hand. »Den werd ich lehren zu spucken«, sagte er.

Paris erhob sich. »Zurück«, sagte er. »Tretet zurück.« In Haines' Gesicht lag etwas so Gieriges, daß Paris unwillkürlich einen Schritt auf ihn zuging und ihn heftig zurückstieß. Die Kraft in seinen Armen war eine Offenbarung – am meisten vielleicht für den Arzt selbst. Haines war ein großer

Mann, der fest auf seinen Beinen stand, aber der Stoß warf ihn beinahe auf das Deck.

Paris holte sein Taschentuch hervor und wischte sich langsam das Gesicht ab. »Die Peitsche hat nicht viel genützt, selbst als er noch lebte«, sagte er laut genug, damit es auch der Kapitän und der Maat auf dem Achterdeck hören konnten. Er schaute hinüber zu den gefesselten Männern unter dem Sonnensegel. Wie gewöhnlich wichen sie seinem Blick aus bis auf einen, einen großen und kräftigen Mann, den er wiedererkannte als den ersten Sklaven, den er untersucht hatte. Dieser Mann sah ihn an, wenn auch ohne erkennbaren Ausdruck, und er wandte den Blick nicht ab, als sich ihre Augen trafen.

30

Der tote Sklave wurde sofort über Bord geworfen. Zwei Tage später folgte ihm eine Frau, die immer tiefer in Lethargie versunken war, obwohl sie widerstandslos ihre Rationen gegessen hatte. Sie wurde frühmorgens tot an Deck gefunden, ohne ein Anzeichen für die Todesursache. Dann erkrankte der Schiffsjunge Charlie mit den gleichen Symptomen, die bei Simmonds aufgetreten waren.

Gleichzeitig mit seinem Fieber stieg der Geräuschpegel auf dem Schiff. Unter der Aufsicht von Johnson, dem Kanonier, wurde der vordere Teil des Großmasts und ein Stück des davorliegenden Decks mit Bleiplatten verkleidet, damit über einer zweiten Feuerstelle gekocht werden konnte, nachdem der Kessel in der Kombüse für die vielen Mäuler an Bord nicht mehr ausreichte. Charlie, dessen Familiennamen niemand kannte und der im Lauf seines vierzehnjährigen Lebens eigentlich nur Schläge und Hunger erlebt hatte, starb zitternd und sich erbrechend und ohne unterscheiden zu können, ob das ohrenbetäubende Hämmern inner- oder außerhalb seines Körpers stattfand.

Paris konnte sich weder den einen noch den anderen Tod

erklären. Charlie hatte nicht in der Nähe des Zweiten Maats geschlafen; er war nicht zu Tucker mitgekommen und somit auch nicht der verseuchten Luft am Fluß ausgesetzt gewesen. Paris wußte, daß es zwischen den Männern sexuelle Beziehungen gab. Simmonds könnte, bereits infiziert, mit dem Jungen Verkehr gehabt und ihn angesteckt haben. Vor solchen Fragen – und vor seinem beschränkten Wissen – flüchtete er sich in Erinnerungen oder in die Beobachtung des täglichen Sklavengeschäfts.

In den folgenden Tagen dachte er mehrmals an den festen Blick des Schwarzen, obwohl er sich nicht wiederholt hatte. Es war das erste Mal, daß ihn einer dieser Menschen wirklich angesehen hatte. Er konnte nicht sagen, ob es ein feindseliger Blick gewesen war oder ein wissender. »Es war«, schrieb er in sein Tagebuch, »als ob das Leben aus den Augen des Mannes, der mich angespuckt hatte und starb, übergegangen wäre von ihm auf den anderen ...«

Ein etwas wunderlicher Einfall, dachte er, während er in seiner engen Kabine saß, müde und doch unfähig zu schlafen. Er fühlte, daß er sich verändert hatte: Er war abergläubischen Einbildungen zum Opfer gefallen und den Regungen der Gewalt.

Seit Tagen herrscht schwüles Wetter mit Gewittern und wechselnden Winden. Die Sklaven mußten häufig unter Deck bleiben Barber ist mit dem Einbau der Trennwände und Böden jetzt fertig. Tapley ist seit gestern in Fußeisen an die Winsch gefesselt, anscheinend, weil er eine der Frauen verleitet hat, mit ihm nach unten zu gehen und dort mit ihm zu schlafen – wie ein Vieh vor den Augen seiner Kameraden, die auf Freiwache waren. Es sei keine Vergewaltigung gewesen, sagten alle, und das mag ihn vor der Peitsche bewahrt haben. Dieser Tapley ist eine widerliche Kreatur.

Bei Tagesanbruch kamen mehrere Kanus längsseits mit Händlern, die ihre Dienste anboten. Captain Thurso versah sie auf Treu und Glauben mit Waren und schickte sie an die Küste zurück, um Sklaven und Reis zu kaufen. Einer kam innerhalb von zwei Stunden mit einem Mann und zwei Mädchen zurück, so daß wir jetzt dreiundachtzig Sklaven haben. Seit kurzem liegt außer uns, einem französischen und einem dänischen Sklavenschiff auch ein Londoner Schiff vor dieser Küste – die *Astrid* mit Captain Cockburn. Thurso fuhr am Vormittag hinüber, da man ihn benachrichtigt hatte, sie habe acht Sklaven an Bord, die gegen Elfenbein getauscht werden könnten. Er kehrte ziemlich schnell wieder zurück, mit stierem Blick und verzerrtem Mund – wie immer, wenn er wütend ist. Wie es schien, konnte er die Sklaven nicht zu Cockburns Bedingungen übernehmen, der sechzig Bars pro Kopf forderte. Laut Barton hatten nur drei der Sklaven eine ansehnliche Größe, und zwei der übrigen fünf blieben unter drei Fuß sechs Zoll. Barton hält mich auf dem laufenden, aber wohl kaum aus Freundschaft – ich glaube nicht, daß er für irgend jemand Gefühle hegt.

Das Sklavengeschäft geht nur noch schleppend. Die einheimischen Händler bringen sehr selten einen Sklaven zum Verkauf an das Schiff, und der Handel vom Boot aus ist teurer und riskant. Folglich muß Thurso jeden Sklaven nehmen, der ihm gebracht wird, weil er andernfalls Gefahr liefe, überhaupt keine mehr zu bekommen. Inzwischen gibt es Gerüchte, die Franzosen zahlten achtzig Bars für einen erwachsenen männlichen Sklaven. Ich vermute, wir werden bald von hier aufbrechen und entlang der Küste weiter nach Osten fahren. Wir haben zwei Sklaven verloren; ein paar andere sehen sehr matt und deprimiert aus und bewegen sich nur noch, wenn sie mit der Peitsche angetrieben werden, obwohl ich keine Krankheit bei ihnen feststellen kann. Es ist, als fänden sie nicht aus dem Schock ihrer Gefangennahme heraus …

Wilson hatte die tote Frau gefunden. Er erzählte die Geschichte zu der dafür bevorzugten Tageszeit, zwischen einsetzender Dämmerung und vor Beginn der Nachtwache, wenn es für die meisten Männer noch zu früh war, um sich schlafen zu legen.

Der Kapitän machte seinen üblichen Spaziergang auf der Wetterseite des Achterdecks, zwölf Schritte vor, zwölf Schritte zurück. Barton stand allein auf der Leeseite, und Johnson lehnte am Fallreep in Luv und flickte im Licht der Laterne einen Riß in seiner Jacke. Haines, der noch das Aufschießen der Taue kontrolliert hatte, rauchte mit Morgan in der Kombüse eine Pfeife. Hughes und True, die auf Halbwache waren, bewachten mittschiffs die Sklaven. Die anderen lagen rauchend und schwatzend auf der Back. Auf dem Schiff herrschte Pause – Zeit, um Vermutungen anzustellen und Seemannsgarn zu spinnen.

»Sie hat sich unter dem Fallreep verkrochen«, sagte Wilson, »zwischen Leiter und Seite. Da ist kaum Platz genug für 'ne Katze. Sie hat sich unter ein paar von den Zwiebackbütten versteckt.« Kurz nach Wachewechsel war er mit Calley zum Deckwaschen abkommandiert worden und hatte sie beim ersten Tageslicht in dem schmalen Raum zwischen den Fässern gefunden, auf der Seite liegend und mit angezogenen Knien. »Keine Spur von krank oder verletzt«, sagte er.

Ein paar Einzelheiten dieser Entdeckung erwähnte er nicht. Er hatte gedacht, sie würde schlafen. Sie lag mit dem Rücken zu ihm, mit hochgerutschtem Lendentuch, so daß das Brandmal auf der linken Gesäßbacke zu sehen war. Calley arbeitete auf der gegenüberliegenden Seite des Decks. Niemand sonst war in der Nähe. Er erstickte nahezu vor Begierde, während er die Bütten beiseite schob. Mit ein bißchen Glück, dachte er, wachte sie nicht gleich auf. Er wollte sie von hinten nehmen, solange sie noch zu verschlafen war, um sich zu wehren. Er hatte sich bereits an sie herangemacht, doch erst, als er ihr die Hand über den Mund legte, hatte er gemerkt, wie kalt sie war und daß er es mit einer Leiche zu tun hatte. »Diese Sklavenhur'«, sagte er jetzt mit finsterem Gesicht. Wilson vergaß keine Kränkung, und die Tote hatte ihn gekränkt, weil sie ihn zum Narren gehalten hatte. Das Licht der Vordecklaternen glänzte auf seinen dunklen Bartstoppeln, als er das Gesicht langsam von einer Seite zur anderen wandte. »Das war sie, jawohl. Eine Sklavenhur'.«

»Ich hab sie gesehn«, sagte Calley. »Wilson hat gerufen:

›Komm und sieh dir das an!‹« Er wünschte, er hätte sie gefunden und auch etwas zu erzählen gehabt.

»Sie sterben an Melancholie«, sagte Barber mit der Pfeife im Mund. »Ich hab das erlebt. Sie beschließen einfach zu sterben. Auf manchen Schiffen hat sich das wie eine Seuche ausgebreitet. Du verstaust sie unten wie sonst auch, immer zwei und zwei nebeneinander, und sie sehen aus wie sonst auch, und am nächsten Morgen fandst du einen Toten und einen Lebenden aneinandergekettet, und das ist das erste Mal, daß du einen Unterschied zwischen ihnen feststellst.«

»Wenn einer stirbt, werden bald mehr sterben«, prophezeite Sullivan düster. »Simmonds, Gott hab ihn selig, hat damit angefangen. Der Tod ist bis jetzt noch auf jedem Schiff mitgefahren, das aus einem Hafen ausgelaufen ist. Aber wenn er mal los ist, gibt's kein Halten mehr.«

»Manchmal hängt ein Fluch über einem Schiff, das ist schon wahr«, sagte Davies. »Vierundvierzig bin ich auf der *Black Prince* unter Captain Bibby gefahren. Wir haben auf dem Gambia Sklaven gekauft und der Käpt'n, sag ich euch, war der Teufel. Der hier ist ein Heiliger dagegen. Er hat jeden Tag einen anderen ausgepeitscht. Ich hab gesehen, wie er eine Schwarze mit eigenen Händen in einem Spülichteimer ertränkt hat, weil sie einem der Sklavenmänner etwas zustecken wollte. Ich sag euch, er war ein Satan. Den Eingeborenen an der Küste hat er Waffen und Munition gegeben, damit sie die Dörfer überfallen und Sklaven fangen, und er hat dafür acht von ihnen als Pfänder festgehalten.«

»Was sind Pfänder?« fragte Blair.

»Verwandte vom Häuptling oder Männer, die dem Häuptling gehören. Wenn innerhalb einer bestimmten Zeit keine Sklaven oder andere Sachen geliefert wurden, um die geliehenen Waffen und die Munition zu bezahlen, dann wurden eben die Pfänder als Sklaven genommen. Bei uns waren drei Tage ausgemacht, aber Bibby hat die Zeit nicht abgewartet. Der Wind war günstig, und da ist er eben Anker aufgegangen und ab durch die Mitte. Die Eingeborenen haben sich dann an einem anderen Schiff gerächt, an der *Molly,* und das nur, weil sie aus Liverpool war. Sie war nicht mal ein Slaver.

Bienenwachs und Pfeffer wollte sie laden. Sie haben den Käpt'n, den Maat und fünf von der Mannschaft an Bäume gebunden und ihnen die Kehle durchgeschnitten. Daraufhin haben die Engländer ein Boot geschickt mit Soldaten und einer Kanone, um die Schwarzen zu bestrafen. Sie haben ihnen das Dorf angezündet und etliche getötet, und einer von den Soldaten ist auch dabei umgekommen. Und das ganze Blutvergießen war eigentlich die Schuld von Bibby, weil er sich nicht an die Abmachung gehalten hat. Aber vom selben Moment an war das Schiff verflucht. Auf der Überfahrt hat Bibby zwei Drittel seiner Neger durch die rote Ruhr verloren und sämtliche Pfänderneger bis auf einen. So hat er büßen müssen.«

»Bibby hat büßen müssen?« fragte Blair. »Was ist denn aus ihm geworden?«

»Er hat sich zur Ruhe gesetzt mit dem, was er gespart hat. In Kent bei seiner unverheirateten Tochter, weil er nämlich aus Kent gebürtig war.«

»Ich hab erlebt, wie sich Blindheit auf einem Schiff ausgebreitet hat«, sagte Wilson. »Da wächst so eine Haut über die Augen. Du wachst morgens auf und siehst nichts mehr. Die Neger kommen damit an Bord, und dann verbreitet es sich in der Mannschaft. Ich war auf einem Schiff, da sind alle blind geworden, der Skipper und alle. Wir waren schon draußen im Golf von Guinea und wollten nach Barbados, aber wir haben umkehren müssen nach São Tomé. Ich hab mit Billy Fox, dem Bootsmann, so geredet, und 'ne Minute später sagt er: ›Jesusmaria, gib mir die Hand, Kamerad, ich bin blind.‹«

»Ist es denn wieder gut geworden?« fragte Calley, der von der schrecklichen Geschichte träumen würde.

»Er hat nicht genug Zeit dafür gehabt, weil er in São Tomé unbedingt in ein Hurenhaus wollte. Da ist er dann die Treppe runtergefallen und hat sich den Hals gebrochen. Auf dem Schiff haben wir einen Kanarienvogel gehabt; der ist auch blind geworden. Und sobald er blind war, hat er angefangen zu singen – vorher hat er kein' Piep gesagt.«

Daraufhin entstand eine Pause. Wilson war ein unberechenbarer Mann, und niemand wollte riskieren, ihn gegen sich aufzubringen, indem er ihm vielleicht nicht glaubte. Schließlich sagte Libby, er sei der Meinung, die Afrikaner könnten durch Luftanhalten Selbstmord begehen; dies sei die einzige Erklärung für den Tod von Sklaven, die gefüttert wurden und bei denen weder Verletzungen noch Krankheiten festzustellen waren.

»Kein Mensch kann sich umbringen, nur indem er die Luft anhält«, erwiderte Blair, gereizt wie immer durch widersprüchliche oder unlogische Behauptungen. »Wenn er die Luft anhält, fällt er in Ohnmacht, und wenn er ohnmächtig ist, fängt er wieder an zu atmen. Wenn du mir nicht glaubst, probier's selber.«

»Ich brauch es nicht zu probieren.« Libby lachte und spuckte über die Seite. »Ich bin Engländer.«

»Ein Engländer kann es nicht können«, sagte Tapley. »Nur diese Schwarzen hier. Sie sind mit den Tieren eben näher verwandt als wir.«

»Wenn sie mit ihnen näher verwandt sind als du, Tapley, dann sind sie echt ein unglaubliches Viehzeug«, sagte Blair. »Ich finde, Barber hat recht. Die Melancholie bringt sie um.«

»Ich werd auch bald an Malincholli auf dem Schiff hier sterben«, sagte Sullivan. »Ich spiel diesen Schwarzen jeden Vormittag auf, aber sie rasseln so laut mit ihr'n Ketten, daß meine Fiedel gar nicht zu hören ist. Ich werd mal ein Wort mit dem Käpt'n reden.«

»Das einzige, das du mit dem Käpt'n reden wirst, ist ›Aye-aye, Sir‹«, sagte Blair.

»Das gleiche hast du bei meinen Knöpfen gesagt, aber ich hab mit Haines deswegen geredet.«

»Aye, und wer hat deine Knöpfe noch immer? Außerdem ist mit Thurso reden was anderes. Du brauchst ihn nur verkehrt anzusehn, und schon heißt's Eisen, Wasser und Brot.«

»Ein Mann, der das Recht auf seiner Seite hat, findet immer Gehör«, sagte Sullivan.

»Du quasselst wieder mal, Sullivan«, sagte McGann. »Wir würden dich vielleicht ernst nehmen, wenn du was wetten würdest. Jeder setzt einen Shilling, wie wär's? Mein Shilling sagt, daß du dich nicht traust, wegen deiner Fiedel was zum Käpt'n zu sagen.«

»Die Schotten waren schon immer Zweifler«, sagte Sullivan. »Mein Shilling sagt, daß ich mit ihm sprechen werde, von Mann zu Mann. Billy, du bist mein Zeuge.«

31

Die inzwischen beträchtlich gestiegene Anzahl der Sklaven und ihr notgedrungen längerer Aufenthalt unter Deck machten die Sklavenquartiere zu einem widerlichen, ungesunden Ort. Paris' Aufgabe war es, dafür zu sorgen, daß die Böden ordentlich abgewaschen und die Räume zwischen den Decks mehrere Stunden lang ausgeräuchert wurden, um die Luft zu reinigen.

Das Verhältnis zu den Küstenbewohnern hatte sich verschlechtert. Der Kutter der Franzosen war von Eingeborenen an die Küste abgedrängt und geplündert worden. Als Thurso davon hörte, wirkte er beunruhigt; er fürchtete, das Beispiel könnte Schule machen.

»Diese Lümmel ahmen jedes schlechte Beispiel nach«, bemerkte er zu Barton, »aber vor einem guten Vorbild scheuen sie zurück wie vor dem Leibhaftigen.« Die Vorstellung, den Kutter zu verlieren, machte ihm ziemlich zu schaffen, denn ohne ein plattbodiges Boot irgendwelcher Art war entlang der westafrikanischen Küste kein Handel möglich. »Man kann zwanzig Jahre lang mit ihnen gehandelt haben«, sagte er, »dann haut sie irgendein Weißer übers Ohr, und schon tun sie, als wären alle Weißen um kein Haar besser.«

»Aber da irren sie sich«, sagte Barton, »denn die Haare auf unserem Haupt sind alle gezählt. Steht schon in der Bibel, Käpt'n.«

Thurso betrachtete seinen Ersten Maat mit unverhohlenem Mißfallen. Er haßte Scherze, weil ihnen etwas innewohnte, das sich seiner Kontrolle entzog. »Barton, ich schätze Eure leichtfertigen Sprüche nicht«, sagte er. »Ihr wißt das und laßt dennoch nicht davon ab. Ich rate Euch: Seid vorsichtig.«

»Aye-aye, Sir.«

»Wir werden sehr bald zum Fort der Afrikahandelskompanie an der Pfefferküste aufbrechen. Wir werden dort, wie früher, unser privates Goldstaubgeschäft tätigen. Aber diese Reise wird die letzte sein, die wir zusammen machen. Was Ihr danach treibt, interessiert mich nicht, aber solange Ihr Maat auf meinem Schiff seid, werdet Ihr Euch nach mir richten.«

Eines Tages kehrte der Kutter der *Liverpool Merchant* von einer sechstägigen Fahrt flußaufwärts zurück mit acht Sklaven, einem Elefantenzahn von nahezu vierzig Pfund, zwei Doppelzentnern Kamholz, mit Johnson, halb bewußtlos und von Fieber geschüttelt, und True, der sich kaum an den Riemen halten konnte.

Damit war für Thurso die Entscheidung gefallen. Zwei Männer der Crew waren bereits tot, einer war ausgerückt. Würde er noch mehr Männer verlieren, konnte er nicht mehr gleichzeitig den Kutter bemannen und die Neger bewachen; er würde keinen einzigen Sklaven mehr auf sein Schiff holen können. Am nächsten Morgen schickte er Haines mit vier Mann an Land, um Wasser und Reis zu besorgen – sie hatten inzwischen über tausend Pfund Reis an Bord – sowie Yams, Mehlbananen und Palmöl; aber diese Vorräte konnten erst tags darauf an Bord gebracht werden, weil die Brandung an der Flußmündung so hoch war, daß Haines sich nicht hinüberwagte. Als sie zurückkamen, brachten sie noch einen Sklaven mit, einen gutgewachsenen, ungefähr vierzehnjährigen Jungen, so daß sich die Gesamtzahl der Sklaven auf siebenundneunzig erhöhte; dreißig davon waren Frauen.

Im Lauf des Tages wurden die Segel losgemacht und gelüftet, die Reservesegel heraufgebracht und instandgesetzt, denn die Ratten hatten einigen Schaden angerichtet. Auf dem Schiff wimmelte es von Ratten, nachdem die drei Katzen, die man aus England mitgenommen hatte, eingegangen waren und hier an der Küste kein Ersatz für sie zu finden war. Unter Bartons Aufsicht wurden die Handfeuerwaffen abgefeuert und neu geladen. Gegen Abend mußten die Sklaven in ihre Quartiere unter Deck, und Thurso befahl, die Luken zu schließen, da er aus Erfahrung wußte, daß es, ließe er sie an Deck, zu größten Schwierigkeiten kommen konnte, wenn das Schiff ihre heimatliche Küste verließ.

»Ich habe gesehen, was passiert«, sagte er zu Barton und Paris, die er am Vorabend der Abreise zum Abendessen in seine Kajüte eingeladen hatte. »Sie geraten in völlige Verzweiflung, wenn sie sehen, daß das Schiff Kurs auf die offene See nimmt. Manchmal stürzen sie sich, obwohl sie angekettet sind, über die Seite. Und mit ihren Fußfesseln, versteht Ihr, bleiben sie nicht lang am Leben, sobald sie im Wasser sind. Bis wir ein Boot hinunterlassen, sind sie untergegangen. Ich habe sie dabei rufen und lachen hören vor Freude, weil sie uns hereingelegt haben. Für den Eigner bedeuten sie einen Totalverlust, denn die Versicherung haftet nicht bei Selbstmord.«

Nach dem Essen saßen sie bei einem Brandy. Thurso war ungewöhnlich aufgeräumt, nachdem sich der Handel hier als recht erfolgreich erwiesen und er die Hälfte seiner Ladung bereits beisammenhatte. Nach Paris' Bericht bereitete ihm auch der Gedanke, unterbemannt zu sein, weniger Sorge. Johnson war noch schwach und klagte über quälende Kopf- und Gliederschmerzen; aber True war bereits fieberfrei. Beide hatten an Land kräftig getrunken und in Eingeborenenhütten geschlafen. Nach Ansicht des Arztes hatten sie sich den schädlichen Ausdünstungen des Bodens ausgesetzt und waren dadurch an Sumpffieber erkrankt, wenn auch, wie es schien, nur leicht.

»Wenn die Männer nicht auf dem Schiff schlafen«, sagte der Arzt, »sollten sie stets ein Feuer in ihrer Nähe unterhalten, gerade so groß, daß ein leichter Rauch davon aufsteigt. Das macht die Nachtluft weniger schädlich.«

»Ihr mögt recht haben, Mr. Paris«, sagte Thurso. »Aber Ihr werdet bei diesen Männern nie Disziplin oder Selbstbeherrschung erreichen. Sie schlagen jeden guten Rat in den Wind. Harte Arbeit an Bord, Ausschweifungen an Land und ein frühes Grab – dafür leben sie, jedenfalls fast alle.«

»Die Maßnahme, die ich vorgeschlagen habe, ist doch recht einfach, Sir«, entgegnete Paris freundlich.

Thurso tippte sich mit dem stumpfen Zeigefinger gegen die Schläfe. »Es ist im Kopf«, sagte er. »Da muß man sie in die richtige Verfassung bringen. Und wenn man es mit Tieren zu tun hat, geschieht das durch Angst, Sir, und nicht durch Überredung.«

Thurso wartete gespannt, wie Paris auf seine höhnischen Worte reagierte. Das Gesicht des Arztes verbarg nichts; was er fühlte, veränderte den Ausdruck seiner Augen und ließ seine Mundwinkel zucken.

»Mit Überredung spucken sie Euch Reis ins Gesicht«, sagte Barton mit dem Instinkt des Lakaien, noch einmal in die gleiche Kerbe zu hauen.

Paris lächelte, aber er fühlte, wie sein Herz klopfte. »Dann meint Ihr also, Barton, Reis im Gesicht sei ein Argument für die Angstmethode. Ich muß sagen, ich finde das eine etwas merkwürdige Interpretation.«

»Nehmt die Neger«, sagte Thurso mit unbewegtem Gesicht. Wie so oft, tat er, als hätte seit seiner letzten Bemerkung kein anderer gesprochen. »Die hohe Sterblichkeit, die uns solche Verluste beibringt, geht nur darauf zurück, daß sie über ihre Lebenslage so viel grübeln. Will man sie in gutem Zustand auf den Markt bringen, muß man ihr Denken ändern. Ich erinnere mich, wie wir einmal vor vielen Jahren, es war auf einem meiner ersten Schiffe, in der Bucht von Benin eine Ladung Ibo an Bord genommen haben. Heutzutage kaufe ich keine Ibo mehr. Es heißt, sie sind unzuverlässig und erzielen längst nicht so gute Preise wie die Neger der windwärts gelegenen Küste. Wir waren damals noch keine Woche auf See, als diese Ibo anfingen, melancholisch zu werden. Sie konnten auch mit der Peitsche nicht zum Essen bewegt werden und starben einer nach dem anderen. Durch meinen Linguister habe ich herausgefunden, daß sie glauben, sie würden in ihr Land zurückkehren, wenn sie gestorben sind. Was glaubt Ihr wohl, habe ich daraufhin getan, Sir?«

Thurso nahm einen Schluck von seinem Brandy. »Glaubt

Ihr, ich habe es mit Überredung versucht?« sagte er. In diesem Moment klopfte es leise an der Kajütentür, aber Thurso, auf dem Höhepunkt seiner Geschichte angelangt, ließ sich nicht stören. »Ich sage Euch, was ich getan habe, Sir. Ich ließ die Sklaven an Deck bringen, und vor aller Augen habe ich denen, die gestorben waren, mit einem Fleischerbeil aus der Kombüse den Kopf abgehackt. – Wer zum Teufel ist da an der Tür? Barton – er soll reinkommen. Ja, Sir, das habe ich getan, und wißt Ihr auch, warum?«

Auf Bartons Ruf hin war die Tür aufgegangen, und Sullivan stand auf der Schwelle, zerzaust und mit wildem Blick. Er hatte die letzten Ausführungen seines Kapitäns noch gehört.

»Ich habe es getan, um ihnen unmißverständlich mitzuteilen, sollten sie unbedingt nach Hause wollen, müßten sie dies ohne ihre Köpfe tun. Von dem Tag an hatte ich mit ihnen keine Schwierigkeiten mehr. – Was willst du hier?«

»Bitte um Vergebung, Sir.« Nach den ersten Blicken hatte Sullivan sofort die Augen niedergeschlagen. Er hatte seine Rede vorbereitet und sagte sie nun, ohne zu stocken, wenn auch ein wenig hastig auf. »Die Gefangenen, Sir, sind doch in Ketten, und da können sie die Füße nicht richtig heben, wenn ich auf meiner Fiedel spiele, und sie klirren so laut, daß man meine Töne gar nicht mehr hört. Es sind über dreißig Paare, Sir, an Händen und Füßen aneinandergefesselt, und alle hüpfen sie auf und ab. Der Lärm von ihr'n Ketten ist lauter als meine Fiedel.« Er hielt inne und blickte kurz auf, senkte aber den Blick sofort wieder, weil ihm einfiel, was er noch sagen wollte. »Und es werden immer mehr«, sagte er. »Ich werd nie mehr meine eigenen Töne hören können und nicht mehr wissen, was ich spiel.«

Stirnrunzelnd wandte sich Thurso an seinen Ersten Maat. »Wovon redet der Mann?« fragte er. »Ist er betrunken?« Es war ein alter Einschüchterungstrick, nie einen Untergebenen direkt anzusprechen.

»Wovon redest du?« fragte Barton. »Wieso unterstehst du dich, hier reinzuplatzen mit diesem blödsinnigen Geschwätz von deiner Fiedel? Weißt du nicht, daß du dich an einen der Offiziere zu wenden hast?«

Sullivans anfängliche Furcht, die ihn an der Tür lange hatte zögern lassen, schwand nun durch seinen Eifer und die feste Überzeugung, für eine gerechte Sache einzutreten. »Bitte um Vergebung, Sir, aber ich hab mich gefragt, ob man die Ketten nicht abnehmen könnte.«

»Abnehmen?«

»Nur so lang, wie ich spiele«, sagte Sullivan.

Thurso hatte die Brauen zu einem grimmigen Stirnrunzeln zusammengezogen und schwieg. Dann sahen sie, wie sich sein Mund auf beinahe krampfhafte Weise öffnete und dehnte. Er hob das Gesicht, als müßte er niesen, und von irgendwo tief aus seinem Schlund drangen mehrere heisere, erstickte Laute. Nach vielleicht einer oder zwei Sekunden, während ihn die anderen verblüfft ansahen – keiner wußte so recht, was ihm fehlen könnte, weil sie solche Symptome noch nie bei ihm gesehen hatten –, holte er ein großes Taschentuch hervor und wischte sich damit über die Augen.

»Bei Gott, das ist köstlich«, sagte er. »Es ist lange her, daß ich etwas so Köstliches gehört habe. Barton, dieser Darmkratzer will, daß ihnen die Ketten abgenommen werden, weil der Lärm seine Musik stört.«

»Er muß den Verstand verloren haben«, sagte Barton völlig verdutzt.

Thurso, dem noch immer Tränen in den Augen standen, wandte sich an Paris. »Hier ist noch so einer wie Ihr«, sagte er. »Er hat auch keine Ahnung von der wirklichen Welt.«

Paris sah den Fiedler für einen Moment schweigend an. Dann sagte er, ohne zu lächeln: »Ich habe nichts gegen diese Verwandtschaft, wenn er nichts dagegen hat.«

Sullivan war zu sehr um ein manierliches Auftreten bemüht, als daß er es gewagt hätte, den Arzt anzusehen; aber die Freundlichkeit dieser Worte ging ihm zu Herzen. Er wiederholte sie vor niemandem, nicht einmal vor Blair. Alles andere erzählte er später in der Back mit vielen dramatischen Ausschmückungen. »Ich hab offen gesagt, was ich denke«, sagte er. »Ich hab meine Gründe genannt. Und daß sie mir's abgelehnt haben, wundert mich nicht – Thurso hat nicht mehr Gefühl für Musik wie ein Protz. ›Wenn es so ist‹, sag ich zu ihm, ›wozu braucht Ihr einen Fiedler?‹ Dann hab ich mich umgedreht und bin gegangen ...«

Während er erzählte und von seinen Kameraden geneckt wurde, besserte sich seine Laune zusehends. Er war im Grunde eine Krämer-Seele, und McGanns Shilling war ihm so gut wie gewiß. Aber die Worte von der Verwandtschaft, die der Doktor so unerwartet gesagt hatte, während er mit gesenktem Kopf und Thursos furchtbarem Lachen noch in den Ohren dabeistand – diese Worte würden für immer und heller als Gold in seiner Erinnerung glänzen.

Bald nach Mitternacht wehte die erste ablandige Brise vom Fluß herüber, und Thurso befahl, Segel zu setzen und alles zum Hochwinden des Ankers vorzubereiten. Um zwei Uhr liefen sie bei günstigem Wind hinaus auf die offene See. Im Schutz der Dunkelheit und so leise wie möglich ging die *Liverpool Merchant* auf südöstlichen Kurs. Doch in der Hochseedünung änderte das Schiff seinen Bewegungsrhythmus, und die in der stinkenden Finsternis des Schiffsbauchs zusammengepferchten Menschen, die jetzt erkannten, daß sie jede Hoffnung auf eine Rückkehr in ihre Heimat verloren hatten, begannen vor Verzweiflung zu schreien. Das Wasser trug ihre Schreie zu den anderen Schiffen, die auf der Reede lagen; und die Sklaven in den Frachträumen hörten sie und antworteten brüllend und kreischend, so daß für die Menschen, die in ihren Dörfern entlang der Küste wach lagen, und für die Fischer, die schon vor Morgengrauen hinausgefahren waren, die Nacht eine Zeitlang von Klagen und Weinen widerhallte.

Teil 6

32

Die Weiterfahrt verlief ohne Zwischenfälle, abgesehen vom Selbstmordversuch eines Sklaven, der sich mit den Fingernägeln die Halsschlagadern aufreißen wollte. Während Paris den Schwarzen verband, erfuhr er von Jimmy, dem Dolmetscher, daß der Mann zu Unrecht wegen Hexerei verurteilt und anschließend verkauft worden war, damit die ihm auferlegte Geldstrafe bezahlt werden konnte. »Sehr praktische Art, Geld zu verdienen«, sagte Jimmy. »Mann hat nichts. Mann wird verkauft.«

Sie umrundeten das Kap und gingen auf der Höhe des Flusses in Sichtweite des Forts bei elf Faden Tiefe vor Anker. Ihre Ankunft wurde mit drei Böllerschüssen zur Kenntnis genommen, und Thurso erwiderte den Salut auf gleiche Weise.

Am Nachmittag kam eine Pinasse der Kompanie zu ihnen heraus. Paris fiel sofort auf, daß die Männer an den Riemen gelenkiger und geschmeidiger waren als die Kru der Pfefferküste. Thurso übergab Barton das Kommando und fuhr, begleitet von seinem Schiffsarzt, mit der Pinasse an Land. Aus der Ferne gesehen war die Stadt nur eine in grünes Gewirr gebettete Ansammlung niedriger Eingeborenenhütten. Links davon, auf einer Anhöhe, erhob sich leuchtendweiß in der Sonne das Fort, dramatisch und eindrucksvoll mit seinen Wehrtürmen und den hohen, zinnenbesetzten Mauern. Paris sah den Union Jack, der über der Festung wehte, und eine zweite Flagge mit den Farben Blau und Weiß – den Farben der Handelsgesellschaft.

Die eingeborenen Ruderer manövrierten die Pinasse geschickt und mit einem erstaunlich guten Blick für die unterschiedliche Gewalt der anrollenden Brecher zum Strand. Auf dem Weg zum Ufer sahen sie schmale Fischerboote, deren nach oben gekrümmte Schnäbel mit Fetischbüscheln geschmückt waren. Es war heiß im Windschatten der Küste. Das grelle Licht schmerzte in den Augen.

Begleitet von den Negern der Handelsgesellschaft durchquerten sie eine sumpfige Niederung; nackte Kinder liefen umher, Fliegen erhoben sich in Schwärmen, Gänse und Enten planschten im schlammigen Wasser. Vom Flußufer her drang der Geruch von verwesenden Krebsen und modernden Kokosnüssen.

Die Mauern der Festung ragten in blendender Weiße über ihnen empor. In Paris' Augen haftete dem großen, monumentalen Gebäude inmitten dieser erbärmlichen Lebensverhältnisse etwas schrecklich Fremdes an. Das übelriechende Flußufer, die baufälligen Hütten, die vergeblichen und provisorisch anmutenden Maßnahmen, den Naturgewalten standzuhalten – dies alles wiesen die Festungsmauern zurück; sie standen, um zu dauern. Es würde immer Gewinne geben und zu verteidigende Interessen. Im fruchtbaren Innern des Kontinents würden sich die Menschen, Afrikas größter Reichtum, endlos vermehren und in unaufhörlicher Prozession zur Küste strömen, um unter den Mauern solcher Küstenforts verkauft zu werden.

Die letzten hundert oder zweihundert Schritte stieg der Weg zu dem Felsvorsprung, auf dem das Fort stand, steil an. Dann befanden sie sich im schwarzen Schlagschatten der überkragenden Mauern, und Paris fühlte sich wie erlöst von der Vehemenz der Hitze und des Lichts. Die schweren Tore standen offen. Die Wachsoldaten zu beiden Seiten, deren Uniformröcke im tiefen Schatten dunkelrot leuchteten, rafften sich zur Andeutung einer Habachtstellung auf.

Über die Treppenfluchten mit abwechselnd schwarz und weiß gestrichenen Stufen gelangten sie zur Wohnung des Gouverneurs. Er empfing sie persönlich, ein gutaussehender Mann mit bleichen Lippen, hohem Nasenrücken und matter, beinahe zu einem Murmeln verkommener Sprechweise. Er trug ein an Hals und Ärmeln mit schöner Spitzenkrause besetztes Hemd und eine kurze Silberperücke mit Lockenrollen über den Ohren.

»Captain Thurso, Mr. Paris«, sagte er mit geringstmöglicher Lippenbewegung. »Ich freue mich, Eure Bekanntschaft zu machen. Wir hatten noch nicht das Vergnügen, Captain, nicht wahr?«

»Nein, Sir.« Thurso, im förmlichen Tuchrock, die Perücke auf dem Kopf und den Dreispitz unter dem Arm, wirkte in diesem getäfelten Raum mit den verschiedenen niedrigen Tischchen und armlehnenlosen Ledersesseln wie ein Fisch auf dem Trockenen. Paris erinnerte sich an ihre erste Begegnung bei seinem Onkel in Liverpool, als Thurso genauso entrüstet geglotzt hatte …

»Ich habe mit Mr. Charles Gordon Geschäfte gemacht«, sagte er heiser und schleppend. »In den letzten drei Jahren habe ich drei Gouverneure kommen und gehen sehen, zwei unter der alten Konzession der Royal Africa Company und einen, seit die neue Kompanie das Fort übernommen hat.«

»Ihr seid ein Mann mit viel Erfahrung«, sagte der Gouverneur und verzog seine Lippen zur Andeutung eines Lächelns. »Bitte Platz zu nehmen, Gentlemen. Ein Glas Portwein, Captain?«

»Bitte sehr.«

»Und Ihr, Mr. Paris?«

»Ich wäre mit ein wenig Zitronenwasser zufrieden, etwas in der Art.«

»Ihr macht Euch nichts aus Portwein?«

»Nicht bei dieser Hitze.« Paris' Worte klangen schroff. Trotz gewisser Fortschritte in Richtung Bescheidenheit konnte er Herablassung nach wie vor nicht ertragen.

»Da habt Ihr recht, Sir«, sagte der Gouverneur. »Wie ich sehe, seid Ihr ein vernünftiger Mann. Der Captain ist gewissermaßen kampferprobt; der Port wird ihm nicht schaden. Aber ich rühre ihn während der Mittagsstunden nicht an. Ich könnte etwas Dünnbier anbieten. Wäre das genehm?«

»Durchaus.«

»Euer Portwein, Captain. Gentlemen, zum Wohl! Ich werde nicht mithalten, mit Verlaub. Ich nehme um diese Zeit oder ein wenig später gewöhnlich ein Getränk aus Sahne und verdünntem Apfelwein mit ein klein wenig Honig zu mir. Ich finde das sehr bekömmlich. Was haltet Ihr von einem solchen Getränk, Sir?«

»Was ich davon halte?« Paris fand sich unverhofft einer eingehenden Betrachtung unterzogen, die der Gouverneur trotz seines nonchalanten Tons mit deutlichem Interesse vornahm. »Es ist sicher gesund und nahrhaft«, sagte er.

»Freut mich zu hören, Sir. Ich bereite es selbst zu, mit meinen eigenen Händen. Es hat Monate gedauert, Gentlemen, ganz zu schweigen von der Geduld, die es mich gekostet hat, bis ich meinem letztmaligen Dummkopf von Ordonnanz die richtigen Mengenverhältnisse eingetrichtert hatte. Und kaum war er soweit, erlag er einem Fieber. Wenn ich mir vorstelle, das Ganze noch einmal mit einem anderen Burschen durchzumachen – nein. Da bemühe ich mich lieber selbst.«

Der Gouverneur schien für einige Augenblicke verdrießlichen Gedanken nachzuhängen.

Paris glaubte, von irgendwoher außerhalb des Gebäudes Schreie zu hören.

»Charles Gordon, mit dem Ihr zu tun hattet, Captain, war mein Vorgänger hier«, hörte er den Gouverneur mit seiner wohlerzogenen, trägen Stimme sagen. »Er erlag einem scheußlichen Tropenfieber, gleich hier nebenan. Sein Vorgänger starb in diesem Raum hier, wo wir uns jetzt befinden, an einer geplatzten Ader. Aber ob sie nun so oder so gestorben sind, beide starben aus demselben Grund.«

»Oh. Und was war der Grund?« erkundigte sich Thurso höflich. »Sie sind gestorben, weil sie nicht genügend auf sich geachtet haben. Es liegt an der Ernährung. Ihr als Mediziner werdet mir zustimmen, Mr. Paris.«

»Ich weiß es nicht. In einem Klima wie diesem gibt es auch noch andere Faktoren. Aber sicher ist die Ernährung wichtig.« Die Schreie kamen von unten. Paris warf einen Blick zu den Fenstern. Die Gardinen waren vor dem grellen Licht zugezogen.

»Tut mir leid«, sagte der Gouverneur. Er hatte bemerkt, daß der Arzt abgelenkt war. »Ein Soldat wird gerade ausgepeitscht. Die Geräusche dringen vom Hof zu uns herauf, obwohl –«

»Ihr braucht Euch bei uns nicht zu entschuldigen, Sir«, sagte Paris etwas vorschnell. »Unsere Ohren werden sich eher erholen als sein Rücken.«

Die Brauen des Gouverneurs rückten leicht in die Höhe, doch als er wieder sprach, zeigte sein Gesicht nichts als die bekannte kühle Miene. »Ich habe die Auspeitschung befohlen«, sagte er. »Er hat aus meinem Arbeitszimmer eine Tabatiere gestohlen und für Schnaps verkauft – man konnte ihm die Tat eindeutig nachweisen. Als Strafe habe ich hundert Hiebe angeordnet. Es war eine Tabatiere, die ich wegen ihres Gefühlswertes besonders geschätzt habe – als Geschenk einer Dame.«

Paris fand darauf keine Antwort, obwohl dies offensichtlich von ihm erwartet wurde – der Gouverneur hatte sich an ihn gewandt, nicht an Thurso, zweifellos in der Annahme, der Kapitän wäre so sublimer Gefühle nicht fähig. Doch es war der Kapitän, der die Situation rettete. »Ich glaube«, sagte er, »diese Gemächer sind renoviert worden, seit ich das letzte Mal die Ehre hatte, hier zu sein. Auch das Holz und die Eisenarbeiten am Tor sind neueren Datums.«

»Das ist richtig, Captain«, bestätigte der Gouverneur. »Bereits zur Zeit meines Vorgängers wurde mit umfangreichen Reparaturen begonnen. Die Kompanie hat beträchtliche Summen zur Wiederherstellung des zum Teil baufälligen Forts aufgewendet – ein sehr vernünftiger Entschluß meines Erachtens. Das Fort ist der sichtbare Beweis unserer Präsenz. Es muß beeindrucken. Wir werden daran gemessen, Sir, nicht nur die Macht und der Wohlstand der Kompanie, auch die der Nation. An ihren Werken sollt ihr sie erkennen, wie es in der Bibel heißt. Die Konkurrenz wächst überall an der Küste. Wir können uns nicht auf unseren Lorbeeren ausruhen. Die Kompanie ist sich der Bedeutung ihres Erscheinungsbilds sehr bewußt.«

Erschöpft von der langen Rede lehnte sich der Gouverneur in seinem Stuhl zurück. Er zog ein Tuch aus seinem Ärmel und betupfte sich Schläfen und Mundwinkel. Ein feiner Lavendelduft breitete sich in der stehenden Zimmerluft aus. Die Schreie waren inzwischen verstummt, doch das gleichmäßige Geräusch der Peitsche hielt an.

»Wir mußten alle Handwerker von zu Hause kommen lassen«, seufzte der Gouverneur. »Das ganze Eichenholz für die Innenverkleidung mußte importiert werden. Und dann die Schwierigkeiten, bis wir dieses elende Volk dazu brachten, Steine heraufzutragen! Angesichts der Abneigung dieser Leute gegen jede Art von Arbeit war die Leistung der Pharaonen eine Petitesse. Nun denn, Gentlemen, es wird Zeit für meinen Imbiß. Mit Eurer Erlaubnis überlasse ich Euch der Obhut unseres Verwalters, Mr. Saunders, der Euch die Sklaven und anschließend Eure Gemächer zeigen wird. Ich freue mich, Euch beim Abendessen wiederzusehen.«

Er klingelte mit einer kleinen Messingglocke, die vor ihm auf dem Tisch stand. Sofort erschien ein Afrikaner in weißer Jacke und kurzen Hosen, der nach Mr. Saunders geschickt wurde. Während man auf ihn wartete, herrschte unbehagliches Schweigen. Nur Thursos Atem war zu hören. Der Gouverneur lehnte in seinem Sessel. Vom Hof drangen keine Geräusche mehr herauf. Paris glaubte, ein leises, aber stetiges Hämmern zu hören, das jedoch von weit her zu kommen schien.

Dann klopfte es an der Tür und Mr. Saunders trat ein, ein hohläugiger und abgezehrt wirkenden Mann von vielleicht dreißig Jahren. Er führte sie hinunter ins Erdgeschoß und von dort durch viele gepflasterte Gänge in einen Teil der Anlage, die Paris für die Rückseite, weil dem Meer abgewandte Seite, des Forts hielt. Aber dann ging es weiter in Seitengänge und abzweigende Korridore, so daß er nach einer Weile jeglichen Orientierungssinn verloren hatte.

Während sie auf diese Weise eine immer längere Strecke zurücklegten, beschlich ihn ein vages Entsetzen, eine Angst, wie sie den im Traum durch ein Labyrinth Irrenden befällt, wenn hinter jeder Biegung etwas Unerträgliches lauert und das erlösende Erwachen nicht eintreten will.

Was hier auf ihn lauern könnte, wußte er nicht. Niemand kann Buch führen über erlittene Traumen. Wir meinen, wir hätten den Schock aufgefangen, die Verletzung kuriert und haben sie doch nur in einen Käfig gesperrt. Artig sitzt hier etwas hinter Gittern und wartet auf sein Zeichen, egal, wie lang. Ein Mensch kann nach zwanzig Jahren von einem längst vergessen geglaubten Entsetzen gepackt werden, das erschütternd frisch und lebendig ist. Häufig kommt der Schlag, bevor das Bewußtsein das Signal erkennt, wie jetzt bei Paris, als er das dumpfige Gemäuer roch und dann erst den Geruch der Erniedrigung. Ein schier unglaubliches Entsetzen überkam ihn, daß er sich hierher verirrt hatte, an diesen Ort, und daß er, der sich stets auf seinen klaren Verstand etwas zugute hielt, einem so fürchterlichen Selbstbetrug erlegen war. Er hatte seine persönliche Verzweiflung zum Anlaß genommen, zum Elend der Welt beizutragen, und er hatte die Stirn, diesen ungeheuerlichen Egoismus Selbstverleugnung zu nennen und ihn einer Toten als Beweis seiner Liebe darzubringen. Um Verstorbene kann man nur trauern. Liebe ist für die Lebenden, dachte er plötzlich. Und seine Angst war verflogen.

Eine letzte Biegung brachte sie zu den Sklavenverliesen, die wie Zellen nebeneinander lagen, mit Eisenstäben an den Vorderseiten, Steinwänden und hohen, vergitterten Fenstern, durch die die schrägen Strahlen der Nachmittagssonne fielen. Paris hatte richtig geschätzt; sie befanden sich auf der Rückseite des Forts, vor der Außenmauer. Drei der Verliese waren belegt, zwei mit Männern, die paarweise mit Handschellen aneinandergefesselt waren, und eines mit ungefesselten Mädchen und Frauen. Sonnenstäubchen und Fliegen tanzten im Licht, das sich um diese Tageszeit nach hier unten verirrte. Die Körper der Sklaven waren gefleckt und gesprenkelt, das Stroh auf dem erdigen Boden leuchtete wie Gold. Der Exkrementengestank schien von diesem warm flutenden Sonnenschein auszugehen. Durch die vergitterten Kerkerfenster hörte Paris wieder, daß irgendwo, jetzt um einiges näher, gehämmert wurde; es waren rasche, ungeduldige Doppelschläge von Metall auf Holz. Dann sah er, daß eine der Frauen nach vorn gekommen war und in einem breiten Sonnenstrahl dicht am Gitter stand. Sie sah ihn direkt an – er sah ihre funkelnden Augen, doch ihr Gesicht blieb im Schatten. Das einfallende Licht umrahmte ihren Kopf und ihr Gesicht wie mit Feuer. Sie war nackt, aber er nahm wenig mehr von ihr wahr als eine schlanke Gestalt mit geraden Schultern. Der feurige Schein, der sie umgab, und ihre Reglosigkeit schienen sie irgendwie vor neugierigen Blicken zu schützen – wie etwas Sakramentales, dachte er plötzlich. Er erwiderte ihren Blick, und sie wich nicht aus. Einen Moment lang fühlte er sich von einem leichten Schwindel erfaßt wie nach einer zu jähen Bewegung.

»Insgesamt sechsunddreißig«, sagte Saunders. »Wir erwarten eine weitere Gruppe aus dem Innern.«

In dem hellen Licht erkannte Paris, daß der Verwalter wesentlich jünger war, als er zunächst angenommen hatte; er war höchstens Mitte Zwanzig und offensichtlich noch nicht lange von einem Fieber genesen. »Was hat das ständige Hämmern zu bedeuten?« fragte er.

»Unter den Garnisonssoldaten ist Fleckfieber ausgebrochen«, sagte Saunders. »Seit gestern sind wieder zwei gestorben. Die Zimmerleute machen Särge. Gottlob hat sich die Seuche nicht unter den Sklaven ausgebreitet.«

»Wollen wir nun zum Geschäft kommen?« unterbrach Thurso. »Geredet wurde weiß Gott genug.« Er war wieder ganz der alte, nachdem er der bedrückenden Atmosphäre des Salons entronnen war, und fühlte sich, endlich wieder mit realen Dingen befaßt wie eingepferchten Sklaven und Preisverhandlungen, in seinem Element. »Das hier sind niemals Wika«, sagte er und wies auf eine Gruppe großer, kraftstrotzender Schwarzer. »Seht sie Euch an, Mr. Paris! Diese Gliedmaßen. Und ihre Köpfe. Seht ihr, wie sie uns anstarren? Das sind Corymantee, Mr. Saunders. Was tun sie hier so weit im Westen?«

»Das ist eine lange Geschichte«, antwortete Saunders ein wenig unbehaglich, wie es schien.

»Darauf würde ich wetten.«

»Sie stammen von einem holländischen Slaver, der von Elmina zurückgekommen ist.«

»Heißt das, der Holländer hatte voll geladen und wollte Sklaven abgeben?«

»Sie hatten nur ungefähr zwanzig Goldküstenneger an Bord, außerdem etwas Elfenbein und Goldstaub. Eingeborene aus King George Town haben sie an Bord überfallen. Die genauen Einzelheiten kenne ich nicht. Ich glaube, zu dem Zeitpunkt waren nur vier oder fünf taugliche Seeleute auf dem Schiff – einige waren an der Ruhr erkrankt, und die übrigen befanden sich auf einer Handelsfahrt flußaufwärts. Die Schwarzen haben das Schiff in der Nacht geentert, die Besatzung überwältigt und die Sklaven mitgenommen.«

»Und hierhergebracht«, sagte Thurso in seltsamem Tonfall.

»Ja. Wie gesagt, ich kenne die Einzelheiten nicht.«

»Das glaube ich gern. Nun, in diesem Geschäft gilt, wer die Ware hat, dem gehört sie. Und das hier sind prächtige Burschen. Allerdings schwer zu lenken«, fügte er rasch hinzu, »und höllisch stolz. Es gibt Leute, die nehmen keine Corymantee, weil sie zuviel Ärger machen, wißt Ihr. Doch ich werde sie Euch abnehmen, vorausgesetzt, sie sind gesund. Der Doktor wird das feststellen. Achtundfünfzig Bars habe ich oben am Sherbro bezahlt. Ich werde auf sechzig gehen für diese Goldküstenmänner, um uns das Feilschen zu ersparen.«

»Ihr werdet fünfundsiebzig Bars bezahlen müssen«, sagte Saunders, »für alle männlichen Sklaven in einwandfreiem Zustand, unabhängig davon, woher sie kommen. Und achtundsechzig für Frauen.«

Paris hatte schon früher Empörung auf Thursos Gesicht gesehen, aber noch nie so ausgeprägt wie jetzt. *»Fünfundsiebzig Bars?«* stieß er in seinem heiseren Flüsterton hervor. Steifnackig wandte er sich an Paris. »Habt Ihr das gehört, Mr. Paris? Das sind fast fünfundzwanzig Guineas in geprägter Münze. Die Preise können unmöglich so gestiegen sein. Mr. Gordon, der frühere Agent der Kompanie, hat sich stets an die allgemein geltenden Preise gehalten.«

»Das müßt Ihr mit dem Gouverneur besprechen, nicht mit mir.« Saunders wirkte plötzlich ausgesprochen unglücklich. »Hier hat nur er etwas zu sagen. Die Kompanie hat mich als Verwalter hergeschickt, aber ich muß parieren wie ein Hund – und es ist auch sonst ein Hundeleben. Ihr sprecht also am besten mit dem Gouverneur.«

»Das werde ich«, knurrte Thurso. »Laßt uns gehen, Mr. Paris. Hier gibt es im Augenblick nichts zu tun.«

Doch auch beim Abendessen bot sich Thurso keine Gelegenheit, mit dem Gouverneur zu sprechen, denn er fand seinen Platz an der Tafel in einiger Entfernung von ihm mit dem Garnisonskommandanten Major Danlevy sowie dem Schatzmeister der Kompanie, Mr. Eager, dazwischen. Zum unteren Tischende hin hatte ein junger Mann namens Delblanc neben ihm Platz genommen, der als Künstler vorgestellt wurde, und ihm gegenüber saß Paris, frankiert von zwei schweigsamen Schweden, deren Namen der Kapitän nicht behalten hatte. Es war eine reine Männertafel.

Thurso hatte sich bereits die Serviette in den Kragen gesteckt und den Löffel in der Suppe, als sich ein großer Schwarzer in dunklem Anzug und mit dem Halsbund des Klerikers erhob – er war als Reverend Kalabanda vorgestellt worden –, in der eintretenden Stille die Augen schloß und mit sonorer Stimme begann: »O barmherziger Vater, wir danken Dir für diese besondere Gabe und bitten Dich, uns auch in Zukunft Deiner übergroßen Güte teilhaftig werden zu lassen, indem unser Land uns die Früchte seiner wundersamen Vermehrung gewähren möge, zu Deinem Ruhm und unserer Erquickung, durch Jesus Christus, unseren Herrn, Amen.«

Er nahm wieder Platz, während alle das abschließende Amen murmelten, und widmete sich mit großem Ernst seiner Suppe.

»Euer Englisch ist außerordentlich gut, Mr. Kalabanda«, sagte Paris quer über den Tisch. »Ich beglückwünsche Euch dazu.«

Der Vikar blickte erfreut auf, und die kleinen Narben auf seinen Wangen, die Paris für rituelle Hauteinritzungen hielt, verlängerten sich mit seinem Lächeln. Sein schwerer Rock spannte über den kräftigen Arm- und Schultermuskeln. Seine Augen waren kohlschwarz und glänzend; der ganze Mann strahlte vor Gesundheit. »Ich habe viele Jahre in England gelebt«, erwiderte er. »Eigentlich die meiste Zeit meines Lebens. Ich habe dort die Schule und das theologische College besucht.«

»Dieser Mann hat seiner Familie alle Ehre gemacht, Mr. Paris«, sagte der Gouverneur gepreßt. »Er ist der lebende Beweis, wozu ein Afrikaner bei Nüchternheit und guter Führung fähig ist.«

»Aye, verdammich, genauso ist es«, sagte der Major laut, und Paris bemerkte, daß er völlig betrunken war und bereits angetrunken gewesen sein mußte, bevor er sich zu ihnen gesellt hatte. Der Arzt fing einen Blick des gegenüber sitzenden Delblanc auf und lächelte ein wenig, woraufhin auf dem Gesicht des jungen Mannes ein ungemein herzliches und humorvolles Lächeln erschien, gewürzt mit einem kräftigen Schuß Spottlust, die er keineswegs zu verbergen trachtete.

»Euer Volk hat mich sprechen gelehrt«, fuhr der Geistliche fort. »Es ist wirklich ein großartiges Geschenk, daß ich jetzt den Namen Gottes loben kann und das Land, wo seine Gesetze am höchsten geachtet werden. Und ich werde nicht aufhören, dies Tag und Nacht zu tun. Sprache, Captain, welch herrliche Gabe! Das Wort. Der Logos. Gott sprach: ›Es werde Licht.‹ Er *sprach*, Sir.«

Aus einem unerfindlichen Grund hatte der Geistliche Thurso als Adressaten gewählt. Thursos grobes Gesicht gab nichts preis, nur seine Augen schienen sich so weit wie möglich in den Schädel zurückgezogen zu haben.

»Auch bei mir zu Hause wird in meiner Gegenwart nicht die gemeine Sprache meiner Frau gesprochen, Captain«, fuhr der Geistliche fort. »Meine Kinder sprechen nur Englisch.«

Um sich der Aufmerksamkeit des Reverend zu entziehen, wandte sich Thurso an den Major, der sich angelegentlich mit Entenbraten und Süßkartoffeln beschäftigte. »Es gibt hier schon ziemlich lange ein Fort, auf die eine oder andere Weise, nicht wahr, Sir?«

Der Major hob ruckartig den Kopf. Er machte den Eindruck, als säße er nur dank des steifen Brokats seiner Uniform noch aufrecht auf seinem Stuhl.

»Schon Jahrhunderte, Sir«, sagte er. »Die Portugiesen haben die Festung gebaut und rund hundert Jahre gehalten. Dann haben die Holländer sie ihnen weggenommen. Danach haben wir sie den Holländern genommen. Die Dänen haben versucht, sie uns wegzunehmen, was sie selbstverständlich nicht geschafft haben.« Äußerst vorsichtig griff er nach seinem Weinglas. »Irgendwie haben auch noch die Franzosen mitgemischt«, sagte er, »aber das weiß ich nicht mehr so genau.« Er blickte mit glasigen Augen die Tafel entlang. »Tod den Franzosen!« sagte er und hob sein Glas.

Am Kopf der Tafel sang der Gouverneur noch immer das Lob seines Vikars. »Er ist zurückgekommen, um im Land seiner Vorfahren das Evangelium zu predigen. Sein Vater ist Häuptling, Peachy Kalabanda, ein hochangesehener Mann dieser Gegend.«

»Ja«, sagte der Vikar, »ich bin in meine Heimat zurückgekehrt, an den Ort, wo ich als kleines Kind gespielt habe. Mein Vater hat mich hierhergebracht, als er an die Küste kam, um Sklaven zu verkaufen. Das war noch in den Tagen der alten Handelsgesellschaft. Voller Staunen habe ich zu diesem weißen Monument aufgeblickt, zu dieser Festung, wo der Große Weiße König wohnte, wie mein Vater sagte.« Kalabanda schüttelte lächelnd den Kopf. »Ich hätte nicht gedacht, daß ich eines Tages als ordinierter Priester der anglikanischen Kirche an diesem Tisch sitzen würde.«

»Und heute ist er überall zu Hause, wo die Flagge weht«, sagte der Gouverneur und betupfte mit der Serviette seine bleichen Lippen.

»Ich hoffe, er hat nicht vor, Sklaven zu taufen«, flüsterte Thurso heiser über den Tisch. »Macht sie nur frech. Hat man einem Neger einmal eingeredet, er hätte eine Seele, die gerettet werden müßte, gibt's nichts als Scherereien für ihn und den Besitzer.«

Möglicherweise hatte der Geistliche scharfe Ohren und einiges davon mitgehört, denn er lächelte wieder und sagte: »Ich versehe meinen Dienst bei den Soldaten und bei meinen freien Brüdern. Daß es Geschöpfe gibt, die nicht frei sind, hilft mir in meinem geistlichen Amt. Der Verstand ist eben so beschaffen, daß er den Gott der Mächtigeren eher anerkennt. Um die menschliche Natur kommen wir nicht herum – und da sie uns von Gott gegeben ist, hat uns Gott selbst mit diesem Respekt vor der Macht ausgestattet. Wenn Ihr wählen müßtet zwischen dem Gott der Sklavenbesitzer und dem der Versklavten, würdet Ihr Euch natürlicherweise für ersteren entscheiden. Die gesamte Geschichte lehrt uns das.«

»Mich jedenfalls nicht, Sir«, warf Delblanc unbekümmert ein, jedoch ohne die Spur eines Lächelns. »Christus hat zu den Armen und Unterdrückten gesprochen als einer von ihnen. Ich war immer der Meinung, die christliche Religion hätte ihre Verbreitung unter den Sklaven gefunden.«

Reverend Kalabanda beugte sich vor, und Paris sah, daß sich seine Nasenflügel etwas blähten. »Ein paar Burschen in zerlumpten Hosen, die in Kellern ihre Reden gehalten haben«, sagte er verächtlich. »Die römischen Herrscher waren es, die den Glauben verbreitet haben, die Gouverneure der Provinzen wie unser Gouverneur hier, Offiziere der Garnisonen wie unser vortrefflicher Major, die Schatzmeister und Hüter der –«

»Verzeiht mir, bitte.« Einer der Schweden meldete sich plötzlich zu Wort. Er legte Messer und Gabel aus der Hand und richtete seine großen, ausdruckslosen Augen auf den redegewandten Geistlichen. »Wir haben jetzt eine neue Losung und einen neuen Auftrag. Wir sollen jetzt von Afrika lernen.«

Sein Landsmann neben ihm nickte. »Eure Bemühungen gehen in die falsche Richtung. Die Kirche des Westens ist verderbt. Gott hat ein Letztes Gericht angekündigt. Jetzt ist die Zeit der vierten Kirche. Der Geist weht von Afrika nach Europa, und wir müssen uns öffnen, um ihn zu empfangen. Wir sind die Vorläufer. Wir wollen die Gründer seiner himmlischen Stadt sein.«

»Wir sollen uns öffnen, um ihn zu empfangen?« Ein breites Lächeln lag auf Kalabandas Gesicht. »Die himmlische Stadt? Dort draußen im Busch? Verzeiht mir, daß ich lache. Haha. Soll ich, der ich nach anglikanischem Ritus ordiniert bin und nach vielen Selbstzweifeln die neununddreißig Glaubensartikel der anglikanischen Kirche unterzeichnet habe, hierher zurückkommen, nur um mich einem Geist zu öffnen, der von Menschen ausgeht, die in Lehmhütten wohnen und in obskuren Sprachen sprechen?«

Mit der Nachsicht der völlig Überzeugten berichteten die beiden Missionare von Gottes Plänen für Afrika. Gott wolle das neue Jerusalem bei den Heiden gründen, bei den Afrikanern im Landesinnern, denn sie seien unter allen heidnischen Völkern das religiöseste …

Delblanc beugte sich vor und sagte im Schutz der theologischen Debatte leise zu Paris: »Ich weiß nicht, wer von ihnen verrückter ist. Was tut Ihr in diesem Irrenhaus, wenn ich fragen darf?«

»Ich glaube, man hat auch Euch gegenüber erwähnt, daß ich der Schiffsarzt bin«, erwiderte Paris recht kühl. Er hatte durchaus verstanden, daß Delblanc ein gebildeter Mann aus besseren Kreisen war. Aber er war aufgrund seiner eigenen provinziellen Erziehung eine, behutsamere Art der Anrede gewöhnt, und der Verzicht auf gewisse Förmlichkeiten verletzte seinen Stolz; er vermutete Geringschätzung dahinter. Doch aus dem Gesicht seines Gegenübers sprachen Humor und Freundlichkeit, und die braunen Augen zeigten lebhaftes Interesse.

»Nun, das weiß ich natürlich«, sagte Delblanc mit einem Hauch von Ungeduld – alles, was er empfand, kam bei ihm unmittelbar und frei zum Ausdruck, wie Paris noch erfahren sollte. »Doch das erklärt gar nichts. Ihr seid einfach nicht typisch. Deshalb frage ich.«

Die jungenhafte und beinahe unschuldig wirkende Dreistigkeit dieser Erklärung belustigte Paris plötzlich und löste seine Reserviertheit.

»Ich habe keine Zeit gehabt, typisch zu werden«, antwortete der Arzt. »Und vermutlich braucht es die, nicht wahr? Es ist meine erste Reise.«

»Ach, so ist das.«

Es klang so enttäuscht, als wäre damit eine ganze Reihe vielversprechender Fragen hinfällig geworden, was Paris erneut zum Lächeln brachte. »Und was tut Ihr hier, wenn ich fragen darf?« sagte er, sich die Unverblümtheit des anderen borgend. »Ich denke, Ihr seid Künstler.«

»Ich würde mich nicht so hoch ansiedeln«, antwortete Delblanc. »Ich porträtiere leidlich – dachte ich jedenfalls.« Ein

Schatten glitt über sein Gesicht. Er schien ein paar Augenblicke nachzudenken, dann sagte er halb zu sich selbst: »Dabei fällt mir ein ... das heißt, ich überlege ... Würde mich Euer Kapitän wohl als Passagier mitnehmen?«

Bevor Paris darauf antworten konnte, hatte sich der Gouverneur erhoben und damit das Zeichen gegeben, daß alle am Tisch seinem Beispiel folgen und so lange stehen sollten, bis er den Raum verlassen hatte, wobei der Major dringend der Stütze seiner Stuhllehne bedurfte und der Schatzmeister, der während des Essens kein Wort gesprochen hatte, nicht minder.

»Mr. Paris«, sagte Delblanc lebhaft, »ich weiß, wir kennen uns noch nicht lange, aber ich würde gerne in einer bestimmten Sache Euren Rat hören. Ihr übernachtet doch hier? Ich wäre Euch sehr dankbar ... Ich habe einen recht guten Brandy in meinem Zimmer.«

Paris zögerte kurz. Eigentlich sehnte er sich nach Ruhe und Alleinsein. Aber Delblancs Stimme hatte beinahe flehend geklungen, und der gleiche Ausdruck sprach aus dem klaren, aufrichtigen Blick. »Nun gut«, sagte er, »ich muß mich nur noch vergewissern, daß Captain Thurso mich heute nicht mehr braucht.«

Thurso, der darum gebeten hatte, nach dem Essen für eine halbe Stunde vom Gouverneur empfangen zu werden, bestätigte dies mit beleidigender Deutlichkeit. Er hatte den Schiffsarzt von Anfang an als völlig nutzlos und als Stein des Anstoßes empfunden, und seine bloße Anwesenheit reichte ihm in letzter Zeit über die Maßen ...

Thurso wurde in ein kleines Gemach in einer höheren Etage geführt, das der Gouverneur als Büro benutzte. Er bekam einen Brandy angeboten, wohingegen der Gouverneur, nun in hellblauem Hausrock und schwarzem Käppchen, an einem Glas mit einer hellgelben Flüssigkeit nippte. »Kamillentee«, sagte er mit der gewohnten Trägheit. »Hervorragend geeignet für die Verdauung. Ich trinke jeden Abend vor dem Schlafengehen ein Glas, lauwarm – ja nicht zu heiß, solltet Ihr versucht sein, es einmal selbst zu probieren.«

Im Kamin brannte ein kleines Feuer, obwohl der Abend nicht kühl war. Er ließe abends in allen Räumen, die er benützte, ein Feuer anzünden, erklärte der Gouverneur, »um die teuflische Feuchtigkeit zu bekämpfen, die von den Mauern ausgeht. Nun, Sir«, fuhr er fort, »was kann ich für Euch tun? Von Saunders habe ich gehört, daß Ihr die Sklaven besichtigt, jedoch gewisse Vorbehalte geäußert habt.«

»Vorbehalte«, krächzte Thurso, als hätte ihm nur seine Empörung das Wort abgerungen. »Sir, ich kann die Sklaven zu dem Preis, den Ihr verlangt, nicht kaufen. Bei diesen Preisen setzt mein Eigner zu.«

»Kommt schon, Captain.« Der Gouverneur sprach im selben lässigen Ton wie zuvor, aber sein Blick war schärfer geworden. »Ihr wißt genau, daß auch damit noch Profit zu machen ist. Würden wir einen privaten Handel abschließen, könnte ich Euch zweifellos einen niedrigeren Preis anbieten, aber Ihr dürft nicht vergessen, daß die Kompanie hohe Kosten hat, um dieses Fort zu unterhalten. Wir haben hier eine kleine Armee von Schreibern, Verwaltungsgehilfen, Handwerkern, die alle bezahlt werden müssen. Es gibt einen Pfarrer, ständig hier lebende Amtsträger der Kompanie und eine Garnison mit hundert Soldaten, die auf Kosten der Gesellschaft verpflegt werden. Erlaubt mir auch zu erwähnen, daß Ihr alle Vorteile unserer Lagerhaltung genießt ohne einen Penny an zusätzlichen Kosten. Darüber hinaus pflegt die Kompanie die Beziehungen zu den ansässigen Häuptlingen und allen Zwischenhändlern: sie bei Laune zu halten kostet ebenfalls Geld. Aber ich muß Euch wirklich nicht an all das erinnern, Captain, nicht wahr. Ihr seid ein alter Hase in dem Geschäft.«

»Natürlich, Sir. Selbstverständlich weiß ich, daß die Kompanie Kosten hat. Aber das hatte sie auch zur Zeit Eures Vorgängers, und er blieb bei einer Gebühr von fünf Bars pro Kopf. Ich kenne die Preise, die landeinwärts bezahlt werden – es würde mich wundern, wenn Ihr mehr als zwanzig Bars bezahlen müßtet. Euer Vorgänger –«

»Mein Vorgänger ist hier gestorben.« Das Gesicht des Gouverneurs trug kühle Gelassenheit zur Schau, doch seine

Stimme hatte sich gehoben. »Er liegt auf dem Friedhof dort drüben unter einem Stein, in den ein betrunkener Maurer notdürftig seinen Namen gemeißelt hat. Er hat gerade eineinhalb Jahre durchgehalten, bevor ihn Alkohol und Klima umbrachten. Es ist nicht meine Art, mich zu rechtfertigen, Captain Thurso, aber heute abend gibt es dafür vielleicht einen Grund, denn es ist auf den Tag ein Jahr, daß ich hierhergekommen bin.« Der Gouverneur preßte die Lippen zusammen. Sie waren so blaß, daß nur die Form der Mundwinkel die Lippenkonturen andeutete. »Auf den Tag genau ein Jahr«, wiederholte er. »Und abgesehen von einem gewissen Verlust an Farbe und einer gelegentlichen Übelkeit, verbunden mit Durchfällen, bin ich so wohlauf wie eh und je. Captain, ich habe mir diese Stellung als Direktor der Gesellschaft erkauft mit allem, was ich besaß. Ich habe mich monatelang in London um diese Position bewerben müssen. Ich mußte mir dafür bei den Juden Geld leihen und mich auf ihre Zinsforderungen einlassen. Ich muß wiederbekommen, was ich investiert habe, und meinen Schnitt machen, solange es Zeit ist, Sir. Dieses Klima ist Gift für uns Europäer. Außerdem könnte jeden Tag ein Krieg mit Frankreich ausbrechen, und die französischen Freibeuter, die sich schon jetzt vor diesen Küsten tummeln, könnten unseren Handel empfindlich stören. Versteht Ihr, was ich meine? Es ist eine Frage der Zeit, Captain.«

»Nun, Sir«, sagte Thurso, »auf die eine oder andere Weise ist es für uns alle eine Frage der Zeit. Wenn ich auf günstigere Preise warten muß, werden mir etliche der Sklaven, die ich bereits gekauft habe, unter den Händen sterben.« Er hatte die Hoffnung auf einen Preisnachlaß aufgegeben. Aber seine Erfahrung hatte ihn gelehrt, daß ein Argument selten völlig umsonst ist, wenn man nur steif und fest darauf beharrte; auf ein paar Zugeständnisse hoffte er noch immer. »Dann muß ich eben auf den freien Markt ausweichen«, sagte er.

Der Gouverneur lächelte nicht sehr freundlich. »Es gibt hier keinen freien Markt, mein Freund. Jedenfalls nicht so weit unser Arm reicht – und er reicht ziemlich weit. Sicher habt Ihr gehört, was der *Indian Maid* zugestoßen ist. Sehr bedauerlich, in der Tat. Sie versuchten flußaufwärts auf eigene Faust Handel zu treiben und wurden von den Eingeborenen abgeschnitten. Zwei ihrer Leute starben, ihr Kutter ging verloren. Wir konnten nichts tun, um ihnen zu helfen.«

»Ich habe gehört, was dem Holländer mit den Corymantee an Bord widerfahren ist.« Thurso faßte sein Gegenüber fest ins Auge, konnte jedoch nicht die geringste Veränderung in dessen Gesichtsausdruck entdecken.

»Die Eingeborenen hier sind sehr loyal«, sagte der Gouverneur nun wieder etwas lässiger. »Sie betrachten die Kompanie als ihren Vater.«

Wenn Thurso seine Zweifel hegte, gab er sie nicht zu erkennen. »Nun«, sagte er nach einer kurzen Pause, »es scheint, als müßte ich zu Euren Bedingungen kaufen, Sir, oder es gibt nichts zu kaufen.«

»Es freut mich, daß Ihr die Sache so seht, Captain. Ihr werdet das Beste vom Besten bekommen, das verspreche ich Euch.«

Und mit diesem harmonischen Einvernehmen, das Thurso als der scheinbar Besiegte zwischen ihnen herstellte, erschlich er sich die Beute, die er die ganze Zeit im Auge gehabt hatte: Wenn er die Sklaven nahm, die sich gegenwärtig in den Verliesen befanden – vorausgesetzt, sie erwiesen sich als tauglich –, würde ihm der Gouverneur auf Kosten der Kompanie acht bewaffnete Männer und zwei Kanus für eine einwöchige private Handelsreise überlassen.

Mittlerweile hatten Delblanc und Paris dem guten Brandy recht kräftig zugesprochen und aufrichtig Vertrauen zueinander gefaßt; doch welche Art von Rat der Maler suchte, hatte er noch nicht verraten.

Die Nacht war warm. Delblancs Fenster, vor die er zum Schutz gegen Insekten feinen englischen Tüll gespannt hatte, standen weit offen. »Diese Netze sind meine ständigen Begleiter«, erklärte der junge Mann. »Ich würde eher auf ein Bett verzichten als auf sie.«

Der Mond, zunächst von Wolken verhangen, schien jetzt

hell und klar durch das kostbare Fliegengitter und versilberte jede einzelne Masche, als wollte er Delblancs hohe Meinung bestätigen. Auf einem niedrigen Zeichentisch an der Wand lagen Farben, Pinsel und Töpfe. In der Zimmermitte, von einem hellen Tuch verhüllt und an einer Seite von Mondlicht gesäumt, lehnte auf einer Staffelei ein Bild.

»Dieses Mondlicht ist erstaunlich hell«, sagte Paris. »Hell genug, um vor dem Fenster zu lesen. Ich kann das Meer hören, aber es liegt nicht vor uns, nicht wahr?«

»Nein. Von hier aus blickt man nach Osten, die Küste entlang. Ich bin hier auf der windabgewandten Seite – tagsüber wird es scheußlich heiß. Die besten Räume sind die, die etwas von der Seebrise abbekommen, wie die unseres geschätzten Gouverneurs.« Delblanc warf einen gequälten Blick auf das verhängte Bild.

»Das ist er, nicht wahr, dort auf der Staffelei?« fragte Paris.

»Ja«, sagte Delblanc, doch er deckte das Bild nicht auf. »Noch einen Schluck Brandy?«

»Gern.« Während Paris auf sein Glas wartete, fühlte er sich plötzlich auf ganz seltsame Weise ergriffen vom Wunder des Daseins. Er sagte. »Es ist still. Man hört nur noch die Brandung. Ich wußte erst nicht, worin der Unterschied lag – aber das Hämmern hat aufgehört.«

»Was? Ach nein, sie werden weitermachen. Sie brauchen die Särge auf Vorrat. Leichen halten sich in diesem Klima nicht lang. Sie haben die ganze letzte Woche gehämmert, praktisch die ganze Zeit, seit ich –« Er brach ab, als wäre ihm plötzlich etwas eingefallen. »Vielleicht ist das der Grund«, sagte er.

»Was meint ihr?«

»Ihr werdet es verstehen, wenn Ihr das Porträt seht. Aber vorher brauche ich noch ein Glas. Hier weht ein ungesunder Wind. Reverend Kalabanda hatte gut zu tun bei den vielen Beerdigungen, für die ihn die Kompanie bezahlt.« Delblancs gequälter Ausdruck wich plötzlich einem Lächeln. »Das ist mir vielleicht einer! Erzählt salbungsvoll, wie er seinen freien Brüdern das Evangelium predigt, und weiß genau, daß sie ihm zuhören müssen, ob sie wollen oder nicht. Sie stehen alle bei der Kompanie in der Kreide; man gibt ihnen Schnaps und Waren auf Kredit, und die Kompanie kann sie morgen verkaufen, um ihr Schuldenkonto auszugleichen. Und alle wissen es. Aber so ist das eben, und nicht allein in Afrika. Der Unterschied liegt nur darin, daß diese Praxis hier in ihrer reinen Ausprägung zu beobachten und weniger von Scheinheiligkeit umflort ist. Hier sieht man die Heiligkeit des Geldes.« Delblancs offener Blick verriet Bitterkeit. »Das Geld ist heilig, das weiß jeder«, fuhr er fort. »Also muß auch die Gier danach heilig sein und die Mittel, mit denen wir es erwerben. Ein Mensch, der Schulden hat, wird zu Geld in Form von Fleisch und Blut, zu einer wandelnden Kapitalanlage. Ihr könnt mit ihm machen, was Ihr wollt. Ihr könnt ihn arbeiten lassen, bis er zusammenbricht, oder Ihr könnt ihn verkaufen. Das ist weder grausam noch habgierig, denn wir wollen ja nur, daß sich unser angelegtes Geld bezahlt macht, und das ist eine heilige Pflicht. Dabei sind die Neger nicht viel schlechter dran als die Weißen, nach dem, was mir Saunders erzählt. Er ist einer der Angestellten der Kompanie.«

»Ja, wir haben ihn heute nachmittag kennengelernt. Er hat uns zu den Sklaven geführt. Er sah nicht besonders gesund aus.«

»Er wird sterben, wenn er nicht bald von hier wegkommt. Und er wäre schon längst weg, wenn ihn die Kompanie nicht ähnlich in Ketten gelegt hätte wie die Sklaven. Fünfundsiebzig Pfund im Jahr hörte sich gut an in Leadenhall Street. Aber als er hier ankam, mußte er feststellen, daß sie in *crackra* gezahlt werden.«

»Was ist das?«

»Eine Art Falschgeld, das nur für Waren gilt, die die Kompanie verkauft – zu Kompanie-Preisen. De facto verdient Saunders gerade so viel, um sich am Leben zu halten. Für alles übrige muß er Schulden machen. Und den anderen hier geht es genauso. Ich sage Euch, wer hier im Fort arbeitet, ist nur ein weißer Neger. Und in den übrigen Handelsniederlassungen, die ich kenne, ist es das gleiche. Die einzigen, die profitieren, sind die hohen Herren der Kompanie.«

Wieder warf er einen Blick auf das verhüllte Porträt. »Wenn sie denn lange genug leben. Der Tod wirkt sich auf mein Gewerbe ebenso vorteilhaft aus wie auf das von Kalabanda. Oder zumindest die Bedrohung durch den Tod. Nichts macht einen Menschen geneigter, sich malen zu lassen, als der Schatten des Todes. Aber wofür er zahlt, Mr. Paris, ist die Hoffnung auf ewiges Leben. Und nun seht Euch das an, Sir.«

Delblanc leerte sein Glas und trat an die Staffelei. Nach einem letzten kurzen Zögern nahm er das Tuch ab.

»Du lieber Himmel!« rief Paris, mehr erschrocken als überrascht. »Was habt Ihr mit ihm gemacht?«

Die Ähnlichkeit war bemerkenswert – der hohe Nasenrücken, die hochmütige Nase, die schlaffen Augenlider; aber die Augen starrten, der blutleere Mund war in Habgier versteinert, das ganze Gesicht gefroren. Es war eine Totenmaske, die ihm entgegenstarrte.

»Seht Ihr jetzt, was ich meine?« Delblanc klang, als hätte er etwas bewiesen. »Ein Mann, der in ständiger Furcht vor der Verwesung lebt, der dieses und jenes Mittelchen nimmt … Das Porträt war fertig – so hatte ich jedenfalls gedacht. Ich wollte ihm nur noch den letzten Schliff geben, ein paar Hauttöne heben, den Ausdruck veredeln, die üblichen Verschönerungen. Und dann ist es irgendwie passiert. Der Pinsel setzt einen Tupfer hier, einen da, die Linie des Mundes, die Augenstellung. Plötzlich war dieses Totengesicht entstanden. Und nun bringe ich es nicht über mich, es zu ändern – es ist die Wahrheit dieses Mannes, und mehr. Aber es wird ihm nicht gefallen.«

»Nein«, räumte Paris ein und fühlte sich ein wenig schwindlig, »es wird ihm nicht gefallen.«

»Und wenn es ihm nicht gefällt«, sagte Delblanc, seine düstere Logik weiterentwickelnd, »wird er es nicht nehmen, und wenn er es nicht nimmt, wird er nichts bezahlen. Dabei geht es mir weniger um das Geld, das ich im Augenblick nicht brauche, als um mein Leben. Denn wenn er will, kann er es mir zur Hölle machen – und er wird wollen, davon bin ich überzeugt.« Delblanc deutete auf das Porträt. »Man braucht ihn sich ja nur anzusehen. Er könnte mich ohne weiteres wegen eines fingierten Delikts ins Gefängnis stecken. Ich habe keine Lust, dieses Risiko einzugehen. Deshalb habe ich daran gedacht, auf Eurem Schiff mitzufahren.«

»Darüber sprecht lieber mit Captain Thurso persönlich«, sagte Paris. »Meine Empfehlung würde Euch nicht viel nützen, eher sogar schaden.«

Delblanc nickte. »Mein Geldbeutel wird vermutlich die beste Empfehlung bei ihm sein. Wißt Ihr, Paris, ich will hier weg, aber nicht nur, um meine kostbare Haut zu retten.«

Er schwieg eine Weile, während er das Glas des Arztes und sein eigenes füllte. »Um ganz offen zu sein«, fuhr er fort – es war nicht ganz leicht, ihn sich anders vorzustellen – »was ich hier tue und praktisch unterstütze, widert mich an. Ich mußte ziemlich viele Gesichter malen, bis ich dieses hier zustande gebracht habe. Seit eineinhalb Jahren porträtiere ich die Herren der Kompanie, Agenten und Kaufleute die Küste rauf und runter, von James Fort bis Elmina, Engländer, Holländer und Franzosen. Seit ich an dieser Küste lebe, habe ich Dinge gesehen und von Dingen gehört, Paris, die mich bis ins Grab begleiten werden. Die Schiffe kommen und die Geschäfte blühen. Aber nicht nur die Ränder des Kontinents sind von diesem Handel auf schlimmste Weise betroffen. Die Flut von billigen Waren, die die Menschen hier gar nicht brauchen, zerstört das hiesige Handwerk. Die Menschen hier werden abhängig von diesem Handel und können die Nachfrage nach den ausländischen Waren nur befriedigen, indem sie ihre eigenen Leute versklaven. Dazu benötigen sie Musketen in immer größeren Mengen, die wir ihnen liefern. Und auf diese Weise verbreiten wir überall nur Tod. Doch die sanktionierte Gier, von der wir gesprochen haben, rechtfertigt alles. Der Handel ist gesetzlich, heißt es, und das genügt. Nur mir genügt das nicht. Das Gesicht dort auf der Staffelei ist das Gesicht von Plünderung und Tod, Sir, es ist das Gesicht von Europa in Afrika, und es ist für mich unannehmbar, Paris. Ich kann es nicht noch einmal malen. Ich kann keine Porträts mehr malen, zumindest nicht an dieser Küste. Man kann die Wahrheit der Dinge weglassen um des reinen Überlebens willen – das ist zwar unehrenhaft, aber legitim. Aber wenn das Gesicht da ist, vor Euren Augen … Man kann es nicht einfach übermalen, versteht Ihr, und so tun, als hätte es nie existiert, nicht, wenn Herz und Verstand gemeinsam an seiner Entstehung beteiligt waren.«

»Herz und Verstand«, wiederholte Paris, entzückt von dieser schlichten und natürlichen Koppelung.

»Ja«, fuhr der Maler eindringlich fort, »um eine wirkliche Ähnlichkeit hervorzubringen, müssen Herz und Verstand zusammenarbeiten. Aber das Herz steht an erster Stelle.«

»Das Herz ist ein lebenswichtiges Organ«, sagte Paris auf seine leicht pedantische Art. »Aber es ist kein zuverlässiger Führer. Der Verstand beurteilt und vergleicht, liefert Material, auf das sich die Wahrheit der Gedanken gründen kann.«

»Da bin ich ganz anderer Meinung«, entgegnete Delblanc. »Kein Mensch wird je durch den Verstand allein zur Gerechtigkeit finden – den gleichen Fehler haben die Griechen gemacht. Dieser Handel, bei dem wir auf unsere Weise mithelfen – glaubt Ihr, er waltet nach dem Diktat der Herzen?«

»Aber auch nicht wirklich nach dem des Verstands. Habgier kann sich mit Verstand tarnen, wie andere Laster auch.«

»Ja, Sir, und auf diese Weise werden unsere natürlichen Instinkte pervertiert. Glaubt Ihr auch nur für eine Sekunde, daß sich Menschen gegenseitig versklaven würden, wenn sie im Naturzustand lebten?«

»Nun, das ist eine weitreichende Frage«, sagte Paris. »Noch dazu eine, die schwer zu beantworten sein wird.«

»Da mögt Ihr recht haben. Also trinken wir noch einen Brandy, damit wir besser diskutieren können.«

Ob es Delblancs sturzbachähnliche Rede war oder seine Bereitschaft, über einer Debatte seine Probleme zu vergessen – Paris wußte es nicht, aber etwas an diesem Eifer berührte ihn, teils belustigend, teils auch schmerzlich. Plötzlich drängte es ihn, der sonst so zurückhaltend war, sich diesem offenen und ehrlichen Menschen, dem das Herz auf der Zunge lag, anzuvertrauen. »Wir können darüber reden, wenn Ihr wollt«, sagte er, »aber es gibt etwas, das ich eigentlich schon vorhin sagen wollte. Ihr habt über die Notwendigkeit des Lebensunterhalts gesprochen und daß wir uns dadurch manchmal gezwungen sehen, die Wahrheit der Dinge zu umgehen. Ich kann nicht einmal diese Entschuldigung für mich in Anspruch nehmen.«

»Aber Ihr seid doch Schiffsarzt, wenn ich recht verstanden habe. Ich nehme nicht an, daß Ihr Eure Hilfeleistung umsonst gewährt.«

»Es bestand keine Notwendigkeit, das Angebot meines Onkels anzunehmen«, sagte Paris. »Meinem Onkel gehört das Schiff, auf dem ich fahre. Ich hätte mich irgendwo in England niederlassen können oder in einer der Kolonien. Ich hätte nach Amerika gehen können, wo Ärzte dringend gebraucht werden.«

»Dann mußtet Ihr fortgehen?«

Die leise, nüchterne Art dieser Feststellung schnürte Paris die Kehle zu. »Ja«, sagte er rauh, »ich mußte fort, aber ich hätte keine Stellung auf einem Sklavenschiff annehmen müssen, ich hätte meinen Beruf, auf den ich einmal stolz gewesen bin, nicht dazu hergeben müssen, um Menschen für gesund zu befinden, damit sie ein Brandzeichen bekommen und in Ketten gelegt werden.«

»Wahrscheinlich habt Ihr gedacht, es käme nicht darauf an«, sagte Delblanc auf die gleiche schlichte Weise. »Ich meine, was Euch betraf.«

»Es kam nie darauf an, was ich tat, solange es nur um mich ging«, erwiderte er. »Auch jetzt nicht. Es ist mir gleichgültig, was aus mir wird. Aber ich hatte nicht das Recht … Ich hätte vorhin nicht für den Verstand plädieren dürfen – nur um zu argumentieren. Ich habe immer noch diese Untugend. Dieses Insistieren auf einer Meinung, bemäntelt mit dem Wunsch nach Wahrheit, hat mich ruiniert und meine Frau getötet. Ja, Sir. Getötet.« Paris nickte heftig, als wollte er einem Einspruch des anderen zuvorkommen. »Mit meiner arroganten Torheit habe ich sie und das Kind, das sie trug, getötet.« Er unterbrach sich, um sein Glas zu leeren, obwohl er sich dessen kaum bewußt war.

»Wir wohnten in Norfolk«, fuhr er fort, »wo ich als Arzt und Apotheker tätig war. Ich hatte begonnen, mich für Fossilien zu interessieren und dafür, was sie uns über das Alter der Erde sagen können. Ich hatte eine Sammlung von Meeresfossillen angelegt. Der Fundort einiger dieser Exemplare lag hoch über dem Meeresspiegel, und ihre Existenz läßt sich nicht mit der Schöpfungsgeschichte der Bibel vereinbaren. Wäre dies alles eine Frage im Rahmen meiner privaten Studien geblieben, wäre alles gut gewesen. Überall in Europa gibt es Wissenschaftler, die sich still ihre Meinung über diese Dinge bilden. Nur ich, Sir, ich mußte meine Entdeckungen und Ansichten in die Öffentlichkeit tragen. Ich erwarb eine Druckerpresse und verfaßte Aufsätze, in denen ich die Ansichten von Maupertuis* vertrat. Vielleicht kennt Ihr seine Bücher?«

»Ich fürchte, ich kenne nicht einmal seinen Namen«, sagte Delblanc.

»Er ist ein genialer Mann.« Trotz seiner Verzweiflung lebte Paris auf, als er von dem bewunderten Helden seiner Jugend erzählte. »Neid und falsches Verständnis haben seinen Namen ins Abseits gedrängt, aber eines Tages wird man seine Bedeutung erkennen. Durch seine Untersuchungen der Erblichkeit hat er gezeigt, wie aus nur zwei Individuen vielfältige Arten entstehen konnten. Sie verdanken ihren Ursprung einer zufälligen Anordnung, man könnte sagen, einem Irrtum, und jeder Irrtum schuf eine neue Spezies ...«

»Aber das würde bedeuten, daß auch wir das Resultat eines Irrtums sind, daß wir nicht unbedingt so sein müßten, wie wir sind.«

»Ja, es hätten sich auch andere Zufälle ergeben können. Das jedenfalls würde Maupertuis sagen. Es gibt nichts, das man sich nicht vorstellen könnte ... Ich war sehr beeindruckt von diesen Ideen, als ich sie das erstemal las; sie schienen eine Erklärung zu bieten für die Verschiedenartigkeit der Lebewesen, etwas, worüber ich mir immer den Kopf

---

* Pierre Louis Moreau de Maupertuis (1698–1759), franz. Physiker und Mathematiker

zerbrochen habe. Und sie bestätigten meine eigenen Schlußfolgerungen über das Alter der Erde, weil solche Veränderungen Zeit benötigen, unglaublich viel Zeit, um sich heranzubilden.«

Paris schwieg einen Moment und schluckte, als müßte er etwas hinunterwürgen. »Gewaltige Zeiträume«, wiederholte er mit leicht zitternder Stimme – es waren teure Erinnerungen, diese frühen Studien und Spekulationen, sein Schreibtisch, das Lampenlicht, und Ruth irgendwo in seiner Nähe. »Ich habe diese Theorien veröffentlicht«, fuhr er nach ein paar Augenblicken fort. »Sie laufen der orthodoxen Auffassung zuwider und besonders den Lehren der Kirche. Ich wurde gewarnt, nicht nur seitens der Gegner, auch von Freunden und Kollegen, aber ich habe nicht auf sie gehört.« Paris stand auf und ging im Zimmer herum. »Ich trug die Rüstung der Wahrheit«, sprach er weiter. »Jedenfalls habe ich das geglaubt. Oder ich gab vor, es zu glauben.« Sein Versuch zu lächeln mißlang. »Doch in Wirklichkeit war ich nur eigensinnig und überheblich, und die gleichen Fehler habe ich heute noch. Ich wurde aufgrund einer Klage des Bischofs von Norwich verhaftet. Der Richter stellte sich auf die Seite der Kirche. Er befand mich für schuldig der Verbreitung aufrührerischer Schriften, brummte mir eine Geldstrafe auf, die meine Mittel überstieg, und schickte mich ins Gefängnis, bis sie bezahlt sein würde. Mein Onkel hat mich dann freigekauft, sobald er davon hörte. Aber während ich im Gefängnis saß, ist eine von der Kirchenpartei aufgehetzte Bande in mein Haus eingedrungen, um meine Druckerpresse zu zerstören, und sie haben dabei meine Frau so erschreckt, daß sie eine Fehlgeburt erlitt. Sie war keine sehr kräftige Frau. Sie hat sich nicht mehr erholt. Ich war nicht bei ihr, als sie starb …«

Die bloße Nennung dieser Schicksalsschläge raubte ihm die Fassung, um die er sich so bemüht hatte, indem er scheinbar nur Fakten aufzählte. »Sie starb ohne mich.« Die Stimme versagte ihm. Als er sah, daß der Maler aufstehen und auf ihn zugehen wollte, sagte er rasch: »Es wäre mir am liebsten, wenn Ihr bleiben würdet, wo Ihr seid. Ich weiß nicht, warum – aber es drängt mich, zu Euch zu sprechen. Doch ich brauche diesen Abstand, wenn ich bis zum Ende durchhalten will.«

Trotzdem benötigte er eine Weile, um sich zu fassen, nachdem ihm Delblancs spontane Geste die Tränen in die Augen getrieben hatte. Der schlimmste Teil lag noch vor ihm. Unter dem Eingeständnis seiner Schuld, unter den Selbstvorwürfen lagen die Worte, mit denen er von der ihm zugefügten Schande sprechen wollte. »Bevor ich meine Gefängnisstrafe antrat, mußte ich zwölf Stunden am Pranger stehen. Weil ich in unserem aufgeklärten Land öffentlich die Ansicht vertreten habe, daß die Erde älter als sechstausend Jahre ist, und damit in einen Widerspruch mit der Geheimen Offenbarung geraten bin, wurden mir die Beine an einen Pfahl gekettet, Kopf und Hände durch ein Brett gesteckt und eingeklemmt, und ich wurde eine ganze Nacht lang auf dem Marktplatz von Norwich auf Gedeih und Verderb der Menge überlassen. Neben mir stand ein Mann am Pranger, der wegen Sodomie verurteilt war – glücklicherweise für mich, denn er zog die Wut des Pöbels auf sich und rettete mich vor gröberen Verletzungen. Er wurde von den Huren der Stadt gesteinigt. Als man uns am Morgen holen kam, war er bewußtlos – ich weiß nicht, ob er überlebt hat.«

Paris erzählte fließend, und während er sprach, hatte er das Gefühl, als sickerten aus jedem seiner Worte Schmutz und Blut, als breite sich in diesem stillen Zimmer ein Schandfleck aus, und weder die reglose Gestalt Delblancs noch das schreckliche Schweigen des Gouverneurs konnten ihn aufhalten. Der seit Monaten an ihm nagende, selbstauferlegte Zwang fiel von ihm ab, und die qualvolle Erinnerung an seine Demütigung konnte zurückkehren – die lächerlich vornübergebeugte, fast viehische Haltung, die schreckliche Ausgesetztheit von Kopf und Gesicht, wie vom übrigen Körper getrennt, der hängende Kopf des Sodomisten, Gesicht und Haare blutverklebt, dessen flehende Bitte um Gnade im Blut, das seinen Mund füllte, erstickte …

Er gebot sich selbst Einhalt und holte, beinahe schluchzend, Atem. »Ich wollte ihnen ins Gesicht sehen, als sie am

Morgen kamen, um mich zu holen. Ich hatte mich darauf vorbereitet. Aber ich konnte nicht aufrecht stehen. Gebückt, mit einem krummen Rücken haben sie mich weggeführt wie ein folgsames Tier. Und trotzdem kam ich hierher. Ich wußte, was es heißt, gefesselt und verhöhnt zu werden, und trotzdem bin ich auf dieses Schiff gegangen. Wie kann so etwas vergeben werden?«

Die Erniedrigung war jetzt beinahe noch schlimmer als damals an jenem grauen Morgen in Norwich – zu wissen, wie töricht er gewesen war, als er dachte, der Wunsch zu sterben könne das Gewissen entlasten ... »Und es ist nicht einmal wahr ...« sagte er, während er sich nahezu blind umwandte und ans Fenster trat, als suchte er Zuflucht in der Nacht. »Es war damals ebensowenig wahr wie heute ...« Der Mond stand hoch am wolkenlosen Himmel und leuchtete so hell, daß er die Sterne überstrahlte. Das Licht glänzte wie Silber über den Sümpfen und Niederungen, die sie auf dem Weg zum Fort durchquert hatten, und was bei Tag so unharmonisch und grell ausgesehen hatte, lag jetzt wie durch eine vorübergehend gewährte Gnade in prächtigem Glanz vereint. »Es ist nicht einmal wahr, daß ich sterben will«, brachte er endlich hervor. Und nach diesem letzten Geständnis sah er die schimmernden Flächen zusammenfließen und verschwimmen, als er seinen Tränen freien Lauf ließ.

33

Nach seiner Rückkehr an Bord am nächsten Tag schlug Paris sein Tagebuch wieder auf, das er in der letzten Zeit wegen zahlreicher anderer Aufgaben vernachlässigt hatte. Außerdem war er an diesem Nachmittag jeder aktiveren Tätigkeit abhold, denn seine Beine waren schwer, und er spürte einen leichten, aber ständigen Druck über den Augen. Er hätte sich gern hingelegt, doch es widerstrebte ihm, am hellichten Tag zu schlafen, solange noch so vieles zu erledigen war. Er saß über seinen kleinen Tisch gebeugt und schrieb und ließ sich auch von dem zeitweilig intensiven Bilgengestank nicht stören.

Delblanc hatte recht, als er sagte, sein Geldbeutel würde als Empfehlung genügen. Er kam heute morgen an Bord, mit einem kleinen Schiffskoffer und geradezu festlich herausgeputzt. Ich vermute, er ist ein Mann, der Abwechslung und Abenteuer liebt, und von letzteren vielleicht besonders die unvorhergesehenen. Anscheinend hat er die Wirkung seines Porträts auf den Gouverneur nicht abgewartet. Delblanc hat etwas Verwegenes an sich. Er scheint niemandem Rechenschaft zu schulden und in der Lage, seinen Eingebungen nach Belieben zu folgen. Darin unterscheidet er sich von mir, und vielleicht fühle ich mich deshalb so zu ihm hingezogen – dies jetzt um so mehr aus Dankbarkeit für seine Freundschaft und Geduld am gestrigen Abend. Ich freue mich, daß er bei uns ist. Wir sind auch bereits auf unser Gespräch über Herz und Verstand zurückgekommen; er argumentiert mit unvermindertem Enthusiasmus für die uneingeschränkte Freiheit und die natürliche Gutartigkeit des Herzens, auch wenn er dabei auf dem Deck eines Sklavenschiffs auf und ab spaziert. Diese Inbrunst ist irgendwie rührend, aber auch ein wenig absurd – wie alle guten Theoretiker läßt er sich durch widrige Umstände nicht stören.
Gleichzeitig mit Delblanc kamen zwei neu rekrutierte Seeleute an Bord, Lees und Rimmer. Ersterer, ein von Pockennarben entstellter Mann, gelernter Faßbinder und Seemann, scheint recht ordentlich zu sein; der andere, Rimmer, hat so ziemlich das übelste und bösartigste Gesicht, das ich je gesehen habe, aufgedunsen von Alkohol und primitivster Lebensweise, grob und mit einem häßlichen Ausdruck in den Augen wie ein Hund, der jeden beißen würde, wenn er es nur wagte. Er ist entweder von einem anderen Slaver geflüchtet oder zurückgelassen worden und hat seitdem hier an der Küste irgendwie überlebt. Er muß sich, kurz nachdem er an Bord gekommen war, eine Frechheit oder vielleicht auch etwas Belang-

loseres gegenüber Barton erlaubt haben, denn der Maat versetzte ihm einen Schlag mit der flachen Hand, der auf dem ganzen Schiff zu hören war. Ich habe den Vorfall selbst gesehen. Rimmer taumelte unter dem Schlag, war jedoch klug genug, nicht zurückzuschlagen, aber sein Gesicht sah zum Fürchten aus. Barton wirkte unbeeindruckt. »Du tust, was ich sage«, hörte ich ihn sagen, »und zwar prompt, oder du kommst nicht bis Jamaika.« Barton weiß natürlich, daß er einem solchen Mann von Anfang an nichts durchgehen lassen darf. Er hat für die nächsten Tage das Kommando, denn Thurso ist in eigenen Geschäften unterwegs.

Tapley hat manchmal einen ähnlich häßlichen Blick wie dieser Rimmer, aber er ist weniger dreist; er muß sich hinter einem anderen verstecken können. Und sein Befehlshaber Libby hat auch nicht diese Durchtriebenheit im Gesicht; er sieht mir einfach brutal und gefühllos aus.

Es scheint, daß ich Experte für Gesichter geworden bin. Männer wie Hughes und Cavana haben wilde Augen, doch die Schärfe ihres Blicks hat etwas von Unschuld an sich, von jener stolzen Unschuld, die sich noch nicht durch Züchtigung und Demütigung verloren hat. Ich habe diesen Ausdruck auch in den Gesichtern der Goldküstenneger gesehen, die uns durch das Kerkergitter anstarrten. Ich weiß nicht, ob die Frau zu dieser Gruppe gehört. Thurso hatte sie bereits geprüft und gekauft, bevor ich am nächsten Morgen auftauchte, nachdem er sich anscheinend am Abend zuvor mit dem Gouverneur über den Preis geeinigt hatte. Sie ist groß wie diese Goldküstenmänner, aber von hellerer Hautfarbe, mehr braun als schwarz, und ihr Haar ist weniger drahtig. Mich quälen viel zu viele Zweifel oder Bedenken – ich weiß nicht, wie ich es nennen soll. Vielleicht war es nur eine Ausgeburt meiner hoffnungsvollen Stimmung, die mich überkam, als ich Saunders durch die vielen Festungsgänge folgte. Trotzdem war es, als hätte sie dort im Sonnenlicht gewartet …

Irgendwann am Vormittag kam Cavana mit einem Äffchen an Bord, einem munteren kleinen Wesen mit Büscheln an den Ohren und einem Schwanz, der länger ist als es selbst. Es ist sehr hübsch gezeichnet – schwarze Oberseite, kleines weißes Gesicht, Arme und Beine hell orange. Cavana führt es an einer Leine und scheint sehr von ihm angetan, obwohl er es nicht zeigt, zumindest nicht vor mir, vielleicht aus einer Art Schüchternheit heraus. Blair spricht ganz unbefangen mit mir, seit wir gemeinsam Calleys Rücken behandelt haben. Er erzählte mir, sie seien kurz nach Sonnenaufgang mit Haines an Land gegangen, um Feuerholz zu holen und Tauben zu schießen, die sich zur Zeit scharenweise in den Bäumen gleich hinter dem Strand tummeln. Dort hätten sie Leute des amerikanischen Getreideschiffs getroffen, das wie wir hier auf der offenen Reede liegt, und die dasselbe vorhatten wie sie. Einer der Amerikaner hatte das Äffchen bei sich, und als er sah, wie sehr es Cavana gefiel, erklärte er sich bereit, es ihm zu verkaufen. Cavana hatte kein Geld; sein einziger Besitz war ein silbernes Kettchen, das er um den Hals trug. Kurz entschlossen nahm er es ab und bot es zum Tausch – eine Handlungsweise, die für diese Männer typisch zu sein scheint, sobald sie etwas sehen, das sie haben wollen.

Thurso wird erst in einigen Tagen zurückerwartet. Niemand weiß so recht, warum er weg ist und warum wir uns hier überhaupt so lange aufhalten. Warum Sklaveneinkäufe über das Fort abwickeln, wenn dort höhere Preise verlangt werden? Thurso ist nicht der Mann, der mehr bezahlt, als er muß, und daß er gute Beziehungen für die Zukunft aufrechterhalten will, kann ebenfalls nicht sein, nachdem Barton mir gegenüber fallenließ, dies sei die letzte Reise des Captains. Ich glaube, er ist aus privaten Interessen an diesen Küstenstrich gekommen, und Barton kennt auch den Grund …

Paris legte die Feder aus der Hand. Er fühlte sich ausgesprochen unwohl. Seine Glieder erschienen ihm schwer wie Blei, und sein Kopf schmerzte bei der geringsten Augenbewegung. Er nahm eine starke Dosis in Wasser gelöster Chinarinde und legte sich in seine Koje. Eine Stunde später hatte er hohes Fieber.

Es folgte eine Zeit, in der die Stunden für Paris nicht erkennbar verrannen, sie sich nur durch schweißtreibende Fieberhitze und Schüttelfröste unterschieden. In den Pausen dazwischen schluckte er Chinarinde und trank Zitronenwasser, um seinen enormen Flüssigkeitsverlust auszugleichen.

Sullivan, der sich nun anstelle von Charlie um die Bedürfnisse des Arztes kümmerte, fand seinen Pflegling am Abend bei Wachewechsel schwitzend und unverständliches Zeug redend in seiner Koje. Er holte sofort Wasser aus der Regentonne, um dem Arzt kalte Kompressen auf Gesicht und Brust zu machen. Irgendwann in Sullivans wirrer Vergangenheit hatte eine Frau das gleiche für ihn getan; es war ihm eine liebe Erinnerung, und es war alles, was er über die Behandlung von Fieber wußte. Aber er blieb beharrlich dabei und pflegte Paris hingebungsvoll, wischte ihm den Schweiß von der Stirn und lief mit getrockneter Schafgarbe aus Paris' Vorräten in die Kombüse, damit Morgan Tee für den Doktor kochte.

Als Paris am Morgen des vierten Tages erwachte, fühlte er sich schwach, aber er hatte einen klaren Kopf. Über ihm trampelten Füße, klirrten Ketten, und Sullivan fiedelte seine Melodien dazu. *Dancing the slaves.* Er aß das Frühstück, das Sullivan bereitgestellt hatte, Schiffszwieback, in dem immer noch der eine oder andere Getreidekäfer zu finden war, und etwas steinharten Cheddar-Käse. Beides schmeckte ihm vorzüglich. Er war sich inzwischen ziemlich sicher, daß er am selben Fieber erkrankt war wie vor ihm schon Johnson und True, an einer Art Sumpffieber, das, wie er glaubte, durch die ungesunde Luft an der Küste übertragen wurde. Wenn es dieselbe Krankheit war, mußte er mit weiteren Anfällen rechnen – Johnson hatte bereits eine Art Rückfall gehabt, True allerdings bis jetzt noch nicht.

Er zog sich langsam an und ging an Deck, wo die Sklaven immer noch bewegt wurden, während Libby und Tapley die Peitschen schwangen und fluchend zwischen ihnen umhergingen und McGann und Evans an der Drehbasse auf dem darüberliegenden Deck standen. Der ganze mittlere Teil des

Schiffs vor dem Großmast war ein einziges dröhnendes Gewimmel von schwarzen Leibern.

Die Frauen und Mädchen gingen wie Schlafwandlerinnen auf dem Deck umher; manchmal hoben sie die Arme und wiegten sich, als hörten sie eine viel fernere Musik als die, die Sullivans flinker Ellbogen zustande brachte. Die Männer bewegten sich schwerfällig mit ihren Ketten. Aus der Schar der Männer wie der Frauen ertönten Schreie, Laute des Unmuts, des Schmerzes und zaghaft gesungene Liedfetzen, die sich mit dem Knallen der Peitschen, dem Stampfen der Füße und dem Gerassel der Ketten mischten, so daß die Fiedel mitunter gar nicht zu hören war. Paris, der sich in dem trügerisch klaren Zustand befand, der nach dem Fieber einsetzt, wenn der Geist noch zu matt ist, um die Gedanken straff zu ordnen, dachte plötzlich, daß Sullivan an den Ketten der Neger sägte. Gleichzeitig sah er mit der gleichen gesteigerten, aber unzuverlässigen Wahrnehmungsfähigkeit, daß einige der Jungen, die sich scheinbar tanzend zur Musik bewegten, eine Art Versteckspiel zwischen den sich bewegenden Körpern der Erwachsenen spielten. Er zuckte zusammen, als er unter den tanzenden Frauen die eine entdeckte, die ihn im Verlies der Festung angesehen hatte. Jetzt hielt sie das Gesicht gesenkt. Sie mußte während seiner Krankheit an Bord gekommen sein. Er sah sich unter den Männern um, konnte jedoch keinen der Corymantee ausfindig machen.

Er wandte sich ab und sah Cavana mit dem Äffchen auf der Schulter aus der Back heraufkommen und zu den Latrinen in die Galion gehen. Im selben Moment tauchte Thurso an der Steuerbordseite des Achterdecks auf, mit finsterem Blick und schlecht gelaunt, mit Barton auf den Fersen. »Freut mich, daß es Euch bessergeht«, sagte der Kapitän, obwohl nichts in seinem Gesicht Freude erkennen ließ. »Was zum Teufel ist das?« sagte er an Barton gewandt.

»Ein Affe, Sir.«

»Der Fiedler soll mit dem Lärm aufhören. Sie haben genug von seiner elenden Kratzerei – und ich auch.«

»Aye-aye, Sir.«

Barton brüllte über das Deck. Die Musik endete und damit

auch der Tanz. Die Männer, die die Sklaven bewachten, trieben sie in den für sie mittschiffs abgetrennten Raum; es konnte ihnen nicht schnell genug gehen, denn es war kurz vor acht Glasen und ihre Wache war gleich zu Ende.

»Ich will nicht, daß das verdammte Vieh frei auf meinem Schiff herumläuft«, sagte Thurso. »Sagt das Cavana.«

»Soviel ich gesehen habe, bleibt es immer in seiner Nähe«, sagte Paris und ging ein paar Schritte auf den Kapitän zu. »Ihr müßt zurückgekommen sein, während ich krank war, Sir, nicht wahr?«

Er blickte in die kleinen Augen des Kapitäns, sah die übliche Wut, weil man ihn angesprochen hatte, und daß er sich darüber wesentlich mehr ärgerte als über den Anblick des Äffchens. »Bei meiner Rückkehr mußte ich feststellen, daß wir einen Fall von roter Ruhr an Bord haben, Sir«, sagte er.

»Ich habe nichts davon gewußt.« Paris spürte den Vorwurf in den Worten des Kapitäns. »Ich war in den letzten Tagen ans Bett gefesselt.«

»Er ist ungefähr zwölf«, sagte Thurso, »insofern ist es nur ein Verlust von vierzig Bars. Viel schlimmer ist, daß wir jetzt schleunigst die Küste hinter uns lassen müssen. Ich hätte noch ein weiteres Dutzend mitnehmen können, aber nun kann ich nicht länger warten. Wir müssen raus auf die offene See, damit uns der Wind sauber bläst.«

»Ist der Junge tot?«

»Tot? Er scheißt Blut. Es ist egal, ob er stirbt oder nicht. Er muß auf jeden Fall vom Schiff.«

»Ihr meint, Ihr wollt ihn einfach am Ufer aussetzen?« Wie immer hatte ihn Thursos unumwundene Skrupellosigkeit völlig überrumpelt. »Aber er könnte behandelt werden«, entgegnete er hastig. Absurderweise hatte er für einen Moment den Eindruck, daß Thurso diese Möglichkeit übersehen hatte. »Ich kann etwas für ihn zurechtmachen«, fuhr er eifrig fort. »Opiumtinktur hat sich bei schweren Fällen von Diarrhö schon häufig bewährt, in Verbindung mit Fenchel. Fenchel ist ein hervorragendes –«

»Herrgott noch mal!« Thurso unterbrach ihn mit einem so plötzlichen Wutausbruch, daß Paris unwillkürlich zurückzuckte. »Muß ich meinen Atem für eine Diskussion mit einer verdammten Landratte verschwenden? Ich rede nicht von Schnupfen, Paris, sondern von der roten Ruhr! Wenn sie uns hier erwischt, können wir die Hälfte unserer Ladung verlieren. Wißt Ihr, was das umgerechnet bedeutet? Soll ich vielleicht warten, bis Ihr ihn mit Euren verdammten Mixturen kuriert habt? Und wenn es Euch nicht gelingt – was dann? Nein, Sir, kein Wort mehr.« Thurso hatte sichtlich Mühe, sich zu zügeln. Seine ganze Verachtung für den Arzt kam in diesem Moment zum Vorschein. Er schob sein dunkel angelaufenes Gesicht dicht vor Paris' Nase und krächzte: »Ich bin es, der auf diesem Schiff befiehlt. Ich lasse Euch einen Maulkorb verpassen wie einem Hund und Euch ins Loch sperren, wenn Ihr mir noch einmal widersprecht.«

Paris blickte schweigend auf das Deck zu seinen Füßen. In diesem Zustand würde Thurso seine Drohung sogar wahrmachen. Doch anders als bei früheren ähnlichen Gelegenheiten ließ ihn heute seine Empörung im Stich, vielleicht weil er nach dem Fieber einfach zu schwach dazu war. Er empfand nichts als Müdigkeit und Enttäuschung. Es war nicht Thursos Brutalität, die ihn so entmutigte, sondern seine Logik. Es gab keine Antwort darauf. Deshalb waren sie alle hier. »Ich habe keine weiteren Einwände«, sagte er. »Bekomme ich Eure Erlaubnis, mit dem Jungen an Land zu fahren und den Dolmetscher mitzunehmen?«

»Ihr braucht keinen Linguister, um den Jungen am Strand abzusetzen«, sagte Thurso. Trotzdem gab er nach einer kurzen Pause knurrend seine Zustimmung. Das Beiboot wurde zu Wasser gelassen, der Junge nach oben gebracht, und bald darauf saß Paris neben dem zitternden Jungen im Heck des Boots. Vier Männer ruderten sie zum Ufer.

Er hatte keinen bestimmten Plan. Seine Bitte, den Jungen zu begleiten, hatte er einem Impuls folgend geäußert. Doch er hielt es immerhin für möglich, daß sie jemanden finden würden, der bereit war, dem Jungen zu helfen oder ihm zumindest Obdach zu gewähren. »Frag ihn, woher er kommt«, sagte er zu Jimmy dem Dolmetscher. »Vielleicht kommt er von diesem Teil der Küste.«

»Er ist nicht von hier«, sagte Jimmy. »Ich glaube, er ist Vai.«

Er sagte ein paar Worte zu dem Jungen, der seine eingesunkenen Augen auf ihn richtete und sich bemühte, ihn anzusehen, dann die magere Hand hob und, ein paar weiche Laute murmelnd, in eine unbestimmte Richtung wies.

»Er sagt, er kommt von dort.« Jimmy wiederholte die vage Geste und lächelte mitleidig. »Der Junge weiß nicht, wo er ist«, sagte er. »Also kann er nicht sagen, woher er kommt. Er zeigt zum Himmel oder so.«

»Ich glaube, du verstehst kein Wort von dem, was er sagt«, sagte Paris. »Du tust nur so.«

»So tun ist auch Arbeit von Linguister«, sagte Jimmy würdevoll. »Dieser Junge spricht Vai-Sprache. Niemand versteht, was er sagt, außer paar hundert Leute am Gallinas. Das ist mit dem Schiff zehn oder zwölf Tage von hier, Sir.«

Der Junge war völlig nackt. Zähneklappernd starrte er seine Begleiter an. Er schien zu begreifen, daß von ihm die Rede war. Paris beobachtete, wie sich die magere Brust hob und senkte; er zog, Jimmys Blick strikt vermeidend, sein Hemd aus und legte es dem Jungen um die Schultern.

Paris kehrte ohne Hemd und ohne Schuhe zurück. Er hatte sie – wegen der silbernen Schnallen – einer mageren alten Frau gleich oberhalb des Strands überlassen, damit sie sich um den Jungen kümmerte. Eine Tonpfeife rauchend hatte sie vor ihrer Hütte gesessen und ungerührt zugehört, was Jimmy im Auftrag von Paris zu ihr sagte. Dieses Kind sei krank im Bauch. Es stehe unter dem besonderen Schutz des großen Forts. Der Gouverneur selbst wolle das Beste für dieses Kind wie für alle Schwachen und Hilflosen. Der Gouverneur und seine Rotröcke würden aufpassen, daß dieses Kind gut behandelt werde. Der Gouverneur habe ein gewaltiges Fernrohr direkt über dem Fort, mit dem er alles sehen könne, was hier unten geschehe.

Die Frau kaute auf ihren Zahnstümpfen und antwortete dann mit hoher, nörgelnder Stimme.

»Was sagt sie? Will sie sich um das Kind kümmern?«

»Sie sagt, sie glaubt nicht, daß dem Gouverneur was an dem Kind liegt. Er ist viel zu beschäftigt mit Verkaufen von gesunden Jungen. Sie sagt zu Rotröcken, leck mich am Arsch – Verzeihung, Sir. Sie reißt das Maul weit auf«, sagte Jimmy verächtlich. »Niemand, sagt sie, nimmt alte Vettel für Sklaven. Sie sagt auch, sie glaubt an kein Fernrohr, aber für Hemd und Silberspangen will sie sich um diesen Jungen kümmern.«

Paris, der immer verzweifelter wurde, willigte hastig ein. Er hatte bereits sein Klappmesser in der Hand, um die Spangen abzuschneiden, als die Alte erneut zu sprechen begann. Nachdem sie seine Bereitwilligkeit erkannt hatte, wollte sie auch die Schuhe haben. Er zog sie aus und überreichte sie ihr zusammen mit einem Päckchen pulverisiertem Surinam-Bitterholz, das er vom Schiff mitgebracht hatte.

Jimmy übersetzte, wie sie das Magenmittel zubereiten sollte, während die Frau das Päckchen in der Hand hielt, ohne einen Blick darauf zu werfen. Der Junge, dessen schmale Gestalt unter dem Hemd völlig verschwand, beobachtete alles mit seinem angestrengten, halb abwesenden Blick. Sein Schamgefühl hinderte Paris, dem Jungen in die Augen zu sehen oder etwas zu ihm zu sagen. Aber bevor er sich zum Gehen wandte, legte er ihm für einen Augenblick die Hand auf den Kopf. Am Strand drehte er sich um und blickte zurück. Die kleine Gestalt hockte noch dort, aber das Hemd, das sie umhüllt hatte, war verschwunden.

Am nächsten Tag nutzte Thurso die Gelegenheit, einer unlänst angekommenen Liverpool-Brigg, die Kamholz und Elfenbein geladen hatte und sich auf der Heimreise befand, einen Brief an Kemp mitzugeben, in dem er seine Absicht mitteilte, die Küste mit einer Ladung von einhundertsechsundneunzig Sklaven zu verlassen.

Der größte Teil der folgenden Woche verging mit Vorbereitungen für die Abreise. Yams und Reis wurden übernommen und die Wasserfässer frisch gefüllt. Die Mannschaft mußte Segel flicken, die während des langen Aufenthalts an der Küste von den Ratten schwer beschädigt worden waren.

Sie hatten sich inzwischen stark vermehrt und waren so gefräßig, daß sie sich an schlafende Menschen heranmachten und sogar die Taue annagten.

Unterdessen wehte ein heftiger, ablandiger Wind, und die Dinge an Bord des stampfenden und schlingernden Schiffs wurden dadurch nicht leichter. Die tobende Brandung vereitelte die Übernahme von zwei weiteren weiblichen Sklaven. Das Kanu zerschellte, und die Frauen, denen die Hände auf den Rücken gebunden waren, ertranken. Dann wurde eine Sklavin, die sich etwas von den anderen entfernt hatte, von zwei Matrosen unter Deck gezerrt und vergewaltigt. Sie hatten ihr ein Stück Segeltuch über den Kopf gestülpt, so daß sie die Männer nicht identifizieren konnte; und diejenigen der Mannschaft, die es vielleicht gekonnt hätten, rührten sich nicht.

Thursos Stimmung verdüsterte sich zusehends; man sah ihn nur noch mit finsterem Gesicht. Dazu kamen eine allgemeine Verdrossenheit und die Ungeduld, endlich diese Küste mit ihrem feuchten, kräftezehrenden Klima verlassen zu können. Der Bootsmann war schlecht gelaunt, weil er die Reparaturen in der Takelung aufgebürdet bekommen hatte; erbarmungslos trieb er die Männer an. Die Mannschaft murrte über die viele Arbeit und das schlingernde Schiff, auf dem man sich ständig festhalten mußte.

Auch für Paris war es eine schlechte Zeit. Das Fieber hatte ihn körperlich und seelisch geschwächt. Daß er den kranken Jungen zurücklassen mußte, lastete schwer auf ihm. Er hielt sich so viel wie möglich in seiner Kabine auf. Vor dem Spiegel stellte er überrascht fest, daß ihm der Verrat an seinem Beruf nicht anzusehen war. Wozu würde er sich noch hergeben müssen? Die Ahnung, daß seine Schuld noch nicht beglichen war, daß ihm vielleicht noch Schlimmeres bevorstand, quälte ihn mehr als die sich schwindelerregend hebende und senkende Kabine.

Nur Delblanc schien von der allgemeinen Stimmung unbeeindruckt. Man sah ihn häufig auf seine lässig elegante Art gekleidet an Deck, wo er sich freimütig mit jedem, der Zeit für ihn hatte, unterhielt. Das Schwanken des Schiffs schien ihn in keiner Weise zu stören. Sobald Paris aus seiner Büßerklause auftauchte, verwickelte ihn Delblanc in ein Gespräch über irgendeine Theorie vom Gefühl als Quelle der Erkenntnis oder als tatbestimmenden Faktor. Am Vorabend der Abreise fesselte er den Kapitän etliche Minuten lang mit einer sinnreichen Metapher, die er vom Wesen des Schiffs herleitete: Das Gefühl sei der Steuermann, nur die Leidenschaften könnten die Segel füllen und das Schiff vorantreiben, selbst wenn ihr Übermaß gelegentlich überwältigend sei … Thurso indessen, einem zahlenden Passagier gegenüber zur Höflichkeit gezwungen, sah aus, als würde er jeden Moment vor einem Übermaß an Leidenschaft zerspringen.

Noch in der Nacht des folgenden Tages gingen sie Anker auf. Sie hatten alle Segel gesetzt und hielten so weit von Süden ab, wie es der Wind erlaubte. Heimlich und langsam gegen den Guineastrom laufend, legte die *Liverpool Merchant* die ersten Meilen ihrer Fahrt nach Westindien zurück, aber doch nicht langsam und verstohlen genug, daß die in der stickigen Finsternis zusammengepferchten Sklaven die Veränderung nicht gemerkt hätten. Ihre verzweifelten Schreie hallten über das Wasser und waren der einzige Abschiedsgruß des auf die offene See zuhaltenden Sklavenschiffs.

Zwei Tage danach entdeckte Paris unter den Schwarzen drei Fieberkranke; auch Thomas True, der sich leidlich erholt zu haben schien, bekam erneut hohes Fieber, diesmal begleitet von Erbrechen. Der Wind ließ nach und flaute zeitweise so stark ab, daß sie kreuzen mußten, um das wenige, was an Brise aufkam, zu nutzen. Gegen Mittag machte das Schiff so geringe Fahrt, daß es nicht mehr auf das Ruder ansprach und stundenlang nur dahintrieb. Die folgenden Tage verliefen nach dem gleichen Muster. Einer der erkrankten Sklaven starb und wurde zu den Haien im trägen Kielwasser geworfen. Danach schlief der Wind völlig ein.

Nach sechs Tagen hatten sie immer noch Mount Daro im Norden über sich, und sie machten gegen den mit einer Geschwindigkeit von zwei Knoten fließenden Guineastrom nicht genug Fahrt, um von der Küste freizukommen. Thursos Laune verschlechterte sich von Tag zu Tag. Er saß allein in der Kajüte, eine Flasche Brandy vor sich, und grübelte, warum sich die Elemente gegen ihn verschworen hatten. Er lauschte in die Stille, doch er vernahm keinen Rat; seine Helfer hatten ihn verlassen. Und doch mußte es einen Grund geben. Es gab immer einen Grund, das wußte er, irgend etwas, das getan oder unterlassen worden war.

Als er am frühen Abend auf dem Achterdeck auftauchte, leicht benebelt vom Brandy und von der Helligkeit geblendet – die Sonne ging eben unter und warf einen breiten, feurig glühenden Streifen über das Wasser – hatte er kurz den Eindruck, als stünde ein mißgebildeter zweiköpfiger Mann am Steuer. Dann sah er, daß es Cavana war mit dem Äffchen auf der Schulter. Und jetzt endlich sprach sein Ratgeber zu ihm: *Es ist der Affe.*

»Schaff das Tier weg«, sagte er.

»Aye-aye, Sir.« Cavana blickte verstört um sich. Er fühlte, daß seinem Liebling Gefahr drohte, aber er durfte das Rad nicht loslassen. »Weg, Sir. Aber wohin? Bitte um Erlaubnis, mich am Steuer ablösen zu lassen, Sir, während ich ihn –«

Cavanas Verwirrung und kurzes Zögern waren zuviel für Thurso. »Willst du vielleicht noch überlegen und mit mir debattieren, du Hund?« sagte er. »Ich werde ihn für dich wegschaffen. Gib mir das Seil.« Das Äffchen, das die Wut des Kapitäns vielleicht spürte, schnitt aufgeregt fragende Grimassen. Thurso ging auf Cavana zu und zog ihm die Seilschlinge vom Handgelenk. Dann packte er das Ende der Leine mit festem Griff und schleuderte das Tier mit einer einzigen schwungvollen Armbewegung über die Seite.

Cavana stand wie erstarrt. Er hörte das Platschen, als das Tier ins Wasser fiel, doch der Anblick seines Todeskampfs blieb ihm erspart. Aber Hughes, der oben auf dem Großtopp die kleinen Segel setzte, und Morgan, der vor der Kombüse stand, um etwas Luft zu schnappen, und Wilson und Sullivan, die rauchend auf der Back saßen, und die Sklaven, die sich zufällig an der Steuerbordreling aufhielten, sahen das Äffchen mit dem Gesicht nach unten in das glitzernde Wasser stürzen und wieder auftauchen. Sie sahen, wie es den dünnen Hals reckte und nach Luft schnappte, wie es zappelte und sein Schwanz glatt wie eine Schlange für einen Moment auf dem Wasser lag. Es schlug mit den Armen um sich und drehte sich, das schwarze Maul weit geöffnet, als flehte es zum Himmel. Nach diesem kurzen Kampf ging es unter. Noch einmal sahen die Zuschauer für einen kurzen Augenblick die im gebrochenen Licht unter der Wasseroberfläche aufleuchtenden orangefarbenen Arme und Beine, die wie Wurzeln an dem kleinen Körper hingen. Dann war er am Schiff vorbeigetrieben und den Blicken entschwunden.

Thurso stand breitbeinig auf dem Deck und schwieg. Nach einer Weile hob er den Kopf und hob witternd die Nase. Cavana klanimerte sich an das Steuerrad und starrte mehrere Minuten lang geradeaus. Dann wandte er sehr langsam den Kopf und betrachtete das Profil des Kapitäns, als versuchte er, sich diese Züge für immer einzuprägen.

Später am selben Abend starb Thomas True. Er war ein Mann von wenig Worten und unreinlichen Angewohnheiten und hatte keine Freunde an Bord. Libby nähte ihn in seine Decke, und eine halbe Stunde, nachdem er seinen letzten Atemzug getan hatte, wurde er der See übergeben. Thurso waltete seines Amtes, heiser wie immer und selbst für die unmittelbar neben ihm Stehenden kaum vernehmbar. Wie üblich ließ er den zu verlesenden Bibeltext weg und beschränkte sich auf die kurze Schlußformel: »Deshalb übergeben wir diesen Leichnam der See, damit er in der Tiefe verwese, hoffend auf die Wiederauferstehung des Fleisches, wenn die See ihre Toten zurückgibt, und ...«

Hier stockte Thurso, bevor er fortfuhr. Es war nur eine winzige Pause, aber jeder der Seeleute kannte den Grund. Ein langer Seufzer lief zitternd und in der Stille erschreckend laut durch alle Segel des Schiffs. Es war der unmißverständliche erste Atemzug eines aufkommenden Windes.

Teil 7

34

Die Liverpool-Brigg, der Thurso seine Post mitgegeben hatte, machte gute Fahrt, so daß Kemp die Briefe schon einen Monat später in Händen hielt.

»Er ist abgefahren, ohne voll geladen zu haben«, sagte Kemp im Hafenkontor zu seinem Sohn. »Angeblich hat er zwölf zu wenig.«

Sie saßen an dem Mahagonitisch, auf dessen polierter Oberfläche sich die verschiedenen Gegenstände – die Feinwaage, ein Satz silberner Gewichte, der Brieföffner aus Elfenbein, eine Lackschatulle – so tief spiegelten, daß sie darauf zu schwimmen schienen. Es war ein kalter Februarnachmittag. Im Kamin hinter ihnen brannte ein kräftiges, rötlichblau flackerndes Kohlenfeuer. Am Himmel vor dem Fenster hingen dicke Schneewolken, und, halb verdeckt von den Lagerhäusern und Schuppen am Ufer, schleppte sich der Fluß schiefergrau und trüb.

»Matthew schreibt wenig mehr, als daß er gesund ist und guten Mutes«, sagte Kemp, während er den Brief seines Neffen weiterreichte. »Ich weiß nicht, wie Thurso auf zwölf kommt. Die Kapazität errechnet sich aus zwei Negern pro Tonnage-Einheit. Die *Liverpool Merchant* hat einhundertzwei Tonnen, also fehlen ihm nach meiner Rechnung acht und nicht zwölf.« Er war in den vergangenen Wochen sichtlich gealtert. Die Wangen waren blasser und schlaffer geworden; aber seine Zahlen beherrschte er nach wie vor. »Das ergibt für die Zwischendecks eine lichte Höhe von zwei Fuß sechs Zoll«, fügte er hinzu.

Erasmus blickte auf die wenigen Zellen, die der Brief seines Vetters enthielt. Er fand darin keinen Hinweis auf »guten Mut«. Paris ließ bestens grüßen, befand sich bei guter Gesundheit und bat, ihn bei seiner Tante und seinem Vetter zu empfehlen. Die ziemlich großen, eckigen Buchstaben erinnerten Erasmus auf unangenehm deutliche Weise an die ungelenke Gestalt des Arztes, den tristen Anzug, das bleiche, zerfurchte Gesicht. Dieser Schandfleck an ihrer Dinnertafel ... Erasmus änderte seine Meinung fast nie, ebensowenig wie er Erfahrungen hinterfragte. Für ihn war Feindschaft eine Art Glaubensartikel. Plötzlich merkte er, daß er vor Widerwillen die Zähne zusammenbiß.

»Selbstverständlich«, sagte der Vater, »ist Thurso ein erfahrener Mann und weiß die Neger so zu verteilen, daß der Raum weitestgehend genützt wird. Wie es scheint, erlag einer von ihnen einer ansteckenden Krankheit, die sehr gefährlich ist, wenn sie sich ausbreitet. Ein Fall von roter Ruhr. Aber er hofft, wenn er sofort aufbricht und mit Gottes Hilfe eine rasche Überfahrt macht, ohne weitere Verluste nach Westindien zu gelangen.« Kemp hielt einen Moment inne und blickte durch das Fenster zu den grauen Schneewolken hinauf. Dann sagte er: »Hoffentlich habe ich mich in Captain Thurso nicht geirrt.«

Erasmus fühlte sich seltsam entmutigt. Daß sein zuversichtlicher Vater Zweifel und Befürchtungen äußerte – und dies in letzter Zeit sogar häufiger –, empfand er wie einen Vertrauensbruch, wie ein nicht eingehaltenes Versprechen. »Krankheiten unter ihnen fallen unter die Zuständigkeit meines Vetters«, sagte er. »Es ist seine Aufgabe, sich um solche Dinge zu kümmern.«

Aber Kemp schien ihn gar nicht zu hören. Seine Augen waren noch auf das Fenster gerichtet, der kalte Widerschein des Flusses fiel auf seine Stirn. Erasmus sah einen bitteren und sorgenvollen Ausdruck im Gesicht seines Vaters und hörte ihn leise sagen: »Ich möcht nur wissen, welcher Teufel mich geritten hat, in Baumwolle zu investieren? Ich hätte bei Zucker bleiben sollen.«

Diese gemurmelten Worte und der erschöpfte Zug um den Mund seines Vaters hinterließen bei Erasmus einen unauslöschlichen Eindruck; im Augenblick jedoch beunruhigte ihn mehr, daß die Worte seines Vaters gar nicht zur Sache gehörten, daß er einsame, eigene Wege zu gehen schien. Er hatte eine Art Vorahnung und wollte seinen Vater beschützen. Er suchte nach Worten, aber er fand keine.

»Nun gut«, sagte Kemp nach einer Weile mit schwerer Stimme, »laß uns die Karte ansehen.« Den Kurs des Schiffs auf der Landkarte zu verfolgen, gehörte jetzt zu seinen Lieblingsbeschäftigungen, und die Nachricht von der inzwischen angetretenen Ozeanüberquerung hatte neuen Anreiz dazu geliefert.

Sie breiteten die Karte vor sich auf dem Schreibtisch aus und beschwerten sie an den Ecken mit den Gewichten der Goldwaage. »Von hier sind sie aufgebrochen«, sagte Kemp. »Hier liegt das Fort der Kompanie.« Sein Fingernagel berührte die Mündung des Cavally und fuhr über die Karte nach Westen.

»Siehst du, mein Junge«, sagte Kemp. »Ungefähr hier müßten sie sein. Sie sind inzwischen fast einen Monat unterwegs und irgendwo hier, nördlich von Caracas, müßten sie jetzt sein. Sie halten sich vermutlich auf einer Breite von rund fünfzehn Grad oberhalb des Äquators.« Sein Zeigefinger folgte den Linien, liebkoste die Rundungen der Engel mit den aufgeblasenen Backen, die spielenden Delphine und die Bäuche der Miniaturschiffe, die mit geblähten Segeln diesen freundlichen Atlantik befuhren. Das echte Schiff kreuzte unterdessen viel weiter östlich, bis zum Ersticken vollgepackt mit Negern in Ketten, wimmelnd von Ratten und stinkend, so daß andere Kauffahrer sich weit in Luv von ihm hielten.

»Sie werden mit dem Winterpassat segeln«, sagte Kemp mit einer Spur seines alten Enthusiasmus. »Ich möchte behaupten, während wir hier sitzen und von ihnen sprechen, haben sie bereits die Zuckerinseln gesichtet.«

Erasmus pflichtete ihm bei. Es war die beste Art, die Dinge zu betrachten, und er war froh, seinen Vater wieder etwas heiterer und zuversichtlicher zu sehen. Später sollte er sich bittere Vorwürfe machen, weil er die ganze Zeit gewußt hatte, daß seinen Vater noch anderes beunruhigt hatte als das Vorankommen des Schiffs, auch wenn er alle seine Sorgen darauf konzentrierte. Da waren unbezahlte Rechnungen, Krediterneuerungen zu hohen Zinsen, die abrupte Einstellung ihrer Landkäufe entlang der Zufahrtsstraßen zur Stadt.

Natürlich konnte er unmöglich das Ausmaß der Verluste seines Vaters gekannt haben. Nicht einmal dem unermüdlichen Partridge, den Wolpert beauftragt hatte, Kemps Finanzen unter die Lupe zu nehmen, war es gelungen, die unglückseligen Unternehmungen des Kaufmanns aufzudecken, mit denen er versucht hatte, seine Verluste an der Börse wettzumachen. Und überdies war Erasmus während all dieser Zeit in seinem eigenen Traum gefangen.

Sarahs achtzehnter Geburtstag rückte immer näher und mit ihm ihr öffentliches Verlöbnis. Es schien Erasmus, als dienten die jahreszeitlichen Veränderungen und alles, was sie mit sich brachten, einzig als Zeichen und Wunder, um dieses erstaunliche Ereignis anzukündigen. Sein Herannahen klang aus dem Straßenlärm, machte sich in den Speichern im Geruch von Rohbaumwolle und Hanf bemerkbar und ließ sich vom silbernen Himmel der Märzabende und vom Wellengekräusel des Wassers ablesen. Später grünte ihm die frohe Kunde auf den Schutthalden in Gestalt von Ampfer und Nesseln entgegen, und auf den Feldern vor der Stadt, wo Scharen von Lerchen aufstiegen und trillerten, drohte der Himmel vor freudiger Erwartung zu bersten. Die Zeit zwischen jenem kalten Februartag, an dem er mit seinem Vater die Landkarte studiert hatte, und den Frühlingsstimmen der Lerchen war für Erasmus eine einzige ungewisse Wartezeit.

Drei Tage vor dem Ereignis ritt er am frühen Nachmittag zum Haus der Wolperts, nachdem er sich schon vorher bei seinem Vater die Erlaubnis dazu geholt hatte. Er konnte sich später an kein Wort mehr erinnern, das sie beim Abschied gewechselt hatten – Alltägliches war es in jedem Fall. Aber er erinnerte sich, daß ihn sein Vater nicht angesehen hatte.

Es war um die gleiche Zeit des Jahres wie damals, als er zum erstenmal, unter dem Vorwand, Charles zu besuchen, zu den Wolperts hinausgeritten war. Er wußte noch, wie erniedrigt er sich gefühlt hatte und daß er den alten Diener – der noch immer und inzwischen noch tatteriger seinen Dienst versah – nicht verstanden hatte, und auch, wie unirdisch klar der Gesang des Ariel durch die Bäume zu ihm gedrungen war und ihn ins Freie und in die Rolle des Ferdinand stolpern ließ ...

Heute war alles ganz anders. Am Tag ihres Geburtstags würde Sarah ihm gehören – per Anspruch, Einverständnis und öffentlicher Anerkennung. Er würde nie wieder etwas tun müssen, das ihm gegen den Strich ging, nur um ihr zu gefallen. Sie würde ihn viel zu sehr lieben und respektieren, als derartiges von ihm zu verlangen.

Im Licht dieses Triumphgefühls erschienen ihm vertraute Dinge an diesem Nachmittag wie neu. Die Buchen entlang der Straße prangten in frischerem Grün, die Vögel sangen süß wie noch nie. Dic Kastanien im Park trugen Blütenkerzen, und auf den Terrassen unter dem Haus leuchtete das Geranium.

Es war früher Nachmittag, das bedeutete, daß er mit Sarah und ihrer Mutter Tee trinken konnte ohne den alten Wolpert und Charles, die noch in Geschäften außer Haus waren, und ohne den jüngeren, vom Hauslehrer im Schulzimmer beaufsichtigten Bruder Andrew. Die Nachmittagssonne, die durch die hohen Terrassentüren fiel, füllte den Raum, in dem sich Erasmus mit demselben Triumphgefühl und freudigen Erstaunen umsah wie eben noch draußen in der Natur. Die Aquarelle an den Wänden, die Stickerei über dem Kamin, Mrs. Wolperts perlenbestickter Nähkorb auf dem niedrigen Tischchen, die schönen, mit erhabenen Mustern verzierten Becher in der Vitrine – alles besaß an diesem Tag einen besonderen Glanz. Er fing Sarahs Blick auf und sah, daß auch sie glücklich war.

Die meiste Zeit sprachen sie über die Vorbereitungen. Blumen mußten bestellt werden – rote und weiße Nelken. Die Einladungen waren bereits verschickt – über hundert Namen standen auf der Gästeliste. Für den Ball sollte ein fünf Mann starkes Orchester spielen. Und wenn sich das Wetter hielt, würde das Abendessen auf der Terrasse serviert werden.

»Wir können auch im Freien tanzen, auf dem Rasen«, sagte Sarah. Ihr Gesicht zeigte die ihr eigene vornehme Gelassenheit, in der stets auch etwas Unzugängliches oder vielleicht Eigensinniges lag. Aber ihre Augen funkelten vor Aufregung.

»Draußen auf dem Gras?« Erasmus lachte ein wenig über diese Extravaganz. »Das ist eine ausgefallene Idee. Habt Ihr vergessen, daß es im Haus einen tadellosen Ballsaal gibt?«

»Ja, aber seht Ihr nicht, daß es etwas Besonderes wäre? Meine Verlobungsfeier würde niemand vergessen. In einem Ballsaal tanzt jeder.«

Genau das war der Punkt, dachte Erasmus, aber er lächelte nur und schüttelte mit einem nachsichtigen Blick zu Mrs. Wolpert den Kopf. Es war besser, nichts zu sagen; dann würde sie die Idee bald vergessen – zumindest hoffte er dies.

Doch Sarah befand sich in Hochstimmung. Sie wollte ihm ihr neues Kleid vorführen, das sie zu dem Ball tragen würde – ein Vorschlag, dem ihre Mutter aus Gründen der Schicklichkeit und wegen eines alten Aberglaubens sofort widersprach. Aber Sarah bestand darauf, wobei sie sich aufrichtete und ihr zart geformtes Kinn reckte, wie sie es immer tat, wenn sie zu etwas entschlossen war. Die Mutter gab nach wie immer, wenn das Mädchen aufbegehrte, und sie erfuhr bei dieser Gelegenheit keine Unterstützung von Erasmus, der still dabeisaß und einen heimlichen Kampf ausfocht zwischen korrektem Verhalten und dem Wunsch, die Liebste zu betrachten.

Sarah ließ über eine halbe Stunde auf sich warten. Als sie zurückkam, betrat sie das Zimmer durch die breite Flügeltür, und Erasmus sah sofort, daß sie ihr Haar anders frisiert hatte – es lag zu einem Zopf geflochten auf ihrem Scheitel – und daß sie etwas gemacht hatte, um ihr natürliches Wangenrot zu heben. Das Kleid war aus weicher aprikosenfarbener Seide mit schmalen Streifen in etwas dunklerem Ton und einem feinen Rankenmuster aus Blumen und Blättern; der Manteau war weit mit kurzer Schleppe und über einen Reifrock aus cremefarbenem Satin drapiert. Hochhackige Schuhe mit Brokatriemchen vervollständigten die elegante Erscheinung.

Sarah ging vor ihnen auf und ab und drehte und wendete sich. Sie war aufgeregt, aber von geziemendem Ernst. Eine ganze Weile war kein anderes Geräusch im Zimmer zu hören als das betörende Rascheln der Seide. Mrs. Wolpert, die geholfen hatte, den Stoff auszusuchen, und bei den Anproben dabei war, brauchte jetzt nicht viel zu sagen. Außerdem war sie weit davon entfernt, diese Vorführung zu billigen, und wünschte sie möglichst schnell zu beenden. Erasmus schwieg so lange, daß Sarah schließlich stehenblieb und ihn auf eine zugleich gebieterische und bittende Weise ansah. »Ihr seht sehr schön aus«, sagte er. »Es ist ein wunderschönes Kleid.« Er sagte es mit solchem Ernst, daß ihm seine Stimme rauh und fremd in den Ohren klang. Er konnte es kaum glauben, nicht einmal jetzt, daß ihm dieses strahlende Wesen bald versprochen sein würde. Aber noch während er sprach, veränderte sich etwas in seinem Ausdruck. Er hatte sich gefreut – so sehr, daß es ihm die Kehle zuschnürte. Doch darunter wuchs das ungute Gefühl, daß diese Vorstellung, obwohl Sarah nur ihn angesehen und für ihn posiert hatte, nicht ihm allein galt. Er wußte, er teilte sie mit anderen Zuschauern irgendwo außerhalb dieses Zimmers. Sie stand wieder auf einer Bühne.

Sein Unwillen dauerte jedoch nur so lange, als er ihn einer Schwäche von Sarah zuschieben konnte – mit ihren Schwächen würde er zurechtkommen, das traute er sich zu. Als er sich verabschiedete, hatte er seinen Gleichmut längst zurückgewonnen. Sarah, wieder in ihrem Hauskleid aus feiner hellblauer Baumwolle, begleitete ihn bis ans Ende der Auffahrt. Er führte sein Pferd am Zügel, und während er so neben ihr ging, war sein Glück vollkommen. Am Tor küßten sie sich, und er hielt sie fest umschlungen. Als sie sich an ihn preßte, stieg ihm das Blut in den Kopf, und für ein paar Sekunden sah er alles verschwommen.

Sie merkte, daß er rascher atmete. »Mein Liebster«, sagte sie.

»Dann bis Sonnabend.« Er schaute ihr nach und ließ den Blick nicht von ihr, bis sie hinter der Kurve in der Auffahrt verschwand. Es war kurz vor sechs Uhr, als er zu Hause ankam. Seine Mutter hörte ihn durch die Diele zur Treppe gehen und rief ihn zu sich. Er fand sie allein in ihrem kleinen Salon vor dem noch nicht abgeräumten Tisch.

»Wie es mir geht, kümmert niemand in diesem Haus«, begann sie, noch bevor er das Zimmer richtig betreten hatte. »Das interessiert immer zuletzt. Mein armer Vater würde sich im Grabe umdrehen, wenn er das wüßte. Aber ich glaube, er weiß es. Ich werde schon so lange vernachlässigt, daß es nachgerade ein Wunder wäre, wenn er es nicht wüßte. Doch das hier geht einfach zu weit.«

An den hastigen Atemzügen und der Art, wie sie den Kopf zurückwarf, erkannte Erasmus, daß seine Mutter ziemlich aufgeregt war. »Was ist los, Mutter?« fragte er und übernahm unbewußt den Ton, in dem sein Vater gewöhnlich mit ihr sprach – oberflächlich, liebevoll, gönnerhaft munter.

»Ich hatte nicht einmal die Kraft zu läuten, damit abgeräumt wird«, klagte sie, bereits etwas ruhiger.

»Ich werde läuten.« Er sah, daß ihr Haar gepudert und kunstvoll zu sogenannten französischen Locken frisiert und daß sie zum Ausgehen gekleidet war, in ein rosa und goldenes Brokatkleid mit Spitzenmieder. »Das ist ein hübsches Kleid, Mutter«, sagte er im gleichen Tonfall. »Du bist überhaupt recht elegant heute abend.«

»Nur dein Vater ist nicht nach Hause gekommen. Er wird es vergessen haben.« Sie war vor Ärger blaß geworden, so daß ihr Wangenrouge zwei auffallende Flecken in ihrem Gesicht bildete. »Ich hatte wieder dieses Flattern«, sagte sie und legte eine weiße Hand über das brokatene Oberteil ihres Kleides. »Ohne die Nieswurztinktur, die mir dein Vetter Matthew gegeben hat – ich weiß nicht, was passiert wäre. Nur habe ich jetzt keinerlei Gewißheit, ob sie mir der Apotheker in genau derselben Zusammensetzung zubereiten kann, und Matthew ist nicht hier, um mich zu beraten. Ich finde es wirklich bedauerlich, daß mein Neffe so lange fortbleiben und seine Talente an ungehobelte Seeleute und Schwarze vergeuden muß.«

»Nun, ich hoffe, du machst dafür nicht Vater verantwortlich«, sagte Erasmus lächelnd. »Du weißt, er hat zur Zeit viel um die Ohren.«

»Woher soll ich das wissen? Er spricht nicht mit mir über diese Dinge. Er hat mir versprochen, heute zum Tee zu Hause zu sein. Wir wollten zeitig zu Abend essen und in die neu eröffneten Manston House Gardens gehen, um der Musik zuzuhören. Alle Welt trifft sich dort.«

»Er wird bestimmt bald kommen«, sagte Erasmus. Er leistete seiner Mutter Gesellschaft, beschrieb ihr Sarahs neues Kleid – sie teilte Mrs. Wolperts Ansicht über die Schicklichkeit der Vorführung – und spielte ein paar Runden Whist mit ihr. Kartenspielen beruhigte ihre Nerven; sie war eine gewitzte Spielerin, die gewinnen wollte, und manchmal mogelte sie dabei. Als es dämmerte, wurde das Stubenmädchen gerufen, um die Lampen anzuzünden. Der Herr des Hauses war immer noch nicht da. Als es acht Uhr schlug, erhob sich Erasmus. »Er muß die Zeit völlig vergessen haben«, sagte er. »Wenn ihn etwas Geschäftliches aufgehalten hätte, dann hätte er eine Nachricht heraufgeschickt. Ich gehe ins Kontor und sehe nach ihm.«

Es wäre zu umständlich gewesen, die Stute noch einmal aus dem Stall holen und satteln zu lassen. Vor dem *Lion* an der Ecke der Red Cross Street fand er eine freie Sänfte, die sich nach kurzer Inspektion als nicht zu sehr verlaust und annehmbar erwies.

Auf dem Weg dachte er an nichts Besonderes. Die wiegende Bewegung der Sänfte und die Rufe des Vordermanns, die Straße freizumachen, versetzten ihn in einen Zustand zwischen Träumen und Dösen.

Er bezahlte die Träger am Ende der Water Street und ging durch die Gasse hinunter zum Hafen. Der Wind wehte von der Flußmündung herüber; irgendwo klapperte ein loses Brett. Vor ihm, auf dem Wasser, leuchtete die Hecklaterne eines Lastkahns.

Im Erdgeschoß des Speichers brannte kein Licht, die Türen zur Straße hin waren verschlossen. Er ging um das Gebäude herum und stieg die kurze Eisentreppe zur Rampe empor. Dort fand er den Wachmann in seinem Häuschen; mit offenem Mund und übelriechende Ginfahnen ausstoßend lag er sinnlos betrunken auf einer zerschlissenen Matratze. Erasmus überlegte, ob er ihn mit ein paar Fußtritten wecken sollte, aber selbst auf diese Art mochte er den Mann nicht berühren. Es würde jedenfalls der letzte Schlaf dieses Trunkenbolds in Lohn und Brot der Firma sein.

Hinter dem Wachhaus führte über die gesamte Länge des Gebäudes ein Gang, von dem aus mehrere Räume zu erreichen waren, die auf der einen Seite den Speicherraum überblickten und auf der anderen zum Wasser hinausgingen. Sowohl das Büro seines Vaters wie auch sein eigenes kleineres Büro lagen ungefähr auf halber Höhe des Gangs. Vater und Sohn benützten gewöhnlich diesen Weg ins Kontor, und jeder besaß seine eigenen Schlüssel.

Er hatte die kleine verrußte Öllampe aus dem Wachhaus mitgenommen. Der Gang lag im Dunkeln, doch unter der Tür zum Büro seines Vaters schimmerte ein schwacher Lichtstreifen. Er klopfte an, wartete, versuchte die Tür zu öffnen – doch es war abgeschlossen. Er öffnete mit seinem Schlüssel. Es war niemand da. Der Kerzenstumpf in dem hohen Halter auf dem Tisch brannte mit unsteter Flamme, und vage Lichtreflexe huschten über die polierte Schreibtischplatte.

Erasmus blieb einen Moment stehen. Er war sich nur einer leichten Verwunderung bewußt. Es war still im Zimmer, das ihm einerseits vertraut und zu dieser späten Stunde doch wieder fremd vorkam mit dem Geruch von schmelzendem Kerzenwachs, altem Papier und den in kühlen Nächten in die Gebäude eindringenden Ausdünstungen des Flusses.

Er bemerkte, daß die Kerzenflamme sich im Luftzug flakkernd in eine Richtung neigte. Er blickte über den Schreibtisch hinaus und sah, daß die Tür zu dem kleinen Lagerraum am anderen Ende des Büros halb offen stand. Vielleicht war sein Vater aus irgendeinem Grund dort hinausgegangen. Er ging mit der Öllampe in der Hand um den Schreibtisch herum. »Vater«, rief er gedämpft, »bist du da?«

Er schob die Tür auf. Vor ihm lag sein eigener, zuckender Schatten. Er hob die Öllampe höher und ging weiter in den Raum hinein, nur einen oder zwei Schritte, weit genug, um den dunklen Körper zu bemerken, der über ihm hing, und mit der peinlich geschärften Wahrnehmung, die mit dem Schock einhergeht, festzustellen, daß ein Hocker umgestürzt war, die Füße seines Vaters keine Schuhe trugen und durch ein Ungleichgewicht ein Fuß tiefer hing als der andere.

Erasmus stieß einige Worte hervor, konnte sich aber später nicht mehr erinnern, was er gesagt noch was er nach seiner ersten Maßnahme getan hatte. Er war, vom selben Instinkt der Geheimniskrämerei wie Kemp geleitet, zur Bürotür geeilt und hatte sie abgeschlossen. Alles andere außer dieser einen bewußten Handlung war ungeschickte Improvisation – auf den Hocker steigen, den Strick über dem Kopf des Vaters abschneiden, den toten Körper festhalten in der absurden Sorge, er könnte sich beim Fallen verletzen, und schließlich der schwerfällige Sturz mit ihm zusammen, als er das Gewicht nicht halten konnte. Auf dem Boden liegend, in einer halben Umarmung mit seinem Vater, hatte er versucht, den Knoten zu lösen – er hatte keine Wiederbelebungsversuche gemacht, denn er wußte, daß in dem Körper kein Leben mehr war; er löste den Knoten in der Hoffnung, daß sich dann die Augen schließen würden. Aber sie schlossen sich nicht, und er brachte es nicht über sich, das Gesicht zu berühren.

Er verließ das Kontor auf demselben Weg, auf dem er gekommen war, und sperrte sorgfältig hinter sich zu. Der Wachmann schnarchte in seiner Hütte. Wieder nahm er eine Sänfte. Die Notwendigkeit, alles geheimzuhalten, gab ihm die Kraft, ruhig und gefaßt zu erscheinen. Erst als er zu Hause war, begann seine Haltung zu bröckeln. Seine Mutter saß noch immer in ihrem Brokatkleid im kleinen Salon und legte Patience.

»Nun, du hast dir ordentlich Zeit gelassen«, sagte sie verdrossen. »Ist dein Vater jetzt da? Aber es ist ohnehin schon zu spät.«

Als er nicht antwortete, sah sie ihn scharf an. Dann weiteten sich ihre Augen und sie beugte sich auf ihrem Stuhl nach vorn. »Was ist los?« fragte sie. »Wo ist dein Vater?«

»Es ist etwas geschehen«, sagte er und seine Stimme brach – nicht vor Kummer, denn noch war der Tod ein einziger Schrecken, aber vor Verzweiflung, weil er nicht wußte, wie er es seiner Mutter sagen sollte, die immer beschützt und geschont werden mußte. Er schwieg eine Weile, während er nach Worten rang. »Mutter«, sagte er schließlich, »du mußt dich auf etwas vorbereiten –«

Mit einer Schnelligkeit, die ihn verblüffte, hatte sie die Karten beiseite gefegt, war von ihrem Stuhl aufgestanden und vor ihn hingetreten. Sie reichte ihm nur bis zum Kinn, aber er bemerkte den Größenunterschied überhaupt nicht mehr, so wild entschlossen war der Blick in ihrem Gesicht. »Was ist es?« fragte sie. »Warum sagst du nichts?« Ihre Stimme hob sich. »Hat es einen Unfall gegeben?«

Immer noch aus dem instinktiven Gefühl heraus, verbergen oder beschützen zu müssen, sagte er: »Ich habe die Bürotür abgesperrt. Niemand kann hinein.« Es klang, als wollte er damit prahlen. Dann spürte er den heftigen Druck ihrer Hände auf seinen Armen, und er begann zu reden. Er verlor jedoch den Faden und verstrickte sich wie ein Kind in den alptraumhaften Präliminarien und Hinweisen, die ihn zu dem hängenden Körper geführt hatten ... »Und da hing er, im Dunkeln«, sagte er und wandte den Blick von ihr, weil er sich schämte, für sich und für seinen Vater.

»Du sagst, du hast abgeschlossen? Hast du die Schlüssel mitgenommen?«

Überrascht von der Schärfe, mit der sie die Fragen stellte, sah er sie wieder an. Die Rougeflecken auf ihrem bleichen Gesicht wirkten grotesk wie bei einem Clown. Aber ihre Augen blickten forschend, und ihr Mund bildete eine feste, gerade Linie.

»Ja«, sagte er, »ich habe sie bei mir.«

»Sein eigener wird dort sein, bei ihm, wenn er die Tür abgesperrt hat. Und der Wachmann?«

»Der Wachmann?«

»Ja«, sagte sie ungeduldig und ärgerlich, »der Wachmann. Nimm dich zusammen. Wenn die Sache nicht aufkommen soll, müssen wir uns beeilen. Also, hat der Wachmann eigene Schlüssel?«

»Nur zu den unteren Lagerräumen.«

»Wir müssen deinen Vater noch heute abend nach Hause bringen, aber nicht durch einen von unseren Leuten. Es muß alles durch Dr. Banks veranlaßt werden. Wir müssen sofort zu ihm.«

»Aber wozu?« Erasmus war verwirrt. »Ich habe dir gesagt, er ist tot. Hätte ich ihn sonst allein zurückgelassen?«

»Wegen des Totenscheins«, sagte sie, und er sah, daß ihre Lippen zu zittern begannen. »Der Doktor muß eine Todesursache angeben. Tu, was ich dir sage, Erasmus. Laß die Kutsche vorfahren. William wird noch auf sein. Er hat die ganze Zeit gewartet, um deinen Vater und mich zum Mansion House zu fahren. Ohne Erlaubnis hat er sicher noch nicht ausgespannt.« Ihre Stimme wurde weicher und klang voller Mitleid für ihn, was er ihr nie verzeihen sollte. »Du kommst mit mir«, sagte sie. »Mein armer Junge. Man wird nichts von dir verlangen, aber ich muß jemanden bei mir haben … Ich brauche einen Mann an meiner Seite zu dieser späten Stunde. Geh jetzt. Ich werde mich inzwischen umziehen.«

Stumm, wie in einem Traum, gehorchte er ihr. Kurz nach elf Uhr hielten sie vor dem Haus des Doktors. Henry Banks gehörte zu den angesehensten Ärzten der Stadt, aber er war schon, seit er angefangen hatte zu praktizieren, der Hausarzt der Kemps.

Er empfing sie fast sofort in einem kleinen Salon, der ihm als Sprechzimmer diente, entschuldigte sich für seine formlose Kleidung – er trug Hausrock und Käppchen –, denn er sei eben im Begriff gewesen, sich für die Nacht zurückzuziehen. Er war eine eindrucksvolle Erscheinung, groß, bedächtig, und aus dem länglichen Gesicht blickte ein kluges, gleichmütiges Augenpaar.

»Darf ich Euch etwas anbieten?« fragte er und blickte von der Mutter zum Sohn. Er hatte im selben Moment, als er das Zimmer betrat, bemerkt, daß beide unter Schock standen. »Ein Gläschen Likör vielleicht, etwas, um Euch zu wärmen? Die Nächte sind noch kalt. Nein? Nun gut. Dann sagt mir, wie ich Euch behilflich sein kann.«

Daraufhin begann Elizabeth Kemp zum erstenmal an diesem Abend zu weinen. Unter Tränen sprach sie von einem Unglücksfall, einem schrecklichen Mißgeschick, sie habe nicht gewußt, an wen sie sich wenden sollte. Sie bedauerte, daß es schon so spät war und daß sie ihm den wohlverdienten Schlaf raubten, schließlich sei er ein vielbeschäftigter Mann; aber bis der Kutscher soweit gewesen sei ... Der Arzt hörte geduldig zu, versuchte weder ihr ein bestimmtes Stichwort zu geben noch sie am Weinen zu hindern und ließ sie auf ihre eigene Weise zur Sache kommen. Aber Erasmus konnte sich nicht zurückhalten. Es war ihm unerträglich, wie seine Mutter die Tatsachen verdrehte, sich die Augen tupfte und dem Doktor schmeichelte, während sein Vater tot und entehrt und mit starrenden Augen auf dem Fußboden seines Kontors lag. Er mußte die Initiative ergreifen und für sie beide sprechen.

»Mein Vater hat sich Gewalt angetan«, unterbrach er barsch. »Durch ein Mißgeschick, selbstverständlich, aber es könnte auch als Absicht aufgefaßt werden, und das wollen wir vermeiden.« Er räusperte sich. »Wir sind hier, um Euch zu bitten, eine natürliche Todesursache zu bescheinigen.«

»Eine natürliche Todesursache?« Der Arzt bedachte Erasmus mit einem durchdringenden Blick. »Dann ist er also tot? Und ein Opfer von Gewalt? Nein, ich will nicht wissen, auf welche Weise. Das bitte ich den entsprechenden Behörden mitzuteilen. Es gibt dort Leute, die eigens dazu da sind, solche Fälle zu untersuchen. Habt Ihr im Ernst geglaubt, ich würde ein Verbrechen vertuschen? Ein Mann in meiner Position? Ihr hättet die Sache lieber Eurer Mutter überlassen sollen,« Er wandte sich an Mrs. Kemp, und seine Züge wurden sofort weicher. Seit mehr als zwanzig Jahren kam sie zu ihm mit ihren größten teils eingebildeten Krankheiten, und er mochte sie. »Meine Liebe«, sagte er, »ich bin tief betrübt, von diesem Unfall zu hören, aber ich weiß wirklich nicht, unter den Umständen –«

»Mein Sohn ist überreizt«, sagte sie rasch. »Er weiß nicht, was er sagt. Er hat meinen armen Gatten gefunden. Er ist ja fast noch ein Junge und hat diese Sache völlig mißverstanden. Bitte, verzeiht ihm. Wir sind nur gekommen, um in dieser schrecklichen Situation Rat zu suchen. Ich bin nur eine Frau und kenne mich kaum aus in der Welt, meine Gesundheit ist alles andere als gut, was niemand besser weiß als Ihr ...«

Dabei sah sie in diesem Moment weniger kränkelnd und munterer aus denn je. Durch Erasmus' kritische Einmischung waren ihre Tränen versiegt; ihre Augen glänzten heller, ihre Wangen waren sanft gerötet. Wie sie so aufrecht dasaß, in ihrem schlichten Baumwollkleid und der garnierten Haube, die Hände im Schoß gefaltet, fand Erasmus, daß sie nicht nur recht gesund, sondern auch ausgesprochen hübsch aussah; und er spürte, daß Banks trotz seines ernsten Gehabes dasselbe dachte.

Sie schwieg einen Moment, als müßte sie sich besinnen, und fuhr dann mit wohlüberlegten Worten fort: »Wie Ihr wißt, war mein Gatte ein vollblütiger Mann und etwas kurzhalsig, und manchmal litt er an Schwindelanfällen und Blutandrang im Kopf.«

Banks nickte langsam. »Das ist richtig«, sagte er. Auch körperlich war er ein Sanguiniker. Ich habe ihn gelegentlich zur Ader gelassen.«

»Nun, ich glaube, daß er in seinem Zustand manchmal auch einen anderen Arzt konsultiert hat, zum Beispiel, wenn Ihr verreist oder aus anderen Gründen nicht zu erreichen wart.«

Der Arzt betrachtete sie einen Moment. Dann blickte er, immer noch schweigend, auf den Siegelring an seiner rechten Hand und drehte ihn gedankenverloren eine Weile hin und her. Erasmus sah seine Mutter überrascht an – von einem zweiten Arzt hatte er noch nie etwas gehört, und er wäre beinahe damit herausgeplatzt, hätte ihn nicht ein leichtes Stirnrunzeln gewarnt.

Banks blickte auf. Sein Gesicht war völlig ausdruckslos. »Ja«, sagte er, »ich bin manchmal nicht da. Unter diesen Umständen wäre es von Kemp durchaus vernünftig gewesen, einen zweiten Arzt zu bemühen.«

»Nun ist es nur so«, fuhr sie fort, »daß ich so dumm bin und nicht gewöhnt, mir Dinge zu merken. Mir will um nichts in der Welt der Name dieses Arztes einfallen, und ich weiß nicht, wie ich ihn in der Kürze der Zeit ausfindig machen könnte. Ich dachte, Ihr kennt ihn vielleicht. Ihr wißt so vieles und habt Bekannte unter den Ärzten der Stadt ...«

Wieder entstand eine Pause, in der keiner sprach. Dr. Banks blickte ernst vor sich hin und tippte die Fingerspitzen aneinander. »Den hohen Blutdruck könnte ich bestätigen«, sagte er schließlich. »Das heißt, wenn man mich fragen würde, könnte ich bestätigen, daß Kemp deswegen bei mir in Behandlung war – sagen wir einmal, wenn dieser andere Arzt Eures Gatten danach fragen würde. Das wäre keine amtliche Erklärung der Todesursache, versteht Ihr, aber es könnte, gesetzt den Fall, ein anderer stellte den Totenschein aus, diesem eine gewisse zusätzliche Glaubwürdigkeit verleihen. Ja, ich bin mir ziemlich sicher, daß es glaubwürdig wäre.« Daraufhin stand er auf und trat an seinen Schreibtisch, wo er einige Zeit in einer Schublade kramte und anschließend etwas notierte. Als er zurückkam, hielt er ein Stück Papier in der Hand. »Der Arzt, den Euer Gatte möglicherweise während meiner Abwesenheit aufgesucht hat, ist dieser hier«, sagte er. »Ich habe Euch auch die Adresse aufgeschrieben. Ich glaube, er hat keine festen Sprechzeiten und kann Jederzeit gerufen werden.«

Sie war aufgestanden, um den Zettel entgegenzunehmen, und für einen Augenblick hielt sie seine Hand fest. Sie senkte den Kopf, und die erneut fließenden Tränen hinderten sie, ihren Dank auszusprechen.

»Kemp hatte viele Freunde«, sagte der Arzt tröstend, als er sie zur Tür begleitete. »Es werden ein paar darunter sein, an die Ihr Euch wenden könnt. Und Ihr habt diesen vortrefflichen Sohn an Eurer Seite. Wenn ich irgend etwas für Euch tun kann, zögert nicht, mich darum zu bitten. Ihr werdet verstehen, daß ich den Leichnam des armen Mannes nicht selbst untersuchen und auch sonst mit dem Fall nichts zu tun haben darf. Sollte jemand fragen, warum ich nicht gerufen wurde, sagt, ich sei unpäßlich gewesen. Aber es ist unwahrscheinlich.« Er lächelte zum Abschied. »Die Sache ist völlig in Ordnung. Der Mann, dessen Namen ich Euch gegeben habe, ist ein ausgebildeter, praktizierender Arzt.«

Erst nachdem sie lange nach Mitternacht den von Banks empfohlenen Mediziner in seiner baufälligen und übelriechenden Behausung über einer Kneipe aufgestöbert hatten, fügten sich für Erasmus die Dinge allmählich zusammen. Er hatte stumm zugehört, während seine Mutter mit dem hageren, unsicher auf den Beinen stehenden Arzt verhandelte, den sie aus dem Bett geholt hatten. Ein Zehnminutengespräch und fünfundzwanzig Guineas sicherten William Kemp einen offiziellen Tod durch Herzversagen, angemessene Trauerzeit und ein Grab in geweihter Erde. Von Witwe und Sohn war die Furcht vor einem Skandal genommen. Fünf weitere Guineas verschafften ihnen die Dienste zweier verschwiegener Männer, die knapp bei Kasse waren, und eine geschlossene Sänfte. In den dunklen Morgenstunden des neuen Tages wurde der Kaufmann, eingehüllt in eine Bahn guten blauen Kattuns aus seinem Speicher, nach Hause gebracht.

Sie hatte mit diesem Halunken gefeilscht – Erasmus konnte es kaum glauben. »Nicht wegen der Guineas«, erklärte sie ihm. »Für das Ansehen deines Vaters wäre mir nichts zu teuer. Aber diese Leute erwarten es.«

Er verübelte ihr dieses unvermutete Wissen darüber, was die Leute erwarteten, und ebenso ihre Findigkeit in einer Situation, in der er weder ein noch aus gewußt hatte. Außerdem hatte sie ihn an der Nase herumgeführt, ihn absichtlich im dunkeln gelassen. Er krümmte sich innerlich, als er daran dachte, wie sie sich bei dem herablassenden Banks für ihn entschuldigt hatte.

»Warum hast du mir nichts gesagt, Mutter?« fragte er sie. »Warum hast du mir nicht gesagt, was du vorhattest?«

»Mein armer Erasmus«, sagte sie. »Ich dachte, je weniger du weißt, um so besser. Du hattest an jenem Abend deinen Vater verloren.« Und mit dieser für sie typischen Unlogik – jedenfalls aus seiner Sicht – mußte er sich zufriedengeben. Das schlimmste aber war, daß er trotz seines überlegenen Verstands und seiner Auffassung von Geradlinigkeit, an die er sich klammerte, als wäre sie ein Loyalitätsbeweis gegenüber seinem Vater, im Innersten seines Herzens wußte, daß sie ihm in jener Nacht eine Lektion im Umgang mit Menschen erteilt hatte, die er nie vergessen würde.

Das Gefühl, irgendwie hereingelegt worden zu sein, vergiftete seine Trauer in den folgenden Tagen; denn natürlich hatte ihn auch sein Vater getäuscht. Nahezu krank vor Bitterkeit versuchte er sich vorzustellen, was sein Vater während der letzten Stunden seines Lebens gefühlt haben mochte. Er erinnerte sich, wie sein Vater an jenem Nachmittag, als er sich verabschiedet hatte, seinem Blick ausgewichen war. Er mußte es damals schon gewußt haben. Er mußte sich bereits den Strick besorgt und den Eisenhaken im Balken ausgesucht haben. Vielleicht hatte er es auch schon viel länger gewußt ... Doch diese Vorstellung war mehr, als Erasmus ruhigen Bluts ertragen konnte: die Einsamkeit und die Niedertracht, die darin lag, bei Tisch zu sitzen, über geschäftliche Dinge zu sprechen, und das ständig mit der Absicht im Hinterkopf, sich umzubringen ...

Der Anblick des Gesichts im offenen Sarg am Vorabend der Beerdigung befreite Erasmus von seiner Verzweiflung, aber weinen konnte er noch nicht. Elizabeth Kemp erfüllte ihre Pflicht und bewies ihre Liebe wiederum mittels Täuschung. Sie hatte allein die Leiche gewaschen und eingekleidet. Sie hatte die dunklen Stellen unter der Haut mit Wachs abgedeckt und die starrenden Augen zugedrückt. Sie hatte Kemps Mund über der geschwollenen Zunge geschlossen und den Unterkiefer mit einer Leinenborte gestützt.

Der Tod selbst ist nie unwahr; sie hatte nur sein Äußeres etwas verfälscht, den Überlebenden zuliebe. Erasmus hatte den Eindruck, als er allein im stillen Raum kniete, daß er zum erstenmal das wahre Gesicht seines Vaters vor sich sah. Alles Unwesentliche war daraus verschwunden, das Mienenspiel, die frischen Farben, der unruhige Blick, ausgelöscht von der Blutleere des Todes. Jetzt wurde erkennbar, daß sein Vater ein Fanatiker gewesen war, der bis zuletzt recht behalten wollte. Erasmus erkannte mit unaussprechlichem Schmerz, daß alles, woran er sich bei seinem lebenden Vater erinnern konnte, seine Gestik, sein Geltungsbedürfnis, die besondere Lebhaftigkeit, mit der er sich ausdrückte – daß all das nichts anderes gewesen war als dilettantische Proben für diese letzte wächserne Starre.

Mitleid für seinen Vater trieb ihm die Tränen in die Augen, und das Gesicht vor ihm verschwamm, so daß es für einen Moment nur zu schlafen schien. Die Augenlider zitterten, die Nasenflügel weiteten sich leicht wie bei einem köstlichen Duft. Erasmus war in Dicksons Werft zurückversetzt, in jenen bereits über ein Jahr zurückliegenden Wintermorgen, als sich sein Vater inmitten der Gerüche von Holz und nassem Sägemehl gebückt, seine Kennernase an die frisch geschnittenen Schiffsmasten gehalten und das Holz für erstklassig erklärt hatte. Es hatte damals aber auch noch anders gerochen, strenger und faul – nicht am selben Tag, aber irgendwann um die gleiche Zeit, als das Schiff auf der Helling gelegen hatte. Augen, in denen das Licht erstarb, eine erschreckte Bewegung im Halbdunkel, eine stumme Bitte um einen unbeobachteten Tod ... ein anderer Mensch, dessen scharfer Todesgeruch sich in die milderen Gerüche von sauberem Leinen und Veilchenessenz mischte ...

Erasmus erhob sich zu rasch. Ihm schwindelte. In der trostlosen Klarheit, die darauf folgte, begriff er, daß sein Vater an jenem Tag auf der Werft den eigenen Tod, die eigene Verwesung gerochen hatte – daß es das Schiff war, das ihn getötet hatte.

35

Auf der *Liverpool Merchant* ging das Sterben weiter, nicht in großem Umfang, aber stetig Tag für Tag, als die Ruhr trotz Paris' Bemühungen um sich griff.

Der inzwischen bereits zweite Versuch, Afrika zu verlassen, war kaum erfolgreicher verlaufen als der erste. Vielleicht war das Äffchen nicht Opfer genug gewesen, und der Schutzgeist hatte Thurso, launenhaft wie mächtige Wesen nun einmal sind, einfach verlassen; vielleicht hatte Thurso auch länger gelebt als in diesem Geschäft allgemein üblich, so daß sein Glück aufgebraucht war und niemand mehr auf ihn setzen wollte. Jedenfalls wurde das Schiff in den folgenden Wochen Opfer aller Wetterunbilden, die sich am Äquator um diese Jahreszeit einstellen konnten. Der Nordost-Passat fiel schwächer aus als sonst und erreichte nicht die südlichen Breiten, in denen sich die *Liverpool Merchant* befand. Knapp neunzig Seemeilen auf hoher See war sie in Kalmen geraten und wurde vom Guineastrom zu den Untiefen der Küste zurückgedrängt. Einen Tag nach dem anderen verbummelte sie in rund sieben Grad südlicher Breite, jener Äquatorregion mit der leichten Strömung und den schwachen, aus verschiedenen Richtungen kommenden Winden, die, wenn sie sich begegnen, als Mallpassate nach oben abwandern und auf dem Meer windstille Inseln zurücklassen.

Es gab Aussichten auf Wetterveränderung. Ein leichtes Kräuseln der Meeresoberfläche, als striche eine Katzenpfote über das Wasser, konnte der Vorläufer einer stetigen Brise sein. Hughes, der auf seinem Hochsitz in der Takelung diese flüchtigen Spuren sah, kratzte abergläubisch an der Stagfock und pfiff nach dem Wind.

Aber er kam nicht. Die Segel blieben schlaff. Apathisch hockten die Schwarzen unter dem Sonnensegel, dessen Ränder sich kaum bewegten. Die Furcht, die ihre Augen unstet und glänzend gemacht hatte, war völlig aus ihren Gesichtern gewichen. Ihre Blicke waren stumpf, ihre Bewegungen langsam, als lastete etwas Schlimmeres als Furcht auf ihrem Gemüt.

Meer und Himmel flossen im gleißenden, glutheißen Dunst zusammen. Das Schiff schwamm auf einem Meer, das dicker und träger schien als Wasser. Doch diese leblose See hatte ihre aktiven Momente. Manchmal tauchten die streichelnden Pfoten tiefer ein, und es entstand eine merkwürdig geriffelte oder brodelnde Bewegung. Und hin und wieder stieg in der Nähe des Schiffs ein übelriechender, gallertartiger Schaum an die Oberfläche. Wegen dieses stinkenden Treibguts kam es in der Back zwischen Blair und Lees zu einem heftigen Streit, der beinahe in eine Schlägerei ausartete, nur weil der eine behauptete, es sei toter Fischlaich, und der andere auf verwesenden Tintenfischen bestand. Die Stimmung in der Mannschaft war gereizt, die Arbeit schmutzig und ekelerregend, und es gab nicht genug zu essen – auf

Thursos Befehl wurden nur noch Rationen ausgeteilt. Cavana, der den Kapitän seit dem Tod des Äffchens haßte, verbreitete das Gerücht, Thurso habe das Geld für die nicht angeschafften Vorräte in die eigene Tasche gesteckt, eine Behauptung, die durchaus zu dem paßte, was die Männer von Thurso wußten, und die sie gern glaubten, weil sie ihnen einen Grund zur Unzufriedenheit bot. Die Männer murrten immer lauter gegen Thurso, wenn auch noch nicht in seiner Hörweite.

Als Paris die merkwürdig brodelnden Bewegungen sah, die diese bleiche, glühende See aufrührten, ohne die leiseste Brise zu bringen, kam ihm der grausige Verdacht, daß sich irgendwelche Lebewesen unmittelbar unter der Meeresoberfläche an dem ekligen Schaum gütlich taten, daß dort ein Festschmaus stattfand, zu dem das Schiff seinen täglichen Beitrag leistete, indem es die Körper der Toten und den Kot der Lebenden in das nahezu stehende Wasser kippte und es in eine Kloake verwandelte.

Er neigte in diesen Tagen zu makabren Vorstellungen, was zum Teil daher rührte, daß er die verheerenden Auswirkungen der Ruhr unter den Schwarzen nicht verhindern konnte. Im fortgeschrittenen Stadium waren die Kranken zu schwach, um den Eimer zu benutzen, besonders die paarweise aneinandergeketteten Männer. Die Quartiere unter Deck sowie Teile des mittleren Decks wurden gesundheitsgefährdend. Paris wandte alle ihm zur Verfügung stehenden Mittel an, um die Infektionsgefahr zu bekämpfen. Er sorgte dafür, daß die Sklaven gewaschen und die Decks ordentlich geschrubbt, die Unterkünfte mit Essig gesäubert und mit Pech und Schwefel ausgeräuchert wurden. Thurso unterstützte die Bemühungen des Arztes, um möglichst viele Neger am Leben zu halten. An verschiedenen Stellen auf dem Schiff ließ er Töpfe aufstellen, in denen angefeuchtetes Schießpulver verbrannt wurde – ein Desinfektionsmittel, auf das er schwor. Trotzdem starben die Schwarzen weiter. Und zu allem Übel entdeckte Paris bei den Mitgliedern der Besatzung Symptome von Skorbut.

McGann war der erste. Er hatte Sullivan geholfen, eine tote

Negerin über die Seite zu werfen, und war anschließend zu Paris gekommen, weil er sich so schwach in den Knien fühlte. »Ich hab sie kaum hochgekriegt, und dabei war sie nicht schwerer als 'n Sack voll Knochen.«

Paris nahm seine Klagen anfangs nicht sonderlich ernst. McGann war ein Drückeberger. Er roch jedoch stark aus dem Mund, und bei der Untersuchung der Mundhöhle ergab sich, daß das ungewöhnlich rote, fast schwammige Zahnfleisch beim geringsten Druck blutete.

»Und dann meine Beine«, jammerte McGann und begann, seine Hosenbeine hochzurollen.

Die Haut auf seinen abgemagerten Beinen wies mehrere blauschwarze Flecken auf. Sie waren nicht erhaben und ähnelten einem Bluterguß.

»Bei der kleinsten Anstrengung geht mir die Luft aus«, sagte McGann.

Paris nickte. »Du hast Skorbut.«

»O ja?«

McGann schien es bereits gewußt zu haben. »Es liegt an der Ernährung«, sagte Paris.

McGanns umfangreiche Mütze, von der er sich nicht trennen wollte, rutschte ihm über die Brauen, und das kleine, verkniffene Gesicht darunter blickte mit einer Art verbissener Hartnäckigkeit zu Paris auf. »Es stimmt. Ich hab immer Hunger«, sagte er. »Ich werd nie satt. Mit einer Extraration Reispudding ging's mir bestimmt gleich besser.«

»Ich weiß, daß du Hunger hast«, sagte Paris, »aber selbst bei doppelter Ration würde sich dein Zustand nicht bessern. Der Grund ist nicht die Menge, sondern das, was ihr eßt – das nehme ich jedenfalls an.« Er schwieg einen Moment und sagte dann ziemlich hilflos: »Um ehrlich zu sein, McGann, ich bin mir keineswegs sicher, was diese Symptome verursacht. Vermutlich ist es die mangelhafte Ernährung. Zitronensaft soll angeblich helfen, aber wir haben nichts dergleichen an Bord. Ich werde dir etwas zum Gurgeln machen, und dann sehen wir mal, ob es besser wird.«

McGann schien von dieser Kur nicht viel zu halten. Er war enttäuscht und unzufrieden. Paris erkannte, daß er nur in der Hoffnung auf zusätzliche Essensrationen gekommen war. Er mischte ihm trotzdem ein Mittel aus angesäuertem Malzextrakt und trug ihm auf, damit zu gurgeln.

In den folgenden Tagen bemerkte er auch bei anderen Mitgliedern der Crew Hautverfärbungen und Mattigkeit. Bei den Schwarzen traten erstaunlicherweise keine Skorbutsymptome auf, und nach einiger Überlegung kam Paris zu dem Schluß, daß es an den grünen Paprikaschoten liegen mußte, die sie zu ihrem Reis bekommen hatten und die leider inzwischen aufgebraucht waren. Einen anderen wesentlichen Unterschied in der Ernährung hatte es nicht gegeben.

Die anhaltende Flaute und die um sich greifenden Krankheiten lösten bei den Menschen auf dem Schiff, je nach Temperament und Lebenslage, unterschiedliche Reaktionen aus. Der nach innen gekehrte Paris mit seinem ständigen Schuldbewußtsein litt unter Depressionen und morbiden Vorstellungen. Die Männer der Crew, weniger privilegiert hinsichtlich der Unterkunft, wurden streitsüchtiger und übelnehmerischer gegenüber den Vorgesetzten. Haines und Barton trieben die Männer unvermindert scharf an, doch sie waren auf der Hut und trugen stets eine geladene Pistole am Gürtel.

Auch Thurso war sich des dumpfen Widerstands gegen ihn bewußt und erschien nur bewaffnet. Im übrigen lebte er in seinem eigenen Fegefeuer. Er speiste allein. An Deck sprach er nur durch Barton. Aus seinen kleinen, rotgeäderten Augen unter den dichten Brauen spähte er argwöhnisch in die Gesichter, als suchte er nach einem Hinweis auf den Schuldigen, den Vernichter seiner Ware, den Urheber dieser verdammten Kalmen. Auf Paris machte er den Eindruck eines eindeutig Geistesgestörten.

Nur Delblanc schien von alldem weitgehend unberührt – obwohl dieser Eindruck trog, wie Paris später erkannte. Tatsächlich veränderte sich Delblanc in diesen ewig gleichen Tagen stärker als jeder andere, was nur nach außen hin nicht erkennbar wurde. Tadellos rasiert und gekämmt, in einem Hemd aus locker gewebter Baumwolle und eleganten, eng anliegenden Kniehosen ging er auf dem Schiff umher und sprach in seiner gewinnenden Art mit jedem, der Zeit hatte, ihm zuzuhören.

Welche Überlegungen er in der Stille seiner Kabine anstellte und inwieweit er ernsthaft versuchte, einen Aufstand zu schüren, oder auch nur auf einen Aufstand hoffte, kam nie ganz deutlich zum Ausdruck – er selbst äußerte sich nicht dazu. Aber zweifellos erlebte Delblanc in dieser Wasserwüste, während Tag für Tag Tote über Bord geworfen wurden und das Schiff in seiner eigenen Jauche schwamm, eine Art Umkehrung, die für alle, für Sklaven und Seeleute gleichermaßen, tiefgreifende Folgen brachte.

Menschen können durchs Leben gehen, ohne je zu erfahren, wer sie eigentlich sind; sie können sich für jemand ganz anderen halten und mit dieser Illusion sterben, weil sie nie gezwungen wurden, ihr Selbstverständnis zu ändern. Vielleicht trifft das sogar auf die meisten von uns zu. Delblanc hatte sich für so etwas Ähnliches wie einen Künstler gehalten, einen ziellosen Wanderer und ziemlichen Versager. Er war für Theorien von Freiheit und Gleichheit eingetreten wie viele, die meinen, sie hätten es zu nichts gebracht; aber diese Theorien hatten in der Gesellschaft ganz allgemein und durch sein eigenes mangelndes Selbstvertrauen an Überzeugungskraft verloren. Nun fand er in der gegenwärtigen Situation des Schiffs, in einem reduzierten, konzentrierten Kosmos, das perfekte Modell einer Tyrannenherrschaft vor. Er war gezwungen, seine Lebensziele zu überdenken.

In einer Ecke an Deck oder in der etwas geräumigeren Passagierkabine setzte er mit dem Arzt sehr häufig die Diskussionen fort, die sie bei ihrer ersten Begegnung begonnen hatten. Paris' Zuneigung zu Delblanc hielt an und nahm sogar zu. Seiner liebenswürdigen und aufrichtigen Art war kaum zu widerstehen. Doch abgesehen davon hätte Delblanc für Paris immer etwas Besonderes bedeutet, denn er war es gewesen, vor dem er an jenem Abend im Fort seine Seele ausbreiten konnte …

Richtig übereinstimmen konnten sie jedoch nie. Delblanc behauptete, jedes Volk, jede Nation oder Gruppe könnte den jeweiligen Zustand sofort und grundlegend durch eine Umstellung der Denkgewohnheiten ändern. »Laßt das unterdrückteste Volk unter dem Himmel einmal umdenken, und es ist frei«, sagte er mit jenem ungewöhnlich offenen und wehrlosen Ausdruck in seinen braunen Augen, während er mit seinen schönen, kräftigen Händen heftig gestikulierte. Er hatte sich neuerdings abrupte, beinahe grimmig gebieterische und jeden möglichen Widerspruch abblockende Gebärden angewöhnt, die in merkwürdigem Gegensatz zu seiner vornehm-gelassenen Haltung standen. »... selbst diese Menschen hier auf dem Schiff«, sagte er, »die Schwarzen genauso wie die Weißen, denn beide sind unfrei.«

Und Paris, der müde war und deprimiert, nicht zuletzt wegen einer Art fiebrigen Schlaflosigkeit, unter der er in diesen Tagen litt, wunderte sich über den unverdorbenen Glanz in Delblancs Augen, die frische Erscheinung, den Eifer und die zunehmende Erregtheit in seinen Gebärden, die – obwohl es Paris erst später bewußt wurde – bereits Anzeichen jenes Fanatismus enthielten, der sie alle so tiefgreifend in Mitleidenschaft ziehen sollte. »Ihr sagt, wir könnten unsere Lebenbedingungen ändern, wenn wir unsere Gedanken ändern«, hatte Paris entgegnet. »Aber woher nehmt Ihr Euren Glauben, daß sich das Denken ändern läßt? Ihr wollt bei Eurem Haus das Obergeschoß bauen, bevor die Grundmauern stehen. Ich glaube nicht, daß man seine Denkgewohnheiten so einfach umstellen kann.«

»Wenn Gedanken nicht angeboren sind – und das sind sie nicht –, können sie auch nicht so tief verwurzelt sein, daß man sie nicht ausmerzen könnte«, entgegnete darauf Delblanc mit einer seiner abgrenzenden Handbewegungen. »Es geht nur darum, eine Assoziationskette durch eine andere zu ersetzen. Davon bin ich überzeugt ... Ich weiß es mit meinem Herzen und meinem Verstand, Paris: Man kann frei leben und braucht die Freiheit anderer nicht zu beschränken, solange einem niemand die eigene nehmen will.«

Ungefähr so verliefen die meisten ihrer Diskussionen. Aber Delblancs Sendungsbewußtsein nahm ständig zu. Jeder – der wieselgesichtige Tapley beim Deckschrubben, der brummige Billy Blair, der gerade von den Sklavenquartieren heraufkam, Morgan in seiner Kombüse, während er auf eine neue Zubereitungsart für verfaultes Salzfleisch sann – jeder konnte plötzlich von Delblanc angesprochen und gefragt werden, ob er nicht auch der Meinung sei, daß der Zustand der Gesellschaft künstlich und die Herrschaft eines Mannes über andere lediglich von einer Konvention hergeleitet sei. Delblanc sprach mit allen gleich freundlich und offen. Anfangs, als die Taktik noch hinter der Überzeugung herhinkte, kümmerte es ihn wenig, ob seine Zuhörer verstanden, was er sagte. »Von Natur aus sind wir gleich«, sagte er bei Gelegenheit zu einem freundlich lächelnden Calley. »Und folgt daraus nicht, daß Herrschaft immer von der Zustimmung der Beherrschten abhängen muß?« Er war gebildet und drückte sich entsprechend aus. Er wandte sich sogar an McGann, dem es immer schlechter ging, und fragte ihn, ob er es nicht auch für zutreffend halte, daß der Charakter eines Mannes seinen Ursprung in den äußeren Lebensumständen habe und geändert werden könnte, wenn sich diese änderten.

Die Männer hörten ihm höflich zu, weil er ein Gentleman war und für seine Überfahrt bezahlt hatte. Doch Delblanc merkte bald, daß er bei ihnen die falschen Worte benutzte, und versuchte es mit einer leichter verständlichen Sprache, bis ihn Thurso auf recht wenig höfliche Weise warnte: Wenn er fortfahre, die Mannschaft auf diese Weise zu beunruhigen, müsse er sich für den Rest der Reise in seiner Kabine aufhalten. »Ich werde diesem Geschwätz ein Ende machen«, gelobte er Barton gegenüber, »und wenn ich ihn einsperren muß.« Es erwies sich als unnötig. Ein Blick auf das Gesicht des Kapitäns genügte, um Delblanc zu überzeugen, und dieses rasche Erkennen der Realitäten wies bereits hier auf eine Eigenschaft hin, die ihn später auszeichnete. Er ging behutsamer vor.

Und das war gut so. Thursos Strafaktionen waren nur noch von Grausamkeit diktiert; selbst der Anschein von Gerechtigkeit fehlte. Davies, der gewählte Sprecher, kam nach achtern, um sich über das Fleisch zu beschweren, das ebenso widerlich roch, wie es aussah. Obwohl er ehrerbietig sprach und die Augen gesenkt hielt, hatte er kaum ein paar Worte geäußert, als Thurso ihn in einem Wutausbruch an die Gräting binden ließ und mit einem Tauende auspeitschte. Thurso selbst stöhnte und keuchte unter der Wucht der Schläge und hörte erst auf, als ihn seine Erschöpfung dazu zwang.

»Das wird ihm Davies nie verzeihn«, sagte Sullivan im Vertrauen zu Paris. »Und wenn er hundert Jahre alt wird. Es war ungerecht. Davies ist ein anständiger Mensch, deshalb haben wir ihn gewählt, und er hat anständig zum Käpt'n geredet.«

»Es ist jetzt eine schwierige Zeit«, entgegnete Paris. Er schloß sich grundsätzlich keiner offenen Kritik am Kapitän an.

Wenig später ließ Thurso McGann in Eisen legen, weil er bei den Schwarzen um Reis gebettelt hatte. Manchmal gaben sie tatsächlich den Männern, von denen sie mißhandelt worden waren, etwas von ihrem Essen ab. Paris war gerührt von dieser unerklärlichen Barmherzigkeit; der Kapitän hingegen tobte, weil die Sklaven auf diese Weise noch schwächer und ihre Überlebenschancen noch geringer werden könnten.

Die dunklen Stellen an McGanns Beinen waren zu eiternden Wunden aufgebrochen, und er atmete schwer. Als Haines ihm am folgenden Morgen die Fesseln abnahm, lebte er noch und war auch noch imstande zu sprechen, doch als man ihn auf die Beine stellte, stöhnte er nur einmal laut auf und fiel tot auf das Deck. Eine Stunde danach war er in Segeltuch eingenäht, beschwert und mit dem geringstmöglichen Zeremoniell der See übergeben.

Zwei Tage später besserte sich das Wetter, und alle atmeten auf. Von Osten her kam plötzlich Wind auf, anfangs veränderlich, dann stetig. Die *Liverpool Merchant* kreuzte zunächst, um den umlaufenden Wind am vorteilhaftesten zu nutzen, und machte dann gute Fahrt. Gleichzeitig schien die Ruhr abzuflauen. Neun Tage lang forderte sie kein neues Opfer. Trotzdem waren die Sklaven äußerst geschwächt, und wenn sie zum Waschen an Deck kamen, konnten viele nicht mehr ohne Hilfe stehen, nicht einmal dann, wenn die Peitsche nachhalf. Die Verluste waren erheblich. Laut Barton, dessen Aufgabe es war, eine Liste zu führen, waren sechsundsiebzig Neger auf dem Schiff gestorben, seit sie die ersten Sklaven in Sierra Leone an Bord genommen hatten.

Dennoch schien Thurso jetzt besserer Laune. Er lud Paris und Delblanc ein, mit ihm zu Abend zu speisen. Barton kam ebenfalls dazu. Es war noch ein einigermaßen gut erhaltenes Stück von dem Rindfleisch übrig, das sie bereits gesalzen in Kap Palmas an Bord genommen hatten und das für den Kapitän und die Offiziere reserviert war. In kleine Stücke zerteilt und mit Hartbrot, Zwiebeln und Reis gekocht, servierte es Morgan als Eintopf, bei dem Thurso, unterstützt von einem guten Bordeaux aus seinem Vorrat, gesprächig wurde. Seine Gäste erfuhren, daß Kingston auf Jamaika nach Dr. Halleys Seekarte von London aus gerechnet auf einer Länge von sechsundsiebzig Grad und dreißig Minuten lag, und daß sie deshalb, sofern er, Thurso, die Länge von Cape St. Ann richtig berechnet habe, noch vierhundertzwanzig Seemeilen von Kingston entfernt waren. Dabei reckte er die Schultern, stopfte sich eine Pfeife mit seinem stinkenden schwarzen Tabak, starrte ins Leere oder auf einen vielleicht doch wieder gnädig gesonnenen Dämon und ließ alles in allem durchblicken, daß er seine Berechnungen für zutreffend hielt.

Paris, der sich immer noch wegen des Skorbuts an Bord Sorgen machte, nützte die Gunst der Stunde und bat den Kapitän um etwas von seinem Bordeaux, den er verdünnt an die Mannschaft ausgeben wollte.

»Meinen Bordeaux?« Thurso sah ihn erstaunt an. »Ihr habt wohl ganz und gar den Verstand verloren, Mr. Paris. Ich soll meinen Bordeaux für dieses aufsässige Gesindel hergeben?«

»McGann ist an Skorbut gestorben«, sagte Paris. »Und bei drei weiteren Männern habe ich Skorbutsymptome festgestellt. Es liegt an einem Mangel in der Ernährung. Ich dachte, der Wein könnte vielleicht helfen; schließlich besteht er aus dem Saft von Trauben. Ich dachte, ich könnte ihn mit etwas Zucker und Salbei mischen.«

»So, dachtet ihr? McGann war doch ein syphilitisches Frettchen, und er ist gestorben, weil er kein Mark mehr in den Knochen hatte. An Salzfleisch ist nichts auszusetzen. Die Navy ernährt ihre Leute seit Jahrhunderten damit. Und wenn es an der Ernährung liegt, warum hat dann nicht die gesamte Mannschaft Skorbut? Sie bekommen alle das gleiche Essen.«

»Das weiß ich nicht genau«, antwortete Paris.

»Ah. Es gibt tatsächlich etwas, das Ihr nicht wißt? Ich sage Euch, die drei, die Ihr erwähnt habt, sind nur zu faul, die Füße zu heben. Wenn ich einen erwische, der seine Arbeit nicht ordentlich macht, bekommt er die Peitsche. Was er bestimmt nicht bekommt, Mr. Paris, ist auch nur ein Tropfen vom Wein des Kapitäns.«

Diese Eindeutigkeit ließ keine weiteren Bitten zu. Paris mußte immer wieder an die grünen Paprika im Essen der Schwarzen denken. Ohne mit jemand darüber zu sprechen, holte er einen Sack Trockenerbsen aus dem Vorratsraum und weichte sie in seiner Kabine in Wasser ein, bis sie keimten. Dann überredete er Morgan, die Sprossen über den Labskaus der Männer zu streuen. Doch es sollte ihm nicht genug Zeit bleiben, weder um eine eventuelle Besserung festzustellen noch um mit der Sprossenzucht fortzufahren.

Hughes, der Kletterer, sah langschwänzige tropische Vögel am Himmel und Schwärme leuchtend bunter Sonnenfische unten im Wasser – Anzeichen, daß sie in geschütztere Gewässer kamen. Er sah auch einen leuchtenden Schein am Rand einer fernen Wolke und erkannte ihn als das erste Anzeichen für stürmisches Wetter. Trotzdem brach der Sturm so plötzlich los, daß sie kaum Zeit hatten, die Luken über den Sklavenquartieren zu schließen. Das Schiff taumelte unter dem Aufprall einer riesigen See, die sich scheinbar aus dem Nichts vor ihnen aufgetürmt hatte. Der Tornado, der sie begleitete, kam von Osten und überfiel das Schiff mit furchtbarer Gewalt. Haines rief über das in allen Fugen ächzende und knarrende Schiff brüllend alle Mann an Deck. Thurso stand am Großmast neben Barton, der die Befehle des Kapitäns ausrief. Die Männer an den Gordings zogen mit aller Kraft, um die störrisch knatternden Segel aufzuholen. Über ihnen schaukelten Hughes, Wilson, Cavana und Blair und versuchten, die Toppsegel zu bändigen. Die Männer waren körperlich geschwächt, aber an Disziplin und Strapazen gewöhnt, und so hatte das Schiff erstaunlich schnell unter gerefften Toppsegeln beigedreht.

Danach wurden sie sechs Tage lang nahezu pausenlos von heftigen Sturmböen und Gewittern verfolgt. Während all dieser Zeit konnten die Sklaven nicht an Deck gebracht werden. Sie bekamen zu essen, wenn der Sturm etwas nachließ. Wegen der rauhen See und der heftigen Regenfälle mußten die Luftpforten für die Zwischendecks, die sich seitlich am Schiff befanden, geschlossen bleiben und die Luken abgedichtet werden, so daß die Zwischendecks praktisch von jeder Frischluftzufuhr abgeschnitten waren.

Die Schwarzen, durch Entbehrungen und Krankheit bereits entkräftet, litten entsetzlich. In den Zwischendecks staute sich Hitze. Die eingeschlossene verbrauchte Luft, in die sich der Schweiß- und Exkrementengestank so vieler eng zusammengedrängter Leiber mischte, drohte die Menschen zu ersticken. Sie hatten in ihren Abteilen kaum mehr als zwei Fuß lichte Höhe und lagen auf ungehobelten Brettern, so daß ihnen, wenn sie in der heißen, stickigen Dunkelheit hilflos umhergeworfen wurden, das rauhe Holz Rücken und Seiten aufschürfte. Wenn der Wind abflaute, hörte Paris ihre Hilferufe und die vor Elend halb wahnsinnigen Schreie.

Wann immer es die Bedingungen erlaubten, ging Paris zu ihnen hinunter, stets von drei Männern begleitet – einer trug die Lampe, die anderen hinderten die Sklaven mit Schlagstöcken daran, ihnen in die Knöchel und Waden zu beißen. Paris kam sich hier unten vor wie in einem infernalischen Schlachthaus. Die Böden waren so glitschig von Blut und Schleim der Durchfallkranken, daß die Füße kaum Halt fanden.

Er brachte in Wasser eingeweichtes Brot, um die Sklaven zu erfrischen, und suchte nach Ohnmächtigen, damit sie vielleicht nach oben gebracht werden konnten. Bevor er in die Zwischendecks ging, legte er das Hemd ab; trotzdem hielt er die Hitze nicht lange aus. Beim letzten Mal fühlte er sich schon vorher krank. Nach knapp zehn Minuten wurde ihm von der Hitze, dem Gestank und der verbrauchten Luft so übel, daß er sich ohne Hilfe nicht auf den Beinen hätte halten können.

Es war der Auftakt zu einem neuen Fieberanfall. Einen Tag und eine Nacht lang lag er bald schwitzend, bald frierend, dann wieder in einen kurzen, unruhigen Schlaf fallend in seiner Kabine, während die Gewalt des Sturms langsam nachließ und das Wetter sich allmählich beruhigte.

Zur gleichen Zeit hatte Thurso seine Idee. Sie war ganz einfach, aber Thurso war schließlich ein einfacher Mann, das fleischgewordene Profitstreben, und etwas Einfacheres als dieses kann es kaum geben. Seine Idee beruhte auf bestimmten unbestreitbaren Tatsachen. Während des sechstägigen Sturms waren achtzehn Neger gestorben – zehn Männer, fünf Frauen, drei Jungen. Das Schiff war weit vom Kurs abgekommen, und bis es Jamaika erreichte, würden weitere Neger sterben. Die Überlebenden würden nicht so gut aussehen, daß sich die Pflanzer um sie reißen würden. Nun war es aber so, daß Fracht, die an Bord aufgrund sogenannter natürlicher Ursachen verdarb oder einging, etwas völlig Wertloses war; warf man sie jedoch aus einem ausreichend guten Grund über Bord, konnten dafür als gesetzlich anerkanntes Seewurfgut von den Versicherern dreißig Prozent des Marktwerts kassiert werden. Eine weitere Tatsache war, daß Paris, mit dem es deswegen möglicherweise Ärger gegeben hätte, fieberkrank in seiner Kabine lag und, mit etwas Glück für Thurso, noch eine Weile dort bleiben oder gar am Fieber sterben würde.

Alle diese Tatsachen gingen dem Kapitän durch den Kopf, während er allein bei einem Brandy in seiner Kajüte saß. Sein Ratgeber hatte ihn doch nicht verlassen. Nein, er war zurückgekehrt und sprach wieder zu ihm, und sein Rat war mehr als vernünftig. Thurso wußte, daß er dabei nicht viel zu gewinnen hatte – nur der Eigner würde von dem Versicherungsgeld profitieren. Doch er konnte sich nach dieser Reise zur Ruhe setzen. Er hatte Ersparnisse; ihm gehörten Dreiviertel des Goldstaubs, den er mit Barton erworben hatte. Ob die Neger überlebten oder starben, war für ihn finanziell ohne große Bedeutung. Aber er hatte einen Ruf zu verlieren. Während seines langen Berufslebens hatte er stets alles daran gesetzt, seine Reeder zufriedenzustellen … Damit rechtlich alles einwandfrei ablaufen konnte, ließ er Barton, Haines, Davies und Barber in die Kajüte kommen, da sie die einzigen der überlebenden Männer von einem gewissen gesellschaftlichen Status waren.

Das Ergebnis dieser nächtlichen Konferenz wurde am nächsten Morgen in die Tat umgesetzt, etwa zur gleichen Zeit, als Paris, noch mit einem Gefühl der Körperlosigkeit, aber fieberfrei, erwachte. Er spürte, daß das Schiff leicht krängte; vermutlich war im Laderaum etwas verrutscht. Während er, noch nicht ganz wach, aber dankbar für das ruhige Wetter und seine wiedergewonnene Klarheit, in seiner Koje lag, hörte er eine Reihe ihm unerklärlicher Geräusche: Ketten polterten über ihm auf dem Deck, rasche Schritte von mehreren Männern, ein langgezogener Schrei, ein kurzes Aufplatschen an Steuerbord. Er glaubte zunächst, er wäre noch nicht richtig wach, da hörte er es schon wieder, das Poltern von Ketten – es klang, als fielen Fußeisen auf das Deck. Doch er hatte keine anderen Stimmen gehört – nur diesen einen Schrei. Aus Neugier und irgendwie ungläubig, als folgte er geheimnisvollen Zeichen in einem Traum, stand er auf, zog sich rasch an, wie ihm das in seinem geschwächten Zustand möglich war, und ging nach oben an Deck.

Sein erster Eindruck war, daß zwischen Haines und Libby, die sich wie Ringer gegenüberstanden, ein Kampf stattfand. Thurso und Barton standen wie Sekundanten bei einem Duell rechts und links daneben, und ungefähr ein Dutzend mit Stöcken bewaffneter Männer schien, im Halbkreis postiert, aufzupassen, daß keiner der Gegner Reißaus nahm.

Aber es war kein Kampf. Haines und Libby kämpften gar nicht miteinander. Paris sah zwei nackte Sklaven ohne Ketten vor dem Schanzkleid stehen. Er hörte Thurso etwas sagen. Haines und Libby bewegten sich auf die Neger zu, Wilson schloß sich ihnen an. Drei sehr kräftige Männer … Die Sklaven sollten über die Seite befördert werden. Andere waren ihnen vorausgegangen – das war es, was er gehört hatte.

Sie hatten ihnen die Ketten abgenommen. Ketten besaßen immerhin einen Wert ... Alle Beteiligten waren von ihrer Tätigkeit völlig in Anspruch genommen; keiner von ihnen hatte Paris bis jetzt gesehen. Der eine Schwarze hielt sich aufrecht und stand nur teilnahmslos da, aber der andere hatte in seiner Angst bittend die Hände gehoben und den Kopf nach vorne gestreckt, als verneigte er sich vor seinen Unterdrückern. Es war die Haltung eines gequälten Tiers, und Paris erkannte etwas darin wieder ...

Jeder Gedanke an mögliche Folgen verflog. »Nein!« brüllte er. »Nein!« Er lief über das Deck auf sie zu. Einem unbewußten Impuls folgend hob er den rechten Arm gebieterisch in die Höhe, und mit aller Kraft, die seine Lungen hergaben, schrie er noch einmal sein »Nein!« in den leeren Himmel.

36

Das Schiff sei schuld, behauptete Erasmus einige Tage später im Verlauf seines letzten Gesprächs mit dem Mann, der sein Schwiegervater hätte werden sollen, und in dem heißen Wunsch, seinen Vater zu schützen, hätte er ihn beinahe verraten. »Der Gedanke an das Schiff ließ ihm keine Ruhe«, sagte er bleich, mit brennenden Augen und tadellos gekleidet in schwarzen Samt und steifen weißen Kragen. Seit er das Ausmaß der finanziellen Katastrophe kannte, hielt er noch peinlicher auf sich und seine Kleidung. Er wusch sich häufig und wechselte zweimal am Tag die Wäsche. Seit neuestem puderte er sich das Haar. »Es waren seine gescheiterten Hoffnungen auf das Schiff«, sagte er, »die ihn dazu brachten ... die den Anfall herbeiführten.«

Wolpert ließ nicht erkennen, ob er die geänderte Wortwahl oder das kurze Zögern bemerkt hatte. Er fand es seltsam, daß der junge Mann den Tod seines Vaters auf eine so geringfügige Ursache zurückführte, seltsam und übertrieben, aber Erasmus neigte zu Extremen wie sein Vater, der dies gerade wieder einmal bewiesen hat, dachte Wolpert mit bitterem Sarkasmus, mit der enormen Höhe seiner Schulden. Zwanzig Sklavenschiffe hätten Kemp nicht retten können, so wie die Dinge standen. Das war inzwischen allgemein bekannt. »Das Schiff ist noch nicht so lange überfällig, um es für verloren zu halten«, sagte er. »Es ist jetzt ein gutes Jahr unterwegs, und der Handel an der Guineaküste ist zur Zeit flau. Euer Vater hat das sicher gewußt.«

Wolperts Absicht war, den Vater gegen die vordergründige Beurteilung des Sohnes in Schutz zu nehmen; irgendwie taten sie ihm beide leid. Aber der starre Ausdruck im Gesicht des jungen Mannes änderte sich nicht. Er schien seine Schultern noch gerader zu recken, als würde er die freundliche Absicht in den Worten des älteren Mannes erkennen und ablehnen. »Das Schiff hat Afrika vor einem halben Jahr verlassen«, sagte er kalt. »Wir haben Briefe erhalten … einen Brief vom Kapitän.«

»Euer Vetter befindet sich auf dem Schiff, nicht wahr?« sagte Wolpert. Kemp hatte es eines Tages erwähnt, als sie sich auf der Straße begegnet waren. »Es wird ein schwerer Schlag für ihn sein. Kemp war sein Wohltäter.« Erasmus hatte nie von seinem Vetter gesprochen. Es schien, als hätte er auch jetzt nur ein kurzes Nicken für ihn übrig. Doch einen Augenblick später sagte er: »Ich glaube, das Schiff ist untergegangen und mein Vetter mit ihm.«

Wolpert seufzte und faltete seine dicklichen Hände auf dem Schreibtisch. »Wir müssen zur Sache kommen«, sagte er. »Nichts von alldem ist Eure Schuld. Trotzdem haben sich die Dinge natürlich verändert. Wenn wir über Verluste sprechen, nützt es meistens wenig, nach den Ursachen zu fragen.« Er blickte in das regungslose Gesicht seines Gegenübers. Er hatte sich nie richtig für Erasmus Kemp erwärmen können, weil er immer, selbst in Erasmus' deutlicher Verehrung für Sarah, etwas Hartes und Tyrannisches gespürt hatte. Aber er hatte die Energie und den Ehrgeiz des jungen Mannes respektieren gelernt und fühlte sich ihm jetzt, da ihm nichts anderes als diese Eigenschaften geblieben war, freundlicher zugetan als vielleicht je zuvor. »Eure Mutter verfügt über eigene Mittel, soviel ich weiß«, sagte er.

»Sie bezieht ein kleines Einkommen aus dem treuhänderisch angelegten Erbe ihres Vaters.«

»Ich nehme an, sie wird nicht mehr lange im Haus wohnen.«

»Nein, Sir. Das Haus soll mit dem gesamten Inventar verkauft werden. Sie denkt daran, zu ihrer Schwester nach Norfolk zu ziehen.«

»Wir sind alle sehr beeindruckt von ihrer tapferen Haltung angesichts dieses tragischen Verlusts.« Ein gewisses Taktgefühl hinderte Wolpert, mehr dazu zu sagen. Er hatte Elizabeth Kemp seit Jahren nicht so federnden Schrittes und mit so lebhaft geröteten Wangen umhergehen sehen. »Es tut mir von Herzen leid, Euch beide in dieser Situation zu sehen«, fuhr er anschließend fort, »und was ich jetzt sagen muß, sollt Ihr nicht als einen an Euch gerichteten Vorwurf auffassen. Ihr konntet das Ausmaß der Verluste Eures Vaters nicht ahnen und insbesondere nicht seine unglücklichen Investitionen während der letzten Monate.«

»Es hat Anzeichen gegeben. Wenn ich sie nur beachtet hätte.« Er litt es nicht, daß dieser Fremde verschiedene Maßstäbe anlegte. »Ich war mit meinen eigenen Angelegenheiten beschäftigt«, sagte er.

Wolpert zuckte leicht mit den Achseln. »Das ist nur zu verständlich«, sagte er. »Aber genau wegen dieser Angelegenheiten, fürchte ich, müssen wir jetzt miteinander sprechen. Ihr werdet verstehen, daß es unter den gegebenen Umständen keine Verlobung mit meiner Tochter geben wird, auch keine offizielle oder irgendwie geartete Übereinkunft, die Euch in eine besondere Beziehung zu ihr setzt.«

»Das hatte ich bereits verstanden«, sagte der junge Mann, im Begriff, sich zu erheben.

»Einen Augenblick noch.« Wolpert hob die Hand. »Ich bin noch nicht fertig. Diese Schulden sind nicht Eure Schulden, sondern die der Firma Kemp, an der Ihr noch nicht beteiligt wart. Die Gläubiger werden sich holen, was zu holen ist, und damit wird die Sache erledigt sein, soweit –«

»Nein, Sir, verzeiht. Sie wird damit nicht erledigt sein.«

»Bitte, laßt mich ausreden. Ich bin von Euren Fähigkeiten

beeindruckt und möchte Euch eine Stellung in der Firma meiner Familie anbieten, als Assistent meines Sohnes Charles, der das Transportgeschäft leitet. Ich dachte an ein Jahresgehalt von dreißig Pfund, und das ist – das werdet Ihr zugeben – nicht knausrig. Ihr braucht nicht sofort zu antworten, aber gewiß werden Euch die Vorteile dieses Angebots nach kürzester Überlegung überzeugen.«

»Für einen Verarmten kann ein solches Angebot nur Vorteile haben«, sagte Erasmus mit einem bitteren Zucken um den Mund. Er verharrte einige Augenblicke schweigend auf seinem Stuhl, bevor er sich endgültig erhob. »Ich brauche keine Bedenkzeit«, sagte er und stand dabei sehr gerade. »Ich muß Euer freundliches Angebot ablehnen. Ich will auch erklären, warum. Meines Vaters Schulden sind auch die meinen, ob ich nun vor dem Gesetz dafür verantwortlich bin oder nicht. Ich habe vor, seinen Namen rein zu halten und alle Gläubiger zu befriedigen, einschließlich der ihnen zustehenden Zinsen. Das kann ich jedoch nicht mit dem Gehalt, das Ihr mir bietet, nicht einmal, wenn Ihr es verdreifachen würdet.«

Wolpert blieb einen Moment vor Überraschung still sitzen. »Also dann«, sagte er endlich leicht verstimmt, während er ebenfalls aufstand. »Vermutlich kennt Ihr Eure Angelegenheiten selbst am besten.« Doch in Wahrheit vermutete er alles andere. Für den nüchternen Geschäftsmann waren Schulden die Sache derer, die sie gemacht hatten. Daß Erasmus bei seinem Vorsatz bleiben würde, glaubte er nicht – nicht einmal die Zeit der schmerzlichen Trauer würde er überdauern. Wie schon bei anderer Gelegenheit ärgerte ihn das anmaßende Wesen des jungen Mannes. Doch unterschwellig fühlte er sich erleichtert. Er hatte seine Pflicht getan – und Erasmus hätte sich möglicherweise als ein schwieriger Untergebener erwiesen. Es blieb ihm nicht mehr viel zu sagen. »Jedenfalls wünsche ich Euch alles Gute«, sagte Wolpert, während sie sich die Hände reichten. »Meine Tochter wünscht Euch noch zu sehen. Sie wartet in dem kleinen Salon gegenüber.«

Er fand sie vor dem großen Fenster, das auf die Terrasse

hinausging. Bei seinem Eintreten machte sie eine Bewegung auf ihn zu, stockte jedoch, als sie sah, wie steif er an der Tür stehenblieb.

»Euer Vater hat gesagt, ich würde Euch hier finden«, sagte er. Er hatte sich auf dieses Gespräch vorbereitet, hatte es sogar geprobt. Um korrekt aufzutreten, hatte er jedes Gefühl aus seiner Stimme verbannt.

Sie wartete eine Weile, dann sagte sie: »Ihr habt abgelehnt, nicht wahr?«

»Abgelehnt?«

»Das Angebot meines Vaters. Ihr habt es abgelehnt?«

Sie stand mit dem Rücken zum Licht. Er hatte das Gefühl, sie nicht deutlich zu sehen. Seine Augen waren seltsam geschwächt, vielleicht von der dauernden Anstrengung während der letzten Tage, der Welt mit klarem und trotzigem Blick zu begegnen. Er zwinkerte, um besser sehen zu können. Eine Bewegung ihrer Schulter verriet, daß sie weinte.

»Dann war das also Eure Idee?« fragte er. »Ihr habt Euren Vater dazu überredet?«

»Glaubt Ihr, er ist ein Mann, der sich überreden läßt?« entgegnete sie mit tränenerstickter Stimme.

Warum weinte sie? Er war es doch, der alles verloren hatte. »Nein«, sagte er bemüht vernünftig, »das glaube ich nicht. Aber Ihr habt ihn um diesen Gefallen gebeten. Und Euch schlägt er doch nichts ab, nicht wahr?« Es klang wie Hohn, obwohl er ganz ernst sprach. »Ballen wiegen und Wagenradbreiten messen für Charles Wolpert.«

»Es wäre eine Möglichkeit für uns gewesen.« In ihre Verzweiflung mischte sich etwas von dem zornigen Sarkasmus, mit dem sie zu streiten pflegte. »Er nimmt keine Gefälligkeit an«, sagte sie, »o nein, nicht Erasmus Kemp. Und es war nicht einmal eine Gefälligkeit – mein Vater kennt Eure Vorzüge. Ihr habt überhaupt nicht an mich gedacht, nicht eine Sekunde.«

»Eine Möglichkeit?« Er verstand nicht, was sie meinte. »Ich würde jede Gefälligkeit annehmen«, sagte er mit plötzlicher Leidenschaft, »jedes Mittel wäre mir recht, um seinen guten Namen wiederherzustellen.« Er unterstrich seine Worte mit einer steifen Armbewegung. »Er ließ die Dinge wachsen, bis sie ihm über den Kopf gewachsen waren, bis er sie nicht mehr entwirren konnte. Deshalb war es am Ende das Schiff, das für alles stand.«

»Ich habe mich geirrt«, hörte er sie leise sagen. »Ich habe gedacht, Ihr würdet kämpfen, um mich zu behalten – kämpfen für die Hoffnung, mich nicht zu verlieren. Ich dachte, es würde Euch in dieser schlimmen Zeit ermutigen, wenn Ihr wüßtet, daß ich Euch trotz allem nicht aufgeben würde, daß ich warten würde …« Sie unterbrach sich und sagte dann fast verwundert: »Ihr habt überhaupt nicht an mich gedacht.«

»Ich bin nicht mehr derselbe wie früher«, sagte er. »Wir können jetzt nicht mehr heiraten. Es ist vorbei. Ich habe alles verloren.«

Darauf trat sie rasch vor ihn hin, legte die Hände auf seine geraden Schultern und blickte zu ihm auf. »Nicht alles«, sagte sie. »Nicht alles.« Aber ihre Zuversicht geriet ins Wanken vor seiner Unbeweglichkeit und seinem abwesenden Blick.

»Er hat mir gesagt, daß es ein Fehler war, in Baumwolle zu investieren. Er hatte mit Zucker angefangen.« Er machte den Versuch, sie in die Arme zu nehmen oder auf irgendeine Weise zu berühren. Einen Moment später wandte sie sich von ihm ab.

Daß sie ihre Hände von ihm löste, vor ihm zurückwich, empfand er als bitteren Verlust. Einen Moment lang hatte er gefühlt, was sie für ihn bereithielt, die Wärme ihrer Hände auf seinem Körper, die unbestimmte Zärtlichkeit ihres Atems, der vertrauensvolle Blick ihrer großen Augen. Was sie sagte, klang tapfer, aber er wußte, daß sie unrecht hatte, daß sie sich täuschte. Er hatte alles verloren.

Eine Weile schwiegen beide. Er wußte nicht, worüber sie sprechen sollten. Es gab nichts zu sagen. Sie war ein Teil der Schulden und Verluste, ein Teil der Rückerstattung, die er zu leisten hatte – mit ihr machte er den Anfang. »Ich habe vor, diesen Fehler gutzumachen«, sagte er. »Ich werde ins Zuckergeschäft einsteigen.«

»Ihr werdet tun, was Ihr für richtig haltet«, sagte sie, »ungeachtet dessen, was andere sagen. Das weiß ich, und das wissen alle.« Wie so oft rief sie bei einer Auseinandersetzung die Welt als ihre Zeugin an. Aber diesmal zitterte ihre Stimme, denn es war das erste Mal, daß sie mit einem Schmerz allein zurechtkommen mußte. »Als Ihr anfangs zu uns gekommen seid und mich so angesehen habt, fand ich Euch alles andere als angenehm. Ich hielt Euch für einen anmaßenden Griesgram, und alle anderen dachten ebenso. Dann habt Ihr die Aufführung des Theaterstücks vereitelt, obwohl Ihr wußtet, daß ich so gern darin aufgetreten wäre. Ich habe gedacht, es bedeutet, daß Euch mehr an mir lag, daß Ihr es nicht nur darauf anlegtet, mir zu gefallen. Das hat Euch von den anderen jungen Männern unterschieden. Jetzt weiß ich, daß ich eine Närrin war – Ihr wolltet Euren Willen durchsetzen; nur darauf hattet Ihr es abgesehen.«

Er wußte nicht, wie er ihr antworten sollte und warum sie im Augenblick seiner alles in den Schatten stellenden Verarmung längst Vergangenes beklagte. Es war, als spräche sie in einer Sprache, die er nicht vollständig beherrschte. »Es ist doch ganz einfach«, sagte er. »Euer Vater hat die Heirat verboten. Ich kann nichts dagegen tun. Ich stehe ohne einen Penny da. Ich habe nichts, was ich Euch bieten könnte.«

»Nein, Erasmus«, sagte sie klar und ohne zu stocken. »Das ist nicht der Grund.« Noch einmal, zum letzten mal, konnte er beobachten, was ihn immer fasziniert und doch gestört hatte – die halb geschlossenen Augen, die brillante Pause, bevor sie sprach, das kurze Zucken des Mundes, diese Erwartung der Ekstase. Aber die Worte, die sie sagte, klangen traurig in ihrer unumstößlichen Erkenntnis: »Es ist nicht vorbei, weil Ihr mir nichts mehr zu bieten habt, sondern weil Ihr nichts mehr habt, dem Ihr mich hinzufügen könntet.«

Sie hatte sein Opfer herabgewürdigt. Er verabschiedete sich in aller Kürze, und sie ließ ihn gehen. Aber als er den Salon verlassen hatte, rief sie ihm mit lauter, durch die aufsteigenden Tränen jedoch verschleierter Stimme etwas nach – vielleicht hatte sie versucht, seinen Namen zu rufen.

Obwohl er seine Absicht bereits im Verlauf der Gespräche mit Vater und Tochter geäußert hatte, mußte sie in der Einsamkeit seines Zimmers wiederholt werden, um daraus einen heiligen Eid zu schmieden.

Wie immer empfand er seine altvertrauten Besitztümer wie rituelle Objekte, und die Tatsache, daß das Haus und der größte Teil seines Inventars bald unter den Hammer kommen würden, verlieh seinen Worten die Kraft und Inbrunst eines inmitten von Gefahr und Umsturz getanen Gelübdes. Er kniete neben seiner Bettstatt, hörte die Spatzen in der Dachrinne tschilpen und sprach zu Gott, seinen silbernen Sporen, den Pistolen an der Wand und der von seiner Mutter gestickten Lobpreisung der Sanftmütigen.

»Jeden Penny«, flüsterte er, doch zu hören war nur der Verschlußlaut seiner heißen Lippen und das leise Schnalzen der Zunge in seinem trockenen Mund. »Ich werde den guten Namen meines Vaters wiederherstellen. Ich investiere in Zucker.«

Buch II
1765

Teil 8

37

Sir William Templeton, Seiner Majestät Westindienminister, saß kurz nach Beginn seines Morgenempfangs in Turban und geblümtem Morgenrock am Toilettentisch. Eben hatte er einen seit Beendigung des Kriegs mit Frankreich auf Halbsold gesetzten Navy-Offizier mit Versprechungen abgespeist. Der Mann wollte, daß er seinen Einfluß bei der Admiralität geltend machte, doch leider fehlten ihm die nötigen Guineas, um sich einen Minister leisten zu können.

Der Lakai trat ein, um den Namen eines Gentleman anzukündigen, der in einer geschäftlichen Angelegenheit im Vorzimmer wartete – keiner von der Sorte, wie der Lakai bemerkte, die sich die Beine in den Bauch stünde. Zwischen Diener und Herrn bestand bestes Einvernehmen.

»Er läßt sich nicht abwimmeln«, sagte der Lakai. »Ist recht kurz angebunden, Sir.«

»Aye, und Geld hat er auch, du Halunke«, sagte sein Herr, »sonst hättest du mir das alles nicht erzählt.«

Angetan von diesem Beweis seiner Intelligenz betrachtete er sein Spiegelbild. Sein schmales, langes Gesicht war sehr blaß unter dem rotseidenen Turban, und der schmallippige Mund, der sich nach oben krümmte, wenn er versehentlich oder wie jetzt albern lächelte, stand mit den üppigen, nach unten tendierenden Gesichtszügen in seltsamem Widerspruch. Templeton wußte, wer dieser Besucher war.

»Wo zum Teufel bleibt meine heiße Schokolade?« fragte er. »Wieso läßt man mich warten? Ich brauche eine Stärkung, wenn ich mich den Geschäften widmen soll. Kümmre dich darum, und schick mir Bindman für die Garderobe.«

»Ja, Sir. Und den Gentleman?«

»Wenn du alles erledigt hast, meinetwegen«, sagte Templeton obenhin.

Er verbrachte die Wartezeit vor seinem Spiegel. Als Erasmus Kemp eintrat, prangten zwei grellrote, noch nicht verteilte Rougeflecken auf dem Gesicht des Ministers, das ihm aus einem von fliegenden Putten umrahmten Spiegel entgegenstarrte; dieser wiederum war umgeben von hellblauen und rosaroten Füllhörnern, die als Stukkaturen die Bögen des dahinterliegenden, alkovenartigen Schlafzimmers zierten.

Die beiden Männer sahen sich einige Augenblicke auf diese Weise an. Dann erhob sich Templeton und kam, in türkischen Pantoffeln schlurfend, freundlich auf Erasmus zu. »Mein werter Herr, verflucht nett, Euch zu sehen«, sagte er, während er die Hand ausstreckte. »Bitte, nehmt Platz. Ich hoffe, Ihr seid wohlauf.«

»Einigermaßen. Ich danke Euch.« Kemps finsteres Gesicht hellte sich trotz der freundlichen Begrüßung nicht auf. Er hatte seine jugendlich frische Gesichtsfarbe verloren; die zusammengekniffenen Lippen sprachen von grimmiger Standhaftigkeit oder ebensolcher Verweigerung. Nur die Augen waren unverändert geblieben, schmal und sehr dunkel, und der bohrende, fast feindselige Blick. Er trug einen dunkelbraunen Samtanzug mit weißschäumender Spitze an Kragen und Manschetten. Sein schwarzes, ungepudertes Haar war der Mode entsprechend jetzt etwas länger und am Hinterkopf mit einem dunkelroten Band zusammengebunden.

»Wir wollen es kurz machen«, sagte er. »Ich werde Eure Zeit nicht über Gebühr beanspruchen. Ihr habt Euch ja um das Wohl des Staates zu kümmern.«

»Sagen wir lieber sorgen, Sir. O ja. Läßt sich ein hübsches Epigramm daraus machen, aber leider – zum Dichten braucht man Zeit. Es stört Euch hoffentlich nicht, wenn ich mit meiner Toilette fortfahre. Ich muß zu einem Empfang bei Lady Everney.«

»Tatsächlich? Dann laßt Euch nicht aufhalten. Ich will nicht, daß Ihr Lady Everney enttäuscht.«

Templeton warf ihm einen scharfen Blick durch den Spiegel zu, verzichtete jedoch auf eine Antwort. Mit einer kleinen Bürste verteilte er das Rouge auf seinen Wangen.

»Ihr kennt mich und Ihr wißt, wen ich vertrete«, begann Kemp, »insofern brauchen wir keine –«

Ein kleiner Negerpage in weißer Jacke und weißem Turban trat ein und brachte auf einem japanischen Lacktablett eine Zuckerdose, eine dampfende Tasse Schokolade und einen Teller mit Waffeln.

»Wurde aber auch Zeit, mein Kleiner«, sagte Templeton. »Stell es hierhin, neben mich. Und nächstesmal geht das schneller.«

Der kleine Junge lächelte mit schneeweißen Zähnen.

»Er versteht noch nicht viel Englisch«, sagte Templeton. »Ich habe ihn erst vor drei Wochen bei einer Auktion in George's Coffee House in Holborn erstanden. Den ich vorher hatte, habe ich Lord Granville gegeben, der ganz verrückt nach ihm war. Aber dieser hier ist beinahe noch hübscher. Man sollte sie ja eigentlich pockennarbig kaufen, weil es sicherer ist. Aber ich liebe nun mal glatte Haut. Möchtet Ihr auch eine Tasse Schokolade?«

»Danke, ich habe eben gefrühstückt«, erwiderte Kemp, was nicht ganz stimmte, denn der Vormittag war bereits fortgeschritten. Aber etwas in ihm wehrte sich, mit diesem Mann mehr als unbedingt nötig zu teilen – ihr gemeinsames Wissen, diesen Raum und die abgestandene Luft drin.

»Also dann«, sagte Templeton zu dem Negerjungen. »Was stehst du noch herum? Husch, husch.« Er verscheuchte ihn wie eine lästige Fliege.

»Ich bin aus demselben Grund gekommen wie das letztemal«, sagte Kemp ruhig. »Von Eurer Seite wurde nichts Wesentliches erreicht trotz des Geldes, das man Euch zur Verfügung gestellt hat.«

»Ah, der schnöde Mammon. Ich wußte, wir würden bald darauf zu sprechen kommen«, sagte Templeton verächtlich.

»Ja, Sir«, versetzte Kemp mit einem kleinen Lächeln. »Ihr findet das Thema langweilig, aber diejenigen, die das Geld aufbringen, interessiert nun einmal, wie es verwendet wird.«

Sein Widerwille hielt an, obwohl er sich im Augenblick mehr über sich selbst ärgerte. Er hätte einen anderen schikken sollen, dachte er. Doch er traute keinem. Er wußte, daß Templeton Angst hatte und dies mit jeder Geste und jedem Tonfall zu kaschieren suchte. Er kannte die Verhältnisse dieses Mannes und seine Verbindungen. Er wußte von seinen Spielschulden, seiner Vorliebe für Knaben und von seiner Frau aus der Zeit vor der Beförderung, als er sich in ihrem gemeinsamen Landhaus dem Trunk ergab und sich mit der männlichen Dienerschaft tröstete. Alles, was er von diesem Templeton wußte, widerte ihn an.

»Zweifellos ist es verkehrt von ihnen, so genau Bescheid wissen zu wollen«, sagte er trocken. »Aber so ist das nun einmal.«

»Ihr seid sarkastisch, Sir. Es stimmt nicht, wenn Ihr sagt, ich hätte nichts erreicht. Ich habe mich nicht gescheut, durch meinen Widerstand gegen eine Erhöhung der Zuckersteuer bei Hofe unangenehm aufzufallen. Die letzte Anhebung, die zur Finanzierung des Kriegs mit Frankreich nötig geworden war, fand immerhin vor fast vier Jahren statt.«

Es klang verärgert, ob echt oder vorgetäuscht, konnte Erasmus nicht beurteilen. Aber die zitternde Hand, mit der er die Tasse abstellte, war nicht gespielt. »Damals nicht zuzustimmen, hätte mich meine Stellung gekostet. Man hätte mich als unpatriotisch gebrandmarkt.«

»Ich bitte um Verzeihung, Sir«, erwiderte Kemp ungerührt, »aber die Steuern wären auch ohne Eure Unterstützung nicht angehoben worden. Wie Ihr wißt, haben wir dreiundfünfzig Abgeordnete im Parlament, die offen für unsere Interessen eintreten, sowie einige andere, die wir beide kennen und deren Geldbeutel auf die eine oder andere Weise auf dem Spiel stehen. Wir sind im Unterhaus stark genug, um bei jeder Westindien betreffenden Abstimmung den Ausschlag zu geben. Wir brauchen Euch nicht für die Verabschiedung von Gesetzen, Sir William, und ich denke, Ihr wißt das sehr wohl. Wir brauchen Eure Stimme hinter den Kulissen, im Kronrat –«

Der Kammerdiener trat ein mit einem Armvoll Kleidern und einem langen Stock, den er wie eine eingelegte Lanze trug und an dem ein halbes Dutzend verschiedener Perücken hing.

»Ah, Bindman«, sagte Templeton, dankbar für diese Ablenkung. »Laß mal sehen.«

»Ich dachte an den bordeauxfarbenen Anzug, Sir, mit der Silberstickerei«, sagte der Kammerdiener nach einer kurzen Verbeugung vor Kemp. »Dazu die Silberperücke. Eine dunklere würde nicht zu Silber und Weinrot passen, vor allem nicht zu dem glänzenden Satin.« Er sprach auf eine exaltierte, intime Weise, als wäre niemand anders zugegen. Dann glitt er ins Schlafzimmer und legte die Kleider auf das Bett. »Diese hier?« fragte er, als er zurückkam und eine der Perücken vorsichtig vom Stock nahm. Aus seiner Jackentasche hatte er bereits einen kleinen Puderzerstäuber hervorgeholt.

»So warte doch«, sagte Templeton. »Warum mußt du mich immer so drängen?«

»Ich hätte dieses Gespräch gern unter vier Augen geführt«, sagte Kemp frostig. »Ich kann mich nicht mit Euch unterhalten, wenn dieser Bursche mit Euren Perücken umhertollt.«

Templetons Würde ließ keine sofortige Erwiderung zu. Er hatte bereits begonnen, seinen hohen Turban abzuwickeln. Ungerührt fuhr er damit fort, während er Kemp im Spiegel beobachtete. Typisch für einen Mann von niedriger Geburt, sich in Gegenwart der Dienerschaft unwohl zu fühlen, dachte er. Sohn eines Bankrotteurs aus der Provinz. Schlechte Zeiten, wenn solche Kreaturen in Machtpositionen gelangen konnten. Templeton hatte seine eigenen Informationsquellen, und in seinem Büro im Ministerium gab es eine Akte Kemp.

Er betrachtete seinen Besucher von oben bis unten. Der Mann war aus dem Nichts gekommen. Er hatte kometenhaft Karriere gemacht, erstaunlich selbst in einer Zeit, die den Gewitzten und Skrupellosen alle Möglichkeiten bot. Begonnen hatte Kemp als Angestellter bei Thomas Fletcher, der einen ausgedehnten Handel mit Jamaika unterhielt und an der Londoner Börse mit Zucker handelte – Zucker, den er auf eigenen Pflanzungen produzierte und auf eigenen Schiffen importierte. Er hatte sich bei seinem neuen Brotherrn auf vielerlei Weise nützlich gemacht, manchmal am Rande und manchmal auch jenseits der Legalität. Templeton wußte von diesen Dingen, doch leider nicht genug, um sie gegen Kemp zu verwenden. Kemp war zweimal in Jamaika gewesen; jedesmal erwirkten einheimische Beamte, bestochen oder eingeschüchtert, Zwangsvollstreckungen gegen verschuldete Kleingrundbesitzer, und die Ländereien der Firma Fletcher vergrößerten sich erheblich. Dank solcher und anderer, weniger durchsichtiger Machenschaften konnte er nach fünf Jahren als vollberechtigter Partner in die Firma einsteigen. Er hatte sogar Zucker geheiratet – die Tochter von Sir Hugo Jarrold, dessen Handelsbank sich auf seine Verbindungen zum Westindienhandel gründete. Margaret Jarrold war weder hübsch noch elegant, aber man sprach von einer Mitgift von achtzigtausend Pfund. Kemps jetziges Vermögen konnte nur geschätzt werden. Seine bemerkenswerteste Eigenschaft jedoch war, aus Templetons Sicht, daß man ihn jüngst zum Vizepräsidenten der Westindischen Gesellschaft gewählt hatte. Damit konnte er für die ganze Lobby sprechen …

Inzwischen war unter dem Turban Templetons langer, nahezu kahler Schädel zum Vorschein gekommen. »Nun gut, Bindman. Du kannst gehen«, sagte er, scheinbar am Ende seiner Kräfte. »Und schicke alle anderen, die noch draußen warten, fort. Ich werde heute morgen für niemand mehr Zeit haben.«

Kemp wartete, bis sich der Lakai entfernt hatte, bevor er begann, Templeton Sachverhalte auseinanderzusetzen, die dieser zum größten Teil kannte. Die Siedlervertretung in Kingston, die von den Kolonisten gewählt war und über die öffentlichen Gelder der Kolonie verfügte, drängte den Gouverneur – über dessen Bezüge sie ebenfalls bestimmte – zu einer Politik gegen die Interessen der nicht auf ihrem Grundbesitz lebenden Eigentümer, die Kemp repräsentierte. Ihre Bestrebungen gingen dahin, diese Absentee-Besitzungen zu konfiszieren und das Land wieder unter Kleinbauern auf der Insel zu verteilen. Selbstverständlich stießen diese Forderungen bei der Regierung Seiner Majestät auf Widerstand …

»Zumindest sollten sie das, Sir«, sagte Kemp. »Wenn nicht, verzichten wir auf den Schutz des Eigentums durch die Regierung – eine ihrer heiligsten Pflichten, denn ein Mitglied der menschlichen Gesellschaft hat Anspruch darauf, sich seines Besitzes in Frieden und Sicherheit erfreuen zu können.«

»Das ist gewiß richtig, Sir. Und die Regierung von Lord Rockingham, der ich die Ehre habe anzugehören, hat diese Aufgabe stets treu erfüllt.«

Kemp richtete sich unvermittelt auf. »Warum wird dann in dieser Sache nichts unternommen?« fragte er fordernd. »Das Gesetz ist da. Warum wird es nicht angewendet? Und warum tretet Ihr nicht nachdrücklicher für uns ein angesichts der Summen, der sehr beträchtlichen Summen, die Ihr erhalten habt? Warum muß ich meine Zeit verschwenden, um persönlich hierherzukommen und zu warten, bis es Euch beliebt? Glaubt Ihr, ich finde das in Ordnung oder besonders erfreulich? Glaubt Ihr das?«

»Gütiger Himmel!« Templeton erschrak vor der flammenden Feindseligkeit in den Augen des anderen. »Was soll ich dazu sagen?« Er wäre am liebsten aufgestanden, um sich hinter dem Toilettentisch in Sicherheit zu bringen. Er konnte sich diesen zornigen Ausbruch nicht erklären, nachdem das Gespräch bislang völlig normal verlaufen war. Templeton war ein intelligenter Mensch, aber es ist immer schwer zu verstehen, was man nicht fühlen kann. Und so konnte er unmöglich ahnen, welche Empörung sich in Kemp zusammenballte, als ihm bewußt wurde, daß er dieselbe Sprache, die gleichen Wendungen benutzte wie dieser Mann, den er so sehr verachtete – als wären sie beide vom gleichen Schlag, als hätte er sich durch all diese Jahre hindurchgekämpft, nur um mit diesem verkommenen Laffen gemeinsame Sache zu machen.

»Es ist nicht ganz so einfach«, sagte Templeton jetzt in bemüht versöhnlichem Ton. »Laßt mich einmal *Advocatus Diaboli* sein. Die Besitzungen, von denen Ihr sprecht, gehören Leuten, die zehn Jahre und länger keinen Fuß auf die Insel gesetzt haben. Ihre Ländereien werden zum einen schlecht verwaltet von Aufsehern, die bedauerlicherweise dem verderblichen Klima ausgeliefert sind, anders ausgedrückt, Alkohol und Weibern, Sir, und zum anderen schmälern unlautere Anwälte die Gewinne, so daß die Krone erhebliche Steuereinbüßen hinnehmen muß, und das zu einer Zeit, da die Nachfrage nach Zucker steigt. Ein weiteres Problem ist das Mißverhältnis in der Bevölkerung – sprich, die Gefahr eines Sklavenaufstands. Wir müssen einen Anreiz schaffen, daß sich mehr Engländer in der Kolonie ansiedeln. Bei der letzten Zählung standen knapp fünfundzwanzigtausend Engländer einhunderttausend Schwarzen gegenüber. Die bestehenden Gesetze konnten dem Absentismus der Großgrundbesitzer nicht entgegenwirken. Deshalb fordert die Siedlervertretung heute die Aufteilung solcher Ländereien. Es gibt im Unterhaus Abgeordnete, die für diese Forderungen Verständnis haben. Ich brauche sie Euch nicht zu nennen, nicht wahr?«

Kemp schwieg eine Weile mit gesenktem Blick. Sein Zorn war verraucht; zurückgeblieben war nur das inzwischen vertraute Gefühl der Leere. »Nein, das braucht Ihr nicht«, sagte er. »Ich weiß, wer sie sind. Seht Ihr, für uns ist die Sache trotzdem ganz einfach. Wir sind bereit, dem Gouverneur, wer immer das ist, ein Einkommen zu garantieren, das ihn von der Siedlervertretung unabhängig macht. Aber die entscheidende Änderung muß dort erfolgen, wo die Entscheidungen des Kronrats in die Tat umgesetzt werden. Der Rat hat die Macht und das Recht, die örtliche Gesetzgebung für ungültig zu erklären, selbst wenn sie vom Gouverneur unterstützt wird. Wenn es hier Verzögerungen gibt, dann nur, weil irgend jemand bremst. Das ist keine Frage der Legislative, sondern des Einflusses. Und vor allem aus diesem Grund sind wir an Euch herangetreten, damit Ihr Eure Stimme hinter den Kulissen erhebt.«

Aber wie stark war diese Stimme? fragte sich Kemp, während er in das geschminkte, sorgenvolle Gesicht mit den buschigen Brauen und dem einfältigen Lächeln blickte. Wie oft, wie ernst wurde von ihr Gebrauch gemacht? Er persönlich glaubte schon seit einiger Zeit, daß Templeton auch von der Gegenpartei Bestechungsgeld nahm. Männer wie er, die mit der Rechtsverdreherei alt geworden waren, ließen sich nicht so schnell ins Bockshorn jagen; sie glaubten nicht ohne weiteres, daß die Quellen versiegen könnten, aus denen sie jahrelang geschöpft hatten. In der Umgebung von Westminster wurden Bestechungsgelder wie Pensionen bezahlt, auch wenn man längst vergessen hatte, wofür.

»Wir wollen Ergebnisse«, sagte er ruhig. »Wir haben es satt zu warten. Ihr denkt vielleicht, wir zahlen lieber weiter für nichts, statt unsere Zahlungen einzustellen und damit zu riskieren, bei Euch in Ungnade zu fallen. Doch da könntet Ihr Euch täuschen. Ich stehe auf dem Standpunkt: Wenn uns die Freundschaft eines Mannes nicht hilft, brauchen wir auch seine Feindschaft nicht zu fürchten.« Er stand auf und blickte Templeton direkt in die Augen. »Ihr jedoch habt einiges von uns zu befürchten«, sagte er. »Ich nehme an, ich habe mich deutlich genug ausgedrückt.«

»Kristallklar, mein Herr«, erwiderte Templeton und brachte es fertig, Kemps Blick einigermaßen standzuhalten.

Nach diesen wenig freundlichen Worten trennten sie sich. Kemps Sänftenträger warteten im Hof, aber er bezahlte sie und schickte sie fort, weil er das Gefühl hatte, frische Luft und Bewegung zu brauchen.

Er ging in Richtung Hyde Park Corner. Es war Anfang Oktober. Das Wetter war feucht und windig gewesen, doch nun kam die Sonne ein wenig durch.

Angewidert dachte er an das eben geführte Gespräch, an Templetons Posen und Ausflüchte. Aber er hatte ihn in die Enge getrieben! Trotzdem quälte ihn die Frage, wie er an einen solchen Mann geraten konnte. Er hätte gern an einen Zufall geglaubt, daß er auf ihn gestoßen war wie auf ein Ungeheuer in einem Labyrinth. Aber es war natürlich kein Zufall … Plötzlich schwindelte ihm beim Anblick des freien Himmels. Möwen flitzten über das helle Wasser; dahinter erstreckte sich offenes Gelände. London endete hier, zumindest sein London. Regierungsbezirk, Banken und Kontore lagen an dieser Stelle hinter ihm und damit alles, was er in diesen zwölf Jahren erreicht hatte: seine Partnerschaft bei Fletcher & Company, seine Anteile an der Bank seines Schwiegervaters, sein Haus in St. James's, die Macht und die gesellschaftliche Stellung, die ihm mit seinem Geld zugewachsen waren. Er hatte gearbeitet, auf vieles verzichtet und war vor nichts zurückgeschreckt. Mit der Wiederherstellung des Ansehens und der Kreditwürdigkeit seines Vaters hatte er sich seinen eigenen Namen geschaffen. Mit Kemp war wieder zu rechnen. Und er zählte noch keine fünfunddreißig Jahre. Es war ein Triumph …

Er durchquerte den Park Richtung Piccadilly. Sein Haus lag an einer Ecke von St. James's Square mit Blick auf die umzäunte Grünanlage.

Seine Frau war wie erwartet zu Hause und noch in ihrem Schlafzimmer. Es war bereits Nachmittag, aber sie war eben erst aufgestanden. Er kannte ihren Tagesablauf ziemlich genau: Sie würde noch mindestens zwei Stunden mit ihrer Toilette beschäftigt sein, dann ihren Tee einnehmen und am Spätnachmittag etliche Besuche machen. Sie würden sich vermutlich erst tags darauf um die gleiche Zeit wie jetzt wiedersehen. Er wollte mit ihr über ihren Vater, Sir Hugo, sprechen, mit dem er zur Zeit Differenzen hatte, teils wegen geschäftlicher Meinungsverschiedenheiten, teils weil sich Margaret bei ihm über ihren Mann beklagt hatte.

Die ältliche französische Kammerzofe räumte das Frühstücksgeschirr ab. Er bemerkte, daß sie zu trödeln begann, sobald er das Zimmer betreten hatte. Fritz, der Pudel seiner Frau, kläffte ihm bissig entgegen – zwischen ihnen bestand eine alte und auf beiden Seiten unnachgiebige Feindschaft. Margaret Kemp schalt ihren Hund und begrüßte den Gatten in mehr oder minder dem gleichen Ton. Auf ihrem Kopf thronte ein großes, rundes, mit schwarzem Krepp bezogenes Kissen, über dem ihr Haar nach hinten gekämmt und mit Lockenwicklern festgesteckt war. Der Mode zuliebe litt sie wie eine Märtyrerin, und die neueste Mode verlangte eine hoch aufgetürmte Frisur. Ihr Gesicht war gänzlich mit weißer Creme bedeckt.

»Würdet Ihr sie bitten, uns eine Weile allein zu lassen?« sagte Kemp, worauf ihn ein blitzender Blick aus den schwarzen Augen der Zofe traf. Marie teilte die Empfindungen des Pudels für ihren Herrn.

»Warum? Ihr wißt doch, daß sie nicht klatscht.«

Kemp seufzte. »Ich weiß nichts dergleichen«, sagte er. »Könnt Ihr nicht einmal zehn Minuten ohne sie sein?«

»Wie gut, daß ich kein argwöhnisches Wesen habe«, sagte seine Frau. »Marie, geh hinaus. Ich werde läuten, wenn ich dich brauche.« Kemp wartete, bis die Zofe gegangen war; dann begann er über die neueste Leidenschaft ihres Vaters zu sprechen: Er spekulierte in Negersklaven. Der alte Mann war zu der Überzeugung gelangt – wie und durch wen gehörte zu den Dingen, die Kemp in Erfahrung bringen wollte –, daß der Handel mit Sklaven in Kürze per Gesetz verboten werden sollte, und hatte daraufhin seine Agenten in Barbados und Virginia angewiesen, so viele Schwarze wie möglich aufzukaufen, um von der Regierung eine Entschädigung einzustreichen, sobald das Gesetz in Kraft treten würde.

»Er wird langsam debil«, sagte Kemp. »Das ist die einzig mögliche Erklärung. Ein solches Gesetz wird es nicht geben. Ganze drei Mitglieder des Parlaments sind für das Verbot. Ich habe zuverlässige Informationen, daß Euer Vater auch alte, kranke und verkrüppelte Neger kauft, die keinerlei Marktwert haben. Er hat nur noch die fixe Idee einer Entschädigung im Kopf. Diese Schwarzen müssen ernährt und irgendwie am Leben erhalten werden. Das kostet. Und die Hälfte wird ihm so oder so wegsterben.«

Die Crememaske ließ keine Veränderung ihres Gesichtsausdrucks zu; nur die glitzernden braunen Augen zeigten an, daß sie sich ärgerte.

»Könntet Ihr nicht mit ihm sprechen und ihn von dieser Torheit abbringen?« fragte er.

»O Gott, Sir«, antwortete sie, »Ihr sprecht geradezu mit Gefühl. Mit solchen Tönen habt Ihr seinerzeit um mich geworben. Ich hätte Euch eine so zärtliche Besorgtheit um das Wohl meines Vaters nicht zugetraut.«

Kemp schwieg eine Weile. Er war bereit, ihren Sarkasmus ebenso zu überhören, wie er ihr sonstiges Benehmen überging, ihre häufige Abwesenheit von zu Hause und ihre vermutliche Untreue. Im Grunde, fand er, war das nur gerecht; für ihn war es eine Sache von Soll und Haben. Das Geld, das sie mitbrachte, hatte ihm viel früher als erhofft und zu einem auf dem Londoner Immobilienmarkt günstigen Zeitpunkt beträchtliche Investitionen ermöglicht. Sie hatte ihm damit viele Jahre des Intrigierens und Planens erspart, die nötig gewesen wären, um die Schulden seines Vaters abzuzahlen. Er hatte ihr Liebe versprochen, um sie zu bekommen, doch er hatte sein Versprechen nicht eingelöst; folglich stand es ihr frei, sich auf andere Weise schadlos zu halten. Er hielt sich an seine Sicht der Dinge und machte ihr keine Vorwürfe. Doch eben dies ärgerte sie am meisten.

Er betrachtete ihr beschmiertes Gesicht, die grotesk hochgetürmte Frisur. Seit sieben Jahren war er mit ihr verheiratet, doch er konnte sich nicht entsinnen, daß jemals Vertrauen zwischen ihnen bestanden hatte. »Gut«, sagte er schließlich. »Wenn Ihr etwas für Euren Vater übrig habt, dann klärt ihn auf. Versucht herauszufinden, wer ihm diesen Unsinn eingeredet hat.«

Sie hatte inzwischen begonnen, die Creme von ihrem Gesicht zu wischen; die benützten Wattebäusche warf sie in eine kleine Silberschale neben sich auf dem Bett. Der frische Teint, der ihr einziger körperlicher Vorzug gewesen war, als er sie heiratete, war verschwunden. Fehlendes Glück und häufiges Schminken hatten ihre Haut welk und blaß gemacht.

»Mit anderen Worten: Ihr wollt, daß ich meinen Vater ausspioniere«, sagte sie.

»Es ist zu seinem und unserem Besten, zum Wohl der Bank. Ich verlange von Euch nicht mehr, als einer Gattin zukommt.« Kemp entging die Ironie seiner Worte und war überrascht, als seine Frau plötzlich lächelte. Er ging ein paar Schritte quer durch das Zimmer. »Ich würde gern wissen, wer diese Gerüchte über das Verbot des Sklavenhandels verbreitet«, sagte er und geriet versehentlich zu nah an das Kissen, auf dem der Pudel lag, der sogleich zu bellen begann, die Zähne fletschte und wütend seine mit Schleifen geschmückte Mähne schüttelte.

»Sei still, blödes Vieh«, knurrte Erasmus.

»Laßt mein armes Fritzchen zufrieden!«

»Das arme Fritzchen.« Kemp musterte das Tier verächtlich. »Ich werde nie begreifen, wofür ein solcher Hund gut sein soll.«

Daraufhin schwiegen sie beide. Er hatte gesagt, was er sagen wollte, und nachdem dies der einzige Grund seines Kommens gewesen war, fiel ihm nichts weiter ein, worüber er sich mit ihr hätte unterhalten können. Was seine Frau tat und interessierte, wußte er nicht; auch ihr Bekanntenkreis war ein völlig anderer als der seine.

»Ich werde heute abend nicht zu Hause sein«, sagte er schließlich. »Ich esse außer Haus, aber ich werde die Kutsche nicht brauchen.«

»Sehr schön. Geht Ihr in den Club?«

»Nein. Zum Festbankett der Gesellschaft. Ich glaube, ich habe Euch davon erzählt.«

Doch er sah, daß sie sich nicht erinnerte, und er selbst wußte auch nicht mehr so genau, ob er es erwähnt hatte oder nicht. Mit Sicherheit hatte er nichts von den Plänen der jüngeren Mitglieder verlauten lassen, anschließend in einem Gasthof in Covent Garden zu einem Treffen des Trionfi Clubs zusammenzukommen. Als Vizepräsident der Westindischen Gesellschaft war er im Club jetzt der führende Mann. Die Aktivitäten der Trionfi waren streng geheim, aber Erasmus hielt es für möglich, daß er das Bankett erwähnt hatte; immerhin hatten sie ein großes Ereignis zu feiern: Die Siedlervertretung in Jamaika hatte zur Hebung ihrer Einkünfte beschlossen, für jeden in die Kolonie importierten Neger Zoll zu verlangen – ein Ansinnen, gegen das die Zuckerbranche, unterstützt von der Kompanie der mit Afrika handelnden Kaufleute, selbstverständlich sofort protestierte. Es war zu einem langwierigen Rechtsstreit gekommen, den die Anwälte der Gesellschaft gewonnen hatten.

Er versuchte, ihr etwas davon zu erzählen, doch sie unterbrach ihn sehr bald mit der Frage, ob sie Marie nicht zurückrufen könnte. »Ich brauche sie«, sagte sie. »Ich dachte nicht, daß Ihr so lange bleiben würdet, und sie muß die Nadeln aus dem Kissen entfernen. Sie ist die einzige Person, die weiß, wie das gemacht wird.«

Er verabschiedete sich und verbrachte den Nachmittag mit seinem Sekretär im Arbeitszimmer, wo es allerlei Korrespondenz zu erledigen gab. Sein Amt in der Westindischen Gesellschaft, das er sehr ernst nahm, war mit viel zusätzlicher Arbeit verbunden, zumal der über achtzigjährige Präsident, Sir James Wigmore, nur noch repräsentative Aufgaben wahrnehmen konnte – so die Rede bei dem Bankett im Haus der Afrikakaufleute, wo die Mitglieder der Westindischen Gesellschaft an diesem Abend zu Gast waren.

Der Regen hatte die Straßen aufgeweicht. Erasmus trug einen langen Regenmantel, um seinen königsblauen Satinanzug gegen Schmutz und Nässe zu schützen. Er führte sein Pferd in den Hof, übergab Mantel und Stiefel dem Stallburschen, zog seine eleganten Schuhe mit den Keilabsätzen an, die er mitgebracht hatte, und stieg zu den Vorzimmern hinauf, wo er mit Stentorstimme angekündigt wurde. Es waren bereits viele da, auch einige, die er kannte. Sir James traf ein. Mit wackelnder Allongeperücke bald hierhin, bald dorthin lächelnd, strebte er, gestützt von einem hünenhaften livrierten Lakaien, auf direktem Weg dem Speisesaal zu. Sobald er am Kopfende der Tafel Platz genommen hatte, stimmte das Orchester in der Galerie »Siegreiche Helden« an, und an die siebzig Personen scharten sich um die lange Tafel und nahmen unter der prunkvollen Kassettendecke des Speisesaals ihre Plätze ein.

Der erste Toast wurde wie üblich nach der Suppe ausgebracht. Der Präsident der Kompanie der mit Afrika handelnden Kaufleute stippte ein Stück geröstetes Weißbrot in sein Glas, begrüßte die Gäste und trank auf das Verderben aller, die britische Waren mit einer Importsteuer belegen wollten. Dann wurde Sir James von seinem hinter ihm stehenden Diener auf die Beine geholfen. Er dankte den Gastgebern im Namen der Westindischen Gesellschaft und hob das Glas auf ihre gemeinsamen und erst jüngst so triumphal verteidigten Prinzipien. Er gratulierte den Anwälten, die diesen Sieg erstritten hatten, und besonders Rechtsanwalt Joshua Moore, dem Ehrengast dieses Abends. Durch diesen Sieg sei der Nation endlich der Wert des Dreieckshandels deutlich gemacht worden. »Der Ostindienhandel dagegen«, fuhr er fort, »bringt meiner Meinung nach nur Nachteile. Unser gutes Geld fließt ins Ausland für Waren, die wir nicht brauchen. Da lobe ich mir den Afrikahandel, eine wahrhaft gesunde Sache. Er wird mit einheimischen Erzeugnissen geführt und macht die Nation bei der Beschaffung tropischer

Produkte unabhängig vom Ausland.« Sir James richtete sich ein wenig auf und blickte kopfwackelnd auf die Tafelrunde. »Und welches tropische Produkt meine ich ganz besonders, meine Herren?«

Die Herren antworteten hochgemut: »Zucker, Sir! Zukker!«

»Auf den Zucker«, sagte der alte Mann und leerte umjubelt ein zweites Glas.

Gegenüber von Kemp, der weiter unten an der Tafel Platz genommen hatte, saß Rechtsanwalt Moore. Er hatte die Glückwünsche von Sir James mit freundlicher Gelassenheit entgegengenommen. Als er Kemps Blick auffing, nickte er und hob sein Glas. »Auf Eure Gesundheit, Sir«, sagte er.

»Auf die Eure.« Kemp trank selten ein Glas über den Durst. Heute jedoch hatte er sich weniger streng an diese Regel gehalten. Er war etwas nervös wegen des für später geplanten Treffens der Trionfi und seiner Einführung als neuer Präsident des Clubs; aller Augen würden auf ihn gerichtet sein … »Einige von uns sind vielleicht hinsichtlich des Ostindienhandels anderer Meinung als Sir James«, sagte er zu Moore, »aber wir bewundern einhellig, wie bravourös Ihr uns vertreten habt.« Dabei dachte er leicht angewidert, daß der Bursche ebenso beredt für die Gegenseite gekämpft hätte. Anwälte waren Mietlinge, und dieser hier war auch noch Ire – einer aus einer Nation von Schwätzern.

»Eure gute Meinung, freut mich«, sagte Moore lächelnd. »Wenn ich recht verstanden habe, tretet Ihr für den Ostindienhandel ein.«

Aus gewohnheitsmäßiger Vorsicht zögerte Kemp, bevor er antwortete. Aber schließlich würde er nur bestätigen, was allgemein bekannt war. »Wir finanzieren die Firma Elliot und Sohn«, sagte er. »Sie gehört zu den Hauptimporteuren von chinesischem Tee. Habt Ihr gewußt, daß im vergangenen Jahr Steuern für über sechs Millionen Pfund Tee in die Staatskassen geflossen sind? Und die Einfuhrmengen werden steigen. Alle Berichte weisen darauf hin, daß unsere neue Kolonie Indien Tee in großem Maßstab produzieren kann. Die Ostindiengesellschaft ist uns sehr nützlich. Je mehr Tee, um so mehr Zucker – man braucht kein Genie zu sein, um das zu begreifen.«

»Ihr seid ein Mann mit Weitblick, Sir«, sagte der andere, doch es klang leicht ironisch. Kemp stellte fest, daß ihn ein humorvolles blaues Augenpaar musterte. »Wenn aber nun demnächst so viel Tee hereinkommt«, fuhr der Rechtsanwalt leise fort, »werden dann nicht die Preise fallen, so daß sich auch das einfache Volk Tee leisten kann?«

»Ja, natürlich.«

»Und das schon bald, meint Ihr nicht auch? Und wenn nun alle Welt anfängt, Tee zu trinken, wird man dann nicht auch Zucker in großen Mengen brauchen?«

»Selbstverständlich.« Kemp füllte erneut sein Glas. Die spöttische Art seines Gegenübers gefiel ihm nicht – er fühlte sich regelrecht ins Kreuzverhör genommen. Und seine Tischnachbarn hörten bereits zu. »Das ist nur gut für unser Geschäft«, sagte er schroff. »Jeder Narr kann das sehen.«

»Hier ist aber einer, der es nicht sieht«, sagte der Anwalt mit unvermindert guter Laune. »Verzeiht, Sir, wenn ich das so sage, aber Ihr grabt Euch Euer eigenes Grab. Wir sprechen von einer Zeit, in der Tee billiger sein wird als Bier. Sobald der wahre Umfang des Zuckermarktes erkannt wird, glaubt ihr, daß man die Kontrolle der Preise ein paar westindischen Pflanzern überlassen wird? Die Leute werden sich andernorts nach Zucker umsehen, Sir, und sie werden dort kaufen, wo er am billigsten ist. Es gibt kein göttliches Recht im Handel.«

Kemp war entrüstet. Er konnte sich keine Regierung, welcher politischen Richtung auch immer, vorstellen, die der Nation die Konkurrenz mit dem Ausland zumuten würde. Ein Land konnte nur auf Kosten eines anderen reich werden – das war für ihn gültige Wahrheit und Glaubensartikel zugleich. Aber er kam nicht mehr dazu, dem Anwalt entsprechend zu antworten. Die Reste des Rinderbratens wurden bereits abgeräumt; gleich würde das Sorbet aufgetragen, und damit war es Zeit für ihn als Vizepräsident der Gesellschaft, einen Toast auf das Wohl der Gastgeber auszubringen. Er erhob sich und bat, mit dem Löffel leicht gegen sein Glas schlagend, um Ruhe. Es dauerte eine Weile, bis sich die lauten, vom Essen und Trinken erhitzten Gäste dazu bereit fanden. Kemp sprach ungezwungen und gut, machte die richtigen Pausen und streute humorvolle Bemerkungen ein, die er sich vorher zurechtgelegt hatte. Obwohl er Schauspieler nach wie vor verachtete, hatte er im Lauf der Jahre von der Kunst zu gefallen eine ganze Menge gelernt.

Als er zum Kernpunkt seiner Rede kam, wies er mit angemessenem Ernst auf die Bedeutung des Sklavenhandels hin, von dem jeder Mann in diesem Saal auf irgendeine Weise abhängig war. Wie bedeutend und wertvoll dieser Handel war, bewies die Tatsache, daß er alle Veränderungen in der öffentlichen Verwaltung, alle Regierungswechsel und innerparteilichen Meinungsverschiedenheiten unbeschadet überstanden hatte, daß immer alle für seine Unterstützung gestimmt und ihn als Gewinnbringer für die Nation gebilligt hatten …

Seine Worte ernteten allgemein Beifall. Mit dem Anwalt sprach er nicht mehr; er sah ihn nicht einmal mehr an, sondern widmete seine Aufmerksamkeit dem Mann zu seiner Rechten, der auf keiner dieser Zusammenkünfte fehlte. Dr. Ebeneezer Slingsby, in Freundeskreisen besser bekannt als Dr. Zucker, war ein Mann, der auf seine Art beinahe mehr als jeder andere für den Handel getan hatte. Seit über dreißig Jahren rührte er die Werbetrommel für die heilsamen Eigenschaften von Zukker in jeder Form – erst kürzlich hatte er eine gelehrte Abhandlung darüber veröffentlicht – und wurde dafür von der Westindischen Gesellschaft großzügig unterstützt.

Slingsby war dick, kurzatmig und hatte schlechte Zähne. Er schilderte Kemp sein neues Heilmittel für alle Augenkrankheiten, das sich aus rund acht Gramm Kandiszucker, einem Gramm Blattgold und einem knappen Gramm pulverisierter Perle zusammensetzte. »Man bläst eine angemessene Menge in das Auge und spürt schon nach zwei Minuten die Erleichterung.«

»Ein recht teures Mittel, das sich die wenigsten werden leisten können«, sagte Kemp.

»Da habt Ihr recht, Sir. Es ist ein Mittel für Menschen der feineren Lebensart. Aber im Augenblick arbeite ich an einem Spezialrezept für eine Handcreme aus Zuckerpaste und für

Zahnpulver aus Zucker, die beide erschwinglich sein werden. Und mein Slingsby Sugar Snuff wird den schädlichen Schnupftabak bald gänzlich vom Markt verdrängt haben.«

Der Doktor unterbrach sich, um einen Schluck Wein zu trinken. Kemp bemerkte, daß seine Fingernägel auffallend weiß waren. »Nun, das sind gute Neuigkeiten«, sagte er. »Ich hätte nicht gedacht, daß Zucker so vielseitig zu verwenden ist.«

Dr. Zucker setzte sein Glas ab. »Lieber Herr«, sagte er, »Zucker läßt sich auf tausenderlei Arten verwenden. In erster Hinsicht ist er natürlich ein ausgezeichnetes Nahrungsmittel. Man kann wochenlang nur von Zuckerprodukten leben, ohne Schaden zu nehmen, wie ich im Selbstversuch bewiesen habe. Aber Zucker ist auch ein Konservierungsmittel, ein Lösungsmittel, ein Stabilisator, ein wertvolles Verdickungs- und Verdünnungsmittel. Er überdeckt den bitteren Geschmack von Pillen und Arzneien. Er ist der Grundstoff für Latwerge, Ölzucker, Kräuterbonbons, Hustenpastillen. Er verbessert das Augenlicht, schützt das Haar und versüßt das Blut, Sir. Der guten Eigenschaften des Zuckers ist kein Ende.«

Während Kemp den Ausführungen des Doktors folgte, merkte er, daß er zuviel getrunken hatte. Doch als man sich von der Tafel erhob, stand er hinreichend fest auf den Beinen; auch seine Sprechweise war deutlich und klar.

Das Lokal in Covent Garden, das die Trionfi für ihre Treffen benützten, verfügte über ein geräumiges Speisezimmer. Als Kemp den Garderobenraum betrat, um Mantel und Stiefel abzulegen, fand er dort vier Clubmitglieder bei Kartenspiel und Brandy um einen Tisch versammelt.

»Hier kommt unser werter Präsident«, empfing ihn einer von ihnen. »Meiner Seel, warum seht Ihr so niedergeschlagen aus? Hier, Mann, nehmt mal ordentlich einen zur Brust!«

Kemp sah, daß der Mann – er hieß Fowler – betrunken war. Auf dem spitzenbesetzten Hemd unter der aufgeknöpften Weste war ein feuchter Fleck. Kemp trank aus der Flasche, seufzte laut und blickte lächelnd in die Runde, wobei er die Augen auf eine für ihn merkwürdige, fast ein wenig diabolische Weise aufriß. »Das ist gut gegen den faden Geschmack nach all den dummen Tischreden«, sagte er und trank noch einmal. Die Männer am Tisch hatten ihn erwartungsvoll angesehen. Jetzt lachten alle wie erleichtert. Kemp hatte im Lauf der Jahre, in denen er seine Schulden zurückzahlte, etwas von der umgänglichen Art seines Vaters angenommen. Zu seinem vorteilhaften Äußeren gesellte sich nun die nützliche Bonhomie. Aber in der Art, wie er jetzt – schon zur späteren Verwendung – bemerkte, daß es diese Männer nicht für nötig gehalten hatten, am Bankett teilzunehmen, sondern es vorzogen, hier Karten zu spielen, lag nichts von der aufrichtigen Kumpelhaftigkeit seines Vaters. Er kannte sie alle als Liederjans und Faulpelze. Sie waren Söhne von Plantagenbesitzern und hatten Geldnot nie kennengelernt …

»Die Damen sind schon da«, sagte der eine.

Aus dem Raum nebenan drang lautes Stimmengewirr, und die Fiedler spielten einen Reel. »Hoffentlich hat sie der Wirt noch nicht in das Speisezimmer gelassen«, sagte Kemp. »Sie sollen erst später dazukommen.«

»Nein, nein.« Fowler grinste anzüglich. »Sie sind noch oben und ziehen sich um. Sie pudern ihre Muschis.« Er lehnte sich auf seinem Stuhl nach hinten und tätschelte seinen Schritt mit einer imaginären Puderquaste.

»Ihr werdet mehr als Puder brauchen, Fowler, um heute abend gut auszusehen«, sagte Kemp. »Kommen die Herren mit?«

Sie erhoben sich einer nach dem anderen, aber Kemp wartete nicht auf sie, sondern ging allein voraus in den langen Raum unter der niedrigen, schrägen Balkendecke, an dessen einem Ende ein Holzfeuer brannte. Er begrüßte das Dutzend Männer, das sich dort eingefunden hatte, und nahm oben an der Tafel Platz. Unmittelbar zu seiner Rechten saß, wie es die Tradition verlangte, der Gast des Abends, ein Leutnant der Garde namens Armstrong; er war, obwohl verwandt mit einem der Clubmitglieder, der einzige der anwesenden Männer, der nichts mit Zucker zu tun hatte.

Während alle übrigen aufstanden, wurde Kemp vom scheidenden Präsidenten lispelnd, aber sehr ernsthaft in seinem neuen Amt willkommen geheißen und bekam den weißen Amtsstab überreicht. Ohne dieses »Rohr«, wie sie es nannten, konnte kein Mitglied die Aufmerksamkeit der anderen fordern oder kollektiv zu ihnen sprechen. Kemp klopfte also dreimal mit dem Rohr auf den Tisch und erklärte die Sitzung für eröffnet. Der Kellner brachte den Portwein.

Dem Protokoll war Genüge getan, und nun wurde es laut. Die meisten waren bereits beschwipst gekommen und tranken hemmungslos weiter. Sie gossen den Wein in sich hinein, als wäre er Wasser. Trinksprüche wurden ausgebracht auf König George und die älteste Tochter des Königs. Kemp erhob sich, solange er seine fünf Sinne noch beisammen hatte, und drückte seine Hoffnung aus, als neuer Präsident zufriedenzustellen, was mit lautem und anhaltendem Klopfen auf den Tisch quittiert wurde. Dabei wurde Wein verschüttet und ein oder zwei Gläser gingen entzwei.

In die fröhliche Stimmung mischte sich gespannte Erwartung. Es war heiß im Zimmer. Kemp fühlte, wie er zu schwitzen begann. Einige Herren hatten Rock und Weste abgelegt. Die Luft war dick von Tabakrauch und Weingeruch. Am unteren Tischende setzte ein leiser Sprechchor ein: »*Trionfi – trionfi – trionfi.*« Kemp gab den zwei Fiedlern ein Zeichen, die »Burschen und Mädels« anstimmten.

Das war das Zeichen für den italienischen Zuckerbäcker des Clubs, Signor Gasperini, der in seiner hohen Mütze und blütenweißen Schürze erschien. Hinter ihm folgten, stürmisch begrüßt, drei Bedienstete mit einer Trage, auf der die rund einen Meter hohe, aus Schokolade hergestellte Figur einer Negerin stand. Bis auf Armreifen, Fußringe und Perlenkollier, die sämtlich aus geschmolzenem weißen Zucker bestanden, und die rote Rose aus Zuckerpaste im Haar war sie nackt. Zu den Weisen der Fiedler zogen sie einmal um die Tafel. Am Fuß der Figur stand auf einem Schild aus Schokolade mit Zucker geschrieben: DIE SCHWARZE VENUS.

Kemp bat mit seinem Stab um Ruhe. »Signor Gasperini wird nun, wie es bei uns Brauch ist, den Anwesenden die Geheimnisse dieser köstlichen Dame erklären.«

Das Gesicht des Meisters verzog sich zu einem breiten

Grinsen, so daß seine Mundwinkel mit den äußeren Augenwinkeln fast einen Kreis bildeten. Die *negretta* war gemacht aus *pasta di cioccolata e cacao*, gesüßt mit *fanid*, gewürzt mit *vaniglia* und geformt mit seinen eigenen Händen – er hob sie wie ein Geisterbeschwörer in die Höhe. »Ihr Haar ist gemacht aus *caramella*«, schwärmte er begeistert. »Ihre Mund ist Zuckerpasta pink, die Augen *zucchero fino*. Sie hat Zuckerkirschen für Nippel, *dolcissimi, no? Ecco Signori, a voi!!*«

Signor Gasperini riß sich die hohe Mütze vom Kopf und wies stolz auf sein Werk. »Nur aus bestem Zucker diese *fanciulla.*«

»Was zum Teufel ist *fanid?*« brummte der junge Leutnant in Kemps Ohr.

»Dicksaft«, erwiderte Kemp. »Der aus dem Zuckerrohr gequetschte Saft wird eingekocht und abgeschäumt, bis ein süßer schwarzer Brei entsteht wie dicker Sirup.« Unsicher stand er auf und wandte sich an Gasperini. »Ihr habt Euch selbst übertroffen«, sagte er. »Meinen Glückwunsch. Ihr könnt unserem Gast jetzt servieren.«

Armstrong wählte nach einigem Zögern und unterstützt von zotigen Ratschlägen die linke Brust mit ihrer roten Kirschspitze. Sie wurde von den Gehilfen geschickt tranchiert und dem Gast vorgelegt, wobei sich nicht verhindern ließ, daß etwas Schulter abbröckelte. Anschließend wurden auch die anderen Herren bedient. Dazu gab es Sauternes und einen süßen, schweren Malaga.

Kemp sah einen der jüngeren unter ihnen plötzlich aufstehen und kreidebleich zur Tür stürzen. Fowler war in seinem Stuhl zusammengesunken; sein Kopf lag auf dem Tisch zwischen den Resten seiner Schokolade. Erasmus war inzwischen ebenfalls betrunken, aber sein Magen hielt stand. Die Männer begannen wieder zu rufen: »*Trionfi trionfi – trionfi*« und schlugen im Takt dazu mit der flachen Hand auf den Tisch. Ihr Lärm übertönte die Fiedeln. Auf dem Höhepunkt des Getöses und bevor noch mehr Geschirr zu Bruch ging, ließ der umsichtige Wirt die Frauen kommen.

Sie waren zu acht, spärlich bekleidet, geschminkt und übermütig; während sie warten mußten, hatten auch sie zu trinken bekommen. Sie landeten bei den Männern auf dem Schoß, die am schnellsten zugriffen. Nur eine, die mit ihrer wilden Mähne und einem herausfordernden Mund wie eine Zigeunerin aussah, kam ungebeten auf Erasmus zu. Oberhalb der Taille trug sie lediglich ein Leibchen aus dünnem Musselin. Ihre Brüste bewegten sich frei, die Brustwarzen schimmerten dunkel durch den leichten Stoff. Sie trank aus Erasmus' Glas und lächelte ihn an. Ihre Augen funkelten unter dem dichten Kraushaar.

Erasmus, dem die Sinne allmählich durcheinandergerieten und dessen einzige Sorge sich darauf konzentrierte, daß ihm niemand seinen kostbaren Amtsstab nahm, machte sich ungeschickt an den Knöpfen ihres Leibchens zu schaffen, während er gleichzeitig mit einem Rest von Pflichtgefühl seinem Gast Armstrong zu erklären versuchte, daß jetzt gleich die *trionfi* erscheinen würden, die dem Club den Namen gaben: kleine, aus Zucker gegossene Figuren. »In Marmormodeln gegossen«, erklärte er, sorgfältig artikulierend. Seine Zunge fühlte sich an, als wäre sie zu dick für seinen Mund. »Der Marmor wird mit Mandelöl eingerieben ...« Armstrong schien nicht zuzuhören. Das Mädchen auf seinem Schoß hatte eine Hand in seine Hose gesteckt.

Gasperinis Bediente brachten sie herein, in Schachteln verpackt und mit roten Schleifen verziert; alle im Zimmer bekamen eine. Die *trionfi* wurden ausgepackt, in die Höhe gehalten und im Lampenlicht hin und her gedreht: glänzendweiße Nachbildungen von Hufeisen, Schweinchen, Rosetten, Muscheln, Schüsseln ... Ein langgezogenes Aaah ging um den Tisch. Erasmus' Zigeunermädchen fand in ihrer Schachtel – wie vorgesehen – einen kristallfunkelnden, grandios geschwollenen Zuckerpenis, an dem eine rote Troddel hing. Lächelnd hielt sie ihn hoch, damit alle ihn sehen konnten. Und nun setzte der Sprechchor wieder ein, der diesmal nur aus einer einzigen Silbe bestand: *»Auf, auf, auf.«*

Sie legte den Dildo vor Erasmus hin und sprang mit einem Satz auf den Tisch. Teller, Gläser, Essensreste wurden beiseite geräumt. Sie warf den Kopf in den Nacken und schnappte mit den Fingern in Richtung der hohläugigen Fiedler, die in den

Rhythmus einer Gavotte überwechselten. Dann begann sie einen wiegenden Tanz in der Mitte des Tischs und entledigte sich Stück für Stück ihrer Kleidung, die sie den Zuschauern zuwarf – Unterröcke, Turnüre, Leibchen, Strümpfe. Nackt war sie wunderschön anzusehen; ihre Haut schimmerte wie Perlmutt im warmen Lampenlicht. Sie bückte sich nach ihrem Geschenk, nahm, in getragenem Tempo der Musik tanzend, eine halb hockende Stellung ein und steckte den Dildo zwischen ihre Beine. Mit beiden Händen schob sie ihn langsam in sich hinein, das Gesicht in gespielter Ekstase zur Decke gewandt, während sich ringsum die Stimmen überschlugen und von Hundegebell nicht mehr zu unterscheiden waren.

Die Frau richtete sich auf und hob die Arme, um zu zeigen, daß ihre Hände leer waren; sie drehte sich mit geschlossenen Knien und hüftwackelnd ein paarmal im Kreis, rundete die Lippen zu einem 0 und stöhnte lustvoll. Die rote Schnur mit der Quaste hing wie ein blutiges Stück Gewebe zwischen ihren Beinen. Sie hielt sich in der Tischmitte, drehte sich und scheute mehr zum Spaß als im Ernst vor den Händen zurück, die nach der baumelnden Quaste griffen.

Sie beendete ihren Tanz, wo sie ihn begonnen hatte – vor Erasmus. Lächelnd blickte sie auf ihn nieder und wiegte sich in den Hüften, während der ganze Tisch grölte: »Raus, raus, raus!«, bis der neue Präsident die Hand hob, die Troddel anfaßte und daran zog und sich wüstes Geschrei erhob beim erwarteten Anblick des nun schlaffen und aufgeweichten Penis, der als groteske Mißbildung an seinem Faden hing. Er war, nach hehrem Brauch, aus Puderzucker gemacht, damit er in der feuchten Vagina rasch schmolz.

Erasmus wußte, was von ihm erwartet wurde. Er hob die nackte Frau vom Tisch und strebte schwankend dem Ausgang zu. Dann fiel ihm das Rohr ein, das Symbol seines Amtes, und er kehrte wieder um. Ein glänzender Einfall half ihm, seinen peinlichen Lapsus in einen Triumph zu verwandeln. Er hob das Rohr und vollführte damit als segnenden Abschied das Zeichen des Kreuzes – eine Geste, mit der er ungewollt den stolzen Traditionen des Trionfi Clubs eine weitere hinzufügte.

Das Mädchen führte ihn durch einen von Kerzen erhellten Gang in ein kleines Zimmer mit einem schmalen Bett. Lachend, aber wortlos legte sie sich darauf nieder und wartete auf ihn. Der geschmolzene Zucker war aus ihr herausgelaufen. Er sah die glänzende Flüssigkeit auf ihren Schenkeln. Ohne ein Wort oder einen Kuß kopulierten sie kurz und heftig. Sie klammerte sich an ihn und stieß einen zornigen Schrei aus, und er fühlte ihre Fingernägel auf seinem Rükken. Schaudernd stöhnte er etliche Male, dann rollte er wie ein Stein neben sie und schlief ein.

Mit pochenden Kopfschmerzen und einem Gefühl völliger Leere wachte er auf. Graues Licht fiel ins Zimmer. Die Frau war gegangen. Im Gasthof und auf der Straße war es still; es mußte kurz nach Morgengrauen sein. Auf dem kleinen Tisch am Fenster standen Waschkrug und Schüssel. Er wusch sich Gesicht und Hände und trocknete sich mit seinem Taschentuch ab. Das Zimmer ging auf den Hof und die Ställe hinaus, die noch halb verdeckt im Nebel lagen. Erasmus fröstelte. Er wollte weg, nichts wie weg. Er würde den Stallburschen wecken, die Stute satteln und sich Mantel und Stiefel bringen lassen. Die Straßen würden menschenleer sein; um diese Zeit schliefen selbst Verbrecher ... Trotzdem rührte er sich nicht vom Fleck. Sein weißer Amtsstab lag noch neben dem Bett, wo er ihn fallen gelassen hatte. Als er ihn aufhob, zuckten stechende Schmerzen durch seinen Kopf. Mit dem Stab in der Hand blieb er in dem düsteren Zimmer stehen und dachte an den vergangenen Abend. Er hatte seine Einführung triumphal bestanden – das wußte er. Alles lag in seinen Händen. Er war der anerkannte Führer der jüngeren Generation, und seine Stellung in der Westindischen Gesellschaft würde ihm erlauben, Einfluß zu nehmen und die Dinge im Sinne von Fletcher und Kemp zu steuern. Fletcher war alt und hatte keine Söhne; seine Tage als Chef der Firma waren gezählt. Nun, nachdem alle Schulden bezahlt waren, stand ihm mehr Geld für Investitionen zur Verfügung. Er würde mit eigenem Kapital ins Bankgeschäft einsteigen. Die Zukunft gehörte denen, die mit Geld statt mit Waren handelten ... Sie gehörte Männern wie ihm, Männern, die *sehen* konnten. Warum dann diese trostlose Leere, die er nicht auf seinen verkaterten Zustand zurückführen konnte, weil sie sich auch zu anderen Zeiten und häufig ganz unerwartet einstellte – warum dieses Gefühl, schutzlos unter einem erbarmungslosen Himmel ausgesetzt zu sein? Der Erfolgreiche konnte nicht unglücklich sein – es wäre ein Widerspruch in sich … Und plötzlich fühlte er sich wie jemand, der nach den Regeln spielte und von einem gerissenen Spieler betrogen wurde und das so geschickt, daß er den Trick nicht durchschaute.

38

Zu Hause empfing ihn sein Diener Hudson mit der üblichen diskreten Mischung aus Ehrerbietung und Tadel. Hudson war jetzt seit nahezu acht Jahren bei ihm und durfte sich einiges herausnehmen, doch heute morgen schnitt Erasmus ihm das Wort ab und schickte ihn hinaus, um Tee zu kochen und heißes Wasser für ein Bad zu bereiten.

Erasmus blieb lange im wohlriechenden Badewasser sitzen, während Hudson hin und her lief, um eimerweise warmes Wasser über ihm auszugießen. Nach dem Bad fühlte er sich körperlich ein wenig matt, aber im übrigen wieder ganz prächtig. Er zog sich wie gewöhnlich mit größter Sorgfalt an – heute ein schlichtes Hemd und einen dunklen Anzug aus feinem Tuch. Er würde den Tag in der Bank in Cheapside verbringen, wo sich die Besitzer einer Reederei angesagt hatten, die kurzfristige Kredite wünschten.

Er hatte kaum seine Toilette beendet, da meldete Hudson einen Besucher, einen gewissen Captain John Philips.

»Dem Aussehen nach ein Kapitän der Handelsmarine, Sir.«

»Einen Mann dieses Namens führen wir nicht. Hat er gesagt, was er will?«

»Nein, Sir. Er hat nur gesagt, er habe Euch etwas Interessantes mitzuteilen.«

Erasmus seufzte. »Fragt sich, für wen. Also, dann führt ihn ins Arbeitszimmer, Hudson.«

Als sich Erasmus einige Minuten später selbst dorthin begab, fand er einen stämmigen, wettergegerbten Mann mittleren Alters vor in Nankinghosen und braunem Überzieher.

»Ich bin Erasmus Kemp« sagte er, während er auf seinen Besucher zuging, um ihm die Hand zu schütteln. »Wie ich höre, habt Ihr etwas Geschäftliches mit mir zu bereden. Leider habe ich es heute morgen eilig …«

»Nichts Geschäftliches, Sir, nicht eigentlich«, sagte der Kapitän. Er zögerte einen Moment, als wüßte er nicht genau, wie er fortfahren sollte, obwohl sein Blick fest auf Erasmus gerichtet war. »Ich habe Euren Vater gekannt«, fuhr er fort. »Vom Hörensagen, meine ich, nicht persönlich. Ich stamme aus Liverpool, Sir.«

»Tatsächlich?« sagte Erasmus, unwillkürlich reserviert bei der Erwähnung seines Vaters. Aber die blauen Augen des Kapitäns blickten offen und freundlich unter den buschigen blonden Brauen.

»Aye, Sir, ich habe auch Captain Thurso gekannt – den allerdings persönlich. Ich bin einmal unter ihm gefahren, bevor ich mein eigenes Schiff bekommen habe. Aber das eine Mal hat mir gereicht.«

»Sir, verzeiht mir, aber ich habe heute morgen wenig Zeit. Darf ich fragen, worauf ihr hinauswollt?«

»Die *Liverpool Merchant* – so hat es doch geheißen, sein letztes Schiff … Es wurde damals viel darüber geredet. Es wird immer viel geredet, wenn ein Schiff untergeht. Und es war noch dazu ein neues. Ich habe mich deshalb erinnert, weil es das Schiff Eures Vaters war und Thurso der Skipper.«

»Nun, Ihr habt völlig recht. Der Name des Schiffs war *Liverpool Merchant.*«

»Die Galionsfigur war eine üppige Frau mit wehenden Haaren, nicht wahr? Ich frage nur, um ganz sicher zu sein.«

»Das stimmt.« Erasmus erinnerte sich an jenen Nachmittag in Oates' Werkstatt am Mersey, an den gereizt zwischen seinen Figuren umherhinkenden Holzschnitzer und an die Begeisterung seines Vaters für die protzige Herzogin mit ihren gelben Haaren und dem blauen Kleid, die aussah wie eine gefesselte Riesin. Er hatte damals in der Werkstatt die Gefühle seines Vaters, der ganz besessen von dem Schiff war, sogar ein wenig geteilt. Damals hatte er seine Liebe zu Sarah, die sein Herz für das Wunderbare öffnete …

»Was soll das alles?« fragte er mit ärgerlichem Unterton. »Ihr kommt hierher und erzählt mir etwas von einem Schiff, das vor zwölf Jahren mit Mann und Maus gesunken ist.«

»Es ist nicht gesunken.«

Erasmus fuhr mit der Hand an die Schläfe – eine Angewohnheit, die er schon als Kind hatte, wenn ihn etwas beunruhigte oder verwirrte. »Nicht gesunken?«

»Ich habe es vor knapp einem halben Jahr gesehen«, sagte der Kapitän. »Das heißt, was von ihm übrig ist. Ich bin hier in London, um ein Schiff auszurüsten, und da habe ich die Gelegenheit genützt, Euch ausfindig zu machen und davon zu unterrichten. Es wurde an der Südostküste von Florida auf den Strand gesetzt.«

Erasmus starrte ihn an. »Gestrandet? Ihr meint, es ist an der flachen Küste aufgelaufen und hat Schiffbruch erlitten?«

»Nein, ich meine, es wurde absichtlich an Land gezogen. Es lag ziemlich weit vom Ufer entfernt.« Die Stimme des Kapitäns klang abermals etwas zaghaft oder unsicher, als zweifelte er selbst an dem, was er sagte. »Ziemlich weit landeinwärts, wo niemand ein Schiff vermuten würde«, sagte er leise.

»Florida?« Erasmus hob wieder die Hand an die Stirn. »Was hätte das Schiff so weit westlich zu suchen gehabt? Es hat Jamaika nie erreicht. Das ist doch alles Unsinn.«

»Ich spreche von etwas, das ich mit eigenen Augen gesehen habe«, entgegnete der Kapitän schroff. »Ich hielt es für meine Pflicht herzukommen«, sagte er. »Aber ich werde Eure Zeit nicht länger in Anspruch nehmen, Sir.«

»Bitte, verzeiht«, sagte Erasmus. »Ich wollte Euch nicht kränken. Ich muß unbedingt hören, was Ihr noch darüber wißt. Eure Worte waren wie ein Schlag … Mein Vater starb im selben Jahr, als das Schiff nicht zurückkehrte. Mein ganzes Leben hat sich dadurch verändert.«

»Ich weiß.« Philips' Stimme klang barsch, aber er schien beschwichtigt. »Es hat mir leid getan, als ich davon hörte.«

Erasmus lächelte. »Wollt Ihr Euch nicht setzen?« fragte er.

»Ich habe einen guten Madeira im Schrank. Oder soll Euch mein Diener etwas anderes bringen?«

»Was Ihr zur Hand habt, ist mir recht«, sagte der Kapitän, das freundliche Lächeln erwidernd.

Als Erasmus den Wein einschenkte, zitterten seine Hände leicht. »Und nun, Sir, habt Ihr meine volle Aufmerksamkeit«, sagte er, während er das Glas vor ihn hinstellte.

Auf diese Weise ermutigt und mit aufgeknöpftem Mantel in einem bequemen Sessel sitzend, begann der Kapitän mit seiner Geschichte. Wie es schien, war er früher die Afrika-Amerika-Route gefahren, aber nur hin und wieder mit Sklaven. Jetzt verschiffte er vor allem Holz und Häute zwischen den nordamerikanischen Siedlungen und den spanischen Karibikinseln. Auf seiner üblichen Nordroute durch die Floridastraße nach Norfolk in Virginia hatte er bei siebenundzwanzig Grad Breite geankert, südlich von einem Ort an der Küste, bekannt unter dem Namen Boca Nueva, wo es Süßwasserperlen gab. Er hatte ein paar Männer an Land geschickt, um Wasser und Brennholz zu holen und an Wild zu schießen, was ihnen vor die Flinte kam.

»Kein Mensch ist vollkommen, Sir«, sagte der Kapitän und wiegte bedächtig den Kopf, »und Seeleute vielleicht noch weniger als andere, weil sie so lange auf so engem Raum beisammen sein müssen. Irgendwie haben sie es geschafft, etwas vom Rumvorrat abzuzapfen und an Land mitzunehmen. Es war nicht so viel, um sie völlig betrunken zu machen, aber genug, um den sorglosen Draufgänger in ihnen zu wecken. Sie sahen eine Gruppe von Indianern und verfolgten sie in der Hoffnung, die Frauen zu fangen. So jedenfalls habe ich ihre Geschichte verstanden. Später haben sie versucht, die Sache anders darzustellen, um ihre Strafe zu mildern. Es gibt Indianer dort an der Küste, Sir, das ist schon wahr. Sie mögen die Weißen nicht, und ihre Pfeile können einen Menschen töten. Was diese Seeleute getan haben, war töricht, um es gelinde auszudrücken. Sie gerieten bei ihrer Verfolgungsjagd weiter landeinwärts, als sie beabsichtigt hatten, besonders die zwei Anführer, und befanden sich plötzlich in einem sumpfigen Wald, wo ein Vorankommen nur noch entlang eines Flußbetts möglich war. Es führte um eine unübersichtliche Kurve, und plötzlich, sagten sie, standen sie davor. Das Schiff lag schräg an ein Ufer gelehnt, Schlingpflanzen rankten sich an ihm empor, die Decks halb verfault und beide Masten gekappt. So haben sie's dem Maat geschildert, und so hat er es mir erzählt.« Der Kapitän schüttelte den Kopf. »Vom Ufer aus nicht zu sehen«, sagte er, »im Sumpf und von Bäumen umgeben, wo kein Schiff etwas zu suchen hat. Es war ein unheimlicher Anblick, Sir, selbst für mich, obwohl ich durch den Bericht der Männer darauf vorbereitet war. Der Name stand unter der Heckfigur, etwas ausgebleicht, aber man konnte ihn noch lesen.«

Philips war über das schräge, teilweise eingebrochene Deck geklettert und bis zur Kapitänskajüte vorgedrungen. »Es war nicht mehr viel da«, sagte er. »Vermutlich ist das Schiff nicht nur von denen, die es zurückgelassen haben, gründlich ausgeräumt worden, sondern auch von den Ratten, die an Bord waren, und danach vielleicht noch von Indianern. Aber das hier habe ich hinter einem verfaulten Schott gefunden.« Er zog aus seiner Manteltasche ein schwarzes, in Leinwand gebundenes und ziemlich mitgenommenes Buch hervor. »Es war in einem Holzkästchen«, sagte er. »Die Feuchtigkeit hat das meiste unleserlich gemacht, aber ein paar Seiten sind noch ganz gut erhalten. Es ist das Logbuch des Schiffs.«

Erasmus streckte die Hand danach aus und hatte dabei das Gefühl, als zöge sich die Bewegung wie im Traum unendlich in die Länge. Auch sein Denken hatte sich verlangsamt; es gab nur diese merkwürdige Geschichte, die der Kapitän erzählt hatte. »Aber ist das wirklich sicher?« fragte er. »Könnt Ihr sicher sein, daß es dasselbe Schiff ist?«

»Es ist ein Zweimaster, wie man sie in Liverpool baut. Außerdem steht der Name drauf, und es ist dieselbe Galionsfigur.«

»Aber wie kann es so weit landeinwärts geraten, so weit weg vom Wasser?« Erasmus brauchte Zeit, um sich zu fassen. Er war sich bewußt, daß der feste Blick des Kapitäns auf ihm ruhte.

»Das Land hinter diesem Küstenstrich steigt nur ein paar Fuß hoch an, und der Boden ist weich, Sir. Sand, Strandkies und Schlamm. Der Tidenhub ist sehr groß. Die See reißt Gräben ins Land, die manchmal recht tiefes Wasser führen. Ich kenne welche mit vier bis fünf Faden Tiefe. Hinter der Küste bilden sie ein Labyrinth aus Sümpfen, Flüssen und Lagunen, die sich ständig ändern, weil sie verschlammen, den Lauf ändern und in kleine Buchten münden, die sich meilenweit hinziehen. Diese Küste sieht jedes Jahr anders aus, und ich kenne sie besser als die meisten. Das Schiff Eures Vaters liegt in einer Rinne, die mittlerweile so gut wie dicht ist, aber vor zwölf Jahren könnte sie tiefes Wasser geführt haben, so daß man das Schiff bei Flut hineinbugsieren konnte.«

»Aber die Männer, die das getan haben ... die sich die Mühe gemacht haben, das Schiff so zu verstecken, müssen verzweifelt gewesen sein.«

»Aye. Genauso sieht es aus. Und es ist ihnen gelungen. Es wäre nie gefunden worden, wenn sich nicht zufällig ein paar Seeleute heimlich einen angetrunken hätten. Hundert Schiffe könnten dort Wasser fassen, ohne daß jemandem etwas aufgefallen wäre. Die Männer gehen auf Wildschweinjagd in den Buschzonen oder sie schießen Vögel an den Rändern der Lagunen, aber keiner geht in die Sümpfe, die dahinter liegen. Warum auch?«

»Und der Kapitän?« Erasmus sprach merkwürdig zurückhaltend, als wollte er, daß ihm der andere das Urteil lieferte. »Sicherlich konnte er nicht ...«

»Thurso war nicht der Mann, der freiwillig sein Schiff aufgab. Aber das ist Spekulation. Mir lag nur daran, Euch mitzuteilen, was ich bezeugen kann.« Er stellte sein Glas ab und stand auf. »Ich habe das Schiff mit eigenen Augen gesehen«, sagte er. Auf dem Weg zur Tür blieb er noch einmal stehen und drehte sich zu Erasmus um, der ebenfalls aufgestanden war. »Das ist alles, was ich mit Sicherheit weiß«, sagte er. »Aber ich fahre diese Route regelmäßig, jetzt, nachdem die Spanier Florida an uns abgetreten haben, und da habe ich die eine oder andere Geschichte gehört ...«

»Was für Geschichten?«

»Die Indianer, die von den Floridariffs im Süden mit Kuba Handel treiben, erzählen von einer Siedlung irgendwo hinter der Küste, wo Weiße und Schwarze zusammenleben und niemand Häuptling ist.«

»Aber zwölf Jahre«, sagte Erasmus. »Wie könnten Menschen dort so lange verborgen bleiben?«

»Das ist möglich«, sagte Philips nach kurzem Nachdenken. »Der südliche Teil von Florida ist Wildnis, praktisch unberührt, nur ein paar Indianer leben dort. Die Spanier sind, soviel ich weiß, nie dorthin vorgedrungen. Doch, Sir, es ist möglich.«

Erasmus schwieg, und der Kapitän, der ein stolzer und feinfühliger Mann war und dieses Schweigen vielleicht als Zweifel an seinen Worten auslegte, reichte ihm ziemlich abrupt die Hand zum Abschied. »Ich habe nicht gesagt, daß ich die Geschichten glaube«, sagte er. »Bei den Indianern weiß man nie so genau, ob sie von heute, gestern oder von vor hundert Jahren sprechen. Also dann, Sir, werde ich mich jetzt verabschieden.«

»Einen Moment.« Erasmus schien sich mit Gewalt aus seinen Gedanken zu reißen. »Ich bin Euch außerordentlich dankbar, daß Ihr mich von Eurem Wissen in Kenntnis gesetzt habt. Seid so gut und sagt mir, wo Ihr abgestiegen seid, damit ich mich erkenntlich zeigen kann.«

»Das ist nicht nötig.«

»Ich weiß, daß es nicht nötig ist.« Erasmus lächelte. Er wollte etwas Geld schicken, denn der Mann mußte für seine Mühe belohnt werden, und es war nicht genug Bargeld im Haus. Doch das Geld war nur ein Vorwand: Er mußte wissen, wo Philips zu finden war. »Aber es wäre mir eine Ehre.«

So genötigt, willigte der Kapitän ein. Er logierte im *Ochsen* in Southwark. Nachdem er gegangen war, setzte sich Erasmus an den Schreibtisch und blätterte in dem stark beschädigten schwarzen Buch. Der Schimmel auf dem Einband sowie den vorderen und hinteren Seiten hatte die Namen von Kapitän und Schiff unkenntlich gemacht. Durch die Feuchtigkeit war die Tinte verlaufen und die Zeilen waren ineinander verschwommen. Außerdem ließ sich die krakelige, ungeübte Handschrift nur schwer entziffern. Aber da und dort und besonders im letzten Teil fanden sich leserliche Eintragungen von Daten, Wetter und Navigation. »Haines in Eisen«, las er; ein Grund war nicht angegeben.

Doch er hatte im Augenblick keine Zeit, sich länger damit zu befassen. Er steckte das Logbuch ein und verließ das Haus. Erst am späten Nachmittag kam er wieder dazu, es aufzuschlagen. Aber den ganzen Tag über, während er seiner Arbeit nachging, verweilte er immer wieder zweifelnd bei einzelnen Worten und Wendungen seines Besuchers, als könnte ein falscher Ton, eine heimliche Geste die Geschichte unglaubhaft machen und den Widersinn dieser ungeheuerlichen Vorstellung beweisen, daß das Schiff seines Vaters absichtlich verlassen worden war.

Endlich allein in seinem Büro – in dem anschließenden größeren Raum waren die Schreiber noch eifrig bei der Arbeit – nahm er das Logbuch aus der Schublade. Es war frühzeitig dunkel geworden. Er hatte die Lampe auf seinem Schreibtisch angezündet, und hinter ihm im Kamin brannte mit einem ständigen leisen Zischeln ein Feuer.

Er schlug das Logbuch auf und fand einen Eintrag vom November 1752: »... von einem Franzosen vier Anker Brandy. 13 Zentner Reis von Tuckers Leuten gekauft. Brachten einen Sklaven an Bord, war jedoch zu spät ... versprach, ihn rechtzeitig am nächsten Morgen zurückzubringen ...«

Ein muffiger Geruch stieg von den lappigen, leicht aufgequollenen Seiten auf. Selbst aus den wenigen noch vorhandenen Eintragungen ging hervor, daß es keine glückliche Reise gewesen war. »Nicht die geringste Brise weit und breit«, las er. »Eine Frau bestattet; war innerhalb von fünf Tagen am Fieber gestorben. Habe jetzt 67 verloren, und immer noch in den ...«

Auf den letzten Seiten des Logbuchs, die weitgehend unleserlich waren, fand er, wonach er die ganze Zeit gesucht hatte: »... Wind aufgefrischt hatte, gerieten wir in einen ordentlichen Tornado, der uns zwang, beizudrehen und in 25 Faden Tiefe zu ankern ... Am nächsten Morgen, als die Luken geöffnet wurden, waren 4 der gefesselten Sklaven tot.

Mein Rtgbr sagt mir, die Kranken sind über Bord zu werfen. Die Männer murren gegen mich, sie werden von Paris ermuntert, der sich … Bedaure, daß ich … mitgenommen …«

Der Name war unleserlich. Sorgfältig las Erasmus den Eintrag noch einmal. Als er aufblickte, erfüllte ihn eine unbegreifliche Dankbarkeit; das Gefühl war so stark, daß sich sein Gesicht verzerrte. Sein Vetter war also damals noch auf dem Schiff gewesen; er hatte noch gelebt zu dem Zeitpunkt, an dem das Logbuch endete. Paris hatte bei dem, was mit dem Schiff geschehen war, die Hand im Spiel …

Die Abkürzung bereitete ihm Kopfzerbrechen. Wer könnte Thurso diesen Rat gegeben haben? Daß es Thursos Logbuch war, stand eindeutig fest. Vielleicht der Erste Maat. Seine Gedanken wanderten zurück zu jenem Tag, als er sie auf der Werft zusammen aus dem Schatten des Schiffbugs hervorkommen sah, den schweren, bedächtigen Kapitän und den schlanken, spitznasigen Maat. Barton war sein Name. Er hatte den Kopf gehoben und geschnuppert wie ein Hund …

Seine Gedanken kehrten zu Paris zurück: der hochaufgeschossene, lachende Junge mit den zu kurzen Ärmeln, der ihn von seinem vergeblichen Dammbau am Strand weggeholt hatte und dadurch zum Todfeind geworden war; der fleißige Student, der sein Studium der Fürsprache seiner Mutter verdankte; der blasse Mann mit dem zerfurchten Gesicht und dem Hut eines Wanderpredigers, über den Unglück und Schande ihre Schatten geworfen hatten … Er konnte sich nicht vorstellen, wie sein Vetter jetzt aussehen könnte; aber daß er Anführer einer Meuterei gewesen war, daß er Blut an den Händen hatte, das wußte er.

Es mußte so sein nach dem, was Philips gesagt hatte: Sie mußten den Kapitän ermordet haben. Sie hatten das Schiff an Land gezogen und versteckt und die Masten gefällt. Sie konnten nicht an Rückkehr gedacht haben. Sie hatten sich die Schiffsladung angeeignet und an Land geschafft. Das war Diebstahl und Piraterie. *Weiße und Schwarze leben ohne Häuptling zusammen.* Und nicht nur Thursos Blut klebte an ihren Händen. Mein Vater saß zu Hause über die Landkarte gebeugt und wartete auf sein Schiff …

Später erschien es ihm, als wäre der Plan damals entstanden, bei dem leise knisternden Feuer in seinem Rücken und dem wie von fern heraufdringenden Straßenlärm von Cheapside. Aber genau wußte er es erst einige Tage später – daß er reisen würde, daß er selbst sehen wollte und nicht nur das Wrack des Schiffs. Er wußte es, weil bei dem Gedanken, Philips könnte London schon verlassen haben und unerreichbar sein, eine Weile der Trostlosigkeit über ihn hereingebrochen war.

Er hatte Hudson mit fünfundzwanzig Guineas und einem Dankschreiben zu Philips geschickt. Und Hudson begleitete ihn auch jetzt und wartete unten, während Erasmus noch einmal mit dem Kapitän über die zwei Männer sprach, die das Schiff gefunden hatten. War einer von ihnen noch bei ihm? Den Anführer bei dem Landausflug, anscheinend ein rechter Störenfried, hatte Philips in Savannah in die strengere Disziplin einer Fregatte entlassen. Aber der andere, ein Mann namens Harvey, hatte wieder angeheuert und konnte gefunden werden – ein insgesamt soliderer Mensch und guter Seemann, der damals nur vom Rum und der närrischen Hoffnung auf eine Frau verleitet worden war …

»Es sind einfache Männer, Sir«, sagte der Kapitän. Er war nicht sehr begeistert von dem Vorschlag, Harvey an Kemp abzugeben; ein befahrener Mann war nicht leicht zu ersetzen. Aber nachdem sich Kemp so großzügig bei ihm bedankt hatte, wäre es nicht nur undankbar, sondern auch unklug gewesen, nicht einzuwilligen, denn einem einflußreichen Mann schlug man nichts ab. Und noch etwas kam hinzu, eine Art unterdrückter Leidenschaft auf Erasmus' Seite, die Philips, obwohl selbst eigenwillig und an den Umgang mit hartnäckigen Männern gewöhnt, beängstigend fand.

Harvey wurde ausfindig gemacht und in Kemps Haus gebracht. Er war blond und hatte das frisch-fröhliche Gesicht eines tüchtigen Burschen, auch wenn er jetzt etwas gedämpft wirkte.

»Nun, Harvey«, sagte Erasmus, »wie alt bist du?«

»Neunundzwanzig oder dreißig, so genau weiß ich das nicht, Sir, weil ich ein Findelkind war.«

»Also sagen wir dreißig. Du bist gesund und kräftig, aber die wenigsten Seeleute werden älter als vierzig und gewiß nicht auf Schiffen, die in die tropischen Länder fahren. Du weißt das selbst, denn du siehst mir nicht aus wie ein Narr. Aber selbst wenn du so alt würdest, was würde dich erwarten? Armut und Not. Wenn du mich zu dem Ort führst, wo ihr die Reste vom Schiff meines Vaters gefunden habt ... Du könntest die Stelle doch wiederfinden?«

»Ja, Sir, ich könnte sie finden.«

»Wenn du mich also dorthin führst, dann soll es dein Schaden nicht sein. Du brauchst nie wieder zur See zu fahren, wenn du nicht willst. Ich werde dich zu guten Bedingungen in Dienst nehmen, oder, wenn dir das lieber ist, ich gebe dir eine Summe Geldes, mit dem du dir ein Geschäft aufbauen kannst. Ich bin ein reicher Mann, und was ich verspreche, halte ich. Jeder, der mich kennt, wird dir das bestätigen. Ich bitte dich um ein Jahr deines Lebens und biete dir danach ein Leben, in dem du keine Not leiden wirst. Was sagst du dazu?«

»Ich sage ja, Sir. Ich werde Euch bestimmt zufriedenstellen. Und Gott segne Euch für Eure Freigebigkeit, Sir.«

Erasmus atmete auf. Er hatte entgegen seiner sonstigen Gewohnheit mehr geboten, als nötig gewesen wäre; aber er wollte um keinen Preis, daß der Mann ablehnte. »Es wird zwei oder drei Wochen dauern, bis ich alle Vorbereitungen getroffen habe«, sagte er. »In dieser Zeit wirst du hier wohnen. Du wirst eingekleidet und zu essen bekommen. Dann wirst du mich als mein Diener nach Florida begleiten. Ich erwarte, daß du dich in meinem Haus anständig benimmst.«

»Ja, Sir.«

»Kein Besäufnis, keine Schlägerei, keine Belästigung der Mägde.«

»Nein, Sir.«

»Andernfalls wirst du erleben, daß ich schlimmer bin als jeder Indianer.« Es geschah nicht oft, daß Erasmus Witze machte; vielleicht war an diesem hier nur seine Erleichterung schuld. Beinahe überrascht sah er, daß Harvey lächelte. Es war ein Lächeln von beträchtlichem Charme, zahnlückig, ohne Falsch und vollkommen unbeeindruckt von dem Hinweis auf seinen Fehltritt. Erasmus sah darin den Anfang einer zwölf Jahre lang hinausgeschobenen Vergeltung. »Und du wirst über unsere Abmachung mit niemandem sprechen«, sagte er. »Mit keiner Menschenseele.«

39

Ein Schiff mußte gechartert, Empfehlungsschreiben für Colonel Campbell, den vor kurzem ernannten Gouverneur von Florida, besorgt werden. Mittlerweile informierte sich Erasmus soweit wie möglich über die neue und beinahe zufällig erworbene Kolonie. Spanien hatte sie vor rund zweieinhalb Jahren an England abgetreten, um sein Juwel Kuba, das die englische Flotte erobert hatte, zurückzukaufen. Was Philips gesagt hatte, schien weitgehend zuzutreffen. Die Spanier hatten nie viel Wert auf Florida gelegt; es diente ihnen praktisch nur zum Schutz ihrer Handelsrouten aus Mexiko und der Karibik. Sie hatten kaum etwas getan, um das Gebiet zu erschließen. Schließlich hatte es nichts zu bieten, was nach damaligen Begriffen nützlich gewesen wäre. Der südliche Teil war eine unbekannte subtropische Wildnis. Es gab weder Gold noch Silber, und die Indianer, die man dort fing, waren kaum etwas wert, weil sie als Sklaven schon nach kurzer Zeit starben. Während der jüngsten Kolonialkriege hatten sich die Spanier aus ihrer Hauptstadt Saint Augustine im Norden kaum landeinwärts gewagt, weil sie dort den kriegerischen Creek-Indianern, die von den Engländern in Georgia mit Waffen versorgt wurden, in die Hände gelaufen wären. Campbell war vor allem mit der Aufgabe nach Florida geschickt worden, die Creek zu befrieden und sie der Dankbarkeit der Engländer zu versichern. Inoffiziell gab man Erasmus zu verstehen, daß die Dankesbezeugungen Hand in Hand mit der Inbesitznahme traditioneller Creek-Jagdgründe gehen würden, die englischen Siedlern zugute kommen sollten.

Harvey hielt sich an die mit Erasmus getroffene Vereinbarung und benahm sich gut. Nach seiner Verwandlung in einen herrschaftlichen Domestiken, der einen guten Tuchanzug, falsche Silberschnallen an den Schuhen und das Haar zu einem Zopf gebunden trug, unterhielt er das übrige Personal mit Geschichten aus seinem Leben auf See und weckte in der Köchin zärtliche Gefühle. Er konnte sein Glück noch immer kaum fassen. Er hatte eine Welt betreten, in der alles möglich war. Sein neuer Herr war reich; und wenn er seltsame Ideen hatte – Harvey war froh darüber.

Erasmus fand in dieser Zeit des Planens und Vorbereitens ebenfalls eine Art Glück. Sein Einsatz galt einer gerechten Sache: Ein Verbrechen war verübt worden, und die Übeltäter lebten vielleicht noch, während sein Vater seit zwölf Jahren unter der Erde lag. Doch von alldem sprach er mit keinem Menschen. Gegenüber seinen Geschäftspartnern, seiner Frau und seinem Schwiegervater rechtfertigte er die Reise als geschäftliches Unternehmen, was plausibel klang, denn Florida war eine neue Kolonie, und die Politik Seiner Majestät förderte die dortige Ansiedlung durch Reisekostenzuschüsse und Landzuweisungen. Daß viele davon Gebrauch machen würden, war anzunehmen und ebenso eine verstärkte Nachfrage nach industriellen Erzeugnissen.

»Ich werde in Saint Augustine nützliche Verbindungen knüpfen«, sagte Erasmus zu seinem Schwiegervater. »Ich glaube, diese neue Kolonie ist ein potentieller Absatzmarkt von immenser Bedeutung. Und wer zuerst kommt, mahlt zuerst.«

»Glaubt Ihr im Ernst, die Siedler in Florida werden ihren Zucker von uns kaufen und die Zölle bezahlen, wenn Havanna so gut wie vor ihrer Haustür liegt?« Sir Hugo blickte unter seinen buschigen weißen Brauen bar jeder Freundlichkeit auf Erasmus. »Habt Ihr Euch auch von Eurem Verstand verabschiedet?« sagte er.

Erasmus erwiderte den Blick des alten Mannes mit unverhohlener Feindschaft. »Ich habe nicht von Zucker gesprochen«, erwiderte er eisig. »Meint Ihr, es gibt nichts anderes als Zucker auf der Welt? Meint Ihr, die Leute würden sich mit Zucker kleiden oder mit Zucker das Land roden? Und wenn wir schon von Unverstand sprechen, was soll dieses wahllose Aufkaufen von Negern? Ich weiß aus zuverlässiger Quelle, daß Eure Verwalter in Kingston zahnlose Greise kaufen und Frauen mit Hängebrüsten bis an die Knie und sie in Lagern halten, wo es keine Arbeit für sie gibt.«

»Die Entschädigung, die wir von der Regierung bekommen werden, errechnet sich nicht aus gesund oder krank, sondern aus den Pro-Kopf-Zahlen und dem Marktpreis.«

»Entschädigung«, schnaubte Erasmus verächtlich.

»Sie werden den Sklavenhandel abschaffen. Das Gesetz kommt. Ich weiß es von einem Gewährsmann.«

»Von einem dieser Schreiber und Kleingeister, die sich in den Ministerien herumtreiben und für ein paar Shilling Informationen verkaufen?« Es war kaum zu glauben, daß Jarrold einem solchen Gerücht aufsaß – ein Mann, dessen Gerissenheit und Skrupellosigkeit Legende war, der sich vom Anwaltssekretär zum Handelsbankier hochgearbeitet und dabei ein Vermögen gemacht hatte, der heute mindestens eine halbe Million schwer war.

»Ihr werdet dabei verlieren«, sagte Erasmus. »Ein Neger ist nur wert, was an Arbeit unmittelbar nach dem Kauf aus ihm herausgeholt werden kann. Leicht verderbliche Ware ist keine Kapitalanlage. Ihr könnt Neger nicht gewinnbringend züchten wie Rinder. Und diese Bewegung zur Abschaffung des Sklavenhandels ist eine Chimäre. Es wird kein solches Gesetz geben, denn es sind nur eine Handvoll Quäkerabgeordnete dafür und ein oder zwei Dummköpfe außerhalb des Parlaments, die sich aufspielen wollen. Aber es ist sinnlos, mit Euch darüber zu reden.«

Das Geld, das auf diese Weise verschleudert wurde, hätte eines Tages über seine Frau an ihn gehen können. Er hatte schon daran gedacht, den alten Mann für geschäftsunfähig erklären zu lassen, aber abgesehen von dieser besonderen Manie schien er ziemlich klar bei Verstand zu sein. Es war nur zu hoffen, daß er bald starb, um den Schaden in Grenzen zu halten. Erasmus' Geld jedenfalls war nicht in Gefahr. Er hatte Anweisung gegeben, seine zwölf Prozent Anteile an der Bank unauffällig in kleinen Mengen zu verkaufen, solange sie noch hoch im Kurs standen.

Der Abschied von seiner Frau am Tag der Abreise verlief kurz und nüchtern. Er sollte sich noch am selben Abend einschiffen, die Kutsche mit Harvey und dem Gepäck stand bereits vor dem Haus. Er mußte warten, bis Marie ihn angemeldet hatte. Seine Frau fand seit neuestem – eine ihrer Freundinnen hatte es ihr eingeredet –, ein allzu ungehindertes Beisammensein von Eheleuten sei vulgär.

Als er eintrat, begrüßte ihn wie gewöhnlich ein kläffender Fritz. Auf dem Sofa des Ankleidezimmers lehnte in einem pfirsichfarbenen Morgenrock eine durch eine gräuliche, pickelige Gesichtsmaske unkenntlich gemachte Frau. »Seid Ihr das, Margaret?« fragte er, als er näher trat. »Was in Gottes Namen ist das Zeug auf Eurem Gesicht?«

»Hühnerhaut«, antwortete sie mit dumpfer Stimme. »Meine Freundin Lady Danby hat mir dazu geraten. Es ist das Beste für die Gesichtspflege.« Der fransige Rand der Hühnerhaut um ihren Mund bewegte sich mit ihren Lippen. »Das Huhn muß frisch geschlachtet sein, damit die Haut gut feucht ist.«

»Dann soll sich also Euer Ehemann, der für mehrere Monate verreist, von einer Hühnerhaut verabschieden.«

»Ich kann beim besten Willen nicht verstehen, warum Ihr mein Gesicht sehen müßt, nur weil Ihr verreist, wo Ihr Euch herzlich wenig dafür interessiert, solange wir unter ein und demselben Dach wohnen. Wenn das hier etwas nützen soll, dann muß es mindestens eine Stunde draufbleiben, sagt Lady Danby.«

»Lady Danby ist nichts anderes als eine Hure, und ich bedaure, daß Ihr sie Eure Freundin nennt«, sagte Erasmus. »Ich kann nicht so lange warten. Wir laufen bei Flut aus.« Er nahm ihre schlaffe Hand und küßte sie. »Ich hoffe, Ihr achtet auf Eure Gesundheit«, sagte er. »Daß Ihr Euren Teint vernachlässigt, brauche ich wohl nicht zu befürchten.«

Als die Kutsche an der Tower Bridge vorüberholperte, fiel Erasmus ein, daß seine Frau die Hühnerhaut vielleicht erst kurz vor seinem Besuch aufgelegt hatte, um ihr Gesicht vor ihm zu verbergen. Was sie gesagt hatte, traf in gewisser Weise zu. Wenn er bei ihr schlief, was selten genug vorkam, interessierte er sich nicht für ihr Gesicht; und bei allen anderen Gelegenheiten, zu denen sie sich sahen, war sie maskiert oder auf irgendeine Weise entstellt durch dick aufgetragene Schminke, Rouge und Schönheitspflästerchen, eine Wundersalbe oder Hühnerhaut. Margarets wirkliches Gesicht sah er eigentlich nie, und er fragte sich, ob er sie in der Menge oder wenn sie sich auf der Straße begegneten, überhaupt erkennen würde …

Während die Entfernung zwischen ihm und allem, was er zurückgelassen hatte, wuchs, fielen die Jahre von ihm ab, die Zeit wurde unwirklich, und Erasmus kehrte zu den elementaren Gefühlen seiner Kindheit zurück. Sein Leben schrumpfte auf einen ganz einfachen, aber strahlenden Kern zusammen, neben dem alles übrige verblaßte. Dieses Wegfallen glich dem langsamen Abtragen eines Gerüsts, das nie nötig gewesen war; doch das Gebäude, das es gestützt oder scheinbar gestützt hatte, konnte er nicht erkennen – auch das war eine Illusion gewesen. Es gab den heißen Brennpunkt seines Entschlusses; außerhalb davon war für ihn nicht viel erkennbar. Die Leere des Himmels und des Ozeans schienen nur von weiterer Entblößung zu zeugen. Als alles abgestreift war, trat an die Stelle von Besitz und Identität das Streben nach Gerechtigkeit, das sich vertiefte und zu etwas Abstraktem und Religiösem heranwuchs, dem er sich täglich im Morgengrauen neu angelobte, das aus dem Sonnenlicht Bestätigung bezog und dem bei einbrechender Dunkelheit gehuldigt wurde.

Von Zeit zu Zeit befragte er Harvey; er befragte ihn immer sehr genau, als wollte er ihn bei einem Widerspruch ertappen; aber die Geschichte des Seemanns war einerseits zu simpel und andererseits zu vage. Harvey konnte nicht beschreiben, auf welchem Weg er zu dem Fluß gelangt war. Er hatte sich zufällig dorthin verlaufen. »Ich hab was getrunken, Sir«, sagte er mit immer demselben gleichmütigen Achselzucken. Er sagte, er könne sich an die Süßwasserstelle erinnern und an die Küste, vor der sie geankert hatten. Und er fühlte sich dabei ziemlich sicher, trotz eines leicht mulmigen Gefühls; denn so gut kannte er seinen Herrn inzwischen, daß ihm die Vorstellung, ihn zu enttäuschen, wenig behagte.

Doch Harvey war nicht der Mann, der heute fragte, was

morgen sein würde; im Gegenteil, er genoß die Reise. Es war seine erste Seereise, auf der er nicht an den Tauen schwitzen mußte. Er aß mit dem Steward und der Mannschaft, die gerade wachefrei hatte, und ergötzte sie mit erstaunlichen Geschichten aus der feinen Welt, in die es ihn verschlagen hatte. Seine schlichte Verwunderung darüber entwaffnete seine Zuhörer, und er war bei jedermann an Bord beliebt.

Dieselbe Verwunderung bestimmte das Verhältnis zu seinem Herrn. Daß ein Mann mit einem schönen Haus und Domestiken und Geld – kurz, mit allem, was er zum Leben brauchte – um die halbe Welt reiste, nur um ein stinkendes Schiffswrack in einem Flußbett zu sehen, war für einen normal denkenden Menschen wie Harvey unverständlich, und so siedelte er Kemp auf einer anderen menschlichen Ebene an, wie es einem vornehmen, für sein Tun niemandem verantwortlichen Menschen zukam, dem man wie einem geistig Verwirrten seinen Willen lassen mußte.

Dieses »ihm seinen Willen lassen« nahm Harvey ernst. Er sah darin eine Pflicht, die zu seinen Aufgaben als Diener gehörte. Mit der Zeit erzählte er seine Geschichte flüssiger und farbiger, ohne dabei Wesentliches hinzuzufügen. Er schönte sie auch ein wenig: jemand anderer hatte den Rum abgezapft, und noch ein anderer hatte versucht, die Frauen zu fangen. Zu der Entdeckung selbst konnte er kaum mehr sagen. Schließlich hatte er nur die wenigen Fakten: den Rum, die ungestüme Verfolgungsjagd durch den Mangrovensumpf, die Biegung des Flußbetts und das Schiffswrack, das dort zwischen den Trümmern seiner Masten lehnte, von beiden Ufern her mit Schlingpflanzen überwachsen. Manchmal ergänzte er eine Kleinigkeit. »Es war ein Sklavenschiff«, sagte er einmal. »Ich bin auf Sklavenschiffen gefahren. Die Reste von den Schotten zwischen den einzelnen Abteilen waren noch da.«

Gleichzeitig versuchte er sich gegen mögliche Fehler zu schützen. »Die Küste«, sagte er, »die sieht nie gleich aus. Manchmal ist es gar nicht die Küste, was man sieht. Es sieht aus wie Land, und in Wirklichkeit sind es nur Nebelwolken über dem Horizont, die verschwinden, sobald man näher kommt.«

Es schien, als hätte ein Prophet gesprochen, denn als sie in den Floridastrom gelangten, herrschte eben jene Jahreszeit der wandernden, unregelmäßig auftretenden Nebel, in der die warme Luft der Meeresströmung auf die kältere an den Rändern traf. Mehrere Tage lang schlichen sie durch den Nebel, aus dem auf der Backbordseite gelegentlich wie eine Halluzination die Florida Keys auftauchten.

Um nicht in die östlichen Untiefen zu geraten, hielt sich der Kapitän strikt in der Mitte der Floridastraße, bis sie die Große Bahama Bank hinter sich hatten. Ungefähr auf der Höhe von Boca Nueva, der einzigen Landmarke, die Philips hatte angeben können und von der wegen des Nebels bislang nichts zu sehen war, näherten sie sich vorsichtig der Küste von Florida. Die einzigen Karten, die ihnen zur Verfügung standen, waren spanisch; gut gezeichnet, aber trotzdem nicht zuverlässig, weil sich die Küste in diesem südlichen Teil durch die ständig an ihr nagende See immer wieder veränderte.

Als sie am nächsten Morgen erwachten, herrschte klare Sicht, und es folgte eine Reihe schöner Tage. Sie gingen näher an die Küste heran und wanderten mit der Strömung langsam nach Norden. Am zweiten Tag sichteten sie kurz vor Mittag die grüne Mündung der *entrada* mit der langen, geschwungenen Sandbank im Norden, wo die Brandung eine weiße Sichel bildete, genau wie es Philips beschrieben hatte. Sie ankerten in zehn Faden Tiefe, und Erasmus, Harvey sowie sechs mit Musketen und Entermessern bewaffnete Männer fuhren im Beiboot und mit Proviant für zwei Tage an Land.

Es war ein klarer, fast windstiller Sonnentag. Das Ufer und das niedere Gestrüpp dahinter lagen in völliger Einsamkeit. Niedrige Wellen brachen sich kaum hörbar auf dem Sand. Erasmus sollte nie das schreckliche Gefühl von Unvereinbarkeit vergessen, das ihn befiel, als er aus dem Boot stieg, den weißen Strand betrat und spürte, wie ihn der Frieden dieses Ortes umfing.

Der Strand stieg leicht an zu einem Saum aus regungslosen Palmen. Vögel mit schwarzen Schwingen, weißen Köpfen und roten, klingenförmigen Schnäbeln flogen auf und glitten lautlos dicht über dem Wasser aufs Meer hinaus. Hier, dachte er, oder irgendwo nicht weit von hier, waren die Flüchtigen vielleicht an einem Tag wie diesem an Land gegangen. Es war irgendwie nicht zu glauben. Nirgends war ein menschlicher Fußabdruck zu sehen.

Er begann den Strand hinaufzugehen, leicht taumelnd nach den Wochen auf See. Er führte seinen unsicheren Gang jedoch mehr auf den Schock zurück, den ihm die Stille, die hier über allem lag, versetzt hatte. Verwirrt blieb er stehen und sah sich auf dem leeren Strand um, ohne etwas anderes denken zu können, als daß er selbst einsam und daß das, was er im Schilde führte, mit diesem Frieden hier nicht vereinbar war.

Nachdem er mit Sicherheit nur wußte, daß die Stelle im Süden der schmalen Bucht lag, hielt es Erasmus für das beste, wenn sie die Küste von ihrem Landeplatz aus nach Norden und Süden erkundeten. Wasserläufe, die ins Sumpfland hinter der Küste führten, gab es genug, aber sie waren nicht so, wie Harvey sie in Erinnerung hatte. Sie suchten zwei Tage lang – die Seeleute, die sie begleiteten, zeigten bereits unverhohlen, daß sie keine Lust mehr hatten, stundenlang in der Sonne zu rudern – bis sie auf einen etwas höheren, mit vereinzelten Kiefern bestandenen Küstenstrich stießen, der Philips' Beschreibung entsprach und den Harvey wiedererkannte.

Da waren die Quellen – in einem ausgedehnten Süßwassergebiet, wo sich zwischen Felsen und Gestrüpp Teiche gebildet hatten. Als wollte er sein bisheriges Versagen wettmachen, ging Harvey nun ohne zu zögern an den Teichen vorbei und stürzte sich in das Mangrovendickicht. Schwitzend und manchmal knietief im Sumpf watend stapften sie durch das Wurzelgewirr, wobei sie sich an einen ungefähren Kurs zwischen dem Ufer und einer sich parallel dazu hinziehenden Kette kleiner Brackwasserlagunen hielten.

Die Mündung des Flüßchens, als sie es endlich erreicht hatten, war dunkel wie eine Höhle und von Zweigen überdacht. Das Wasser darin war ein bis zwei Fuß tief, fast schwarz und ganz still, an manchen Stellen halb erstickt unter stark duftenden, hyazinthenähnlichen Blumen. Sie folgten dem Fluß, sich so dicht wie möglich am Ufer haltend, landeinwärts. Ein Krokodil, das sich in einer Lücke zwischen den Bäumen sonnte, glitt ohne sichtliche Eile das Ufer hinunter, tauchte in das kurz aufglitzernde dunkle Wasser und verschwand im grünen Gewirr. Der Fluß setzte zu einem weiten, von der Küste wegführenden Bogen an, und plötzlich, völlig unerwartet, standen sie vor dem Schiff.

Es lag, wo es nach dem Zurückweichen des Wassers liegengeblieben war, der Kiel weich gebettet im schlammigen Grund. Es hatte sich stark nach Backbord geneigt, und die Trümmer und Abfälle der Decks häuften sich auf dieser Seite vor dem Schanzkleid. Schlingpflanzen rankten sich über den Bug und um die zerbrochene Reling des Vordecks. Von den Bäumen, die sich bogenförmig über ihm schlossen, hingen hellgrüne Moosstreifen herab, und dicke Lianenarme hatten sich um die Maststümpfe geschlungen. Nur die obere schräge Ebene des Achterdecks war frei geblieben. Das Schiff lag fest, umsponnen und eingeschnürt von Schlinggewächsen, und verrottete in einem ehemaligen Fluß.

Drüben, am anderen Ufer, schrie plötzlich ein Vogel. Erasmus roch Salz, Schlamm, verwesende Vegetation und den Geruch der mürben, von Würmern durchlöcherten Hölzer des Schiffs. Er ging nach vorne zum Bug. Da war die Herzogin von Devonshire, ohne Augen, rissig und verblichen, mit zerbröckelndem Busen und gefesselten Armen, aber sie strebte noch immer sehnsüchtig voran. Jetzt schien das gegenüberliegende Ufer ihr Ziel zu sein. Wie es aussah, hatte ein ferner Ebbestrom das Schiff irgendwann einmal quer zum Flußlauf gezogen. Erasmus überlegte, wo er am besten an Bord klettern konnte. Er entschied sich für das Heck, das näher am Ufer lag. »Ich will nicht, daß jemand mitkommt«, sagte er. »Ihr Männer wartet hier. Verteilt Euch am Ufer und paßt auf.«

Der Abstand vom Ufer zum Schiff war für einen Sprung zu groß und wegen der Schräglage nicht ratsam. Doch Erasmus wollte nicht warten, bis die Männer einen Laufsteg gebaut hatten, sondern schwang sich mit einem Seil hinüber zum Achtersteven. Er kletterte an der Außenseite des Schiffs empor und erreichte mit letzter Kraftanstrengung das Deck.

Aufrecht stand er im Sonnenschein. Zwischen den warmen Bohlen raschelte es. Fein gefiederte, farnähnliche Gewächse wucherten auf den geborstenen Planken, wo vermodertes Laub und zusammengewehter Staub genügend Erdreich gebildet hatten. Überrascht und leicht erschrocken hörte er von irgendwoher Bienengesumm, und kurz darauf flogen zwei winzige braune Vögel aus dem zarten Bewuchs und verschwanden im Laub am Ufer.

Dann begann er, seitlich gehend wie eine Krabbe, das Deck zu überqueren. Zerbrochene Geländerstäbe und ein Maststück lagen über der hinteren Luke. Er ging weiter zum großen Niedergang. Eine Schlange mit grellroten, schwarzen und gelben Streifen glitt über ein Stück freies Deck und verschwand unter einem Haufen zerbrochener Fässer und Resten von Tauwerk.

Er zog sein Entermesser und ging weiter. Was er vorhatte, versetzte ihn in eine solche Spannung, daß er kaum atmen konnte. Er hätte jeder Gefahr getrotzt, um dort hinunter zu gelangen, in die Kabine seines Vetters, obwohl er nicht wußte, was er dort suchte.

Der Niedergang war frei und nur zum Teil von Ranken überwachsen. Die Stufen waren erhalten. Am Fuß der Treppe wandte er sich wieder nach achtern, wobei er sich gegen die Backbordwand stützen mußte, um in dem schräg liegenden Schiff das Gleichgewicht zu halten. Vereinzelte Lichtbündel drangen durch die Lücken und Ritzen der oberen Decksplanken. Er sah einen Totenschädel, Knochen und Teile eines Brustkorbs. Hatte Philips menschliche Überreste erwähnt? Er konnte sich nicht erinnern. Diese hier stammten von einem Erwachsenen. Von Paris? Aber sein Vetter war größer gewesen. Er fand zwei weitere Skelette; das eine, das etwas weiter vorne an der Schiffswand lehnte, war von einem Kind.

Allein und in ungewohnter Umgebung mit einer solchen Entdeckung konfrontiert, gab sein Verstand die übliche Vorsicht auf. Während er zwischen dem Gerümpel in dem düsteren Schiffsbauch stand, konnte er sich der Erkenntnis nicht erwehren, daß hier Menschen entsetzlich gelitten hatten; ihm war, als verströmte das Holz noch etwas von diesem Elendsgeruch. Der Geruch hatte überlebt und würde noch im Staub überleben, zu dem das Schiff eines Tages zerfallen würde …

Doch es war nur eine vorübergehende Abschweifung, ein kurzes Abgelenktsein vom eigentlichen Ziel. Schon tastete er sich weiter durch das gebrochene Sonnenlicht. Er war mit seinem Vater oft genug auf dem Schiff gewesen, um sich zu erinnern, wo das Quartier des Arztes lag; aber die Kabine war nicht mehr ohne weiteres auszumachen. Die leichten Innenwände waren zusammengebrochen; alte Taue und heruntergestürzte Teile der Takelage lagen umher. Der Rahmen der Koje war noch vorhanden, am Fußende lose, wo die Trennwand zersplittert war.

Erasmus stieß mit dem Fuß gegen das Gerümpel, verschob ein rostiges Bandeisen und ein paar gebogene Holzteile, sah eine geringelte Form darunter, die er zunächst für eine Schlange hielt; aber es war ein Gürtel. Er hob ihn auf. Das Leder war morsch, die Schnalle fehlte. Es war ein schmaler Gürtel – keiner, der einem Seemann gehört haben könnte. Er sah sich genauer um. Zwischen den Bodenbrettern fand er einen Glasstöpsel mit einem runden Deckel, wie ihn die Apotheker für kleine Flaschen und Phiolen benützen. Sorgfältig steckte er diesen kostbaren Beweis für die einstige Anwesenheit seines Vetters in die Jackentasche. Doch außer einem kleinen Porzellantintenfaß fand er nichts, was von besonderer Bedeutung gewesen wäre. Die Kabinen waren schon früher gründlich durchsucht worden und wahrscheinlich öfter als einmal.

Irgendwie enttäuscht wandte er sich zum Gehen und trat noch einmal rachsüchtig gegen die Koje. Er fühlte, wie das Kopfende schwerfällig nachgab und an der zersplitterten Wand wie von unsichtbarer Hand angehalten wurde. Dort mußte irgendein Hemmnis sein, irgendeine Verstärkung der Trennwand. Er rückte den Kojenrahmen von der Wand ab und entdeckte einen kleinen Hohlraum, dessen Vorderseite vielleicht durch ein Paneel oder ein Furnier abgedeckt gewesen war. Um zu sehen, ob etwas darin war, reichte das Licht nicht aus, und blindlings hineingreifen wollte er nicht. Er suchte ein Stück Holz und stocherte damit in dem Fach. Der Gegenstand, auf den er stieß, nahm beinahe den ganzen Raum ein. Als er hineingriff, berührten seine Finger die Seite einer hölzernen Schatulle.

Später schien ihm, als hätte er die Schatulle schon bei der ersten Berührung erkannt, so daß er gar nicht überrascht war, als er sie hervorholte; er fühlte sich nur bestätigt. Der Lacküberzug war rauh und narbig, aber er hatte die Feuchtigkeit abgehalten, so daß die blaugoldenen Pfauen auf dem Deckel noch genauso schön leuchteten wie an jenem Nachmittag vor dreizehn Jahren, als seine Mutter beim Tee von ihren Krankheiten erzählte und Matthew Paris diese Schatulle als Geschenk überreichte. Er erinnerte sich noch ganz genau an das Licht in dem kleinen Salon, an das Kleid, das seine Mutter getragen hatte, den höflichen Ernst seines Vetters, dem immer etwas Hämisches anhaftete, und an Paris' große Hände, die das Geschenk entgegennahmen …

Die Schatulle sorgfältig vor sich her tragend, ging er einige Schritte bis zu einer Stelle, wo die Sonne durch breite Lücken im Oberdeck hereinschien. Der Deckel klemmte – vermutlich hatte sich das Holz geworfen –, und er mußte einige Kraft aufwenden, um ihn zu öffnen. Im Innern der Schatulle fand er ein Bündel lose Blätter sowie ein dickes gebundenes Buch mit einem roten Lederrand. Ein flüchtiger Blick darauf sagte ihm, daß es sich um ein Tagebuch handelte; die Seiten waren mit der eckigen Schrift seines Vetters beschrieben. Auch die losen Blätter trugen Matthew Paris' Handschrift. Da und dort waren Worte und Sätze ausgestrichen. Er nahm eines der Blätter, hob es ans Licht und las die ersten Zeilen:

»Wenn also das Herz unbeschädigt bleibt, kann es geschehen, daß das Leben in alle Körperteile zurückkehrt und die Gesundheit wiederhergestellt wird. Aber wenn das Herz kalt geworden oder an einer schweren Krankheit leidet, muß das ganze Tier darunter leiden und zugrunde gehen …«

Erasmus blickte auf. Über ihm, im hereinströmenden Licht, hing ein staubiges Spinnennetz; in der Mitte saß reglos die rotbraune Spinne. Er erinnerte sich, zunächst unbestimmt, dann plötzlich mit einem Würgen in der Kehle, an das offensichtliche Wohlgefallen, mit dem sein Vater Paris gelobt hatte, wie begeistert er war, einen so hervorragend ausgebildeten Arzt auf seinem Schiff zu haben. Im Zusammenhang mit der gerühmten Bildung seines Vetters war auch von einer Übersetzung die Rede gewesen, von einer medizinischen Abhandlung über das Herz in lateinischer Sprache.

Erasmus hörte die Stimmen der Männer vom Ufer her. Der Einfallswinkel des Lichts hatte sich innerhalb kurzer Zeit verändert; es fiel jetzt direkt auf sein Gesicht, die Spinnwebe befand sich kaum sichtbar im Schatten. Unmerklich begann sich das Leben in diesem verrottenden Schiffsbauch wieder zu regen. Er hörte leises Huschen, winziges Bröckeln. Ein vermoderndes Schiff, ein Sarg, in dem die Hoffnungen seines Vaters begraben lagen ... Aber nicht das Schiff hatte seinen Vater im Stich gelassen, sondern Paris. Diese Kassette, die ein Abschiedsgeschenk gewesen war, diese Papiere – Paris hatte sie nicht vergessen, nicht versehentlich zurückgelassen. Er hatte sie hiergelassen, weil sie zu einem Leben gehörten, mit dem er abgeschlossen hatte, zu dem er nicht zurückkehren wollte. So mußte es gewesen sein, oder Paris hatte nicht mehr gelebt, als das Schiff hierhergeschleppt wurde.

Erasmus legte die Seiten zurück und schloß den Deckel. Wenn sein Vetter tot war, konnte die Akte geschlossen werden. Wenn er lebte, mußte er gefunden und gehängt werden. Irgendwo in dieser Wildnis waren vielleicht noch Überlebende. Die Geschichten von den Indianern fielen ihm ein. Waren sie Tatsache oder Legende? Philips war sich nicht sicher gewesen ... Hier in den Sümpfen wären die Meuterer nicht geblieben. Sie hätten sich eine höher gelegene, trockenere Gegend gesucht. Aber mit allem, was sie zu tragen hatten, wären sie in diesem schwierigen Gelände nicht allzuweit gegangen. Folgerichtig und beharrlich spielte er die Möglichkeiten durch. Vielleicht waren sie nicht zusammengeblieben, sondern waren einzeln verschiedene Wege gegangen. Aber als Gruppe wären sie sicherer gewesen. Vielleicht hatten sie sich gemeinsam nach Norden aufgemacht, nach Georgia oder Louisiana. Doch das hätte bedeutet, Hunderte von Meilen spanisches Gebiet zu durchqueren, und an der Nordgrenze hätten sie mit feindlichen Indianern rechnen müssen. Hatten sie die Neger zurückgelassen und versucht, auf dem Seeweg vielleicht nach Kuba oder Hispaniola zu entkommen?

Aber letzteres glaubte er nicht. Er war überzeugt, und das auf eine Weise, die nichts mehr mit Logik zu tun hatte, daß sein undankbarer Vetter weitere Verbrechen begangen und seine Schande vollkommen gemacht hatte: Er hatte nicht nur für die meuternde Mannschaft, sondern auch noch für die entlaufenen Schwarzen Partei ergriffen.

Jenes erhabene Gerechtigkeitsgefühl stellte sich nun wieder ein, das er während der Überfahrt kennengelernt hatte. Er hob das Gesicht dem Licht entgegen und murmelte: »Es ist nicht zu Ende. Noch sind nicht alle Schulden getilgt. Wenn er lebt, werde ich ihn finden.« Wie immer machte er seine Umgebung zum Zeugen. Er gelobte der Stille und dem Verfall ringsum, dem ganzen verrottenden Schiffswrack, daß er seinen abtrünnigen Vetter finden würde, wo er sich auch verkrochen haben mochte, und daß er dafür sorgen würde, daß man ihn hängte.

40

Sobald Erasmus Kemp und seine Begleiter zurück waren, nahm das Schiff bei einem kräftigen ablandigen Wind aus Südwest Kurs auf das weiter nördlich gelegene Saint Augustine. Erasmus stand an der Reling und suchte mit einem Fernrohr die Küste nach Anzeichen für eine menschliche Niederlassung ab. Aber er sah nur die hellen Uferstreifen und die schmale Linie des niedrigen Gestrüpps, die hin und wieder von dunklen, kuppelartig geformten Waldgürteln unterbrochen wurden. Südlich von Cape Canaveral drehte der Wind auf Ost, so daß sie aus Furcht vor den Untiefen weiter von der Küste abhalten mußten, die nun für Erasmus nicht mehr zu sehen war.

Am späten Nachmittag nahm sich Erasmus – nach einigem Zögern – das Tagebuch vor. Er konnte sich nicht erklären, warum er zögerte; vielleicht fürchtete er, umgestimmt zu werden, obwohl seine Neugier gar nicht den Gedanken und Gefühlen seines Vetters galt, sondern einzig dem Wunsch, Beweise für seine Verbrechen zu finden.

Er begann auf den letzten Seiten; wenn es Beweise gab, würde er sie hier finden. Da und dort war die Tinte stark verblaßt oder der Seitenrand verschimmelt; doch ein großer Teil war noch lesbar. Er blätterte weiter. Ungeduldig überflog er die Seiten und roch den leicht süßlichen Geruch von Unsauberkeit und Verwahrlosung, der von dem Tagebuch ausging.

… vielleicht einen Nutzen von mir als dem Neffen des Eigners erhofft, was er häufig und mit besonderer Betonung erwähnt. Schnüffelnd sucht er nach einer Machtquelle, oder er bereitet seinen Seitenwechsel vor. Sicherlich ist Thurso jetzt kein so guter Leitstern. Die Männer sind sehr gegen ihn aufgebracht; man merkt es an ihren Blicken und wie sie untereinander murren. Cavana hat kaum ein Wort gesprochen, seit das Äffchen über Bord flog … ein günstiger Wind, aber die schreckliche Gottheit, die Thurso möglicherweise in all den Jahren bei seinem Geschäft mit den Sklaven beigestanden hat, erweist sich als launenhaft, wie wir in diesen Kalmen erleben müssen, die uns zwischen den Untiefen festhalten mit kaum genug Wind für die Steuerfahrt. Die Segel flappen nur, wenn sie sich überhaupt regen.

20. April

Erwachte heute morgen, als Sullivan *Nancy Dawson* spielte, damit die Neger tanzen. Es ist ihm anzusehen, daß ihm dieser Mißbrauch seiner Musik nicht behagt, aber Thurso … Rücksicht auf Menschen, nur im Hinblick auf seine Prämie, das heißt, die vier Prozent, die ihm von meinem Onkel für jeden nach Jamaika verschifften und dort verkauften Sklaven versprochen wurden. Von mir aus brauchten wir Jamaika oder irgend ... nie zu erreichen. Das Tanzen wird sie nicht am Leben erhalten, solange die rote Ruhr grassiert; dieser Dämon verfolgt uns, seit wir von Afrika aufgebrochen sind, und er greift rasch um sich trotz meiner Bemühungen, die Räume unter Deck auslüften und ausräuchern zu lassen. Fast jeden Morgen bringen wir Tote nach oben, meistens sind sie noch an einen Lebendigen gekettet. Gestern brachte eine der Frauen ein totes Kind zur Welt, das Libby über die Seite warf.

26. April

Trotz dieser schrecklichen Verhältnisse führe ich weiterhin lange Gespräche mit Delblanc, und sie sind mir ein Trost, obwohl er mir zu wenig realistisch ist. Er behauptet, es könnte eine Welt, eine Gesellschaft ohne Opfer und ohne Ungerechtigkeit geben, wo die Schwäche des einen nur insofern die Stärke des anderen wäre, indem dieser andere Beistand und Hilfe leistet. Ich bin mit ihm d'accord, daß der moralische Charakter des Menschen geformt wird durch das, was ihm im Leben widerfährt, und daß der Grund für unser Wesen in den äußeren Umständen zu suchen ist. Aber warum leiden wir dann unter Kriegen und Tyrannenherrschaft? Delblanc würde antworten, schuld daran seien die schädlichen Auswirkungen der Regierung auf uns Menschen ... die Zustände auf diesem Schiff, müßte man ihm recht geben. Wir sind ein Häuflein kranker und verdrossener Männer auf einem Schiff, dessen menschliche Ladung immer mehr dahinschwindet; wir werden geführt von einem Mann, der anscheinend mit jedem Tag wahnsinniger wird, heiser krächzt und mit apoplektischem Gesicht vor sich hin stiert, immer begleitet ... heute einen Mann ausgepeitscht, nur weil er gekommen ist, um sich über den Zustand des Salzfleisches zu beschweren, das ganz schwarz und glasig aussieht und eindeutig verdorben ist, wie ich selbst festgestellt habe ... Barton schickt die Männer, die er nicht mag, zum Saubermachen in die Sklavenquartiere – eine Arbeit, die allen verhaßt ist, weil die armen Kreaturen manchmal durch die Ruhr so geschwächt sind, daß sie nicht mehr die Kraft haben, den Eimer für die Notdurft zu benützen. Vier solche Eimer stehen in jedem Abteil. Oft kommt es vor, daß diejenigen, die von den Eimern weiter entfernt sind, bei ihren Bemühungen, sie zu erreichen, über ihre Kameraden stolpern, weil sie zu zweit aneinandergefesselt sind. Dieses Mißgeschick führt, obwohl unvermeidlich, immer zu Streit und Verletzungen. Folglich machen sie gar nicht mehr den Versuch, zu den Eimern zu gelangen, und erleichtern sich, wo sie liegen.

Es folgten etliche unleserliche Seiten. Erasmus hatte das Gefühl, in der Hitze und Enge seiner Kabine zu ersticken. Der süßliche Geruch, der von den Seiten aufstieg, schien einen widerwärtigen Anspruch zu erheben: Er hatte diesen Bericht vor dem Verfall gerettet, und nun drohte ihn diese Rettung zum Komplizen seines Vetters zu machen. Vielleicht hatte Paris auf den letzten Seiten etwas geschrieben, das ihn belastete. Die Handschrift hier war flüchtiger, nicht mehr ganz so korrekt, doch größtenteils leserlich.

Heute morgen übergaben wir Evans der See, der seit zwei Wochen mit niedrigem Fieber dahinkränkelte und an Deck starb ... auch zwei Sklaven, einen Mann, der die rote Ruhr hatte, und einen Jungen mit Harnleiterverstopfung, so daß wir nun ... McGann zum zweitenmal in Eisen, weil er bei den Negern um Reis gebettelt hat. Die Sklaven bekommen jetzt, nachdem die Vorräte knapp werden, mehr als die Mannschaft, was von Thursos Standpunkt aus vernünftig ist, da er letztere nicht verkaufen kann und Heuer spart, wenn einer von ihnen stirbt. Auch das Wasser wird knapp – die Männer bekommen ein Pint pro Tag. McGann leidet an Skorbut, aber sein Appetit scheint darunter nicht zu leiden. Als er beim Betteln erwischt wurde, schlug ihn Barton mit einem Stück Tau und schloß ihn an Deck in Eisen. Er sitzt dort mit verbiestertem Gesicht, die rote Mütze, die er während der ganzen Reise getragen hat, tief in die Stirn gezogen ...

Aber er ist nicht der einzige von unseren Leuten, der um Reis bettelt. Erstaunlicherweise geben ihnen die Neger manchmal von ihrer Essensration etwas ab trotz ihres eigenen erbärmlichen Zustands. Es kann nicht Mitleid sein. Wie könnten sie Mitleid haben mit den Männern, die sie in diese Lage gebracht haben? Das Elend von Mannschaft und Sklaven ist so abgrundtief, daß es jede gegenseitige Feindschaft ausschließt, jedes persönliche ... meiner Kabine hier unten kann ich tagsüber kaum atmen und versuche, an der Wetterseite etwas Luft zu bekommen. Der Gestank des Schiffs ist entsetzlich; es ist nicht nur das Bilgenwasser, auch der Gestank aus den Sklavenquartieren wird täglich unerträglicher trotz Essig und Schwefel. Meine Vorstellungen werden krankhaft; ich habe das Gefühl, als brüteten die Krankheiten in den Poren der Schiffsplanken und ... Wir sind ein Pesthauch auf dem Ozean, der uns trägt.

15. Mai

Nicht nur Phantasien, auch Erinnerungen treten zutage; sie erscheinen mir wie aus großer Tiefe heraufgeholt. Ich denke viel an Dich und unser Kind, das wir nie gesehen haben. Der Gedanke verfolgt mich, daß Du nach mir gerufen hast und daß ich nicht bei Dir war. Schlimmer als das – obwohl wider jede Vernunft und doch stärker als ich – ist die Furcht, Du könntest in der Menge gewesen sein und mich gesehen haben in dieser grotesken gebückten Haltung, Kopf und Hände eingezwängt, das Gesicht blutig und besudelt – und Du könntest diese Erinnerung an mein Gesicht ins Grab mitgenommen haben, während das Deine in meinem Gedächtnis makellos ist und ... diese häßlichen Gedanken, meine Liebste.
Hätte ich nicht darauf bestanden, meine Ansichten zu veröffentlichen – was ich aus Arroganz getan habe ... ins Gefängnis und den Ruin. Deswegen habe ich Kemps Angebot angenommen, nicht aus materieller Not, sondern in der Not meiner Scham ... mich für wertlos gehalten, für jeden noch so unwürdigen Zweck geeignet ... mein Leben

wegzuwerfen, aber ich habe verzweifelt erkennen müssen, daß dies nicht minder selbstsüchtig war. Ich habe zu den Leiden dieser unschuldigen Menschen beigetragen und mich dabei dem Heer jener angeschlossen, die Menschen entwürdigen ... Darin besteht mein Verbrechen, und ich bin schuldiger als die einfachen Seeleute, die sich auf äußerste Not und Armut berufen können –

Mit einer heftigen Bewegung schlug Erasmus das Buch zu. Das Tagebuch hatte ihn seinem Vetter zu nahe gebracht. Paris mußte diese Worte in einem ähnlich engen, vollgestopften Raum geschrieben haben. Er sah ihn vor sich, ganz deutlich, trotz der Jahre, die inzwischen vergangen waren: die linkische, breitschultrige Gestalt in dem klerikalen Schwarz, das gezeichnete Gesicht mit dem Ausdruck sturer Geduld. Er hatte gelitten ... Erasmus fühlte einen Anflug von unerträglichem Mitleid. Gleichzeitig konnte er kaum glauben, was er da gelesen hatte. Es grenzte an Wahnsinn. Dieses unsinnige Geständnis, dieses Schuldbekenntnis zu einem so ausgefallenen Verbrechen statt zu dem eigentlichen, zu Meuterei und Diebstahl, empörte ihn wegen der Überheblichkeit und Perversität, die er darin sah. Im Widerstreit seiner Gefühle überkamen ihn Zweifel und Einsamkeit. Seine ganze Existenz drohte sich aufzulösen. Was wurde aus Gesetz, Rechtmäßigkeit, der bestehenden Ordnung, wenn sich jeder eine private Moral anmaßte und selbst entschied, wo sein Vergehen lag? Das war Umsturz, Revolution. Er konnte sich nichts Verdammenswerteres vorstellen. Und doch, wenn er sich an das andere, seltenere Lächeln seines Vetters erinnerte, jenes Lächeln, das langsam heraufzog und sein Gesicht völlig veränderte ... Für den Bruchteil einer Sekunde sah Erasmus – unfreiwillig –, daß Freiheit möglich war.

Er schwitzte. Ihm war so heiß, daß er zu fiebern glaubte. Er trat an den schmalen Waschtisch und wusch sich mehrmals Gesicht und Hände. Anschließend ging er an Deck und blickte in den verglühenden Sonnenuntergang. Tief einatmend stand er an der Reling und schaute zu, wie die von Feuerschein überfluteten Wolken im Osten und die langen glühenden Schächte am Horizont allmählich die Farben von Schlacke und Asche annahmen. Das Wissen um die Bosheit seines Vetters kehrte zurück, und er fühlte sich erquickt und getröstet.

41

Zwei Tage später erreichten sie, begünstigt vom Golfstrom und einem kräftigen Wind aus Südost, die Höhe von Anastasia Island. Mit der Nachmittagsflut überquerten sie die Barre und ankerten im Hafen von St. Augustine.

So elegant gekleidet wie es die Verhältnisse auf See erlaubten, in Dreispitz und taubengrauem Anzug, und begleitet von Harvey in nüchternem Schwarz und mit gepudertem Zopf, betrat Erasmus den Kai, wo er von einem jungen Dragonerleutnant in prächtiger Uniform begrüßt wurde, der neben einer altertümlichen Kutsche auf ihn gewartet hatte. Der Posten auf Anastasia Island habe die Ankunft des Schiffs gemeldet, erklärte der Leutnant, während er mit seinen Handschuhen ein Stäubchen von den zerschlissenen Ledersitzen fegte. Der Gouverneur sei im Magazin aufgehalten worden. Außerdem entschuldigte er sich für den Zustand des Gefährts; die Spanier hätten alles verkommen lassen. Doch jetzt, in britischen Händen, würde hier sehr bald alles viel besser werden …

In einem Tempo, das den Kräften der mageren Pferde und denen des abgerissenen und schwindsüchtig aussehenden Kutschers entsprach, überquerten sie über einen Damm und eine Brücke die Mündung des St. Sebastian River. Die Ruine der einstigen spanischen Festung ragte hoch über die flache Sumpflandschaft hinaus. Die Stadt lag auf einem schmalen Landrücken zwischen den Sümpfen und der Flußmündung, gut zwei Meilen vom Meer entfernt, doch in Sichtweite der Barre und des Leuchtturms.

Der noch sehr junge Leutnant hatte Anweisung, den vornehmen Gast aus England mit ausgesuchter Liebenswürdigkeit zu behandeln, und er kam seiner Aufgabe mit großem Eifer nach, indem er auf die typischen Merkmale der Landschaft hinwies und sich abermals wegen des verhinderten Gouverneurs entschuldigte. Colonel Campbell habe Nachricht hinterlassen, er sei binnen einer Stunde zurück. Ob Mr. Kemp vielleicht in der Residenz warten wolle? Der Leutnant wagte zu äußern, daß er glaube, es könne dem Gast dort leidlich bequem gemacht werden ...

Erasmus überlegte. Er hatte noch nie gern gewartet; außerdem böte sich ihm ein kleiner, aber erwägenswerter Vorteil, wenn er sich korrekt ankündigen und empfangen ließ, statt wie ein Bittsteller zu warten. Inzwischen hatten sie die umfriedete Stadt erreicht und fuhren durch eine angenehm schattige Allee zwischen Gärten und Orangenhainen. »Seid so gut und setzt mich am Hauptplatz ab«, sagte er. »Ich möchte mir eine Stunde lang die Beine vertreten und die Stadt besichtigen.«

Das Angebot einer Eskorte wurde höflich, aber entschieden abgelehnt. Kurz danach schlenderte Erasmus durch die Straßen, die von Nord nach Süd parallel zur seewärts gelegenen Mauer verliefen; Harvey folgte einen Schritt hinter ihm, beladen mit Degen und Handschuhen, einer kleinen Schatulle mit den Empfehlungsschreiben und bald auch – da die Nachmittagssonne noch heiß brannte – mit Erasmus' Rock und Dreispitz.

Er war verblüfft, wie still und verlassen die Stadt war. Es gab keine gepflasterten Straßen und keine Bürgersteige. Die Häuser waren in spanischem Stil mit Balkonen und Veranden gebaut. Zeit und Wetter hatten die Farben ausgebleicht; die Mauern um die vernachlässigten Gärten zerfielen. An den meisten Häusern waren die Fensterläden geschlossen; dahinter herrschte Stille wie überall in der Stadt, die völlig verlassen wirkte. Die Geschäfte auf dem großen Platz waren mit Brettern vernagelt. Auf den Stufen der spanischen Missionskirche hockten teilnahmslos ein paar Indianer. Er begegnete einer kleinen Gruppe rotröckiger Soldaten aus der Garnison, aber keiner einzigen europäischen Zivilperson. Wie es schien, hatten die Briten eine ausgestorbene Stadt übernommen.

Am frühen Abend fand er sich in der Residenz ein, einer weißen, in spanischem Stil erbauten herrschaftlichen Villa mit Blick auf das Meer. Er wurde in den Salon geführt, wo ihn Gouverneur Campbell in Gesellschaft eines Offiziers in Uniform erwartete. Er überreichte seine Briefe und gab seiner Freude Ausdruck, die Bekanntschaft des Gouverneurs zu machen.

»Ganz meinerseits, Sir«, sagte der Gouverneur. »Ich heiße Euch herzlich willkommen in unserer neuen Kolonie Florida.« Er war ein schlanker, drahtiger Mann, energisch und mit schottischem Akzent sprechend. Seine Augen waren klein und wachsam und ließen ein verschmitztes Funkeln erkennen. »Ich darf Euch Major Redwood vorstellen, den Kommandanten unserer Garnison«, sagte er.

»Gehorsamster Diener, Sir.« Sporenklirrend schlug Redwood die Hacken zusammen. Er war ein stattlicher Mann mit hellen Augenbrauen und einem gutmütigen, unbekümmerten Gesicht. »Wir haben einen verdammt guten Brandy hier«, sagte er, »wenn Ihr feierlich darauf trinken wollt, wieder auf Terra firma zu stehen. Ich persönlich hasse Schiffe. Die Spanier haben uns einen Keller voll Brandy dagelassen – so ungefähr das einzige, was wir von ihnen übernommen haben abgesehen von rostigen Kanonen und sterbenden Indianern.«

»Kommt, Redwood, wir dürfen unserem Besucher keinen falschen Eindruck vermitteln.«

Der Gouverneur sagte es lächelnd, aber Erasmus vernahm den tadelnden Unterton und verstand ihn vollkommen. Er begriff sofort, daß er es hier mit zwei Männern recht unterschiedlichen Typs zu tun hatte, und daß dieser Unterschied von Nutzen sein konnte. »Wir sollten auf sie trinken, weil sie uns den Brandy überlassen haben«, sagte er mit einem kameradschaftlichen Lächeln für Redwood, »und dankbar ein zweitesmal anstoßen, weil sie sich getrollt haben und wir in Frieden trinken können.«

Das war die Gesinnung, die dem Major gefiel, und er brach sofort in lautes Gelächter aus. Erasmus wandte sich wieder dem Gouverneur zu. »Das gute Klima konnten sie nicht mitnehmen«, sagte er, »und auch nicht den fruchtbaren Boden.«

Campbell reagierte vorsichtig. »Da habt Ihr recht, Sir«, sagte er. »Ich sehe, Ihr seid ein Mann mit Beobachtungsgabe. Von diesem Boden hier läßt sich dreimal im Jahr Gemüse ernten, und Feigen und Orangen gedeihen in Hülle und Fülle. Besiedelt und ordentlich bestellt von den Untertanen unseres Königs, könnte hier ein Paradies entstehen.«

»Dann laßt uns darauf trinken, und zum Teufel mit den Dons«, sagte Erasmus und hob sein Glas.

»Ihr beabsichtigt, einige Zeit bei uns zu bleiben – wenn ich recht verstanden habe«, sagte Campbell, nachdem sie getrunken hatten. Seine kleinen, funkelnden Augen ruhten einige Sekunden auf Erasmus. »Zumindest hoffe ich das«, fügte er hinzu.

»Ihr seid sehr freundlich, Sir. Ja, ich gedenke eine Weile zu bleiben. Es gibt hier viel Interessantes, und ich möchte mich gründlich umsehen, bevor ich meinen Partnern in London über die Entwicklungschancen der Kolonie berichte.«

Campbell nickte. »Ja, Sir, wir hoffen, Ihr nehmt einen günstigen Eindruck von hier mit. Aber vielleicht gibt es etwas Spezielles, das Ihr von uns benötigt?«

Erasmus nippte an seinem Brandy. Diese Frage war nicht nur als Höflichkeit gemeint. Es war beinahe, als suchte Campbell bereits nach Übereinstimmung mit ihm. Campbell war ein schlauer Bursche, keineswegs der schlichte Soldat, für den er vielleicht gehalten werden wollte. »Es gibt ein paar Dinge, über die es sich lohnen würde zu sprechen, Sir«, erwiderte er. »Demnächst – wenn es Eure Zeit und Eure Verpflichtungen erlauben.«

»Wie wär's mit etwas mehr Brandy in der Zwischenzeit?« fragte Redwood und wandte sich dem Büfett zu. Er bewegte sich leichtfüßig für einen Mann seines Gewichts. »Er verdunstet, wenn er zu lange steht.«

»Ihr werdet während Eures Besuchs doch hier bei uns wohnen?« erkundigte sich der Gouverneur. »Ich denke, daß Ihr hier bequemer untergebracht sein werdet als auf dem Schiff.«

Erasmus gab sich ein wenig unentschlossen; er hatte das Angebot erwartet. Nach einer Einladung zum Dinner wurden ihm seine Räume gezeigt, und Harvey, der eben im Souterrain eine Rumquelle entdeckt und bereits ein Auge auf ein Dienstmädchen mit spanischen Brauen und indianischer Hautfarbe geworfen hatte, wurde zum Schiff geschickt, um einige Dinge für seinen Herrn zu holen.

Sie dinierten zu dritt. Eine Ordonnanz in Uniform servierte Wachtelpastete und gebratenes Wildbret sowie verschiedene frische Gemüse; dazu einen guten Burgunder. Erasmus äußerte sich anerkennend über die ausgezeichnete Küche.

»Die verdanken wir Redwood«, sagte Campbell schmunzelnd. Wie sich herausstellte, befehligte Major Redwood die britische Besatzungstruppe, als die Kolonie von den Spaniern übergeben wurde, und war eineinhalb Jahre lang, bis der Gouverneur eintraf, auch für die Verwaltung zuständig. Einen wesentlichen Teil seiner Zeit hatte er auf die eine oder andere Weise für die Ernährung verwendet – da waren Feldküchen für die Garnison einzurichten, das Küchenpersonal für die Residenz zu schulen sowie die Versorgung mit frischem Fleisch und Gemüse aus der Umgebung sicherzustellen.

»Nun, meine Gratulation, Sir«, sagte Erasmus. »Das Ergebnis macht Euch alle Ehre.« Vieles von dem, was Campbell eben erzählt hatte, wußte er bereits, obwohl er sorgfältig jeden Hinweis darauf vermied. Auf seine übliche methodische Art hatte er noch in England Erkundigungen über die beiden Männer eingezogen. Auch auf Campbells Seite mußte es, wenn nicht gesichertes Wissen, so doch Vermutungen gegeben haben, denn als sie bei Brandy und Zigarren auf der Terrasse saßen, sagte er auf seine bedächtige Weise: »Wenn ich nicht irre, so habt Ihr vorhin angedeutet, daß wir Euch dienlich sein könnten. Aber vielleicht wollt Ihr erst bei späterer Gelegenheit ...«

»Nein, nein«, sagte Erasmus. »Ich habe durchaus nichts dagegen, die Sache gleich zu besprechen.«

Daraufhin erzählte er von der *Liverpool Merchant*, die nicht zurückgekehrt war und zwölf Jahre lang als verloren galt bis zum Besuch von Captain Philips; er schilderte, wie er das Schiff gefunden hatte, sprach davon, daß die Meuterer und die restlichen Schwarzen gemeinsam in der Wildnis im Süden Floridas überlebt haben könnten. »... und sie hatten Frauen bei sich«, sagte er. Seinen Vetter hatte er nicht erwähnt. »Ich bin entschlossen, diese Männer zu verfolgen und zur Rechenschaft zu ziehen. Ich weiß, daß ich dabei auf Eure Hilfe, die Hilfe des neu ernannten Gouverneurs, zählen kann. Diese Männer haben eine Verbrecherkolonie innerhalb der Kolonie Seiner Majestät gegründet, sie müssen ausgemerzt und nach dem Gesetz bestraft werden.«

Es verging eine Welle, bis Campbell sagte: »Ihr sprecht von einer Gruppe weißer Meuterer und entlaufener Neger, die vor zwölf Jahren im südlichen Florida ein Schiff auf den Strand gesetzt haben. Sir, hier herrschte alles andere als Frieden. Diese Leute sind höchstwahrscheinlich tot oder längst in alle Winde zerstreut.«

»Gerade die Unruhe und Gewalttätigkeit in jener Zeit gibt mir recht. Es ist offensichtlich, daß sie nicht auf dem Seeweg fliehen wollten. Und die Überlandroute nach Norden wäre äußerst schwierig gewesen, auch ohne die Spanier und die feindlichen Indianerstämme. Nur zusammen konnten sie einigermaßen sicher sein. Sie haben Blut an den Händen, wenn mich nicht alles täuscht. Wo sollten sie hin?« Er hatte voller Selbstvertrauen gesprochen, aber als das Schweigen anhielt, fühlte er plötzlich Panik in sich aufsteigen. Diese Männer hatten Erfahrung. Erst jetzt erkannte er, wieviel ihm daran lag, sich mit seinen Argumenten bei ihnen Geltung zu verschaffen. »Außerdem gibt es die Geschichten, die die Indianer erzählen«, sagte er in das Schweigen hinein. »Darin ist die Rede von einer Gemeinschaft von Schwarzen und Weißen im südlichen Teil der Halbinsel.«

»Von einer solchen Gemeinschaft habe ich nichts gehört«, erwiderte Campbell. »Die Wahrscheinlichkeit, daß es sie gibt, ist meines Erachtens sehr gering, Sir.«

Seine Worte lieferten Erasmus einen willkommenen Anlaß, sich zu ärgern. Skepsis von dieser Seite war zu erwarten gewesen – sie war die beste Ausrede, um Hilfe zu verweigern. »Meines Erachtens genügen die Beweise durchaus«, entgegnete er kalt. »Ich habe Euch einen ausreichenden und angemessenen Grund genannt. Ich bin der Geschädigte in dieser Angelegenheit. Ich habe hier dasselbe Recht, Ersatzansprüche zu stellen, wie überall innerhalb des Herrschaftsgebiets Seiner Majestät. Diese Neger, die sich ursprünglich auf dem Schiff befanden, und ihre Nachkommenschaft gehören mir als mein rechtmäßig erworbenes Eigentum.«

»Was diese Neger betrifft ...« Redwood beugte sich vor und sah Erasmus mit unverhohlener Neugier an. »Sagt, ist es Euch nie in den Sinn gekommen, daß die Neger sich vielleicht gegen die Besatzung erhoben und alle umgebracht haben? Solche Aufstände gibt es doch häufig genug auf Sklavenschiffen – häufiger als Meuterei. In einem solchen Fall hätte keiner der Seeleute überlebt, und die Schwarzen haben sich vielleicht nach Süden durchgeschlagen, zu den Keys. Ich sage nicht, daß es so gewesen ist, aber es überrascht mich, daß Ihr dies nicht als erste Möglichkeit in Betracht zieht.«

Die Frage verblüffte Erasmus. Er sah den Major einige Augenblicke sprachlos an. Der neugierige Ausdruck auf Redwoods Gesicht gefiel ihm nicht; es war der Blick eines Mannes, der etwas Merkwürdiges, aber nicht sonderlich Gefährliches beobachtete. Das Schweigen auf der Terrasse wurde mit jedem Augenblick peinlicher. In seinem verwirrten Zustand wurde ihm bewußt, daß die Schuld seines Vetters keine Sache logischer Beweisführung war, sondern eine schreckliche Notwendigkeit ... »Aber wieso?« fragte er. »Es konnten nicht die Neger gewesen sein. Nur ausgebildete Seeleute konnten das Schiff so nah an die Küste heranführen, die Flußmündung finden und ausloten, um es hineinzubugsieren.«

Redwood nickte. »Das ist richtig«, sagte er. »Wenn Ihr von Hilfe sprecht, dann meint Ihr sicher Truppen. Ihr könnt schlecht allein dort aufkreuzen und mit einem Haftbefehl winken.«

»Ich schätze, ich brauche eine fünfzig Mann starke Truppe unter der Führung eines Offiziers und zweier Wachtmeister sowie zwei leichte Geschütze«, antwortete Erasmus.

Der Gouverneur stieß einen kurzen Laut aus, ein Geräusch irgendwo zwischen Lachen und Schnauben. Danach trat eine Pause ein, die keiner als erster brechen wollte. Campbell raffte sich schließlich auf. Mit samtweicher, geradezu kosender Stimme sagte er: »Ich bitte Euch, lieber Herr, hört mich an. Ich will ganz offen mit Euch sein. Ich bin nur ein Soldat; deshalb vergebt mir meine unumwundene Ausdrucksweise. In der vor uns liegenden Zeit besteht nicht die geringste Aussicht, daß Ihr auch nur fünf Soldaten bekommt, geschweige denn fünfzig. Ich müßte jedem, der mich darum bittet, das gleiche sagen, auch wenn das Echo zu Hause für mich nachteilig wäre bei Leuten, die keine Ahnung haben, was unsere Situation hier erfordert. Ihr hättet Euch für eine solche Bitte keinen ungünstigeren Zeitpunkt aussuchen können. Wißt Ihr denn, wie die Dinge hier stehen?«

»Ich weiß, daß Ihr kurz vor Verhandlungen mit den Stämmen der Creek-Föderation steht.«

»Sir, die Stämme kampieren in den Wäldern am Westufer des St. Johns River. Sie wollen den Fluß noch nicht überqueren, angeblich weil sie ihre Pferde schonen wollen. Aber sie sind schlau, und in Ostflorida sind sie die Herren und das schon ziemlich lange.«

»Die Suppe haben wir uns selbst eingebrockt«, sagte Redwood. »Die Creek unten im Süden waren während der letzten Kriege mit uns verbündet. Wir haben sie mit Musketen und Rum versorgt, und sie haben uns siegen helfen, indem sie die Dons nicht aus den Forts herausließen.« Er saß im Licht, das aus dem Speisezimmer auf die Terrasse fiel, und Erasmus sah, daß er lächelte – ein ziemlich bitteres Lächeln, wie es schien. »Nun denken die armen unbedarften Heiden, wir schulden ihnen etwas.«

»Aye, Redwood, das wissen wir ja alles. Es ist eben Krieg«, sagte Campbell ungeduldig. »Ich spreche von den Problemen des Friedens. Die Stämme versammeln sich keine dreißig Meilen von hier am Fluß. Wir haben eine Truppe von weniger als zweihundert Mann, einschließlich Kavallerie. Das ist alles, was man mir zugebilligt hat, Sir. Es besteht keine Möglichkeit, eine Miliz aufzustellen, da die Kolonie entvölkert ist. Die Menschen, die hier gewohnt haben, sind den Spaniern nach Havanna gefolgt. In drei Tagen reiten wir hinaus nach Picolata, um die Häuptlinge zu empfangen. Der Indianeragent soll irgendwann morgen aus Georgia eintreffen, um an den Gesprächen teilzunehmen.«

»Und was soll bei den Gesprächen erreicht werden?«

»Die Errichtung gegenseitig annehmbarer Grenzen zwischen den Gebieten des roten und denen des weißen Volkes«, antwortete Campbell, als probe er seinen Text für die bevorstehende Konferenz.

»Kurz gesagt«, warf Redwood ein, »unsere roten Brüder müssen überredet werden, auf große Gebiete ihrer traditionellen Jagdgründe zu verzichten. Die Sache ist nur ein bißchen heikel, weil sie uns zahlenmäßig ungefähr zwanzig zu eins überlegen sind.«

Campbell schüttelte ärgerlich den Kopf. Redwoods Sarkasmus ging ihm eindeutig gegen den Strich. Dabei erschien Erasmus dieser Sarkasmus irgendwie künstlich oder aufgesetzt, und er spürte erneut, daß es zwischen diesen beiden Männern Spannungen gab.

»Gewaltanwendung kommt nicht in Frage«, sagte Campbell. »Die Zukunft der Kolonie hängt von einer dichten Besiedlung ab. Sie ist die Grundlage für einen dauerhaften Frieden. Wir müssen genügend Land zur Verfügung stellen, wenn Siedler aus England kommen sollen, und wir müssen die Grenzen garantieren können.«

»Ich verstehe die Situation durchaus«, sagte Erasmus. »Ich will gerne warten, bis diese Gespräche abgeschlossen sind.« Er wußte, daß Campbell mit der Wahl seiner Worte nicht einverstanden sein würde, weil sie ein Versprechen voraussetzten. »Ich kann mir inzwischen die Zeit sehr gewinnbringend vertreiben«, fügte er rasch hinzu, »indem ich mir die Umgebung genauer ansehe. Sicher kann ich eines der Pferde ausleihen, nicht wahr?« Seine Taktik, eine belanglose Frage einer schwerwiegenderen nachzuschicken, hatte sich schon häufig bewährt.

»Ja, natürlich«, sagte Campbell. »Und einen Stallburschen dazu, wenn Ihr wollt. Aber ich kann nicht mit der gleichen –«

»Ihr habt sicher inzwischen die Briefe gelesen, die ich mitgebracht habe.«

»Ich habe sie gelesen. Ja.«

»Dann werdet Ihr wissen, welche Interessengruppe ich vertrete. Ich will im Augenblick nicht näher darauf eingehen. Wir können in den nächsten Tagen darüber sprechen. Aber es sind bedeutende Interessenten, besonders hinsichtlich des Kapitals, über das sie verfügen und das für Investitionen –« Hier unterbrach er sich und zog seine Uhr aus der Westentasche. »Ist es wirklich schon so spät? Die Zeit vergeht schnell in so angenehmer Gesellschaft. Ich werde die Herren nicht länger von ihrer wohlverdienten Ruhe abhalten.«

Damit erhob er sich. Redwood begleitete ihn durch den Hof bis zum Aufgang zu den Gästezimmern. Der helle Mond tauchte den untätigen Springbrunnen in der Mitte und das Laub der Orangenbäume, die den Hof säumten, in silbernes Licht. Auch die Ställe lagen auf dieser Seite, wie der Major erklärte; er selbst müsse noch ungefähr eine Meile weit reiten bis zu dem Haus, in dem er wohnte.

Er schwieg einen Moment, dann fuhr er in verändertem Tonfall fort: »Da ist etwas, was ich Euch noch sagen wollte ... Ich wollte nicht vor dem Colonel davon sprechen. In der Armee gilt die Maxime: Das Ei darf nicht klüger sein als die Henne. Aber der Colonel ist erst seit ein paar Monaten hier. Tatsache ist, daß es Beweise für eine solche Siedlung, von der Ihr gesprochen habt, gibt. Was ich über die Negeraufstände gesagt habe, war reine Neugier. Es kam mir nur seltsam vor, daß Ihr nicht daran gedacht habt. Also, wie dem auch sei – ich war gerade ein paar Wochen hier, Anfang 1763, da sprach ich mit einem Trapper, der Felle verkaufte. Er war ein Halbblut, und er hat mir erzählt, er habe schwarze und weiße Männer gemeinsam fischen sehen in einem Fluß hinter der Küste. Er hat sie schreien hören, als sie die Fische zusammentrieben, und ist hingegangen, um nachzusehen. Sie hatten Bambusharpunen, und ein paar Kinder hätten vom Ufer aus zugesehen. Er hat sogar mit ihnen gesprochen. Anscheinend verständigen sie sich in einer Lingua franca, einer Art Pidgin-Englisch. Sie waren nur mit einem Lendenschurz bekleidet und hatten sich mit etwas eingefettet, das nach Fisch roch. Einer hat ihn gefragt, ob er Roßhaar von ihm bekommen könnte; er wollte es gegen ein paar Waschbärschwänze tauschen – ein guter Handel, meinte der Trapper, aber er hatte kein Roßhaar …«

»Roßhaar«, wiederholte Erasmus verwundert. »Wozu könnte jemand in dieser Wildnis Roßhaar brauchen?«

»Es war eine ziemlich wirre Geschichte. Ich erinnere mich nicht mehr an die Einzelheiten. Von einer Fiedel war die Rede. Aber das Englisch dieses Trappers war auch nicht gerade –«

»Für einen Fiedelbogen braucht man Roßhaar …« Erasmus blickte über den mondhellen Hof. »Es gab einen Fiedler«, sagte er plötzlich und überraschend laut. »Er wurde erwähnt … Sie hatten einen Fiedler an Bord.«

»Tatsächlich? Das könnte natürlich ein Grund gewesen sein. Ich habe damals nicht viel darüber nachgedacht. In den Monaten nach dem Friedensschluß kamen die Leute mit allen möglichen Geschichten zu uns, nur um gut Wetter zu machen.«

»Hat er gesagt, wo es war?«

»Er hat sich nicht genau ausgedrückt – irgendwo in der Gegend nördlich von Cape Florida und dem Miami River, ein völlig unwegsames Gebiet, karstige Landrücken mit Kiefernwäldern und tropischer Dschungel. Es ist nie kartographiert worden.«

»Könnte man diesen Trapper wiederfinden?«

»Das glaube ich nicht. Jedenfalls nicht so bald, daß er für Euch von Nutzen sein könnte. Diese Burschen verschwinden monatelang in der Wildnis. Aber ich kann mich bei den Missionsindianern erkundigen; die meisten sprechen etwas Spanisch. Vielleicht gibt es sogar Handelsbeziehungen. Es ist gar nicht so unwahrscheinlich, daß eine kleine Siedlung dort unten überlebt. Der größte Teil des Landes besteht aus Sümpfen, soviel ich weiß, aber es muß reichlich Wild und Fisch geben, und die Gegend ist gesünder als die Westküste, weil wir hier den Wind vom Atlantik bekommen. Während der Kriesenjahre hat es im südlichen Florida weder Truppenbewegungen noch Landungen gegeben. Wozu auch? Es ist eine völlig abgelegene Gegend, die niemandem etwas nützt. Es gibt Berichte von Räuberbanden, die sich aus Negern und Mississippi-Indianern zusammensetzen und in Westflorida ihr Unwesen treiben, aber wir haben nie etwas aus der Gegend südlich des St. Johns River gehört. Ich will sehen, was ich herausfinden kann.«

»Dafür wäre ich außerordentlich dankbar.« Obwohl sich Erasmus sehr zusammennahm, zitterte seine Stimme vor freudiger Erregung. »Es liegt Euch viel daran, nicht wahr?«

Erasmus reckte die Schultern und wandte sich ab. Nur seine Dankbarkeit verhinderte, daß er Redwood diese persönliche Frage übelnahm. Er spürte, daß die Augen des anderen immer noch auf ihm ruhten. »Ich bin aus England gekommen, damit der Gerechtigkeit Genüge getan wird«, sagte er.

»Ah ja, das hatte ich vergessen. Die Gerechtigkeit.« Redwood hob den Kopf und lächelte, und seine kräftigen Zähne leuchteten. Es war ein sorgloses Lächeln, jedoch nicht ohne Bitterkeit, und gewiß nicht das Lächeln eines Dummkopfs. »Gerechtigkeit ist eine fabelhafte Sache«, sagte er.

42

Mr. George Watson, der für den südlichen Distrikt zuständige Kommissar für indianische Angelegenheiten, traf am folgenden Nachmittag aus Savannah ein. Er war ein großer hagerer Mann mit einer hohen, schmalrückigen Nase, die ihm das Atmen zu erschweren schien. Nur wenige Europäer wußten mehr über Indianer als Watson – so jedenfalls stellte er sich selbst bei Erasmus vor. Im Auftrag des Großen Weißen Königs hatte er überall in Georgia und den beiden Carolinastaaten, vom Pantico Sound bis Brunswick, die verschiedensten Vereinbarungen mit Indianern ausgehandelt. Die Tuscarora, die Yamassee, die Choctaw, die Chickasaw und die Stämme des Creek-Bundes – er kannte sie alle. Vielleicht waren seine Umgangsformen aufgrund dieser langjährigen Erfahrung denen der Indianer ähnlich geworden: betont bedächtig, würdevoll und gelassen.

Die Zeit vor der Konferenz verbrachte er fast ausschließlich mit Campbell in dessen Arbeitszimmer, um seine Vorgehensweise mit ihm abzustimmen und die Landkarten des nordwestlichen Flutgebiets zu studieren, denn dort vor allem hofften sie, Land von den Indianern zu bekommen. Gelegentlich tauchten sie auf der Terrasse auf oder im Garten hinter dem Haus, wo man sie ins Gespräch vertieft auf und ab gehen sah: den drahtigen Gouverneur mit den nachdrücklichen Gesten und der leisen Stimme neben dem würdevoll schreitenden und mit sonorer Stimme sprechenden Indianerkommissar in seinem langen Rock und der altmodischen Allongeperücke.

Erasmus sah die beiden nur selten, was ihm nichts ausmachte, weil er sich desto ungehinderter in der Umgebung von Saint Augustine umsehen und seinen Bericht für zu Hause zusammenstellen konnte; seine Äußerungen über die Investitionsmöglichkeiten in der Kolonie hatte er vollkommen ernst gemeint, auch wenn sie zunächst nur als Anreiz für Campbell gedacht waren.

Zweifellos hatte das Land hier einiges zu bieten. Die Winter waren etwas kühler als die anderen Jahreszeiten. An Weihnachten gab es auch ohne beheizte Gewächshäuser grüne Erbsen. Ein Acker trug zwei Maisernten im Jahr, und Erasmus hatte aus zuverlässiger Quelle erfahren, daß Indigo – ein ungemein rentables Exportgeschäft in Südcarolina – hier viermal im Jahr geschnitten werden konnte und nur einmal in drei Jahren nachgepflanzt werden mußte. Die Flüsse, die das Land durchzogen, machten Transportkosten unerheblich. Auf dem St. Johns River konnten Fahrzeuge bis zu neun Fuß Tiefgang über eine ansehnliche Strecke verkehren – wie weit genau wußte er im Augenblick noch nicht; und es gab einen ausgezeichneten Hafen an der Mündung des Mosketto. Er schmiedete Pläne und entwarf Projekte. Die Abrechnung mit seinem Vetter zwang ihn vielleicht, länger in Florida zu bleiben, aber er konnte seine Anweisungen nach London schicken. Dieses Gebiet war jetzt Besitz der Krone, und die Krone brauchte immer Geld. Das Land könnte durch einen Agenten aufgekauft werden. Gemeinsam könnte man dann um Siedler werben.

Er sprach mit niemandem über diese Pläne; nur wenn er mit dem Gouverneur allein war, ließ er Bemerkungen über verschiedene Möglichkeiten fallen, teils um ihn bei Laune zu halten, teils weil er von Anfang an gemerkt hatte, daß Campbell, obwohl überaus vorsichtig, kaufmännischen Instinkt besaß, aus dem sich Kapital schlagen ließ. Man müßte eine Gesellschaft gründen mit einem Büro in Saint Augustine; dann könnte man durch die Erhebung einer Kommunalsteuer auf den Weiterverkauf von Land die Profite noch einmal steigern. Zu diesem Zweck bräuchte man eine Lokalgröße, jemand mit einer starken Lobby für den Fall, daß es zu Kontroversen kam.

Campbell konnte jedoch im Augenblick nicht näher auf diese Dinge eingehen. Je näher der Konferenztag heranrückte, um so wortkarger und reizbarer wurde er; doch seine Augen funkelten nach wie vor verschmitzt. Es lief nicht alles nach Plan. Die Indianer waren auf dem Westufer des Flusses geblieben, und es hieß, ihre Lebensmittelvorräte gingen zu Ende. Ein Schoner und ein Lotsenboot aus Georgia waren unterwegs mit Rum, Tabak, geröstetem Mais und verschiedenen Geschenken – Perlen, Kochkessel, Spiegel, Messer –, doch ungünstige Winde hatten sie aufgehalten, und nun begannen die Krieger zu murren.

»Dieses verdammte Wetter«, sagte Campbell nicht zum erstenmal. »Wenn wir den Kram nicht verteilen können, haben wir einen schlechten Start. Die jungen Männer werden bald Ärger machen; sie gehorchen den Häuptlingen nicht unbegrenzt. Gottlob haben sie keinen Alkohol.«

»Sie werden nicht begeistert sein, zu Beginn ihrer Jagdzeit so lange hier bleiben zu müssen«, räumte Watson mit seiner Baßstimme ein.

Sie saßen bei Tisch am Vorabend der Konferenz. Auf Watsons Vorschlag hin war Erasmus eingeladen worden, als Beobachter an der Konferenz teilzunehmen. Er konnte als besonderer Abgesandter aus England vorgestellt werden, als Beweis, daß sich der Große Weiße Vater für seine roten Kinder interessierte. Solche Dinge beeindruckten sie, sagte Watson. Erasmus hatte bereitwillig zugestimmt, denn er war neugierig, wie so ein Geschäft getätigt wurde. »Diese Creek waren unsere Verbündeten in den letzten Kriegen«, meinte er. »Das ist doch sicherlich eine gute Basis für die Verhandlungen, in die wir morgen eintreten.«

»Verbündete?« Watsons Brauen rückten in die Höhe, ohne die feierliche Ruhe seines Gesichts zu stören. »Werter Herr, diese Burschen kennen keine Loyalität – ausgenommen innerhalb ihrer eigenen Clans. Sie sind wetterwendisch und tückisch, Sir, und wilder als ihre Ponys. Ich kenne sie, weiß Gott, denn ich habe seit dreißig Jahren mit Rothäuten zu tun. Man muß sie behandeln wie Kinder, mit Geschenken locken und belohnen. Sie tun nichts umsonst; bei allem muß etwas für sie herausspringen. Sie haben für uns gekämpft, wie Ihr ganz richtig sagt, aber nicht so sehr aus Freundschaft, sondern weil sie freien Zugang zu den Jagdgründen auf dieser Seite des Flusses haben wollten.«

»Wenn ich mich recht erinnere, waren auch unsere Motive nicht eitel Freundschaft«, sagte Redwood und lächelte Watson über den Tisch hinweg an. »Und manch einer könnte auf den Gedanken kommen, daß wir selbst territoriale Ambitionen hatten.«

»Ihr könnt die Politik von Nationalstaaten nicht mit den Bagatellen dieser Wilden vergleichen«, fuhr Campbell unwirsch dazwischen.

»Ah, natürlich nicht.« Redwood schenkte sich Wein nach. Er trank ziemlich viel, ohne betrunken zu wirken.

»Jetzt ist England die Besatzungsmacht, nicht Spanien«, sagte Campbell. »Es fehlt nicht viel und sie übertragen ihre Feindschaft auf uns. Aye, bei Gott – noch ein paar Tage langweilige Warterei in den Wäldern dort drüben könnten genügen.«

»Aber Ihr habt sie doch bestimmt wissen lassen, daß die Schiffe unterwegs sind«, sagte Erasmus.

»Sir, sie sind nicht wie wir. Wenn ich zu Euch sage, die Schiffe sind unterwegs, aber leider vom Wetter aufgehalten, und ich gebe Euch meine Hand darauf, dann werdet Ihr mir glauben, weil Ihr ein Ehrenmann seid. Aber diese Leute trauen einem nie ganz. Sie haben so eine verdammte Teilung in ihren Köpfen, ich weiß nicht, wie ich das nennen soll ... aber sie sind imstand, etwas zu glauben und gleichzeitig nicht zu glauben.«

Erasmus nickte mit schmalen Lippen. Es gab wenig, was er verwerflicher fand. Man konnte etwas Widersprüchliches nacheinander glauben, aber nicht gleichzeitig. Eine solche heillose Unordnung lehnte er ab. Jedes Versprechen, jeder Blick wäre zweideutig. Man hielte jemand desselben Verbrechens für schuldig und unschuldig. Es war verrückt ... Plötzlich fiel ihm eine Stelle im Tagebuch seines Vetters ein. Ein sterbender Neger. Er hatte den Tod in den Augen und den unbesiegbaren Willen zum Leben. Paris hatte Leben und Tod mit ansehen müssen. Als er aufblickte, sah er den listigen Blick des Gouverneurs auf sich gerichtet. »Das ist der primitive Verstand, nehme ich an«, sagte Erasmus.

»Aye«, antwortete Campbell, »und selbst wenn die Schiffe noch rechtzeitig kommen, weiß ich nicht, ob das, was sie bringen, reicht, um die Indianer zu ernähren und ihre Wünsche nach Handelsware zu befriedigen, bis der Grenzvertrag unterzeichnet ist.«

»Hauptsache, die Schiffe kommen an und werden gesehen«, tröstete Watson. »Solange sie draußen vor Anker liegen, voll beladen mit Rum, Tabak und Geschenken, werden sie sich zu unseren Gunsten auswirken. Ich würde keine Geschenke machen, bevor wir nicht den unterschriebenen Vertrag in der Tasche haben.« Er stand auf und nickte feierlich. Er war eine imposante Erscheinung, wie er dort vor ihnen stand in seinem dunklen Anzug und der Lockenperücke, groß und hager und mit den tiefliegenden Augen in dem länglichen, abgezehrten Gesicht. »Ich spreche nicht vom Mais«, sagte er. »Die roten Männer sind hungrig, ihre Vorräte sind knapp. Es ist nur recht und billig, daß wir ihnen Lebensmittel geben. Auf keinen Fall dürfen wir geizig erscheinen. Diese Eigenschaft verachten sie über alles.«

»Ich beuge mich Eurem Urteil in der Sache der Geschenke«, sagte Campbell. »Es ist sicher besser, sie nachher als vorher zu verteilen.«

Watson lächelte kaum merklich. »Bei diesem Geben und Zurückhalten die richtige Balance zu finden, das muß gelernt sein«, meinte er. »Das geht nicht ohne Urteilsvermögen. Nun, ich werde den Herren jetzt eine gute Nacht wünschen. Es ist schon spät, und morgen haben wir viel zu tun.«

43

Fort Picolata, wo die Konferenz stattfinden sollte, lag ungefähr zwanzig Meilen entfernt am Ostufer des St. Johns River. Es bestand aus einem gemauerten Turm innerhalb einer hölzernen Befestigungsanlage und war während des Krieges von den Spaniern als Außenfort gegen die Indianer errichtet worden.

Watson und Campbell waren, begleitet von Erasmus und einer Kavallerieabteilung, am Morgen hinausgeritten. Die Häuptlinge der Creek ließen ihre Pferde am Westufer und überquerten den Fluß in Kanus mit einhundert Kriegern. Hinter den Palisaden war aus Kiefernstämmen ein offener Pavillon errichtet, in dem die weißen Männer ihre indianischen Besucher erwarteten. Kiefernzweige auf dem Dach und an den Seiten des Pavillons hielten die pralle Sonne ab, und ein langer Tisch in der Mitte, auf dem sich zahlreiche, auf Lederstreifen aufgezogene bunte Perlenketten ringelten, sollte den Sprechern als Podium dienen. Als Sitzgelegenheit für die Häuptlinge hatte man zu beiden Seiten des Tisches dicke Baumstämme mit Decken belegt.

Sie nahmen jedoch nicht sofort am Tisch Platz. Die ganze Besuchergruppe machte ungefähr hundert Schritt vor dem Pavillon halt, und die Krieger stellten sich in Reihen hinter ihren Häuptlingen auf. Erasmus, der unauffällig auf einer Seite des Pavillons im Schatten saß, erinnerte dieses Aufstellungnehmen an ein bewegtes und plötzlich stilles Meer, auf dem die weißen Kopfschmuckfedern der Häuptlinge wogten und wie Schaum auf den Wirbeln einer dunklen roten Flut zusammenliefen. Im Schatten des Pavillons leuchtete tiefrot der hochgeschlossene Uniformrock des Colonels; Watsons Perücke stach silbern gegen das dunkle Tuch seines Anzugs ab, und die billigen Glasperlen auf dem Tisch glühten wie kostbares Geschmeide.

Auf ein für Erasmus nicht erkennbares Zeichen hin begannen die Indianer langsam vorzurücken. Die Häuptlinge, die die zwei mittleren Reihen anführten, unterschieden sich durch einen Kopfschmuck, der bis über ihre Schultern herabfiel; sie trugen Perlenarmbänder und hielten etwas Gefiedertes in der Hand, das Erasmus aus der Entfernung für tote Vögel hielt. Sie kamen ungefähr zwanzig Schritte näher, dann ertönten Rasseln, ein wilder, rauher Gesang erhob sich aus ihren Reihen, und die ganze Gruppe begann schlurfend und schrittweise vorrückend zu tanzen. Die Köpfe hoben und senkten sich; die Körper neigten sich in Richtung der zwei Häuptlinge mit den gefiederten Bündeln.

Singend und tanzend näherten sie sich dem Pavillon bis auf rund zwanzig Schritt. Dann hielten sie an und blieben ungefähr eine Minute lang still stehen. Die zwei Häuptlinge kamen mit hurtigen Tanzschritten nach vorn, und nun sah Erasmus, daß das, was sie in der Hand hielten, langstielige, mit Federn geschmückte Pfeifen waren.

Tanzend und ohne zu zögern, betraten sie den Pavillon und näherten sich dem Gouverneur und dem Kommissar. Mit den Federn der Pfeifen strichen sie ihnen über Gesicht und Hände. Keiner der beiden zuckte auch nur mit der Wimper. Dann kam einer der Häuptlinge zu Erasmus; er fühlte die zarte Berührung der Federn und roch den im Pfeifenkopf glimmenden Tabak. Für einen Moment begegnete er den merkwürdig unpersönlichen Augen unter dem perlenbestickten Stirnband. Zwei Krieger lösten sich aus den Reihen, beladen mit gegerbten Häuten, von denen sie einige auf den Boden und einige auf den Tisch im Pavillon legten. Dann kamen auch die übrigen Häuptlinge und nahmen ihre Plätze ein. Eine Pfeife wurde herumgereicht und jeder, Weiße wie Indianerhäuptlinge, machte feierlich einige Züge. Nach einer Pause, in der alle schwiegen, erhob sich der Kommissar und begann langsam und bedächtig zu sprechen, wobei er häufig innehielt, damit der Dolmetscher Zeit hatte zu übersetzen.

Er erklärte, er sei froh, daß die Häuptlinge und Krieger die Einladung zu diesem Treffen angenommen und ihr Wort bis zur Stunde gehalten hatten; andererseits könnten sich die Indianer freuen über das, was sie vom Gouverneur und von ihm gleich hören würden. Er stellte Erasmus als einen Abgesandten des Königs von England vor und bat seine indianischen Brüder, bei den folgenden Reden genau und aufmerksam zuzuhören.

Als er geendet hatte, nahm er eine der Perlenketten vom Tisch und ließ sie auf den Boden fallen. Diese Zeremonie und die vorangegangenen Worte wurden von den Indianern schweigend und völlig gleichmütig aufgenommen.

Nun trat der Gouverneur an den Tisch. Nach einem scharfen Blick in die ausdruckslosen Gesichter der Häuptlinge begann er auf seine energische, direkte und irgendwie vertrauenerweckende Weise zu sprechen: »Freunde und Brüder, nachdem die Franzosen und Spanier von diesem Land vertrieben sind, hat der Große König, mein Herr und euer Vater, mich dazu ernannt, die weißen Menschen in diesem Teil seiner neu eroberten Herrschaftsgebiete zu führen. Ich kenne und liebe unsere roten Brüder. Ich habe lange bei ihnen gelebt und bin mit ihren Bräuchen und Gewohnheiten vertraut. Der Große König weiß, daß ich alles in meiner Macht Stehende tun werde, um Frieden und Eintracht zwischen seinen weißen Untertanen und seinen roten Kindern zu erhalten.

Ihr seid besorgt, und man hat euch gesagt, daß die Weißen eure Jagdgründe haben wollen. Aber eure Sorge ist unbegründet, denn meine Einstellung, was die Jagdgründe des indianischen Volkes angeht, ist bekannt. Ihr alle müßtet inzwischen erfahren haben, daß ich mich damals in Charleston bei der Unterzeichnung des Vertrags nach der Niederlage der Cherokee dagegen gewehrt habe, daß man ihnen das Land ihrer Väter nimmt, und daß ich es verhindert habe. Wenn ich das für ein Volk getan habe, das sich von den Franzosen hat überreden lassen, gegen uns, seine englischen Brüder, zu kämpfen, dann könnt ihr sicher sein, daß ich nichts tun werde, um euch, die ihr immer unsere Freunde gewesen seid, zu schaden …«

Erasmus hörte wohlgefällig zu. Er hatte schon viele Ansprachen gehört, und diese hier war gut, Campbell sprach mit der ihm eigenen mutigen Entschlossenheit und berief sich auf Dinge, die seine Zuhörer kannten. Und der Ernst in seinen Worten war unmißverständlich; seine Stimme klang rauh vor Mitgefühl, als er von seinem Eintreten für die niedergeworfenen und entmutigten Cherokee sprach. Dieser Campbell, dachte Erasmus, wäre wirklich hervorragend geeignet als Leiter seiner Florida-Grundstücksgesellschaft.

Die Indianer außerhalb des Pavillons saßen still auf der Erde, die Augen auf den jeweiligen Redner gerichtet. Die weißen Federn, die aus Perlen gestickten Verzierungen und die glatten, muskulösen Körper glänzten in der bereits hoch am Himmel stehenden Sonne. Die einleitenden Zeremonien hatten den ganzen Vormittag beansprucht. Campbell legte eine Pause ein, um eine Perlenkette zu nehmen und sie aus Schulterhöhe auf den Boden fallen zu lassen.

»Euer Beruf ist die Jagd«, sagte er. »Deshalb braucht ihr ein großes Gebiet. Aber es ist in eurem Interesse, eure englischen Brüder in der Nähe zu haben. Nur sie können euch für eure Häute mit Kleidung versorgen, mit Gewehren, Pulver und Blei für die Jagd und mit vielen anderen Dingen, die ihr nicht selbst herstellen und ohne die ihr nicht leben könnt. Damit die Weißen kommen und in eurer Nachbarschaft leben können, werdet ihr ihnen, vernünftig wie ihr seid, sicherlich einen bestimmten Bezirk übereignen, wo sie Vieh halten und Getreide anbauen können, denn ohne Land können sie sich nicht ernähren, geschweige denn euch mit Waren beliefern.«

Er schloß seine Rede, indem er eine weitere Perlenkette fallen ließ. Dann sprach der Kommissar noch einmal und wies darauf hin, daß eine Grenze festgelegt werden müsse, die die Indianer bestimmen könnten, empfahl ihnen jedoch, sich dem Großen König gegenüber dankbar zu erweisen, der ihnen erlaubt habe, am vorteilhaften Handel mit England teilzuhaben.

All diesen Worten folgte tiefe Stille. Keiner der Häuptlinge, die im Pavillon saßen, sagte ein Wort. Ohne den brennenden Blick in ihren Augen hätte man meinen können, ihre Gesichter seien aus Stein gemeißelt. Nach vielleicht zehn Minuten – obwohl es Erasmus wesentlich länger vorkam – erhob sich ein junger Mann in der vordersten Reihe der Indianer, die außerhalb des Pavillons geblieben waren, und trat an den Rednertisch. In heftigen, unvollständig klingenden Sätzen, die einen merkwürdigen Gegensatz zu dem zögernden Englisch des Dolmetschers bildeten, begann er, sich über die hohen Preise zu beklagen, die die Händler für ihre Waren verlangten. Der Kommissar habe seinem Volk vor einem halben Jahr bei einem Treffen in Pensacola versprochen, die Preise zu senken. Er sei zwar nicht der Sprecher seines Stammes und wolle deshalb auch nicht auf die Rede des Gouverneurs antworten; das überlasse er den Häuptlingen. Aber er wolle darauf hinweisen, daß etwas versprochen und nicht gehalten worden war. Außerdem sei er der Meinung, wenn die Weißen das ganze Land besiedelten, würde sein Volk bald nur noch Ratten und Kaninchen jagen können. Würden die Weißen Waren geben für Ratten und Kaninchen?

Die Häuptlinge hatten auch dazu geschwiegen, aber von den Kriegern draußen im Freien war zustimmendes Gemurmel zu hören. Der Sprecher warf eine Perlenkette zu Boden und blickte die weißen Männer eindringlich an, bevor er an seinen Platz zurückkehrte. Seine Augen blitzten, und als er tief Atem holte, erkannte Erasmus, wie stark der Indianer innerlich bewegt war.

Watson antwortete darauf, daß er nicht versprochen habe, die Preise zu senken, weil dies gar nicht in seiner Macht stand, und das habe er auch in Pensacola erklärt. Er wandte sich an Tallechea und Captain Aleck und die anderen damals anwesenden Häuptlinge; sie könnten bezeugen, was er gesagt habe, und Erasmus sah, daß einige im Pavillon nickten.

Nachdem sich niemand mehr zu Wort meldete und nach einer weiteren langen Pause allgemeinen Schweigens erklärte der Kommissar, die Gespräche würden am nächsten Tag fortgesetzt.

Auf dem Ritt zurück nach Saint Augustine sprachen weder Watson noch Campbell besonders viel. Erst am Abend zum Dinner traf man sich wieder, und erst jetzt erfuhr Erasmus, wie schlecht die Eröffnungssitzung verlaufen war.

»Aber ich hatte den Eindruck, daß man Euch respektvoll zugehört hat«, sagte er. »Niemand hat etwas gegen eine Grenzziehung gesagt.«

»Sir«, sagte Watson, »Indianer geben ihre Meinung durch ganz bestimmte Signale zu verstehen. Von den wichtigen Männern hat kein einziger gesprochen, was schon ein schlechtes Zeichen ist. Derjenige, der gesprochen hat, ist zwar ein führender Krieger, aber kein Stammeshäuptling. Was er über die Preise gesagt hat, war nur Angeberei und Provokation. Jeder weiß, daß ich so etwas nicht versprochen habe.«

»Dann hat er das also auch gewußt?«

»Er wußte es ganz genau«, antwortete Campbell. »Er wollte uns nur in die Defensive drängen. Ich habe das schon oft erlebt – sie argumentieren viel feinfühliger, als man annehmen könnte. Das mit den Ratten und Kaninchen trifft genausowenig zu; der Bursche hat von Georgia gesprochen, nicht von Florida.«

»Für sie ist das alles ein Land«, sagte Watson. »Sie haben noch nicht gelernt, in staatlichen Grenzen zu denken.«

»Was wird denn nun morgen geschehen?«

»Morgen werden die Häuptlinge sprechen, und dann werden wir sehen. Aber ich fürchte, es wird nicht einfach. Wir können nur hoffen, daß sie mit Gottes Hilfe einsichtig werden.«

Nach dem Essen bat Redwood Erasmus um ein Gespräch unter vier Augen. Der Major war zu Fuß gekommen, und Erasmus bot ihm an, ihn ein Stück auf dem Heimweg zu begleiten.

Um diese Zeit waren die Straßen nahezu ausgestorben. Sand und Staub dämpften die Schritte. Die Häuser lagen still; fast überall waren die Fensterläden geschlossen. Der abbröckelnde Mörtel aus Sand und Muschelkalk hatte die Konturen der Häuser weich und rund gemacht; im matten Mondlicht wirkten sie wie abgeschliffen.

»Ich habe euch doch versprochen, mich bei den hiesigen Indianern etwas umzuhören«, sagte Redwood. »Leider konnte ich keinen finden, der etwas von einer Siedlung im Süden der Halbinsel wußte. In gewisser Weise ist die Zeit gegen Euch. Einige von denen, die mit den Spaniern fortgegangen sind, hätten vielleicht etwas gewußt. Die Gegend hier ist praktisch entvölkert. Es gibt so gut wie keine Europäer und nur ein paar seßhafte Indianer. Wovon sie leben, weiß Gott allein.«

»Nun, da kann man nichts machen.« Erasmus hatte keine allzu großen Hoffnungen in die Erkundigungen des Majors gesetzt; trotzdem war er enttäuscht. »Ich bin Euch für Eure Bemühungen sehr dankbar«, sagte er.

»Es wäre sinnlos, einen dieser Indianer als Führer zu nehmen«, sagte Redwood. »Dennoch. Ganz erfolglos war ich auch nicht.«

Sie gingen an einem großen Haus mit laubenartigen Balkonen vorbei; hinter den Fensterläden brannte Licht, und von irgendwo aus dem oberen Stockwerk drangen Stimmen und Gelächter.

»Freudenhäuser sind ungefähr die einzigen, die noch ein Lebenszeichen von sich geben«, sagte Redwood. »Nicht alle Huren sind mit den Spaniern nach Kuba gegangen.« Er blieb stehen, als wäre ihm plötzlich etwas eingefallen. »Wir sind ungefähr auf halbem Weg zu meiner Unterkunft«, sagte er. »Der ganze Weg zurück könnte ein langer Spaziergang für Euch werden. Was haltet Ihr davon, wenn wir da drin noch eine Flasche köpften? Von den Mädchen würde ich abraten. Wenn Ihr in der Richtung Interesse habt, könnte ich Euch Besseres empfehlen. Diese hier haben unter den Spaniern etwas gelitten, und einige unserer Männer frequentieren sie auch, obwohl es ein Bordell in der Nähe der Garnison gibt. Aber die Mutter Oberin, Mama Rosalita, kennt mich. Ich bin gelegentlich hier, um Raufhändel zu schlichten und den Schaden zu bezahlen. Sie wird uns ein ruhiges Zimmer geben und eine gute Flasche, und dann können wir uns ungestört unterhalten. Was meint Ihr?«

»Von mir aus gern.« Er hatte keine besondere Lust, noch

etwas zu trinken, aber Redwood hatte ihm noch nicht alles gesagt; er hatte, vielleicht mit Absicht, an einem kritischen Punkt nicht weitererzählt. Der Major war einsam, dachte Erasmus, trotz seines zur Schau getragenen Frohsinns.

Sie schritten durch den verwilderten Garten, klopften und wurden von der üppigen Señiora Rosalita eingelassen, die Redwood wie einen angesehenen Gast begrüßte. Sie wurden sofort in ein Zimmer auf der Rückseite des Hauses geführt, und die Señiora persönlich servierte ihnen einen süßlichen dunkelroten Wein.

»Hier läßt sich's wohl sein.« Redwood knöpfte seinen Uniformrock auf und streckte die langen Beine von sich. »Ich weiß nicht, warum«, sagte er, »aber dieser salbadernde Watson geht mir auf die Nerven, und wenn ich noch so viel Wein zum Essen trinke. Nun wie ich schon sagte, ich habe niemand in Saint Augustine gefunden, aber ich habe den Namen eines Indianers erfahren, der in Matanzas lebt, ungefähr fünfzehn Meilen von hier. Er ist ein Lower Creek, vom selben Schlag wie die, die Ihr heute gesehen habt, aber er lebt allein. Er heißt Nipke, scheint auch unter dem Namen Junger Soldat bekannt zu sein. Man hat mir gesagt, er kenne den Süden gut und habe während des Krieges bei den Kämpfen gegen die Timucua mitgemacht. Ihr wißt ja, sie bekamen von uns eine Belohnung für jeden Skalp eines spanienfreundlichen Indianers.«

»Das habe ich nicht gewußt.«

»Wer nicht für uns war, war gegen uns. Das gehörte zum politischen Terror, mit dem unsere Truppen die Gegend unsicher machten. Man konnte nicht immer sagen, zu wem die Skalps gehört hatten. Die Prämie wurde trotzdem bezahlt. Aber worauf ich hinauswill – Nipke hat schon früher für die Engländer gearbeitet und kennt das Klimpern von Guineas, das heißt, man kann mit ihm reden. Er weiß vielleicht nichts von Euren Flüchtlingen, aber er kennt die Gegend, er kann Spuren lesen und versteht es, leise aufzutreten.«

»Das hört sich an, als wäre er der richtige Mann.«

»Wenn Ihr interessiert seid, könnten wir morgen nach Matanzas reiten und mal sehen, ob wir ihn finden. Die Lage ist zwar im Augenblick etwas heikel, aber solange die Verhandlungen laufen, besteht keine Gefahr. Es ist die einzige Möglichkeit, wenn Ihr mit diesem Nipke handelseinig werden wollt. Wenn wir nach ihm schicken, kommt er vielleicht nächste Woche oder nächsten Monat oder überhaupt nicht.«

Erasmus zögerte. »Ich bin außerordentlich interessiert«, sagte er. »Ich möchte die Angelegenheit so schnell wie möglich regeln. Aber ich muß morgen an der Konferenz teilnehmen.«

»Was das betrifft, so werden Watson und der Gouverneur wahrscheinlich nichts dagegen haben, wenn Ihr morgen fehlt. Im Gegenteil.«

»Wie meint Ihr das?«

»Das heutige Treffen war kein Erfolg, und wie es aussieht, wird es morgen noch schlechter laufen. Man wird es für nötig halten, Zwietracht zu säen. Beunruhigung hervorrufen, Eifersüchteleien anzetteln, das Gerücht ausstreuen, daß beim Geschenkeausteilen vielleicht jemand übergangen wird – das sind die sichersten Mittel, um sie uneins zu machen. Die Schiffe wurden übrigens gesichtet. Wußtet Ihr das schon?«

»Nein.«

»Sie werden morgen irgendwann die Barre überqueren. Das wird unsere Seite beträchtlich stärken. Watson wird den Creek einfach sagen, daß der Gesandte ihres Großen Weißen Vaters seine Anwesenheit nicht für angebracht hielt.«

»Ich verstehe.« Erasmus schwieg einen Moment. »Es ist wie bei Verhandlungen mit geschäftlichen Gegnern«, sagte er. »Man versucht, sie zu verunsichern und geteilter Meinung zu machen. Ganz legal natürlich. Wie dem auch sei – ich bin Euch sehr verbunden, und Eure Begleitung morgen würde mich freuen.«

»Gut, dann ist das erledigt. Sagt mir, welchen Eindruck hattet Ihr von der Veranstaltung heute vormittag?«

»Die meiste Zeit verging mit Zeremonien. Es war natürlich interessant für mich, weil ich diese indianischen Bräuche noch nie gesehen habe. Sie waren alle herausgeputzt mit ihren besten Perlen und Federn.« Er lachte ein wenig, als er das sagte.

»Das wart Ihr vermutlich auch.«

»Wie meint Ihr das?« entgegnete Erasmus und starrte ihn an.

»Campbell im Paraderock, Watson in seinem besten Tuch und silberner Perücke und Ihr wie immer piekfein in Schale. Es ist nur eine Frage der Mode. Wirklich. Die ihre paßt besser zum Klima.«

Erasmus fühlte sich durch diesen Vergleich unangenehm berührt und schwieg. Redwood wartete einen Moment, dann sagte er: »Ihr spracht von der Kalumet-Zeremonie, von den Friedenspfeifen. Ich habe sie schon oft gesehen. Singend und tanzend sind sie gekommen, mit diesen Pfeifen in den Händen, und in den Ruin gegangen – überall in Amerika.«

»Von Ruin kann hier kaum die Rede sein. Sie werden große Landstriche behalten, soweit ich Colonel Campbell verstanden habe.«

»Für wie lange? Wir wagen im Augenblick nur nicht mehr, sonst würden sie sich gegen uns erheben und uns ins Meer werfen. Campbell ist auf seine Art ein vernünftiger Mann. Er kennt die Creek und hat Verständnis für sie. Aber er muß einen vorteilhaften Vertrag aushandeln. Seine Karriere hängt davon ab, und das macht ihn seltsam einäugig. Der Indianer, der heute gesprochen hat und sich über die hohen Preise beklagte, hat gar nicht so unrecht gehabt.«

»Nicht unrecht? Er hat Watson beschuldigt, Versprechungen nicht eingehalten zu haben, die er gar nicht gemacht hat. Er hat nicht einmal von Florida, sondern von Georgia gesprochen.«

»Das ist es ja. Er hat gesehen, wie Tausende von landhungrigen weißen Siedlern aus Virginia und den Carolinas ins Hinterland von Georgia drängten. Viele haben die vertraglich festgelegte Grenze überschritten und das Land auf der anderen Seite eingezäunt. Niemand unternimmt etwas dagegen. Und warum nicht? Ihr kennt die Antwort so gut wie ich, Kemp – vermutlich sogar noch besser. Ihr habt Euch umgesehen, nicht wahr? Das hier ist erstklassiges Land, daraus läßt sich ein Vermögen machen. Aber es ist noch mehr wert ohne Indianer.«

Redwood lehnte sich in seinem Stuhl zurück und lächelte mit der für ihn typischen leicht bitteren Unbekümmertheit. Über ihnen polterte es; sie hörten Stimmen und Schritte auf der Treppe, dann herrschte wieder Stille. »Und alles geschieht so gut wie ohne Waffengewalt«, fuhr er fort. »Sie werden mit Verträgen dazu gebracht, ihr Land aufzugeben. Es ist der Handel, der sie zugrunde richtet – der segensreiche Handel. Watson erzählt ihnen, sie sollten dankbar sein für die Vorteile, die ihnen der Handel beschert. Campbell erzählt ihnen, sie sollen ihren englischen Brüdern Land geben, damit sie von ihnen Waren beziehen können. Sie haben jahrhundertelang in diesem Land gejagt, ohne zu wissen, daß sie zu ihrem Glück und Wohlbefinden Musketen und Spiegel, Glasperlen und bedruckten Baumwollstoff brauchten. Jetzt redet man ihnen ein, sie könnten ohne diese Dinge nicht leben. Das ist doch merkwürdig, oder nicht?«

Erasmus lächelte ohne viel Wärme. Redwood ödete ihn an. Was er zunächst für gutmütige, ziemlich gedankenlose Mitteilsamkeit gehalten hatte, erschien ihm jetzt in ganz anderem Licht. Redwood nötigte einem seine Ansichten auf, ohne sich darum zu kümmern, ob sie willkommen waren. Und was er sagte, war unerhört, ja sogar subversiv. Daß der Handel beiden Seiten Vorteile brachte, war eine allgemein anerkannte Tatsache. Menschen, die anderer Meinung waren als die breite, vernünftig denkende Mehrheit, hatte Erasmus noch nie gemocht. »Wenn die Indianer Decken und Gewehre wollen, so ist das ihre Sache«, sagte er. »Sie sollten versuchen, sie zu den besten Bedingungen zu bekommen. Unsere Sache ist es, ihre Nachfrage zu den für uns günstigsten Bedingungen zu befriedigen. Am Ende ist das zwangsläufig zum beiderseitigen Nutzen. Es ist nur vernünftig, Redwood. Ihr seht die Dinge sehr negativ, wenn ich das einmal sagen darf.«

Redwood war der schroffe, tadelnde Ton nicht entgangen, denn sein Lächeln verflog, und seine Brauen zogen sich leicht zusammen. »Am Ende, sagt Ihr? Aber wir stehen erst am Anfang, Kemp – Ihr und ich und die Creek. Hättet Ihr an der Seite der Indianer gekämpft wie ich und gesehen, was sie aus Freundschaft tun, würdet Ihr die Dinge vielleicht differenzierter betrachten. Campbell weiß das auch, o ja, aber er ist so ein redlicher und zielstrebiger Mensch. Das ist der Unterschied. Ihr gehört auch zu den Zielstrebigen, nicht wahr? Überlegt einmal: Monatelang nicht in der Firma, ein gechartertes Schiff, Unterhalt für fünfzig Soldaten, eine gefährliche Reise in unbekanntes Gebiet – und das alles für einen zehn Jahre zurückliegenden Verlust, der sich wahrscheinlich gar nicht mehr wettmachen läßt. Das nenne ich zielstrebig. Ich tue meine Pflicht für König und Vaterland, wenigstens hoffe ich das, aber zielstrebig zu sein ist mir immer teuflisch schwer gefallen.« Er hielt einen Moment inne und sagte dann, die gewinnende Stimme des Gouverneurs imitierend: »Sie haben so eine verdammte Teilung in ihren Köpfen, Sir, ich weiß nicht, wie ich das nennen soll.«

Er verzichtete darauf festzustellen, wie seine Persiflage bei Erasmus ankam. Was ihrer Beziehung eine gewisse Wärme verliehen hatte, war unwiederbringlich dahin. Und es war gut, daß er nicht aufblickte, denn Erasmus' Gesicht zeigte ein Mißfallen, das Redwood nicht unbeantwortet gelassen hätte – er war nicht der Mann, der solche Dinge übersah. »Ich weiß auch nicht, wie man das nennen soll«, sagte er wie zu sich selbst. »Aber es ist der Grund, warum ich meine Tage als Major auf Halbsold beenden werde.«

Erasmus beherrschte seinen Zorn, aber nur, weil er sich gegenüber dem Major verpflichtet fühlte. Redwood hatte mit seiner anmaßenden Aufzählung von Fakten an die Zweifel gerührt, die Erasmus manchmal befielen, wenn er durch die Landschaft ritt oder in Gesellschaft zu Tisch saß oder allein im Garten der Residenz spazierenging, wenn er mit an Panik grenzender Verwunderung über das Sonderbare seiner hiesigen Anwesenheit nachdachte und über den Aufwand an Zeit und Geld. Was war jetzt noch zu gewinnen? Doch dann rief er sich sein hehres Ziel ins Gedächtnis, seine gerechte Mission ... Redwood war letzten Endes ein beschränkter Bursche mit reichlich einseitigen Ansichten; seine Bemerkungen über den Handel waren Beweis genug. Jeder vernünftige Mensch wußte um den Nutzen des Handels. Der Major war trotz seiner Differenziertheit ein Simpel. Die Assoziation gefiel Erasmus und besänftigte ihn. »Der Wein reicht noch für einen Trinkspruch«, sagte er und lächelte seinem Gegenüber breit, jedoch mit zusammengekniffenen Augen ins Gesicht. »Auf das Wohl des Handels – und auf die Zielstrebigkeit!«

Der Major hob sein Glas. »Und was war das andere?« fragte er. »Ah ja, die Gerechtigkeit. Also dann auf die Gerechtigkeit – langfristig gesehen, versteht sich!«

44

Wie Redwood vorausgesagt hatte, wurde Erasmus' Fernbleiben von der Konferenz bereitwillig akzeptiert. Er vertraute Campbell seine Gründe an in der Hoffnung, der Gouverneur würde ihm angesichts der Ernsthaftigkeit seiner Absichten eine deutlichere Zusage für eine militärische Unterstützung geben. Aber dieser hatte andere Dinge im Kopf und beschränkte seine Äußerungen auf Nicken und Murmeln.

Nipke, der Junge Soldat, war älter, als sein Name vermuten ließ. Er war untersetzt und schweigsam; sein tief zerfurchtes Gesicht hatte die Farbe von feuchtem rötlichen Lehm. Der Dolmetscher, den Redwood mitgenommen hatte, erwies sich als überflüssig, denn Nipke konnte genügend Englisch, um zu verstehen, worum es ging. Aufmerksam, obwohl sichtlich gelassen, hörte er sich die Fragen an. Er war während des Kriegs im Süden auf keine schwarzen Männer gestoßen. Auf Key Biscayne lebten angeblich Schwarze, aber er hatte nie welche gesehen und hielt das Ganze für ein Gerücht. Es gab entlaufene Sklaven bei den Upper Creek – das hatte er selbst gesehen; sie hatten indianische Frauen, aber diese Schwarzen seien aus den englischen Kolonien im Norden gekommen.

Er schwieg eine Weile auf die Frage, ob er bereit wäre, für die Expedition den Scout zu machen. Erasmus befürchtete schon, er würde ablehnen. Er hatte sich hier niedergelassen; es gab Fische im Fluß und Wild in den Wäldern, er hatte zwei Frauen, die ihm den Mais zogen und die Hühner fütterten. Aber er war durchaus bereit – er zögerte nur, um eine bessere Bezahlung herauszuschinden. Sie einigten sich schließlich auf fünf Shilling pro Tag für ihn als Führer und drei Shilling für die anderen vier Männer, die er noch für den Spähtrupp anwerben sollte. Das Dienstverhältnis sollte ab sofort gelten, aber nicht im voraus bezahlt werden; Redwood hatte davor gewarnt, weil sich Nipke mit dem Geld aller Wahrscheinlichkeit nach Rum kaufen würde und möglicherweise sturzbetrunken wäre, wenn man ihn brauchte. Doch um seinen guten Willen zu beweisen, gab Erasmus dem Indianer einen ledernen Patronengürtel, den er eigens zu diesem Zweck mitgebracht hatte.

Der Ritt hin und zurück, das umständliche Gespräch mit Nipke sowie der Verzehr von Milch und Maisfladen hatten den größten Teil des Tages beansprucht; es war bereits Nachmittag, als sie nach Saint Augustine zurückkehrten. Redwood hatte in der Garnison zu tun, und so begab sich Erasmus allein in die Residenz, wo düstere Stimmung herrschte. Die Konferenz, so wurde ihm mitgeteilt, war wegen der fehlenden Kompromißbereitschaft der Indianer abgebrochen worden.

»Sie waren nicht bereit, auch nur einen Zoll breit nachzugeben, Sir«, sagte Watson entrüstet. »Die Häuptlinge kamen der Reihe nach auf das Podium, und alle äußerten die gleiche Meinung.«

»Und was meinten sie?«

»Daß wir im Flutgebiet bleiben sollen«, antwortete Campbell schroff. Er war noch in Uniform, gestiefelt und gespornt und mit dem Kavalleriesäbel an der Seite.

»Mir ist nicht klar, was das bedeutet«, sagte Erasmus.

»Nun, sie meinen natürlich die salzige Tidenflut. Das Meerwasser fließt landeinwärts bis nach Picolata, und sie versuchen, die englische Besiedlung einzuschränken durch eine Grenzlinie, die von dort nach Norden bis zur Mündung des St. Johns River verläuft.«

»Eine spärliche Fläche in der Tat«, sagte Watson, »die uns bei weitem nicht den Raum bietet für eine Besiedlung in der von uns beabsichtigten Größenordnung. Bei weitem nicht. Das ist völlig unannehmbar. Und ihre Reden enthielten einen drohenden Unterton. Es täte ihnen leid, aber sie würden keine Verantwortung für die Folgen übernehmen, wenn Vieh oder weiße Männer die Grenze überschritten. Ja, solche Unverschämtheiten muß man sich von ihnen bieten lassen, Sir, wir, die Vertreter Seiner Majestät in dieser neuen Kolonie der Krone. Nur mein Amt hat mir geholfen, die Fassung zu bewahren.«

»Ich hatte dabei keine Mühe, Sir. Bei Gott nicht«, sagte Campbell mit beträchtlicher Schärfe in der Stimme. Zwischen dem Soldaten und dem Zivilisten traten gewisse Spannungen zutage. »Ein falsches Wort in dieser Situation und Ihr verliert mehr als Eure Fassung, Watson; höchstwahrscheinlich würde es Euer Skalp sein, Sir. Unsere Informanten beziffern ihre Stärke mit mindestens fünftausend Mann. Sie kennen das Gelände, auf dem sie jahrelang gegen die Spanier gekämpft haben. Wir dagegen haben ein paar hundert frisch aus Europa eingetroffene Soldaten, deren einzige Ausbildung darin besteht, im offenen Gelände Karrees zu bilden und Salven zu feuern.«

»Welches Land fordern wir denn von ihnen?« fragte Erasmus.

»Wir müssen auch die Süßwassergebiete haben. Wir wollen das ganze Land östlich des Flusses von der Mündung bis zur Quelle. Und außerdem einige Gebiete auf dem Westufer.«

»Das ändert die Sache allerdings. Ich sehe nicht, warum sie einem solchen Vorschlag ohne weiteres zustimmen sollten.«

»Nun, wir wollen es jetzt auf anderem Weg versuchen«, sagte Campbell mit einem knappen, vorsichtigen Lächeln zu Erasmus. »Habt Ihr schon einmal mit Indianerhäuptlingen diniert?«

»Nein, das könnte ich nicht behaupten.«

»Nun, heute abend werdet Ihr es tun, Sir.«

»Was? Ihr habt sie zum Dinner eingeladen?« entfuhr es Erasmus.

Watson begann plötzlich zu glucksen; es war ein ziemlich erschreckendes und unpassendes Geräusch, das aus höhlenartigen Tiefen zu steigen schien. »Nicht alle«, sagte er. »Das würde nichts bringen. Wir haben zwei gebeten – Tallechea und Captain Aleck. Sie sind die mächtigsten. Für diese Wilden bedeutet die Ehre einer Einladung ins Haus des Gouverneurs sehr viel, Sir, und dies sowohl für die Eingeladenen als auch für die, die draußen bleiben. Sie werden sehen, daß ihre Drohungen nicht die beabsichtigte Wirkung hatten, sondern vielmehr eine völlig entgegengesetzte, und das wird ihnen zu denken geben. Außerdem habe ich mir noch einen hübschen Anreiz für sie ausgedacht ...« Er weigerte sich, mehr darüber preiszugeben, und lachte nur glucksend in sich hinein. »So Gott will«, sagte er mit wiedergewonnenem Ernst, »wird es uns mit diesen Maßnahmen gelingen, Zwietracht und Streit zwischen sie zu säen.«

Danach trennten sie sich. Erasmus suchte sein Zimmer auf, um sich nach dem Ritt auszuruhen und frisch zu machen. Als er wieder nach unten kam, saßen die beiden Häuptlinge bereits am Tisch, ihnen gegenüber der Gouverneur und der Indianerbeauftragte und etwas abseits der Dolmetscher, ein Halbblut namens Forrest. Redwood trat gleichzeitig mit ihm ein, und sie wurden zusammen vorgestellt. Erasmus blickte in zwei Gesichter, die ihm in ihrer mahagonifarbenen Fremdheit und mit dem glühenden und gleichzeitig düsteren Blick unter den vorspringenden Brauen sehr ähnlich erschienen. Als er die Hand ausstreckte, wurde sie fest ergriffen, nicht geschüttelt, und auch um seinen Unterarm legte sich ganz kurz eine Hand. Die Indianer rochen nach Holzrauch und einer Art süßem Öl, mit dem sie ihre Haut eingerieben hatten; ihre Gesichter glänzten wie poliertes Holz. Statt ihres feierlichen Kopfschmucks trugen sie jetzt schlichte Stirnbänder; ihre Kleidung bestand aus einer über einem Baumwollhemd getragenen ärmellosen Jacke und knielangen, fransenbesetzten Hosen aus Wildleder.

Campbell hatte sich mit der Zusammenstellung der Speisen große Mühe gegeben, damit die Indianer Dinge vorgesetzt bekamen, die sie kannten und mochten: Truthahnbraten, Maisfladen, Kürbis, mit Honig gefüllte saure Orangen. Es kamen weder Rum noch Brandy auf den Tisch, weil die Creek allgemein eine verhängnisvolle Schwäche für Alkohol hatten; aber es gab Wein und Limonade.

Tallechea und Captain Aleck aßen schweigend. Das Fleisch schnitten sie mit kleinen Messern, die sie am Gürtel trugen, in mundgerechte Stücke und führten es mit den Fingern zum Mund; die Knochen nagten sie geschickt und auf reinliche Weise ab. Erasmus staunte über ihre souveräne Haltung und die selbstverständliche Anmut ihrer Bewegungen; sie fühlten sich durch die ungewohnte Umgebung und die fremden Sitten ihrer Gastgeber offensichtlich nicht gehemmt. Selbst ihr Schweigen machte den Eindruck, als sei es bei ihnen während des Essens so Sitte. Sie wirkten weder schüchtern noch so, als fühlten sie sich unbehaglich. Nur ihre wilden Augen funkelten unaufhörlich, wohin sie auch blickten.

Als sie gegessen hatten, äußerten sie sich durch den Dolmetscher anerkennend über die Mahlzeit, nickten nachdrücklich und stießen tiefe, zufriedene Laute aus. Captain Aleck beglückwünschte den Gouverneur zu seinem großen und prächtigen Haus und meinte, ein Mann, der in einer solchen Festung wohne, bräuchte sich nicht vor Feinden zu fürchten. Anschließend hielt Tallechea eine kurze Rede. Sie würden ihn kennen als Tama, die Flammenzunge. Er hoffte, es würde immer gerade Pfade zwischen ihren Völkern geben. Die Engländer hätten ihr Feuer an der Küste entzündet, und es sei der Wille des Atemgebers, daß sie und die roten Männer in Freundschaft leben sollten, damit ihre Kinder heranwachsen und zu Männern werden könnten.

Der Gouverneur hieß sie in seiner Antwortrede an seinem Tisch willkommen und drückte die Hoffnung aus, es möge noch weitere ähnliche Gelegenheiten des Beisammenseins geben, denn Tallechea und Captain Aleck seien seine roten Brüder und ihm besonders wert, die Pfade könnten aber nicht gerade verlaufen, solange sich das rote Volk in der Landfrage nicht großzügiger gegenüber seinen weißen Brüdern erweisen würde. Sie könnten das Land, um das sie gebeten wurden, leicht erübrigen. Wie sie wüßten, seien die Schiffe aus Georgia angekommen. Sie hätten Decken, Munition, Rum und viele Dinge geladen, die seine roten Brüder gut brauchen könnten. Aber wenn sie kein Land hergeben würden, könnten sie auch keine Geschenke erwarten. Der Große König würde fragen, was er für seine Geschenke bekommen habe. Und was sollte er, Campbell, darauf antworten? Er hoffe, daß Tallechea und Captain Aleck als treue Freunde und angehende Großmedaillen-Häuptlinge zu den Männern ihres Volkes sprechen würden, um zu verhindern, daß sie bei ihrer wenig erbaulichen Haltung blieben.

Die beiden Indianer hörten schweigend und gleichmütig zu; aber bei der Erwähnung der Schiffe schien es Erasmus, als hätte sich ihr Schweigen noch vertieft. Nach einer langen Pause bat Captain Aleck, man möge ihnen, was der Gouverneur über die Medaillen-Häuptlinge gesagt habe, genauer erklären, weil sie davon noch nie etwas gehört hätten. Das hatte Erasmus auch nicht, aber er begriff sofort, daß es sich um den hübschen Anreiz handeln mußte, den der Kommissar so schelmisch angedeutet hatte.

Watson begann nun mit größter Feierlichkeit zu sprechen. Der Große Weiße König habe besondere Auszeichnungen vorgesehen für diejenigen seiner roten Kinder, die ihren englischen Brüdern Freundschaft erwiesen. »Diese Medaillen tragen das Gesicht des Großen Königs, und sie sind aus Bronze. Manche sind so groß wie der Handteller eines Mannes; das sind die für die bedeutendsten Männer, für die Großmedaillen-Häuptlinge. Es gibt auch kleinere, ungefähr von der Größe eines Talers. Die großen wie die kleinen Medaillen werden denjenigen um den Hals gehängt, die ihre Liebe zum Großen König bewiesen haben. Sie werden im Rahmen einer besonderen Feier vor den Augen aller Stammeshäuptlinge verliehen.«

Die Creek hörten aufmerksam zu, doch sie äußerten sich nicht dazu. Nach weiteren Freundschaftsbeteuerungen verabschiedeten sie sich würdevoll. Bevor der Dolmetscher ging, erhielt er vom Gouverneur Anweisung – und von ihm, das wußte Mr. Forrest, hing die Zukunft seines Handels mit alkoholischen Getränken ab –, sich unter die Creek zu mischen und überall, wo er bei ihnen auf politische Meinungsverschiedenheiten stieß, darauf hinzuweisen, wie wertvoll die englische Freundschaft für sie sei und welchen Standpunkt sie tunlichst auf der für den nächsten Tag anberaumten Konferenz vertreten sollten.

»Wir dürfen nichts unversucht lassen«, sagte Campbell, als er sich an jenem Abend zurückzog. »Ein Dolmetscher bewegt sich in beiden Welten. Er hat einen gewissen Nimbus und weckt Vertrauen.« Er bedachte Erasmus mit seinem kleinen, schlauen Lächeln; seine Augen blitzten listig wie eh und je. »Das sind gerissene Burschen, mit denen wir es zu tun haben, Mr. Kemp, aber wir müssen uns ihnen anpassen, selbst wenn es uns gegen den Strich geht.«

45

Watson hielt es nicht für ratsam, daß Erasmus am nächsten Tag an der Konferenz teilnahm. Beim gegenwärtigen heiklen Stand der Verhandlungen könnte seine Anwesenheit als Schlichtungsversuch aufgefaßt werden und dies wiederum als Zeichen von Schwäche. Erasmus mußte also bis zum Abend warten, um das Ergebnis der gemeinsamen diplomatischen Bemühungen von Gouverneur und Indianerbeauftragtem zu erfahren.

Er sah sofort, daß alles gutgegangen war. Seitens ihrer gestrigen Dinnergäste hatte sich ein dramatischer Sinneswandel vollzogen; beide befürworteten nun die Abtretung des gesamten Landes östlich des Flusses und einiger zusätzlicher Gebiete auf der westlichen Seite, und diese Entscheidung aus dem Munde so geachteter und einflußreicher Persönlichkeiten hatte bei den übrigen Häuptlingen breite Unterstützung gefunden.

»Sie müssen die halbe Nacht geredet haben, Sir, nachdem sie sich hier verabschiedet haben«, meinte Watson. »Letzten Endes entscheidet eben doch der Charakter. Zielstrebige Entschlossenheit, das ist es, was ihnen fehlt. Ich habe das schon mehrmals erlebt. Sie versuchen, uns zu imponieren, sehen, daß es nichts nützt und daß wir uns nicht einschüchtern lassen. Dann folgt die Angst, sie könnten verlieren, was sie uns ihrer Meinung nach abgeluchst haben. Wir ergreifen die Gelegenheit, machen ein besonderes Angebot. Und das Ergebnis?« Er breitete die Hände aus. »Kapitulation, Sir«, sagte er, »absolut und total.« Dann entblößte er seine großen gelben Zähne und lächelte – es war das erstemal, daß Erasmus Watson lächeln sah. »Ich habe diese Medaillen in sämtliche Staaten des südlichen Amerika geschleppt«, sagte er. »Und sie wiegen einiges, Sir. Sie fallen teuflisch ins Gewicht.«

»Wir werden den Vertrag morgen vorlegen, und ich denke, sie werden ihn unterzeichnen«, sagte Campbell. »England und König George, Gott segne ihn, werden ein sehr gutes Geschäft machen, und ich hoffe, der Beitrag, den wir dazu geleistet haben, findet gebührende Anerkennung.«

Dreißig Stammeshäuptlinge der Creek machten am nächsten Tag in Fort Picolata ihr Zeichen neben ihren Namen; sie stellten den Engländern das Land von der Küste bis zum Fluß und bis zu seiner Quelle im Süden für die Besiedlung zur Verfügung. Tallechea, Captain Aleck und einem weiteren Häuptling, der ebenfalls den Antrag der Engländer unterstützt hatte, wurde die Große Medaille verliehen. Andere bekamen die Kleine Medaille. Die Verleihung geschah sehr feierlich. Der Kommissar stellte die Häuptlinge dem Gouverneur vor, der ihnen die Medaillen umhängte, während die Kanonen des Forts Salut schossen und die Schiffskanonen des Schoners *East Florida* von der Küste her antworteten.

Am Abend gab es in der Residenz ein Essen in festlichem Rahmen, zu dem die Häuptlinge eingeladen waren. Der Gouverneur, prächtig gekleidet in Rot und Gold, erklärte in seiner Tischrede, daß Florida nun auf ewig in den Besitz der Krone übergegangen sei und daß er einer langen und segensreichen Zusammenarbeit zwischen den roten Männern und ihren weißen Brüdern entgegensehe.

Tallechea, auf dessen Brust die Große Medaille prangte, antwortete im Namen der versammelten Häuptlinge. Er, Tama, die Flammenzunge, höre mit Freude die Worte des Gouverneurs. Er hoffe, daß sein Volk bald die Decken bekommen würde, denn es würde allmählich kalt und eine Decke sei nicht genug. Die anwesenden Häuptlinge stimmten seinen Worten mit tiefen, kehligen Ausrufen zu.

Dann gratulierte der Kommissar den geehrten Häuptlingen, denen mit den großen und denen mit den kleinen Medaillen, und sagte, alle Stämme der Creek, ob sie nun mit Medaillen ausgezeichnet worden seien oder nicht, hätten an diesem Tag in dem Großen Weißen König einen Freund und Vater gewonnen.

Der Große Weiße Vater George III. indessen betrieb bereits eine Politik, die ihn zwei Jahrzehnte später ganz Nordamerika kostete und zur völligen Vernichtung der Creek-Völker führte. Seine hastige, mitunter unzusammenhängende Redeweise deutete damals schon seinen späteren Wahnsinn an, und seine Ärzte rätselten über die dunkelrote Farbe seines Urins.

Um Mitternacht brachen die Häuptlinge auf, viele von ihnen nicht mehr ganz sicher auf den Beinen; einigen mußte von den jungen Kriegern, die bei den Stallungen der Residenz gewartet hatten, aufs Pferd geholfen werden. Watson, der sich nicht viel aus Festlichkeiten machte und überdies an einem schwachen Magen litt, hatte sich bereits zurückgezogen. Auch die Garnisonsoffiziere begaben sich nacheinander auf den Heimweg – Redwood mit gerötetem Gesicht und stierem Blick, aber durchaus Herr seiner Sinne. Er verabschiedete sich von Campbell mit der Bemerkung, die Medaillen würden den Häuptlingen bestimmt eines Tages sehr nützlich sein, wenn die Kugeln ihrer englischen Brüder davon abprallten – eine Bemerkung, die der Gouverneur geschmacklos fand.

Nach Redwoods Abgang waren Erasmus und Campbell allein. Sie hatten beide, einem offensichtlich gemeinsamen Hang zur Mäßigkeit folgend, wenig getrunken und noch keine rechte Lust, schlafen zu gehen. Und beide waren auf ihre Weise glänzend gelaunt, obwohl sich Erasmus im klaren war, daß es hinsichtlich seiner Expedition noch einiges zu regeln gab.

»Das war ein großer Tag, Kemp«, sagte Campbell. »Trinken wir noch einen Schluck darauf – vielleicht in meinem Arbeitszimmer? Da ist es gemütlicher.«

Es war das Zimmer, in dem Campbell mit Watson die Strategie für die Verhandlungen mit den Creek ausgeheckt hatte; die Seiten seines noch unvollständigen Berichts bedeckten den Schreibtisch. »Ein historischer Tag«, sagte der Gouverneur, als sie sich in den bequemen Sesseln niederließen. »Wir haben alles bekommen, was wir wollten, und mehr. Watson hat die Sache mit den Medaillen sehr geschickt gehandhabt. Wir hatten so unsere Differenzen, aber ich muß zugeben, er hat es hervorragend verstanden, zum richtigen Zeitpunkt das Richtige zu tun.«

»Sollte Watson je einmal einen Posten in der Londoner City anstreben – er kann ihn haben, jederzeit. Für die Verhandlungen mit unseren Anteilseignern wäre er der richtige Mann.«

Der Gouverneur nippte an seinem Brandy. »Das Beste daran ist, daß wir innerhalb der vom Handelsministerium gesetzten Grenzen bleiben konnten«, sagte er, und auf seinem schmalen, vorsichtigen Gesicht erschien ein Ausdruck unverfälschten Glücks, als blickte er auf einen Triumph in seiner Lausbubenzeit zurück. »Vierhundert Pfund hatte man uns für diese Konferenz bewilligt, und wir haben ausgegeben: dreihundertachtzig Pfund, sechzehn Shilling und acht Pence. Ich werde gleich morgen die Abrechnung zusammenstellen. Die Herren im Handelsministerium werden Augen machen.«

Als Erasmus Campbells naive Freude über ein bißchen Bargeld sah und hörte, wie er sich zu seinem Erfolg beglückwünschte, wußte er, daß jetzt der richtige Zeitpunkt gekommen war, um ihm eine definitive Zusage zu entlocken. Mit seinen Bemerkungen über mögliche Grundstücksgeschäfte hatte er Campbell nicht reizen können. Er hatte ihn falsch eingeschätzt. Der Gouverneur war kein Mann mit Weitblick; er war zu vorsichtig und kleinkariert. Ihm wäre der Spatz in der Hand immer lieber als die Taube auf dem Dach …

»Ich freue mich über Euren Erfolg«, sagte er, »und dieser

jungen Kolonie gelten alle meine guten Wünsche. Mit Euch am Ruder, Colonel Campbell, wird sie den richtigen Kurs steuern. Nachdem die Dinge nun einen zufriedenstellenden Abschluß gefunden haben, werde ich in Kürze in den Süden der Halbinsel aufbrechen können. Genauer gesagt, ich werde zum Aufbruch bereit sein, sobald mir die Soldaten und Waffen zur Verfügung gestellt werden.«

Campbells Gesicht verdüsterte sich augenblicklich. Vorsichtig stellte er sein Glas ab, und Erasmus bemerkte zum erstenmal, daß auf dem Rücken seiner kräftigen Hände rötliche, drahtige Haare wuchsen. »Das bedarf einiger Überlegung«, sagte Campbell. »Noch müssen wir mit den Rothäuten rechnen.«

»Sie werden ihrer Wege gehen, sobald sie ihre Geschenke erhalten haben. Sir, bedenkt auch, daß Ihr einen gehörigen Beitrag für die Kasse der neuen Kolonie leisten könnt, just zu dem Zeitpunkt, da Geld dringend benötigt wird.«

»Das müßt Ihr mir genauer erklären.« Campbell wirkte plötzlich hellwach. »Von welchem Beitrag sprecht Ihr?«

»Sir, was würde geschehen, wenn ich von Euch keine Soldaten bekommen würde? Ich müßte irreguläre Truppen aus Georgia anwerben und bewaffnen. Der halbe Profit ginge an ein skrupelloses Söldnerpack.«

»Profit? Ich bin heute abend irgendwie schwer von Begriff«, sagte Campbell. »Vielleicht liegt es am Brandy.«

»Nein, Sir. Als Militär und Diener der Krone habt Ihr natürlich nicht den eigenen Vorteil im Auge. Ihr habt die Folgen und Auswirkungen dieses Geschäfts nicht zu Ende gedacht. Wenn meine Schätzung stimmt – und meine Nachforschungen haben mich in einigem bestätigt –, könnten mehr als hundert Menschen dort unten leben, in dieser Emporkömmlingskolonie, einschließlich Frauen und Kindern. Sie werden sich vermehrt haben. Die meisten sind vermutlich Schwarze oder Mulatten. In Charleston bringt ein erwachsener Sklave in gutem Zustand, ob schwarz oder Mischling, spielt keine Rolle, fünfzig Pfund, eine weibliche Sklavin achtunddreißig Pfund. Für Kinder über zehn zahlt man entsprechend gute Preise. Die Kosten für den Transport nach Süd-Carolina sind gering. Man muß kein großer Rechenkünstler sein, um zu erkennen, daß hier eine Menge Geld zu verdienen ist für den, der sie auf den Markt bringt. Würde die Gefangennahme durch Truppen erfolgen, die in Eurem Auftrag handeln, könntet Ihr Anspruch auf die Beute erheben – für die königliche Schatztruhe selbstverständlich.«

»Selbstverständlich.«

»Und sollte einer der Soldaten bei dem Einsatz umkommen, würde man das in einem solchen Fall akzeptieren.« Erasmus schwieg eine Weile und sagte dann in nachdenklichem Ton: »Ich schätze, es ist ein Geschäft von rund zweieinhalbtausend Guineas. Netto.« Er erntete den vollen Blick des Gouverneurs aus den kleinen, scharfen und so irreführend blinkenden Augen.

»Wenn ich Euch recht verstehe, so wollt Ihr das Geld gar nicht haben?«

»Das habe ich nicht gesagt. Die Neger wurden von meinem Vater gekauft, und ich will einen Teil seiner Investitionen wieder hereinbekommen. Ich erwarte eine Vergütung der mir entstandenen Kosten sowie den halben Anteil an den Verkäufen. Die Bedingungen sind großzügig, ich weiß, aber es geht mir nicht nur um das Geld. Die Leute von diesem Schiff sind Mörder und Diebe, die schwarzen Männer und Frauen und ihre ganze Nachkommenschaft gestohlenes Eigentum. Erstere will ich vor den Richter bringen, letztere wieder in meinen Besitz, um sie zu verkaufen. Ich habe persönliche Gründe – ich will nicht darüber sprechen, aber sie sind zwingend. Die Jahre haben nichts daran geändert.«

Er hatte immer schneller und erregter gesprochen. Nun fühlte er im Unterkiefer ein merkwürdiges Beben und merkte, daß er die Zähne viel zu fest aufeinanderpreßte. »Ich habe genug Geld«, fuhr er ruhiger fort. »Ich wäre bereit, Euch die Hälfte meiner Anrechte auf die Ladung zu übertragen, vorbehaltlich eines Kostenabzugs, sagen wir dreihundertfünfzig Pfund, als Gegenleistung für Eure offizielle Unterstützung und Eure Hilfe in Form von Truppen und Waffen. Das alles läßt sich ohne weiteres schriftlich niederlegen.«

Campbell nickte und blickte mit zusammengepreßten Lippen zur Seite. Er überlegte kurz und sagte dann: »Ich respektiere Eure Motive, Sir. Ihr seid ein Mann mit Herz und Verstand. Aber Ihr müßt meine Lage hier verstehen. Es kann zu Verlusten kommen, wenn diese Leute Widerstand leisten. Es könnte sogar das Geschütz beschädigt werden, eine schwerwiegende Sache, für die man mich verantwortlich machen würde. Unter diesen Umständen ... Ich hielte es für vernünftiger, wenn Ihr die Kosten nicht vor, sondern nach dem Verkauf abziehen würdet, von Eurer Anteilshälfte.«

»Sir«, sagte Erasmus, »Verluste oder Schäden würden wohlwollend behandelt werden, denn sie hätten sich bei der Aushebung eines Vipernnestes im Herzen eines Verwaltungsgebiets Seiner Majestät ergeben. Energisches Durchgreifen, damit erringt Ihr die Aufmerksamkeit von Vorgesetzten. Das wird sie mehr beeindrucken als die paar Pfund, die Ihr bei der Konferenz gespart habt. Ich will jedoch nicht unmäßig erscheinen. Meine Interessen sind, wie gesagt, nicht ausschließlich finanzieller Art. Ich werde meinen Kostenabzug um hundert Pfund verringern, aber er muß vor dem Verkauf der Neger verrechnet werden. Kommt schon, ein besseres Angebot kann ich Euch nicht machen.«

Campbell schien noch nicht rückhaltlos überzeugt. Mit einem sicheren Gespür für das richtige Timing wählte Erasmus diesen Augenblick, um gewollt beiläufig zu sagen: »Die Sache bliebe natürlich unter uns. Ich bräuchte keinerlei Belege. Ich würde meine Hälfte, wenn möglich, in bar kassieren oder in Form von Kreditbriefen und Euch die andere Hälfte überlassen mit sämtlichen Quittungen und Verkaufsunterlagen. Ich will die Sache gern in Eure Hände legen zugunsten der Führung dieser neuen Kolonie Florida.«

»Meine Hand darauf, Sir«, sagte Campbell. »Gebt mir drei Tage Zeit. So lange werden die Creek von unserem Rum betrunken sein. Wir brauchen die volle Garnisonsstärke, wenn es zu Unruhen kommt. Danach werden sie sich trollen. Drei Tage, und Männer und Waffen stehen Euch zur Verfügung. Ihr habt mein Wort.«

Darauf tranken sie, und bevor sie sich trennten, schüttelten sie sich die Hände. Allein in seinem Zimmer, fand Erasmus, heiß und aufgeregt wie er war, keinen Schlaf. Seine Pläne hatten sich wunderbar zusammengefügt. Irgendwo im Süden von ihm lag Matthew Paris in diesem Augenblick, schlafend oder wach, und hatte keine Ahnung, daß die Vergeltung nahte. Für Erasmus stand inzwischen fest, daß sich sein Vetter dort aufhielt, daß er lebte und, wenn auch unbewußt, ebenso wie er auf den letzten Akt dieses Dramas wartete. Die alptraumhaften Ängste, daß Paris tot oder unerreichbar sein könnte, waren verschwunden: Paris war notwendig, damit alles vollkommen war, damit die Gerechtigkeit ihren Gang gehen konnte; er mußte dort sein. Es war beinahe ein Kinderglaube, und alle Gesichter, die jetzt in der Dunkelheit vor ihm auftauchten, bestätigten ihn darin auf die eine oder andere Weise: die Gesichter seines Vaters, das lebende und das tote, das schauspielernde, das auf der Werft an den glückseligen Mastbäumen schnupperte, das gutaussehende, in lebhafter Unterhaltung gerötete, das starrende im flackernden Schein der Kerze. Auch Sarahs Gesicht erschien vor ihm, vornehm als Miranda, sanft vor Liebe, dann mit Tränen auf den Wangen und irgendeinem unwiderruflichen Vorwurf im Blick. Die grotesken Masken seiner Ehefrau tauchten auf, das plötzlich verjüngte Gesicht seiner Mutter, das er ihr nicht verzeihen konnte, und zuletzt, alle anderen überdeckend, das lachende Gesicht des Jungen, der ihn vom Strand weggetragen hatte …

Ja, Vetter Matthews Tage waren gezählt. *Du wirst hängen wie mein Vater,* sagte er in das lachende Gesicht. Im Dunkeln liegend, meinte er zu spüren, wie sich die Schlinge um den Hals seines Vetters zusammenzog. Er spürte es so deutlich, daß es beinahe war, als würde ihm selbst die Luft abgeschnürt.

Teil 9

46

Hughes, der Kletterer, hatte das Schiff die Küste in Richtung Saint Augustine heraufkommen sehen und auch bemerkt, daß es ungewöhnlich lange vor Anker lag. Er saß auf einem hohen Tupelobaum in einem Dschungelwald, der einen Süßwasserteich umgab, und wartete seit dem frühen Morgen auf die Weißschwanzhirsche, die hierher zur Tränke kamen.

Er sah das Schiff in der Ferne und registrierte nach alter Gewohnheit die Besegelung: zwei Rahsegel als Obersegel am Fockmast, längsschiffs getakelt – ein Toppsegelschoner. Im Lauf der Jahre waren immer wieder Schiffe am Horizont aufgetaucht – hochgebaute spanische Kauffahrer auf dem Weg nach Kuba, gelegentlich eine Fregatte auf Küstenpatrouille und die langen lateingetakelten Fischerkanus der Indianer. Sie erschienen vor seinem gleichgültigen Blick, zogen weiter und verloren sich wie eine undeutliche Erinnerung.

Hughes war jetzt vierundfünfzig Jahre alt und wünschte längst nicht mehr, irgendwo anders zu sein. Was seine Zeitgenossen im Sinn führten, beschäftigte ihn kaum. Ihm war aufgefallen, daß dieses Schiff länger blieb als nötig, um Wasser zu fassen. Aber bald vergaß er es, weil er in den Zweigen eines Baums in der Nähe einen Specht mit hellgelben Schwungfedern sah, der eifrig kleine rote Beeren pickte. Allen Lebewesen, die keine Menschen waren, konnte er stundenlang zusehen. Hier oben, in der Unerreichbarkeit seines Baumwipfels – die Strickleiter lag eingeholt auf der Plattform aus Treibholz und Bast – genoß er das Alleinsein wie eine Droge.

Für Hughes war das friedliche Zusammenleben in einer Gemeinschaft zu spät gekommen; seine Menschenscheu war ihm nicht mehr zu nehmen. Aber er konnte jetzt in diese leeren Räume fliehen, und der Drang zur Gewalttätigkeit hatte sich gelegt. Er streifte weit umher, von den kiefernbestandenen Höhen an der Küste zu den dahinter liegenden Sümpfen und Dschungelinseln und den sich von der Siedlung aus landeinwärts erstreckenden weiten Riedgrasauen. Er bestellte kein Land, sondern lebte vom Sammeln und Jagen; manchmal tauschte er Felle gegen Lebensmittel, und hin und wieder besuchte er Lamba, seine Frau.

Letzteres hatte in der Anfangszeit zu Unfrieden geführt, vor allem, weil er verlangt hatte, daß Lamba sofort für ihn da war, sobald er auftauchte. Damit verstieß er gegen die vereinbarten Regeln, die die Zustimmung der Frau voraussetzten, und er verletzte die Würde von Mando Tammy, dem schwarzen Mann, mit dem er Lamba teilte. Es war zu einem heftigen Streit zwischen den dreien gekommen; Tammy trug eine tiefe Schnittwunde am Arm davon, die von Matthew Paris genäht werden mußte, und Hughes war mit viel Glück einem bleibenden Augenschaden durch Lambas Fingernägel entgangen. Mit der Zeit hatten sie sich aneinander gewöhnt und zu einer Art Einvernehmen gefunden. Hughes wurde ein gewisser Freiraum gewährt, weil er außerstande war, das Teilungsprinzip mit den beiderseitigen Rechten zu akzeptieren. Er war ein besonderer Fall, und außerdem hatte niemand vergessen, daß er die Siedlung einmal durch seine Wachsamkeit gerettet hatte.

Er beobachtete den Specht, bis er im unteren Laub verschwand, und wandte sich mit derselben Aufmerksamkeit einer honigfarbenen Biene an den Blüten eines Baums mit glatter Rinde zu, auf dessen Krone er von seiner Plattform aus hinunterblickte. Von Zeit zu Zeit warf er einen Blick auf das schwarze Wasser des Teichs. In der jetzigen regenarmen Jahreszeit, wenn der Wasserstand unter die Wurzeln des Riedgrases sank, kam das Wild öfter an diese Teiche. Er wußte, daß sie diesen hier besuchten, denn er hatte ihre Spuren am Uferboden gesehen und die abgebissenen Spitzen der Spinnenlilien.

Das dunkle Wasser spiegelte die buschigen Kohlpalmen, die spitzen Luftwurzeln all der Pflanzen, die auf ihnen wuchsen, und die hellen Flechtenbärte, die auf den Teich herabhingen. Nicht das leiseste Zittern entstellte das gasglatte, stille Bild. Aber Hughes wußte, daß in der Nähe dieser Dschungelteiche auch Gefahren lauerten, denn nicht nur die Hirsche kamen hier zur Tränke; er hatte auch die Spuren von Schlangen und die Tatzenabdrücke eines Panthers gesehen.

Sein Hochsitz war ein guter Platz. Zwölf Meter über dem Boden wurde er kaum von Moskitos belästigt. Er brauchte sich nicht zu tarnen, denn das Wild blickte fast nie nach oben; und sein Geruch war in dieser Höhe für die Tiere nicht wahrnehmbar. Bogen und Rohrpfeile lagen neben ihm auf der Plattform. Er hatte den Bogenstab selbst geschnitten und gut ablagern lassen. Für die Bogensehne hatte er Hirschdarm verwendet. Um ihn zu spannen, benötigte er seine ganze Kraft. Als Pfeilspitzen nahmen die meisten Männer in der Siedlung scharfkantige Fischknochen, wie die Indianer. Hughes bevorzugte Feuersteinspitzen und glich ihr größeres Gewicht durch längere Schäfte aus. Er war ein Experte mit seiner Waffe. Aus seiner jetzigen Entfernung vom Teich konnte er einem saufenden Hirsch mit einem einzigen Schuß das Genick brechen. Ein schneller Tod war immer besser, für Tier und Mensch, weil das Fleisch angenehmer schmeckte, wenn das Tier ohne Angst starb.

Früher oder später würden sie kommen, vielleicht am frühen Abend, und unter den Bäumen hervortreten. Inzwischen wartete er, zufrieden und geduldig, ja mehr als das, denn in solchen Geduldsproben fand Hughes nie gekanntes Glück. Er hätte dieses Gefühl nicht in Worte fassen können, aber es war, als würden die Dinge in seiner Umgebung, das Laub, das dunkle Wasser, die flimmernde Luft und die kleinen Lebewesen ringsum, durch sein Warten frei, um ganz und gar sie selbst zu sein.

Auch Temka Tongman sah das Schiff, als er zu seinen Netzen an den verschilften Rändern einer schmalen Bucht paddelte, ungefähr eine Meile im Süden der Siedlung. Aber er achtete nicht besonders darauf. Ihn beschäftigte das Palaver, das in den nächsten Tagen stattfinden sollte und bei dem er für Bulum Iboti sprechen würde, der wegen Hexerei angeklagt war. Tongmans Fähigkeiten als Sprecher waren allgemein anerkannt – man hatte ihn sogar danach benannt. Iboti, ein offenkundig vom Pech verfolgter Mann, hatte eingewilligt, Tongman für seine Bemühungen mit Arbeit zu bezahlen statt, wie zunächst vereinbart, mit Eichelmehl. Tongman brauchte kein Eichelmehl, aber er wollte ein Stück Land roden, um Kürbisse und Süßkartoffeln zu pflanzen, die in dem fetten Boden neben den Süßwasserlagunen gut gediehen. Iboti war bereit, eine Fläche von fünfzig mal zehn Schritten von Wurzeln und Schlinggewächsen zu säubern, wenn Tongman den Fall gewann. Wenn er verlor, würde es keine Bezahlung geben. Zwei Zeugen hatten gesehen, wie sie mit Handschlag übereingekommen waren ... Doch Tongman wunderte sich noch immer, daß Iboti versprochen hatte, die Fläche vollständig zu roden, statt einfach eine bestimmte Anzahl von Tagen für ihn zu arbeiten. Er dachte, daß Iboti nicht nur vom Pech verfolgt war, sondern auch dumm und daß das möglicherweise dasselbe war.

Tongman, ein wortgewandter, seinem Wesen nach seßhafter Mann, hatte einen Instinkt für Geschäfte. Während er durch die schmalen Wasserwege unter den Mangroven paddelte und auf die helle, leicht gekräuselte Wasserfläche der Lagune hinausglitt, träumte er von einer goldenen Zukunft. Er würde seine Ernteüberschüsse gegen Salz und Feuerstein tauschen, die weniger seßhafte Typen wie Cavana und Tiamoko, die partnerschaftlich zusammenarbeiteten, aus dem Norden brachten. Salz und Feuerstein waren unverderbliche Waren, die man lagern konnte, bis sie knapp wurden und die Nachfrage stieg.

Sein Netz durchbrach die Wasseroberfläche. Ein großer, grüngefleckter Wels zappelte darin und riß sein längliches Maul mit den gefährlichen Zähnen auf. Tongman nahm einen Knüppel vom Boden des Kanus und tötete den Fisch mit einem Schlag auf den Kopf. Er freute sich über seinen Fang, nicht zuletzt, weil er den silberblauen Fisch mit dem dicken, fleischigen Höcker auf der Stirn aus den Flüssen seiner Heimat kannte.

Er traute sich zu, den Fall zu gewinnen. Er hatte eigene Nachforschungen angestellt und einen Überraschungszeugen aufgetrieben. Trotzdem gab ihm das eine oder andere an dieser Sache zu denken, vor allem der Mann, der Iboti angeklagt hatte. Shanti Hambo war ein Stammesgefährte von Danka, einem der Männer, mit dem Tongman Geschäfte machte, und, was noch schwerer wog, Stammesgefährte von Kireku, den man besser zum Freund als zum Feind hatte. Diese drei waren die einzigen Shanti, die überlebt hatten, aber sie bildeten eine mächtige Gruppe. Und in letzter Zeit beanspruchten sie ihre männlichen Kinder für sich, was sowohl den Regeln als auch dem Brauch widersprach, nach dem Kinder alle Männer zu Vätern hatten und bei ihren Müttern lebten …

Inzwischen hatte er das Netz eingeholt. Abgesehen von einem großen Papageifisch und zwei kleinen Köderfischen war es kein besonderer Fang. Aber letztere würde er kleinschneiden und von seinem schaukelnden Kanu aus stückchenweise ins Wasser werfen, um die großen Fische heraufzulocken, so wie früher auf dem Roketa-Fluß in einem ganz ähnlichen Kanu am Heck sein Vater mit einem langen Speer.

Weniger reibungslos mischten sich Gegenwart und Vergangenheit in einer Debatte, die ungefähr zur gleichen Zeit in der näheren Umgebung der Siedlung zwischen Billy Blair und Inchebe stattfand.

»O Billy, du tust mir leid, ich muß gleich weinen«, sagte Inchebe kopfschüttelnd und zwinkerte, als kämpfte er mit den Tränen. »Du hast keine Ahnung, das ist dein Problem.« Er war klein und kohlschwarz, hatte ein lebhaftes, leicht schiefes Gesicht und flinke, sichere Bewegungen.

Blair hing ein fransiger und ziemlich mitgenommener Palmstrohhut tief in die Stirn. Seine untere Gesichtshälfte war von einem hellen Krausbart überwuchert, und seine blauen Augen funkelten wie immer, wenn er sich über die Unlogik oder die Widersprüchlichkeiten dieser Welt empörte. »Du quasselst einen Haufen Unsinn, Cheeby«, sagte er. »Mit Steinen Regen machen, wo gibt's denn so was? Du schlägst zwei Steine zusammen und es regnet, ja? Und das soll ich glauben?«

Zu Inchebes besonderen Eigenschaften gehörte, daß er nie versuchte, jemanden zu überzeugen, was Billy noch mehr auf die Palme brachte. Inchebe vertraute seelenruhig und ohne Überheblichkeit auf seine eigene Meinung. »Was du glaubst, ist deine Sache«, sagte er. »Ich sag die Wahrheit.«

Beide waren an diesem Nachmittag etwas gereizt. Fast den ganzen Tag waren sie in den Sümpfen umhergestolpert, hatten gekollert wie die Truthähne, um vielleicht einen dieser gerissenen Vögel anzulocken, aber sie hatten keinen einzigen erlegt. Alles, was sie von ihrer Jagd nach Hause brachten, waren zwei Eichhörnchen – kaum genug für eine Suppe. In solchen Situationen gab jeder gern dem anderen die Schuld, was in ihrem Fall nicht viel nützte, weil sie – notgedrungen, wie sie jetzt fanden – dieselbe Frau hatten. Sallian Kivi war sehr dick geworden und nie eine Schönheit gewesen; aber sie war treu und gutmütig und eine hervorragende Köchin. Zehn Jahre hatten sie es inzwischen bei ihr ausgehalten.

»Ich hab gehört, wie du bei Dinka Meri angibst«, sagte Billy. »‹Ich Regensteine, ich großer Regenmacher!‹«

Inchebe gab darauf keine Antwort; er blickte nur mit seinen kleinen intelligenten Augen umher. Auch Billy schwieg eine Weile und sah aus, als stünde er vor einem Rätsel. In den letzten Jahren war es immer wieder vorgekommen, daß ihm die Dinge ringsum entrückten. Irgendwann, ob er allein war oder in Gesellschaft oder sich wie jetzt mitten in einer Auseinandersetzung befand, kam alles zur Ruhe; alles vor seinen Augen schien anzuhalten wie von Zauberhand gebannt. Gleichzeitig überkam ihn eine Art Bestürzung, weil es so absonderlich, so völlig unlogisch war, daß er sich hier, an diesem Ort, befand. Und genauso erging es ihm jetzt, während er zu den ersten Hütten der Siedlung hinüberblickte. Nur die schrägen Schilfdächer waren von hier aus zu sehen; alles übrige verdeckte die Einpfählung aus Palmstämmen, die das ganze Areal umgab. Er und Inchebe standen außerhalb, etwas tiefer auf einem Pfad, der durch lichten Wald führte. Ein paar Kinder spielten vor der Palisade, und zwei Frauen standen dabei und unterhielten sich. Hinter ihnen, ziemlich weit entfernt, sah er die ungeschlachte Gestalt von Libby, der anscheinend Zaunpfähle schleppte; wahrscheinlich für Kireku, dachte Billy verächtlich. »Dinka glaubt dir das nie«, sagte er. »Sie ist nicht von gestern. Sie weiß, daß du nur dein Bein rüberlegen willst.«

Inchebe blieb ungerührt. »Ich bin auch nicht von gestern. Du willst *dein* Bein rüberlegen.«

Dinka war jung, vielleicht zwei- oder dreiundzwanzig Jahre alt, groß und anmutig. Sie hatte ein spöttisches Lächeln, aber schmelzende Augen. Sie wurde von einem der Bulum umworben, einem schweigsamen Mann mittleren Alters, den alle nur unter dem Namen Amos kannten. Ihr richtiger Mann war von einem Angelausflug nicht zurückgekommen und vermutlich ertrunken.

»Du bist eifersüchtig, Billy«, sagte Inchebe.

Billy lachte gekünstelt unter der wippenden Krempe seines Strohhuts. »Ich eifersüchtig? Das ist gut. Ha ha! Der großmächtige Regenmacher von Afrika.«

»Regenmacherlehrling.«

»Was sagst du?«

»Ich lerne.«

»Ah!« Billys Augen leuchteten triumphierend. »Das ist natürlich was anderes«, sagte er. »Das hast du aber Dinka nicht erzählt.«

Sullivan kam den Weg herauf und gesellte sich zu ihnen. Er trug einen Palmfaserkorb, der zu drei Vierteln mit Süßwassermuscheln gefüllt war. »Na, ihr tapferen Krieger«, begrüßte er sie. »Was sagt ihr dazu?« Er nahm eine Handvoll der bläulichen Muscheln und ließ sie klappernd in den Korb zurückfallen. Seine Augen in dem tiefgebräunten Gesicht blickten träumerisch. Sullivan war ein großer Muschelsucher und kannte die besten Plätze. Beim Muschelsammeln fühlte er sich manchmal in seine Kindheit in Galway zurückversetzt, wo er in den salzigen Schlupfwinkeln dieses selben Ozeans nach Schalentieren gesucht hatte.

Er war nackt bis auf Wildledermokassins und einen Lendenschurz aus geflochtenen Palmblättern und roch nach Fischtran, mit dem er sich gegen die Stechmücken eingerieben hatte. Er trug ein Stirnband, damit ihm sein beinahe schulterlanges schwarzes Haar nicht ins Gesicht fiel. »Tauschen wir?« fragte er. »Ich gebe fünf Pinten Muscheln. Was habt ihr?«

Weder Billy noch Inchebe sagten etwas darauf. Sullivan betrachtete die zwei Eichhörnchen, die mit dem Kopf nach unten an Billys strohgeflochtenem Gürtel hingen. »Ist das alles?«

Betont gleichgültig blickte Billy über die Muscheln hinweg. »Die Zeit der Wahrheit ist gekommen«, sagte er zu Inchebe. »Du hast zu Dinka gesagt, daß du Regensteine hast. Zeig her.«

Inchebe wandte sich an Sullivan. Er verzog den Mund, und seine kleinen Augen weiteten sich. »Er hier denkt, ein Regenmann trägt seine Regensteine spazieren.« Mit einem mitleidigen Blick wandte er sich wieder an Billy. »Sie haben ihren Geheimplatz am Wasser«, sagte er. »Wo, sag ich nicht. Wer was von Regensteinen versteht, weiß wo. Aber warum ist dir so wichtig, was Dinka denkt? Ich sag's dir. Du willst in Dinkas Bett dein Bein rüberlegen.«

»Um Himmels und der Liebe willen«, rief Sullivan verwundert. »Ihr Burschen schnüffelt hinter *no-good* Dinka her, wo ihr ein Schmuckstück zu Haus habt? Ja, ganz recht, ich rede von eurer Sallian. Sie kocht gut und viel, sie legt das Bein rüber, so oft ihr wollt, sie meckert nie. Was tut ein Mann, wenn er eine Frau hat wie sie? Ich sag euch was: Er *schätzt* sie. Er wirft den Enterhaken nach ihr aus, er geht an Bord und bleibt an Bord!«

Da bemerkte er Inchebes kritischen Blick. Der kleine Schwarze war wesentlich gewitzter als Billy und schöpfte folglich auch eher Verdacht. »Wir sind sehr froh, daß wir deine Meinung hören dürfen«, sagte er. Alle wußten, daß Sullivan seine Frau zur Zeit mit zwei anderen Männern teilen mußte; er war das Opfer einer jener Schicksalswendungen, die sich in der Siedlung manchmal aus der komplexen Mischung von lockeren und festen Beziehungen zwischen den Geschlechtern ergaben. »Du sagst, Dinka *no good*«, sagte Inchebe. Vielleicht denkst du, Dinka ist nicht schön, hat keine schönen Backen und so. Ja?«

Das war eine sehr hinterhältige Frage, die Sullivan, der

schon gemerkt hatte, daß er mit seinem Lob für Sallian etwas zu weit gegangen war, aus dem Konzept brachte. »Diese Dinge, die du erwähnt hast, verlieren ständig an Wert«, sagte er. »Jeder, der wirtschaftlich denkt wie ich, wird dir das bestätigen. Es ist völlig unnütz, Geld in Vermögenswerte mit Wertminderung zu stecken.«

Inchebes Geduld wirkte leicht strapaziert, als er erwiderte: »Was ist das für eine Scheißsprache? Du willst mir was sagen, dann rede wie wir.«

»Schöne Hinterbacken, was ist das schon?« sagte Sullivan ernst. »Ihr Burschen könnt froh sein, daß ihr eine so häßliche Frau habt. Schönheit vergeht auf Nimmerwiedersehn. Häßlichkeit bleibt und wird immer mehr.« Er sah sich suchend nach einem anderen Thema um. »Wovon redet ihr überhaupt?« fragte er. »Sallian sorgt für euch wie für Zwillinge. Wirklich, ihr seht aus wie zwei Brote aus einem Ofen. Der eine hat vielleicht ein bißchen länger gebraucht, bis er fertig war.«

Es stimmte, was er sagte. Beide, Inchebe und Billy, waren klein und flink, und beide waren gleich gekleidet mit Sachen, die Sallian für sie gemacht hatte. Als taktvolle und liebevolle Frau machte sie keinen Unterschied zwischen ihnen. Sie hatten die gleichen Palmstrohhüte, die gleichen, mit roten Palmfaserquasten verzierten Wildlederhosen und die gleichen ärmellosen blauen Westen von einem Rest Stoff, der noch aus den Schiffsbeständen stammte.

»Es geht weder um Dinka noch um Sallian«, sagte Billy eigensinnig. »Und auch nicht um verdammte Zwillinge. Wir sprechen von Regensteinen. Der letzte Regen war spät dran. Warum hast du damals nicht einfach deine Steine genommen und Regen gemacht?«

»War nicht die richtige Zeit.«

»Was meinst du mit nicht die richtige Zeit?«

»Regen kommt nicht, wenn Menschen Regen brauchen. Ihm ist egal, was Scheißmenschen brauchen.«

»Aha! Aber jetzt hab ich dich, Cheeby.« Billy triumphierte. »Du wartest ab, bis du siehst, daß Regen kommt, dann klopfst du mit deinen Steinen.«

Inchebe nickte selbstgefällig. »Ja«, sagte er. »Das ist die

richtige Zeit.« Er hob den dünnen Zeigefinger. »Aber nur der Regenmacher kann das sehen.«

»Er hat recht.« Sullivan begann sich für ihre Diskussion zu interessieren. »Warum zum Teufel mit Steinen klopfen, wenn kein Regen kommt?«

»Jesus, meine Freude! Du bist genauso schlimm wie er.« Billy brach der Schweiß aus. Inchebes Behauptung enthielt einen Widerspruch von erschreckendem Ausmaß; aber er bekam ihn nicht zu fassen, um ihn vorzuführen und zu widerlegen. Er hob das erhitzte Gesicht zum Himmel. »O Gott, gib Kraft!«

Sullivan schüttelte langsam den Kopf. »Das wär reine Verschwendung.«

Plötzlich sah Billy einen Weg. »Sag, woher weißt du, daß es die richtigen Steine sind?«

»Was meinst du?«

»Wie findest du sie? Du bist nicht mit Steinen auf die Welt gekommen, oder? Nur mit Eiern. Zwickst du deine Eier zusammen und schon regnet's?«

Inchebes Antwort war hoheitsvolles Schweigen.

»Dann mußt du sie also suchen«, fuhr Billy fort. »Du guckst hier, du guckst dort, bis du den richtigen hast. Stimmt's?«

»Stimmt.«

»Aber jetzt hab ich dich.« Billy legte eine Pause ein, um seinen Triumph zu genießen. »Ein verdammter Stein sieht aus wie der andere. Woher willst du wissen, welcher der richtige ist?«

Nun war Inchebe doch verblüfft. »Warum fragst du mich so was? Die falschen sind die, wenn's nicht regnet.«

47

Als Hughes bei seiner Rückkehr zufällig Matthew Paris über den Weg lief, erwähnte er das Schiff und daß es über Nacht vor Anker gelegen hatte. Die meisten Dinge kamen Paris früher oder später zu Ohren. Die Männer der einstigen Crew erstatteten rein aus Gewohnheit Bericht, und manch einer erwies ihm damit auch eine Art Hochachtung, die das jahrelange Zusammenleben in der Siedlung, überlebt hatte. Außerdem vertrauten sich ihm gelegentlich seine Patienten an, Schwarze wie Weiße, wenn er ihre Krankheiten, Verletzungen oder seelischen Nöte in der länglichen, strohgedeckten Hütte am Rand der umzäunten Siedlung behandelte.

Er dachte eine Weile über Hughes' Mitteilung nach, während er auf einem niedrigen Hocker vor seiner Hütte saß, den Hut gegen die tiefstehende Sonne nach vorn gezogen, die nackten Beine lang ausgestreckt. Er fand nichts besonders Bemerkenswertes an der Nachricht, außer daß Hughes sie überbracht hatte. In abgeschiedenen Gemeinschaften bilden sich Legenden so unauffällig, wie Wolken Form und Farbe verändern; und Hughes war, obwohl er noch unter den Lebenden weilte, zum legendären Kletterer und Wächter geworden. Dieser einsame Mann hatte sie schon einmal gerettet – das jedenfalls war die allgemeine Version – damals, in jener gewalttätigen ersten Zeit, als die Fäden, die sie zusammenhielten, zum Zerreißen gespannt waren. Hughes, verschwiegen wie er war, sprach nie davon; aber die Worte, mit denen er damals die Nachricht verkündet hatte, waren unvergessen – und wurden wiederholt. Vor allem Delblanc hatte von Anfang an erkannt, wie wichtig es war, die Erinnerung an solche Ereignisse lebendig zu halten. Er hatte in jener gefährlichen Zeit großen Klarblick bewiesen, indem er immer wieder versuchte, das Zusammengehörigkeitsgefühl unter den Flüchtlingen zu stärken, und alles aufgriff, was gemeinsam gefeiert werden konnte. Delblanc lag jetzt unter der Erde, aber das war sein Vermächtnis.

Jimmy, der Dolmetscher, hatte sein Werk unterstützt, besonders bei den Kindern. Er hatte seine Berufung zum Lehrer verwirklicht, auch wenn seine Schule, weil sie vom Wetter abhängig war, nur unregelmäßig besucht wurde. Er lehrte die Kinder Schreiben und einfache Rechenarten; aber der größte Teil seines Unterrichts bestand aus Geschichtenerzählen und Theaterspielen. Manchmal half Paris ein bißchen mit, der keine Ahnung hatte, wie man Kinder unterrichtete, aber bereitwillig aus seinen wenigen Büchern Texte von Pope oder Hume vorlas, während die Kinder dösten oder ungeduldig zappelten.

Jimmy war im Lauf der Jahre etwas steif geworden, und sein drahtiges Haar ließ die Kopfhaut durchschimmern; doch sein gewohnheitsmäßiges Lächeln war unverändert. Nur in der Schule zwang er sich, ein ernstes Gesicht zu machen, und erzielte auf diese Weise, allein schon wegen des Kontrasts, große, bisweilen furchteinflößende Wirkung. Die Hughes-Geschichte begann er stets auf die gleiche Weise. Um die Aufmerksamkeit der Kinder auf sich zu ziehen, hob er die Hände, nahm einen starren Gesichtsausdruck an und sprach mit hoher, leicht klagender Stimme: »Eines Tages klettert Hughes auf diesen Baum. Hughes kann überall raufklettern. Dieser Baum reicht weit in den Himmel. Sooo hoch war dieser Baum ...« Jimmy streckte die Arme in die Höhe, spreizte die Finger und blickte zu imaginären Ästen und Zweigen empor. »Und warum tut er das?«

Sofort hoben sich mehrere Hände.

»Ja, Sammy?«

»Hughes will auf den Baum rauf.«

Die schlichte Antwort rief bei einigen große Heiterkeit hervor.

»Sehr gut, mein Kleiner, sehr gut«, sagte Jimmy. »Mach dir nichts draus, wenn die anderen lachen. Die werden noch anders lachen. Du bist erst vier und schon ein Denker. Aber es gibt noch einen anderen Grund. Lamina?«

Lamina, ein wenig älter als Sammy, hatte einen Mund wie eine Blume. Ober- und Unterlippe waren vollkommen symmetrisch. Sie zögerte immer ein wenig, bevor sie antwortete, auch wenn sie sich eifrig gemeldet hatte. »Hughes will auf den Baum, weil er weit sehen will«, sagte sie schließlich.

»Das ist genau richtig. Und als er oben war, was hat er gesehen?« So ging das Frage- und Antwortspiel weiter, bis Jimmy zu erzählen begann. Dann war nur noch seine Stimme zu hören, während die Kinder, die alle Schattierungen aufwiesen von Ebenholzschwarz bis zur Farbe von Dünensand, im Schatten der Palmzweige saßen und lauschten.

»Hughes sieht ein kleines Stück Farbe, vielleicht Farbe, vielleicht Gesicht von weißem Mann ...«

Der große Kletterer überblickte von seinem erhöhten Platz im dichten Laubwald ein enges Tal oder besser eine Schlucht, wo der felsige Grund sichtbar war und nur Zwergpalmen und niedrige Weidenbüsche wuchsen. Dahinter kennzeichneten Mangroven den gewundenen Lauf eines Flusses.

Zwischen den unteren Blättern der Mangroven sah er in dem schräg einfallenden Sonnenlicht silbrige Reflexe von bewegtem Wasser; dann blitzte etwas Rotes auf. Er richtete das Fernrohr, das einst Captain Thurso gehört hatte, auf die Stelle, wo der Fluß die Schlucht verließ, und wartete. Dann tauchte vielleicht für fünfzehn Sekunden ein langes Kanu auf, das flußabwärts fuhr, und bevor es wieder hinter dichterem Laub verschwand, sah Hughes am Bug einen Weißen mit einem Strohhut auf dem Kopf und einer Muskete über dem Rücken. Hinter dem paddelnden Weißen saßen drei gefesselte Indianer mit bemalten oder tätowierten Gesichtern – das konnte er in der kurzen Zeit nicht genau feststellen; drei weitere, ebenfalls mit Musketen bewaffnete Männer, zwei davon waren Schwarze, saßen im Heck. Einer der Schwarzen trug ein rotes Tuch um den Kopf, und das hatte Hughes durch das Laubdickicht gesehen.

Mit dieser Geschichte war Hughes in die Siedlung gekommen. Das lange Kanu, die bewaffneten Männer, die gefesselten Indianer. Sie fuhren in Richtung der Küste. Aber sie würden auf diesem Fluß nicht weit kommen, denn der führte nur im Sommer Wasser, wenn es geregnet hatte, und verlief sich in den sumpfigen Rändern der Lagunen.

Vielleicht wüßten sie das nicht, hatte jemand gemeint. Vielleicht wollten sie gar nicht zur Küste, sondern nur zu einem größeren Fluß, um nach Norden zu fahren und dort ihre Sklaven zu verkaufen. Daß sie die Indianer verkaufen wollten, darin waren sich alle einig – es gab keinen anderen Grund, um Menschen zu fesseln und mitzunehmen.

»Die Leute berieten sich«, fuhr Jimmy fort. »Einige sagten, laßt das Kanu in Frieden, diese Burschen sind keine Gefahr für uns. Sie wollen Indianer fangen, nicht uns. Aber Paris und Delblanc sagten nein. Ein paar von euch erinnern sich an Delblanc, ja? Stellt euch vor, die Kerle kommen zurück, was dann? Aber es gab noch einen anderen Grund, warum sie nein sagten: die Indianer in dem Kanu. Und warum? Kenka?«

Kenka war ein schlanker Mulattenjunge von hellbrauner Hautfarbe, der sich oft nicht meldete, obwohl er die Antwort wußte. Tabakali, die Hauptfigur in der nun folgenden Debatte, war seine Mutter.

»Sie nehmen die Indianer als Sklaven«, sagte der Junge stolz.

»Richtig. Das ist ein sehr wichtiger Grund, denn alle Menschen müssen frei sein dürfen. Seid ihr vielleicht dafür, sagte Delblanc, daß sie Sklaven nehmen? Wollt ihr dabeistehen und zuschauen, wie sie Sklaven nehmen? Ihr wart selbst Sklaven. Habt ihr das vergessen?« Jimmy hielt inne und lächelte die Kinder an. »Ich war dabei«, sagte er. »Damals konnten die Leute noch kein Pidgin. Jeder hat in seiner eigenen Sprache geredet.«

Es war nicht die erste größere Diskussion gewesen, bei der Jimmy gedolmetscht hatte. Die erste dieser Art hatte noch auf dem Schiff stattgefunden, auf dem blutbesudelten Deck, als Thursos Leiche noch warm war. Die Kinder kannten auch diese Geschichte. Jimmy schilderte den Verlauf dieser berühmten Debatten immer ziemlich genau, aber weil er ein Moralist war wie viele Lehrer und den Kindern Gemeinschaftsgeist beibringen wollte, erwähnte er manches nicht oder verfälschte auch ein paar Tatsachen, so daß seine Version der Ereignisse nicht unbedingt mit der Erinnerung anderer übereinstimmte, die sie ebenfalls miterlebt hatten. Aber alle, die damals dabeigewesen waren – Schwarze wie Weiße, Männer und Frauen, alle, die die Überfahrt und die Landung und die schwierigen ersten Wochen überlebt hatten – wußten, daß das, was auf Hughes' Entdeckung hin erfolgte, für die Siedlung die Rettung gewesen war.

Was Jimmy nie erwähnte, waren die Namen jener, die bereit waren, die Sklavenführer ziehen zu lassen. Hier nannte er nur Wilson – er stand für alle. Die anderen lebten noch in der Siedlung, ihre Kinder befanden sich unter seinen Schülern. Aber Wilson war vor ihren Augen gestorben, entehrt und kinderlos, und so konnte alles Schändliche auf ihn gewälzt werden. Im Lauf der Zeit wurde Wilsons Name sprichwörtlich für jede Bosheit; er wurde zum Sündenbock der Siedler und später zum Schreckgespenst, mit dem die Mütter unartigen Kindern drohten.

Aber in Wirklichkeit hatte es auch andere gegeben, die damals auf Wilsons Seite standen, wie Libby und ein großer, mürrischer Mann von der Elfenbeinküste namens Tiamoko. Sie hielten es für überflüssig, einzugreifen und die Indianer zu retten.

»Das sind doch bloß Wilde«, sagte Libby und starrte mit seinem einen blutunterlaufenen Auge finster in die Runde. »Ihr habt doch gesehn, was sie mit Haines gemacht haben. Sie haben ihn lebend skalpiert. Die Weißen dort haben mir nichts getan. Warum soll ich die Hand gegen meine eigenen Leute erheben?«

An dieser Stelle mischte sich die Fula-Frau Tabakali ein, nachdem man ihr Libbys Worte erklärt hatte. Sie sprach damals kein Pidgin, aber sie war eine mutige, selbstbewußte Frau aus einem Nomadenvolk, das entlang der Guineagolfküste weit nach Westen streifte. Sie sprach etwas Malinke, das Jimmy Übersetzen konnte. Es gelang ihm nicht ganz, die Verachtung zum Ausdruck zu bringen, die in den Worten dieser hochgewachsenen, schönen Frau mitschwang; aber selbst in Jimmys armseligem Pidgin teilte sich noch einiges davon mit. »Sie sagt: ›Was meinst du mit Hand erheben gegen deine eigenen Leute? Sind deine Leute Sklavenfänger? Ist es das, was du meinst? Wenn ja, dann gehörst du nicht hierher. Dann verschwinde.‹ Dann sagt sie: ›Haines ist gestorben, weil er Goldstaub vom Schiff gestohlen hat. Wer weint um Haines? Barton weiß Bescheid. Er soll sagen, was er weiß. Wir warten.‹«

Barton hatte geschwiegen. Alle wußten, daß er und Haines versucht hatten, mit dem Gold zu fliehen.

»Sie sagt, von Libby wird ihr ganz schlecht. Und von Wilson und Tiamoko ebenfalls.«

»Du schwarze Hündin«, zischte Wilson und trat zwei Schritte auf die Frau zu, »du willst mich beschimpfen?«

»Zurück!« Ohne zu überlegen hatte sich Paris vor Tabakali gestellt. »Hier wird mit Worten gekämpft, nicht mit Fäusten. Oder kennst du vielleicht den Unterschied nicht?«

Wilson starrte ihn an. Er wirkte keineswegs eingeschüchtert, aber nach einigen Augenblicken, vielleicht weil er spürte, daß die Stimmung gegen ihn war, trat er zurück.

Paris drehte sich um und sah die Frau an, die keinen Schritt zurückgewichen war. Sie trug noch immer das grobe Baumwolltuch, das man ihr auf dem Sklavenschiff gegeben hatte. Ihr Atem ging rasch, ihre Augen funkelten, den Kopf hatte sie stolz in den Nacken geworfen. Paris, der damals noch keine Frau hatte, fühlte sich von einer Woge von Bewunderung und Begehren ergriffen, und das mit einer Heftigkeit, wie er sie bisher nicht kannte. Sie schien sein ganzes Sein zu überfluten, als sei das Gefäß plötzlich übergelaufen, in dem alle Gedanken lagen, die er an sie gedacht, seit er sie das erste Mal hinter dem Kerkergitter des Forts gesehen hatte. Seine Augen verrieten, was er fühlte, und Tabakali sah es.

Aber es war vor allem Delblanc, für den diese Diskussion – die erste, die sie alle gemeinsam führten – einen Wendepunkt und eine Offenbarung bedeutete. Er hatte sofort gewußt, daß die Indianer gerettet werden mußten. Mit einer solchen Aktion würden die Prinzipien von Freiheit und Naturrecht verteidigt, auf denen er diese noch in den Kinderschuhen steckende Republik seiner Träume aufbauen wollte. Außerdem ließen sich dadurch die Beziehungen zu den Indianern verbessern; nach dem schrecklichen Tod von Haines war die Furcht vor ihnen so groß, daß sie sich nicht aus dem schmalen Waldstreifen zwischen der offenen Küste und der überfluteten Savanne im Hinterland hinauswagten. Aber er hatte noch weiter vorausgeblickt. Mit einer Gefühlskälte, die er bei sich nie für möglich gehalten hätte – und darin lag das eigentliche Element der Offenbarung – erkannte er gleichzeitig, daß das Schicksal der gefangenen Indianer in gewisser Weise zweitrangig war: Die Sklavenfänger mußten in jedem Fall getötet werden.

Mit der ganzen Überzeugungskraft, die ihm zur Verfügung stand, plädierte er für ihren Tod. Er richtete sich direkt an Paris und die Mannschaftsmitglieder und überließ es Jimmy, das Beste daraus zu machen. Er wußte, daß die Weißen, obwohl in der Minderheit, aufgrund eines besseren Zusammenhalts noch einen gewissen bestimmenden Einfluß ausübten, der vermutlich nicht mehr lange anhalten würde, den er aber jetzt vielleicht noch nützen konnte. Und er wußte auch, daß die Absicht, die Männer zu töten, ausdrücklich erklärt werden mußte und nicht einem Zufall während der Verfolgung überlassen werden durfte.

»Wir haben keine Wahl«, sagte er. »Es spielt keine Rolle, was wir wegen der Indianer beschließen und ob es recht oder unrecht ist, sie zu retten. Ich persönlich meine, sie sollten gerettet werden. Aber vor allem müssen die Männer, die sie gefangen haben, getötet werden. Einige von euch haben es bereits gesagt: Angenommen, sie kommen zurück? Angenommen, sie haben einige von uns gesehen? Wir können es uns nicht leisten, solche Befürchtungen zu ignorieren. Sie könnten zahlreicher zurückkommen. Selbst, wenn sie nicht zurückkommen – wir dürfen es nicht riskieren, daß unser Hiersein entlang der Küste bekannt wird. Wir müssen sie einholen, bevor sie uns entwischen.«

Delblanc war wie verwandelt. All die Jahre der vagen Theorien, der halb ironischen Phrasen, der großzügigen egalitären Sympathie vereinigten sich nun zu dieser hellsichtigen, wilden Entschlossenheit. Mehr als alles in der Welt wünschte er sich, das verzweifelte Experiment, das sie begonnen hatten, würde gelingen. Alle, die hier vor ihm standen, Schwarze wie Weiße, waren Sklaven gewesen, bewußt oder unbewußt. Er wollte, daß sie in Frieden und Freiheit und ohne Zwang auf diesem unberührten Flecken Erde leben könnten. Vier Leben schienen wenig gegenüber einem solchen Traum.

Paris glaubte das Gesicht seines fanatischen Freundes nicht wiederzuerkennen. »Du sprichst davon, vier Menschen kaltblütig zu töten«, sagte er.

»Ja, das tu ich. Selbstverständlich tu ich das«, antwortete

Delblanc nur mühsam beherrscht. »Sei kein Narr, Matthew. Willst du, daß der Zufall etwas entscheidet, von dem unser aller Leben abhängt?«

Paris blickte in das Gesicht des Freundes und wußte nicht, was er antworten sollte. Dann erkannte er plötzlich, daß dieser Mann, dessen Offenheit ihn so angezogen hatte, seine eigentlichen Gründe unausgesprochen ließ. Er wollte etwas sagen, aber Delblanc trat rasch auf ihn zu, als fühlte er sich ertappt, und sagte so leise, daß ihn keiner der anderen verstehen konnte: »Wir müssen sie töten. Begreifst du nicht? Es ist ein Wink des Schicksals – es sind Schwarze und Weiße wie wir. Wenn wir sie töten, heben wir den Unterschied auf. Es ist die einzige Möglichkeit … Nur das wird uns zusammenhalten.«

Nur Paris und Delblanc hatten dieses Wissen geteilt, aber es war Tiamoko gewesen, der die Sache schließlich in die Hand nahm. Er stammte aus einer Gesellschaft, in der die Achtung der Frauen wichtig war, und die Schmähungen der Fula-Frau hatten ihn tiefer getroffen, als sein ungerührtes Aussehen verriet. Wie umgewandelt trat er vor und erklärte sich bereit, die Sklavenfänger allein und notfalls ohne Unterstützung zu töten.

Andere folgten seinem Beispiel. Am Ende nahmen alle Männer an der Verfolgung teil. Eine Gruppe hielt sich dicht am Ufer, die andere bewegte sich, von Hughes geführt, weiter landeinwärts. Um sich nicht durch Geräusche zu verraten, schlichen sich nur sechs das letzte Stück an die Fremden heran, drei Weiße und drei Schwarze, die sie ausgelost hatten, nachdem der Lagerplatz der Sklavenfänger bekannt war.

»Wer waren die sechs?« Alle Kinder kannten die Namen der Helden: Paris, Cavana, Barber, Kireku, Kadu, Zobi.

»Sie folgen den Sklavenfängern. Dann wird es Nacht.« Jimmy riß die Augen auf, so weit es ging. »Was tun sie jetzt? Die Sklavenfänger fürchten sich in der Nacht. Sie fürchten das Krokodil. Was noch?«

»Die Schlange.«

»Den Panther.«

An dieser Stelle beteiligten sich die Kinder stets eifrig, denn auch sie hatten Angst vor Schlangen und Panthern.

»Die Sklavenfänger fürchten sogar ihren eigenen Schatten. Warum? Weil sie böse sind, weil sie wissen, daß Sklaven verkaufen sehr schlecht ist. Aber unsere Männer verfolgen sie. Sie haben keine Angst. Warum?«

»Wir sind mehr.«

»Nein, Sammy, das ist nicht die richtige Antwort. Wir haben keine Angst, weil wir im Recht sind. Unsere Leute töten sie. Es ist sehr schlecht, andere Menschen zu töten. Alle Menschen müssen leben dürfen. Aber diese Männer müssen sterben, damit die Sklaven frei sind ...«

Paris, der vor der kleinen, an die Krankenstube angebauten Hütte saß, wo er sich aufhielt, wenn er nicht bei Tabakali war, dachte an diese weit zurückliegenden Morde.

Ungefähr um diese Tageszeit waren sie zu der Verfolgung aufgebrochen. Der Himmel verblaßte langsam zu einem opalisierenden, milchigen Blau. Mit der aufkommenden Dunkelheit setzte das Quaken der Frösche ein; anfangs vereinzelt, dann hallte die weite, glänzende Fläche der überschwemmten Riedgrassavanne wider von ihrem vibrierenden Chor.

Die Männer, die sie verfolgten, hatten auf einer Sandbank zwischen Strandwein und Fächerpalmen kampiert. Sie hatten ein Feuer entzündet, und ein Weißer hielt mit der Muskete über den Knien Wache. Die Indianer waren an einen Baum gefesselt. Paris erinnerte sich an den Feuerschein auf den hellen Stämmen des Strandweins und an die Schatten der langen, knorrigen Zweige.

Das anhaltende Quaken der Frösche hatte jedes andere Geräusch übertönt, das ihr Näherkommen vielleicht verraten hätte. Kireku, der große Shanti, war vorausgegangen, geschmeidig, auf leisen Sohlen und mordgierig – oder kam es Paris erst jetzt so vor, nachdem sich in letzter Zeit Mißtrauen und Cliquen gebildet hatten?

Kireku hatte dem Mann, der Wache hielt, hinterrücks die Kehle durchgeschnitten, noch bevor er sich bewegen oder einen Laut ausstoßen konnte. Doch der sterbende Mann würgte und spuckte blutige Blasen, so daß einer der anderen aufwachte, die huschenden Gestalten sah und schrie, bevor ihn Barber mit einem Schlag seiner kurzen Zimmermannsaxt erreichte und fortfuhr, auf ihn einzuschlagen, während der Getroffene kriechend zu entkommen versuchte. Inzwischen waren auch die übrigen aufgestört. Alles, woran sich Paris nach dem Anblick der blutüberströmten kriechenden Gestalt im Feuerschein erinnern konnte, war ein wirrer, wilder Kampf, bei dem Zobi mit dem Kolben einer Muskete niedergeschlagen wurde und er selbst mit seiner Pistole auf den Mann, der die Muskete geschwungen hatte, einen großen, kräftigen Schwarzen, schoß, ihn mitten in die Brust traf, durch die Bäume stolpern sah und ihm folgte, ohne zu wissen, wie schwer er verletzt war, und daß er ihn im Dunkeln, außerhalb des Feuerscheins, gefunden hatte, wie er keuchend sein Leben aushustete. An seinem Blut erstickend, hatte er noch gebettelt, verschont zu werden. Paris erinnerte sich an die unverwandt auf ihn gerichteten Augen und die murmelnde Stimme. Und er erinnerte sich an die Stille, die sich plötzlich rings um ihn und diesen sterbenden Fremden gelegt hatte und die er sich zunächst nicht erklären konnte, bis ihm klar wurde, daß sein Schuß die Frösche zum Schweigen gebracht hatte.

Auf dem Tod dieser Männer und dem Tod von Wilson, der noch bevorstand, hatten sie ihre kleine Republik gegründet. Die Indianer hatten sie mitgenommen und erst – auch dies eine taktische Überlegung von Delblanc – vor den Augen aller feierlich von den Fesseln befreit und freigelassen. Es waren kupferfarbene, ziemlich kleine, aber kräftige Männer mit langem und glattem schwarzen Haar und sehr dunklen Augen. Sie verhielten sich völlig stumm; auch als sie von ihren Fesseln befreit wurden, gaben sie keinen Ton von sich. Sie nahmen kein Essen an und schienen nur langsam zu begreifen, daß man sie laufen ließ. Dann machten sie sich eilends davon und verschwanden in der Dunkelheit.

Zwei Tage später erschien eine zwanzig Mann starke Abordnung – ihre Körper glänzten von Öl und alle trugen einen Haarschmuck aus Muscheln und Knochen –, angeführt von einem Mann mit einem Federkopfschmuck und schweren Ohrringen aus Perlmutt. Sie saßen eine Stunde lang schweigend da und ließen Geschenke zurück – aus Muscheln gefertigten Schmuck, geschnitzte Pfeilspitzen, saure Orangen aus den verlassenen spanischen Siedlungen im Norden und Fladen aus Kuntie-Mehl. Durch diese Indianer hatten sie Kuntie kennengelernt, eine immergrüne Staude, aus deren fleischigen Wurzeln ein Stärkemehl gewonnen wurde, das ihnen als Grundnahrungsmittel diente. Auch Kürbissamen und Saatknollen für Süßkartoffeln hatten sie von den Indianern bekommen als Grundstock für ihre Landwirtschaft. Sie hatten sich dafür bedankt mit Geschenken aus dem Warensortiment des Schiffs, mit Klappmessern und Kochtöpfen, die Thurso in Jamaika verkaufen wollte. Einige, wie Cavana und Tongman und die drei Shanti, beteiligten sich später auch am Handel mit Fellen, den die Indianer mit den Siedlungen an den Ufern des St. Johns River im Norden unterhielten.

Diese benachbarten Indianer, deren Gesichter mit roten und blauen Mustern aus konzentrischen Kreisen tätowiert waren, jagten und fischten im selben Gebiet wie die Neuankömmlinge, sie führten ständig Krieg mit anderen Stämmen im Westen, doch gegenüber der Siedlung verhielten sie sich vollkommen friedlich. Auch bei ihnen erzählte man sich die Geschichte von der Rettung ihrer Stammesgenossen bereits wie eine Legende; das Bündnis entwickelte sich zu einer unangefochtenen Tradition.

Delblanc hatte zweifellos recht gehabt. Mit der Rettung der drei Indianer hatten sie sich selbst gerettet und ihrer Kolonie eine Überlebenschance gegeben. Nicht lange danach hatte die Hinrichtung von Wilson allen vor Augen geführt, daß sich mehrere Männer eine Frau teilen mußten – ein Problem, an dem sie beinahe gescheitert wären, obwohl sie es sich von Anfang an hätten ausrechnen können, denn es hatten nur vierzehn Frauen überlebt.

Zwölf Jahre, dachte Paris. Zwölf Überschwemmungen der Riedgrasebene. Zwölf Trockenperioden mit rissigem Schlamm und ausgewaschenen Böden, unter denen der blanke Fels zutage trat, und den Alligatoren – die Paris schon seit langem als die wahren Wohltäter dieser Sümpfe erkannt hatte, da sie sich in den Schlamm eingruben und in den so entstandenen Wasserlöchern kleine Lebensbereiche aufrechterhielten. Sie waren Urtiere. Sie gehörten zu den ältesten Tieren der Welt. Er hatte sie beobachtet, wann immer sich Gelegenheit dazu bot, und staunend festgestellt, wie perfekt sie sich ihrem Lebensbereich angepaßt hatten. Bei ihnen schien es keine Fortentwicklung zu geben. Die Kirchenmänner, die ihn an den Pranger gestellt und eingesperrt hatten, die ihm den Schrecken der Erniedrigung zufügten, noch bevor er das Deck eines Sklavenschiffs betreten hatte, sie hätten auf die Krokodile zeigen und sie als Beweis anführen können für ein Urbild der Schöpfung, ein Tier, das in Noahs Arche gereist war. Das Klima war kälter und wärmer geworden, Gebirge hatten sich aufgefaltet, Kontinente gebildet, aber in den feuchten Winkeln der Welt hatte dieses Tier überlebt. Weil es perfekt war …

Gemessen an einer solchen Zeitskala waren die zwölf Jahre der Siedlung ein Nichts; sie waren weniger als ein Hauch, aber für ihn, für sein schlagendes Herz, ein ganzes Leben. Er war glücklicher gewesen, als er es für möglich gehalten hätte auf diesem vergessenen Fleckchen Erde. Nur in letzter Zeit beschlich ihn immer öfter das Gefühl, daß diese kurze Periode eine bestimmte Entwicklung nahm oder bereits genommen hatte, für die die Gewalt am Anfang maßgebend war. Mit großem Unbehagen dachte er an Kireku und die Männer in seiner Umgebung, Männer wie Barton und Libby, die von Natur aus unterwürfig waren und einen, der zur Macht strebte, sofort erkannten. Kireku wurde reich. Er unterhielt Handelsverbindungen nicht nur mit dem Norden, sondern angeblich sogar mit den seefahrenden Indianern, die mit ihren Kanus die Meerengen überquerten und getrockneten Fisch, Reiherfedern und Süßwasserperlen zu den spanischen Inseln brachten. Der Mann, der Iboti wegen Hexerei angeklagt hatte, war ein Stammesgenosse Kirekus …

48

In der Siedlung brannten die Kochfeuer, und von überall her drang das rhythmische Stampfen der Mörserstößel. Tabakalis Hütte lag in der Mitte der Siedlung mit Blick auf das Palisadentor, aber doch ein wenig hinter den meisten anderen Hütten und näher an dem dicht belaubten Dschungelhügel, der unmittelbar am Fuß des mit Kiefern bestandenen Höhenrückens lag. Bei der geringsten Brise war hier das scharfe Rascheln der Palmwedel zu hören, und die höchsten Palmen warfen am Morgen zarte Schattenmuster über das Dach.

Die Hütte war wie fast alle anderen rechteckig angelegt, breiter als tief, hatte einen mittleren Firstbalken und ein zu beiden Seiten hin schräges, mit Palmstroh gedecktes Dach. An den Querbalken des Dachstuhls hingen Bastmatten als Raumteiler. In der heißen Jahreszeit blieben die Hüttenseiten offen, doch jetzt im November waren auch dort Matten als Wetterschutz angebracht.

Tabakali hockte vor einem niedrigen Feuer und briet einen Tarpun auf einem Rost aus Binsengeflecht.

Paris blieb ein paar Minuten neben dem Feuer stehen. Der Mond ging eben auf, eine helle Sichel in einer milchigweißen Scheibe. Über dem Himmel lag noch ein letzter Glanz der Sonne. Die wenigen Wolken wirkten dunkel und weich, wie mit Kohle gezeichnet. Innerhalb der Einpfählung war es noch hell genug, um zu sehen, aber draußen wirkten die Gestalten schattenhaft und verschwommen im trüben Rauch. Tabakalis Gesicht wurde von der Glut des Kochfeuers erhellt. Selbstvergessen blickte sie vor sich hin. Sie trug ein Stück des dunkelroten Baumwollstoffs, den Nadri, ihr anderer Mann, für sie gekauft hatte. Nadri war ein geschickter Fallensteller; er hatte drei Fuchsfelle für drei Yards von diesem Stoff gegeben, ein unerhört hoher Preis, aber sie hatte sich den Stoff sehnlichst gewünscht. Mit einer Zähigkeit, die Paris überraschte, hielt sie an ihrer afrikanischen Art, sich zu kleiden, fest; dazu brauchte sie ein Stück Baumwollstoff, das sie sich über eine Schulter warf, über der Brust drapierte und in der Taille zu einem kurzen Rock raffte. Früher hatte sie

Reste des Baumwollstoffs gesammelt, den sie vom Schiff mitgenommen hatten; doch in letzter Zeit waren in der Siedlung bunt gefärbte Stoffe aufgetaucht, die die Handelspartner Cavana, Tongman und Tiamoko von einer ungenannten Quelle bezogen. Mehrere Frauen trugen bereits diese neuen Stoffe, jede auf ihre besondere Art, obwohl die jüngeren dazu neigten, Tabakalis Stil nachzuahmen und die Brust zu bedecken. Mehr als das Stoffkleid trug Tabakali nicht; ihre schmalen Füße und langen Beine waren nackt.

Er genoß es, sie anzusehen, ohne daß sie es merkte. Ihre Figur hatte nicht mehr die Anmut, die ihn anfangs so fasziniert hatte. Sie hatte vier Kinder geboren; eines war ihr gestorben. Ihre Brüste waren schwerer, ihre Schultern und Hüften fülliger geworden; auch ihr Gesicht hatte weichere Züge angenommen. Ihre üppigen Lippen glichen einer zerknitterten dunkel-rosigen Blüte. Nur der Blick aus ihren schrägen Augen unter den länglichen Brauen war noch derselbe, ein wenig überheblich und doch fügsam, und ihre Arme und Beine waren schlank wie einst. Er sah das geschmeidige Muskelspiel ihrer Schenkel, als sie ihr Gewicht verlagerte. Plötzlich sehnte er sich nach der Geborgenheit, die sie ihm geben konnte, nach ihrer schlichten Umarmung – und im selben Atemzug begehrte er sie leidenschaftlich, während er dort mitten im Rauch und Lärm der abendlichen Siedlung vor ihrer Hütte stand.

Sie blickte auf, wie immer scheinbar erschreckt und mit einer abrupten Bewegung. »Du machst große Augen«, sagte sie. »Willst du den Fisch oder mich?«

»Dich.«

»Gut, dann vergessen wir den Fisch. Der Geier kann ihn haben.«

»Nein, nein«, sagte Paris lächelnd. Er wußte, daß es ihr Spaß machte, ihn bei einem Widerspruch zu ertappen. »Du weißt genau, daß ein Mensch an mehrere Sachen gleichzeitig denken kann.«

Sie richtete sich mühelos auf und wandte sich ihm zu. »Davon wird der Kopf krank«, sagte sie in dem endgültigen Ton, den sie gebrauchte, wenn es um Paris' Wohlbefinden ging, für das sie sich ganz allein zuständig fühlte. »Du bist der Doktor und weißt das nicht? Eins nach dem anderen ist besser. Der Fisch ist jetzt fertig.«

Sie aßen im Kreis neben dem Feuer auf blauen Binsenmatten, die Tabakali schon als Kind zu flechten gelernt hatte. Als Beilage zum Fisch gab es rohen Sumpfkohl und Kuntie-Fladen – letztere schmeckten ganz ausgezeichnet, was Paris mehrmals betonte. Das Sammeln der Kuntie-Wurzeln und die Gewinnung des Kuntie-Mehls war Aufgabe der Frauen. Tabakalis Fladen waren besonders gut – das wußte die ganze Siedlung; dabei stammte Tabakali aus einem Nomadenvolk, das kein Land bestellte, und hatte, im Gegensatz zu den meisten anderen Frauen, keine Erfahrung mit ähnlichen Pfeilwurzelgewächsen mitgebracht. Aber da sie in allen Dingen übergenau war und alles sehr gründlich tat, angefangen beim Sammeln und Kochen bis zum Reinigen ihrer Zähne und Einölen ihres Körpers, hatte sie auch ihre besondere Methode zur Gewinnung von Kuntie-Mehl entwickelt. Sie ließ die aus den zerstampften Wurzeln herausgewaschene Stärke nicht nur einmal oder zweimal, sondern viermal gären, wodurch ihr Mehl reiner und ihre Fladen leichter und hellgelb wurden statt wie gewöhnlich orange. Mit wildem Honig bestrichen – wenn sie das Glück hatten, welchen zu finden – gehörten sie zu den köstlichsten Dingen, die Paris kannte.

Nach dem Essen wurden die Kinder zu Bett gebracht. Tabakali entzündete einen dünnen Kiefernast und steckte ihn waagrecht in einen Ständer, den Barber aus einem Faßreifen gemacht hatte. Das harzige Holz qualmte kaum und gab ein rötliches, leicht flackerndes Licht. Sie setzte sich in der Nähe des Lichts auf einen niedrigen Hocker und sortierte Samenkörner für den Frühstücksbrei. Eine Handvoll nach der anderen nahm sie aus dem Ledersack, in dem sie die Körner, die sie selbst gesammelt hatte, aufbewahrte, und streute sie auf ein Brett auf ihrem Schoß. Paris saß mit dem Rücken an einen Pfosten gelehnt, sagte wenig und genoß den Frieden, die Stille, das sanfte Licht, die geschickten Bewegungen der Frau. Tabakali hob den Blick, und ihre langen Finger blieben einen Moment still auf den Körnern liegen.

»Du machst dir Sorgen, nicht wahr?« fragte sie. »Warum sagst du nichts?« Ihr entging keine Veränderung an ihm, auch wenn es manchmal lange dauerte, bis sie etwas dazu sagte. In letzter Zeit sah sie manchmal einen traurigen Zug um seinen Mund. »Wenn du nicht sagst, warum, stirbst du eines Tages an Bauchvergiftung«, meinte sie.

»Es ist nichts«, sagte Paris. »Es lohnt nicht, darüber zu reden.« Er trat neben sie und streckte die Hand aus, um die warme, weiche Haut ihres Nackens zu berühren, diese starke, schön geformte Säule ihres Halses. Er roch ihren Moschusduft und das süße Öl, das sie für ihr Haar benutzte.

»Du erzählst es mir, und dann sehen wir, ob wir darüber reden.» Paris zögerte. Tabakali war eine Kämpfernatur, die, wenn es sein mußte, rasch handelte und entschied. Aber er wußte nicht, wie er mit ihr über Befürchtungen und Vorahnungen sprechen sollte, weil Tabakali viel unmittelbarer von einer Stunde zur anderen und von heute auf morgen lebte als er, wodurch sie – zumindest in seiner Sicht – zum natürlichen Opfer all jener wurde, die weiter dachten. In dieser wie in so manch anderer Hinsicht war sie ihm fremd geblieben. Was sie verband, war Kenka, in dessen Kindergesicht Paris seine eigenen Züge, die Form seiner Augen und seines Mundes entdeckt hatte. Dieser Junge war sein und Tabakalis Kind, und es war auch das Kind, das er mit Ruth nicht hatte haben können. Er wußte wenig von Tabakalis Vergangenheit, bevor sie gefangen worden war, und sie hatte keine Ahnung von der seinen. Und die Lingua franca, die sich im Lauf der Jahre zwischen ihnen als die einzig mögliche Sprache entwickelt hatte, basierte letztlich auf dem Pidgin des Westafrikahandels und bot nur wenige Möglichkeiten, um Gefühle auszudrücken.

Für das, was ihn am meisten beunruhigte – Strömungen, bestimmte Entwicklungen – fand er keine Worte. Statt Tabakali sein Unbehagen wegen der immer mächtigeren Handelspartnerschaften, ihrer zunehmenden Rivalität und der Heimlichkeit ihrer Unternehmungen anzuvertrauen, begann er über Konkreteres und Näherliegendes zu sprechen. Ein Palaver sollte stattfinden. Iboti war von seiner Frau Arifa und deren anderem Mann Shanti Hambo wegen Hexerei angeklagt worden. Tongman hatte versprochen, Iboti zu verteidigen. Vieles an diesem Fall bereitete ihm Sorgen, nicht zuletzt die Tatsache, daß Hambo ein Stammesgenosse des mächtigen Kireku war. Daß jemand der Hexerei beschuldigt wurde, kam in der Siedlung selten vor; bei den meisten Streitigkeiten ging es um fragliches Eigentum oder um Tauschgeschäfte. Ein paarmal war jemand aus Eifersucht oder Mißgunst des bösen Blicks beschuldigt worden, aber alle diese Streitereien konnten beigelegt werden. Inzwischen hatten sich die Menschen von ihren gewohnten Denkmustern weitgehend gelöst, einmal infolge der neuen Art ihres Zusammenlebens, der verschiedenen Sprachen und Stämme unter den Afrikanern und dann vor allem durch den Bruch mit der herkömmlichen Moral, der sich aus der Notwendigkeit ergeben hatte, Frauen miteinander zu teilen. Gedanken an das Übernatürliche waren in den Hintergrund gerückt.

Dieser Fall roch nach einer häuslichen Intrige. Iboti war ein wenig beschränkt. Er gehörte schon jetzt zu den Ärmsten in der Siedlung und war in einigen lebensnotwendigen Dingen von Arifa abhängig. Wurde er schuldig gesprochen, hatte Arifa das Recht, ihm den Zutritt zu ihrer Hütte zu verweigern, und Hambo konnte eine Entschädigung von ihm verlangen. Würde er mit Tongmans Hilfe gewinnen, bliebe ihm Schande erspart, aber er müßte seinem Verteidiger ein Honorar bezahlen. Wie die Sache auch ausging, Iboti wäre in jedem Fall völlig verarmt.

»Tongman ist ein großer Mann beim Palaver«, sagte er. »Er ist gerissen. Ein guter Advokat.«

»Was ist Avokka?«

»Ein Advokat spricht beim Palaver. Er spricht mal für dies, mal für jenes, mal so, mal so, egal, ob es stimmt.«

»Avokka«, wiederholte sie. »Der Mann spricht gut für andere, das ist seine Arbeit. Der Doktor kennt die Medizin für andere, der Trapper macht Fallen für andere. Das ist ihre Arbeit. Das ist überall gleich.«

»Doktor und Trapper ändern nichts in deinem Kopf«, hielt Paris dagegen und lächelte. Er fühlte sich merkwürdig getröstet und erheitert durch ihre konstant unmoralische Art der

Beurteilung. Sie bewunderte jede besondere Leistung, auf welchem Gebiet auch immer.

»Tongman kann deinen Kopf nicht ändern, weil du weißt, daß er ein Sprechermann ist«, antwortete sie mit triumphierendem Lächeln. »Gefahr ist, wenn er nicht spricht. Okpolu am Wasser, kein Problem. Okpolu steigt über den Zaun, dann paß auf.«

»Wer ist Okpolu?«

»Okpolu ist ein Frosch.«

Paris nickte ernst. »Okpolu«, sagte er, als habe er tatsächlich vor, sich das Wort zu merken. Sie mußte über ihn lachen und hielt sich, die Augen niederschlagend, rasch die Hand vor den Mund mit jener halb verschämten, halb abergläubischen Geste, mit der sie stets ihr Lachen zu verbergen suchte.

Er lachte ein wenig mit, gerührt von dieser vertrauten und eigenartig hilflosen Geste, von Zärtlichkeit und neu erwachtem Verlangen, als er sie so unbekümmert in ihrem kurzen Rock dasitzen sah, die Innenseiten ihrer Schenkel entblößt – Schamgefühl und Indifferenz mischten sich bei ihr auf eine Weise, die er nicht verstand. Sie war feinfühlig für alles Körperliche und hatte eine viel schnellere Auffassungsgabe als er, und so hielt sie den Blick für einige Sekunden gesenkt. Als sie wieder aufblickte, lag eine Festigkeit in ihren Augen, die er inzwischen ebenfalls kannte. Stolz, ruhig und unbefangen sah sie ihn an.

Hinter der Trennwand bewegte sich eines der Kinder und murmelte im Schlaf. Dann war es wieder still. »Hör jetzt auf damit«, sagte er, auf die Samen deutend. Sie schob die Körner auf dem leicht schräg gestellten Brett mit der Handkante zusammen und schüttete sie in eine Tonschüssel. Während Paris ihr zuschaute, erinnerte er sich, wie er das erste Mal zu ihr gekommen war. Ein kühler Wind hatte vom Meer hereingeblasen, während er draußen im Dunkeln stand und mit den Füßen in verrottenden Palmwedeln scharrte, trostlos und einsam mit seinem Begehren, besessen von seiner Not, und Ruths Bild verloren zwischen zertretenem Laub. Das weiche Licht, dasselbe Gefühl von Wärme und Sicherheit ... Er hatte Tabakali seitdem mit mehreren Männern geteilt, aber an dem Gefühl, bei ihr einen sicheren Hafen erreicht zu haben, hatte sich nichts geändert. Genauso hatte sie ihn damals angesehen, als er wortlos vor ihr stand – mit der gleichen Festigkeit, mit einem Stolz und einer Würde, die alle Brutalitäten des Sklavenschiffs überlebt hatten.

»Lösch das Feuer«, sagte sie leise.

Sie lagen nebeneinander auf dem Bett aus Schilfmatten und Hirschfellen. An den Stellen, wo die Schilfwände an das Dach stießen, drang schwaches Licht herein. Er konnte die Linie ihrer Wange sehen und ihre Augen in den schattigen Höhlen. Er atmete ihren Geruch. Das Gesicht an ihrer Schulter vergrabend, küßte er die pochende Ader an ihrem Hals und dann ihren Mund, der unter seinen Küssen nachgab. Sie hatte schon bald seine ausgefallene Vorliebe für Küsse auf den Mund entdeckt und tat es auf die Art, die er am liebsten hatte. Sie drückte sich leicht an ihn – ihre anfänglichen Bewegungen waren immer sanft und langsam –, strich mit den Händen über seine Brust, seinen Bauch und die Hüften. Ihr Vorspiel dauerte nie lange. Ihm reichten ihre Berührung und ihre Nähe, und wenn er sich ihr zuwandte, war sie immer bereit. Als er in dieser Nacht seine Erfüllung fand, murmelte er mehrmals, daß er sie liebte, aber die einzige Antwort, die er erhielt, war ihr beschleunigter Atem.

Danach schlief sie beinahe sofort ein, meistens noch ehe er sie von seinem Gewicht befreite. Paris dagegen lag noch lange wach trotz der Trägheit seines Körpers; dafür schien sein Geist um so klarer. Seine Gedanken bewegten sich in konzentrischen Kreisen, von ihm zu den Menschen, die ringsum schliefen, zu den Räumen der Nacht, die sie alle umhüllte.

Wie so oft mußte er auch in dieser Nacht über den erstaunlichen Zufall nachdenken, daß sie an diesem entlegenen Strand einen Platz zum Leben gefunden hatten. Gemessen an ihren Chancen grenzte es an ein Wunder. Selbst die erste Voraussetzung für ihr Überleben, daß sie nach Thursos Tod zusammengeblieben waren und sich damit alle zu Komplizen des Mordes gemacht hatten, selbst das hatte sich zufällig ergeben dank des Goldstaubs, der sich an Bord befunden hatte, und dank des leidenschaftlichen Einsatzes von Delblanc.

Niemand hatte damals etwas von dem Goldstaub gewußt außer Barton und Haines – und Haines nur deshalb, weil Barton seine Hilfe brauchte. Dieses Wissen hatte genügt, daß sich die beiden mit ihrem Einfluß der Meuterei anschlossen, und natürlich hatte auch ihre Angst eine Rolle gespielt, denn sie waren beide verhaßt. Aber ohne den Plan, heimlich zum Schiff zurückzukehren, hätten sie vielleicht dem Vorschlag, es auf Grund zu setzen, nicht zugestimmt.

Das Gold war ein zufälliges Glück, gewiß. Doch der Mann, der am meisten dazu beigetragen hatte, daß sie beisammengelieben waren, hatte nicht einmal zur Mannschaft gehört. Delblanc hatte klarer vorausgesehen als jeder von ihnen, daß ihre einzige Rettung im gemeinsamen Handeln lag – Rettung nicht nur vor den Gefahren der Umgebung, sondern auch voreinander. Vielleicht hatte er damals schon an die phantastische Gelegenheit gedacht, die ihm diese Meuterei lieferte, um seine Theorien zu erproben und in einer Gemeinschaft ohne Obrigkeit oder Korruption zu beweisen, daß der Mensch von Natur aus gut sei. Ein im Sturm vom Kurs abgekommenes Schiff, ein Handgemenge zwischen kranken und verzweifelten Männern, das auf unbeholfene, beinah zufällige Weise vergossene Blut eines Wahnsinnigen – Delblanc hatte darin eine politische Wahrheit gesehen, eine Revolution, die Gründung einer neuen Ordnung. Aber ich war es, der den Anfang gemacht hat, dachte Paris. Ich war es, der unter jenem leeren Himmel vorgetreten ist. Den anderen oder mir zuliebe? Es war die alte Frage, und er war so weit von einer Antwort entfernt wie eh und je. Habe ich ein Verbrechen verhindert oder nur endlich aufrecht gehen wollen, denen ins Gesicht sehen wollen, die mich an den Pranger gestellt, die ein gefesseltes Tier aus mir gemacht haben? Er würde es nie genau wissen, weder jetzt noch irgendwann …

Als sie an Land gegangen waren, mußte dies für Delblanc im Gegensatz zu allen anderen, die nur eine Zuflucht suchten, ein gewaltsamer, wundervoller Beginn gewesen sein. Paris dachte an jenen Morgen, an die unwirkliche Stille nach dem ständigen Rütteln des Windes, an das krängende Schiff mit den vom nächtlichen Regen sauber gewaschenen Decks und an den Anblick der langen, von Wellenbändern umspielten sichelförmigen Sandbank und der schmalen, sich im weiten Bogen ausdehnenden Bucht. Es war Nachmittag geworden, bis sie das Schiff in den Fluß bringen konnten, aber die Sonne stand noch hoch genug, um eine Lichtbahn wie eine wunderbare Schwelle über die Mündung zu werfen.

Doch dahinter warteten erneut Leid und Entbehrung. Jene ersten Tage waren die schlimmsten gewesen. Geschwächt von Hunger und Krankheit kauerten sie dicht beisammen am Rand des karstigen Höhenrückens und ernährten sich von Strandpflaumen, Palmbeeren und einer Art Brombeeren, die am Ufer wuchsen. Diese Früchte hatten den an Skorbut erkrankten Seeleuten wahrscheinlich das Leben gerettet. Aber es starben noch mehr Afrikaner; einige zogen allein weiter, und man hatte nie wieder etwas von ihnen gehört.

Haines' schreckliches Schicksal hatte verhindert, daß damals noch mehr in den sicheren Tod gelaufen waren. Haines und Barton verschwanden schon in der ersten Nacht. Zwei Tage später kam Barton zurück, wie im Delirium faselnd, den zerrissenen Jutesack, in dem der Goldstaub gewesen war, in der Hand, als könnte dieser lumpige Fetzen nicht nur seine Worte bestätigen, sondern auch irgendwie zu seiner Entlastung beitragen oder gar für ihn sprechen. Die Geschichte, mit der er zurückkam, lebte, übertragen in Pidgin und eine Vielzahl afrikanischer Dialekte, in ihrer aller Gedächtnis weiter.

Barton und Haines hatten, trotz ihres entkräfteten Zustands, Säcke von Bord geholt. Ihr Plan, sich mit dem Kutter davonzumachen, scheiterte, weil sie zu schwach waren, um das Boot klarzumachen. Sie waren mit den schweren Säcken im Dunkeln umhergeirrt und hatten sich dann niedergesetzt, um das Tageslicht abzuwarten. Sie wollten das Gold vergraben, aber der Boden war zu sumpfig. Also stapften sie weiter durch das Dickicht von Mangroven und Sumpfweiden und suchten nach einem geeigneten Platz. Am Rand eines Dschungelhügels an der Küste, wo ein Bach wie ein Tunnel in das dichte Gebüsch führte, fanden sie an einer höher gelegenen Stelle eine tiefe Humusschicht. Sie konnten sich auf kein Versteck einigen, weil keiner dem anderen traute; es hätte ja einer allein zurückkommen und alles Gold mitnehmen können.

Schließlich waren sie auf die Idee verfallen, daß jeder seinen Sack an einem Platz seiner eigenen Wahl vergrub. Und hier geschah es, in der Pause, die zwischen der getroffenen Entscheidung und ihrer Ausführung lag, für die es erst einmal Kräfte zu sammeln galt, daß ein erstaunlich glückhafter Zufall Barton das Leben rettete. »Der Schiß meines Lebens, Jungs«, sagte er, während er sein abgezehrtes Gesicht jedem von ihnen zuwandte, um sie alle einzuladen, an seinem Glück teilzunehmen, ständig mit der tonlosen, haspelnden Stimme seines Alptraums die Ursache dieses Glücks wiederholend: »Es war der Schiß meines Lebens, der Schiß meines Lebens ...«

Von den Strandpflaumen und Palmbeeren hatte Barton Durchfall bekommen, der sich gerade jetzt, in dieser Erholungspause, mit Bauchschmerzen ankündigte. Während Haines am Bach blieb, verzog sich Barton in ein dichtes Gebüsch. Er hatte das Gold bei Haines gelassen, sicherheitshalber jedoch seine Muskete mitgenommen und sich aus demselben Grund nicht allzuweit entfernt. Von der Stelle, die er gewählt hatte, konnte er jede Bewegung von Haines entlang des Bachs sehen.

Während er im Gebüsch hockte und sich erleichterte, hörte er ein leises Geräusch. Er blickte auf, und beinahe wäre ihm das Herz stehengeblieben, als er eine Gruppe nackter Wilder zwischen den Bäumen ausschwärmen sah. Sie waren furchteinflößend tätowiert mit roten und weißen Kreisen auf Brust und Gesicht und bewegten sich so behend, daß sie keine Heimlichkeit nötig zu haben schienen. Ihn hatten sie nicht gesehen, aber ganz offensichtlich Haines.

Sie huschten vielleicht dreißig Schritt von ihm entfernt vorbei. Die Muskete lag neben ihm. Haines hätte ihn gehört, wenn er gerufen hätte, und gewarnt wenigstens eine Chance gehabt, sich zu verteidigen. Was Barton in diesen Augenblicken durch den Kopf gegangen war, konnte man nur vermuten. Es war natürlich möglich, daß er einfach erstarrt war vor Angst. Tatsache war, daß er nichts unternommen hatte.

In seiner hockenden Stellung hatte er nicht sehen können, was mit Haines geschah. Er hatte einen überraschten Ton gehört, ein Husten oder Grunzen, dann einen furchtbaren Schrei, dem einige abgehackte Laute folgten, die mehr nach Anstrengung als nach Schmerz klangen, aber wegen des Geschnatters der Indianer nicht genau zu hören waren, und dann ihr hohes Gelächter.

Er hatte nicht gewagt, sich zu bewegen, und war, von Fliegen gepeinigt, über seinen Exkrementen hocken geblieben. Er konnte die Indianer weder sehen noch hören und vermutete, daß sie unterhalb des Bachs weitergegangen waren. Er rührte sich nicht vom Fleck, auch nachdem längst alles still war. Als er schließlich sein Versteck verließ und sich mit größter Vorsicht auf verkrampften Beinen bewegte, fand er Haines und die aufgerissenen, leeren Säcke. Haines war skalpiert. Er lag rücklings über dem kaum erkennbaren Pfad oberhalb des Baches, sein von der Stirn bis zum Kinn blutiges, unkenntlich gemachtes Gesicht den Bäumen und dem Himmel darüber zugewandt.

Barton hatte sich auf den Rückweg gemacht. In der Nacht verkroch er sich irgendwo und wartete fröstelnd auf den Morgen. Ein Feuer anzuzünden wagte er nicht. Am nächsten Tag war er weitergegangen, taumelnd vor Erschöpfung und mit schier endlosen Umwegen in den Mangroven. Als er endlich zurückgefunden hatte, war er am Ende seiner Kraft. Aber den schmutzigen, zerfetzten Sack, diesen lebenswichtigen Beweis, hielt er fest in der Hand.

»Seht her, was sie gemacht haben, Kam'raden«, sagte er und hielt den zerrissenen Sack in die Höhe, diesen triumphalen Beweis für menschliche Dummheit. »Diese lumpigen Bettler … Sie haben die Säcke aufgeschnitten und das Gold in den Bach geschüttet.« Barton blickte um sich. Er war am Rande des Zusammenbruchs. »Wie soll man solche Leute verstehen?« fragte er.

Sullivan war der einzige, dem dazu etwas eingefallen war, erinnerte sich Paris belustigt. Seinen Sinniererblick fest auf den schwankenden Barton gerichtet, sagte er: »Ist doch ganz klar für einen denkenden Menschen. Sie haben gedacht, sie finden vielleicht was Wertvolles, und war'n irgendwie enttäuscht.«

Haines' Leiche wurde nie geborgen. Die Regenfälle setzten ein und das Grasland wurde überflutet. Und bis sich die Leute soweit hinauswagten, war keine Spur mehr von Haines vorhanden.

Den Goldstaub zu stehlen war Bartons letzter Versuch gewesen, auf eigene Faust etwas zu unternehmen. Jetzt war er Kirekus Speichellecker und allgemein verachtet; er hatte keine Freunde und keine feste Frau. Für Haines empfanden die Leute noch eine gewisse Sympathie wegen der Art, wie er gestorben war, und das gleiche galt auch für Wilson.

Delblanc hatte diese Todesfälle benutzt, wie er alles zu nutzen verstand. Während Paris allmählich in Schlaf sank, streifte sein Bewußtsein das gar nicht so kleine Rätsel, wie es sein toter Freund, ein reisender Porträtmaler aus gutem Haus und von angenehmen Umgangsformen, fertiggebracht hatte, solche Männer zu einem Instrument für höhere Ziele zu machen. Aber natürlich waren es überhaupt keine höheren Ziele, dachte er.

Es waren *unsere* Ziele, Delblancs und meine; seine basierten auf einer Freiheitsdoktrin, meine auf einer unausrottbaren Hoffnung. Die Menschen sollten frei und gleich in einem natürlichen Zustand leben ... Wie kamen wir dazu, anzunehmen, ein natürlicher Zustand könne nur das sein, was er für uns bedeutet, eine Art Garten Eden, eine Nostalgie von gebildeten, privilegierten Männern?

49

Als der Morgen graute, erwachte Calley aus einem Traum, in dem er sich an einem einsamen Ort verirrt hatte und bitterlich weinte. Er wimmerte noch, als er bereits wach war, und blieb eine ganze Weile in seinen traurigen Traum gefangen, ohne sich zu rühren und ohne zu wissen, wo er sich befand. Dann fühlte er den Sand, auf dem er lag, und sah über sich die Zweige des primitiven Unterschlupfs, den er sich gebaut hatte.

Er kroch ins Freie, weg von seinem Kummer und hinaus in die dunstige Helligkeit des Morgens, schüttelte sich, urinierte und blickte fröstelnd zu den rosig überhauchten Streifenwolken am Himmel. Wieder in seiner Blätterhütte, aß er das Kuntie-Brot und die Reste des getrockneten Fischs, die noch vom Vortag übrig waren. Dann durchquerte er den Dschungelhügel, um auf der landwärts gelegenen Seite nach Wasser zu graben. Bis zur Siedlung war es noch weit, ein Weg von mehreren Stunden, aber Calley durchstreifte die Strände und Kiefernwälder seit Jahren und wußte, daß es hier gleich unter der Erde Wasser gab; er wußte auch, daß hier Eichen und Hickorynußbäume wuchsen, und er kannte die unterirdischen Röhren, die sich die großen roten Landkrabben gruben.

Er machte es genau so, wie Nadri es ihm gezeigt hatte – Nadri war immer gut zu ihm gewesen; er hatte ihn beschützt und gewissermaßen Deakins Platz in seinem Leben eingenommen. Mit dem langen Messer, seiner einzigen Waffe und praktisch auch seinem einzigen Besitz, grub er ein Loch in das weiche, sandige Erdreich, so lange, bis er auf Wasser stieß. Anfangs war es trüb, aber es würde klar werden, wenn er ein paar Minuten wartete, weil das Wasser unter der Erde immer, wenn auch sehr langsam, zum Meer hin floß. Nadri, der viele Dinge wußte, hatte ihm das erklärt, und er hatte es nicht vergessen. Als das Wasser klar war, neigte er sich über sein mondgesichtiges Spiegelbild. Calley war von der Mannschaft der einzige, dem kein Bart wuchs; er hatte nur einen weichen, hellen Flaum. Er trank vorsichtig, um den Grund des kleinen Teichs nicht aufzuwühlen.

Anschließend legte er sein Traggeschirr an, das er aus seinem Unterschlupf mitgenommen hatte. Es bestand aus einem breiten, aus verfilzten Palmfasern hergestellten Rückenpolster – sehr ähnlich einem Sattel –, das er wie einen Rucksack an geflochtenen Riemen trug. Calley sammelte Pechkiefernholz im Wald; das schwarze, schwere Holz war in der Siedlung als Brennholz sehr begehrt und brachte ihm Essen und ein Dach über dem Kopf ein und manchmal auch sexuelle Freuden – er hatte keine eigene Hütte und keine feste Frau. Er war ungewöhnlich stark, und wenn er in der Siedlung eintraf, würde er auf seinem breiten, weit vornübergebeugten Rücken eine hohe Pyramide aus Pechkiefernästen tragen.

Als er sich auf den Weg machte, folgte er einer schwachen Spur, die zur Küste führte. Da und dort ragten scharfe Riffe aus dem Boden, aber Calley spürte sie kaum durch die dikken Schwielen an seinen Füßen und die hirschledernen Beutel, die er um die Füße gebunden trug.

Zur See hin wurde der Wald lichter; hier gediehen nur Sabalpalmen, Pechkiefern und der gewundene Strandwein. Den äußersten Saum bildeten hohe, zerzauste Palmen oberhalb des Strands. Er trat hinaus ins Freie. Die Sonne stand über dem Horizont, und der Himmel schien ebenso wie Calley von dem Glanz überrascht, den sie verbreitete.

Er wandte sich nach Süden, in Richtung der Siedlung. Der Seewind wiegte die Schöpfe der Palmen, auf deren geschmeidigen, gelbgrünen Rippen noch der Goldhauch der frühen Morgensonne lag. Calley sah die Schönheit der bewegten Blätter, des glänzenden Himmels und der Wolken. Sein weicher Mund stand ein wenig offen, während er allmählich seinen Gangrhythmus fand, den Blick auf die Kiesel und Muschelscherben gerichtet, die die Hochwasserlinie kennzeichneten. Hier war so manches zu finden, mitunter auch wertvolle Dinge: vom Meer glatt geschliffene Seebohnen, allerlei Treibgut von gesunkenen Schiffen, kleine weiße Kegelmuscheln, aus denen man Ketten machen konnte, und die größeren, scheidenförmigen, die von einigen Frauen als Glücksbringer bei der Geburt eines Kindes geschätzt wurden.

Er pfiff leise vor sich hin, während er am Strand entlang wanderte. Er war glücklich hier draußen im Freien, wo keine Gefahren lauerten. Je höher die Sonne stieg, um so tiefer wurde das Blau des Himmels hinter der Marmorierung der Wolken. Licht und Schatten wechselten ständig über dem Wasser. Die niedrigen Wellen brachen sich und sprühten im Licht kurz auf; der Schaum kräuselte sich und versprudelte und ließ die glänzenden Sandflächen zurück, die Calleys Augen narrten, wenn er das Ufer entlang blickte. Von seinem Kommen aufgeschreckt, erhob sich schwerfällig eine Pelikanschar und flog auf steifen Schwingen aufs Meer hinaus. Calley ging weiter, immer an der Hochwassergrenze entlang, bis er in einiger Entfernung eine dunkle, von aufgebracht schäumenden Wellen umspülte Form sah. Zuerst dachte er, es sei ein Stück Treibholz, zugeschnittenes Bauholz von einem Frachter. Aber dafür war es zu kurz und zu leicht – das Wasser hob und bewegte das Ding hin und her. Und dann sah er, daß es der Körper eines Schwarzen war. Während er darauf zuging, wirkten die Bewegungen des angeschwemmten Körpers wie eine Art träges Spiel. Es war ein Junge. Calley blieb stehen und schaute. Das Meer macht ihn lebendig, dachte er. Er wußte, daß es Geister gab; er sah und hörte sie überall, auch in seinen Träumen. Tiefe Ehrfurcht erfüllte ihn, als es für einen Moment so aussah, als würde der Negerjunge aus dem Wasser kriechen. Doch als er die starren Augen sah und die kleinen, schlaffen Bewegungen der Hände, wußte er, daß der Junge tot war.

Er zog die Leiche aus dem Wasser und legte sie etwas weiter oben auf den Strand. Der Junge war vielleicht zehn oder elf Jahre alt und äußerlich unversehrt – er war den Haien im tiefen Wasser entgangen, den Krabben im seichten, und den Geiern, die ihn bald entdeckt hätten. Er war völlig abgezehrt; sein Brustkorb zeichnete sich deutlich unter der Haut ab, das Schlüsselbein sah aus wie ein Halfter. Auf seiner rechten Brust, oberhalb der Brustwarze, war ein rotes, frisches Brandzeichen.

Calley hatte plötzlich Angst, und er wußte nicht, was er tun sollte. Er blickte von dem toten Jungen zum Ufer, zum Meer und hinauf zum Himmel. Aber er war völlig allein mit seiner Entdeckung. Nichts und niemand war da, um ihm bei einer Entscheidung zu helfen. Er konnte die Leiche liegenlassen und fortgehen, als wäre nichts geschehen. Er würde nichts davon sagen; niemand würde etwas wissen. Hätte Deakin das auch getan? Deakin hätte ein totes Kind nicht einfach liegengelassen. Deakin würde den Jungen mitnehmen und herzeigen …

Calley bückte sich und hob den Jungen auf. Bei der Berührung mit dem kalten Leichnam überlief ihn eine Gänsehaut. Trotzdem legte er ihn sich über die Schultern und merkte bald nicht mehr, was er trug. Ohne an etwas Bestimmtes zu denken, ging er dahin, das Rauschen der Wellen im Ohr und auf der Haut das Gefühl, daß die Sonne warm und wärmer schien.

Früh unterwegs war auch ein junger Mann namens Sefadu, den die Liebe nicht ruhen ließ. Er war beim ersten Morgengrauen aufgestanden und schon seit zwei Stunden mit seinem Kanu in den Kanälen am Rand der überfluteten Riedgrasebene unterwegs. Sein Ziel war ein dunkler Streifen am Horizont, eine Dschungelinsel. Der Wasserpegel war bereits leicht gesunken, aber er hatte hier schon so oft Enten und Wachteln gejagt, daß er sich jederzeit zurechtfand. Sefadu stammte von den Mbole aus Sierra Leone, den Bewohnern eines äquatorialen Waldgebiets, das, ähnlich wie diese Gegend, in der Regenzeit überschwemmt und im Winter trokken war. Für das schmale, flachbodige Kanu, das er eigenhändig aus einem Stamm geschnitzt hatte, genügte ihm eine Fahrwassertiefe von ein paar Zoll.

Das hohe Gras wuchs dicht, und manchmal schnitten die scharfen, mit winzigen Zähnen besetzten Blätter in seine Arme und Schultern. Aber er war in Gedanken so mit seinem Vorhaben beschäftigt, daß er die Schnitte kaum beachtete, ebensowenig wie die Reiher und Löffler, die bei seinem Herannahen mit behäbigem Flügelschlag aufflogen.

Er machte das Kanu am Rand des Dschungelhügels fest inmitten von Wasserpflanzen, die ihre ovalen Blätter schützend über dem eingefangenen Tau zusammengerollt hatten, und trat in den grünen Dämmer der Bäume. Er war schon früher hier gewesen und wußte, daß es an dieser Seite des Dschungelhügels, nicht weit im Innern, eine Senke gab, ein tiefes Becken im Felssockel. Mit dem Stock schlagend, um Schlangen zu verscheuchen, drang er durch das dichte Gebüsch, bis er vor einer Mulde stand, die randvoll war mit klarem, dunklen Wasser, am Ufer gesäumt von zierlicher Wasserlinse, in der Mitte das blanke Spiegelbild der Bäume.

Es war völlig still hier zwischen den Bäumen. Sefadu blieb am Rand des Teichs stehen und blickte zu den drei Felszacken, die auf der gegenüberliegenden Seite aus dem modrigen Boden ragten. Diese runzligen, geborstenen Kalkfelsen zwischen dem Wurzelgeflecht am Rand des Teichs hatten ihn hergelockt. Es war der ideale Platz für Perlen, die bei den Frauen begehrt waren wie kein anderer Schmuckgegenstand. Er wollte für Dinka eine Kette machen, damit sie wüßte, daß er sie liebte.

Er war drei Jahre jünger als Dinka und der jüngste Erwachsene der Siedlung. Als er hierherkam, war er noch nicht einmal zehn Jahre alt gewesen – Thurso hatte den hoch aufgeschossenen Jungen für älter gehalten. Wie Tongman sprach er Temne, aber mehr verband sie nicht miteinander. Sefadu war kein Händler, sondern ein Handwerker, und besonders gern machte er hübsche Dinge, obwohl er auch Schneidwerkzeuge und Pfeilspitzen herstellte. Er war groß und schmal gebaut und sah mit seinen schweren Lidern immer ein wenig verschlafen aus; aber der Eindruck täuschte.

Vorsichtig bewegte er sich um den Teich herum und begann zu suchen. Nach einer Weile ging ein kurzer, heftiger Schauer nieder, den er geduldig abwartete, wo er gerade stand. Als der Regen aufhörte, setzte er seine Suche fort, während das Wasser von den Blättern auf ihn niedertropfte und die Frösche, dankbar für den Guß, zu quaken begannen.

Ungefähr nach einer Stunde fand er die ersten Perlen zwischen den bloßliegenden Wurzeln eines Alligatorapfels – vier rosige, wächserne Klümpchen, die im dunklen Wurzelhaar schimmerten. Zwei weitere lagen im Erdreich darunter.

Er steckte sie in den Fellbeutel, den er um den Hals trug, und suchte weiter, bis am Nachmittag achtunddreißig Perlen in seinem Beutel lagen, alle ungefähr gleich groß und genug, um eine Kette daraus zu machen.

Wieder zurück in der Siedlung, begann er sofort mit der Arbeit. In seiner Hütte, die ihm auch als Werkstatt diente, hatte er alles, was er dazu brauchte: Segelmachernadeln, Stahlnägel, Meißel – alles Dinge, die er sich noch als Kind bei den Männern der Crew zusammengebettelt hatte.

Von irgendwoher drangen Kinderstimmen zu ihm. Sie spielten die Geschichte von Wilson – er erkannte den Dialog des Streits.

»Hier haben wir zwei Männer und eine Frau. Kannst du rechnen, ja oder nein? Wir müssen die Frau teilen.«

»Ich will nicht teilen. Ich will die Frau allein.«

»Dann müssen wir die Frau fragen. Frau, du nimmst uns zwei als deine Männer?«

»Ja, ich nehm euch ...«

Für Wilsons Verbrechen gab es keine mildernden Umstände. Er hatte seinem Rivalen, einem Schwarzen, aufgelauert und ihn erstochen. Aber seine öffentliche Hinrichtung war ein anderer Tod gewesen als das Leiden und Sterben, das Sefadu auf dem Sklavenschiff miterlebt hatte. Der Weiße war auf den freien Platz geführt, gefesselt und getötet worden wie ein Tier. Er hatte sich nicht einmal gewehrt. Er hatte nicht geglaubt, daß sie ernst machen würden, und war wie im Traum durch die Menge gegangen. Wilson war von *allen* getötet worden. Das sei das Besondere an Wilsons Tod gewesen, hatte man den Kindern erklärt. Das sei Gerechtigkeit. Auf diese Weise hätten alle gezeigt, wie sehr sie dieses Verbrechen verabscheuten. Töten war Gerechtigkeit, wenn alle mitmachten.

Damals, im Alter von zehn Jahren, hatte Sefadu mit dieser Erklärung nichts anfangen können. Heute, zwölf Jahre danach, rätselte er immer noch daran herum. Wilsons Hinrichtung hatte den Schwarzen bewiesen, daß auch ihr Leben den Weißen wertvoll war. Aber warum sie es Gerechtigkeit nannten, konnte er nicht verstehen. Delblanc war der große Redner gewesen, der Wilsons Tod gefordert hatte, und jetzt sprach er wieder, draußen vor seiner Hütte, mit quäkender Kinderstimme:

»Schau mich an, ich spreche mit dir. Wie heißt du?«

»Wilson.«

»Wilson, du hast einen Mann getötet. Wie können Menschen in Gemeinschaft leben, wenn sie so etwas tun? Wie können sie lernen, eine Frau zu teilen, wenn sie so etwas tun? Deshalb werden alle dich töten ...«

Sie hatten Wilson an einen Baum gebunden und aus nächster Nähe auf ihn geschossen. Sefadu erinnerte sich, wie bei der plötzlichen Explosion scharenweise Vögel aus den Sümpfen aufgeflogen waren und für einige Augenblicke den Himmel füllten. Wilson war noch den ganzen Tag und den nächsten in seinen Stricken gehangen, damit jeder ihn dort sehen konnte …

Sefadu blies den Staub von der Stelle, wo er das winzige Loch gebohrt hatte. Das Perlenhäufchen auf seiner niedrigen Bank wurde allmählich kleiner. Mit gekreuzten Beinen saß er im Licht, das durch den Eingang seiner Hütte fiel, und arbeitete. Er dachte an Dinka – an ihre schönen Arme, die stolze Kopfhaltung, ihre länglichen, schmalen, bald melancholischen, bald spöttischen Augen. Auf ihrer Unterlippe, dicht an der Mittellinie, schimmerte das Blut durch die Haut, als hätte diese Lippe zu einer früheren Zeit weiter innen gelegen in der rosigen, weichen Höhle des Mundes …

Auch Sullivan war an jenem Nachmittag sehr beschäftigt. Er wechselte eine Saite an seiner Geige aus. Er hatte sich vorgenommen, Dinka durch die Macht der Musik für sich zu gewinnen, und dafür mußte sein Instrument in bestmöglichem Zustand sein.

Seit seinem Gespräch mit Billy und Inchebe wußte er, daß Eile geboten war, denn anscheinend hatten die zwei ebenfalls ein Auge auf Dinka geworfen, obwohl sie fest mit einer guten Frau zusammenleben. Er bezweifelte, daß sein Loblied auf Sallian viel genützt hatte, um die beiden zur Vernunft zu bringen. Viel wahrscheinlicher war, daß seine Worte ihren Verdacht erregt hatten. Inchebe war ein gerissener Bursche, und Sullivan wurde das Gefühl nicht los, daß er von seiner Seite einiges zu befürchten hatte.

Doch das Glück war ihm hold, zunächst in Gestalt eines frisch erlegten Hirschs, den Hughes tags zuvor zur Strecke gebracht hatte. Aus dem Eingeweide hatte er sich ein Stück Darm herausgesucht und es mit größter Sorgfalt ausgestreift und von Blut und Exkrementen gesäubert. Über Nacht hatte er den Darm in eine starke Lauge aus Holzasche gelegt, und nun war er dabei, den aufgeweichten äußeren Hautfilm abzuziehen – eine Arbeit, die Hingabe, Geduld und Fingerspitzengefühl erforderte. Alle diese Eigenschaften standen Sullivan zu Gebote, und er wünschte, sie auch Dinka entgegenzubringen. Während er arbeitete, pfiff er zwischen den Zähnen ein Lied aus seiner irischen Heimat, und seine Hoffnungen grünten.

Sein Plan war gefaßt – ein guter Plan, wie er fand. Er würde seine Fiedel so rein wie möglich stimmen; und abends, nach der letzten Mahlzeit, wenn alles ruhig war, würde er zu Dinkas Hütte gehen, die glücklicherweise am Rand der Siedlung lag. Dort würde er sich vor ihre Tür setzen und ihr ein Ständchen bringen mit *O Hear Me* und *Rose of Ireland.* Sie würde gerührt sein von der Schönheit der Melodien, sie würde ihn einlassen, und er wäre im sicheren Hafen gelandet. Vielleicht würde sie ihm auch als höfliche Einleitung einen Schluck von ihrem exzellenten selbstgebrauten Bier anbieten …

Natürlich ließe sich die Öffentlichkeit nicht ganz ausschließen. Die Leute würde ihn hören und angelaufen kommen, um diesen erstaunlichen Musikanten zu sehen. Sullivan hatte nichts gegen Publikum. Und Dinka hätte bestimmt auch nichts dagegen, wenn ihre Nachbarn wüßten, daß sie von einem der bedeutendsten Musiker am Ort begehrt wurde. Es würde ihr gefallen. Sullivan kannte die Frauen. Sie mochten es, wenn man ihnen huldigte.

Er verknotete das eine Ende des Darms über einem kurzen Knebel. Das andere Ende band er um den Eckpfosten seiner Hütte. Dann begann er die Saite zu drehen, wobei er immer wieder mit dem Finger darüberstrich, um die Windungen nach oben zu schieben. Sie wurde ein Prachtstück, straff und geschmeidig und genauso, wie Wilson sie sich wünschte.

Sobald Calley der Küste den Rücken gekehrt und sich landeinwärts gewandt hatte, machte er von Zeit zu Zeit halt, um Pechkiefernäste zu sammeln. Er legte sie über das tote Kind, dann schnürte er den Leichnam und die Äste zusammen, so daß ein hoher Stapel entstand, der über seine Schultern hinausragte. Als er die ersten Hütten der Siedlung erreichte, brach er beinahe unter dem Gewicht seiner Last zusammen.

Er lagerte das Holz vor Tabakalis Hütte. Sie betrog ihn nicht und gab ihm auch immer etwas zu essen. Auf ihren Rat hin brachte er die Leiche zu Paris' Krankenstube und war sehr erleichtert, als Paris ihm sagte, daß er das Richtige getan habe.

Für den Rest des Nachmittags lag der Leichnam dort unter einer Decke, damit er vor den Fliegen geschützt war. Paris hatte keine bestimmte Todesursache entdecken können. Der Junge war äußerlich unversehrt, und es befand sich kein Wasser in der Lunge. Er war bereits tot, als man ihn über die Seite geworfen hatte.

Vielleicht war er an der Ruhr oder am Fieber gestorben oder am Schock der Gefangenschaft, dachte Paris in Erinnerung an einige Todesfälle an Bord der *Liverpool Merchant.* Die Brandzeichen auf der Brust des Jungen waren ein S und ein L, kunstvoll ineinander verschlungen. Es konnte von tausend verschiedenen Händlern aus einem Dutzend Nationen stammen. Der einzige, der nicht in Frage kam, war sein Onkel. *K für Kemp.* Es war ein weiter Weg von Liverpool bis zu diesem toten Jungen. Ein altes Sprichwort der Guineafahrer kam ihm in den Sinn, das Barton einmal gebraucht hatte, der kaum einem Zitat widerstehen konnte: *Heaven is high and Europe far away* – der Himmel ist groß und Europa weit …

Er stand eine ganze Weile in der langen, nach vorne hin offenen Hütte, in der er seine Kräuter und Instrumente und wenigen Habseligkeiten aufbewahrte. Er schlug noch einmal die Decke über dem Toten zurück und betrachtete das Gesicht des Jungen, der ungefähr im gleichen Alter war wie Kenka. Plötzlich stiegen ihm die Tränen in die Augen. Nur durch einen glücklichen Zufall war es Kenka beschieden, in Freiheit und unter freundlichen Menschen zu leben …

Mehrere Leute hatten gesehen, was Calley gebracht hatte, und im Lauf des Nachmittags kamen fast alle, die sich in der Siedlung oder in der unmittelbaren Umgebung aufgehalten hatten, um den Jungen zu sehen. Sie standen eine Weile herum und überlegten, woher er gekommen sein könnte, zu welchem Volk er gehört haben mochte. Die meisten fanden eine gewisse Ähnlichkeit mit ihrem eigenen Volk. Die Kinder standen im Kreis um die Leiche und starrten auf das Gesicht. Paris hatte Kenka mit einer besonderen Aufgabe betraut, um die er von den anderen sehr beneidet wurde: Er hatte ihm einen Palmwedel in die Hand gedrückt und ihm befohlen, neben dem Kopf des Jungen zu sitzen und die Fliegen von seinem Gesicht zu verscheuchen. Kenka erfüllte seine Aufgabe mit dem größten Eifer und widerstand allen Versuchen der anderen Kinder, ihn abzulösen.

Während der tote Junge in Paris' Krankenstube aufgebahrt lag, hoben Calley und Bulum Iboti das Grab für ihn aus. Er sollte auf dem gemeinschaftlichen Friedhof beerdigt werden, den sie auf einem Felsvorsprung am Rand des Kiefernwaldes angelegt hatten. An derselben Stelle befanden sich auch die hügeligen Überreste einer alten, längst verlassenen Indianersiedlung. In der drei bis vier Meter hohen Schicht, die sich hier aus Humus und schwerem Muschelsand angehäuft hatte, konnten sie die Toten tief genug betten, so daß sie vor Tieren geschützt waren. Einige lagen auch an anderen Orten, weil es dort, wo sie herkamen, Brauch war, die Toten unter ihren Hütten zu begraben oder zu exhumieren und die Knochen in Körben aufzubewahren. Aber die meisten, die seit dem Bestehen der Siedlung gestorben waren, lagen hier begraben, und ihre Gräber waren durch Pfähle gekennzeichnet, in die ihre Initialen oder eine Abkürzung ihres Namens eingebrannt waren. In Palmfasermatten eingenäht waren hier Delblanc und Wilson zur Ruhe gelegt worden sowie der Mann, den Wilson getötet hatte, und das Kind, das Tabakali verloren hatte. Es gab auch einen Pfahl für Deakin; gelegentlich kam der umherstreifende Calley vorbei und ruhte sich an diesen Pfahl gelehnt und in Gedanken bei seinem Freund aus.

Der tote Junge wurde in eine steife Matte genäht. Billy Blair und Shanti Danka trugen ihn zum Friedhof hinaus. Hier oben schien noch die Sonne, und die Grabpfosten warfen lange Schatten. Nadri stand im Licht der letzten Sonnenstrahlen neben dem Grab. Er war ein von allen geachteter Mann, und so hatte man ihn gebeten, ein paar Worte zu sagen.

»Niemand weiß, woher dieser Junge stammt«, sagte er. »Für die Vai sieht er aus wie ein Vai, für die Susu wie ein Susu und so weiter. Jeder sagt, er sieht aus wie einer von seinem Volk. Dieser Junge trägt kein Stammeszeichen, er ist nicht beschnitten. Er hat nur ein Brandzeichen, das erst zwei oder drei Tage alt ist. Vielleicht war dieser Junge schon fast tot, als sie ihn gebrannt haben. Und wer waren sie? Franzosen, Engländer, Dänen? Wir wissen nur, daß es Sklavenhändler waren. Wenn er kein Zeichen hat, das uns sagt, zu wem er gehört, müssen wir annehmen, der Kleine da gehört zu niemandem. Aber wartet mal! Ich denke, er gehört zu uns allen, die wir hier sind.«

Nadris Stimme hatte am Schluß sehr tief geklungen. »Dieser Junge gehört zu uns allen«, wiederholte er bewegt. »Und so begraben wir ihn hier neben unseren Toten, und wir machen dieses Brandzeichen auf seinen Grabpfosten. Das ist sein Name.«

Daraufhin senkten sie den Jungen in die Erde. Als alle gegangen waren, schaufelte Iboti das Grab zu. Er hätte es gern umsonst getan, aber er konnte es sich nicht leisten; für diese Arbeit hatte man ihm ein Kaninchen versprochen und einen Beutel Kastanienmehl – letzteres war ziemlich wertvoll, weil die Kastanienbäume weit im Norden wuchsen. Es war eine schlimme Zeit für Iboti, vielleicht die schlimmste seit den Tagen seiner Gefangennahme. Seine Frau wollte ihn nicht und behandelte ihn mit Verachtung. Er war verstört und tief gekränkt, weil man ihn wegen Hexerei anklagen wollte. Und er fürchtete sich im Dunkeln auf dem Friedhof. Deshalb beeilte er sich mit der Arbeit, wobei er ständig vor sich hin murmelnd seine Unschuld beteuerte, und nur die Angst vor den Teufeln und die Hoffnung auf Tongmans Verteidigung bewahrten ihn davor, blindlings auf und davon zu rennen.

Sullivan hielt sich genau an seinen Plan. Das Abendessen ließ er ausfallen. Er war zu aufgeregt, um zu essen. Viel wäre ohnehin nicht da gewesen, denn er hatte vergessen, sich etwas zu besorgen, und auf eine Mahlzeit in der Hütte seiner Frau, zusammen mit Libby und Zobi, ihren beiden anderen

Männern, und ihren vier Kindern, von denen das älteste erst ein Jahr alt war – darauf hatte er auch keine Lust. Er wartete in seiner eigenen Hütte, bis die Kochfeuer heruntergebrannt und die laute Essenszeit vorbei waren. Danach waren die Rufe der Kinder noch eine Weile zu hören, aber dann wurde es still. Der Mond ging auf und tauchte die Siedlung in fahles Licht. Die Luft war kühl. Es roch nach Holzrauch und Nebel. Sullivan fröstelte ein wenig. Er hatte sich große Mühe mit seinem Äußeren gegeben; er hatte sein langes Haar mit einem schmalen Lederriemen zusammengebunden, sich den Bart gestutzt und Harz gekaut, um saubere Zähne und einen angenehmen Atem zu haben.

Ein paar Leute waren noch unterwegs, aber niemand achtete auf Sullivan, als er sich in die Gegend der Einpfählung begab, wo Dinka wohnte. Aus ihrer Hütte drang kein Licht, was ihn nicht sonderlich überraschte. Die Menschen in der Siedlung gingen früh schlafen und standen beim ersten Sonnenstrahl auf. Er würde Dinka mit seiner Musik aus dem Schlaf holen. Wie könnte eine Frau schöner geweckt werden?

Ein paar Schritte vom Eingang entfernt setzte er sich auf den Boden und wartete, bis sein Atem ruhiger ging. Dann hob er die Fiedel ans Kinn und begann zu spielen. Früher, in einem anderen Leben, hatte er mit seinem leicht heiseren, aber angenehmen und kräftigen Tenor auf staubigen Landstraßen und kopfsteingepflasterten Gassen gesungen und der besseren Wirkung wegen ein Bein nachgezogen. Heute nun legte er sein ganzes Herz in seine Stimme und sang: »*Oh, hear me, my charmer!* – O hör mich, du Zauberin, oder willst meinen Tod? Schon nahet im Osten das Morgenrot.«

Er bemerkte, daß in den Hütten ringsum Bewegung entstand, hörte Stimmen laut werden, aber er hielt die Augen fest auf den Eingang von Dinkas Hütte gerichtet. Bis jetzt war von dort kein Echo gekommen. Mit so viel Tremolo wie möglich wiederholte er die Melodie auf der Fiedel, aber es zeigte sich immer noch nichts. Er stimmte die zweite Strophe an: »Hör mich, o hör mich, nimm von mir die Pein …«

Er verstummte abrupt. Auf Dinkas Schwelle war endlich eine Gestalt erschienen, eine nackte Gestalt, aber es war nicht die, die er erwartet hatte. Nicht einmal das Geschlecht war das richtige – eine Tatsache, die der perplexe Sullivan sehr deutlich erkannte und um einiges eher als Sefadus Gesicht. Die Stimme, die sich vernehmen ließ, klang nicht unfreundlich: »Sie kann dich nicht hören, Fiedler, sie ist zu beschäftigt. Komm morgen wieder.«

Die Töne von Sullivans Fiedel drangen in Kenkas Halbschlaf wie eine ferne, traurige Stimme, die von irgendwoher aus der Nacht zu ihm kam. Es war eine Zauberstimme; deshalb stellte Kenka nie Fragen zur Musik und sprach auch mit niemandem darüber. Das tat er erst viele Jahre später an einem anderen Ort als alter, erblindender Mann.

Als die Musik endete, hörte er im Dunklen liegend, wie sich die plötzliche Stille wieder mit den gewohnten Geräuschen füllte – dem leisen Rascheln im Palmstrohdach, den regelmäßigen Atemzügen seiner Geschwister, dem fernen Rauschen des Meeres – oder wie die Stille auf ganz leise Weise verschwand.

Er dachte an die versprochene nächtliche Hirschjagd – die erste, bei der er mitmachen durfte. Der Mond war bald voll, also konnte es nicht mehr lang dauern. Und Shanti Danka war auch zurück; er war ein paar Tage fortgewesen, aber zum Palaver zurückgekommen. Danka hatte Hirschfährten und abgebissene Schößlinge auf einem Dschungelhügel gesehen, der nur eine Stunde entfernt auf der anderen Seite der Süßwasserlagune lag. Danka würde sie hinführen. Er war ein guter Jäger und unglaublich stark – sein Bogen war so dick wie Kenkas Handgelenk.

Kenka war noch nie in dem Dschungelwald gewesen, in dem Danka die Spuren gefunden hatte, aber er hatte das Gefühl, ihn genau zu kennen, denn er hatte sowohl Paris als auch Nadri darüber ausgefragt, und beide hatten ihm alles genau geschildert, wie es dort aussah und welche Jagdmethode sie anwenden würden.

Wie schon so oft stellte er sich vor, wie es auf der Jagd sein würde. Jede einzelne Phase hatte den Charakter eines Rituals, alles mußte in einer bestimmten, unveränderlichen Reihenfolge geschehen. Sie würden aufbrechen, solange es noch hell war. Er würde den glitzernden Bach sehen, der unter dem Farnkraut hervorkam, und die im klaren Wasser umherflitzenden roten Fische. Er würde mit den anderen durch den niedrigen Tunnel im Blättergewirr bachaufwärts waten. Am Rand der Lichtung würden sie warten und prüfen, ob sie richtig zum Wind standen, damit ihr Geruch nicht zu dem Dickicht hinwehte, aus dem die Hirsche kommen würden. Die Hirsche liebten dunkle, heimliche Orte, und sie waren furchtsam und nahmen sehr schnell Reißaus. Aber Kenka wußte auch, daß sie trotzdem immer alles wissen wollten und daß ihnen ihre Neugier zum Verhängnis wurde.

Sobald es dunkel würde, dürften er und sein Freund Tekka die Holzspäne in den Pfannen anzünden, die die Männer mitnehmen würden. Sie würden ein Licht geben, gerade hell genug, um die Tiere nicht zu verscheuchen. Hirsche mochten keine lodernden Flammen … Vom Licht angelockt würden die dunklen Umrisse der Tiere leise zwischen den Bäumen hervorkommen. Sie würden geblendet sein und trotzdem näher kommen, ohne die Jäger zu sehen oder die gespannten Bogen mit den schweren Pfeilen. Der Feuerschein würde in ihren weit offenen Augen blinken. Vielleicht würden sie im letzten Augenblick Angst bekommen und umkehren wollen, aber dann wäre es schon zu spät. Die Bogensaiten würden schwirren, die Pfeile zischen, und der Hirsch würde umfallen und ein wenig zappeln und dann still liegen.

Nach dem Tod des Hirschs würde die Nacht leer sein … Kenka fühlte sich merkwürdig beunruhigt. Der Hirsch wurde getötet, weil er immer alles wissen wollte, und Kenka verstand den Hirsch, weil er selbst genauso war. Er hatte gehört, wie sein Vater zu Tabakali gesagt hatte: Dieser Kenka ist neugierig. Er fragt mir ein Loch in den Bauch und will auf alles eine Antwort …

Aber sein Vater schien sich darüber zu freuen … Langsam erloschen die geblendeten Augen des Hirsches, die dunklen Bäume rückten zusammen, und Kenka schlief ein.

50

Palaver wurden immer dann abgehalten, wenn sich ein Streit nicht auf gütliche Weise beilegen ließ. Sie fanden auf dem freien Platz vor den ersten Hütten statt und waren für alle Nichtbetroffenen eine willkommene Unterhaltung und daher immer gut besucht. In der heißen Jahreszeit wurden sie auf den Abend gelegt, aber jetzt, bei dem kühleren Wetter, fand man den Vormittag besser geeignet, vor allem auch deshalb, weil am selben Abend die Namengebung für Neemas jüngstes Kind stattfinden sollte unter der gemeinsamen Vaterschaft von Cavana und Tiamoko, die sich als Freunde und Partner eine Frau teilten und ein gemeinsames Geschäft betrieben. Neema hatte den Palavertag für die Namengebungsfeier gewählt, um sicherzugehen, daß viele Besucher kamen, die sowohl ihr Ansehen als auch die Anzahl der Geschenke und guten Wünsche mehren würden.

Es war noch früh am Morgen, kurz nach Sonnenaufgang. In der Krankenstube verabreichte Paris Libby einen Extrakt aus Quassia und getrockneten Orangenschalen. Libby war zu ihm gekommen, nachdem er sich in der Nacht mehrmals erbrochen hatte. Sein Auge zeigte eine gelbliche Verfärbung. An diesen Anfällen, die in den ersten Stunden von leichtem Fieber begleitet wurden, litt Libby nun schon seit mehreren Jahren.

Aber nicht nur er. Auch andere Männer der Crew – jedoch keiner der Afrikaner – wurden von einem wiederkehrenden Fieber heimgesucht, dessen Ursache sich Paris nicht erklären konnte. Bei manchen trat es nur in Form eines leichten Anfalls auf, der nach einem oder zwei Tagen vorüber war; bei anderen schnellte das Fieber mehrmals nacheinander gefährlich in die Höhe. Nur Libby bekam gleichzeitig Gelbsucht. In der Zeit zwischen den Anfällen schien es den Männern jedoch recht gutzugehen, und seit dem Tod von Rimmer vor fünf Sommern hatte es keine Todesfälle durch Fieber gegeben. Bei Paris selbst war die Krankheit, die ihn auf dem Schiff befallen hatte, nicht wieder aufgetreten; nur eine Neigung zu Gliederschmerzen und unangenehmem Frösteln war ihm geblieben, sobald er sich auch nur ein wenig erkältete.

Sein Vorrat an Chinarinde war längst aufgebraucht. Nun bekämpfte er das Fieber mit der zerstoßenen Rinde von Bitteresche, die er vereinzelt an der dem Meer zugewandten Seite der Dschungelhügel entdeckt hatte, oder mit einem Absud von Sassafras.

Libby bedankte sich auf seine mürrische Art, und Paris nahm die Gelegenheit wahr, ihn zu fragen, was er von der Klage gegen Iboti hielt.

»Ist doch sonnenklar«, antwortete Libby als Anhänger von Kireku. »Iboti ist schuldig. Er hat versucht, Hambo umzubringen. Das Palaver ist reine Zeitverschwendung. Der Todesfetisch war auf Hambos Dach.«

Paris betrachtete Libbys bleiches, aufgedunsenes Gesicht. »Ich wußte gar nicht, daß du soviel von Fetischen hältst, Libby«, sagte er. »Ich? Von einem Flederwisch mit Spucke?« Libby lachte auf, während er sich erhob, um zu gehen; aber es klang nicht überzeugend. »Wenn ich krank bin«, sagte er, »komm ich doch zu Euch, oder? Ich geh doch nicht zu Amansa und hol mir von ihr einen Zauber.«

Nachdem er gegangen war, stand Paris eine ganze Weile untätig herum. Libby hatte etwas Widerwärtiges an sich, das selbst dann zum Vorschein kam, wenn er versuchte, liebenswürdig zu sein. Die Stille schien nötig, um den Raum von seiner Gegenwart zu reinigen. Die Krankenstube war für Paris, obwohl sie allen offenstand, ein sehr privater Ort; er kam hierher, wenn er allein sein wollte, wenn er über sich und die Vergangenheit nachdachte.

Alles, was er besaß, befand sich hier: die auf gespaltenen Palmstämmen aufgebockte Mahagonitruhe, in der er, auf dem zerschlissenen Plüsch säuberlich angeordnet, die polierten Instrumente und die mit Glasstöpseln verschlossenen Arzneiflaschen aufbewahrte; sowie der Schrank, den ihm Barber aus Mangroveholz gemacht hatte und in dessen Fächern und Schubladen er seine Wurzeln, Öle, getrockneten Blätter und seine wenigen Bücher untergebracht hatte.

Auf gewisse Weise sammelte sich hier, wie auf dem Friedhof, Vergangenheit an. Da waren die Hölzer, mit denen er ein gebrochenes Bein geschient, der verkohlte Stock, mit dem er – vergeblich – einen Schlangenbiß ausgebrannt hatte. In einem Krug auf einem Bord seines Schranks lag die sorgfältig getrocknete Aalhaut, aus der er in größter Eile und Verzweiflung einen Katheter gemacht hatte, um ihn durch die Speiseröhre in den Magen eines sechs Monate alten Kindes zu schieben, das ein paar Flocken von Kuntle-Wurzeln geschluckt hatte, die im Rohzustand giftig sind. Bei dem Kind hatten Puls und Atmung bereits ausgesetzt. Durch die improvisierte Kanüle konnte ihm Paris ein Brechreiz erregendes Mittel einflößen. Die Wirkung glich einem Wunder. Innerhalb von Minuten war der Puls am Handgelenk wieder fühlbar, die krampfhaften Mundbewegungen ließen nach, und das Kind schnappte zitternd nach Luft. Ans Wunderbare grenzte auch der glückliche Umstand, daß jemand gerade an diesem Tag frische Aale vom Fluß heraufgebracht hatte und daß sich noch eine kleine Menge Brechwurz unter seinen Arzneimitteln befand. Das kleine Mädchen war inzwischen sechs Jahre alt …

Erinnerungen kreuzen sich ohne unser Zutun. Er konnte nicht an das gerettete Kind denken, ohne eine Verbindung zu seiner verlorenen Ruth herzustellen, obwohl er sich, wenn er in diesen Tagen an sie dachte, meistens in die Zeit zurückträumte, die vor ihrem Unglück lag, in die Zeit ihrer jungen Liebe. Und so erinnerte er sich jetzt an einen Frühlingstag, an dem sie in Norfolk, in der Nähe ihres Elternhauses, am Strand spazierengegangen waren. Hand in Hand waren sie dahingeschlendert, weit über den Hafen hinaus bis zu einem einsamen Strand. Es war Ebbe gewesen. Der geriffelte Sand, das helle Blau der Tümpel, dahinter die See, von dunklerem Blau und einförmig bis zum Horizont. Dann war die Sonne durchgekommen. Der grobe Strandkies leuchtete hell, die feuchten Tangbüschel glänzten. Über ihnen schrien die Seeschwalben – er hatte sein Fernrohr mitgebracht, um zu beobachten, wie sie nach Fischen tauchten. Ruth war allein ein Stück weitergegangen, um die blauen Blumen zu pflücken, die hier wuchsen und die, wenn man sie trocknete, ihre Farbe behielten – er konnte sich nicht an den Namen der Blumen erinnern. Er war der schmalen, einsamen Gestalt vor dem weiten Bogen der Dünen mit den Augen gefolgt. Dann hatte er das Fernglas auf sie gerichtet, und plötzlich sah er sie ganz nah und war tief gerührt, als er beobachtete, wie vorsichtig sie die Hand nach den Blumen ausstreckte. Die ganze Vornehmheit ihres Wesens lag darin. Damals hatte er erkannt, daß sie alles auf diese sanfte, liebevolle Art berührte, und er war so ergriffen und so voller Liebe für sie, daß sich ihm ein Schleier über die Augen legte und ihre Gestalt für einen Moment verschwamm …

Er stand noch immer an derselben Stelle, als eine halbe Stunde später Nadri mit einer Fischfalle zu ihm kam, die er bei Paris bis nach dem Palaver abstellen wollte. Er hätte sie überall abstellen können, denn gestohlen wurde in der Siedlung so gut wie nie; dafür spielte sich ihr Leben zu sehr in der Öffentlichkeit ab. Und außerdem hätte niemand im Traum daran gedacht, eine Falle wegzunehmen, die ihren rechtmäßigen Besitzer auf den ersten Blick verriet: Niemand außer Nadri bastelte so raffinierte und so schöne Fallen. Diese hier, die er jetzt in eine Ecke der Krankenstube stellte, hatte ungefähr einen Meter Durchmesser, war zylindrisch geformt und am breiteren Ende offen. Die in der trichterförmigen Röhre angebrachten krummen Stifte aus Weidenruten ermöglichten den Fischen, in das labyrinthartig ausgestattete Innere der Falle hinein-, aber nicht mehr hinauszuschwimmen.

»Das ist eine Fischfalle?« spöttelte Paris. »Ich glaube es nicht.«

Nadri lächelte. Sein Perfektionismus in Sachen Fallen war für sie beide seit Jahren ein Grund zum Scherzen. »Warum? Was denkst du denn, daß es ist?«

Das Schicksal, dieselbe Frau zu haben, hatte sie zusammengeführt, und Nadri hatte im Lauf der Jahre, intelligent und sprachbegabt wie er war und, wie Paris später erfuhr, durch ein Sprachverständnis, das von seiner Erziehung herrührte, ziemlich gut Englisch gelernt – Nadri war Moslem und hatte als Kind auf arabisch lesen, schreiben und rechnen gelernt. Auch andere Dinge brachte Paris nach und nach in Erfahrung. Nadri stammte aus einer Gegend mit hochgelegenen Weiden und bewaldeten Tälern hinter der Elfenbeinküste. Er war Schreiber bei einem Kaufmann und hatte später die Tochter seines Arbeitgebers geheiratet. Auf einer Geschäftsreise im Auftrag seines Schwiegervaters war er von Sklavenjägern gefangen worden. Er hatte eine Tochter, die jetzt, wenn sie noch lebte, vierzehn Jahre alt war.

»Sieht vielleicht zu schön aus«, sagte er jetzt. »Aber diese Falle wird viele Fische fangen. Seit ich hier bin, hab ich eines herausgefunden, Matthew.«

»Und was ist das?«

»Eine Falle, die gut aussieht, bringt einen guten Fang, ob Vögel oder Fische oder Füchse.« Er lächelte wieder; es war ein anziehendes Lächeln, das sein strenges Gesicht mit den vorstehenden Wangen- und Schläfenknochen weicher erscheinen ließ. »Zwölf Sommer und eine Sache dazugelernt«, sagte er. »Ist vielleicht gar nicht so schlecht.«

Paris schwieg und betrachtete diesen Mann, der ihm nahestand, aber doch nie ganz sein Freund werden würde. Nadri war groß – die Augen, die seinen Blick erwiderten, waren auf gleicher Höhe mit den seinen. Es waren die Augen, die ihn auf dem Sklavenschiff schmerzvoll und verwirrt angesehen hatten, als die Peitsche auf ihn niedersauste, als er sich untersuchen und brennen lassen mußte. Das bläulich verfärbte Kempsche Brandzeichen auf Nadris Brust prangte ihm entgegen. Er war der erste gewesen, den Paris durch seine Berührung schändlich verletzt hatte, und Tabakali war die erste unter den Frauen gewesen, die er angesehen und begehrt hatte. Nun war Tabakali die Frau von ihnen beiden. Sie hatte Paris vergeben, so schien es ihm jedenfalls – vielleicht, weil er sie so sehr gebraucht hatte. Aber Nadri konnte ihre erste Begegnung nicht vergessen, trotz der Zuneigung, die zwischen ihnen entstanden war.

»Schade, daß das, was du über die Fallen sagst, nicht auch für die Menschen gilt«, sagte Paris. »Dann würden wir uns wenigstens nicht in ihnen täuschen.«

Nadri breitete die Hände aus und drehte die Handteller mit der hellen, empfindlich scheinenden Haut nach oben. »Eine Falle ist ein ganz einfaches Ding«, sagte er. »Es hat nur einen Zweck. Sein Name bezeichnet, was es ist. Menschen sind nicht so. Ich weiß nicht, Matthew, warum du dir immer Gesetze für Menschen machen mußt. Warum reicht es dir nicht, den einen Menschen anzusehen und danach einen anderen?«

»Wenn wir nicht von besonderen Wahrheiten auf allgemeine Wahrheiten schließen können, kommen wir nirgendwohin«, erwiderte er etwas ungehalten. Nadris grundsätzliche Ablehnung, allgemeine Feststellungen über das menschliche Verhalten zu treffen, hatte schon öfter zu Auseinandersetzungen zwischen ihnen geführt.

»Es ist besser für uns, wenn ihr nirgendwohin kommt«, sagte Nadri. »Besonders wahr für die allgemeinen Wahrheiten ist die Geschichte vom Sklavenhandel. Das denke ich.«

»Das ist nicht fair, Nadri. Wenn du alles darauf beziehst, können wir über gar nichts mehr reden.« Trotzdem begriff Paris zum erstenmal, daß Nadris Unmut daher rührte, daß er ein Individuum und frei sein wollte und nicht eingeschränkt durch eine angeblich universelle menschliche Natur. »Es ist nur ein Versuch zu verstehen«, sagte er freundlicher. »Wir sind alle nur zufällig hier.«

»Nein, du bist zufällig hier. Ich bin hier, weil ihr mich hergebracht habt. Das ist der Unterschied zwischen uns, Matthew. Die Crew-Männer sind hier, weil sie den Käpt'n getötet haben. Du sagst, es ist nur ein Versuch zu verstehen; aber es ist nur ein Versuch, zu beweisen, daß du richtig denkst. Erst bringt ihr uns hierher und sagt, wir sind frei. Dann wollt ihr, daß wir machen, was ihr euch ausdenkt. Aber freie Menschen tun das nicht, du kannst sie nicht dazu zwingen.«

Paris antwortete nicht sofort. Es stimmte, daß er eine Verantwortung trug, die von den Afrikanern billigerweise nicht mitgetragen werden mußte. Sogar die Männer der Crew, fand er, waren weniger verantwortlich als er. Sie hatten, im Gegensatz zu ihm, das körperliche Elend mit den Schwarzen geteilt, sie waren im Beisein der Schwarzen ausgepeitscht worden, sie hatten Essen von ihnen gebettelt. Zweifellos aus diesem Grund hatten sie sich hier gemeinsam niederlassen können. Paris war hier glücklich geworden. Er wußte, daß er gebraucht wurde und daß man ihn respektierte. Aber er wußte auch, daß er in mancher Hinsicht allein stand.

»Hier mußt du von einem Tag auf den anderen leben, genauso wie überall«, sagte Nadri in verändertem Tonfall. »Ein kluger Mann kennt seine Grenzen. Wie die *trokki*, weißt du?«

»Was sind *trokki*?«

Nadri hatte bemerkt, daß sich Paris verletzt fühlte. Und weil er ihn gern hatte, machte er sein überlegenes, leicht ironisches Gesicht wie immer, wenn er in afrikanische Volksweisheiten abschweifte. »*Trokki* ist die Schildkröte«, sagte er. »Will vielleicht auch mal kämpfen, weiß aber, Arm zu kurz.«

»Dafür dein Arm gut lang«, sagte Paris und lächelte erleichtert. Pidgin-Englisch wirkte oft entspannend. Eine Welle der Zuneigung für Nadri hatte ihn erfaßt. Zwischen den Männern, die sich eine Frau teilten, was immer noch bei den meisten der Fall war, herrschte selten eine neutrale Atmosphäre. Manchmal entstand daraus Feindschaft, manchmal auch Freundschaft. In ihrem Fall kam das Geschenk der Freundschaft von Nadri, das wußte Paris genau, und was er dabei empfand – ein Gefühl, das an Dankbarkeit grenzte –, schnürte ihm fast die Kehle zu. Nun suchte er, getreu seiner anerzogenen Zurückhaltung, nach einer Möglichkeit, fortzufahren, ohne seine Gefühle zu verraten. »Tabakali«, sagte er, »das ist eine Frau, sieht gut aus und ist gut innen.«

»Das ist wahr«, sagte Nadri ernst. »Sie ist 'ne feine Frau.«

Sie nickten und schwiegen, bis Nadri nach einer Weile sagte: »Zeit für das Palaver. Sie versammeln sich schon.«

Sie verließen die Krankenstube und gingen zu dem großen Platz, wo sich Männer, Frauen und Kinder auf mitgebrachten Matten in zwei ungefähr ein Dutzend Fuß voneinander entfernten Reihen niedergelassen hatten. Paris sah auch Hughes und Amos und Cavana, die sich normalerweise nur selten in der Siedlung aufhielten. Cavana war natürlich zur Namengebung seines Kindes gekommen. Tabakali war ebenfalls da mit ihrem jüngsten Kind. Paris und Nadri gesellten sich zu ihr.

Als Stockmann oder Stockhalter – das war der Mann, dem alle zu gehorchen hatten, der mit keiner der streitenden Parteien zusammenleben oder geschäftliche Verbindungen haben durfte und dessen einziges Interesse im zu verhandelnden Fall der Gerechtigkeit gelten mußte – war diesmal Billy Blair gewählt worden. Er saß an einem Ende der beiden Reihen und hielt den eleganten Gehstock mit dem silbernen Knauf in der Hand, der einst Delblanc gehört hatte. Delblanc hatte ungefähr ein Jahr vor seinem Tod diese Regel eingeführt, um mit dem Chaos ihrer früheren Debatten aufzuräumen. Zur Versammlung sprechen durfte nur, wer aufrecht zwischen den Reihen stand und den Stock in Händen hielt. Es war Aufgabe des Stockmanns, für die Einhaltung dieser Regel zu sorgen.

Wie üblich sprach der Kläger als erster. Hambo ging zwischen den Reihen auf und ab und gestikulierte heftig mit dem Stock. Nach seiner Darstellung hatte Iboti versucht, ihn zu töten, indem er einen starken Fetisch gemacht und auf dem Dach seiner Hütte versteckt hatte. Hambo hatte das Fetischbündel im Dachstroh gefunden, als er nach Hause kam, und Danka hatte ihn dabei gesehen. Das Bündel bestand aus getrockneten Blättern, zwei Stöcken, einer davon war angespitzt, und zwei Rohrpfeifen, von denen eine mit Staub gefüllt war. Hambo behauptete, er wüßte, daß es Iboti war, der das Bündel dorthin gelegt hatte, weil Iboti gedroht hatte, ihn zu töten, und dies vor Arifa, ihrer gemeinsamen Frau.

»Gelogen!« schrie Iboti plötzlich von seinem Platz neben Tongman. »Das ist gelogen, Hambo.« Er schluckte aufgeregt und rollte die Augen hin und her, daß das Weiße seiner Augäpfel zu sehen war.

»Ich hab gelogen?« Hambo blieb vor Iboti stehen und blickte böse auf ihn nieder. »Du Bulumschwein! Sag noch mal Lügner zu mir und ich würg dich.«

»Iboti«, sagte Billy, »du kommst nachher dran. Jetzt hat Hambo den Stock. Hambo, wenn du Schimpfworte benützt, nehm ich dir den Stock weg. Dann hast du ausgeredet.«

Langsam wandte sich Hambo von Iboti ab und begann wieder hin und her zu gehen. Er war kleiner und gedrungener als die anderen Shanti, mit einem kräftig gewölbten Brustkorb. Sein Nacken war nicht viel schmäler als sein Hinterkopf, so daß er aussah wie aus einem einzigen Block gehauen. Trotz seiner heftigen Gesten sprach er ziemlich langsam und mit

Pausen, in denen er seine Gedanken zu ordnen schien und laute Spuckgeräusche machte zum Zeichen, daß er die Wahrheit sprach. Arifal sagte er, habe nicht nur die Drohungen gehört, sondern Iboti auch beim Staubaufheben gesehen, was sie der Versammlung in Kürze selbst sagen würde. »Ich zeig euch den Fetisch«, sagte er, »dann wißt ihr, daß ich die Wahrheit sage.« Er ging zu seinem Platz, nahm das Bündel und hielt es in die Höhe, damit es alle sehen konnten. »Die Blätter sehen aus wie Bombiri-Blätter«, sagte er.

Daraufhin erhob sich Tongman. Der Angeklagte oder der, der für ihn sprach, hatte das Recht, Fragen an den Stockmann zu richten. »Was soll das?« sagte er. »Ob das Bombiri-Blätter sind oder nicht, tut nichts zur Sache.«

»Was haben Bombiri-Blätter mit der Sache zu tun?« verlangte Billy von Hambo zu wissen.

»Bombiri-Blätter fallen schnell ab, wenn der Zweig vom Baum abgebrochen ist. Also ist das ein böser Fetisch, weil er macht, daß das Haus auf mich fällt. Tongman, ist dein Kopf weich oder was? Das mußt du doch wissen.«

Billy dachte eine Weile angestrengt nach. Er fühlte die Spannung, die über dieser Versammlung lag. Außer ein paar vorlauten Kinderstimmen herrschte unter den Anwesenden vollkommene Stille. »Hambo hat recht«, sagte Billy. »Er versucht uns zu beweisen, daß dieser Fetisch so stark ist, daß sein Haus einfällt.«

Auf diese Weise bestärkt und der gespannten Aufmerksamkeit des Publikums gewiß, wies Hambo nun auf die zwei Stöcke hin, den stumpfen und den spitzen, verhexten Speer. Und schließlich zeigte er die mit Staub gefüllte Rohrflöte herum. »Staub von meinem Fußabdruck«, sagte er. »Der Staub in der Pfeife verstopft Hambos Luftrohr und tötet ihn.«

Er marschierte zwischen den Reihen auf und ab, schwang den Stock, aber es war völlig klar, daß er seinen Fall dargelegt hatte und jetzt nur noch wiederholte – ein beliebter rhetorischer Trick bei den Shanti.

Billy sah sich das ein paar Minuten an, dann verlangte er den Stock zurück und gab ihn an Arifa weiter. Sie war eine große, üppige Frau mit groben Zügen, und sie hatte sich für diesen öffentlichen Auftritt besonders herausgeputzt: Weiße, ebenmäßige Kaurimuscheln zierten ihre langen Ohrläppchen, und eine glänzende Goldmünze, die Calley am Strand gefunden und die sie von ihm auf eine allen bekannte Weise bekommen hatte, hing zwischen ihren Brüsten, die, von dem lässig über die Schulter geworfenen Schal wenig verhüllt, bebten und fabelhaft wogten, während sie ihre Aussage vortrug. Ja, sie hatte Ibotis Todesdrohungen gehört. Er hatte Hambo unter anderem angedroht, ihn von Bauch bis zum Kinn aufzuschlitzen, ihm die Hoden abzuschneiden und ihn zu zwingen, sie zu essen. Die Zuhörer lachten, weil ein Mann mit aufgeschlitztem Bauch kaum noch imstande gewesen wäre, seine Hoden zu essen, aber auch wegen des sehr auffälligen Gegensatzes zwischen Ibotis und Hambos Körperkräften. Doch als Arifa erzählte, wie sie Iboti beim Staubsammeln beobachtet hatte, wurden sie mäuschenstill.

Sie hatte gesehen, wie er sich gebückt und den aufgenommenen Staub von Hambos Fußabdruck auf seinen Handteller gestreut hatte und anschließend in Richtung seiner Hütte verschwunden war. Es war kurz nach Sonnenaufgang gewesen, sie war gerade aus ihrer Hütte gekommen, hatte Kuntle-Pulp in einen Korb gefüllt und wollte damit hinunter zum Fluß. »Er trägt den Staub wie Wasser in der Hand«, sagte sie mit ihrer kräftigen Altstimme, »wie Goldstaub vom Schiff. Mich trägt er nicht so. Seine Eier schlafen schon lang.«

Beschämt ließ Iboti den Kopf hängen. Paris hörte, wie Tabakali neben ihm verächtlich schnaubte. Sie hatte nie viel für Arifa übriggehabt. »Die mit ihrem Fettsteiß«, sagte sie laut, »setzt Iboti vor die Tür, weil Hambo das will, und dann soll'n seine Eier schuld sein. Eine fettärschige Hure ist das.«

»Tabakali, halt den Mund, deine Meinung von Arifa ist verdammt nicht gefragt«, sagte Billy.

»Hab keine Angst, Iboti«, rief Tabakali. »Du findest eine Bessere als die!«

»Matthew, Nadri, wenn eure Frau keine Ruhe gibt, sitzen wir morgen noch hier. Stock geht an Hambo. Welche Strafe verlangst du für Iboti?«

Hier konnte sich Hambo kurz fassen. »Dieser Mann hat

versucht mich zu töten«, sagte er. »Was kann er mir geben? Er ist bettelarm. Einen Sack Kuntie-Wurzeln? Ha! Hambos Leben ist mehr wert als ein Sack Kuntie. In meinem Land – wenn einer mich töten will, töte ich ihn. Wir haben Wilson auch getötet. Aber Hambos Herz ist gut. Ich will Iboti nicht tot, ich will ihn drei Jahre als Träger für die Shanti. Das ist alles. Hier hast du den Stock zurück.«

Daraufhin schwiegen alle. Paris sah Kireku und Danka nebeneinandersitzen und zustimmend nicken und hinter ihnen Bartons witterndes Gesicht mit jenem altbekannten Ausdruck, wenn er irgendwo Schwäche witterte. Auch Libby saß dort. Hambos Frau war zu ihrem Platz in dieser Gruppe zurückgekehrt. Es war eine Phalanx der Mächtigen.

Paris begriff plötzlich, daß Hambo nie beabsichtigt hatte, Naturalien als Wiedergutmachung zu verlangen, sondern von Anfang an die Arbeitsleistung haben wollte. Das mußten auch die anderen erkannt haben ... Er warf einen kurzen Blick auf die Gesichter in seiner Nähe; sie wirkten alle sehr nachdenklich, aber nirgends regte sich Widerspruch. Nadri runzelte leicht die Stirn, und Sullivans Gesicht zeigte eine Art Verblüffung, als wäre er eben aufgewacht. In der Reihe gegenüber saß Jimmy mit überkreuzten Beinen, ausnahmsweise einmal ohne zu grinsen; Paris wußte im selben Moment – und es überlief ihn eine Gänsehaut bei dem prophetischen Gedanken –, daß Ibotis Knechtschaft, wenn es tatsächlich dazu kommen sollte, in die Siedlungsgeschichte eingehen und Jimmy eine ähnlich lehrreiche Geschichte daraus machen würde wie die von der Meuterei, von Wilsons Hinrichtung und der Freilassung der Indianer. Im Lauf der Zeit würden die Leute glauben, eine bestimmte Zeit für einen anderen zu arbeiten sei eine angemessene Strafe.

Die Stille dauerte an, nachdem Hambo den Stock zurückgegeben hatte. Billy sah etwas gequält aus. Eine Forderung wie die von Hambo hatte es noch nie gegeben. »Wir hören beide Seiten, dann sehen wir weiter«, sagte er schließlich.

Paris, der neben Tabakali auf der Erde saß, rappelte sich auf. »Ich bitte Hambo, einen anderen Strafantrag zu stellen«, sagte er zu Billy. Seine Stimme bebte vor Erregung. »Ich bitte ihn, sich zu erinnern. Sind wir hierhergekommen, um frei zu sein oder um uns gegenseitig zu Sklaven zu machen?«

»Das ist keine Frage, sondern deine Meinung.« Billy schüttelte heftig den Kopf, aber der Alptraum des fehlenden logischen Zusammenhangs hatte ihn bereits am Wickel. »Es hört sich an wie eine Frage, ist aber keine. Du kannst deine Meinung hier nicht ohne den Stock sagen, und den kriegst du erst, wenn beide Seiten fertig sind.«

»Aber wenn er schuldig gesprochen wird«, sagte Paris und vergaß in seiner Aufregung, das allgemein verständliche Pidgin zu sprechen, »werden sie nicht nur das Verbrechen verurteilen, sondern gleichzeitig den Anspruch auf Knechtschaft befürworten. Und nicht nur das. Damit wird festgeschrieben –«

»Was redet er da?« Kireku war aufgestanden; er war eine große, imponierende Erscheinung. »Warum redest du in dieser blöden Sprache?« Er maß Paris eine Weile stirnrunzelnd und mit festem Blick. »Mein Freund, du redest entweder die Sprache der Leute hier, oder du setzt dich und hältst den Mund.« Dann streckte er mit einer unvermutet heftigen Geste den Arm aus. »Und du, Stockmann«, sagte er an Billy gewandt, »du weißt nicht, wie man ein Palaver abhält. Verschwinde und laß einen besseren ran.«

Inchebe kam seinem Freund sofort zu Hilfe. »Der Mann ist nicht wie eure Stockmänner, die nur für die Shanti sprechen.«

Billys Gesicht war feuerrot angelaufen, und seine Faust ballte sich um den Stock. Die zornigen Worte, die er hervorstieß, drangen zum Glück nicht bis zu Kireku vor. Nun war für Tongman der richtige Moment gekommen. »Wozu dieses Palaver über eine Strafe?« sagte er, während er sich erhob. »Iboti braucht keine Strafe, er hat nichts Böses getan. Ich spreche jetzt für Iboti. Bitte den Stock.«

Gemessen schritt er zwischen den Reihen auf und ab. Er bediente sich eines völlig anderen forensischen Stils als Hambo, gestikulierte nicht und hielt keine theatralischen Reden, sondern wandte sich mit einer Miene an die Zuhörer, als zöge er sie ins Vertrauen. Bei diesem Fall gebe es einige Merkwürdigkeiten, sagte er, und das merkwürdigste sei, wie leicht Hambo den Fetisch gefunden hatte. Nach Tongmans Erfahrung – und er hege keine Zweifel, daß sich diese mit den Erfahrungen der Zuhörer decke – sei es im allgemeinen doch so, daß sich jemand, der ein Fetischbündel zusammenstellt und es auf dem Dach eines anderen anbringt, auch die Mühe macht, es gut zu verstecken, damit es dort so lange wie möglich bleiben und wirken könnte. Meistens würde so ein Fetisch erst bei Reparaturen am Dach gefunden.

Hier und da wurde Zustimmung laut, und Tongman nickte und lächelte. Dann preßte er die Lippen zusammen und machte ein völlig bestürztes Gesicht. War es dann nicht erstaunlich, daß Hambo diesen einen Fetisch so ohne weiteres gefunden hatte? Habe man nicht von ihm selbst gehört, er sei zu seiner Hütte zurückgekehrt und habe den Fetisch auf dem Dach entdeckt? Und Danka, sein Freund und Stammesgenosse, sei auch dabeigewesen.

Wie zufällig kam Tongman gerade bei Danka vorbei. Er blieb stehen und blickte freundlich auf ihn hinab. »Du hast gesehen, wie Hambo den Fetisch gefunden hat, richtig?«

»Richtig«, sagte Danka.

»Du hast gesehen, wie er auf das Dach gestiegen ist, wie er sich umgesehen und den Fetisch gefunden hat, nicht wahr?«

»Ich hab ihn gesehen. Er sagte: ›Danka, sieh dir das an, jemand will mich töten.‹«

»Ich hab dich nicht gefragt, was er gesagt hat. Er kann viel sagen. Hast du früher schon mal gesehen, daß er auf dem Dach etwas gesucht hat?«

»Früher schon mal?«

»Hast du ihn nur das eine Mal auf dem Dach gesehen oder schon öfter?«

Danka war ein treuer Freund, aber längst nicht so schlau Wie Tongman, der ihn mit seiner Frage überrascht hatte. Er zögerte einen Moment und grunzte dann verächtlich über die dumme Frage. »Ich hab ihn nicht öfter auf dem Dach gesehn. Wozu denn?«

»Das ist eine sehr gute Frage.« Tongman nahm seinen Spaziergang zwischen den Reihen wieder auf. »Danka hat noch nie zuvor gesehen, daß Hambo sein Dach absucht. Niemand hat jemals zuvor gesehen, daß Hambo sein Dach absucht. Ich werde euch sagen warum.« Er leckte sich rasch über die Lippen, und dann sagte er mit einer dramatischen Hebung seiner Stimme: »Hambo hat sein Dach noch nie zuvor abgesucht, *weil er wußte, daß es dort nichts zu finden gab.*«

Hambo rief, das sei gelogen, stand auf und ging zwischen den Reihen auf Tongman zu. Doch der kehrte, stolz aufgerichtet und Delblancs Stock in die Höhe haltend, seinem wütenden Gegner den Rücken und rief: »Wer hat den Stock?«

»Hambo!« brüllte Billy. »Tongman hat den Stock. Wenn du noch einmal dazwischenredest, Hambo, ist auspalavert und Iboti kommt frei.«

Widerwillig kehrte Hambo an seinen Platz zurück. Tongman setzte sein Plädoyer fort, nicht ohne sich vorher höflich beim Stockmann für sein rechtzeitiges Eingreifen zu bedanken. Nun hatte er die Zuhörer völlig in der Hand. Man könnte denken, sagte er, wenn jemand genau weiß, wann und wo er nach etwas suchen soll, daß er dann entweder einen besonderen Hinweis bekommen oder das Ding selbst versteckt hat. Aber Hambo habe keinen besonderen Hinweis erwähnt, nur die Todesdrohungen und die Sache mit dem Staub – und beides habe er von Arifa erfahren. Vielleicht könnte ja nun Arifa etwas Licht in diese außerordentlich rätselhafte Angelegenheit bringen ...

Arifa hatte inzwischen nachgedacht, und ihr war eine ihrer Meinung nach glänzende Idee gekommen, wie sie Tongmans Argument entkräften konnte. In ihrem Eifer wartete sie jedoch nicht, bis sie gefragt wurde, was sich als schwerwiegender Fehler erwies. »Warum Hambo nicht früher auf das Dach schaut? Haha! Das ist ganz einfach. Er weiß nicht, daß Iboti ihn töten will. Ich sag ihm nicht: Iboti mag dich nicht. Ich sag ihm nicht: Iboti sammelt Staub hinter dir auf. Das sag ich ihm später. Dann geht er und schaut auf das Dach.«

»Du hast es ihm nicht gesagt?« Tongman zog die Brauen in die Höhe. »Dann wollen wir mal sehen. Du siehst Iboti und gehst am selben Tag zum Kuntie-Waschen an den Fluß, zusammen mit sieben, acht anderen Frauen, die das auch tun. Das ist der Tag, ja? Und du sagst Hambo nichts an diesem Tag.«

»Nein, ich sag ihm nichts.«

»Jemand versucht, deinen schönen Hambo umzubringen, und du sagst ihm nichts davon. Warum nicht?«

Arifa nestelte an ihrem Schal und schlug die Augen nieder. »Ich hab zuviel Angst vor Iboti«, sagte sie.

Sie erntete schallendes Gelächter, vor allem von den Frauen. Arifa war größer und breiter als Iboti, und alle wußten, daß sie eine wahre Teufelin sein konnte.

Gereizt vergaß Arifa ihre Rolle als ängstliche Frau. Ihre Augen funkelten zornig, und sie ballte die Fäuste.

»Hör nicht auf sie«, sagte Tongman und sah Arifa wohlwollend und verständnisvoll an. »Ich weiß schon, warum du Hambo nichts gesagt hast. Du warst dir nicht sicher, deshalb. Frühmorgens ist es noch nicht so hell. Du siehst, daß Iboti etwas aufhebt, aber vielleicht ist es ein Stück Schnur oder ein Feuerstein. Vielleicht ist es auch nicht Iboti. Stimmt's?«

Von dem Gelächter aus dem Konzept gebracht und von Tongmans mitfühlendem Ton irregeführt, gab Arifa zu, daß Iboti tatsächlich ziemlich weit von ihr entfernt war und daß man auf diese Entfernung, nicht leicht unterscheiden konnte, ob sich jemand bückte, um Staub aufzuheben oder einen kleinen Gegenstand. Aber sie behauptete nach wie vor, es sei Iboti gewesen und er habe Staub aufgehoben, weil er ihn so vorsichtig weggetragen habe.

Tongman wandte sich von ihr ab, um sich an die ganze Versammlung zu wenden. Die gegen Iboti angeführten Beweise seien bereits jetzt unglaubwürdig, sagte er, und das sei mit Sicherheit auch die Meinung der Zuhörer. Trotzdem schlage er vor, noch eine Zeugin zu hören, um ihnen auch den letzten Rest an Glaubwürdigkeit zu nehmen. Er verursachte damit eine kleine Sensation, denn er hatte diese Zeugin bis jetzt nicht erwähnt, damit niemand versuchte, sie einzuschüchtern. Es war Kudi, die die ganze Zeit über still unter den Zuhörern gesessen hatte, eine langbeinige, ziemlich scheue und zurückhaltende Frau mit freundlichen Augen.

Während alle gespannt lauschten, entlockte ihr Tongman,

was sie zu sagen hatte. Sie hatte Iboti an dem betreffenden Morgen gesehen sie wußte, daß es derselbe Tag war, von dem auch Arifa gesprochen hatte, weil an diesem Tag Kuntie-Pulp gewaschen wurde. Sie war auch zum Fluß gegangen, aber ein wenig später. Mehrere Frauen waren schon dort, auch Arifa.

»Sag uns, wo du Iboti gesehen hast«, sagte Tongman.

»In der Nähe vom Friedhof.«

»Und um welche Tageszeit?«

»Morgens. Bei Sonnenaufgang.«

»Was hatte er in der Hand?«

»Hackmesser und Korb.«

»Und du bist vom Friedhof gekommen, wo du Wilsons und Tibos Grab besucht hast.«

»Ja.«

Auch daran hätte niemand im Traum gezweifelt. Es war allgemein bekannt, daß Kudi oft frühmorgens zum Friedhof ging und die Gräber von Wilson und Tibo mit Wasser besprengte, um ihre Geister zu versöhnen. Beide Männer waren in der Anfangszeit der Siedlung ihretwegen gestorben, der eine wurde ermordet, der andere für den Mord hingerichtet. Seitdem umgab Kudi der Nimbus, Unglück zu bringen. Niemand machte sie direkt verantwortlich, aber eine Frau, die zwei Männern den Tod gebracht hatte, konnte nicht so sein wie andere.

Tongman schwieg eine Weile, um dem Publikum Zeit zu lassen, die Bedeutung dieser Aussage zu erkennen. Dann stellte er Kudi seine letzte entscheidende Frage: »Wohin ist Iboti gegangen? Zur Hütte oder in den Wald?«

»Iboti ist in den Wald gegangen«, antwortete Kudi prompt.

»Iboti ist in den Wald gegangen«, wiederholte Tongman laut. »Vielen Dank. Das ist alles. Und nun, Iboti, steh du auf. Sag den guten Leuten hier nur eins: Wo bist du mit deinem Hackmesser und dem Korb hingegangen?«

Iboti hob den Kopf und reckte die Schultern. »Ich geh Kohl schneiden im Dschungel», sagte er auf seine schleppende, schwerfällige Weise.

»Iboti, du bist ein braver Mann«, sagte Tongman. »Tut mir leid, daß du Ärger gehabt hast.« Er hatte aufgehört, zwischen den Reihen hin und her zu gehen. Jetzt war der Moment gekommen, um den Freispruch für Iboti zu fordern, und auch dafür bedurfte es eines gewissen Fingerspitzengefühls. Er hatte den Fall gewonnen, das gaben die Gesichter ringsum deutlich zu erkennen. Seine Bezahlung war ihm sicher, sein Ansehen gestärkt. Aber ein kluger Mann denkt an die Zukunft. Die Shanti bildeten eine starke Gruppe; sie waren Krieger und Händler. Tongman war nur ein Händler. Sich die Shanti zu Feinden zu machen, wäre höchst unklug. Er hatte bereits ihr Mißfallen erregt, was nicht zu vermeiden war; dafür wollte er jetzt versuchen, die Dinge wieder ins Lot zu bringen.

Er räusperte sich und begann, an Billy gewandt, zu sprechen. Obwohl er das Gefühl habe – und bestimmt gehe es den hier Anwesenden ebenso –, daß dieser Fall noch das eine oder andere Rätsel aufgebe, sei eines doch völlig klar geworden: Der Jemand, der den Fetisch auf Hambos Dach gelegt hatte, war nicht Iboti. Folglich habe es gegen Iboti gar keine Klage geben können. Arifa habe gesehen, wie ein Mann etwas aufhob, aber dieser Mann war nicht Iboti gewesen, weil er zu dem Zeitpunkt zum Kohlschneiden gegangen war, und er sei schließlich ein Sterblicher und könne nicht an zwei Orten gleichzeitig sein. Es sei früh am Morgen gewesen und die Entfernung beträchtlich. Welchen Mann Arifa gesehen habe, würde sich vielleicht nie herausstellen. Wenn er Iboti ähnlich gesehen habe, könnte es auch der Geist von einem von Ibotis Verwandten gewesen sein, der gekommen war, um etwas aufzusammeln, das er dringend benötigte.

Eine mögliche Erklärung für die Tatsache, daß Hambo genau gewußt hatte, wann und wo er nach dem Fetisch suchen mußte, könnte sein, daß er im Traum oder bei einer Vision eine Nachricht erhalten hatte und daß ihm dieser Umstand später entfallen war – so etwas sei schon vorgekommen. Er, Tongman, sei weit davon entfernt, gegen irgend jemand Vorwürfe zu erheben. Ihm genüge, wenn Iboti von jedem Verdacht befreit sei.

Damit schloß Tongman seine Beweisführung ab und gab

den Stock zurück. Billy ließ abstimmen, wie es der Brauch verlangte, auch wenn es nur noch eine Formsache war. Die Handzeichen für Freispruch waren so zahlreich, daß sich eine Zählung, der Gegenstimmen erübrigte. Die Shanti-Anhängerschaft zog sich noch vor dem formellen Spruch zurück. Billy erklärte Iboti der Hexerei für nicht schuld, und wenige Minuten später war die Lichtung, eben noch Schauplatz von soviel Aufregung, menschenleer.

51

Die Erleichterung, die Paris über Ibotis Freispruch empfand, überdeckte zunächst alle anderen Gefühle. Sehr bald jedoch kehrte das alte Unbehagen zurück, von dem kalten und halb ungläubigen Entsetzen verursacht, das ihn bei Hambos Strafantrag erfaßt hatte.

Das Urteil war ein Sieg der Wahrheit. Tongmans Verteidigung, der glückliche Umstand, daß Kudi auf dem Friedhof gewesen war, und die Vernunft der Menschen hatten diesen Sieg herbeigeführt. Aber die Tyrannei konnte viele solche Schläge erleiden und trotzdem überleben; es war diese Fähigkeit, sich immer wieder zu erholen, diese schreckliche Unverwüstlichkeit, die Paris in den Stunden nach dem Palaver am meisten zu denken gab. Trotz Tongmans beschönigendem Schlußwort hatte es ganz offensichtlich eine Verschwörung gegeben, die Hambo mit Arifas Einverständnis und wahrscheinlich mit den Komplizen Danka und Kireku geplant hatte, um einen Unschuldigen zu diskriminieren und zum Sklaven zu machen.

Je mehr Paris über die Sache nachdachte, um so einleuchtender erschien es ihm, daß Kireku die Schlüsselfigur war. Intelligenter, tüchtiger und weitblickender als die zwei anderen Shanti, war er der geborene Führer. Er hatte sich sorgfältig aus dem Fall herausgehalten, aber er mußte von dem Unternehmen gewußt haben und damit einverstanden gewesen sein. Inwieweit er Hambo dazu ermutigt hatte, war ungewiß, und plötzlich kam Paris die Idee, daß gerade dies die Basis für ein Gespräch zwischen ihnen sein könnte. Am besten wäre es, Kireku sofort aufzusuchen.

Kirekus Hütte lang auf der Südseite der Siedlung, der Seite, die am weitesten von der Lagune entfernt war. Wie Tongman hatte er neben seine erste Hütte eine zweite als Warenlager gebaut. Amansa, die Frau von Kireku, die er mit keinem anderen Mann teilte, saß vor der Hütte und mahlte enthülste Eicheln zwischen zwei Holzblöcken, die vom häufigen Gebrauch glatt und glänzend geworden waren. Sie blickte kurz auf, nahm aber im übrigen keine Notiz von ihm.

Kireku erschien am Eingang, sah Paris einige Augenblicke ernst und wortlos an, dann forderte er ihn mit einer Handbewegung auf einzutreten. Er war nackt bis zur Hüfte. Brust und Schultern glänzten von Eichelöl, mit dem er sich anscheinend kurz vorher eingerieben hatte. Die Strohmatte an der Westseite der Hütte war hochgerollt. Die Abendsonne schien weit in den Raum hinein, und die Eckpfosten der Hütte warfen lange Schatten. Barton saß in einer Ecke auf einer Matte und nickte Paris zu, als er eintrat.

Kireku wies auf die Matten am Boden, wartete, bis sich Paris gesetzt hatte, und nahm dann selbst Platz. Seine länglichen, schmalen Augen waren hell im Sonnenlicht, aber unergründlich, und die Teile seines Körpers, die im Schatten lagen, glänzten und schimmerten bei der geringsten Bewegung blauschwarz.

»Willkommen«, sagte er. »Trinkst du ein Bier?«

»Danke, gern.«

»Barton, hol das Bier.«

»Aye-aye«, sagte Barton, und wie in einem dieser beängstigenden Träume, in denen man sich gegen ein Wiedererkennen wehrt, vernahm Paris in diesen zwei Silben die gleiche Ironie, die es nicht wagte, beleidigend zu sein, die gleiche kriecherische Bereitwilligkeit, mit der Barton als Maat auf dem Sklavenschiff seinem Käpt'n gehorcht hatte. Und auch die Reaktion war die gleiche. Kireku richtete einen zutiefst verächtlichen und gereizten Blick auf sein menschliches Werkzeug. »Dann beweg dich«, sagte er. »Und ein bißchen hopp, hopp!«

Das Bier schmeckte gut; es war kühl, klar und nicht zu säuerlich. Beim Trinken mußten sie nah zusammenrücken, denn es war Sitte, das Bier oder auch die Suppe aus einer gemeinsamen Holzschüssel zu löffeln.

Paris leckte sich anerkennend die Lippen und bewunderte die schönen langstieligen Muschellöffel, die, wie man ihm sagte, Sefadu gemacht hatte. Er beantwortete Kirekus Fragen nach seiner Gesundheit und seinem Wohlbefinden und wartete die Pausen ab, die schweigend verbracht wurden, wie es die Gastfreundschaft verlangte.

Wenn sich Kireku über den Ausgang des Palavers geärgert hatte, so ließ er sich jetzt nichts davon anmerken. Er blickte Paris gleichmütig an. Über die Wangen seines ebenmäßigen Gesichts mit den breiten Nasenflügeln und dem großzügigen Mund zogen sich kaum sichtbar vernarbte Initiationsschnitte. Die feinen Runzeln um die Augenwinkel und die senkrechte Furche zwischen den Brauen zeugten von einem nachdenklichen Menschen. Allgemein vermittelte er den Eindruck eines selbstbewußten und entschlossenen Mannes.

»Iboti ist also nicht der Mann«, begann er und lieferte Paris damit das Stichwort.

»Es sei denn, er hätte Flügel«, erwiderte Paris.

Kireku kicherte und tippte sich mit dem langen Zeigefinger an die Schläfe. »Iboti hat das Hirn eines Vogels, aber nicht die Flügel«, sagte er.

»Er ist nicht besonders schlau, das ist wahr«, sagte Paris. »Aber das ist kein Grund, ihn zum Träger für Hambo zu machen.«

In der nun folgenden Unterhaltung nutzte er die Gelegenheit, um von seinen Sorgen um die Zukunft der Siedlung zu sprechen, wenn sich die Auffassung durchsetzte, die Schwäche oder Dummheit oder einfach die Armut eines Menschen genügten als Grund, um über ihn zu verfügen. Manche Menschen, sagte er, hätten leider nur ein kurzes Gedächtnis, aber Kireku würde sich bestimmt noch an seine eigenen Leiden als Sklave erinnern. Wenn Kireku, ein führendes Mitglied innerhalb der Gemeinschaft, mit seinem Stammesbruder Hambo darüber sprechen würde, könnte man diese Entwicklung vielleicht noch aufhalten. Kireku sei ein Mann mit Vernunft und Erfahrung; er würde wissen, wie es ist, wenn sich einmal etwas eingebürgert hat. »Dann gilt es sehr bald als rechtmäßig und ist kaum noch auszumerzen ...«

Paris konzentrierte sich so ausschließlich auf seine Worte, um sich seinem Gesprächspartner verständlich zu machen und ihn als Verbündeten anzusprechen, daß ihm zunächst gar nichts an Kireku auffiel. Kireku hatte seine Stellung nicht verändert; er saß mit überkreuzten Beinen auf seiner Matte, die wohlgeformten Hände entspannt auf den Knien. Doch sein Gesicht drückte Mißbilligung aus wie beim Palaver, als er verlangt hatte, daß Paris Pidgin sprach.

»Wer glaubst du, daß ich bin, Paris? Und wer bist du? Was meinst du?« fragte er, nachdem er eine Weile finster geschwiegen hatte. »Du kommst in mein Haus und bittest mich um einen Gefallen. Wenn einer kommt, der so geboren ist wie ich, tu ich ihm den Gefallen, egal welchen. Aber du bist nicht geboren wie ich. Du bist ein verdammter Weißer von einem Sklavenschiff.«

Paris hielt die Augen fest auf Kireku gerichtet; jedes Ausweichen würde ihm als Schwäche ausgelegt werden. »Weißer Mann, schwarzer Mann. Alle sind freie Menschen, alle sind Brüder hier an diesem Ort. Und wir sitzen alle im selben Boot«, sagte er.

»Im selben Boot?« Einen Moment lang schien Kireku zwischen Zorn und Belustigung zu schwanken. Dann lächelte er grimmig, »Meinst du damit das Sklavenschiff?« Er warf einen höhnischen Blick auf seinen Speichellecker, der schräg hinter ihm saß. Barton, wie immer gut für Hintergrundgeräusche, lachte wiehernd.

»Hörst du, wie er lacht?« sagte Kireku. »Barton weiß, wann er lachen muß.« Mit einer ruckartigen Bewegung hob er die Hand und deutete auf die bleigraue Narbe auf seiner Brust. »Das war Barton«, sagte er. »Er hat mich gebrannt. Wie konnte er das tun? Ich sag es dir. Weil Barton auf dem Schiff stärker war als ich. Jetzt ist Barton mein Mann. Er holt, er trägt. Wenn er nicht will, tret ich ihm in den Arsch. Sitzen wir im selben Boot? Du, der große Doktor, hast mir Augen, Mund, Eier untersucht, ich mußte tanzen und die Leute lachten. Jetzt kommst du höflich zu mir, bittest mich um Gefallen, sagst, wir sind Freunde, stehen Seite an Seite, ohne Sklaven. Sitzen wir im selben Boot?«

»Jetzt hat er dich, wo's weh tut.«, Barton grinste. Er fühlte sich nicht im geringsten beschämt durch die beleidigenden Anspielungen auf seine Person. »Er hat Köpfchen, sage ich ...«

»Maul halten, Barton«, sagte Kireku.

»Das alles ist jetzt vorbei« entgegnete Paris nach einer kurzen Pause, die er brauchte, um sich wieder zu sammeln. »Das ist Vergangenheit. Seit zwölf Jahren leben wir hier miteinander. Wir haben nicht gedacht, daß wir einmal hierherkommen würden. Wind und Meer haben uns hergebracht. Gottes Hand, wenn du es so nennen willst. Wir sind nur zufällig hier, Kireku, aber gib uns trotzdem die Chance die Sache wiedergutzumachen.« Er suchte verzweifelt nach Worten, nach einem entscheidenden Argument, aber er fand es nicht. Der Spott in Kirekus Gesicht war einem ernsten Ausdruck gewichen. Die Sonne stand inzwischen schon sehr tief. Die Schatten in der Hütte hatten ihre Konturen verloren. Paris sah Amansa draußen mit einem Arm voll Spänen vorübergehen. Es roch nach Holzrauch, und in der Ferne war fröhlicher Kinderlärm zu hören. Hier war eine Welt entstanden, und sie war ihm teuer. »Gib uns ein zweites Mal«, sagte er bedrückt. »Gib uns eine zweite Chance.«

»Vielleicht brauchst *du* eine zweite Chance, Paris. Ich nicht«, sagte Kireku, und seine kehlige Stimme klang auffällig geduldig. »Ich habe keine Leute gefangen, kein Sklavenzeichen aufgebrannt, keine Menschen verkauft. Das warst du. Du denkst, wir sind hier alle einer Meinung – deiner Meinung. Warum denkst du, ich habe deine Meinung von gut und schlecht? Ich sag dir, warum, Paris. Weil du denkst, du bist klüger als ich. Weil du denkst, dein Gut-Schlecht ist stärker als meins. Das ist dein großes Problem, Paris. Du willst, daß andere Leute immer deiner Meinung sind. Dann fühlst du dich gut. Kommt Mann frei und Paris fühlt sich gut. Du bist ein Narr. Du denkst, dieser Ort hier ist besonders, aber er ist wie überall. Iboti, Calley, Libby sind Sklaven, du änderst sie nie. Geh und such Iboti. Wo findest du ihn? Auf dem Acker von Tongman. Was tut er? Er arbeitet für Tongman. Ich bau eine Hütte und brauch einen Wachmann für die Hütte, ich bau ein Boot und brauch einen Bootsmann, ich handle mit Waren und brauche Träger. Ich brauch sie *immer,* nicht nur, wenn sie mal Lust auf Arbeit haben. So ist das auf der Welt, Paris. Wo bist du gewesen? Das ist die wirkliche Welt, weißt du das nicht?«

»Thurso war auch so einer, der immer von der wirklichen Welt gesprochen hat«, sagte Paris nach einer Weile wie zu sich selbst. Er sah Kireku an und versuchte zu lächeln. »Komisch«, sagte er. »Sie reden von der wirklichen Welt, aber sie meinen nie die, in der einer dem anderen hilft oder sein Leben hingibt, um für andere Gutes zu tun. Sie meinen mit der wirklichen Welt immer die Ratte im Keller oder den Hahn auf dem Misthaufen, auf dem jeder der Größte sein will.«

Kirekus Gesicht ließ deutlich erkennen, daß er eine Antwort für überflüssig hielt.

Auch Paris schwieg eine Weile. Was ihn entmutigte, war weniger die Überzeugungskraft von Kirekus Argument als die unabänderliche Gewißheit, mit der es vorgebracht wurde. Er suchte nach einer Erinnerung an Kireku auf dem Sklavenschiff, als könnte diese einen Ausweg aus der Sackgasse weisen. Aber sein Gedächtnis hielt keine hilfreichen Erinnerungen parat: den schlurfenden, polternden Tanz zu den Tönen von Sullivans Fiedel, die matten Leiber und apathischen Gesichter im Schatten des Sonnensegels, die entsetzlichen Schreie aus dem Dunkel des stinkenden Schiffs, der Fäkalgeruch, die Leichen, die sich alle so ähnlich sahen – und irgendwo zwischen diesen zusammengepferchten, mißhandelten Menschen, gesichtslos, im Elend nicht von den anderen zu unterscheiden, einer mit noch schlummerndem, unerklärtem Drang zur Macht. Vielleicht hatte er nur hier erwachen können, dachte er schmerzlich berührt, denn es war paradox. Seine Gedanken gerieten plötzlich ins Stolpern bei der Vorstellung, wie viele Talente, wie viele menschliche Fähigkeiten zum Guten oder Schlechten auf der *Liverpool Merchant* über Bord gegangen waren. Er begriff jetzt, daß das moralische Argument ein Fehlgriff gewesen war. Vielleicht war das auf den Nutzen gerichtete Argument das einzige, das übrigblieb. Er dachte an Delblanc und dessen Doktrin von der Notwendigkeit des Lebensunterhalts. Sogar Freiheit und Gleichheit konnten als lebensnotwendig gelten …

»Mein Leben ist an diesem Ort, genauso wie deins«, sagte er in gedämpftem Ton. »Der eine ist schwach, ein anderer dumm oder langsam, da bin ich genau deiner Meinung. Aber nimm an, ich benutze den Schwachen, damit ich stärker werde als andere, und du tust das gleiche, dann werden wir gegeneinander kämpfen, und mit diesem Ort ist es vorbei.« Aber noch während er sprach, wußte er, daß er versagt hatte, daß die Unterredung zu Ende war.

»Du irrst dich.« Kireku lächelte freundlich und völlig gelassen. Sein Gesicht zeigte die gleiche Miene wie zu Beginn – unerschütterlich und sicher, seiner selbst und der Welt. »Barton«, sagte er. »Ich frier. Hol meine Jacke.«

»Aye-aye.«

Kireku nickte Paris gutgelaunt zu. »Barton ist kein Sklave«, sagte er. »Barton ist zu schlecht für einen Sklaven. Armer Paris, du verstehst überhaupt nichts. Ich bin nicht hier, weil ich hier sein wollte. Aber jetzt kämpfe ich um meinen Platz. Der starke Mann wird reich, sein Sklave wird reich. Ein starker Mann macht alle reich. Allen hier wird es gutgehen vom Handel. Wenn manche dabei nicht frei sind, scheiß drauf, der Handel ist frei. Unser Palaver ist jetzt zu Ende. Barton, bring Paris ein Stück nach Haus.«

Es war eine Entlassung. Kireku sah unbeteiligt weg, als sich Paris erhob, und nahm seinen Abschied kaum zur Kenntnis. Barton begleitete Paris wie befohlen.

Die letzten Sonnenstrahlen lagen über der Siedlung. Die Luft stand beinahe still. Langsam stiegen die dünnen Rauchsäulen der Feuerstellen in den Himmel. Die Palmen außerhalb der Einpfählung standen reglos und steif; wo die unteren welken Wedel noch ein paar Sonnenstrahlen auffingen, leuchteten sie rostrot.

Barton wirkte amüsiert. Das Gespräch, dem er eben beigewohnt hatte, schien ihn nachhaltig belustigt zu haben. »Kireku hat recht«, sagte er. »Er hat keine allgemeinbildende Erziehung gehabt, aber er hat Euch drangekriegt. Ist doch ganz klar, daß man Leute mit Talent nicht hindern kann aufzusteigen, genausowenig wie Ihr Dummköpfe wie Iboti nicht vor dem Abstieg bewahren könnt. Ihr werdet kein menschliches Wesen aufhalten können, das sich verbessern will. Das ist der allgemeine Fortschritt.«

»Sich verbessern?« Paris war müde und niedergeschlagen und hatte eigentlich keine Lust auf ein weiteres Gespräch, aber aus einer gewissen Neugier heraus hörte er Barton trotzdem zu. Bartons Augen waren im Lauf der Jahre noch wäßriger, seine inzwischen ergrauten Brauen und sein Bart noch struppiger geworden. Aber der genüßliche Gesichtsausdruck war ihm geblieben, wenn trefflich gewählte Silben in seinem schmallippigen Mund Gestalt annahmen – daran würde sich bis zu dem Tag, an dem er seine letzte Silbe hauchte, nichts ändern. »Ihr haltet es für eine Verbesserung, wenn wir uns auf Kosten anderer bereichern, wenn wir sie dadurch herabsetzen und ihnen ihre Würde nehmen?« Paris hatte, halb resigniert, halb verzweifelt, das Gefühl, daß er die falsche Sprache sprach. »Das ist ein sehr selektiver Begriff von Verbesserung.«

»Ihr seid ein regelrechter Hocker, Paris, der letzte Gast im Lokal.« Barton spuckte zielsicher zur Seite hin aus, um sein Angewidertsein auszudrücken. »Ihr habt keinen Sinn für die Zukunft. Wenn es nach Euch ginge, würde der Fortschritt nicht marschieren, sondern kriechen, wir wären heute noch in den Kalmen, ohne Wind für die Steuerfahrt.« Er schwelgte im reichen Fundus der Sprache. »Wir müssen doch etwas erreichen wollen. Was tut ein Baby als erstes? Es sieht etwas vor seinen Augen und greift danach. Es weiß nicht, was es ist – ein Stück Dreck oder ein Diamant. Es muß selber draufkommen. Wenn wir aufhören, etwas erreichen zu wollen, höher hinauszuwollen, sind wir erledigt.«

»Als Ihr das letztemal höher hinauswolltet, hättet Ihr fast Euren Skalp verloren«, sagte Paris mit einer Unfreundlichkeit, die man sonst nicht an ihm kannte. »Wenn ich mich recht erinnere, habt Ihr ihn nur gerettet, weil Ihr hübsch am Boden hocken geblieben seid.«

Barton spuckte wieder aus. »Jeder muß sich mal ducken«, erwiderte er. »Jeder Narr weiß das.« Es lag etwas Streitsüchtiges in seinem Benehmen, das Paris neu vorkam, und das – vielleicht besser als alles andere – die zunehmende Abgrenzung unter den Siedlungsbewohnern anzeigte. »Die Zeiten ändern sich«, fuhr er fort. »Der Ort hier ändert sich. Es gibt so viel Profit zu machen wie nie zuvor. Das Land zwischen uns und dem St. John ist fast menschenleer – die einheimischen Indianer sterben wie die Fliegen an Pocken und Syphilis. Seit wir Frieden haben mit den Franzosen und Spaniern, sind die Meere sicherer geworden. Wir können Häute nach Kuba verkaufen. Es gibt einen englischen Gouverneur in Saint Augustine. Es wird Gerechtigkeit herrschen und Anstand, und die Dons, diese Räuber und Ausbeuter, werden nichts mehr zu melden haben. Ich sag Euch was: Ich bin ein Mann, der vorausschaut. Dort oben im Norden wird man einen wie mich sehr gut brauchen können. Glaubt Ihr, ich will den Rest meines Lebens hier verrotten? Warum, glaubt Ihr, hör ich jetzt auf diesen schwarzen Teufel?«

Er hatte zunehmend lauter gesprochen; sein Gesicht war voller Haß. Ganz offensichtlich fühlte er sich durch Kirekus verächtliche Behandlung tiefer getroffen, als er zu zeigen wagte – so sehr, daß er jetzt vergaß, seine Zunge im Zaum zu halten. Oder, dachte Paris, er hatte von vornherein im Sinn gehabt, damit herauszurücken, und sein Gefasel über das menschliche Streben war nur als Einleitung gedacht. Vielleicht hielt er diese erklärte Bereitschaft, Kireku zu verraten, für einen Beweis seiner Integrität.

»Ich weiß es nicht«, sagte Paris.

»Ich benutze ihn, bis ich wieder dran bin«, sagte Barton hastig und in vertraulichem Ton. »Ich war nicht Thursos Narr, und ich bin nicht der von Kireku. Ich kann warten.« Er hob den Zeigefinger an seine schmale Nase. »Ich weiß immer, woher der Wind weht, das könnt Ihr mir glauben«, sagte er. »Ich schau voraus.«

Paris schwieg einen Moment. Barton war ihm wie immer ein Rätsel. Man konnte einen solchen Menschen nicht einmal bösartig nennen. Sein Wesen schien auf einer Ebene unterhalb von Gut und Böse dahinzukümmern, in einem selbstgewählten sonnenlosen Garten Eden. »Ihr schaut voraus, Barton. Dann helf uns Gott«, sagte er. »Nur, was ein Mensch sieht, hängt immer noch davon ab, wonach er ausschaut. Und solange ich mit eigenen Augen sehen kann, brauche ich mir nicht die Euren zu borgen.«

Damit drehte er sich um und ging. In seiner Hütte stand er einige Zeit untätig herum. Dann dachte er an die Lichtung auf dem Kiefernhügel, wo er manchmal hinging, wenn er sich bedrückt fühlte. Dort würde er eine Weile sitzen und im herannahenden Abend Frieden finden.

Er schlug den Weg ein, der zur Lagune führte. Oben auf dem Kiefernhügel blickte er zurück. Von hier aus lag der größte Teil der Siedlung hinter Bäumen versteckt. Er sah den hellen Glanz der Abendröte auf den Strohdächern einiger Hütten. Die Tore in der Einpfählung standen offen. Auf dem ebenen Platz dahinter, kurz vor den ersten Bäumen, sah er spielende Kinder.

Anfangs hörte er keine Stimmen, und er konnte nicht erkennen, was sie spielten. Eine Reihe von kleineren Kindern schienen irgendwie miteinander verbunden, vielleicht gefesselt. Zwei größere, mit Stöcken bewaffnete Jungen bewachten sie. Eine Gruppe älterer Kinder stand ein paar Schritte entfernt. Kenka befand sich unter ihnen. Paris erkannte seinen Sohn sogar aus dieser Entfernung an dem Eifer, den die schmale Gestalt ausdrückte. Einen Moment später sah er Tekka, den größten der Gruppe. Ein Mulattenjunge, Fonga, stand etwas abseits – Paris kannte ihn gut, weil er ihn regelmäßig wegen eines chronischen Nebenhöhlenkatarrhs behandelte. Fonga war ein Jahr jünger als Kenka, ein zarter, ziemlich hochaufgeschossener Junge mit leicht unkoordinierten Bewegungen, weshalb ihn die anderen Jungen häufig verspotteten. Einer der Aufpasser war zu Paris' Überraschung Lamina, das Mädchen, dem er das Leben gerettet hatte, als es ein halbes Jahr alt war.

Er stand und schaute dem Spiel zu; es rettete ihn zumindest vorübergehend aus seiner Niedergeschlagenheit.

Er sah Fonga auf die Reihe der kleinen Kinder deuten. Die Aufpasser schwangen ihre Stöcke, als hieben sie mit Peitschen auf die Gefangenen ein. Sie spielten Sklaverei ... Dann trat Kenka vor – eine einsame Gestalt zwischen der Gruppe, die er gerade verlassen hatte, und der Reihe der aneinandergefesselten Sklaven. Paris sah die erhobene Hand, das nach oben gewandte Gesicht. Das Echo des Schreis drang an sein Ohr; es war der erste Laut, den er von dort zu hören glaubte. Er wußte jetzt, was sie spielten, und war betroffen von der Isoliertheit seines Sohnes, der unbeweglich, den Arm steil nach oben gereckt, zwischen den gegnerischen Parteien stand. Auch er war allein gewesen, und es hatte sich nie etwas daran geändert. Er stand heute genauso allein wie in jenem Moment seines Eingreifens auf dem Schiff.

Fonga spielte den Kapitän Thurso – wie nicht anders zu erwarten, dachte Paris. Es war die ironische Umkehrung der Macht. Der Schwächere war gezwungen oder überredet worden, die verhaßte Rolle des Starken zu spielen. Ebenso angemessen erschien es ihm, daß Kenka mit seiner Begier, zu glänzen und sich hervorzutun, die nur ein paar Sekunden beanspruchende Rolle des ruhmreichen Helden spielte und danach nichts mehr zu tun hatte.

Gespannt verfolgte er das Spiel bis zum Schluß. Er sah Thurso das Pistol ziehen, sah, wie Cavana den schweren Eisenbolzen schleuderte, der das rechte Auge des Kapitäns traf und ihn gegen das Schanzkleid taumeln ließ. Es folgte der Schuß, der Tapley mit einem zerschmetterten Bein zu Boden schickte – mit eindrucksvollen Verrenkungen von einem Jungen dargestellt, den er nicht erkannte. Tapley war fünf Tage später an Wundbrand gestorben. Dann führte Tekka den entscheidenden Schlag; während Thurso fluchend versuchte, neu zu laden, trat er als Rimmer vor und stieß dem Kapitän das Messer ins Herz.

Als Paris seinen Weg fortsetzte, dachte er über das eben Gesehene nach. Ein großer Vorteil des Theaterspiels, fand er, bestand darin, daß nicht wiedergutzumachende Gewalthandlungen endlos wiederholt und variiert werden konnten. Er ahnte, worin der Unterschied zwischen Theater und Wirklichkeit lag; nur die Worte dafür fand er nicht gleich. Die besonnte Arena, die flinken Schatten der Kinder ... Es war die Ordnung in der Aufführung, die einen geheimnisvollen Effekt und dadurch die Abgrenzung von der konfusen Wirklichkeit erzielte. Die Wirklichkeit war, selbst in der Erinnerung, ein Chaos aus klebrigem Blut, widersprüchlichen Geräuschen, grotesken Bildern: Tapleys Stöhnen, das sich in Thursos Verwünschungen mischte wie ihrer beider Blut auf dem Deck, Cavana, der den verwundeten Captain wegen eines ertrunkenen Äffchens anschrie, Delblanc, der verschlafen im Nachthemd auf der Bildfläche erschien.

Selbstverständlich hatte Jimmy den Kindern die Ereignisse in einer exakten Reihenfolge erzählt. Jimmy war ein guter Lehrer; überdies hatte er die Gabe, eine Geschichte auszuschmücken und ihre Moral aufzuzeigen. Und so war daraus Historie geworden: heroischer Protest, gemeinsamer Aufstand, Hinrichtung des Tyrannen, eine neue Gesellschaftsordnung.

52

Bei Einbruch der Dunkelheit versammelten sich die Leute vor Neemas Hütte, wo ausgebreitete Matten und ein großes Feuer zum Sitzen einluden. Neema saß mit ihrem Neugeborenen auf dem Schoß am Eingang, begrüßte die Besucher und nahm ihre Geschenke und guten Wünsche entgegen. Den ganzen Tag, seit das Palaver am Vormittag zu Ende war, hatte sie mit Vorbereitungen zugebracht. Das Ergebnis lag appetitlich angerichtet auf einem Bett aus Strandweinblättern: gekochter Fisch, Wildschweinspießchen, süßer Teig aus Eichelmehl und getrocknete Dattelpflaumen. Nachbarn und Freunde hatten ebenfalls zu dem Buffet beigesteuert. Tabakali hatte Kuntle-Fladen gebacken. Danka, der geschickteste Jäger und Freund von Tiamoko – und dies, obwohl sie geschäftliche Konkurrenten waren –, hatte einen Tag zuvor einen großen Puter gebracht, den er am Rand des Zypressensumpfs geschossen hatte. Der unberechenbare und schweigsame Hughes überraschte alle mit einer wilden Honigwabe, die er als Geschenk überreichte; kurz danach war er schon wieder verschwunden. Kinder jeden Alters liefen aufgeregt zwischen den Gästen umher und bestaunten mit großen Augen das lodernde Feuer und die bereitgestellten Speisen. Tiamoko und Cavana, beide inzwischen schon ein wenig betrunken, schenkten das Bier aus. Das Neugeborene war Neemas erster Junge, und sie hatten ihren gesamten Vorrat an wildem Getreide aufgebraucht, um Bier für dieses Fest zu brauen.

Als Paris eintraf, war die Party in vollem Gang. Vom Bier gestärkt hatte Sullivan bereits ein paar Reels auf seiner Fiedel zum besten gegeben. Sefadu hatte sich mit einer Rohrflöte dazugesellt, auf der er nur einige wenige, dafür aber besonders durchdringende Töne pfeifen konnte, und Danka begleitete die beiden auf einer Fingertrommel, die aus einem ausgehöhlten Stück eines Tupelo-Baumstamms und einem darüber gespannten Hirschfell bestand. Die drei hatten schon bei anderen ähnlichen Zusammenkünften gespielt. Sie variierten ihre musikalischen Darbietungen mit lauten und fröhlichen Dissonanzen und gelegentlich unverhoffter Harmonie.

Paris trat auf Neema zu und legte sein Geschenk vor ihr auf den Boden neben all die anderen, die sie schon erhalten hatte. Er hatte im Sommer etliche Sapotill-Bäume entdeckt und ihre Samen gesammelt, um sie im Frühling zu pflanzen. Die glänzendschwarzen Kerne sahen aus wie platt gedrückte Bohnen. Obwohl handwerklich nicht besonders geschickt, hatte er sie auf eine Palmfaserschnur aufgezogen und daraus ein etwas ungewöhnliches, aber ausgesprochen hübsches Halsband gemacht. »Das ist für den Jungen, wenn er ein bißchen älter ist«, sagte er. »Ich wünsche dir, daß er lange lebt.«

Er sah das Baby an, das seinen Blick seltsam eindringlich erwiderte. Winzige, seidige Augenlider umrahmten unglaublich glänzende Augen, die das ganze Gesicht einzunehmen schienen. Die einzigen anderen sichtbaren Körperteile des Babys waren seine Hände, rührend in ihrer Vollkommenheit, die mit fast gierigem Griff den Rand der Decke umklammerten.

»Welchen Namen gibst du ihm?« Heute durfte er diese Frage stellen. Vor der Namengebungsfeier hätte die Nennung des Namens vielleicht Unglück gebracht.

»Kavamoko.« Neema lächelte glücklich. Sie wußte, daß sie mit ihrem Muschelhalsband und dem Wickelkleid aus blauem Baumwollstoff gut aussah; ihr Baby wurde viel bewundert, und das Fest war offensichtlich ein Erfolg. Sie nickte in die Richtung ihrer beiden Männer. »Die zwei geben jeder einen halben Namen.« Ihre Augen glänzten wie die des Kindes im Widerschein des Feuers.

Unterdessen hatte die Musik aufgehört, und Cavana trat mit einem zerbeulten Zinnkrug in der Hand vor die Leute. Tiamoko sorgte dafür, daß jeder für den bevorstehenden Toast genug zu trinken hatte.

»Der Junge heißt Kavamoko«, sagte Cavana, als endlich Ruhe unter den Gästen eingetreten war. »Das ist der Name, den wir ihm gegeben haben und den er behalten soll.«

Diese Worte wurden sehr ernst gesprochen. Es war die offizielle Namengebung. Dann schwieg Cavana einen Moment, als suchte er nach einer Überleitung. Sein finsteres Gesicht war dunkelrot im Schein des Feuers. Plötzlich lächelte er breit und hob seinen Krug. »Wir trinken auf seine Gesundheit und auf ein langes, glückliches Leben«, sagte er.

Alle Anwesenden wiederholten den Spruch und tranken auf das Wohl des Kindes. Die Musik setzte wieder ein, und Paris sah sich nach Tabakali um. Sie stand bei Sallian und Dinka, groß und sehr schön mit ihrem Lächeln und den stolzen Bewegungen ihres Kopfs. Er sah auch, daß sich einige, die noch am Vormittag beim Palaver unterschiedlich Stellung bezogen hatten, schon wieder miteinander unterhielten. Hambo und Iboti und Billy standen in einer Gruppe beisammen. Kireku war zumindest erschienen, auch wenn er sich abseits hielt, Barton wie immer an seiner Seite.

Paris trank das säuerliche Bier und fühlte die Wärme, die

es in seinem Innern erzeugte. Allmählich wurde ihm leichter ums Herz. In dieser Enklave von Feuerschein, Stimmengewirr und lärmender Musik faßte er wieder Hoffnung – eine tief in ihm verwurzelte, vielleicht sogar unüberwindliche Hoffnung, die auch der Erkenntnis standhielt, daß es wahrscheinlich nur die umhüllende Dunkelheit war, die ihnen Einigkeit schenkte. Ein Zufall also? Vielleicht. Aber sie waren hier zusammengekommen, um die Geburt eines Kindes zu feiern; und das bedeutete auch, daß sie eine Zukunft bejahten, in der sich ein neues Leben frei entfalten konnte …

Sullivan war vom Spielen durstig geworden. Er legte seine Fiedel beiseite und ging sich ein frisches Bier holen. Dabei stieß er auf Billy Blair, der in derselben Absicht unterwegs war. Billy war glänzender Laune, aber auch schon genügend angetrunken, um seiner Spottlust freien Lauf zu lassen.

»Wie siehst du denn aus?« rief er. »Du hast dich kein' Strich verändert, Michael. Kratzt immer noch auf deiner Fiedel rum wie in Liverpool in dem Hurenhaus. Weißt du noch, wo wir uns damals über den Weg gelaufen sind?«

Sullivan überhörte die respektlose Anspielung auf seine Musik. Er fühlte sich heute abend so wohl, teils wegen des guten Biers, aber vor allem wegen der ermunternden Blicke, die ihm Kudi zugeworfen hatte. Kudi hatte ihm schon immer gefallen, trotz der Unglücksaura, die sie umgab. Außerdem war sie noch jung, höchstens ein paar Jahre älter als Dinka. Kudi zuliebe hatte er heute abend besonders gefühlvoll gespielt, und sie schien es verstanden zu haben. Sie würde nicht abgeneigt sein, wenn ein Mann wie er vor ihrer Tür erschiene.

»Aye, bei Gott, Billy«, sagte er. »Ich wär jetzt nicht hier, wenn du damals weniger gesoffen und nicht wie 'ne Tüte Mücken angegeben hätt'st. Du hast dich auch nicht viel verändert, Billy. All die Jahre in der Wildnis, und hältst dich immer noch für den Größten.«

»Das war dein Glück, mein Jung'«, sagte Billy. »Ich hab dich vor dir selbst gerettet.«

»Ah, wirklich? Ein tolles Glück«, sagte Sullivan sarkastisch. »Ich hätt' inzwischen in 'nem großen Haus wohnen können, hätt' silberne Schuhschnallen und Spitzenmanschetten getragen und Brandy aus 'nem geschliffenen Glas getrunken statt Bier aus'm Blechnapf, der von 'nem Sklavenschiff stammt.«

»Du wärst schon längst am Schnaps oder Tripper verreckt, oder an beidem«, widersprach Billy. »In der Kaschemme damals hast du mir nicht nach 'ner großen Karriere ausgesehn.«

»Es ist immer das gleiche mit dir«, sagte Sullivan, »und ich erinner mich, daß mir das schon damals aufgefallen ist. Du bist einfach kein wirklich befahrener Mann, keiner, der richtig herumgekommen ist. Du weißt nichts von den Gepflogenheiten der Gesellschaft. Denn wenn, dann würdest du wissen, daß einem Künstler alle Türen offenstehen.« Er prostete Kudi lächelnd zu. »Aber mach dir nichts draus, Kamerad. Du kannst nichts dafür«, sagte er. »Ich trink trotzdem auf dein Wohl.«

Billy trank ebenfalls darauf, aber bei dem herablassenden Getue von Sullivan war ihm das Blut in den Kopf geschossen. Wie fast allen in der Siedlung war die Geschichte von Sullivans vergeblichen Bemühungen um Dinka auch ihm zu Ohren gekommen. Eigentlich hatte er sich vorgenommen, sie nicht zu erwähnen, um sich nicht auf Kosten eines unglücklichen Menschen zu amüsieren, aber Sullivans großspuriges Auftreten machte seinen Entschluß null und nichtig. »Alle Türen stehen dem Künstler offen, ach ja?« höhnte er. »Letzte Nacht hat sich aber nichts für dich geöffnet, weder Türen noch Schenkel.«

»Du hast gar nicht mitgekriegt, was ich gesagt habe, Billy. Was red'st du von Schenkeln?« Sie waren inzwischen wieder am Feuer angekommen, und Sullivan zog es zurück zu seiner Fiedel.

»Dinkas Tür ist nicht für dich offen gewesen, hab ich gehört. Während du draußen deinen Ellbogen gewetzt hast, war Sefadu drin mit was anderem zugange.«

Sullivan riß die Augen auf. »Was?« sagte er. »Du wirst doch im Leben nicht glauben, daß ich versucht hab, mich dazwischenzudrängen? Behaupten das die Leute von mir? Heilige Maria! Ich hab für das junge Paar ein Liebeslied gesungen!« Plötzlich entdeckte er ganz in der Nähe Sallians füllige Gestalt. »Du hast die Geschichte vollkommen mißverstanden«, fuhr er merklich lauter fort. »Ich hab für das Paar ein Liebeslied gespielt, damit ihnen die Musik ihre erste Nacht versüßt. Ich bin hier schließlich der Musikmann. Kannst du dir nicht vorstellen, daß jemand mal etwas tut, ohne was dafür haben zu wollen? Du tust mir echt leid, Billy. Denk mal an Sallian. So eine gute Frau. All die Jahre kocht sie für dich und Inchebe, und sie sperrt euch nie aus.«

Inzwischen hatte auch Billy Sallians Nähe bemerkt. »Das ist wahr«, sagte er schnell. »Sie ist besser als jede andere. Inchebe und ich, wir wissen das gut.«

»Ihr wißt das gut?« mischte sich Sallian jetzt ein. Ihr breites, gutmütiges Gesicht war so finster, wie es nur sein konnte. »Vielleicht wißt ihr dann auch, daß für morgen nichts zu essen im Haus ist außer Mais und Kuntie. Kein Fleisch, kein Fisch. Aber viel Bier trinken kannst du und viel reden. Und Inchebe ist auch nicht besser. Glaubt ihr, ich füttre zwei Männer und sechs Kinder mit Kuntie-Brei und Eichhörnchenschweif?«

Sallians in aller Öffentlichkeit vorgetragene Beschwerde verletzte Billys Stolz. »Warum sagst du das erst jetzt, mitten in der Nacht? Typisch Frau. Wartet, bis sich der Mann bei einem Bier entspannt, und dann kommt sie an: Es ist kein Essen im Haus, geh und find was im Dunkeln.«

»Auch im Dunkeln gibt's Fische im Fluß«, mischte sich Tabakali ein, der die abfällige Bemerkung über Frauen nicht gefallen hatte.

Billy sah sich hilfesuchend nach Inchebe um, aber der war zu weit weg, um ihm beistehen zu können. »Also dann«, sagte er und reckte stolz die Schultern, »werden ich und Inchebe eben nach dem Fest fischen gehn.«

»Mit dem Kopf voll Bier«, sagte Sallian verächtlich. »Fliegst höchstens auf die Nase.«

Doch inzwischen ging es um Billys Würde. »Du wirst schon sehn«, sagte er. »Billy Blair, ein Mann, ein Wort. Wenn er sagt, er tut was, dann tut er's auch. Und Inchebe ganz genauso.« Er schaffte den geordneten Rückzug, aber kaum außer Hörweite fauchte er Sullivan an: »Siehst du, was du wieder angerichtet hast? Jetzt muß ich verdammt noch mal mitten in der Nacht fischen gehn.«

Sullivan schien ungerührt. »Was tun wir nicht alles für die Frauen ... Aber, Billy, sag selbst, wo wären wir ohne sie? Heute abend ist eine hier, die meinen wahren Wert erkennt.«

»Dann braucht sie 'ne Brille«, sagte Billy wütend. »Michael, ich schätze, du bist über vierzig. Und was hast du zu bieten? Mal ein Kaninchen, ein paar Reihen Kartoffeln und Kürbis, mal 'nen Korb Muscheln. Damit kriegst du heut keine Junge mehr, nicht seit die anderen Kerle da so groß rauskommen.«

Sullivan schüttelte lächelnd den Kopf. »Du hast was vergessen, Billy.«

»Und das wäre?«

»Die Macht der Musik. Die Musik hast du vergessen.«

Der Schall der Musik trug weit in der mondhellen Nacht und erreichte auch Erasmus Kemp, als er sich mit Nipke und den Creek-Führern an der Spitze eines Trupps sich abmühender Soldaten vorsichtig landeinwärts bewegte. In der Siedlung wurde anscheinend gefeiert – ein günstiger Umstand. Seine Idee war, die Siedlung zu umzingeln, solange alles schlief, und am frühen Morgen anzugreifen. Überraschung war das wesentliche Element seines Plans. Die Leute mußten ergriffen werden, bevor sie sich zerstreuen und fliehen konnten; einmal im Dickicht des Waldes, würden sie nicht mehr zu fangen sein. Und für eine Verfolgung war er nicht ausgerüstet; seine Truppe lief unweigerlich Gefahr, aus dem Hinterhalt überfallen und aufgerieben zu werden. Folglich hing alles von diesem Überfall im Morgengrauen ab. Im günstigsten Fall müßte es dabei nicht einmal viel Blutvergießen geben. Das Siedlungsvolk würde entwaffnet, gefesselt und zu den Booten gebracht werden; mit etwas Glück könnten sie alle schon am Abend des nächsten Tages wieder auf See und auf dem Weg nach Saint Augustine sein.

Erasmus ging seinen Plan noch einmal durch, während sich die Soldaten auf einer niederen Felsenerhebung – der einzigen trockenen Stelle, die sie finden konnten –, verteilten und rasteten. Erst vor kurzem aus England gekommen, bepackt mit Ausrüstung und Musketen und eine hochrädrige Kanone hinter sich herziehend, waren sie müde und mißmutig nach dem Marsch durch dieses schwierige und ihnen völlig unvertraute Gelände, in dem sie bald klettern, bald durch hüfthohes Wasser waten mußten. Auch daß die heißen, eng anliegenden Uniformröcke für eine solche Expedition ungeeignet sein könnten, war ihren Vorgesetzten nicht in den Sinn gekommen. In der Nacht zuvor waren sie im Schutz der Dunkelheit an Land gegangen; den ganzen Tag über hatten sie in Deckung gelegen und auf die Nacht gewartet. Zwei Männer waren bereits ausgefallen, einer durch den Biß einer Mokassinschlange, der andere durch den Sturz in eine unterirdische Höhle auf dem karstigen Felsrücken.

Erasmus hatte so dicht am Ziel nicht mit Müdigkeit, sondern mit einer fast unerträglichen Ungeduld zu kämpfen. Nachdem die Musik verstummt war, zwang er sich, eine gute Stunde lang auf dieser Felseninsel zu bleiben, während aus dem Sumpf ringsum Nebel aufstieg, gespenstisch von Mondlicht durchschossen und stechmückenverseucht, und hin und wieder ein lauter Schlag die Stille durchbrach, als träfe Metall auf Stein. Das seien die klappenden Kiefer von jungen Alligatoren, hatte Nipke erklärt, die im flachen Wasser nach Fröschen und Krebsen schnappten. Als Erasmus überzeugt war, daß in der Siedlung alles schlief, teilte er Leutnant Cochrane mit, daß er bereit war, vorzurücken.

Unterdessen hatten sich Billy und Inchebe in entgegengesetzter Richtung zum Fischen aufgemacht. Sie waren zunächst nicht gut aufeinander zu sprechen. Inchebe meinte zu Recht, Billy hätte ihn wenigstens vorher fragen können. Billys Hinweis auf ihrer beider Ehre ließ ihn ziemlich kalt. Aber Inchebe war nicht nachtragend, und er hatte Billy gern trotz der Tatsache, daß sie häufig miteinander stritten. Und wenn sich zwei Männer eine Sache vornahmen, die eine so enge

Zusammenarbeit erforderte wie das Speeren von Fischen bei Nacht, dann ließen sie besser alle Differenzen zwischen ihnen beiseite.

Als sie in ihrem flachen Kanu zwischen den niedrigen Flußufern dahintrieben, hatten sie alles vergessen. Es galt nur noch, Fische zu fangen. In der Mitte des Kanus hatten sie, nicht ganz in Höhe der Seitenwände, eine Steinplatte befestigt und trockene, harzhaltige Kiefernzweige darauf geschichtet, die aufflammen und wie eine Kerze abbrennen würden. Billy, als der weniger gute Harpunierer, mußte das Feuer unterhalten, damit es hell genug brannte, und mithelfen, das Kanu auszubalancieren.

Inchebe stand am Heck mit einem Speer, den er selbst gemacht hatte. In die Spitze aus Fischbein hatte er Widerhaken geschnitzt und sie im Feuer gehärtet. Mit dem stumpfen Speerende steuerte er vorsichtig das Kanu. Geräuschlos und ohne das Wasser aufzuwirbeln, schlich er sich an die Fische heran. Für einen so geschickten Mann wie Inchebe, der seinen ersten Wurfspeer mit zehn Jahren von seinem Vater als Geschenk zur Beschneidung bekommen hatte, bot das Fischen bei Nacht einige Vorteile. Der durch die Flammen verwirrte Fisch hielt länger still, und der Grund des Flusses war für den Fischer deutlicher zu sehen als bei Tag.

Trotzdem war es immer ein zeitraubendes Geschäft, und heute nacht dauerte es vielleicht noch länger als sonst, weil auch Inchebe die Auswirkungen des Biers spürte. Ein Schatten, eine falsche Bewegung, die geringste Störung des Wasserspiegels, und schon flimmerte es silbrig, und der Fisch war weg. Häufig, verfehlte er ihn auch; dann mußten sie warten, bis alles ruhig geworden war und die Fische wieder näher kamen.

Es dauerte lang, bis sie den ersten Fisch gefangen hatten, aber dann folgten rasch nacheinander zwei weitere erfolgreiche Stöße. Die durchbohrten Fische zuckten ein paarmal und zeigten sterbend im Licht des Feuers ihre wundervoll schillernden Farben, Rosa und sattes Gold.

Während Billy das Feuer unterhielt und nicht aufhörte, sich auf eine weiche Handhabung des kurzen Paddels zu konzentrieren, geriet er in der Stille und dem sanft dahingleitenden Kanu in eine Art kontemplativen Zustand. Das Feuer vor seinen Augen schottete ihn gegen das bewaldete Flußufer ab; innerhalb seines Lichtfelds war alles ein Spiel aus Licht und Schatten. Das Wasser rechts und links war hell beschienen, er sah die Fische darin stehen, vom Licht in Trance versetzt, ähnlich wie er. Nur daß ich in Sicherheit bin, dachte Billy, ich bin der Jäger. Staunen erfüllte ihn, als er sich vorbeugte, um Stöckchen aufs Feuer zu legen, und zu Inchebe aufblickte, der, den gezückten Speer in der Hand, hinter den Flammen stand, die Brust mit dem Brandmal und der nasse Speer von unten nach oben rötlich beleuchtet.

Er hatte das Gefühl, als würde der Himmel heller. Bald würden sie Schluß machen und mit vielleicht einem halben Dutzend schöner, gut zwei Fuß langer Fische nach Hause gehen. Während er sich zu dem guten Fang beglückwünschte, wurde sich Billy plötzlich bewußt, daß er glücklich war und daß er mit keinem Grafen und keinem Herzog tauschen würde.

Als sie auf dem schmalen Pfad zur Siedlung zurückgingen, blieb Inchebe hinter Billy zurück, um ein paar Kresseblätter über seinem Knöchel auszudrücken, den er sich am Kanu aufgeschürft hatte. Zwischen den Bäumen war es noch dunkel; als Billy ins lichtere Gebüsch trat, mußten sich seine Augen erst an die Helligkeit gewöhnen. Da sah er plötzlich, daß sich im Nebel etwas bewegte, zunächst nicht mehr als eine dunkle Form, dann, als er näher kam, erkannte er eine Gestalt mit einem Gesicht und einen hohen Hut. Während er offenen Mundes staunte, sah er die Gestalt die Ellbogen heben, wie um einen Blasebalg zu betätigen. Er sah blitzendes Metall, dann den roten Rock. Im selben Augenblick machte er kehrt und rannte zu Inchebe zurück, der sich noch im Schutz der Bäume befand. »Rotröcke!« schrie er. »Lauf außen rum! Durch den –« Hinter ihm krachte ein Schuß und übertönte, was Billy noch sagte oder sagen wollte. Die Kugel traf ihn links in den Rükken und durchbohrte sein Herz. Er lief noch ein paar Schritte weiter, aber er war schon tot, bevor er fiel.

Inchebe sah Billy umkehren und auf ihn zulaufen, er hörte

den Schuß und sah das Blut aus Billys Mund quellen und seinen schwerfälligen Sturz. Er zögerte höchstens einen Moment. Billy war nicht mehr zu helfen. Er mußte die Siedlung warnen. Er ließ die Schnur mit den Fischen fallen, sprang in Richtung der Siedlung zwischen die Bäume und kämpfte sich, so gut und so schnell es ging, durch die dichte Vegetation. Er schluchzte, während er durch den Dschungel hetzte, vor Angst und Erschütterung. Die breiten Blätter der Bäume entluden den gesammelten Tau auf ihn, die niedrig wachsenden Stachelrutenpalmen zerkratzten ihm Arme und Beine. Im Sumpf, den er durchqueren mußte, watete er knietief im Morast und stolperte über die Stelzwurzeln der Mangroven. Er hörte, daß er verfolgt wurde, und erwartete mit jedem Augenblick einen Schuß. Seine Harpune, die sich immer wieder im Dickicht verfing, war ihm hinderlich; trotzdem behielt er sie fest in der Hand.

Es war Nipke, der ihn verfolgte. Er hatte neben dem Soldaten gestanden, der sich in seiner Panik über den Befehl hinweggesetzt und geschossen hatte. Nipke wußte, daß die Leute der Siedlung, ob schwarz oder weiß, lebend gefangen werden mußten; so lautete der ausdrückliche Befehl des englischen Herrn. Er wußte außerdem, daß die Soldaten noch etwas Zeit brauchten, um die Hütten vollständig zu umzingeln. Vor allem aber wollte er hinterher gelobt werden, denn Lob wurde in blanker Münze entgolten, und Nipke wollte als reicher Mann zurückkehren – so reich, daß er sich eine Woche lang betrinken, eine zusätzliche Kuh und vielleicht noch eine Decke kaufen konnte. Deshalb war er losgelaufen, noch bevor der Schuß verhallte; er hatte Billys Leiche, die quer über dem Pfad lag, in die Büsche gerollt und gerade noch das Knacken und Rascheln des durch den Dschungel fliehenden schwarzen Mannes gehört.

Obwohl nicht mehr der jüngste, war er, wie fast alle Creek, ein guter Läufer, und er kannte die Gegend, weil er hier während des Krieges mit den Spaniern Tequesta-Skalps gefaßt hatte, die er an die Engländer verkaufte. Der Gedanke an die Belohnung schärfte seine Sinne, so daß ihm keine Richtungsänderung des Flüchtenden entging. Es war keine schwierige Verfolgung – sein Opfer hatte keine Zeit, um zu rasten oder sich auf die Lauer zu legen. An den Geräuschen erkannte er, daß er aufholte. Auch hinter ihm waren Geräusche zu hören von anderen Creek, die ebenfalls die Verfolgung aufgenommen hatten.

Er lief am Rand des Dschungelhügels entlang, sich immer wieder duckend und in Schlangenlinien, um den tief hängenden Zweigen auszuweichen. Dahinter lag ein Gebiet mit Sumpfgras und Weidengebüsch. Jetzt konnte er den Mann hin und wieder sehen und seine platschenden Schritte im Wasser hören. Er kam ihm mit jedem Schritt näher. Der Schwarze wurde langsamer. Höchstens zwanzig Schritte trennten sie noch. Er zog die Axt aus dem Gürtel; er hatte vor, den Mann mit der Flachseite der Axt zu betäuben. Plötzlich bemerkte er, daß der Mann einen spitzen Stock in der Hand hielt, und zögerte. Doch dann stürmte er los: Der Schwarze hatte zu lange gewartet, jetzt würde er keine Zeit mehr haben, sich umzudrehen und zu werfen. Aber Nipke hatte sich schwer verschätzt, und es kostete ihn das Leben. Er hatte schon viele Bluttaten gesehen und mit verschiedenen Waffen gekämpft, auf kurze und auf lange Entfernung; aber wie ein Mann aus dem Quellgebiet des Niger mit einem Speer umzugehen verstand, wußte er nicht.

Inchebe war langsamer gelaufen, sobald er den Dschungel hinter sich hatte. Er wußte, daß er mit seinem leichten Wurfspeer, der für Fische und nicht für Menschen gedacht war, auf den Hals zielen mußte. Und er wußte, er hatte nur eine Chance. Als die Atemgeräusche und Schritte hinter ihm nah genug waren, wirbelte er herum und schleuderte den Speer aus Hüfthöhe nach oben. Er zielte instinktiv. Die Entfernung betrug nicht mehr als zehn oder zwölf Schritte. Die nadelscharfe, mit Widerhaken versehene Speerspitze traf den heranstürmenden Indianer an der Kehle, drang tief in den Hals ein und verletzte eine Schlagader. Nipke ließ das Beil fallen und hob, in die Knie sinkend, die Hände an den Hals, als versuchte er, den Blutstrom aufzuhalten. Inchebe wartete nur so lange, bis er sicher war, daß er diesen Feind erledigt hatte. Als die anderen Creek nachkamen, fanden sie den verblutenden Nipke im Sumpf, aber kein Zeichen von dem Schwarzen. Sie setzten die Verfolgung fort, aber jetzt um einiges vorsichtiger.

Die Zeit, die Inchebe dadurch gewann, genügte ihm, um die Siedlung zu erreichen. Im Schutz der Palisade schlich er zu dem niedrigen hinteren Tor und kroch darunter hindurch in den Innenhof. Der Schuß hatte die Leute geweckt, da und dort bewegten sich Gestalten, das Haupttor war verriegelt. Inchebe schrie ihnen die Nachricht von Billys Tod entgegen und Billys letzte rätselhafte Worte und daß sich draußen Flachkopfindianer herumtrieben, ohne Bemalung und Tätowierung. Er rollte wild mit den Augen und rang nach Atem. Erschöpfung und Verzweiflung machten sein Pidgin nahezu unverständlich.

»Was hat Billy gerufen?«, fragte Nadri, während er Inchebe an den Schultern packte.

»Rotrock«, keuchte Inchebe. Er hatte keine Ahnung, was das bedeutete. »Rotrock, und dann haben sie geschossen.«

»Heilige Maria!« sagte Sullivan. »Das sind Soldaten. Rotröcke! Sie haben Soldaten nach uns geschickt!«

Paris überzeugten Sullivans Worte sofort. Er war erschrocken, aber nicht überrascht. Seit er erfahren hatte, daß die Kämpfe beendet waren und sich die Briten im Norden etablierten, hatte er früher oder später mit einer Strafexpedition gerechnet. Mit dem Handel verbreiteten sich auch Nachrichten; sicherlich waren Gerüchte im Umlauf, daß es hier unten wertvollere Ware gab als Salz oder Feuerstein oder was die Händler sonst so zu bieten hatten ... »Wir müssen hinaus«, sagte er. »Gegen Männer mit Feuerwaffen können wir uns nicht wehren. Nicht hier drin. Wir müssen ausbrechen, bevor sie uns umzingeln.«

»Richtig.« Kirekus Augen blitzten grimmig. Er trug seinen Bogen über der Schulter, und in einem Rindenköcher an seinem Gürtel steckten schwere Pfeile. »Niemand hat Inchebe gesehen«, sagte er. »Niemand hat versucht ihn aufzuhalten. Sie sind noch nicht da. Wir können so raus, wie er reingekommen ist. Im Gebüsch findet uns niemand. Wenn mich ein Rotrock findet, stech ich ihn ab wie ein Schwein.«

Kireku war bereits unterwegs, als von irgendwo jenseits der Pallsade eine dröhnende Stimme zu ihnen drang: »Ihr seid von allen Seiten umstellt. Legt eure Waffen nieder und öffnet die Tore. Wir haben eine Kanone und können euch alle töten …«

Die Stimme klang furchteinflößend, unirdisch und irgendwie verzerrt, so daß nicht festzustellen war, aus welcher Richtung sie kam. Aber der nordenglische Akzent war deutlich erkennbar.

»Vielleicht ist doch noch Zeit«, meinte Paris. »Vielleicht wissen sie nichts von dem hinteren Tor.« Er zögerte und blickte zu Tabakali und den Kindern. »Wenn wir warten, sitzen wir in der Falle«, sagte er. »Sie machen euch wieder zu Sklaven.« Er hatte sehr schnell gesprochen und wußte nicht, ob sie ihn verstanden hatte; aber sie sah ihn mit ihrem festen Blick an und nickte.

»Wir versuchen es«, sagte Nadri. »Wenn wir's schaffen, kommt ihr nach.«

Sie rannten durch die Reihen der Hütten. Der freie Platz hinter dem kleinen Tor war menschenleer. Der Nebel hatte sich gehoben, und über den reglosen Palmwedeln zeigte sich der Himmel in farblosem Glanz. Möwen segelten träge im Wind und blitzten weiß in den Strahlen der noch nicht aufgegangenen Sonne.

Die ersten Bäume waren für einen schnell laufenden Mann in knapp einer halben Minute zu erreichen, aber Paris schien die Entfernung unendlich weit. Er sah in Kenkas ernstes Gesicht und streckte die Hand aus, um ihm kurz über die Wange zu streichen. »Zwei, drei von uns gehen als erste«, sagte er. »Wenn nichts passiert, kommt ihr nach. Ihr wartet, bis wir drüben im Gebüsch sind. Dann lauft ihr los.«

Nadri öffnete das Tor und duckte sich einen Moment im Schutz der Pallsade. Er wechselte einen Blick mit Paris und lächelte. Dann sprang er auf und rannte los, Paris und Kireku dicht hinter ihm.

Kireku, der gut zehn Jahre jünger war und von Natur aus ein guter Läufer, setzte sich sofort an die Spitze. Er rannte mit langen Schritten, den Kopf hoch erhoben, der Kocher schlug gegen seine Hüfte. Irgendwo vor ihnen, vielleicht ein Stück weiter rechts, ertönte ein Ruf. Kireku hatte schon beinahe den Schatten der Bäume erreicht. Dann krachten Schüsse, und Paris sah Kireku vornüberfallen. Einen Augenblick später spürte er einen heftigen Schlag gegen das linke Bein. Er taumelte zur Seite, fiel und blieb auf dem Rücken liegen. Zunächst fühlte er nichts; er war nur erschrocken über den Schlag und den Sturz. Doch dann kam der Schmerz und mit ihm die Ahnung, was mit seinem Bein passiert war: Es war gebrochen. Als er den Kopf hob, sah er, daß Kireku noch an derselben Stelle lag, wo er gestürzt war, und sich nicht rührte. Die Bäume waren keine zwanzig Schritt entfernt. Er hörte Rufe und einzelne Schüsse von der anderen Seite der Einpfählung. Er drehte sich auf die rechte Schulter und versuchte, sich weiterzuschleppen, aber weder sein Körper noch sein Wille waren gewappnet gegen den Schmerz, und er verlor beinahe sofort das Bewußtsein.

Als er die Augen wieder aufschlug, blickte er in das zum Greifen nahe Gesicht von Erasmus Kemp. Er erkannte ihn mühelos und ohne zu stutzen. Merkwürdig ruhig stellte er fest, daß Erasmus rasiert und sehr blaß war und daß die dunklen Augen etwas eigenartig Grelles und Eindringliches an sich hatten. Er fühlte eine gewisse Verwunderung beim Anblick dieses Gesichts, aber keine echte Überraschung. In gewisser Weise schien es natürlich und sogar unvermeidlich, daß sein Vetter hier auftauchte. »Natürlich«, sagte er. »Ihr seid gekommen, um die Ladung Eures Vaters zu holen.«

Erasmus empfand diese Erwähnung seines Vaters als den Gipfel der Unverschämtheit. Auf Paris' Gesicht lag das schiefe Lächeln, das er so haßte. »Ich bin gekommen, um Euch zu hängen«, erwiderte er betont kühl, während er Paris von oben bis unten betrachtete, den Bart, die Sonnenbräune, das lange, am Hinterkopf zusammengebundene Haar. »Ich hätte Euch nicht wiedererkannt, wenn mich dieser erbärmliche Barton nicht auf Euch aufmerksam gemacht hätte«, sagte er angeekelt. Das Hemd seines Vetters – es erschien Erasmus beinahe abscheulicher als alles andere – reichte kaum bis zum Nabel, und das Kleidungsstück, das er über den Hüften trug, war nicht mehr als ein Lendenschurz. Die nackten, langschenkligen Beine lagen ausgestreckt auf dem Boden, das linke unterhalb des Knies eine blutige Masse. Im ersten Moment war Erasmus erschrocken; aber es war schließlich keine lebensgefährliche Verwundung – das Bein konnte in Saint Augustine behandelt werden. »Keine Angst, Ihr werdet auf eigenen Beinen zum Galgen gehen«, sagte er.

Paris blickte an seinem Vetter vorbei in den Himmel, der in dieser kurzen Zeit viel heller geworden zu sein schien.

»Wir haben so gut wie alle, und das auf einen Schlag«, sagte Erasmus. Er hatte das Bedürfnis, seinen Triumph auszukosten. »Kein Soldat hat einen Kratzer abbekommen.«

Paris wollte sich nach Kireku erkundigen und ob noch andere aus der Siedlung verletzt wurden. Aber Erasmus wandte sich ab und sprach mit jemand, der auf ihn zukam. »Ah, nun ist sie endlich fertig«, sagte er. »Lange genug hat es ja gedauert.«

In Paris' Blickfeld erschienen zwei Männer mit einer aus Stangen und einer Decke gefertigten Tragbahre. Erasmus blickte wieder zu ihm hinunter, und seine Augen glänzten wie im Fieber. »Nun seid Ihr es, Cousin Matthew, der fortgetragen wird«, sagte er. Paris begriff nicht sofort, was er damit meinte, obwohl er einen Augenblick lange das Gefühl hatte, es zu ahnen. Dann bückten sich die Soldaten, um ihn auf die Bahre zu heben, und die weiß blinkenden Möwen am Himmel verschwammen vor seinen Augen.

53

Dank seiner Verwundung wurde Paris auf schnellstem Weg zur Küste gebracht und bereits am Spätnachmittag mit dem Boot zum Schiff hinausgerudert. Noch vor Mitternacht befanden sich sowohl die Soldaten als auch die Gefangenen an Bord, und das Schiff nahm Kurs Richtung Norden auf Saint Augustine.

Erasmus hoffte, sich eine Verzögerung der langen Heimreise nach England zu ersparen und damit das Risiko zu verringern, daß sich sein Vetter durch einen unauffälligen Tod vielleicht doch noch der Gerechtigkeit entzog, wenn er die Mannschaft der *Liverpool Merchant* gleich in Saint Augustine vor Gericht stellen ließ; die Schwarzen sollten ohnehin nach Süd-Carolina gebracht und dort verkauft werden. Dafür mußte aber mindestens einer der Übeltäter überredet werden, gegen seine Kameraden auszusagen. Erasmus glaubte, die menschliche Natur gut genug zu kennen, um hier kein Problem zu sehen, zumal wenn als Belohnung der Freispruch winkte. Er nahm sich vor, Barton als ersten zu befragen, da dieser seine Bereitschaft zur Kooperation ja schon bewiesen hatte.

Doch sobald der Entschluß gefaßt war, konnte er nicht bis zum nächsten Morgen warten. Das Schiff hatte kaum Fahrt aufgenommen, als er den an Deck schlafenden Barton wachrütteln und nach unten bringen ließ.

Auf dem Tisch standen Rum, Salzfleisch und Schiffszwieback, und dicht neben Erasmus' rechter Hand lag eine geladene Pistole. Ein Soldat mit aufgepflanztem Bajonett stand vor der Kabinentür. Barton saß Erasmus gegenüber; eine Lampe, in der eine Kerze brannte, befand sich zwischen ihnen auf dem Tisch. Der einstige Maat trug nichts außer einer runden Mütze aus Kabelgarn, den zerfransten Resten eines rotseidenen Schals und einer Hose aus Hirschleder. Er zitterte wie ein Hund trotz der wärmeren Luft in der Kabine. Erasmus schenkte ihm ein Glas Rum ein, das er zur Hälfte austrank. Als Barton spürte, wie sich die Wärme in ihm ausbreitete, sog er zischend die Luft ein. Er nahm seine Mütze ab und legte sie neben sich auf den Tisch. Das glatte rötliche Haar hing ihm unordentlich in das hagere Gesicht.

»Ich weiß, wer Ihr seid«, begann Erasmus. »Ihr wart Maat auf dem Schiff meines Vaters. Ihr habt heute schon auf Euren Namen geantwortet. Es hat also keinen Sinn, ihn jetzt zu leugnen. Ich habe vor, Euch einiges zu fragen. Wenn Ihr wißt, was gut für Euch ist, werdet Ihr mir ehrlich und rückhaltlos antworten.«

Barton griff nach seinem Glas und leerte es mit zurückgeneigtem Kopf in einem Zug. Sein spitzer Adamsapfel drückte wie ein Dorn gegen die faltige Haut seines Halses.

»Wenn Ihr Euch jetzt als ehrlich erweist«, sagte Erasmus, »werde ich zur rechten Zeit ein Wort für Euch einlegen.«

Barton hatte sich wohl einiges ausgerechnet, aber er kam damit nicht weit. »Ich wußte, daß es früher oder später so kommen würde«, sagte er. »Ich war mein Lebtag vom Pech verfolgt, weiß Gott. Meine Mutter hat mich auf ihren Knien lesen und schreiben gelehrt, Ihr könnt mir's glauben, und mich für was Besseres erzogen, als was Ihr vor Euch seht. Aber nichts als Unglück war mein Los. Ich bin ein bedauernswerter Mensch, immer auf gutem Fuß mit Kummer und Leid –«

»Ihr werdet Eure Bekanntschaft mit Kummer und Leid erheblich vertiefen, mein Freund«, unterbrach Erasmus, »wenn Ihr weiter um den Brei herumredet. Was ist mit dem Schiff passiert?«

»Was ihm passiert ist?« Bartons Blick ruhte auf der Rumflasche. Auch wenn er in die Enge getrieben war, sein Sinn für Dramatik verließ ihn nie. Noch war er nicht völlig mittellos. Er verfügte über Kenntnisse, die der andere brauchte – wie sehr, erkannte er an der Bewirtung, die man ihm zukommen ließ, und an der Wißbegier in dem hübschen Gesicht seines Gegenübers. »Das ist eine lange Geschichte«, sagte er und streckte die Hand aus, um bei dem Salzfleisch zuzugreifen.

Erasmus schlug mit der Hand auf den Tisch, daß die Gläser klirrten. »Zum Teufel mit dem Geschwätz«, sagte er. »Wenn Ihr mit dem verdammten Theater nicht aufhört, erschieß ich Euch hier am Tisch.«

»Es ist nicht untergegangen«, berichtete Barton nun eilig. »Es ist nie untergegangen, Sir. Wir sind vom Kurs abgekommen durch einen Sturm, wie er im Spätsommer in dieser Gegend oft vorkommt. Aber wir sind nie gesunken. Es war ein wackeres Schiff, ein echt prachtvolles Schiff in jeder Hinsicht. Ich war stolz, daß ich darauf fahren durfte.«

»Ich reiß Euch die Ohren ab«, stieß Erasmus zwischen den Zähnen hervor. »Was schert mich Euer Stolz? Sagt, was passiert ist!«

»Die Mannschaft war nicht mehr vollzählig. Wir hatten nicht genug einsatzfähige Leute, und die Schwarzen hätten sich gegen uns erheben können. Dann hat's uns hierher, an die Südküste von Florida, verschlagen. Der Käpt'n war inzwischen tot … Wir haben von Anfang an Pech gehabt. Der Passat ist kürzer ausgefallen als sonst um die Jahreszeit, und unter den Schwarzen war die rote Ruhr ausgebrochen, noch bevor wir den Golf von Guinea hinter uns hatten. Sechs Wochen lang nichts als Blitz und Donner, Regen und Hitze, und dann waren wir immer noch nicht weiter als südwestlich der Kapverdischen Inseln. Jeden Tag sind uns welche gestorben. Ein schreckliches Geschäft ist das. Das kann keiner verstehn, der's nicht selbst mitgemacht hat. Mit anzusehen, wie einem der Profit ins Meer rinnt, und nichts dagegen tun können. Euer Vater und Ihr, Sir, Ihr habt mir in der Seele leid getan. Barton ist den Eignern immer treu ergeben gewesen.«

Erasmus füllte Bartons Glas noch einmal. Ein strenger Schweißgeruch breitete sich in der engen Kabine aus. Erasmus' Nasenflügel spannten sich unwillkürlich vor Ekel. Dieser Barton hatte etwas Vulgäres an sich, eine kriecherische Art, die gleichzeitig unverschämt wirkte: Heiser und trotz des Rums mit trockener Kehle, sprach er von Standhaftigkeit und Treue, sich anbiedernd und witternd, aus welcher Richtung der Wind hier wehte. Erasmus legte keinen großen Wert auf Bartons Beteuerungen, aber er unterbrach ihn auch nicht, nachdem er sich jetzt, ins Leere blickend und anscheinend von seiner eigenen Geschichte gefesselt, in Fahrt geredet hatte.

»Wir haben sie viel unter Deck lassen müssen, bei geschlossenen Luken. Da sind viele gestorben. Ich sage Euch, es hätte Euch das Herz gebrochen, wenn Ihr das hättet mit ansehen müssen. Der Doktor hat selbst wie ein Sklave geschuftet, um die armen Teufel am Leben zu halten …«

Erasmus blickte jäh auf und sah, daß ihn der Maat heimlich beobachtete, taxierte – eine beunruhigende Feststellung bei einem, der scheinbar ganz in seiner Geschichte aufgegangen war. »Was seht Ihr mich so an?« fragte er. »Sprecht Ihr von Paris?«

»Aye, von ihm. Er hat sie eigenhändig gefüttert. Er ist Euer Vetter, nicht wahr, Sir? Mütterlicherseits, soviel ich weiß.«

»Was geht das Euch an?«, erwiderte Erasmus heftig. Er schwieg kurz und fuhr dann ruhiger fort: »Er hat vermutlich nur seine Pflicht getan.«

»Aye, Sir. Na ja, mütterlicherseits sind die Bindungen angeblich nicht so stark.« Am Tonfall des Maat hatte sich nichts geändert, doch in dem spähenden Ausdruck seines Gesichts und in der Art, wie er jetzt die Ellbogen auf den Tisch legte, machte sich eine vorsichtige Entspannung bemerkbar. Er hatte seine Richtung gefunden. »Er hat nur getan, wofür er bezahlt wurde«, sagte er. »Wie wir alle. Jeder von uns. Das ist ein ausgezeichneter Rum, Sir.«

»Eure Meinung über den Rum interessiert mich nicht. Hier, verdammt, trinkt. Wie ist Thurso gestorben?«

»Da gab's verschiedene Verletzungen, aber die Todesursache war Erstechen.«

»Wer hat ihn erstochen?«

Barton kniff die Augen zusammen, als hätte er Mühe, sich zu erinnern. »Das ist damals alles so durcheinandergegangen«, erwiderte er. »Es ist schon viele Jahre her, Sir, und ich erinnere mich nicht mehr genau.«

»Ich rate Euch sehr, Euch genau zu erinnern«, sagte Erasmus.

»Mir wird schon wieder alles einfallen, mit der Zeit. Jedenfalls waren es die Leute vom Schiff, die Thurso getötet haben. Sie haben gemeutert. Ich war dagegen. Bei Barton steht an erster Stelle die Pflicht. Sie wollten mich umbringen, aber Mr. Delblanc hat sie aufgehalten – er war Passagier an Bord – und der Doktor.«

»Welche Rolle hat er gespielt? Mr. Paris. War er der Anführer? Hat er die anderen zu dieser Meuterei angestiftet?«

Barton hielt einen Moment inne. Sein Gesicht ließ nicht die geringste Unsicherheit erkennen, nur ein Art gesteigerter Wachsamkeit. »Ja, Sir«, sagte er, »er war der Anführer, ohne den Schatten eines Zweifels.«

»War er der erste, der die Hand gegen den Kapitän erhob?«

»In gewisser Weise schon. Es war so, Sir. Wir hatten beschlossen, einen Teil der Ladung über Bord zu werfen. Das heißt, der Käpt'n hat es beschlossen und mich und Haines und Barber, den Zimmermann, am Abend zuvor damit beauftragt. Haines war der Bootsmann. Der Zweite Maat war schon tot, er war am Faulfieber gestorben, und die einzigen Offiziere, die noch übrig waren –«

»*Was* wolltet ihr tun? Sie über Bord werfen?« Erasmus fuhr sich mit der Hand über die Stirn. »Bei lebendigem Leib und gefesselt?«

»Nur die, die krank waren, Sir. Wir haben doch gewußt, daß sie nicht bis Kingston durchhalten würden, und wenn – wir hätten nichts mehr für sie gekriegt. Das war'n Todeskandidaten so oder so. Das schlimmste Wetter war zwar überstanden, aber es hat uns weit nach Westen verschlagen. Nach den Berechnungen des Käpt'ns waren es noch mindestens zehn Tage bis Jamaika, selbst bei guten Bedingungen. Unser Wasser reichte nur noch für 'n halbes Pint pro Tag. Wozu es an Neger verschwenden, die sowieso draufgehen, Sir? Das ist keine effektive Nutzung. Und nicht nur das. Neger, die an natürlichen Ursachen sterben, sind für den Eigner nur Verlust, will sagen, für Euren Vater und für Euch als seinen Sohn und Erben. Wenn wir sie dagegen über Bord werfen, zahlt die Versicherung Schadensersatz, und das waren damals dreißig Prozent. Man mußte nur einen ausreichenden Grund haben.«

Erasmus schwieg eine ganze Weile und hielt sich die Hand über die Augen, um sie vor dem Licht zu schützen. »Trinkwassermangel wäre ein ausreichender Grund«, sagte er schließlich. »Er kann als lebensgefährdend gelten. Aber wartet! Habt Ihr nicht von Gewitterstürmen und Regen gesprochen? Die Wasserfässer hätten doch voll sein müssen.«

»Meine Güte!« rief Barton voller Bewunderung. »Ihr seid wirklich ein kluger Kopf, Sir. Aber das große Faß war leck, und das Wasser ist ausgelaufen, ohne daß wir's gemerkt haben.«

»Ich verstehe«, sagte Erasmus langsam. »Das Faß ist in dem rauhen Wetter leckgeschlagen.« Das würde jedes Gericht akzeptieren, dachte er, wenn er einen adrett gekleideten Barton als Zeugen vorführte und vielleicht noch einen dazu, der seine Aussage bestätigte. »Ich finde, Captain Thurso hat legal und im Rahmen seiner Kompetenzen gehandelt«, sagte er.

»So haben wir das auch gesehen, als uns der Käpt'n die Lage erklärt hat. Haines hätte Euch das gleiche gesagt, aber er ist leider auch tot. Er wurde von den Wilden erschlagen.»

»Und mein Vetter hat sich hier eingemischt, sagt Ihr? Er hat sich der gesetzlichen Autorität des Kapitäns widersetzt?«

»Ja, Sir. Es war früh am Morgen und Mr. Paris war unten, weil er Fieber hatte. Er muß was gehört haben – ein paar waren schon über die Seite gegangen. Er kommt rauf, und als er sieht, was vorgeht, schreit er und hebt die Hand. Der Käpt'n zielt mit der Pistole auf ihn, und das hat dann die ganze Sache ausgelöst.«

»Thurso war also bewaffnet?«

»Seit die Männer gegen ihn waren, immer.«

»Eine ganz schön arrogante Einmischung. Unerhört«, sagte Erasmus wie zu sich selbst. »Je mehr ich über die Sache nachdenke«, fuhr er lauter fort, »um so mehr habe ich den Eindruck, daß die Entscheidung des Kapitäns vernünftig war, nicht nur in praktischer, sondern auch in menschlicher Hinsicht, da sie die Leidenszeit dieser Elenden verkürzte.«

»Das hab ich mir damals auch gedacht.« Barton hob sein schmales Gesicht, als prüfe er schnuppernd die Luft, und Erasmus hatte das Gefühl, daß der Maat eine Art Bündnis oder ein Einvernehmen zwischen sich und ihm herzustellen versuchte.

»Es interessiert mich nicht, was Ihr gedacht habt«, schnaubte er. »Thurso konnte jedenfalls nichts für diese Neger tun, was nicht zu ihrem Tod geführt hätte.«

»Nein, Sir, das konnte er nicht.« Barton sprach leise und anscheinend unberührt von Erasmus' brüskem Ton. »Aber wenn sie auf dem Schiff gestorben wären, hätten die Versicherer nichts für sie bezahlt – es sei denn, sie wären bei einem Aufstand gegen uns getötet worden. Aber von einem Negeraufstand kann nicht die Rede sein.«

Erasmus nickte. »Wie ich die Sache sehe, haben sich die von Paris angeführten Meuterer später die restlichen Neger angeeignet und an Land gebracht. Ist das richtig?«

»Ja, Sir.«

»Erst Meuterei, dann Mord, dann Piraterie. Und jedes einzelne ein Kapitalverbrechen.« Während er sprach, läutete die Schiffsglocke über ihnen an Deck – es war zwei Uhr morgens. Die Nacht war ruhig, und das Schiff lag eben auf dem Wasser; daß es Fahrt machte, war nur am langsamen, unregelmäßigen Knarren der Hölzer zu hören.

»Sie brauchten die Neger«, sagte Barton. »Ohne die Hilfe der Schwarzen hätten sie das Schiff nicht hinter die Küste schleppen können. Es mußte über die Sandbänke gezogen werden, Sir. Männer, Frauen und Kinder, alle mußten mit anfassen.«

»Ja, ja, den Teil der Geschichte kenne ich. Hatte denn Eurer Meinung nach die Absicht bestanden, irgendwann zurückzukehren?«

»Das Schiff wurde auf Grund gesetzt, Sir, und die Masten gekappt.«

»Haben sie erklärt, daß sie nicht zurückkehren wollten? Habt Ihr gehört, daß Mr. Paris das gesagt hat?«

»Ja, Sir. Er und Delblanc. Sie haben gesagt, sie wollten eine Kolonie in der Wildnis errichten, wo die Menschen im Naturzustand leben könnten.«

»Im Naturzustand? Was zum Teufel soll das denn heißen?«

»Das weiß ich leider auch nicht.« Barton hatte sich im Ton sofort dem geringschätzigen Ausdruck auf Erasmus' Gesicht angepaßt. »Da war viel die Rede von Freiheit und Gerechtigkeit«, sagte er. »Sie wollten eine Kolonie gründen, wo alle gleich sein würden und niemand Geld bräuchte.«

»Diese Mördergrube.« Erasmus lächelte plötzlich, nicht über die Ungereimtheiten der Welt und seines eigenen Ichs, sondern weil er gesiegt hatte, weil alles triumphal zusammenpaßte. Er hatte Paris lebend bekommen, Paris' Schuld war bezeugt, die Beweise waren erdrückend. In Barton hatte er ein geschmeidiges Instrument zur Wiederherstellung der

Gerechtigkeit gefunden. Und nun von diesen lächerlichen Bestrebungen zu hören ... Es war wie Zuckerguß auf dem Kuchen. »Bei Gott, das ist stark«, sagte er.

Als Barton seinen neuen Beschützer so schmunzeln sah, empfand er ein Entzücken, als habe er eben den Schlüssel zu einem Rätsel gefunden, das er schon fast für unlösbar gehalten hatte. »Sie dachten, sie könnten von vorne anfangen«, sagte er und lächelte scheel.

54

Die Nachtstunden verbrachte Paris in einem Grenzbereich des Fiebers, in dem Denken, Träumen, Schlafen und Wachen eins sind. Gegen Morgen ließ das Pochen in seiner Wunde für eine Weile nach, und er trat in ein Stadium mit deutlicheren Erinnerungen. Er befand sich wieder im Gefängnis von Norwich, zwischen dunklen, glitschigen Mauern, hallenden Steinböden und den Herren dieser Unterwelt, allesamt Schwerverbrecher, die die begehrten Plätze am Feuer besetzten. An einen erinnerte er sich besonders; er wußte sogar noch, daß er Buxton hieß. Er war wegen Straßenraubs zum Tod verurteilt und hatte Berufung eingelegt, ein finsterer, zahnlückiger Bursche mit unberechenbarem Temperament. Buxton war es gewesen, der mit einem verknoteten Handtuch als Richterperücke auf dem Kopf die »Verhandlung« des jungen Schuldners geleitet hatte. Dieser hatte nicht das Geld gehabt, um eine Runde auszugeben, wie es für einen Neuankömmling Brauch war. An diesem Ort des Elends, der Schmach und Schande ahmten sie die Verhaltensweisen und Rituale derer nach, die sie verdammt hatten. Zeugen wurden vereidigt, Verteidiger und Ankläger hielten ihre Plädoyers. Paris sah das hämische Gesicht des Rohlings und das des verstörten, verängstigten jungen Mannes so deutlich vor sich, als sei inzwischen kein einziger Tag vergangen. Diese zwei Gesichter waren ihm nebeneinander in Erinnerung geblieben, Buxton und Deever, der eine die natürliche Ergänzung des anderen. Zwei Stunden Pranger hatte das Urteil dieses Gerichts gelautet. Mit einem über den Kopf gestülpten Stuhl und seitlich an den Stuhlbeinen festgebundenen Händen war Deever vor ihnen gestanden, den Kopf wie eine Schildkröte unter dem absurden Rückenpanzer vorgereckt, starr vor Angst und Scham ...

Ich habe sie gewähren lassen, dachte Paris. Vielleicht war ich feige; vielleicht fürchtete ich, alles noch schlimmer zu machen. Es war nicht mehr festzustellen. Sein Gedächtnis gab keine genaue Erinnerung an die damit verbundenen Gefühle preis. Sicher war nur, daß er nichts unternommen hatte. Deever war erlöst worden, nachdem er versprochen hatte, fünf Shilling zu zahlen.

Was ihn jetzt vor allem beschäftigte, während das erste Licht durch das Bullauge seiner dürftig ausgestatteten Kabine fiel, war jedoch weniger seine Zurückhaltung als die Tatsache, daß er die Lektion nicht gelernt hatte. Denn die Männer, die diese Grausamkeit begingen, hatten selbst in ordentlichen Gerichten gelitten und waren verurteilt worden.

Ich hätte es wissen müssen, dachte er. Kein Leid, das ein Mensch erfährt, wird ihn hindern, einem anderen Leid zuzufügen. Er wird nur daraus lernen, wie es gemacht wird ... Dann wäre es also falsch zu glauben, Leid mache ein weiches Herz? Diejenigen, die so gern behaupten, sie kennten die menschliche Natur, würden zweifellos diesen Schluß ziehen. Aber Paris fand, daß er zu diesen Menschenkennern nicht gehören wollte, daß ein solches Verständnis schlimmer sei, als sich zu irren oder immer wieder enttäuscht zu werden. Wenn das klug sein bedeutet, dann bin ich lieber ein Narr, dachte er und schlief wieder ein. Als er erwachte, lag er vor Schmerzen und Fieber in Schweiß gebadet. Es war heller Tag, und Sullivans Gesicht neigte sich über ihn. »Was tust du hier, Michael?« fragte er.

Die schönen, immer in unbestimmte Fernen gerichteten Augen des Fiedlers sahen ihn triumphierend an. »Ich hab ihm gesagt, daß ich mich schon früher um Euch gekümmert hab«, sagte er. »Ich bin zu ihm gegangen, hab mich vorgestellt und gefragt, ob er was von meiner Fiedel gesehen hat, und er sagt, er hätt' nicht das geringste von ihr gesehn und ich müßt mich schon damit abfinden, ohne Fiedel gehängt zu werden. Da hab ich ihm ins Gesicht gesagt, Hängen ist Sache des Richters, und wenn ich freigesprochen werd, dann wollt ich wissen, was aus meiner Fiedel geworden ist. Dann sag ich ihm, daß ich Euch schon mal gepflegt hab, als ihr krank wart. Er wünscht mir die Pest an' Hals und sagt, dann könnt ich's jetzt auch tun.«

»Das hast du gut gemacht«, sagte Paris lächelnd. »Mein Vetter will mich gut versorgt wissen, damit er mich um so besser hängen kann. Nur, warum er mich so verfolgt, weiß ich nicht. Aber du kannst gar nicht viel für mich tun. Ich habe das Bein abgebunden, und der Sergeant hat mir geholfen, es zu schienen, bevor sie mich an Bord brachten. Solange ich ruhig liegenbleibe, ist es einigermaßen erträglich.«

»Ich hab eine Schüssel warmes Wasser gebracht«, sagte Sullivan. »Und ich kann aus der Kombüse was zu essen holen – er hat's mir erlaubt.«

Es war Sullivans Standardbehandlung, an die sich Paris aus der Zeit seiner Fiebererkrankung erinnerte. »Das ist sehr freundlich von dir, Michael«, sagte er und ließ sich, um Sullivan nicht zu enttäuschen und obwohl er sich lieber nicht bewegt hätte, Gesicht, Brust und Arme waschen. Sullivan ging sanft und geschickt zu Werk und redete ununterbrochen. Außer Billy und Kireku hatte es noch zwei Todesfälle unter den Leuten der Siedlung gegeben. Cavana war tödlich verwundet worden, als er versuchte, mit Danka und Tiamoko auf der anderen Seite des Palisadenzauns auszubrechen; und Neema, die den Kopf verlor, als sie ihn fallen sah, war ihm nachgelaufen und ebenfalls getötet worden. Ihr Baby, das erst am Abend zuvor seinen Namen bekommen hatte, wurde von Sallian gestillt. Nadri hatte es bis zu den Bäumen geschafft, aber er wurde von den Creek aufgespürt und zurückgebracht.

»Und Tabakali?«

»Sie ist bei den anderen«, erwiderte Sullivan. »Kenka ist bei ihr und ihre zwei anderen Kinder auch. Sie sind alle an

Deck und werden von Soldaten bewacht. Die Leute von der Mannschaft werden getrennt bewacht.«

»Ja«, sagte Paris, »jetzt gehen wir wieder getrennte Wege. Sie können uns nicht verkaufen, also werden sie als Nächstbestes versuchen, uns zu hängen.«

»Kudi ist auch da, bei den anderen. Sie hat mich freundlich angesehn, als ich gespielt hab. Ich hätte gleich zu ihr gehen sollen ... jetzt dürfen wir nicht mal in ihre Nähe. Wenn wir erst mal in Saint Augustine sind, werd ich sie nie wiedersehn.« Sullivan schwieg einen Augenblick, dann hellte sich sein Gesicht ein wenig auf. »Aber vielleicht doch«, sagte er. »Ich hab da ein gutes Omen gehabt.«

»Was war das?«

»Das ist 'ne ziemlich lange Geschichte. Als ich zum erstenmal auf die *Liverpool Merchant* gekommen bin zusammen mit Billy – Gott hab ihn selig – da hab ich einen schönen Rock getragen mit Messingknöpfen vorne dran. Den Rock haben sie mir genommen, ohne mich auch nur zu fragen, und jeden Faden, den ich auf dem Leib hatte, auch, und ich hab diese billigen Schiffsklamotten anziehn müssen. Das war schon mal ärgerlich, aber das schlimmste war, daß sie mir nie die Knöpfe zurückgegeben haben. Von denen war nie wieder die Rede. Ihr kennt die Welt genauso wie ich, Matthew, und da versteht Ihr bestimmt, daß es Dinge gibt, die einen immer wieder empören, auch wenn einer noch so geduldig und leidgeprüft ist.« Paris nickte. »Ja«, sagte er, »früher oder später kommt etwas, über das wir nicht hinwegsehen können – irgend etwas, das man einfach nicht hinnehmen kann.«

»Das ist genau, was ich meine. Das mit den Knöpfen, das hat mir so gestunken, mehr als alles, woran ich mich so erinner. Sie waren Geld wert, aber das allein war's nicht – ein Mann muß auch vor sich selbst Respekt haben. Ich hab immer Haines in Verdacht gehabt, daß er sie mir gestohlen hat, und das hat sich auch rausgestellt an dem Tag, als wir an Land gegangen sind und Stangen geschnitten haben. Ich wollte mit Haines kämpfen, aber dann hat sich Wilson eingemischt. Sullivan, der eben Paris' Hals und Schultern abtrocknete, ließ die Hände für einen Moment ruhen und sah ihn mit einem liebenswürdigen Lächeln an. »Er hätte mich sowieso besiegt«, sagte er. »Jedenfalls hab ich meine Knöpfe nie zurückgekriegt. Dann ist Haines getötet worden, und allmählich hab ich sie vergessen. Als sie uns dann gestern durch den Wald zu den Booten getrieben haben, bin ich über meine eigenen Füße gestolpert und wär fast noch in 'nen Bach gefallen. Ich lieg im Dreck, japs nach Luft, und der Corporal flucht und schreit. Und dann seh ich ihn, keine sechs Zoll vor meinen Augen, mit Lehm verschmiert, aber ich hab ihn erkannt.«

Er bückte sich rasch und fummelte am Schnürsenkel seines Mokassins. Als er sich aufrichtete, zeigte sein Gesicht den für ein typischen ernsten, leicht melancholischen Ausdruck. Auf seiner flachen Hand lag, gelbglänzend im matten Licht der Kabine, ein glatter, runder Messingknopf von der Größe eines Shilling. »Ich hab ihn ein bißchen poliert«, sagte er. »Anfangs hab ich mir nicht vorstellen können, wie er dahin gekommen ist, aber dann ist es mir eingefallen – es muß die Stelle gewesen sein, wo Haines von den Indianern umgebracht worden ist. Er muß irgendwie aus seinen Sachen rausgefallen sein, und die Heilige Jungfrau hat mich genau dort stolpern lassen.«

Er stand noch mit seinem wunderbaren, sanft glänzenden Fund auf dem Handteller vor Paris, als sie von der Tür her Geräusche hörten. Sullivan legte rasch die Hände an die Seiten. Dann öffnete sich die Tür, und Erasmus trat ein. »Du kannst später weitermachen«, sagte er zu Sullivan. »Ich habe mit Mr. Paris zu sprechen.«

»Ja, Sir.« Trotzdem wandte sich Sulivan erst noch an Paris und fragte: »Kann ich noch etwas für Euch tun?«

»Nein, vielen Dank.«

»Dann geh ich jetzt«, sagte Sullivan.

Erasmus schaute ihm nach. »Unverschämtes Subjekt«, sagte er. »Fragt mich nach dem Verbleib seiner Fiedel. Wahrhaftig ein Galgenvogel.«

»Wenn Ihr das denkt, habt Ihr noch nie einen gesehen.« Paris lag mit hochgestütztem Oberkörper in seiner Koje, so daß er das bleiche und angestrengt wirkende Gesicht seines

Vetters gut sehen konnte. »Welchem Umstand verdanke ich diesen Besuch?« fragte er. »Ich muß Euch sagen, Cousin, daß er mir unerwünscht kommt.«

»Das könnt Ihr halten, wie Ihr wollt«, sagte Erasmus. »Tatsache ist, daß Ihr in diesen Dingen Eure Rechte verwirkt habt.« Trotzdem hielt er hier inne. Er war sich bewußt, daß er die Frage seines Vetters nicht ohne weiteres beantworten konnte. Er hatte Barton in den frühen Morgenstunden weggeschickt und dann tief und fest geschlafen – das erste Mal wieder seit Tagen. Aber er war mit dem Gefühl von Öde und Trostlosigkeit erwacht wie früher. Es gibt Formen von Triumph oder Erfüllung – und sie sind nicht immer tugendhaft –, die keinen Zeugen brauchen; sie sind in sich selbst genug, und man kann sich ihrer in aller Stille erfreuen. Das Gefühl, ein Instrument der Gerechtigkeit zu sein, war anscheinend nicht so geartet, zumindest nicht für Erasmus; für ihn mußte dieser Triumph auf dem Gesicht eines anderen Menschen sichtbar werden, und dafür kam nur ein einziger in Frage: Paris. »Ich habe einiges über Eure Siedlung erfahren«, sagte er schließlich. »Es heißt, sie sei auf den besten philosophischen Grundsätzen gegründet worden.«

An dem spöttischen Zug um Erasmus' Mund erkannte Paris, daß sein Vetter gekommen war, um ihn zu quälen. Trotz seiner Schwäche und der Schmerzen in seinem Bein regte sich seine Kämpfernatur. »Das hört sich ganz so an, als sei Barton Euer Informant gewesen«, entgegnete er. »Er kennt keine Prinzipien.«

»Nein, aber es ist trotzdem ein starkes Stück, findet Ihr nicht auch?« sagte Erasmus. »Wenn man den Ursprung Eurer kleinen Kolonie bedenkt – daß sie hervorging aus Mord und Diebstahl?« Er hätte gern seinen lockeren Ton beibehalten, aber schon nach Paris' ersten Worten hatten seine Züge etwas Starres angenommen, und während er sprach, wurden seine Lippen immer schmaler.

»Mord und Diebstahl?« Paris sah seinen Vetter verwundert an. »Ihr habt diese Menschen gerade in ihren Hütten überfallen und entführt. Ihr habt drei von ihnen dabei erschossen. Ihr Blut klebt an Euren Händen, auch wenn Ihr nicht selbst geschossen habt. Zwei von ihnen hatten nicht das geringste mit Thursos Tod zu tun. Tatsache ist, daß sie zu dem Diebesgut gehörten, das zu holen Ihr Euch die Mühe dieser weiten Reise gemacht habt.«

Diese lächerliche Argumentation nahm etwas von der Spannung aus Erasmus' Gesicht. »Anscheinend hat der lange Aufenthalt in der Wildnis Eurem Verstand geschadet«, sagte er. »Nur ein Verrückter kann solche Vergleiche anstellen. Thurso besaß sämtliche Machtbefugnisse über Euch. Er war an einem gesetzlichen Handel beteiligt. Diese Leute sind zum einen Flüchtlinge, zum anderen bewegliches Eigentum. Ich handle völlig im Rahmen der Legalität und bin außerdem im Besitz einer Vollmacht, ausgestellt vom Gouverneur von Florida.«

»Eine feine Sache, so eine Vollmacht. Mord und Diebstahl heißen dann plötzlich anders. Vermutlich war der Gouverneur auch mit einer Vollmacht ausgestattet, als er Florida für die Krone in Besitz nahm.«

»Solche Reden sind Landesverrat«, sagte Erasmus. »Ich werde das vermerken.«

»Man kann mich nur einmal hängen«, versetzte Paris. »Ich glaube nicht, daß wir in dieser Richtung recht viel weiter kommen, Erasmus. Aber ich versichere Euch, ich hatte keine Prinzipien, die es wert gewesen wären, sie so zu nennen. Unser Theoretiker war Delblanc.« Jedes Wort dröhnte in seinem Kopf, und hinter seinen Augen sammelten sich stechende Schmerzen. Woran hatte Delblanc geglaubt? Es kostete ihn große Mühe, jetzt darüber nachzudenken. *Menschen sind, sofern ungehindert in ihrer Natur, moralische Wesen. Sind Unterdrückung und Zwang eines Tages von ihnen genommen, werden sie glücklich sein, und wenn sie glücklich sind, werden sie auch gut sein …*

»Ich habe seine Ansichten nicht wirklich geteilt«, sagte er, als hätte er sie Erasmus eben erklärt. »Aber ich wußte, daß das Gefühl, ein gemeinsames Ziel zu haben, die Menschen zusammenhält. Und ich hatte natürlich gewisse Hoffnungen.«

»Welche Hoffnungen waren das denn?«, Erasmus' Worte

sollten hämisch klingen, aber das brennende Interesse, das dahinter stand, konnte er nicht verbergen. Er war empört über seinen Vetter. Aus seinem Schlupfloch verscheucht, verwundet, hilflos und seiner Verbrechen überführt, zeigte er keine Spur von Reue; er redete wirres Zeug und tat, als führten sie irgendeine Unterhaltung. Es war ungeheuerlich. Und doch war Erasmus in gewisser Weise fasziniert von dem, was Paris sagte; er war sich dessen bewußt und auch, daß er seinen Haß und seine Verachtung ständig weiter ausdehnen mußte, um den Gedankensprüngen seines Vetters zu folgen und nichts durchgehen zu lassen.

Und auch Paris fühlte sich getrieben, vielleicht, um diese Feindschaft, die ihm völlig unverständlich war und wie ein körperlicher Druck auf ihm lastete, zu entschärfen oder irgendwie zu überlisten. »Ich wußte, wir hatten ihnen unermeßliches Leid zugefügt«, erwiderte er. »Es war unmöglich, das zu leugnen. Es war unmöglich, nicht zu sehen, daß wir ihnen alles genommen haben und das nur aus Profitgier – dieser sakrosankten Gier, wie Delblanc einmal sagte, die alles rechtfertigt, die jedes Mittel heiligt. Seht Ihr, ich bin Schiffsarzt geworden, ohne genau zu wissen, was das bedeutet, und ohne mich darum zu kümmern. Weil mein Leben in Scherben lag, habe ich gedacht, es sei unwichtig, was ich tun oder wobei ich mithelfen würde, und daß es für mich nur noch die Erniedrigung gab. Damit habe ich sowohl gegen den Verstand als auch gegen das Gefühl verstoßen. Wir haben die Pflicht, wachsam zu sein ...«

Paris schwieg. Wie schwer war dies alles zu erklären. In einem weniger erschöpften Zustand hätte er vielleicht bemerkt, daß es ohnehin sinnlos gewesen wäre. Er verfügte über genug Selbstironie und hätte erkannt, daß er nicht der richtige Mann war, um Erklärungen zu geben. In all den Jahren in der Siedlung hatte er den Glauben an die Fähigkeiten des menschlichen Geistes mit seinem Wunsch, etwas gutzumachen, verwechselt. Und nun als Gefangener, in Lumpen und vom Fieber geschüttelt, irrte er sich wieder, indem er von Weisheit und Tugend sprach zu einem Mann, der ihn nur als Bösewicht sehen wollte und für den Tugend teure

Kleidung, stolzes Auftreten und Geld auf der Bank bedeutete.

In den Augen von Erasmus, der über keinerlei Ironie verfügte, wurde er immer mehr zu einem Schulbeispiel, wie man sein Leben nicht führen sollte. Nur mit größter Willensanstrengung gelang es ihm, in seinem Vetter auch weiterhin einen würdigen Sündenbock zu sehen. Er sah Paris an, sah die Leichenblässe unter der Sonnenbräune, die kleinen Schweißperlen auf der Stirn. Wie konnte ein so schwacher Mensch so viel Schuld tragen? Hier tat sich ein schrecklicher Widerspruch auf, und Erasmus zuckte davor zurück wie vor einer tödlichen Bedrohung.

»Es ist eine Lektion, die merkwürdig schwer zu lernen ist«, hörte er Paris leise sagen.

»Ich weiß nicht, was Ihr meint«, erwiderte er kalt. »Welche Lektion? Jeder einigermaßen normale Mensch weiß, was er will, und versucht, es zu bekommen.« Das war so offensichtlich, daß er ungeduldig wurde. »Das ist der Lauf der Welt«, sagte er, »ob in Eurer Urwaldniederlassung oder in meiner größeren Welt an den Ufern der Themse. Sonst würde doch überhaupt nichts vorangehen.«

»Vielleicht wär das gar nicht mal so schlecht«, sagte Paris matt.

»Ihr habt mir noch nichts von Euren kostbaren Hoffnungen erzählt.«

Trotz seiner Müdigkeit, die immer übermächtiger wurde, hörte Paris den boshaften Unterton heraus und noch etwas, das merkwürdigerweise wie eine flehentliche Bitte klang. Er sollte Versagen, Enttäuschung, gescheiterte Hoffnungen zugeben – das war es, wonach sein Vetter lechzte. »Ihr wollt mir alles nehmen«, sagte er. »Ich verstehe nicht, warum Ihr mich so haßt. Warum sollte ich Euch noch etwas erklären, wo Ihr doch nur Schlechtes hören wollt? Ich schulde Euch nichts. Wenn ich jemandem geschadet habe, dann Eurem Vater. Er war gut zu mir und könnte denken, daß ich ihm seine Freundlichkeit schlecht vergolten habe.«

Bei den letzten Worten hatte er die Augen geschlossen. Als Erasmus bitter auflachte, schlug er sie wieder auf und blickte in das verwirrte, ungläubige Gesicht seines Vetters. Erasmus hob kurz die Hand an die Schläfe. »Was ist los?« fragte er.

»Ihr wißt es noch nicht«, sagte Erasmus. »Wie solltet Ihr? Ich habe vergessen ...«

Und dann sprudelte es aus ihm heraus wie in einem unaufhaltsamen Strom: der Tod seines Vaters, auf welche Weise er gestorben war, der Bankrott, der Verlust seiner Braut, die vielen Jahre, in denen er geschuftet hatte, um die Schulden zurückzuzahlen. Daß er in diesen Jahren auch wohlhabend und mächtig geworden war, erwähnte er nicht, denn das war offensichtlich; außerdem konnte er nur an das erlittene Unrecht und an die ungeheure Schuld seines Vetters denken. Er vergaß jede Vorsicht und was er in einer harten Schule gelernt hatte: daß man sein Ziel fest im Auge behalten und rigoros alles ausschließen mußte, was der eigenen Sache schaden könnte; daß man immer etwas in der Hinterhand haben mußte, um die Kontrolle zu behalten. Alles das ging in dem tückischen Redeschwall, der ihn erfaßt hatte, unter. Er sprach mit diesem verhaßten Cousin, den er verfolgt und zum Krüppel gemacht hatte und den er lieber heute als morgen am Galgen sehen würde, so schrankenlos vertraulich, wie er mit keinem anderen Menschen hätte sprechen können. Er enthüllte Gefühle, die er längst für begraben hielt: wie sehr er sich durch das Schweigen seines Vaters getäuscht, durch sein mangelndes Vertrauen verletzt gefühlt hatte; erzählte von der erstaunlichen Überlegenheit, die seine Mutter im Umgang mit dem Arzt bewiesen hatte, von der herablassenden Haltung des alten Wolpert und Sarahs Unvermögen, den wahren Grund seiner Ablehnung zu begreifen. »Sie warf mir vor, ich wollte sie besitzen«, sagte er. Er hatte ihre Worte nie vergessen. »Ich mußte ins Zuckergeschäft einsteigen, weil ich Kanäle bauen wollte. Ich habe gegen meine Neigung geheiratet, aus rein finanziellen Interessen ...« Sarah hatte längst geheiratet – er hatte es von Bekannten aus Liverpool erfahren: einen Gutsbesitzer aus der Umgebung; auch Kinder waren inzwischen da.

All das versuchte er seinem Vetter zur Last zu legen. Aber Paris, der mit abgewandtem Gesicht zuhörte, hatte nicht den

Eindruck, daß Erasmus anklagte. Er beichtete. Er bettelte um Erlösung. »Was mit mir geschieht, wird an diesen Dingen nichts ändern«, sagte er. »Ihr werdet immer noch da sein, wo Ihr heute seid.« Er sah, daß sich Erasmus sehr gerade aufgerichtet hatte, als müßte er sich für eine schwere Prüfung wappnen, und erkannte die bedauernswerte Einäugigkeit seines Vetters, die schreckliche Leere des Sieges. »Könnt Ihr das nicht verstehen?« fragte er sanft.

Erasmus hörte den veränderten Tonfall und entdeckte in dem von Erschöpfung und Schmerz gezeichneten Gesicht seines Vetters Spuren eines anmaßenden Mitleids. Sein Leben lang hatte er es gehaßt, durchschaut zu werden. Er drehte sich um und verließ die Kabine. Draußen, am Fuß der Leiter, zögerte er kurz, als wüßte er nicht, in welche Richtung er gehen sollte. Er hatte Tränen in den Augen, was selten vorkam. Einen Moment lang meinte er, daß von allem, was Paris ihm angetan hatte, dieser freundliche Ton das Schlimmste gewesen war.

55

Am frühen Morgen des folgenden Tages erwachte Paris mit Schmerzen in der linken unteren Brusthälfte. Eine Weile später ließen die Schmerzen etwas nach, doch bald darauf stellte sich ein beengtes Gefühl in der Lunge ein, das ihn zwang ganz flach zu atmen, da jeder tiefere Atemzug erneut Schmerzen hervorrief. Während dieser Zeit schien es ihm, als hörte er über sich an Deck das Rasseln von Ketten; aber er fieberte und hatte ein sausendes Geräusch in den Ohren, so daß er dachte, es könnte auch eine Illusion gewesen sein. Sullivan kam mit der Morgensuppe, hörte die raschen Atemzüge und sah, daß sich Paris' Gesicht schrecklich verändert hatte. Er konnte nicht essen und wollte sich auch nicht waschen lassen.

»Nun hör sich einer das an«, sagte Sullivan, als wollte er schelten. »Was kann ich denn sonst für Euch tun?«

»Du kannst hier bei mir bleiben.« Paris sah, wie Sullivan sich plötzlich abwandte. »Ich will nur nicht bewegt werden«, sagte er.

»Niemand wird Euch bewegen«, sagte Sullivan.

Paris lag eine Weile da, ohne zu sprechen. Dann sagte er: »Mir war, als hätte ich Ketten an Deck gehört. Vermutlich hab ich mich geirrt, denn es sind ja genug Soldaten da, um sie zu bewachen.«

»Nein, es stimmt schon. In der Nacht haben sich zwei Soldaten an Dinka herangemacht. Sefadu ist dazwischen gegangen, und der eine hat ihm den Kolben seiner Muskete über den Schädel gehauen. Der hat dann von Hambo einen Schlag verpaßt gekriegt, daß er bestimmt lange nicht mehr an Frauenschändung denkt. Und dann ist Calley wild geworden – Ihr wißt ja, wie er manchmal sein kann –, packt einen von den Soldaten, der zufällig neben ihm steht, und würgt ihn mit dem Riemen von seinem eigenen Hut. Wenn sie ohne Befehl schießen dürften, wären Hambo und Calley jetzt tot. Jetzt sind sie und Sefadu für den Rest der Reise in Eisen, Sefadu mit 'nem Riesenloch im Kopf.«

»Damit schließt sich der Kreis«, sagte Paris. »Sie werden alle in Eisen sein, sobald die Truppen von Bord gehen.« Der Schmerz kam wieder, irgendwo unmittelbar unter dem Brustbein, und er schloß die Augen, bis er sich gelegt haben würde. »Wir sind wieder da, wo wir angefangen haben.«

»Nein, das sind wir nicht«, widersprach Sullivan. »So was solltet Ihr jetzt nicht denken. Niemand kann dahin zurück, wo er angefangen hat. Ihr seid doch ein weitgereister Mann, Matthew, genau wie ich, und wißt, daß nichts wieder so wird wie früher, wenn man 'ne Weile fort war. Und zwischen dem Schiff hier und der *Liverpool Merchant* liegen zwölf Jahre. Auch wenn sie vielleicht nicht das waren, was Ihr Euch gewünscht habt, könnt Ihr nicht sagen, es hätt' sie nicht gegeben. Ich denk immer wieder an Kudi und an den letzten Abend, wo wir die Namengebung von dem Kind gefeiert haben. Sie hat mich angeschaut, ich hab gespielt wie der Teufel, und es hat ihr gefallen. Jetzt weiß ich, daß ich was verpaßt habe, daß ich gleich zu ihr hätt' gehen sollen.

Aber Ihr könnt nicht sagen, daß ich da wär, wo ich angefangen hab. Ich hab toll gespielt. Darüber kann ich nachdenken und auch, wie Kudi mich angelächelt hat. Hört Ihr mich, Matthew?«

»Ja«, sagte Paris, »ich hör dich.« Der Schmerz in seiner Brust hatte im Augenblick etwas nachgelassen, aber er bekam nicht genug Luft. »Ich fürchte, es geht mir nicht so gut«, sagte er. Er sah, daß sich Sullivan bückte und gleich wieder aufrichtete. »Was machst du da?« fragte er.

»Ich will, daß Ihr das für mich aufbewahrt«, sagte Sullivan. »Als Glücksbringer. Sie würden ihn mir früher oder später doch wegnehmen.«

Paris fühlte das glatte Metall des Knopfs in seiner Hand, und seine Finger schlossen sich darüber. »Ich habe nichts, das ich dir geben könnte, Michael«, sagte er.

»Ihr habt mir schon mal was gegeben, das man mit Geld nicht kaufen kann. Wißt ihr noch, damals auf dem Schiff?« sagte Sullivan. »Ich bin gekommen und hab gefragt, ob sie den Schwarzen die Ketten abnehmen könnten, weil das Gerassel meine Musik stört.«

»Ja, das weiß ich noch.«

»Ihr habt mit mir gesprochen, als wär ich ein Mensch, und das hab ich nie vergessen.« Sullivan standen die Tränen in den Augen.

»Mach dir keine Sorgen um mich«, sagte Paris. »Wenn du mit Tabakali sprechen kannst, sag ihr, daß ich an sie denke. Sag Kenka, er soll sich um seine Mutter kümmern. Ich glaube, ich werde mich jetzt ein wenig ausruhen.«

Sein Augenlicht schien irgendwie getrübt. Er hörte, wie sich die Tür leise hinter Sullivan schloß, und döste ein, ohne jedoch den Knopf in seiner Hand loszulassen. Nach einer Weile, die Stunden, aber auch nur Minuten gedauert haben könnte, öffnete er die Augen und sah seinen Vetter, der auf ihn niederblickte. »Ich wollte Euch erklären«, sagte er, als wäre seit ihrem gestrigen Gespräch keine Zeit vergangen. »Als ich die Hand gegen Thurso erhob, habe ich nicht daran gedacht, einen Aufstand gegen ihn anzuführen.«

Er stieß die Worte zwischen unregelmäßigen, röchelnden

Atemzügen hervor. Dann schwieg er wieder und schloß die Augen. Warum hatte er es getan? Er erinnerte sich plötzlich deutlich an das regennasse Deck, die wundervolle Stille des Morgens, den riesigen, gleichgültigen Himmel. »Es widersprach meinem Berufsethos«, sagte er. Aber er wußte, es war nicht der wahre Grund.

»Wir sind heute abend in Saint Augustine«, sagte Erasmus. »In der Garnison gibt es einen Arzt. Er wird Euch wieder in Ordnung bringen.«

»Ich fürchte, ein Arzt wird nichts mehr tun können. Ich habe so etwas schon früher erlebt, nach einer Amputation oder einem schweren Unfall ... Es gibt nur eine Blutbahn vom Bein zur Lunge. Ich fürchte, ich habe ein Gerinnsel im Blut ...«

»Ihr dürft nicht sterben«, sagte Erasmus heftig. »Nicht auf diese läppische Weise, nachdem ich um die halbe Welt gereist bin, um Euch aufzustöbern. Das wäre absurd.«

»Ihr wolltet etwas Spektakuläres, ich weiß«, sagte Paris mühsam. Anschließend schwieg er ziemlich lange, dann bat er, man solle eine Kerze anzünden, weil er nicht mehr gut sehen konnte. Die Flamme flackerte, aber ihr Licht breitete sich nicht aus. Jemand wusch ihm das Gesicht. Er hörte seinen rasselnden Atem wie aus weiter Ferne. »In dem Fort wurde dauernd gehämmert«, flüsterte er. »Chaotisch ...« Wie auf dem Schiff, dachte er. Aber wie konnten solche Dinge nicht chaotisch getan werden? Das war es ... Er hatte wieder Ordnung finden wollen, er hatte zum Himmel geschrien und Ordnung verlangt ...

Und jetzt wollt Ihr mir sagen, daß sich Eure Hoffnungen erfüllt haben?

Die Worte klangen so meisterhaft wie sein röchelnder Atem; es war schwer festzustellen, wer sie gesagt hatte, aber er wußte, daß die Antwort wichtig war. Er richtete sich von dem stützenden Polster auf und hob die rechte Hand, aus der ein kleiner Gegenstand auf die Decke fiel. »Ja«, sagte er, wütend in den Raum starrend, »So wie sich Hoffnung nur erfüllen kann.« Während er zurückfiel, fragte er sich, ob es stimmte, was er gesagt hatte, oder ob er sich schon wieder geirrt und nur die alte Kompromißlosigkeit aus ihm gesprochen hatte oder sein nicht zu unterdrückendes Bedürfnis, das letzte Wort zu haben. Aber Zweifel sind nicht die Feinde der Hoffnung, sondern ihre Verbündeten, und gemeinsam waren sie sein höchstes Gut.

Erasmus, der keine Frage gehört hatte, verstand folglich auch nicht, was sein Vetter sagte. Beinahe mechanisch hatte er die ausgestreckte Hand ergriffen, und er hielt sie noch einige Minuten später, als sich Paris nach Atem ringend noch einmal aufrichtete und starb. Eine kleine Weile danach ließ er die Hand los, legte sie über Kreuz mit der anderen auf Paris' Brust und schloß die Lider über den hellen Augen. Dann stellte er sich neben die Koje und blickte in das Gesicht des Toten. Jeder Schmerz war daraus gewichen. Paris sah geduldig und eigensinnig aus, als memorierte er mit geschlossenen Augen seine Argumente. Auf der Decke lag, dort, wo er ihm aus der Hand gefallen war, ein kleiner Messingknopf. Nach einem Moment des Zögerns beugte sich Erasmus vor und hob ihn auf. Dann verließ er die Kabine und ging nach oben.

Er stand eine Weile an der seitlichen Reling des Quarterdecks. Der Morgen war ziemlich kalt, aber klar und sonnig. Die Bajonette der Wachsoldaten glänzten im Sonnenschein. Er blickte zu den Sklaven hinunter, die sich mittschiffs aneinanderdrängten. Einer oder zwei sahen zu ihm herauf, aber die meisten hielten die Augen verdrossen oder teilnahmslos gesenkt. Irgendwo in ihrer Mitte schrie ein Kind. Er bemerkte die unterschiedlichen Hautfarben und dachte entrüstet an die Wahllosigkeit der Geschlechtsbeziehungen, die in der Siedlung gang und gäbe gewesen sein mußte. Sie hatten gelebt wie die Tiere ... Neger und Mulatten, Männer, Frauen und Kinder – in seinen Augen unterschieden sie sich kaum mehr als Herdenvieh. Immerhin waren sie in ausgezeichnetem Zustand und würden in Charleston Höchstpreise erzielen. Reichlich viele Säuglinge befanden sich darunter – man würde sie mit den Müttern verkaufen müssen, was an sich nicht üblich war, und er wußte nicht, inwieweit sich dies auf den Preis auswirken würde. Wie so manches andere hing auch das von der Einstellung des Käufers ab. Manche würden in diesen Kindern eine Investition sehen, andere nur hungrige Mäuler … Ihm fiel plötzlich ein, daß sich unter den Kindern auch Nachkommen seines Vetters befinden könnten, und bei diesem Gedanken sah er wieder das Bild des Toten vor sich. Was hatte Paris noch gesagt? Es hatte nicht viel Sinn ergeben – irgend etwas von Hoffnung.

Erasmus wandte sich zur anderen Seite und blickte hinaus auf die glatte Fläche der See. Der Himmel war wolkenlos. Im Osten hing noch ein Hauch des Morgenrots. Das Festland an Backbord, das nicht weit entfernt sein konnte, war nicht zu sehen; Meer und Himmel trafen sich in einer ungebrochenen Linie. An einem Strand, der in der Erinnerung an die Kindheit so weit war wie dieses Meer, hatte ihn Paris hochgehoben und durch die Luft geschwenkt, nicht um ihn um seinen Sieg zu bringen – das wußte er jetzt und hatte es vielleicht schon immer gewußt –, sondern um ihn vor einer Niederlage zu bewahren. Es war aus Freundlichkeit geschehen, vielleicht sogar aus Liebe und nur, weil ihm sein Vetter überlegen war. Seit damals war keiner mehr so stark gewesen. Und jetzt gab es diesen einen nicht mehr. Paris war tot und konnte ihn nicht mehr vor Niederlagen retten. Seit jenem Morgen, als Captain Philips mit der Geschichte von dem gestrandeten Schiff zu ihm gekommen war, hatte der Gedanke, daß Paris noch leben könnte, seinem eigenen Leben Sinn und Bedeutung gegeben. Früher einmal war es Sarah gewesen. Und jetzt? Er hatte seine Niederlage zunächst darin gesehen, daß er Paris nicht mehr dem Henker ausliefern konnte; doch viel schlimmer war – und das wußte er jetzt –, daß er seinen Vetter nicht hatte leben lassen …

Als er unter dem Druck dieser Erkenntnis die Fäuste ballte, drückte sich der scharfe Rand des Knopfs schmerzhaft in seine Finger – er hatte ihn die ganze Zeit in der Hand gehalten. Er öffnete die Faust und sah ihn sich genauer an. Ein seltsames Ding, um sich als Sterbender daran festzuhalten. Erasmus wollte ihn schon ins Meer werfen, da fiel ihm ein, daß es eine Art Geschenk war, wenn auch nur ein zufälliges. Sorgfältig steckte er ihn in die Rocktasche.

EPILOG

Der Abend ist nicht anders als andere Abende auch. Er weiß, wo er ist. Er erkennt es an der Art des Lichts und der hellen Spiegelfläche an der Wand hinter der Bar. Eine Hafenbar, früher Abend, Sonnenstrahlen fallen schräg durch die offene Tür. Fenster gibt es nicht. Die Helligkeit ist ungleichmäßig und von Bewegung unterbrochen. Das Innere der Bar ist dunkel; er kann dort nichts sehen. Er sitzt immer mit dem Gesicht zum Licht. Zwischen ihm und der Tür tauchen schemenhaft Gestalten auf und verschwinden wieder. Er weiß, daß er hier der Clown sein darf für Matrosen, Schauerleute und Huren. Er weiß, daß er allein ist.

Was er trinkt, zahlt er selbst von dem, was ihm der Tag eingebracht hat. Sind die Münzen, die er vor sich auf dem Tresen gehortet hat, aufgebraucht, singt er vielleicht mit seiner hohen, brüchigen Stimme eines der alten Sklavenlieder – die Lider über den blinden Augen geschlossen, mit leicht zitterndem Kopf und sehnsüchtig dem Licht zugewandt. Der Paradiesnigger stirbt langsam, aber er wird nie anders aussehen; zerstörter kann ein Gesicht nicht sein.

Er spricht mit jedem, den er in seiner Nähe spürt, oder auch mit keinem. Manchmal bringt ihn ein Gast zum Reden, indem er, den anderen zuzwinkernd, sagt: »Erzähl mal, *old* Sawdust, was gibt's Neues im Paradies?«

Und er sagt: »Nur weil du's nicht gesehen hast, glaubst du's nicht. Wie der ungläubige Thomas, der seine dummen Finger in die Wunden des Herrn legen mußte. Aber dieser Nigger hier hat es gesehn. Sie brüllen und blasen Wasser in die Luft, und in ihrem Maul hausen Vögel. Die picken ihnen die Fleischreste von den Zähnen. Davon leben sie. Doch, Sir! Die Drachenvögel.«

Er schweigt einen Moment und sagt dann höhnisch: »Ich hör genau, daß Ihr lacht. Yeah, Ihr bepißt Euch vor Lachen.«

»Benimm dich gefälligst anständig, oder du fliegst raus«, sagt der Barmann.

Der Mulatte senkt unterwürfig den Kopf. Es ist ein alter Reflex. »Wie belieben«, knurrt er unmutig, und dann seufzt er. Ein schwacher Schein fällt auf den weißlichen Film seiner Augen. Er erzählt weiter, aber nur für sich selbst, von den Vögeln im Maul des Alligators; und mit dem Rum, den er trinkt, wird alles noch wunderbarer. Auch von anderen Vögeln erzählt er, von weißen Reihern, die mit langsamem Flügelschlag, auffliegen, von schwarzen Schlangenhalsvögeln und von einem überschwemmten, glänzenden Meer von Gras. »Rote Fische schwimmen im Teich«, sagt er. »Ich seh sie genau. Nie hat's geschneit oder gefroren. Ich seh die Wolken, ein bißchen wie Nebel, aber dahinter ist's blau. Wir stammen von einem Schiff. Niemand war dort Boss. Alle sind freundlich miteinander, sagen ›guten Morgen, guten Abend‹ Weiße und Schwarze, ist ganz egal ...«

Jemand drückt ihm ein Glas in die Hand, und er trinkt und er redet, murmelt, wenn ihm keiner mehr zuhört, wenn ihn ohnehin keiner mehr hört wegen des Lärms in der Kneipe, der vielen Stimmen oder der Fiedelmusik. Plötzlich lacht er wie verrückt, leise und noch leiser, bis es ihm die Kehle zuschnürt. »Mein Poppa hat mir das erzählt. Zeigte mir ein Buch. Ist schon lange her.« Ein paar Tränen kullern aus seinen Augen. Phantastische Bilder gehen ihm durch den Kopf, von Hunger und Rum genährte Visionen von glühenden Monden, vergoldeten Fächerpalmen, Wolken und Sonnenpfeilen – und Gesichter, schwarze und weiße, aus einer Zeit der Wunder. »Ich hab immer gedacht, ich geh wieder dahin zurück, aber ich hab's nie getan. Und jetzt, Nigger, ist es zu spät. O Jesus.«

Manchmal macht ihn der Rum widerborstig und sogar streitsüchtig. Oder er lamentiert und wird laut. Aber es kommt nicht darauf an; früher oder später setzt man ihn sowieso vor die Tür. An diesem Abend regt er sich über eine Bemerkung auf, die er schon früher gehört hat.

»Warum sagst du das? Ich bin nicht auf 'ner Plantage geboren. Ich bin auch kein Guineanigger. Und weil ich gelb bin, heißt das nicht, daß mein Vater ein Sklaventreiber war. Mein Vater war ein *Doktor*. Ich bin in einem Paradies geboren. Du da! Hörst du mich?«

Er wird nach draußen gebracht, nicht besonders grob, aber er fällt trotzdem hin, läßt sich fallen, um dem harten Griff an seinem Arm zu entkommen. Im Dunkeln bleibt er auf der Straße sitzen, die Mundharmonika baumelt an seinem Hals, während sein Zorn verraucht und sein Kopf leer wird wie seine Augen. Etwas später findet er humpelnd und tastend in die Küche der *Cupola*, wo Big Suzanne regiert.

In der indigoblauen Sommernacht sieht er schwimmende Sterne, die sich riesenhaft weiten. Große rote Stiefmütterchen blühen und sterben auf Suzannes gewaltigen Hüften, wenn sie unter der Lampe vorbeigeht. Schwankend steht er in der Tür und vertraut auf ihre große, verächtliche Güte.

»Ich habe ihnen was erzählt.«

»Aber ja«, sagt sie. »Wie jeden Abend. Hast dich wieder gewälzt? Hier ist noch 'n Rest Sauce, wenn du willst.«

»Wir kommen von einem Schiff«, sagt er. »Nicht von *hier*.«

»Weiß ich doch. Nimm dir von dem Brot zum Tunken.«

»Das Paradies ...«, murmelt er seufzend, während er mit dem Teller in der Hand auf der Schwelle steht.

Ihr schweißglänzendes Gesicht lächelt zu ihm hinüber. »Das ist ein schöner Name für ein Schiff.«

HEYNE
BÜCHER

Gisbert Haefs

»Erzählwerke, die einem beim Lesen wirklich die Zeit vergessen lassen, die eigene und die, von der die Rede ist.«
SÜDDEUTSCHE ZEITUNG

Hannibal
01/8628

Alexander
01/8881

Alexander in Asien
01/8882

Gashiri
01/9147

Banyadir
01/9148

Traumzeit für Agenten
01/10288

01/8628

Heyne-Taschenbücher

Gertrude Bell – ein weiblicher Lawrence von Arabien

Dieses Buch dokumentiert das erstaunliche Leben einer tapferen und mächtigen Frau und schildert zugleich einen Orient, dessen Zauber heute der Vergangenheit angehört.

Scherz

256 Seiten / Leinen

**Als erste weiße Frau durchquerte Gertrude Bell die Arabische Wüste und bereiste Kleinasien und Mesopotamien zu einer Zeit, da diese Länder für Europäerinnen noch tabu waren.
Dank ihrer starken Persönlichkeit gewann sie nachhaltigen Einfluß auf arabische Fürsten und wurde zur Vorkämpferin für die arabische Unabhängigkeit.**